Politische Soziologie

Reihe herausgegeben von
J. Brichzin, Würzburg, Deutschland
T. Kern, Bamberg, Deutschland
L. Ringel, Bielefeld, Deutschland
T. Werron, Bielefeld, Deutschland

Diese Schriftenreihe geht von zwei Annahmen aus. Erstens: Ohne Verständnis politischer Phänomene kann es kein Verständnis der Gegenwartsgesellschaft geben. Zweitens: Die Debatte um Begriffe und Phänomene des Politischen gehört (wieder) ins Zentrum der soziologischen Fachdiskussion. Um eine Entwicklung in diese Richtung anzustoßen, beschreiten Texte der Reihe „Politische Soziologie" wissenschaftliche Wege jenseits hergebrachter Kategorien und vertrauter Debatten. Der Fokus liegt auf den großen Desiderata soziologischer Politikforschung: die Arbeiten dringen in die Kernbereiche der Politik vor, sie rücken etwa klassische politische Institutionen, aktuelle politische Geschehnisse und internationale Beziehungen in ein neues Licht. Sie ergründen das Erkenntnispotential soziologischer Perspektiven auf politische Theorie, und sie analysieren den politischen Gehalt gesellschaftlicher Felder – von der Wirtschaft bis zur Wissenschaft, vom Sport bis zur Religion.

Auf diesem Weg leistet die Reihe einen Beitrag zur Erkenntnis gegenwärtiger Gesellschaft, und sie scheut dabei weder die wissenschaftliche noch die öffentliche Kontroverse rund um das Politische.

Weitere Bände in der Reihe http://www.springer.com/series/15661

Jeremias Herberg

Illusio Fachkräftemangel

Der Zwischenraum von Bildung und Wirtschaft in Deutschland und Nordkalifornien

2. Auflage

Springer VS

Jeremias Herberg
Potsdam, Deutschland

Politische Soziologie
ISBN 978-3-658-24583-2   ISBN 978-3-658-24584-9 (eBook)
https://doi.org/10.1007/978-3-658-24584-9

Die Deutsche Nationalbibliothek verzeichnet diese Publikation in der Deutschen Nationalbibliografie; detaillierte bibliografische Daten sind im Internet über http://dnb.d-nb.de abrufbar.

Springer VS
© Springer Fachmedien Wiesbaden GmbH, ein Teil von Springer Nature 2018, 2019
Das Werk einschließlich aller seiner Teile ist urheberrechtlich geschützt. Jede Verwertung, die nicht ausdrücklich vom Urheberrechtsgesetz zugelassen ist, bedarf der vorherigen Zustimmung des Verlags. Das gilt insbesondere für Vervielfältigungen, Bearbeitungen, Übersetzungen, Mikroverfilmungen und die Einspeicherung und Verarbeitung in elektronischen Systemen.
Die Wiedergabe von Gebrauchsnamen, Handelsnamen, Warenbezeichnungen usw. in diesem Werk berechtigt auch ohne besondere Kennzeichnung nicht zu der Annahme, dass solche Namen im Sinne der Warenzeichen- und Markenschutz-Gesetzgebung als frei zu betrachten wären und daher von jedermann benutzt werden dürften.
Der Verlag, die Autoren und die Herausgeber gehen davon aus, dass die Angaben und Informationen in diesem Werk zum Zeitpunkt der Veröffentlichung vollständig und korrekt sind. Weder der Verlag, noch die Autoren oder die Herausgeber übernehmen, ausdrücklich oder implizit, Gewähr für den Inhalt des Werkes, etwaige Fehler oder Äußerungen. Der Verlag bleibt im Hinblick auf geografische Zuordnungen und Gebietsbezeichnungen in veröffentlichten Karten und Institutionsadressen neutral.

Springer VS ist ein Imprint der eingetragenen Gesellschaft Springer Fachmedien Wiesbaden GmbH und ist ein Teil von Springer Nature
Die Anschrift der Gesellschaft ist: Abraham-Lincoln-Str. 46, 65189 Wiesbaden, Germany

Danksagung

Folgenden Beraterinnen und Beratern, Kolleginnen und Kollegen und Wegbegleitern und –begleiterinnen möchte ich herzlich danken:
Für Rat und Fürsprache danke ich Ute Stoltenberg, Stefan Böschen, Bas van Heur, Jessica Mesman, Jeff Vincent, Regine Herbrik, Wiebe Bijker, Ulrike Felt, Ulli Vilsmaier, Neil Fligstein, Birgit Stammberger und Clemens Mader.
Für intensive Diskussion und persönliche Begleitung danke ich Leopold Ringel, Jennifer Brichzin, Jessica Compton, Verena Holz, David Löw-Beer, Anne-Marie Weist, Basil Bornemann, Jens Maeße, Liza Loop, Luise Ruge, Tom Turnbull, Jérémy Grosman, Martin Seeliger, Esther Meyer, Isabell Schrickel, Paula Bialski, Jan Grade, Sami Qaiser, Moritz Engbers, Selma Kadi und Tobias Drewlani.
Für fruchtbaren Austausch danke ich dem Workshop ‚Diskurs Macht Wissenschaft' an der Universität Bamberg und Bonn, der Architektursoziologie-Gruppe an der Universität Bielefeld und Bremen, der Feldtheorie-Lesegruppe an der Universität Bielefeld und Düsseldorf, dem transdisziplinäre Methoden-Workshop von Ulli Vilsmaier, der qualitativen Methodenwerkstatt von Regine Herbrik, dem Lüneburger Soziologie-Kolloquium geleitet von Anna Henkel, dem Kolloquium der Lüneburger Nachhaltigkeitsforschung unter Leitung von Gerd Michelsen und dem kulturwissenschaftlichem Kolloquium von Erich Hörl. An der University of California, Berkeley, danke ich dem Institute for Urban and Regional Development sowie dem Center for Science, Technology, Medicine & Society.

Für Arbeitsgemeinschaften und die sorgfältige Unterstützung bei Erhebung, Auswertung und Textarbeit danke ich Katerine Engstfeld, Linda Heiken, Kai Niebert, Dirk Felzmann, Jana Timm, Lucy Marie Bohling, Theresa Hofmann, Elisa Förster, Claudia Wohlsperger, Angela Slawinski und Lea Herberg.

Die Doktorarbeit ist entstanden an der Leuphana Universität Lüneburg, Fakultät Nachhaltigkeit, und an der University of California, Berkeley, Center for Cities and Schools sowie an der Zukunftswerkstatt Buchholz in der Nordheide.

Ermöglicht haben die Forschung insbesondere die ehrenamtlichen und festangestellten Mitarbeiter und Mitarbeiterinnen der Zukunftswerkstatt. Ihnen bin ich für Vertrauen und intensive Zusammenarbeit zu großem Dank verpflichtet, insbesondere Imke Winzer und Sylvia Leske. An der UC Berkeley danke ich Jeff Vincent für die Gastfreundschaft. An der Leuphana bin ich besonders dem Team von *Complexity or Control? – Paradigms for Sustainable Development* dankbar für die Geduld im Abschluss der Arbeit.

Dem Innovations-Inkubator der Leuphana Universität Lüneburg verdanke ich die Finanzierung eines dreijährigen Promotionsstipendiums.

Inhalt

Danksagung v

1. Einleitung 1

1.1 Ziel und Adressaten der Arbeit 1

1.2 Gegenstand und Fragestellung der Arbeit 3

1.3 Eigene Rolle und gängige Ökonomisierungskritik 7

1.4 Begriffe und Forschungszugang 11

1.5 Aufbau der Arbeit 14

EINE POLITISCHE SOZIOLOGIE DES ZWISCHENRAUMS 17

2. Illusio(n) Fachkräftemangel? Prämissen und Folgen des regionalökonomischen Angebot-Nachfrage-Schemas 19

2.1 Zentrale These: Fachkräftemangel als Trugbild und Spielregel 21

2.2 Die Illusion einer nachfrageorientierten MINT-Bildung 26

2.3 Die Illusion einer regionalökonomischen Bildungslandschaft 36

2.4 Illusio im Zwischenraum – Das Forschungsvorhaben 43

3. Kybernetische Landnahmen? Zur Feldtheorie von sozialräumlichen Ökonomisierungsprozessen 55

3.1 Zentrales Problem: Sozialräumliche Ökonomisierungprozesse 57

3.2 Die kybernetische Kopplungsästhetik des Fachkräftemangels 62

3.3 Landnahme im Lichte von Bourdieus Feldsoziologie 83

3.4 Theoretische Aufgabenstellung: Entkopplung der Feldbegriffe 107

4. Transversale Felder – Grundlagen einer assemblagetheoretischen Feldanalyse 111

4.1 Zentraler Theorievorschlag: Transversale Felder als Ökonomisierungsarenen 113

4.2 Mehr als Polemik? Wissenschaftsforschung mit und gegen Bourdieu 121

4.3 Assemblagetheorie als Feldsoziologie 144

4.4 Idealtypische Entwicklungsfiguren: Pyramide und Mosaik 157

4.5 Theoretisches Zwischenfazit 165

FALLSTUDIE I: Bildungslandschaft San Francisco 167

5. Heterotopie des Humankapitals – Die Bucht von San Francisco als regionalökonomische Bildungslandschaft 169

5.1 Politische Ökonomie der Region 172

5.2 Bildungsökonomische, institutionelle und territoriale Heterotopie 187

5.3 Ausblick: Landnahme durch transversale Kopplungen? 203

6. Im „perfekten Sturm" – Zur Feldanalyse konvergenter Krisen 207

6.1 Sozioökonomische Problemlagen in der Umdeutung 208

6.2 Szenarien auf wirtschaftsgeografischer Grundlage 212

6.3 Das feldanalytische Vorgehen 218

7. Ein Trugbild als Spielregel – Das Angebot-Nachfrage-Schema in der Steuerungspraxis von Bildungsbrokern 225

7.1 Divergente Bedürfnisse triangulieren – Zwischenraum als Ackerfeld 225

7.2 Um Gelegenheiten konkurrieren – Zwischenraum als Kampffeld 237

7.3 Ausblick: Eine Homologie mit Wirtschaft und Bildung? 256

8. In stiller Solidarität mit ‚Job Creators'? Homologien in der Vermittlung von Bildungsangebot und -nachfrage 259

8.1 Mangeldiagnosen als Verantwortungsentlastung 260

8.2 Internal Governance Units und der Zwischenraum als Kraftfeld 263

8.3 The Bridge – IGU von gemeinsamen Wirtschafszielen 269

8.4 The Matchmaker – IGU von individuellen Transaktionsbeziehungen. 280

8.5 The Platform – IGU von gerecht verteilten Karrieremöglichkeiten 289

8.6 IGUs als Produkt und Produzenten eines transversalen Feldes 297

9. Kybernetische Landnahmen durch Bildungsbroker 305

9.1 Landnahmeprozess: Wirtschaftsregion als Bildungscontainer 308

9.2 Landnahmeprozess: Bildung als Entwicklungsdefizit 310

9.3 Landnahmeprozess: Zwischenraum als Transaktionsraum 312

9.4 Landnahmeprozess: Wirtschaftskosten als Bildungsverantwortung.. 313

FALLSTUDIE II: Bildungslandschaften in Deutschland 315

10. Von Balancierung zu Bilanzierung – Eine Geschichte der Bildungslandschaften zwischen Bildungsföderalismus und Wirtschaftsregionalismus 317

10.1 Frühe Bildungskatastrophen und Balancierungsversuche 318

10.2 Doppelführung I – Schulautonomie und Territorialisierung 325

10.3 Doppelführung II – Benachteiligung und Beschäftigung..................... 328

10.4 Doppelführung III – Autonomie und „Accountability"................ 333

10.5 „Schule aus einer Hand"? Fünf Dimensionen transversaler Felder.... 339

11. „Strukturitis" oder „Projektitis"? Internal Governance Units in deutschen Bildungslandschaften 353

11.1 Divergente Strukturvorstellungen in „MINT-Regionen" 356

11.2 Szenario I: Der Zwischenraum als Pyramide 371

11.3 Szenario II: Der Zwischenraum als Mosaik *383*

11.4 Fazit zu Fallstudie II und Bezüge zu Fallstudien I und III *392*

FALLSTUDIE III: Zukunftswerkstatt Buchholz **395**

12. Lernende oder Politische Organisation? Sektorübergreifende Bildungsarbeit durch oder trotz institutionelle(r) Komplexität 397

12.1 „Trading zone" – Kooperation trotz Divergenz *399*

12.2 Idealtypischer Entwurf zur intermediären Organisationswerdung.. 405

12.3 Anschlussfragen und ethnografisches Vorgehen *412*

13. Zwischen heterogenen Fördersprachen – Die Vorgeschichte der Zukunftswerkstatt Buchholz als ‚MINT-Standort' **421**

13.1 Begründung der Idee: Sukzessive Entkopplung von Schulpolitik *424*

13.2 Erster Diskursopportunismus: „außerschulischer Lernort" *429*

13.3 Zweiter Diskursopportunismus: „Wissenschaftsstandort" *432*

13.4 Dritter Diskursopportunismus: „MINT"-Bildung *434*

13.5 Transversale Kopplung I: Schwache Versprechen werden zu materiellen Ressourcen *440*

14. Inmitten divergenter Förderquellen – Der Fachkräftemangel als Schlüssel für die Organisationswerdung im Zwischenraum......447

14.1 Kopplung mit Regionalwirtschaft: EU-Förderung *448*

14.2 Kopplung mit Regionalpolitik: Wahl einer Rechtsform *452*

14.3 Kopplung mit regionaler Bildung: Didaktisches Konzept *455*

14.4 Transversale Kopplung II: Wirtschafts- und Bildungspartner rationalisieren den Fachkräftemangel *457*

15. Ökonomische Außenwelt, pädagogische Innenwelt – Die Suche nach einer Kontaktsprache zwischen Ehrenamtlichen, Festangestellten und Leitung 467

15.1 Der Erwartungsraum von Ehrenamtlichen und Festangestellten 471

15.2 Die Leitung: Balanceakt vom Öffnen und Schließen 488

15.3 Die Fortbildung: Mittel und Gegenstand des Organisationslernens .. 496

15.4 Transversale Kopplung III: Ehrenamtliche identifizieren sich mit regionalökonomischer Außendarstellung 505

15.5 Fazit zu Fallstudie III: „Trading Zone" Zukunftswerkstatt 508

ZUR POLITISIERUNG DES ZWISCHENRAUMS 515

16. Zusammenfassung der Arbeit 517

16.1 Prämissen, Praktiken und Folgen der Fachkräftemangeldebatte 519

17. Die Fachkräftemangeldebatte als Nachhaltigkeitsproblem 527

17.1 Prämissen, Praktiken und Folgen unter Nachhaltigkeitsaspekten.... 528

17.2 Der Zwischenraum als nachhaltigkeitspolitischer Brennpunkt 531

17.3 Problematisierung der Befunde 543

17.4 Entkopplung als soziologisch-nachhaltigkeitswissenschaftliches Programm 562

Literaturverzeichnis 565

Anhang 601

Zu Fallstudie I 601

Zu Fallstudie II 604

Zu Fallstudie III 606

Abbildungs- und Tabellenverzeichnis

Grafik 1: Struktur der Arbeit 48
Grafik 2: Organisationslernen als Schaltkreis 74
Grafik 3: Triadischer Feldbegriff 93
Grafik 4: Skripte 102
Grafik 5: Transversale Geometrie 119
Grafik 6: Triadischer Feldbegriff, weiterentwickelt 161
Grafik 7: Brookings „Factsheet" zur Metropolregion SF 172
Grafik 8: Landkarte der Region San Francisco 175
Grafik 9: Die Ostbucht von San Francisco 241
Grafik 10: Skripte 418
Grafik 11: Entstehung der Zukunftswerkstatt 2008 – 2010 423
Grafik 12: Die Kooperationsstruktur der Zukunftsarbeit 442
Grafik 13: Regionalförderungsskript 443
Grafik 14: Fachkräftemangelskript 459
Grafik 15: Fachwissenskript 487
Grafik 16: Regionalökonomieskript 506
Grafik 17: Struktur der Arbeit 521
Grafik 18: Die Kopplungsstruktur transversaler Felder 536

Tabelle 1: Der feldanalytische Dreischritt 56
Tabelle 2: Feldtheoretische Varianten 153
Tabelle 3: Einkommensungleichheit in den 50 größten US-Städten 178
Tabelle 4: Homologie der Bildungsbroker I 264
Tabelle 5: Homologie der Bildungsbroker II 265
Tabelle 6: Homologie der Bildungsbroker III 268
Tabelle 7: ‚Internal Governance Units' der deutschen Bildungslandschaften .. 371
Tabelle 8: Anwendung des feldanalytischen Dreischritts auf Organisationen .. 470
Tabelle 9: Lernzyklen 492

1. Einleitung

1.1 Ziel und Adressaten der Arbeit

Das Dazwischen von Bildung und Wirtschaft ist ein Politikum, das die meisten Leserinnen[1] kennen werden. Immer wieder, wenn der eigene Werdegang Bildungs- und Wirtschaftssysteme durchquert, fragt man sich, wie sich diese Systeme zueinander verhalten. Beeinflussen Schulen die Integration am Arbeitsmarkt? Sind Universitäten Innovationstreiber? Lassen sich Curricula an eine digitalisierte Arbeitswelt anpassen? Diese Fragen schlagen sich in pädagogischen und ökonomischen Entscheidungen nieder und bestimmen Gespräche zwischen Kindern und Eltern, Arbeitgeberinnen und Lehrern, Wirtschaftsförderern und Bildungspolitikerinnen, Wirtschaftssoziologinnen und Bildungssoziologen. Wenn auch implizit, wird in diesen Gesprächen oft das Politische hinterfragt, das die pädagogisch-ökonomischen Verhältnisse bestimmt: Wer oder was nimmt Einfluss auf die Lebenswege zwischen Bildungs- und Wirtschaftssystemen, auf die Begegnung zwischen pädagogischen und ökonomischen Akteuren und auf die Abwägung zwischen Bildungs- und Wirtschaftszielen?

---

[1] Im Sinne einer geschlechtergerechten Sprache entscheide ich mich aus ästhetischen Gründen dafür, mal die männliche, mal die weibliche Form zu benutzen.

© Springer Fachmedien Wiesbaden GmbH, ein Teil von Springer Nature 2019
J. Herberg, *Illusio Fachkräftemangel*, Politische Soziologie,
https://doi.org/10.1007/978-3-658-24584-9_1

Die alltäglichen Versuche, das Dazwischen als Politikum zu begreifen, engen das Thema oft einseitig ein. Das steuerungspolitische Priorisieren, das verantwortungspolitische Zuordnen und das individuelle Abwägen von Wirtschafts- und Bildungszielen geraten in einen pädagogischen oder einen ökonomischen Fokus und rücken aus dem Blickfeld einer politischen Debatte. Aus dem intuitiven Eindruck, dass es sich um ein hochpolitisches Wechselspiel handelt, entsteht ein pragmatischer Eindruck: Um pädagogische oder ökonomische Handlungsmöglichkeiten ausfindig zu machen, muss man fachliche Eingrenzungen vornehmen. Und man muss hinnehmen, dass pädagogische-ökonomische Gegenüberstellungen und Abwägungen politisch vorbestimmt sind.

Die vorliegende Arbeit bietet eine breitere Perspektive an. Sie untersucht das Ins-Verhältnis-Setzen von Bildung und Wirtschaft als Prozess der politischen Ordnungsbildung. ‚Das Politische' von Bildung und Wirtschaft wird auf ihre intermediäre Strukturierung und Strukturiertheit zurückgeführt. Auf mehreren Ebenen politischen Handelns – mit Hinblick auf Steuerungsgebiete, Handlungsfelder oder Koordinationsaufgaben – wird beobachtet, wie Bildungs- und Wirtschaftsbelange aufeinander bezogen und abgewogen werden. Indem also der begrenzte Fokus auf Bildung *oder* Wirtschaft relationiert wird, zielt die Arbeit auf einen Beitrag zur politischen Soziologie ab. Präziser noch liegt das Ziel in einer *politischen Soziologie des Zwischenraums von Bildung und Wirtschaft*.

Dieses Relationieren von Wirtschaft und Bildung ermöglicht auch das Politisieren des pädagogisch-ökonomischen Zwischenraums. Wenn, wie aktuell so häufig, die Beziehung beider Felder zum Politikum wird, treten pädagogische und wirtschaftliche Gruppen in eine gesellschaftspolitisch folgenreiche Interaktion. Besonders zentral involviert sind aber all jene Akteure, die ihr Selbstverständnis aus der Zwischenposition von Bildung und Wirtschaft ableiten; seien es Sozialunternehmer, Stiftungen oder außerschulische Lernorte. Ihre unübersichtliche Lage gilt es zu klären: Wer in seinem Rollenverständnis relational in eine spezifische, pädagogisch-ökonomische Beziehung eingebunden ist oder eine andere Beziehung durchsetzen will, der findet sich in einem umstrittenen Prozess der politischen Willensbildung wieder; der macht sich angreifbar für konträre Rollenverständnisse und ansprechbar für widersprüchliche Anliegen. Gerade diejenigen also, die zentral durch das Relationieren von Bildung und Wirtschaft angesprochen sind oder sich dafür verantwortlich fühlen, sehen sich schnell in mehrstimmige Konfrontationen eingebunden und einem umfangreichen Handlungsdruck ausgesetzt. Jene Akteure im Zwischenraum sind die Hauptadressaten der Arbeit.

Mit ihnen vor Augen, verbindet sich meine Zielsetzung mit einem politischen Zweck: Das In-Beziehung-Setzen von Bildung und Wirtschaft gilt es so zu *politisieren*, dass intermediäre Rollen als politische Rollen befragt werden können; dass das Relationieren von Bildung und Wirtschaft – bislang eher ein Politikum des Alltags – als Prozess und Praxis der gesellschaftlichen Ordnungsbildung kritisierbar und gestaltbar wird.

1.2 Gegenstand und Fragestellung der Arbeit

Als roter Faden und beispielhafter Gegenstand dient ein ganz bestimmtes Schema, mit dem Wirtschaft und Bildung häufig ins Verhältnis gesetzt werden: der „Skills Gap", die „Skills Shortage" (Cappelli 2012; Handel 2003; Kurtzleben 2013; Lafer 2002) oder auf Deutsch: der Fachkräftemangel (Bundesagentur für Arbeit 2006; Lutz, Grünert, und Ketzmerick 2010; Pfenning und Renn 2012).

Vor allem wirtschaftspolitische Akteure sowie Demografieforscherinnen diagnostizieren in Deutschland und den USA derzeit ein volks- und betriebswirtschaftliches Problem und legen eine Lösungsstrategie besonders nahe: Das vermeintliche Koordinationsdefizit zwischen dem Angebot und der Nachfrage nach qualifizierten Arbeitnehmern könne durch eine enge Verbindung zwischen Bildungsorganisationen und Wirtschaftsregionen behoben werden.

Der Problemdiagnose zufolge seien Unternehmen in ihrer Suche nach qualifizierten Arbeitnehmern zunehmend durch technologisch und demographisch bedingte Beschäftigungskonjunkturen gehindert. Sie seien gezwungen, Arbeitnehmerinnen auf kostspielige Weise aus anderen Regionen der Welt anzulocken und auszubilden, anstatt an regionale Arbeitsmärkte und Ausbildungswege anknüpfen zu können. Gerade in den sogenannten MINT-Bereichen (Mathematik, Informatik, Naturwissenschaften, Technik) und in Wirtschaftsregionen, die hochtechnologisch, handwerklich oder wissenschaftlich geprägt sind, seien ortsansässige Arbeitnehmerinnen schlecht auf real existierende Jobs vorbereitet. Da besonders MINT-Kompetenzen aber in Industrieregionen wie Silicon Valley oder Baden-Württemberg für wirtschaftliches Wachstum sorgten, behindere ihr Mangel das erfolgreiche Fortbestehen von Industrienationen wie Deutschland und die USA (Bundesagentur für Arbeit 2006; Lutz, Grünert, und Ketzmerick 2010; Cappelli 2012; Handel 2003; Kurtzleben 2013; Lafer 2002).

Eine gängige Schlussfolgerung: Bildungs- und Ausbildungsprogramme können Abhilfe schaffen, indem sie Bildungsorganisationen in die Lage versetzen, zukünftige Arbeitnehmer gezielt mit den von Arbeitgebern nachgefragten Kompetenzen auszustatten. In gesellschaftspolitischer Hinsicht rückt mit regionalökonomischen Bildungslandschaften sogar die Hoffnung auf eine sozial-integrierte industrielle Entwicklung in den Blick: Durch eine arbeitsmarktlich orientierte Bildungspolitik können neue Formen der Zusammenarbeit zwischen (Aus-)Bildungsträgern und Arbeitgeberinnen geschaffen, neue Ausbildungswege angebahnt und letztlich die Kluft zwischen Wirtschaftswachstum und sozioökonomischer Integration verkleinert werden.

Einige kritische Fragen liegen nahe: Können sich Lerner und Arbeitnehmerinnen auf unsichere Zukünfte vorbereiten, wenn Bildungsprozesse auf aktuelle Wirtschaftsbedarfe ausgerichtet werden? Steht die regionale Auswahl von Bildungsanliegen einer internationalen Orientierung entgegen? Welche regionale Vergemeinschaftung ist möglich, wenn sehr

1.2 Gegenstand und Fragestellung der Arbeit

unterschiedliche Akteursgruppen und Zielhorizonte aufeinander treffen? Kurz: Wie nachhaltig sind regionalökonomische Bildungslandschaften? Diese normative Diskussion, die erst der Schlussteil wieder aufgreift, soll mit einem Beobachtungsinstrumentarium und empirischen Studien gestützt und nuanciert werden.

Wie kann über ‚das Politische' des Zwischenraums gesprochen werden? Um Territorien, Felder und Akteure zusammenzudenken, liegt der spezifische Fokus der Arbeit auf der Entstehung von Bildungslandschaften. Denn sollte das Angebot-Nachfrage-Schema sowie die einschlägige Problemdiagnose und Lösungsstrategie zur politischen Handlungsgrundlage werden, könnte man folglich von regionalökonomisch integrierten Bildungslandschaften sprechen. Dass diese aktuell entstehen und Regionen, Felder und Akteure neu aufeinander beziehen, darauf weist eine Veröffentlichung der für die bundesdeutsche Debatte zentralen Körber-Stiftung hin (Dittmer 2015, S. 6): Es gebe eine wachsende Aufmerksamkeit für die im Fachkräftemangel angedeuteten bildungsökonomischen Missstände und daraus speise sich unter kommunal-, bildungs- und wirtschaftspolitischen Akteuren eine „Gründungswelle" für regional ausgerichtete MINT-Initiativen.

Die vorliegende Arbeit untersucht ebenjene Initiativen und rekonstruiert, wie die Vorstellung von regionalökonomischen Bildungslandschaften Eingang findet in bildungspraktische oder steuerungspolitische Organisationsweisen. Das Ziel einer politischen Soziologie des Zwischenraums wird konkretisiert, indem die sozialräumlichen Prämissen und Folgewirkungen des Fachkräftemangeldiskurses nachgezeichnet werden. Gezeigt wird, wie der logische Schluss, Arbeitgebernachfragen mit Bildungsangeboten auszugleichen, zu einer handlungsleitenden Schlussfolgerung wird. *Die Leitfrage lautet:* Welche Formen nimmt die sozialräumliche Organisation von Bildung an, wenn Bildungsorganisationen durch bildungs- oder steuerungspraktische Initiativen als Bildungslandschaft organisiert und an regionaler Wirtschaftsförderung ausgerichtet werden? Diese Leitfrage wird in drei Fallstudien bearbeitet:

- anhand der Region San Francisco, die mit dem Silicon Valley, mit erfolgreichen Universitäten, aber auch mit einer wachsenden Kluft zwischen Wirtschaftswachstum und Armut eine beispielhafte Bildungslandschaft darstellt;
- anhand der Debatte um deutsche Bildungslandschaften, in der sich derzeit Stiftungen, Arbeitgeberverbände und kommunalpolitische Akteure um eine engere Verbindung von Wirtschaftsregionen und Bildungsorganisationen bemühen;
- und anhand der Entstehungsgeschichte einer außerschulischen Bildungsorganisation, der *Zukunftswerkstatt Buchholz* im Landkreis Harburg, die sich vornehmlich als regionalökonomisch orientierte Bildungsstätte entwickelt hat.

Im Aufeinandertreffen von Bildungs- und Wirtschaftsakteuren, wie es in allen Fallstudien geschildert wird, gilt der Fachkräftemangel oft als Leitbegriff. Er wird in seinen logischen Prämissen kaum hinterfragt, sondern in transaktionalen Organisationsformen umgesetzt.

Demgemäß wird die Leitfrage beantwortet: Der Fachkräftemangel ist – feldsoziologisch ausgedrückt – eine *Illusio* (ohne -n; von lat.: illudere = sein Spiel treiben). Nicht nur ist er insofern illusorisch, als dass er über wesentliche Unwägbarkeiten im Zusammenspiel von regionaler Bildung und Wirtschaft hinwegtäuscht. Er fungiert als implizite Spielregel in einem neu entstehenden Feld zwischen Bildungsorganisation und Wirtschaftsregion (vgl. Bourdieu 1985a, S. 140 f.). In San Francisco, in deutschen Bildungslandschaften und in der *Zukunftswerkstatt Buchholz* entwickelt sich aus dem logischen und diskursiven Trugbild von Angebot und Nachfrage eine institutionalisierte Spielregel: Orientiert am Fachkräftemangel suchen Akteure aus Bildungs- und Wirtschaftsfeldern nach Organisationsformen, die der verstärkten Vermittlung von Bildungsorganisation und Wirtschaftsregion dienen.

1.3 Eigene Rolle und gängige Ökonomisierungskritik

Vorab ist es wichtig zu bemerken, dass die Forschungsarbeit selbst aus einer regionalökonomisch verstandenen Bildungs- und Wissenschaftspolitik entstanden ist. Als ein relativ kleiner Bestandteil war das Promotionsprojekt in ein Drittmittelprogramm eingebunden, das universitäre Lehre und Forschung zum Zweck einer regionalen Wirtschaftsförderung finanziert. Dieser Umstand illustriert wie folgt die Notwendigkeit einer nuancierten Kritik.

Mit dem sogenannten *Innovations-Inkubator*, angesiedelt an der Leuphana Universität Lüneburg, wollte die Europäische Union auf Antrag des Landes Niedersachsen im Rückgriff auf den Europäischen Fonds für regionale Entwicklung (EFRE) den Wirtschaftsraum im Hamburger Umland rund um die Stadt Lüneburg fördern. Zum Ausdruck kommt das zugrundeliegende Verständnis von Bildungsorganisationen und Wirtschaftsregionen etwa in einem OECD-Bericht, der nach Abschluss das Programm evaluiert:

> Higher education institutions – more than ever in their history – are being judged by their responses to the social and economic needs of society, or, in other words, by how they facilitate social mobility and wider access to higher education for disadvantaged groups, by their actions to enhance graduate employability and by their short- and long-term contributions to national economic growth and local development (Kapferer 2015, S. 7).

Die Leuphana Universität Lüneburg stellt im *Innovations-Inkubator* ihre Lehr- und Forschungsleistungen in den Dienst regionaler Wirtschaftsförderung. Diese Indienststellung, wie sie sich zumindest in den obigen Worten abzeichnet, dringt bis in die sozialpolitischen Funktionen von Bildung vor – bis in die Gewährleistung von „social mobility".

Das regionalökonomische Forschungsprogramm umfasst auch akademische Qualifikationsarbeiten wie die hier vorliegende Dissertation. Von Seiten des *Innovations-Inkubators* lautete der Auftrag an mich, dass die vorliegende Promotion sich mit regionaler Bildung beschäftigen sollte.

Ein präziserer, nicht weniger ökonomischer Deutungsrahmen wurde von anderer Stelle an mich herangetragen: ‚Jeremias Herberg beschäftigt sich mit dem Fachkräftemangel', so titelte der Entwurf für eine Presseausschreibung, mit der die *Zukunftswerkstatt Buchholz* jenes Kooperationsverhältnis öffentlich machen wollte, das von Beginn an das drittmittelgeförderte Promotionsstipendium geknüpft war. Im Rahmen der darauffolgenden zweijährigen Zusammenarbeit besuchte ich die *Zukunftswerkstatt* etwa einmal im Monat und das Forschungsthema entwickelte sich weit über den ökonomischen Deutungsrahmen hinaus. Nichtsdestotrotz macht dieser Anfangsmoment deutlich, dass die vorliegende Arbeit nicht nur in ihrer Finanzierung, sondern auch in ihrer sozialen Einbettung aus demselben regionalökonomischen Problemzusammenhang entstand, der in der Arbeit analysiert wird. Es ergibt sich ein Reflexionsproblem: Was ist meine eigene Rolle im Zusammenhang von regionalökonomischen Bildungslandschaften?

Wie in zahlreichen Gesprächen im Laufe der Promotionsforschung deutlich wurde, mündet der Zusammenhang von regionaler Bildung und Wirtschaft schnell in eine zweifache Vorstellung: Regionale Wirtschaft und Bildung verhielten sich *erstens* zueinander wie wohlgeordnete Felder, so dass sie sich *zweitens* mittels einer wechselseitigen Kopplung in eine regionalökonomisch integrierte Bildungslandschaft überführen ließen. Beiden prototypischen Vorstellungen zufolge kann man im Fachkräftemangel mit einer engen Kopplung rechnen, die auch meine Rolle umfasst: Bildungsorganisationen werden innerhalb eines klar umgrenzten Wirtschaftsraumes entgrenzt und regional integriert. Folglich ließe sich dem *Innovations-Inkubator* die Kritik entgegenhalten, dass mit einer regionalökonomischen Ausrichtung von Wissenschaft und Bildung auch die Arbeit von Wissenschaftlerinnen und Pädagogen einen Autonomieverlust erleidet. Ich selbst wäre demgemäß fest in einen Ökonomisierungsprozess eingebunden. Als Leidtragender und Vorbote eines ökonomischen Bildungs- und Wissenschaftsverständnisses bestünde meine Rolle unter anderem darin, die *Zukunftswerkstatt Buchholz* auf

1.3 Eigene Rolle und gängige Ökonomisierungskritik

wirtschaftliche Ziele ausrichten zu helfen. Welche Rolle spielen also Wissenschaftler in einer regionalökonomischen Bildungslandschaft? Auch wegen dieses Reflexionsproblems entwickelt die Arbeit eine kritische Perspektive. Sie wendet sich gegen regionalökonomische Bildungslandschaften, kritisiert zugleich aber eine stereotype Ökonomisierungskritik. Erst in der Abgrenzung von den zwei folgenden Annahmen kann der Fachkräftemangel als interessanter und gangbarer Forschungsgegenstand konstruiert und in einer reflexiven Weise aufgegriffen werden.

Laut der ersten Annahme verlieren staatliche Bildungspolitik und (Hoch-)Schulen im Zuge der Wirkung des Fachkräftemangels als abgeschlossener Mikrokosmos ihre Autonomie. Das heißt, pädagogische und fachlich-professionelle Arbeitsweisen büßen zugunsten anderer Arbeitsweisen an Bedeutung ein. Dem Begriff der Landnahme von Rosa Luxemburg folgend könnte man vermuten, dass wettbewerbliche Organisationsformen über ökonomische Transferprozesse auf die Realwirtschaft und über weitere Transfermechanismen (Dörre 2012) auf nicht ökonomische Handlungsfelder wie etwa Bildungsorganisationen ausgeweitet werden. Der Autonomieverlust besteht dann unter anderem darin, dass der gängige Bildungsbegriff an Selbstverständlichkeit verliert – es ist gewissermaßen kein *Allgemeinplatz* mehr. Dies hat gar zur Folge, dass eine Bildung im „Medium des Allgemeinen" und eine „Bildung für alle" (Klafki 2007, S. 53 ff.) tendenziell durch ökonomische Partikularinteressen eingehegt wird.

Doch welche regionalen Arrangements entstehen, wenn sich pädagogische Arbeits- und Denkweisen, Organisationsformen und Bildungsorte auf wirtschaftspolitische Ziele beziehen? Diesbezüglich lautet die zweite konventionelle Antwort: Mit dem Autonomieverlust der Bildungsorganisationen gewinnen Regionen an bildungspolitischer und -praktischer Bedeutung. Das heißt, ein ganzes Bündel an Städten und Gemeinden sowie den ansässigen Bildungsorganisationen wird auch aus pädagogischer und bildungspolitischer Perspektive als sozialräumlicher

Mikrokosmos greifbar – als Bildungslandschaften. In diesen wird die verlorene Autonomie von Bildungsorganisationen durch eine neue, verwaltende Meta-Einheit aufgegriffen und in eine regionale Kontextsteuerung überführt. Es steht also auch das Hoheitsgebiet zur Disposition, in dem der Staat nach Bourdieu das „Monopol des Allgemeinen" verwaltet (Bourdieu 1985a, S. 123). Möglicherweise ist im Ergebnis weniger der Nationalstaat oder das Bundesland, sondern eine neu umgrenzte Wirtschaftsregion der „Ort der Allgemeinheit" (ebd.). Mit der Etablierung einer solchen Bildungslandschaft wird Bildungsarbeit in unkonventionelle, teilweise regionalökonomische Zielhorizonte eingerückt.

Entgegen der pauschalen Schemata lässt sich nicht ohne weiteres klären, ob diese recht linear verstandene Ökonomisierung eintritt. Wäre dem so, wäre das Thema der vorliegenden Arbeit in ihren normativen Facetten relativ einfach abzuhandeln. Und auch die Form der Arbeit, die daraus entwickelte Lehre sowie meine Stelle im öffentlichen Dienst diente im Falle einer regionalökonomischen Orientierung eher volks- und betriebswirtschaftlichen als wissenschaftlichen Zwecken.

Tatsächlich aber begreift die Arbeit die stereotype Ökonomisierungskritik als sozialwissenschaftliche Herausforderung. Sie entwickelt in Abweichung von den steuerungspolitischen Blickwinkeln und prototypischen Kritikansätzen eine „verfremdende Erkenntnistechnik" (Luhmann 2005 [1970], S. 86). Um den Fachkräftemangel trotz der anfänglichen Skepsis aufgreifen zu können, basiert die Arbeit auf einem begrifflich und methodologisch aufwändigen Zugang.

1.4 Begriffe und Forschungszugang

Die Illustration meiner Rolle macht deutlich, dass gängige Ökonomisierungsvorstellungen zu kurz greifen: Wenn Bildungsorganisationen zwar wirtschaftspolitisch ausgerichtet werden, aber weiterhin konventionellen Forschungs- und Bildungszielen gewidmet sind, wie ließe sich entsprechend die sozialräumliche Komplexität von regionalökonomischen Bildungslandschaften begreifen? Als Gegenbegriff zu den prototypischen Annahmen, den nahtlosen Territorien und den autonomen Feldern, führe ich das Konzept der transversalen Felder ein. Es bezeichnet einen Zwischenraum, nämlich sektorübergreifende Organisationen zwischen Bildungseinrichtungen und Regionalwirtschaft.
Transversale Felder sind zum einen Schauplatz jener Akteure, die daran arbeiten, Bildungsorganisationen und Wirtschaftsregionen dem Angebot-Nachfrage Schema entsprechend so zu integrieren, dass ökonomisch förderliche Bildungslandschaften entstehen. Der Begriff macht zum anderen auch deutlich, dass im Rahmen von regionalökonomischen Bildungs- und Forschungsprozessen, oder besser gesagt: zwischen regionalökonomischen Zielvorstellungen und pädagogischen Praktiken, eine relativ vielfältige Arbeit geleistet werden kann. Als Gegenstand von Ökonomisierungsprozessen ist der Zwischenraum zugleich Garant dafür, dass ökonomische Zielvorstellungen auf Basis von Vermittlungsarbeiten an Bildungsakteure herangetragen werden können, dass Bildungsorganisationen aber eine relative Autonomie bewahren können.
Inwiefern könnte man unter Berücksichtigung dieser Komplexität von Landnahmeprozessen sprechen? Besonders geeignet scheint ein genealogischer Forschungszugang. Anstatt das Verhältnis von Wirtschaftsregionen und Bildungsorganisationen also synchron zu betrachten, wird Schritt für Schritt die Entstehung des Zwischenraums rekonstruiert. Das ist ein pragmatischer Umgang mit dem Problem, dass die Feld- und Raumbegriffe in der Entstehung von Bildungslandschaften nicht vorausgesetzt werden können.

Um die Komplexität regionalökonomischer Bildungslandschaften trotz ihrer Institutionalisierung nachverfolgen und herausarbeiten zu können, steht in allen Fallstudien jeweils ein besonders extremes Beispiel im Fokus:

- Fallstudie I illustriert die spannungsreichen polit-ökonomischen Wirkungskreise von transversalen Feldern. Während sozioökonomische Bildungsprobleme und Wirtschaftswachstum in der Region San Francisco auseinander driften, bemühen sich Vermittlungsakteure um eine zunehmend notwendige, aber schwierige Koordinationsrolle.
- Fallstudie II öffnet den Blick für sektor- und skalenübergreifende Verbindungen und zeigt, wie regionalökonomische Bildungslandschaften aus bundesdeutschen Föderalismusdebatten entstehen.
- Fallstudie III zeigt die praktischen Unwägbarkeiten, mit denen die *Zukunftswerkstatt Buchholz* konfrontiert ist, die als Keimzelle einer Bildungslandschaft begründet wird.

In allen Studien wird gezeigt, wie Organisationen dem Motiv des Fachkräftemangels folgen, wie sich in dieser Praxis bereichsübergreifende Ideen und Ressourcen sukzessive miteinander verbinden, welche Steuerungs- und Bildungspraktiken dabei zum Tragen kommen und wie im Ergebnis aus dem Fachkräftemangeldiskurs heraus Bildungslandschaften umorganisiert werden.

In und durch diese Entstehungsprozesse finden, im Sinne der zweiten Ökonomisierungsvorstellung, durchaus Landnahmen statt. Ihr Effekt besteht primär darin, regionalökonomisch integrierte Bildungslandschaften erst hervorzubringen und dabei Bildungsorganisationen und Regionalwirtschaft in vielfacher Weise lose zu koppeln. Insofern ist der Begriff der Landnahme wörtlich zu nehmen und es entsteht tatsächlich eine Bildungs-*Landschaft*. Konstitutiv dabei ist nicht eine gerichtete Vereinnahmung von Bildung durch ökonomische Maßstäbe, sondern es sind Kopplungs- und Entkopplungsfiguren, die im Sinne des Lateinischen *transversus* quer zu Bildungsorganisationen und Wirtschaftsregionen verlaufen.

1.4 Begriffe und Forschungszugang

Mit dem Ziel, diese transversalen Entwicklungsfiguren in ihrer Besonderheit zu beschreiben, bedient sich die ganze Argumentationslinie mehrerer Perspektivwechsel und verschiedener Forschungsregister. Zum Tragen kommen:

- Pierre Bourdieus Feldtheorie,
- materialistische Sozialwissenschaften, speziell die Wissenschafts- und Technikforschung und Manuel DeLandas (2006) Assemblagetheorie,
- Human- und Wirtschaftsgeografie,
- sowie der Neoinstitutionalismus und amerikanische Kultursoziologie.

Diesen vier Ansätzen ist das genealogische Interesse an sozialräumlichen Institutionalisierungsprozessen gemein: (1) In der Feldtheorie haben Bourdieu und andere eine Sprache entwickelt, das Verhältnis von Bildung und Wirtschaft als dynamisches Interdependenzverhältnis zu verstehen und zu historisieren. (2) Allerdings sind aktuelle aus dem Poststrukturalismus und der Wissenschafts- und Technikforschung gespeiste Kritiken an der Feldsoziologie dafür geeignet, zusätzlich auch heterogene Verknüpfungspraktiken und die Emergenz komplexer, soziomaterieller Formationen in den Blick zu nehmen. (3) Die Humangeografie, die ich soziologisch lesen werde, ist lehrreich, um territoriale Steuerungsvorstellungen und soziologische Raumvorstellungen zu alterieren und um die Bedeutung von Wissen und Bildung für regionale Wirtschaftsprozesse zu diskutieren. (4) Der Neoinstitutionalismus als kultursoziologische Organisationsforschung hilft dabei, die Emergenz von organisationalen Umwelten zu rekonstruieren, besonders unter Berücksichtigung von Interferenzen, in denen mehrere Arbeitsweisen aufeinandertreffen. Zusammengenommen eignen sich diese Theorieschulen dafür, das Verhältnis von Bildungsorganisation und Regionalwirtschaft aus einer statischen Vorstellung von Feldern und Regionen zu lösen.

1.5 Aufbau der Arbeit

Die Arbeit hat fünf Teile: einen Theorieteil (Kap. 2-4) drei Fallstudien (Kap. 5-9; Kap. 10-11; Kap. 12-15) und einen Schlussteil (Kap. 16-17). Der Theorieteil legt eine politische Soziologie des Zwischenraums dar. Kap. 2 formuliert das Forschungsvorhaben und behandelt, wie auch Kap. 3 und 4, die Perspektivprobleme, die mit dem Fachkräftemangel verbunden sind. Der Fachkräftemangel wird als Illusio(n) charakterisiert, die bildungsökonomische und regionale Prämissen umfasst, in ihren Folgen aber vor allem in einer institutionellen Hinsicht interessant ist. Kap. 3 geht der Problematik einer sozialräumlichen Ökonomisierung nach und schlägt einen feldsoziologischen Ansatz vor. Dieser beantwortet das Perspektivproblem, Landnahmeprozesse auch dann zu erfassen, wenn sie auf zirkulären Integrations-, Lern- und Steuerungsvorstellungen beruhen. Kap. 4 stellt den zentralen Theorieansatz vor. Gesucht wird, kurz gesagt, eine Soziologie der Zwischenräume, die das sozialräumliche Verhältnis von Wirtschaft und Bildung nicht als das Verhältnis von abgeschlossenen Container-Räumen fasst. Der Ansatz der transversalen Felder wird vorgestellt und aus der Auseinandersetzung zwischen Pierre Bourdieu und der Wissenschafts- und Technikforschung abgeleitet. Das resultierende Theorieangebot löst zwei Perspektivprobleme: Es dient erstens dazu, die Querverbindungen aufzuspüren, die Bildungsorganisationen und Wirtschaftsregionen vertikal und horizontal verbinden. Zweitens sollen diese Querverbindungen nicht allein im Sinne eines abgeschlossenen Feldes beobachtet werden können, sondern auch in einer fragmentierten Form. Es folgen drei Fallstudien. In diesen wird eruiert, welche Steuerungspraktiken und welche Bildungspraktiken mit einer regionalökonomischen Bildungslandschaft verbunden sind. Gezeigt wird jeweils, dass auch mehr oder weniger fragmentarische Zwischenräume zu Ökonomisierungsprozessen beitragen.

Fallstudie I ist eine feldsoziologische Studie im Kontext der politischen Ökonomie der Region von San Francisco (SF). Hier wird untersucht,

1.5 Aufbau der Arbeit 15

welche Steuerungspraktiken mit der Idee einer regionalökonomischorientierten Bildungslandschaft verbunden sind. Im Besonderen folge ich der Arbeit von sektorübergreifenden Allianzen, die sich um regionalökonomisch-orientierte Bildungsbegriffe bemühen und sich an eben diesen mythischen Orten der Computerindustrie orientieren. Ich bezeichne diese sektorübergreifenden Allianzen als Bildungsbroker, weil sie sich in ihrer Praxis am Begriff des Fachkräftemangels orientieren und entsprechende Angebot-Nachfrage-Verhältnisse herstellen.

Fallstudie II untersucht die deutsche Debatte um die sogenannten Bildungslandschaften. Diese wird als ein steuerungspolitischer Diskurs aus bundesdeutschen Föderalismusdebatten rekonstruiert. Besonders wird herausgestellt, dass die Rede von Bildungskatastrophen und die Balancierung von Autonomie und holistischer Steuerung, pädagogischen und wirtschaftlichen Interessen eine lange Tradition haben (Kap. 10). Aktuell aber kommen diese traditionellen Motive in der Ausgestaltung von regionalen Bildungslandschaften zum Tragen (Kap. 11). Diverse Akteure verfolgen gegenläufige Strukturvorstellungen und plädieren entweder für eine relativ fragmentierte oder eine relativ vereinheitlichte Bildungslandschaft.

Fallstudie III ist eine Organisationsstudie über die *Zukunftswerkstatt Buchholz* im ethnografischen Stil. Sie wechselt in die Innenperspektive auf das Verhältnis von Bildungsorganisationen und Wirtschaftsregionen: Was bedeutet es, eine regionale Bildungsarbeit zu organisieren? Die *Zukunftswerkstatt* soll ihren Urhebern zufolge, in der Formalstruktur als Stiftung und vermittels einer regionalen Zusammenarbeit, eine „Turnhalle für den Kopf" werden (Interview 2); ein Ort des spielerischen, aber dennoch leistungsorientierten Umgangs mit Naturwissenschaften und Technologien.

In Kap. 12-15 wird schrittweise die Machart der Organisation in ihrer Entstehung in den Jahren 2008 bis 2014 rekonstruiert. Entgegen einer deterministischen Auslegung von Wirtschaftszielen und Bildungspraktiken wird herausgearbeitet, dass die regionalökonomische Umgebung in fragiler und doch folgenreicher Weise in die Organisation einer regionalen Bildungsstätte hineinwirkt. *Der Schlussteil* widmet sich einer Politisierung des Zwischenraums – zunächst indem Revue passiert wird, wie mit dem Fachkräftemangelbegriff Politik gemacht wird. Zu dem Zweck unterscheidet die Zusammenfassung in Kap. 16 zwischen den Prämissen, Praktiken und den Folgen der Fachkräftemangeldebatte. Ein programmatischer Ausblick in Kap. 17 schließt die Arbeit ab. Der Begriff der Entkopplung wird vorgeschlagen, um die Folgeerscheinungen der Fachkräftemangeldebatte zu problematisieren und um den Prämissen von Bildungsangebot und -nachfrage eine alternative Vorstellung gegenüberzustellen. Auf dieser Basis wird eine Forschungsprogrammatik umrissen, die feldsoziologische Ansätze und nachhaltigkeitswissenschaftliche Fragestellungen verbindet.

EINE POLITISCHE SOZIOLOGIE DES ZWISCHENRAUMS

2. Illusio(n) Fachkräftemangel? Prämissen und Folgen des regionalökonomischen Angebot-Nachfrage-Schemas

> „Das Thema Fachkräftemangel ist inzwischen das Kernproblem der deutschen Unternehmen. Das ist nicht Brexit, das ist nicht Trump, das sind nicht andere Krisen." (Eric Schweitzer, Präsident des Deutschen Industrie- und Handelskammertags am 14.08.2017 in dem Südwestrundfunk)

> „Maybe part of the problem is not that we're not filling the pipeline, but that you're flushing the toilet too many times" (Interviewaussprache, zit. in Benner 2008, S. 199)

Im Motiv des Fachkräftemangels, dem vermeintlichen „Kernproblem der deutschen Unternehmen" (siehe oben), handelt es sich um eine politische Ästethik: Die beinahe physikalische Idee, dass Beschäftigte der Region zufließen und abfließen, begründet die derzeit aufkeimenden Praktiken und Institutionen einer regionalökonomischen Bildungslandschaften. In dieser Ästhetik verbinden sich bildungsökonomische, räumliche und institutionelle Grundannahmen über das Verhältnis von Bildungsorganisation und Wirtschaftsregion: zum ersten die Behauptung einer Schieflage zwischen Bildungsangeboten und der regionalen Nachfrage nach qualifizierten Arbeitnehmern, zum zweiten die territoriale Eingrenzung von Wirtschaftsräumen und zum dritten der abgeleitete Koordinationsbedarf. Zusammengenommen führen diese weit verbreiteten Grundannahmen in den USA als auch in Deutschland dazu, dass sich sektorübergreifende Initiativen um den Aufbau von regionalen Bildungsräumen bemühen.

Da sich die Prämissen und Folgen des Fachkräftemangels nicht endgültig klären lassen, sondern wesentlich durch ihre Ungreifbarkeit charakterisiert sind, werden sie als *Illusio(n)* verstanden. Dieser mehrdimensionale Begriff macht den Fachkräftemangel angreifbar für eine Kritik, wie sie in dem zweiten Mottozitat angedeutet und hier weiterentwickelt wird. So ist die Idee trügerisch, dass die „Pipeline" zwischen Ausbildung und Beschäftigung bildungspolitisch repariert werden soll und kann. In diesem ersten Sinne des Wortes sind schon die Prämissen des Fachkräftemangels *illusorisch*. Über eine eindimensionalen Ablehnung aber, wie sie dem „Märchen" (Osman 2017), der „Fata Morgana" (Braun und Pfeil 2011) oder dem „Mythos Fachkräftemangel" (Brenke 2012, Gaedt 2014) oft entgegen gehalten wird, gehe ich hier hinaus und widme mich den fragwürdigen Prämissen nur am Rande.

Vielmehr wird auch ein desillusionierter Blick auf die Folgen der Fachkräftemangeldebatte geworfen. Die Auslegung von wirtschafts- und bildungspolitischen Problemlagen im Lichte des Fachkräftemangels verdeckt nämlich, dass nicht die „Pipeline" das Problem ist, die vermeintlich vom Input neuer Bildung zum Output neuer Arbeitskräfte führt. Problematisch sind allerdings die unterstellten Bedarfe, die jene „Pipeline" erst plausibel machen. Das suggerierte Verhältnis von Angebot und Nachfrage wird in und durch wirtschaftspolitische Machtverteilungen erst konstruiert. Hinter dem vermeintlichen Korrekturbedarf auf Seiten von Bildungsorganisationen steht also eine *illusorische* Folgewirkung in einem zweiten Sinne des Wortes: Das logische Schema von Angebot und Nachfrage prägt auch das soziale Verhältnis von Bildungsorganisation und Wirtschaftsregion. Es bestimmt nach welchen Spielregeln Probleme definiert und Lösungen ausgehandelt werden (von lat.: illudere = sein Spiel treiben; vgl. Bourdieu 1998a). Die vorliegende Arbeit zeigt wie die behaupteten Mängel zum handlungsleitenden Politikum werden; wie sie hintergründige Problemlagen verdecken, alternative Auslegungen ausschließen und zur Organisation von regionalökonomischen Bildungslandschaften beitragen.

Auf Grundlage dieser Analyse wird eine argumentativ aufwändige Kritik vorgeschlagen: In der Rede vom Fachkräftemangel werden zum einen die bildungsökonomischen Leistungskapazitäten von Bildungsorganisationen überfordert, zum anderen wird die räumliche Bündelungswirkung von Wirtschaftsregionen überschätzt. Der Fachkräftemangel erscheint in der politischen Praxis zwar durchaus als belastbare Politikperspektive, in der

Folge einer trügerischen Perspektivverschiebung aber manifestiert er asymmetrische Kräfteverhältnisse zwischen Bildungsorganisation und Wirtschaftsregion. Bevor diese Folgeerscheinung am Beispiel von deutschen und amerikanischen Bildungslandschaften und -organisationen spezifiziert werden kann, erfasst das folgende Kapitel die Perspektivprobleme des Fachkräftemangels, um daraufhin einen passenden Forschungszugang zu konstruieren. Im *ersten Abschnitt* werden die drei angedeuteten Dimensionen und die Kernthese der Arbeit präzisiert. Dann greift der *zweite Abschnitt* die bildungsökonomische Dimension auf und hinterfragt, wie belastbar das Diagnoseschema von Angebot und Nachfrage überhaupt ist und inwiefern es Bildungsorganisationen belastet. Der *dritte Abschnitt* skizziert die in der Rede von Wirtschaftsregionen angelegten Raumvorstellungen. Mit Henri Lefebvre wird von einer „doppelten Illusion" gesprochen (1991), um im Fachkräftemangel einen raum-produktiven Zusammenhang herauszuarbeiten. Der *vierte Abschnitt* macht den Auftakt dazu, den Fachkräftemangel gerade wegen seiner illusorischen Komponenten in seinen steuerungspolitischen Folgeerscheinungen ernst zu nehmen und bündelt damit zum Abschluss des Kapitels das ganze Forschungsvorhaben.

2.1 Zentrale These: Fachkräftemangel als Trugbild und Spielregel

In vielen hochindustrialisierten Ländern konstatieren wirtschaftspolitische Akteure und Demografieforscherinnen häufig eine „Skills Gap", eine „Skills Shortage" oder auf Deutsch: einen Fachkräftemangel (z. B. Pfenning und Renn 2012).
Die Sprecherinnen und Adressaten dieses Diskurses sind vielfältig und können nur beispielhaft zu Wort kommen (vgl. Bundesagentur für Arbeit 2006; Lutz, Grünert, und Ketzmerick 2010; Pfenning und Renn 2012; in den USA: Cappelli 2012; Handel 2003; Kurtzleben 2013; Lafer 2002). In

den USA, aber auch in Deutschland, treten nicht allein Unternehmen oder wirtschaftspolitische Akteursgruppen auf, sondern insbesondere sektorübergreifende Allianzen und Governanceverbünde. Beispielsweise bringen sich unternehmensbasierte Non-Profit-Organisation wie *Change The Equation* (CTEq), von CEOs aus US-Unternehmen gegründet, als wirtschaftspolitische Fürsprecher ein. Durch Unternehmensbefragungen, de facto also Selbstbefragungen, wird eine faktische Grundlage für die Angebot-Nachfrage-Problematik geschaffen. *CTEq* (2013) zählt einige beispielhafte Befunde auf:

> Yesterday, Bayer Material Science and Change the Equation released findings from a survey of 150 Fortune 1000 talent recruiters […]. The findings leave little doubt about the challenges companies are facing. [...] About two thirds […] of talent recruiters said there are more STEM than non-STEM jobs being created at their companies today. More than half [...] talent recruiters at non-STEM companies held that view. A full three fourths […] of talent recruiters – including 68 percent at non-STEM companies – said that STEM job creation would outpace non-STEM job creation ten years from now. […] Of those, who say they cannot, more than nine in ten attribute their challenges to a shortage of qualified STEM candidates. Less than 20 percent said they were seeing enough African American, Hispanic or American Indian candidates. More than half […] said these shortages had lowered their companies productivity.

Neben der Fürsprecherrolle tritt *CTEq* hier als bildungspolitischer Stakeholder auf: Die Mehrheit der von *CTEq* befragten und vertretenen Unternehmen geben an, dass ihre Produktivität durch ein Rekrutierungsproblem behindert sei, welches sich im Wesentlichen auf einen Mangel an qualifizierten Bewerbern im naturwissenschaftlich-technischen Bereich zurückführen ließe. Beispielhaft positioniert sich *CTEq* sogar als politischer Gestaltungsakteur: Die Selbstbeschreibung der Unternehmen wird als Grundlage für eine bildungspolitische Reformbewegung herangezogen, welche man selber als sektorübergreifende Allianz lostreten will (vgl. in Deutschland Ernst & Young 2017). Augenscheinlich ist die Rolle von Organisationen wie *CTEq*, die zugleich als Fürsprecher, Stakeholder und Gestaltungsmacht auftreten zentral an die diagnostische Behauptung des im Fachkräftemangel suggerierten Koordinationsbedarfs geknüpft.

2.1 Zentrale These: Fachkräftemangel als Trugbild und Spielregel

Gewissermaßen schafft *CTEq* eine Koordinationsleerstelle und besetzt diese selbst auf Basis der eigenen interessenspolitischen Stellvertreterposition (vgl. Lafer 2002 für eine ähnliche Analyse). Der zugrundeliegende Bildungsbegriff, der sich meist mit einem nachfrageorientierten Verständnis von Bildungspolitik verbindet, wird in den USA mit dem Akronym STEM abgekürzt. Hierzulande hat sich das MINT-Kürzel etabliert. Dieses bezeichnet in beiden Ländern das interdisziplinäre Amalgam aus *Science, Technology, Engineering* (im Deutschen oft auch *Informatik*), und *Maths*. Aus der Nachfrage nach Mitarbeitern, die in MINT-Fächern qualifiziert sind, wird somit der Bedarf für ein bildungspolitisches Umlenken abgeleitet.

Der MINT-Begriff ist eng mit einer regionalen Dimension verbunden. Eine aktuelle Veröffentlichung der für die bundesdeutsche Debatte zentralen Körber-Stiftung (Dittmer 2015, S. 6) bezeichnet ihn sogar als wesentlich für das Populärwerden von regionalökonomischen Bildungslandschaften, so dass die Körber-Stiftung, die ebenfalls als Fürsprecherin und Gestalterin auftritt, von MINT-Regionen spricht. Es gebe eine wachsende Aufmerksamkeit für die im Fachkräftemangel angedeuteten bildungsökonomischen Missstände und daraus speise sich eine „Gründungswelle" für regional ausgerichtete MINT-Initiativen. Weiterhin verweist die Körber-Stiftung auf einen raum- und bildungspolitischen Trend, der darin bestehe, „Kommune[n] als [den] Raum [zu fördern], in dem sich formelle und informelle Bildungsprozesse vollziehen" (ebd.). Demgemäß werden in den US-amerikanischen und deutschen Debatten zum Fachkräftemangel gleich mehrere politische Register eingesetzt und mehrere Handlungsfelder miteinander verbunden.

- *In einer bildungsökonomischen Dimension* wird eine Diagnose gestellt: Demnach entsprechen das Angebot an Arbeitskräften und die dazugehörige (Aus-)Bildungsleistungen nicht den Bedürfnissen der Arbeitgeber.
- *In einer räumlichen Dimension* ist das Verhältnis zwischen regionaler Wirtschaft und Bildung angesprochen. Beiderseits werden unter-

schiedlich skalierte Strukturen aufeinander bezogen: genauer gesagt werden einerseits Wirtschaftsräume vorausgesetzt, innerhalb derer andererseits Bildungsorganisationen auf regionalökonomische Zielhorizonte ausgerichtet werden.

- *In einer institutionellen Dimension* hat die behauptete Diskrepanz zwischen Bildungsangebot und Wirtschaftsnachfrage einen Aufforderungscharakter. Bildungsangebote seien an regionalökonomische Bedarfsstrukturen anzupassen, um das Verhältnis von Angebot und Nachfrage ausgleichen zu können. Diese Implikation könnte politische Denkweisen anstoßen und Initiativen wie CTEq oder die Körber-Stiftung dazu mobilisieren, den unterstellten Mangel zu vermessen, zu diskutieren und beheben zu helfen.

Im Vorgriff auf die empirischen Einblicke lässt sich der Fachkräftemangel so als eine dreidimensionale Debatte begreifen, und wie im Titel der Arbeit angedeutet, wird in diesen drei Hinsichten von einer Illusio(n) gesprochen. Das ist ein passender Begriff, da hier nicht allein Ideen, Imaginationen und gar Ideologien vorgebracht werden, die kritikwürdig sind. Spezifischer noch kann von einer Illusion im Sinne einer Sinnestäuschung gesprochen werden. Diese ist inhärent mit akteursspezifischen Blickwinkeln, vermittelnden Medien, institutionalisierten Glaubenssätzen und situativen Ausgangslagen verbunden und entfaltet eine konvergierende Wirkung: Indem die divergenten im Fachkräftemangel getroffenen Annahmen unter sozialen und politischen Umständen alltagstauglich werden und als legitim gelten, werden sie trotz inhärenter Widersprüche und gegenläufiger Indizien aufrechterhalten und gebündelt.

Ausschlaggebend ist also, dass der Fachkräftemangel eine multireferenzielle Bezugnahme erlaubt und eine sektorübergreifende Kooperation nahelegt: bildungspolitische und wirtschaftspolitische, lokale und globale Aspekte werden durch die Angebot-Nachfrage-Diagnostik auf unterschiedlich gelagerte Akteure bezogen und zu einer politischen Agenda verdichtet, möglicherweise sogar zu einem institutionellen Handlungsfeld zwischen Bildung und Wirtschaft.

Mit dem Ziel, diesen illusorischen Gehalt des Fachkräftemangels greifbar und zugleich für eine Kritik angreifbar zu machen, liegt der Fokus der Arbeit auf jenem Handlungsfeld. Denn in der dritten, institutionellen Dimension schlagen sich die bildungsökonomische und räumliche Dimension handlungsrelevant nieder. So erklärt sich die Wirkungsweise des Diskurses dadurch, dass der Fachkräftemangel teils virtuellen Deutungsangeboten, teils territorialen Steuerungsabsichten und teils divergenten Interessenverhältnissen Auftrieb gibt und diese in politischen Gestaltungs- und Organisationsschemata miteinander in Beziehung setzt. Feldsoziologisch ausgedrückt lässt er sich als eine *Illusio* (ohne -n) bezeichnen, also nicht allein als Sinnestäuschung, sondern als implizite Regel eines politischen Spiels (Bourdieu 1985a, S. 140 f.): Als ein „unbewusste[r] Vollzug der Spielregeln" (Barlösius 2013, S. 153), die das Handlungsfeld zwischen Bildung und Regionalwirtschaft strukturieren. In dieser perspektivischen und situativen Weise wird im Fachkräftemangel nicht allein ein relativ globales, soziotechnisches *Imaginary* nahegelegt und verbreitet, dessen Wirkung auf einer hegemonialen Diskursmacht, auf technologischen Implementation oder auf einer gestalterischen Suggestivkraft beruht (vgl. Jasanoff und Kim 2015). Vielmehr liegt eine Raum- und Gestaltungsoptik vor, die multiperspektivische Bindewirkung und Orientierungsleistung hat. So bietet der Fachkräftemangel als sektorübergreifende Politikagenda zwischen Bildungsangebot und -nachfrage eine Koordinationsplattform, die sowohl für Bildungs- als auch für Wirtschaftsakteure anschlussfähig ist. Im sektorübergreifenden Zusammenspiel von pädagogischen und ökonomischen Bedarfszusammenhängen täuscht er über diagnostische Ungereimtheiten hinweg, legitimiert neue Vermittlungsbeziehungen und verdeckt hintergründige Problem- und Konfliktlagen. Dies ist die Erkenntnis, die theoretisch konzeptualisiert, empirisch belegt und kritisch aufgegriffen wird.

Der bisherige Ausblick erklärt auch den Titel des Buches und das Vorhaben dieses Kapitels in welchem präziser noch von einer dreifachen Illusio(n) die Rede ist: Denn seien die bildungsökonomisch fragwürdigen und regionalpolitisch suggestivkräftigen Prämissen noch so lückenhaft, sie geben jenen Akteuren eine Handlungsorientierung, die sich in institutionellen Zwischenbereichen um eine neue, regionalökonomisch ausgerichtete Bildungsarbeit bemühen. Es handelt sich in der Arbeit also primär um eine feldsoziologische Kritik der institutionellen Folgen der Diagnose eines Fachkräftemangels, nur sekundär um eine Kritik an ihrem illusorischen Gehalt. Als erste Grundlegung wird nun nachgezeichnet, was landläufig unter dem Fachkräftemangel verstanden wird und wer dabei adressiert wird.

2.2 Die Illusion einer nachfrageorientierten MINT-Bildung

In den vielen Behauptungen des Fachkräftemangels wird stets ein vermeintlicher Mangel an kompetenten Arbeitssuchenden als Schnittmenge für divergente Problemlagen gesehen und als Stellschraube für bildungspolitische Lösungsansätze konstruiert. Der Fachkräftemangel ist demnach durchaus, mit den Worten des ehemaligen Wirtschaftsministers Rainer Brüderle, ein mehrdimensionales „Schlüsselproblem für den deutschen Arbeitsmarkt" (Spiegel Online 2012): In zeitlicher Hinsicht wird mal eine aktuelle Beurteilung der Interdependenz von Beschäftigungs- und Ausbildungszyklen vorgenommen (Stalinski 2015), mal eher eine vorausschauende Prognose nahegelegt (Kramer und Plünecke 2015), mal internationale, mal bundesstaatliche oder regionale Territorien umfassend (vgl. Brenke 2012). Seine vielfältigen Ursachen habe der Fachkräftemangel in struktureller Hinsicht in frühen Renten (Karriere Spiegel 2017), in sinkenden Ausbildungsquoten (Seyffarth 2017), in der Digitalisierung (Ernst & Young 2017), in globalisierten Arbeitsmärkten (Siems 2011) oder, so einige Kritiker, in unattraktiven Löhnen (Spiegel Online 2012) und der Entwertung von manueller Arbeit (Osman 2017).
Die antizipierten Folgewirkungen werden oft skandalisiert – sei es als „Schlüsselproblem" (Spiegel Online 2012), „Revolution" (Siems 2011)

2.2 Die Illusion einer nachfrageorientierten MINT-Bildung 27

oder als „Ausbildungskrise" (Seyffarth 2017) und sind nicht weniger vielfältig: Das diagnostizierte Missverhältnis zwischen steigenden Arbeitgebernachfragen im technischen und naturwissenschaftlich geprägten Tätigkeitsbereichen einerseits und mangelhaften Bildungsanreizen und -angeboten andererseits münde in sozioökonomischen und sogar kulturellen Krisen. Wahlweise in einem Verlust an regionaler oder sogar nationaler Wettbewerbsfähigkeit (Siems 2012), in einem abnehmenden Bildungsniveau der Gesamtbevölkerung (Seyffarth 2017), in der Schwächung von kleinen und mittelständischen Betrieben deren Zugriff auf internationale Arbeitsmärkten beschränkt ist (Mesaros, Vanselow und Weinkopf 2009) und nicht zuletzt in einem ökonomischen und kulturellen Niedergang von mittelständischen Unternehmen, traditionellen und neuen Handwerkskünsten und von der Innovationskraft der regionalen oder nationalen Bevölkerung (Siems 2012, Seyffarth 2017).

Es paart sich also eine Skandalrhetorik mit einer betont faktischen Sprechweise, in der die Ein- und Ausflüsse regionaler Arbeitsmärkte trotz ihrer notorischen Ungewissheit immer wieder vermessen und mit dem Charakter eines politischen Appells versehen werden. Diese Faktizität und Dringlichkeit täuscht darüber hinweg, dass der politische und sachliche Status der Fachkräftemangeldebatte recht vage bleibt. Handelt es sich in bildungsökonomischer Hinsicht um eine Illusion?

Den zugrundeliegenden Annahmen wurde schon in der Debatte um den Postindustrialismus einige Skepsis entgegengetragen (Drucker 1986; Stehr 2003, 2006). Auch die jüngere Forschung weist auf diagnostische Probleme hin und macht deutlich, dass die Unzufriedenheit von Arbeitgebern andere Ursachen haben kann als einen Mangel an abgeschlossenen Qualifikationen, kognitiven Kapazitäten, technologischen Kenntnissen oder operativen Fähigkeiten:

> Evidence suggests that the growth in educational attainment has decelerated, cognitive skill levels have remained stable, and job skill requirements have gradually increased, but a large portion of employer dissatisfaction relates to effort levels and work attitudes of young people that may represent transitory,

life-cycle effects. There is little information on whether job demands are actually exceeding workers' capacities. The absence of a standardized, up-to-date method of collecting information on the actual skill content of jobs is a significant obstacle to answering this question with confidence (Handel 2003, S. 135).

Fundierte Aussagen zur Angebot-Nachfrage-Diagnostik seien vielmehr behindert durch einen dreifachen Wissensmangel: Das Wissen über die karrierestrategisch relevanten Fähigkeiten von Arbeitnehmern sowie das Wissen über jobspezifische Anforderung sei ungenügend. Außerdem, so Handel weiter, sei es schwierig, die Kausalität zwischen Angebot und Nachfrage festzustellen (ähnlich Lafer 2002, Cappelli 2012).

In Bezug auf diese Interdependenz von Bildung und Beschäftigung hat schon Burkart Lutz (1979) gegen die auch im Fachkräftemangel unterstellte Annahme argumentiert, der zufolge die Arbeitgebernachfrage Anpassungsbemühungen im Bildungssystem hervorbringe. Zwar behauptet Lutz inzwischen mit Bezug auf Ostdeutschland[2], dass in naher Zukunft ein Fachkräftemangel drohe (Lutz, Grünert und Ketzmerick 2010), die Logik seiner frühen Arbeit bietet aber eine Grundlage, um den kritischen Blick auf die Bildungsimplikationen des Fachkräftemangels zu schärfen. Lutz' Kritik ist mit der Genealogie von Interdependenzverhältnissen auch als feldsoziologische Kritik zu verstehen: So kann das funktionalistische Denkbild von Push-und-Pull-Bewegungen zwischen Angebot und Nachfrage nicht hinreichend die dynamische Interdependenz von Bildung und Beschäftigung erklären. Wirkungsvoller erscheint es auch aus dieser Perspektive, Grenzbereiche zwischen Feldern auf mul-

---

[2] In den neuen Bundesländern lag nämlich lange ein Überschuss an qualifiziertem Nachwuchs vor, der mit einer alternden Gesellschaft und dem Wegzug nun relativ plötzlich in einen Nachwuchsmangel umzuschlagen droht, so der Bericht der Otto-Brenner-Stiftung (Lutz, Grünert und Ketzmerick 2010).

2.2 Die Illusion einer nachfrageorientierten MINT-Bildung 29

tireferenzielle Praktiken und institutionelle Mischverhältnisse (und womöglich auf die Verdichtung neuer Felder)hin zu untersuchen. Erst in der Bildungsexpansion, so Lutz' Kritik an der Pull-These, ist die Notwendigkeit entstanden, den „Input" des Bildungssystems als Instrument gegen soziale Ungleichheiten und als ökonomischen Beitrag einzusetzen (1979). Der Überschuss an Absolventinnen höherer Einrichtungen sei aber nicht nur Resultat einer Bildungsreform. Vielmehr wendet er ein, dass die Bildungsexpansion untrennbar mit der Ausweitung des öffentlichen Dienstleistungssektors als Beschäftigungsfeld für Hochgebildete verbunden war. Insofern war die Bildungsexpansion weder einer verlorenen Autonomie der Bildung noch ihrer arbeitsmarktlichen Nachfrage geschuldet. Hauptursache sei vielmehr eine historisch kontingente Verknüpfung beider Aspekte gewesen. Diese Kopplung von Arbeitsmarkt und Bildungssystem habe insbesondere mit dem wachsenden öffentlichen Dienst die Arbeitsplätze für wachsende Absolventenzahlen geliefert.

Nach Lutz' Gegendarstellung sind ein Überschuss an sogenannten gebildeten Ungelernten und ein Planungsbedarf erst entstanden, als diese Beschäftigungsgelegenheiten zurückgegangen sind. Mit anderen Worten: „[...] [T]he problem is not that we're not filling the pipeline, but that you're flushing the toilet too many times" (Interviewaussprache, zit. in Benner 2008, S. 199).

Die Arbeitskräfteprobleme sind damit weniger Ursprung als interdependente Wirkung der Bildungsexpansion. Sie wurden, unter Hinzunahme der inzwischen verfügbaren Planungstechniken, in Bildungsprobleme übersetzt (vgl. Lafer 2002). In der Folge wird mit den so konstruierten Regulationsbedürfnissen die Trennung von Berufsbildung und Hochschule im Nachkriegsdeutschland gefestigt. Damit entstehen relativ ausschließliche Karrierepfade, mitsamt den damit verbundenen biografischen Entscheidungsdilemmata, entweder Hochschulbildung oder Ausbildungswege einzuschlagen. Auch die Unterscheidung der Arbeitswelt in Wissensarbeit einerseits und körperliche Arbeit andererseits sieht

Lutz als Folgeerscheinung der Bildungsexpansion. Damit ist auch die in der Fachkräftemangeldebatte geäußerte Beschwerde der Arbeitgeber, dass akademische Qualifikationen als berufspraktische Qualitätsurteile nicht mehr zuverlässig seien, eine Folge der Bildungsexpansion. Denn erst mit der Ausweitung, Zugangserleichterung und Differenzierung von Bildungsangeboten, so Lutz, gewinnt das selbstreferenzielle Laufbahnsystem akademischer Qualifikationen gegenüber berufspraktischen Qualifikationen an Bedeutung.

Die Tatsache, dass in der Behauptung eines Fachkräftemangels nichtsdestoweniger die Pull-These befürwortet wird, also eine nachfrageorientierte Ausbildungsstrategie, lässt sich auch auf dieser historischen Grundlage kritisieren. So wird für gewöhnlich den betriebswirtschaftlichen und beschäftigungspolitischen Folgen der Bildungsexpansion weniger Aufmerksamkeit gewidmet. Tendenziell werden vielmehr Bildungspolitik und -institutionen in die Verantwortung genommen.

Gerade wenn man die Bildungsexpansion als historischen Ursprung des Problems anerkennt, kann man allerdings auch andersherum argumentieren, also entlang einer Push-These: Denn in der umgekehrten Wirkungsrichtung reagiert die Bildungspolitik nicht im Alleingang auf Beschäftigungsverhältnisse; vielmehr reagieren Betriebe auch ihrerseits, etwa in ihrer Beschäftigungspolitik und Produktion, auf die zur Verfügung stehenden Arbeitnehmer. In dieser Push-These, die Lutz und andere (Drucker 1968, Stehr 2003) befürworten, reproduzieren Betriebe etwa in ihrer innerbetrieblichen Arbeitsteilung auch ihrerseits die Hierarchie von Hochqualifizierten und Niedrigqualifizierten und tragen insofern dazu bei, dass der mittlere Lohnsektor und anspruchsvolle manuelle Tätigkeiten weniger Aufmerksamkeit kriegen.

Auf volkswirtschaftlicher Ebene lässt sich vor dem Hintergrund von Lutz' (1979) historischer Kritik auch für Deutschland ein breiterer Zusammenhang konstatieren, den Gordon Lafer in Bezug auf die USA formuliert: „Job Training has become a permanent fixture of federal employment policy and a favorite response to the politics of economic

2.2 Die Illusion einer nachfrageorientierten MINT-Bildung 31

anxiety" (Lafer 2002, S. 210). Sowohl die Kosten von Wirtschaftswachstum, die auch im gestiegenen Arbeitsvolumen zu sehen sind, als auch sozioökonomische Ungleichheiten und Arbeitgebernachfragen werden zu reformistischen Bildungsproblemen umformuliert. Der im Fachkräftemangel konstatierte Koordinationsbedarf ist inmitten von gesellschaftspolitischen Problemlagen wohl eher eine „permanent fixture" (ebd.). Adäquater wäre es, sie als wirtschaftspolitische Problemlagen zu deuten. Zu diesem Schluss kommt auch Handel (2003, S. 16) in der Zusammenschau US-amerikanischer Studien:

> Raising everyone's absolute cognitive skills and work readiness will not increase wages and decrease inequality if wages are determined by the structure of jobs and one's relative position in the worker queue.

Das Versäumnis, dass die unterstellten strukturellen Zusammenhänge nicht grundsätzlich überprüft werden, ist nicht allein eine bildungsökonomische Ungenauigkeit. Jenseits der in den USA stärker ausgeprägten „economic anxiety" (Lafer 2002, S. 210) und jenseits von nationalen Unterschieden in Arbeitsmarkt und (Aus-)Bildung, werden in der deutschen und in der US-amerikanischen Fachkräftemangeldebatte politisch-ethische Verantwortungsbeziehungen verschoben: Wirtschaftspolitik und Betriebsführung werden tendenziell von der Verantwortung für soziale Aufstiegsmöglichkeiten *entlastet*, individuelle Bildungskarrieren und Bildungsträger dagegen *belastet*. Einer solchen Verantwortungsverschiebung wird etwa dadurch Auftrieb gegeben, dass regionalpolitische Bildungsinitiativen und -reformen eine Bedarfsthese aufstellen, die die Interdependenz von Bildung und Beschäftigung vereinfacht und zum Regulationsgegenstand macht.

Zusammenfassend lässt sich die Vermessung von Angebot-Nachfrage-Beziehungen im Wechselspiel von regionaler Bildung und Wirtschaft als relativ illusorisch bezeichnen. Nichtsdestotrotz bleibt das Phänomen des Fachkräftemangels gesellschaftlich und auch analytisch interessant. So rücken in dem kritischen Exkurs territoriale und institutionelle Grenzziehungen in den Vordergrund. Bevor diesen nachgegangen wird, wird nach den Adressaten der Fachkräftemangeldebatte gefragt.

Organisationen als bildungsökonomische Adressaten

Wer ist in der bildungsökonomischen Mangelbehauptung angesprochen? Wo müsste man hinschauen, um Folgen und Nebenfolgen der Fachkräftemangeldebatte zu sehen? Viele Ursachen und Folgen können schwerlich direkt beeinflusst werden – seien es der demografische Wandel, die Digitalisierung oder die Globalisierung. Als vielversprechendes Mittel gegen einen vermeintlichen Fachkräftemangel aber werden Bildungsorganisationen adressiert: es gelte die Motivationen von (zukünftigen) Arbeitnehmern durch ausbildungs- oder familienpolitische Anreizstrukturen zu beeinflussen (SZ online 2012), die Curricula von Schulen auf Arbeitnehmerbedarfe auszurichten (Fleischmann 2015) oder das Engagement von außerschulischen Bildungsträgern, die durch Förderprogramme an regionalökonomische Anliegen zu binden (Koch 2015).

Viele der herausgearbeiteten Prämissen betreffen also Leistungen, die üblicherweise von Organisationen im Bildungs- und Arbeitsmarktbereich getragen werden. Mehr noch: deren institutionalisierte Konventionen werden zur Disposition gestellt. Nicht allein Professionen, Institutionen und Didaktiken gelten in der Folge als Maßstabsgeber für gute Bildungsarbeit. Auch Arbeitgeberanliegen und wirtschaftspolitische Förderprogramme werden nun zugrunde gelegt und eine gewisse Kontextsteuerung wird nach Maßgabe von ökonomischen Bedarfsstrukturen in Anschlag gebracht: Lokale Bildungsinstitutionen werden nun in ihrer singulären Autonomie entgrenzt, in ihren sektorübergreifenden Kooperationsstrukturen vernetzt und in ihrer räumlich-sektoralen Orientierung auf regionales Wirschaftswachstum ausgerichtet. Als ein bildungspraktischer

2.2 Die Illusion einer nachfrageorientierten MINT-Bildung 33

Wirkungskontext kann insgesamt also eine Regionalisierungsbewegung ins Auge gefasst werden. Auch aus soziologischer Perspektive sind Organisationen der zentrale Ort, an dem sich die Fachkräftemangel-Diagnostik in ihren Prämissen und Folgen beobachten lässt. Dieser Fokus wird in öffentlichen und wissenschaftlichen Debatten zwar häufig angedeutet, selten aber untersucht. Die soziologischen Begriffe der Kopplung und Entkopplung sind diesbezüglich besonders hilfreich.

Systemtheoretisch gesprochen lässt sich das Verhältnis von Funktionssystemen, hier: Wirtschaft und Bildung, problematisieren. Der passende Begriff der strukturellen Kopplung bezeichnet eine wechselseitige Orientierung, die aber, vor allem dank der multireferenziellen Belastungsfähigkeit von Organisationen, ohne einen Autonomieverlust dieser Mikrokosmen auskommt. Anstatt dass Umwelterwartungen zwangsläufig also gegeneinander abgewogen oder für Vermittlungsakteure zur Überforderung werden, lassen sich Vermittlungsbereiche und -organisationen als „Treffraum für Funktionssysteme" verstehen (Luhmann 2000, S. 398). Besonders in Erwartungskontexten, die vielbezüglich sind, gerade zwischen Bildungs- und Wirtschaftsakteuren, sind es meist Organisationen, die die zentrale Verknüpfung übernehmen und die sich selbst als eine absorptionsfähige Schnittstelle aufstellen (Luhmann 2000, S. 398; vgl. Bora 2001): In Deutschland ist besonders das duale Ausbildungssystem eine historisch etablierte Schnittstelle, um vielfältige Erwartungskontexte zu vermitteln und in Ausbildungsprogramme zu übersetzen (Greinert 1993).

Mit Blick auf die Struktur einzelner Organisationen ist ein weiterer Kopplungsbegriff hilfreich: die lose Kopplung. Diese spielt insbesondere in der neoinstitutionalistischen Organisationsforschung eine wesentliche Rolle und dient hier dem Anliegen, den politisch-kulturell angelegten Verknüpfungsideen von Organisation und Organisationsumwelt in ihrer tatsächlichen Folgewirkung nachzugehen. Dem begrifflichen Urheber Karl Weick zufolge bezeichnet „loose coupling" (Weick 1976, S. 3) ein

2.3 Die Illusion einer regionalökonomischen Bildungslandschaft

Wenn Organisationen implizit im Fokus der Fachkräftemangeldebatte stehen, welchen Kräften und Erwartungen sind sie im Rahmen von Wirtschaftsräumen ausgesetzt? Expliziter als Organisationen, sind in der Fachkräftemangeldebatte Regionen angesprochen; ein räumliches Territorium einerseits, in dem die Mängel diagnostiziert werden, sowie eine territoriale Steuerungspolitik andererseits, die sich dieser Mängel reformerisch annimmt. Insbesondere wenn man Regionen als territoriale und politische Konstellationen in Betracht zieht, fällt auf, dass das im Fachkräftemangel angelegte Angebot-Nachfrage-Motiv als Verschaltungsmechanismus gedacht wird und Organisationen entsprechend als Schaltstellen imaginiert. So macht die Mangeldiagnostik nur vor dem räumlichen Hintergrund von nationalstaatlich oder zumindest regionalpolitisch abgegrenzten Wirtschaftsräumen Sinn.

In bundesdeutschen Politikdebatten wurde dies zuletzt deutlich, als der Fachkräftemangel in der sogenannten Flüchtlingskrise thematisiert wurde: Mit der vermeintlichen Einsicht, dass „manchmal [...] ein Problem die Lösung für ein anderes Problem sei" wird der Zuzug von Geflüchteten in der Metapher von Zufluss und Abfluss gedacht und als wirtschaftliche Chance gerahmt. So betrachtet lassen sich grenzüberschreitende demographische Entwicklungen für nationalökonomisches Wachstum nutzen (Diekmann 2016). Das moralisch Gebotene ließe sich mit dem wirtschaftlich Nützlichen verbinden, so konstatieren insbesondere Arbeitgeberverbände – stets unter der Voraussetzung, dass Bildungsinitiativen den Geflüchteten den Eintritt in den Arbeitsmarkt erleichtern (ebd.). Der durch nationale Grenzen geschützte Wirtschaftsraum gilt dann als abgeschlossener Kosmos für Wirtschaftswachstum und als Zielort für globale Humankapitalströme. Wie jedoch gerade der sogenannte Flüchtlingsstrom im Jahr 2015 in letzter Konsequenz deutlich gemacht hat, ist die Unterstellung eines abgegrenzten Wirtschaftsraum einerseits oder

2.3 Die Illusion einer regionalökonomischen Bildungslandschaft

eines regionalen Pools an Arbeitnehmern zwar sachlich umstritten, institutionell und politisch aber folgenreich. In wechselnden Zusammenhängen wirkt der Fachkräftemangel trotz seiner illusorischen Annahmen als plausible und legitime Grundlage für bildungspolitische Entscheidungen und als gestalterische Gelegenheit, um Bildungsbedarfe und Wirtschaftsräume engzuführen. Er stellt ein wirkmächtiges Denkbild bereit: Der ‚Zustrom' oder ‚Abfluss' von Bevölkerung kann bildungspolitisch gemanagt und dem Wirtschaftsraum beigefüttert werden.

Ein zentraler Diskurshintergrund, der eine große Plausibilität und Legitimität garantiert, ist die Gesellschaftsdiagnose der Wissensgesellschaft. So fragt beispielsweise das Bundesministerium für Bildung und Forschung, „[...] wie das regionale Bildungswesen den Ansprüchen einer modernen Wissensgesellschaft genügen kann" (BMBF 2014). In der Debatte der Wissensgesellschaft treffen zwei Facetten aufeinander: Raum- und Bildungsbegriffe, die beide vor dem gesellschaftspolitischen Hintergrund von Wirtschaftswachstum und Humankapital in einer integrierten Weise gedacht und gesteuert werden sollen.

Zum einen wird eine Konjunktur und Krise des Wissens und der implizierten Bedeutungszunahme der Bildung behauptet. Die resultierende Krisen-Diagnostik findet sich bereits in frühen, bundesrepublikanischen Bildungsdebatten, wird spätestens seit dem PISA-Schock aber auch zum Anlass für eine raumpolitische Um-Ordnung (siehe Fallstudie II). In dieser erscheinen Nationalstaaten und Regionen als kompetitive Bildungsräume. Ein historisches und weiterhin aktuelles Vorbild ist die Region San Francisco, mit dem für die Wissensgesellschaft emblematischen Silicon Valley. Hier und andernorts ist es relativ gängig, die Bedeutung von Bildung im Lichte von volkswirtschaftlichen Ziel- und Problemsetzungen zu bemessen (siehe Fallstudie I). Das betrifft ganz besonders die Integration von Bildung und Wissensökonomie (Pasuchin 2012; Stehr 2006). Obwohl diese Integration ein sehr gängiger Topos ist, wird Bildung als regionales oder räumliches Kraftfeld selten untersucht –

ganz im Gegenteil zu Wirtschafts- und Innovationsprozessen (so auch Hinweise von Meusburger 1998; Stahl und Schreiber 2003; Thiem 2008). Zum anderen verbirgt sich hinter der Idee, dass die Kopplung vom Bildung und Wissensökonomie in Regionen stattfindet, auch eine recht abstrakte Raumvorstellung. Was zunächst relativ konkret klingt, sei doch die Region die natürliche Umgebung von Unternehmen und Arbeitnehmern, wird oft mit komplexen Kopplungsbildern hinterlegt (vgl. Kap. 3). In besonders ausdrucksstarken Worten wird oft von einer Kopplung von Netzwerken einerseits und von einer zeitlich-räumlichen Desintegration andererseits gesprochen. Hier deutet sich eine ähnliche Topologie an wie in Peter Druckers „age of discontinuity" (Drucker 1968) oder in Manuel Castells Darstellung von globalen Netzwerke als „dynamisches, offenes System" (Castells 2001, S. 529). Präziser noch besagt diese skalierte Raumvorstellung, etwa bei Castells (2001, 2011), dass alle Orte von den gleichen, technologischen und humankapitalistischen Entwicklungsfaktoren bestimmt sind, sich aber mehr und mehr differenzieren. Bildungslandschaften gelten in der Folge als steuerbare Einheiten, als Resultat, Schauplatz und sogar Akteur in der globalen Nutzbarmachung von Wissen und Bildung.

Doch auch diese bündelnde, regionale Facette wurde in humangeografischen Debatten selten auf die räumliche Konfiguration von Bildung selbst bezogen, welche eher als nationalstaatlich verankerte Produktionsbedingung vorausgesetzt wird. Als inhärente Komponente des evozierten dynamischen Wissensraumes werden Bildungsorganisationen wesentlich seltener bedacht als etwa Forschungsinstitute oder Innovationscluster (Asheim 2012; Rutten und Boekema 2012; Stahl und Schreiber 2003; Stimson, Stough und Roberts 2006, S. 343 ff.). Vor diesem Hintergrund folge ich Rutten und Boekemas kritischem Hinweis und gehe den zugrundeliegenden Raum- und Kopplungsbegriffen nach, anstatt unreflektiert die Rhetorik von vernetzten Lernprozessen auf Regionen anzuwenden (Rutten und Boekema 2012, S. 985). Zu diesem Zweck kann

2.3 Die Illusion einer regionalökonomischen Bildungslandschaft 39

hier noch einmal der Begriff der Illusion aufgeworfen werden, nun in Bezug auf räumliche Prämissen des Fachkräftemangels.

Doppelte Illusion am Beispiel der lernenden Region San Francisco

Im Fachkräftemangel zeichnet sich eine räumliche Kopplungsästhetik ab; eine Vorstellung von Zufluss und Abfluss, verwaltet durch einen transaktionalen Zwischenraum (siehe Kap. 3). Doch mit welchen Raumbegriffen lässt sich diese Vorstellung erfassen? Der frühe Raumsoziologe Henri Lefebvre hat theoretisch bereits den Zusammenhang zwischen ontologischen Raumbegriffen, raumpraktischen Erfahrungen sowie räumlicher Wahrnehmung hergestellt (1991).[4] Er stellt in dieser Absicht eine doppelte Illusion heraus: Räume werden durch symbolische Äußerungen sichtbar und greifbar gemacht, obwohl sie unmöglich zur Gänze sichtbar oder wirksam sein können, so dass räumliche Erfahrung immer einen illusorischen Anteil birgt.

> If it is true that (social) space is a (social) product, how is this fact concealed? The answer is: by a double illusion, each side of which refers back to the other, reinforces the other, and hides behind the other. These two aspects are the illusion of transparency on the one hand and the illusion of opacity, or ‚realistic' illusion, on the other. (Lefebvre 1991, S. 27; Hervorhebungen im Original)

---

[4] Lefebvre (1991, S. 40) unterscheidet genauer gesagt zwischen wahrgenommenen, konzeptualisierten und gelebten Räumen, zwischen drei Mechanismen der Raumkonstitution also. Erstens erschafft und reproduziert „die räumliche Praxis einer Gesellschaft" ihren Raum; „sie setzt ihn und setzt ihn gleichzeitig voraus" (Lefebvre 2006, S. 334). In der „Repräsentation des Raumes" (1991, S. 338) wird wiederum die diskursive Grundlage der räumlichen Praxis durch wissenspolitische Auseinandersetzungen geschaffen und dargestellt. Bei der dritten Facette verdichtet sich die Produktion von Räumen in mehr oder weniger kohärenten Symbolsystemen, in „Räume[n] der Repräsentation" (ebd., S. 339).

Die so beschriebene Raumproduktion umfasst, wie später auch in Martina Löws Raumsoziologie (2001), eine imaginäre und materielle Seite, welche verbunden sind im Begriff der Illusion. Das Produkt dessen sind bei Lefebvre (1991) zwar Territorien, im Fokus steht aber der raumproduktive Prozess als komplexe Dialektik (ebd., S. 27).

> What I shall be seeking to demonstrate is that such a social space is constituted neither by a collection of things or an aggregate of (sensory) data, nor by a void packed like a parcel with various contents, and that it is irreducible to a 'form' imposed upon phenomena, upon things, upon physical materiality. If I am successful, the social character of space, here posited as a preliminary hypothesis, will be confirmed as we go along [Hervorhebung im Original].

In der doppelten Bewegung von materiellen und ideellen Strukturgrößen lässt sich auch der Begriff der Region als symbolisch hervorgebrachtes Territorium bezeichnen. Das Verhältnis von wahrgenommenem, konzipiertem und gelebtem Raum ist in Lefebvres Denken jedoch nicht homogen, wie es der Regionenbegriff nahelegt, sondern fragmentiert und zersplittert. So wendet sich Lefebvre mit dem Begriff der Illusion gegen eine einseitige Reduktion des Raumdenkens. Einerseits gegen eine ideelle, andererseits gegen eine materielle Reduktion, oder in Bernd Belinas postmarxistischer Terminologie (2013, S. 28) gegen den „vulgärmaterialistische[n] Raumfetischismus und idealistische[n] Raumexorzismus" (ähnlich dazu Ingold 1993, S. 172).[5] Der Illusionsbegriff deutet also eine

---

[5] Lefebvre kritisiert (1991) insbesondere das Raumverständnis der poststrukturalistischen Sprachtheorie als idealistisch, spricht sich also gegen die Vorgängigkeit eines sprachlich formatierten mentalen Raumes aus. Die darin angelegte Semiologie reduziere den sozialen Raum auf einen Code und jeden Lebensvollzug auf ein Lesen.

2.3 Die Illusion einer regionalökonomischen Bildungslandschaft 41

perspektivische Überzeichnung an: Es wird sowohl die sinnliche Erfassbarkeit des Raumes als auch seine materielle Greifbarkeit überschätzt.[6]
Um beiden Illusionen nicht anheimzufallen, kann lediglich eine Verschränkung ideeller und materieller Aspekte versucht werden, um die raumproduktive Wechselwirkung momenthaft zu begreifen (vgl. Belina 2013, S. 72). Wie wenn man auf eine Karte rekurriert, um einen erfahrbaren Raum zu erschließen, erschließt erst das hin und her zwischen physischem Raum und seiner Repräsentation eine praktikable Raumvorstellung. Bruno Latour leitet daraus das Vorhaben ab, die moderne Vorstellung einer spiegelhaften Repräsentation zu übersteigen: „Kann man gleichzeitig die Welt und die Karte der Welt auftauchen lassen, ohne sie allzu schnell durch den Begriff der Korrespondenz miteinander zu verquicken?" (Latour 2014, S. 135).
In dieser Fragerichtung folgt der Gedankengang der Arbeit einerseits der Konkretisierung der Begriffe durch ihre Verräumlichung. Insbesondere dadurch, dass in den folgenden zwei Kapiteln Regionen- und Feldbegriffe diskutiert werden, findet insofern eine ideelle Korrektur statt, als dass begriffliche Annahmen in ihrer handlungsleitenden Kapazität nachgezeichnet und gegebenenfalls kritisiert werden. Im Ergebnis werden idealtypische Feldbegriffe formuliert.
Andererseits werden die Begriffe in den darauf folgenden empirischen Kapiteln durch ihre Konkretisierung räumlich ausgelegt. Das heißt, dass sozialräumliche Situationen den idealtypischen Vorstellungen folgend untersucht und auf ihre begrifflich-konstitutiven Hintergründe abgeklopft werden. Erst das Zusammenspiel zeigt dann, welche institutionellen Fol-

---

[6] Hier schließt Belina (2013, S. 26) unmittelbar an Marx an, dem bereits daran gelegen sei, den Materialismus auch als sinnliche Praxis und Erfahrung zu erfassen. Das Ziel der postmarxistischen Raumtheorie sei es demnach, die Produktion von Ideen als verflochten mit materiellen Tätigkeiten zu untersuchen.

geerscheinungen auf die Prämissen zurückgeführt wurden; welche Kritik an den Prämissen und Folgeerscheinungen des Fachkräftemangels also angebracht ist.
Illustriert werden kann die doppelte Illusion beispielhaft durch die Debatte um sogenannte lernende Regionen. Diese hat Analogien zum Fachkräftemangeldiskurs und geht zu großen Teilen auf Studien zu einer Region zurück, die auch ich untersuche. Als begrifflicher Begründer der lernenden Region kann der Wirtschaftsgeograph Richard Florida gelten, als territorialer Referenzpunkt, die Region San Francisco. Um an diesem Gegenstand ihren Regionenbegriff zu prägen, erschufen Richard Florida und Gary Gates (2002) eine Reihe von Forschungs-Indizes, die die empirische Grundlage für Floridas berühmte *Drei Ts* liefern sollten, die Achsen eines sozialräumlichen Integrationsmechanismus: Kreative Städte, so das seither gängige Mantra der regionalen Wirtschaftsförderung, beheimaten Technologie, Talent und Toleranz.
In der Weise begründen Florida, Gates und weitere Autoren eine regionalwirtschaftliche Operationalisierung der Humankapitaltheorie. Seither steht die Region San Francisco emblematisch für die ökonomische Nutzbarkeit von kreativem Lernen und auch andernorts gilt, dass nicht messbare und nicht regulierbare Lernprozesse in eine steuerungspolitische Wirtschaftsförderung einbezogen werden können und sollen. In den Worten der postmarxistischen Raumtheorie lässt sich im Anschluss an Lefebvre sagen: Raum ist auch in Floridas Wirtschaftsgeografie zugleich die „externalisierte Realisierung" von (menschlicher) Arbeit und die „Verdichtung gesellschaftlicher Produktionsverhältnisse" (Gottdiener 1985, S. 128 zit. in Belina 2013, S. 68). In dem wirtschafsgeografischen Begriff der lernenden Region werden beide Seiten einer zugleich realistischen und idealistischen Illusion aufeinander bezogen und in neue regionale und institutionelle Kontexte hineingetragen.
Wie lässt sich diese Erkenntnis weiterverfolgen? Der Begriff der lernenden Region wurde von vielen Wirtschaftsgeographen aufgegriffen (Asheim 1996; Hassink 1996; Morgan 1997), einige haben das Konzept

aus analytischen Gründen als „fuzzy concept" abgelehnt (z. B. Hassink und Klaerding 2012), wenige aber haben die raumkonstitutive und wirtschaftspolitisch opportunistische Begriffsbildung hinterfragt. Noch seltener wurde, wie nun vielfach betont wurde, auf Bildungsprozesse eingegangen, obwohl diese zentral in einen zyklisch-lernenden Wirtschaftsprozess eingebunden werden; sei es in der lernenden Region oder im Fachkräftemangel. Diese Auslassung ist überraschend, sind doch Bildungsprozesse zentraler Bestandteil der sozialräumlich gedachten Wissensgesellschaft und, wie beispielsweise die Universität Stanford in der Region San Francisco, Teil ihrer wirtschaftsgeographischen Gründungsmythen.

Das Versäumnis, Bildung als Bestandteil von Landnahmeprozessen aufzugreifen, wird in dieser Arbeit aufgearbeitet. Der Fachkräftemangel ist dazu dienlich, weil er in dem Bezug auf sozioökonomische und pädagogische Bildungsaspekte sehr anschaulich ist. Er stellt eine Forschungsgelegenheit dar, um in der Region San Francisco und andernorts den Folgeerscheinungen nachzugehen, die sich aus der Annahme einer regionalökonomischen Bildungslandschaft ergeben. Damit münden die bildungsökonomischen und räumlichen Prämissen des Fachkräftemangels in der zentralen Dimension dieser Arbeit: der institutionellen Neuausrichtung von Bildungsprozessen.

2.4 Illusio im Zwischenraum – Das Forschungsvorhaben

Im Fachkräftemangel werden diagnostisch-normative und räumlich-politische Unterstellungen erkennbar, seien es transaktionale Vorstellungen zu bildungsökonomischen Zwischenräumen oder territoriale Vorstellungen zu deren staatlicher Eingrenzung. Da diese zwei, in der Einleitung eingeführten Annahmen trotz sachlicher Ungereimtheiten mit einem starken politischen Gestaltungswillen einhergehen, ist es mit einer Kritik an den Prämissen nicht getan. Sind doch bildungs- und wirtschaftspolitische Schwerpunktverschiebungen zu erwarten, wenn sich einschlägige Akteursgruppen mit großem politischem Gestaltungswillen auf die Fachkräftemangeldiagnose beziehen. Diesen Akteuren, die wie die amerikanische Initiative *CTEq* oder die deutsche Körber-Stiftung mal als wirtschaftspolitische Fürsprecher, mal als bildungspolitische Gestaltungsakteure und Stakeholder auftreten, stehen gleich mehrere Kopplungsmotive zur Verfügung, um die für eine regionalökonomische Bildungslandschaft konstitutiven Verbindungen zu schlagen.

Ein erster Diskussionsbeitrag liegt in dem Hinweis, dass die transaktionale Verbindung zwischen Bildungsangeboten und -nachfragen und deren regionalpolitische Territorialisierung sich im Sinne einer selbsterfüllenden Prophezeiung durchaus verwirklichen. Diesen komplexen Folgeerscheinungen widmet sich die hier vorgelegte Kritik primär. Die bisherigen Erkenntnisse dazu lassen sich wie folgt als Ökonomisierungs-, Regionalisierungs- und Institutionalisierungsprozesse fassen und in Desiderate überführen, in denen jeweils institutionelle Zwischenräume zentral sind.

- In der bildungsökonomischen Behauptung von arbeitsmarktlichen Engpässen werden politische Reformideen mitgedacht und nahegelegt. Die mitgeführten Prämissen und möglicherweise herbeigeführten Folgeerscheinungen ließen sich unter Umständen sogar als *Ökonomisierung* bezeichnen. Unklar bleibt in institutioneller Hinsicht aber, wer oder was ökonomisiert wird, ist doch in der Diagnostik von Angebot und Nachfrage vor allem der Raum zwischen Bildung und Wirtschaft angesprochen. Und in diesem Zwischenraum sind es insbesondere intermediäre Organisationen, in denen mehrere Leistungs- und Bedarfsstrukturen aufeinandertreffen und koordiniert werden. Diese stellen somit einen geeigneten empirischen Fokus dar.
- Territoriale Herrschaftsverhältnisse werden behauptet und möglicherweise eingerichtet. Im Fachkräftemangel wird also eine *Regionalisierung* nahegelegt. Wiederum aber ist unklar, insbesondere wenn man das komplexe Kräfteverhältnis von Föderalismus und Ausbildungssystemen mitdenkt, wem denn eigentlich die Gestaltungsmacht über bildungsökonomische Angebot-Nachfrage-

2.4 Illusio im Zwischenraum – Das Forschungsvorhaben 45

Verhältnisse zusteht. Gerade Organisationen, die nicht eindeutig dem einen oder anderen Feld zugehören oder die in der Lage sind, ihre Stellung von einem Feld in das andere zu übertragen, sind die wahrscheinlichsten Anwärter auf steuerungspolitische Leerstellen.

- In einer *Institutionalisierung* des Fachkräftemangels wird das ganze bildungsökonomische und sozialräumliche Verhältnis von Bildungs- und Wirtschaftsakteuren zur Disposition gestellt und möglicherweise umdisponiert. Von welchen gesellschaftlichen Orten und Akteurskonstellationen aber diese Institutionalisierungsbewegung ausgeht und in welche institutionelle Konstellation sie mündet, das bleibt zu untersuchen. Wiederum sind es Organisationen zwischen Wirtschaft und Bildung, die sich als Forschungsschwerpunkt eignen, könnte sich doch gerade deren strukturelle Ausrichtung mit einem institutionalisierten Angebot-Nachfrage-Verhältnis verändern.

Das angesteuerte Ergebnis dieser Ökonomisierungs-, Regionalisierungs- und Institutionalisierungsprozesse ist eine regionalökonomisch integrierte Bildungslandschaft. Insbesondere Organisationen, so der zweite Diskussionsbeitrag der Arbeit, werden dabei in verschiedenen Arbeitsgebieten mobilisiert, um die vermeintliche Diskrepanz von Angebot und Nachfrage politisch und wissenschaftlich zu hinterlegen und regulativ zu korrigieren. Die Fachkräftemangeldiagnostik bleibt in ihrer bildungsökonomischen und räumlichen Dimension demnach nicht illusorisch, sondern wird soziale Wirklichkeit.

Wie lässt sich dieser Institutionalisierungsprozess analysieren? Er umfasst die Entwicklung von einer anfechtbaren Idee zu einer alltagspraktischen Selbstverständlichkeit, aber auch die Genealogie von Handlungsfeldern. Der Wechselbezug beider Aspekte übersteigt die raumtheoretischen Arbeiten und lässt sich treffender mit Pierre Bourdieus Feldsoziologie bearbeiten (Bourdieu 1985a, S. 139 ff.).

Der Begriff der Illusio spielt dabei eine zentrale Rolle und erfasst wichtige bildungsökonomische und räumliche Prämissen: Illusio meint, dass soziale Felder in der Verortung inmitten von benachbarten Feldern durch implizite Regelstrukturen und in diskursiver Hinsicht durch eine von

vielen Akteuren im Feld geteilte Annahme charakterisiert sind. In diesen Annahmen verbergen sich nicht immer zielorientierte Interessen, sondern lediglich die Unterstellung, dass sich die Teilnahme am Spiel lohnt. Die Teilnahme an jenem Spiel kann sogar mit einer relativ indifferente Haltung vereinbar sein und das Spiel wird, wenn es mit einer relativ stabilen politischen Arena einhergeht, von den Spielern, die sich darauf einlassen, normalerweise nicht als Spiel wahrgenommen (ebd., S. 141 f.).
Bourdieu hat seinen Illusiobegriff nur an wenigen Stellen gebündelt (u.a. Bourdieu 1985a, 139 ff., 1998a, S. 26 ff.), dieser stellt aber eine epistemologische und argumentative Grundlage für seine gesamte Feldsoziologie (siehe Kap. 3). Seltener noch wurden die sozialräumlichen Aspekte nachvollzogen. Eine Ausnahme stellen Bourdieus Vorlesungen zum Staat am College de France dar (2015), in der er dem kognitiven und politischen Prozess der Staatswerdung eine Performativität zuschreibt, bzw. eine „state magic", wie er auch woanders schreibt (Bourdieu und Clough 1996, S. 374–377). Die Illusion eines verwalteten Territoriums werde dadurch verwirklicht, dass bestimmte steuerungspolitische und territoriale Klassifikationen sich durchsetzen und in Bezug auf territoriale und demographische Grundlegungen zu selbstverständlichen Passungsverhältnissen werden. Im Zuge eines Monopolisierungsprozesses, in dem sich ein homogenes Set an Steuerungsschemata durchsetzt, bestimmen staatliche Gruppen zunehmend wie ein Territorium benannt und geregelt wird; sie bewirken und verwalten einen „Ort der Allgemeinheit" (Bourdieu 1985a, S. 123). In demselben Prozess, in dem ein Territorium vom politischen Handlungsgegenstand zum Handlungsraum wird, behaupten sie für eine Allgemeinheit sprechen zu können. Ihnen ist es somit gelungen, über verschiedene Sprech- und Denkweisen (bei Bourdieu: Kapitalsorten) hinweg zu regieren, bzw. über ein allgemein anerkanntes „Meta-Kapital" zu verfügen, um im übertragenen Sinne „Wechselkurse" (ebd., S. 146) zwischen verschiedenen Bereichen zu bestimmen.
In dieser Auseinandersetzung zwischen verschiedenen Deutungsweisen und feldspezifischen Machtkonstellationen wird also auch hervorge-

2.4 Illusio im Zwischenraum – Das Forschungsvorhaben 47

bracht, welche Handlungsfelder einem Territorium jene Bedeutung geben können, die fortan als opportun und zeitgemäß gilt. In einer gewissen Ähnlichkeit zu Lefebvres Illusionsbegriff entwirft auch Bourdieu eine komplexe Wechselwirkung zwischen symbolischen und materiellen Räumen (Bourdieu 1991b, S. 222) und spricht ganz wesentlich auch Territorien an. In einer wenig diskutierten Passage beschreibt er Regionen als machtpolitische Hervorbringung.

> The regio and its frontiers are merely the dead trace of the act of authority which consists in circumscribing the country, the territory, in imposing the legitimate, known and recognized definition of frontiers and territory. [...] This rightful act, consisting in asserting with the authority a truth which has the force of law, is an act of cognition, which, being based, like all symbolic power, on recognition. It brings into existence what it asserts. (ebd.)

Zwar verlagert Bourdieu hier den materiellen Raum ins gesellschaftliche Außen, wenn er die Region als „dead trace" bezeichnet. Wohl aber soll der historische Prozess dahinter beobachtet werden, denn die Region umfasst, wie die Arbeiten zum Staat hervorheben, eine machtpolitische Behauptung. So auch der letzte Satz des obigen Zitats: Die symbolische Stellungnahme bringt hervor was sie behauptet. Zugleich aber, und das ist der für Bourdieus Feldsoziologie zentrale Aspekt, entsteht eine ganze Topologie an politischen, wissenschaftlichen und kulturellen Feldern. An dieser Stelle leistet die vorliegende Arbeit in ihrem Fokus auf pädagogisch-ökonomische Zwischenräume einen dritten, feldsoziologischen Beitrag: *Bourdieus Illusio, so der Auftakt zu den späteren Theorie- und Empiriearbeiten, umfasst nicht allein die Institutionalisierung von feldspezifischen Annahmen, sondern auch eine raumproduktive Dynamik. So lässt sich die in der Fachkräftemangeldebatte beobachtbare Landnahme auf institutionelle Zwischenräume und auf regionale Territorien beziehen.* Kurz: Mit einer räumlichen Eingrenzung wird auch eine ordnungspolitische Steuerungsmacht institutionalisiert.
Sein Verständnis des regionalen Territoriums als Produkt von kognitiven und steuerungspolitischen Zumutungen eignet sich in Bezug auf raum-

theoretische Arbeiten, um die symbolische Auseinandersetzung und materielle Stabilisierung zu beforschen, die von Lefebvre als bidirektionale Hervorbringung konzeptualisiert wird. Dies kann zusammengenommen, im Anschluss an Lefebvre und Bourdieu, nicht allein als doppelte Illusion oder als Illusio, sondern als dreifache Illusio(n) benannt werden. Dieser dritte wesentliche Beitrag der Arbeit erlaubt auch eine feldsoziologische Kritik an den sozialräumlichen Folgeerscheinungen der Fachkräftemangeldebatte.

Die nun eingenommene Perspektive hat drei Ebenen und strukturiert meine Argumentationslinie entsprechend. So kann man feldsoziologische und raumtheoretische Desiderate und auch die unter der bildungsökonomischen Abhandlung eingeführten organisationswissenschaftlichen Forschungsanliegen ableiten, die gemeinsam die Struktur der Arbeit bestimmen. Dies ist in Grafik 1 angedeutet.

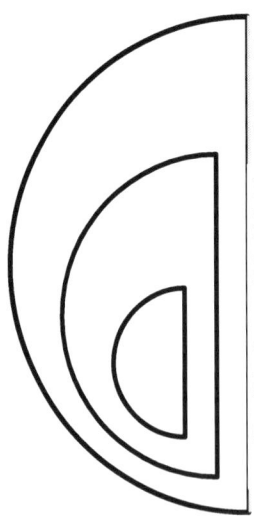

Raumtheoretisch (Kap. 2-4)
1. Sind die sozialräumlichen Gefüge der Wissensgesellschaft als gestapelte Hierarchien und/oder vernetzte Heterarchien zu bezeichnen?

Feldsoziologisch (Fallstudie I-II)
2. Wie stehen die Handlungsfelder der Bildung und der Wirtschaft zueinander, wenn Bildungsorganisationen als Bestandteile einer Bildungslandschaft auf regionales Wirtschaftswachstum ausgerichtet werden?

Organisationswissenschaftlich (Fallstudie III)
3. Wie sind Organisation und Regionen in ihrem jeweiligen Verhältnis von Bildung und Wirtschaft aneinander gekoppelt?

Grafik 1: Struktur der Arbeit (eigene Darstellung)

2.4 Illusio im Zwischenraum – Das Forschungsvorhaben

Forschungsvorhaben: Institutionelle Zwischenräume

Das in der Mitte von Grafik 1 aufgeführte feldsoziologische Desiderat zu institutionellen Zwischenräumen ist zentral für die Arbeit und wesentlich für die raumtheoretischen Überlegungen und für die organisationssoziologischen Untersuchungen. Im Mittelpunkt steht dabei die Beziehung von Bildung und Wirtschaft im Rahmen einer regionalökonomischen Ausrichtung von Bildungsorganisationen. In feldsoziologischer Hinsicht enthält die Arbeit zwei Hinweise: Erstens werden Steuerungsterritorien und Handlungsfelder gemeinsam als sozialräumlicher Entstehungsprozess untersucht. Zweitens wird eine für eben jenen Prozess sensible Perspektive konstruiert.

Ein diesbezüglich geeigneter Ansatz wurde anhand des Regionenbegriffs schon eingeführt. So eignet sich Pierre Bourdieus Feldtheorie (u.a. Bourdieu und Wacquant 1996, S. 124–147; Bourdieu 1993; 1998b, S. 48–55), um weder Regionen noch Felder als abgeschlossene Mikrokosmen zu betrachten, sondern um auf regionaler und organisationaler Ebene den Zwischenraum zwischen Bildung und Wirtschaft als multiplexe (Ent-) Kopplungsdynamik begreifbar zu machen. Der erarbeitete Begriff der dreifachen Illusio(n) macht dazu den Auftakt, indem er zugleich territoriale Verhältnisse und institutionelle Konstellationen zwischen Wirtschaftsregion und Bildungsorganisation in den Blick nimmt. Dabei kristallisiert sich ein Forschungsvorhaben besonders heraus: Zwar bergen bildungsökonomische, räumliche und institutionelle Dimensionen des Fachkräftemangels jeweils illusorische Prämissen, diese versprechen aber auf Basis einer steuerungs- und bildungspraktischen Engführung eine hier zu untersuchende regionalpolitische Agenda.

Hypothetisch kann man festhalten: *Der Fachkräftemangel stellt womöglich die Illusio für ein neues Feld zwischen Regionalwirtschaft und Bildung bereit, und führt zugleich eine territoriale Eingrenzung und eine machtpolitische Selbstbehauptung bestimmter Akteursgruppen mit sich.*

Diesbezüglich zeichnet sich bereits ab, dass der im Fachkräftemangel angedeutete Zwischenraum von einer großen sozialräumlichen Komplexität geprägt ist. Er charakterisiert sich durch äußere Grenzverschiebungen, durch innere Kooperationsmöglichkeiten, durch eine Verlagerung von Verantwortungsbereichen und durch eine steuerungsoptimistische Gestaltungsperspektive. Diese in der Folge spezifizierte Komplexität ist auch deswegen relevant, weil der Zwischenraum eine institutionelle Arena für Regionalisierungs- und Ökonomisierungsprozesse bietet.

Differenzierung: Im Fachkräftemangel steht zunächst die Region als solche auf dem Spiel. Denn er betrifft schon aus praktischen Gründen nicht die gesamte Weltbevölkerung der Gegenwart und Zukunft, sondern impliziert die territoriale Eingrenzung der zwischen Angebot- und Nachfrageseite zirkulierenden Humankapitalströme. So beziehen sich die entsprechenden Diagnosen und Prognosen in der demographischen Ermessung und politischen Gestaltung meist auf dasselbe intraregionale Kräftespiel, aus dem sie sich ursprünglich ableiten. Folglich treten dieselben Organisationen, die eine wirtschaftspolitische Fürsprecherrolle einnehmen auch als Stakeholder und Gestaltungsakteure auf. In der Weise ist der Fachkräftemangel sozialräumlich gebunden – an einen bestimmten Ort, an einen bestimmten Zeitraum sowie an das Einflussgebiet bestimmter Steuerungsmächte, welche die Diagnose treffen, das zu gestaltende Territorium eingrenzen und dessen Steuerbarkeit institutionell herstellen.

Interdependenz: Die deutsche Debatte über den Fachkräftemangel und die in den USA diskutierte „Skills Gap" bzw. „Skills Shortage" unterstellen eine politische Arena, gar einen marktlich organisierten Transaktionsraum. Arbeitgeberinnen und Bildungsanbieter orientieren sich, so die zugrundeliegende Vorstellung, an einem steuerbaren Zyklus von Bildungs- und Beschäftigungsangeboten, Kompetenzen der Abgängerinnen und Kompetenzerwartungen der Arbeitgeberinnen. Man könnte

2.4 Illusio im Zwischenraum – Das Forschungsvorhaben 51

auf Basis dieser Denkweise vermuten, es existiere ein soziales Feld, das transaktional zwischen Angebot und Nachfrage vermittelt. Dieses Feld bzw. diese Felder werden hier identifiziert und wenn möglich sogar in der Entstehung beobachtet und in Bezug auf Ökonomisierungsprozesse kritisiert.

Kooperation: Weiterhin werden unter dem Stichwort des Fachkräftemangels die oben beschriebenen Interdependenzen aktualisiert und aufgegriffen, um Kooperationsverhältnisse herzustellen. Die Kompetenzerwartungen der Technologieindustrien werden unter dem Akronym der STEM- bzw. MINT-Skills auch in neuen institutionellen Formen verstärkt zu einem Orientierungspunkt für Bildungs- und Arbeitskarrieren mitsamt den dazugehörigen organisationalen Trägern. Sogar in jenen innerregionalen Kooperationsprojekten können möglicherweise Regionalisierungs-, Ökonomisierungs-, und Institutionalisierungsprozesse beobachtet werden. Denn fachliche Unterscheidungen wie der MINT-Begriff beinhalten wirtschaftspolitische Sektorunterscheidungen und regionalpolitische Prioritätensetzungen, die in der institutionellen Dimension von einschlägigen Interessensgruppen objektiviert und zum Ausgangspunkt für bildungspolitische Kooperationsprojekte gemacht werden. Die Folgen für ortsspezifische Kooperationsprozesse, die in den kursorisch erfassten Regionalisierungs-, Ökonomisierungs-, und Institutionalisierungsentwicklungen keineswegs deterministisch vorweggenommen sind, werden anhand der *Zukunftswerkstatt* untersucht (Fallstudie III).

Verantwortungsbereiche: Weiterhin ergeben sich aus den prognostischen und definitorischen Unsicherheiten über Zeitpunkt, Umfang und Ursprung des Fachkräftemangels neue Verantwortungsverteilungen. Denn die Frage, wer für die Behebung des Mangels verantwortlich gemacht werden kann, wird umso virulenter, wenn weder von Seiten der Arbeitgeberinnen, der Arbeitnehmerinnen, der Bildungsanbieterinnen noch von der Regionalpolitik ohne weiteres einzusehen ist, welchen Dynamiken der Arbeitsmarkt aktuell unterliegt. Umso mehr hängt die Verantwortungsfrage von der Verantwortungs*bereitschaft* in den angesprochenen Bildungs- und Wirtschaftssektoren ab, etwa von der unternehmerischen Bereitschaft Arbeitnehmer zu suchen und selber auszubilden. Wenn es wider der Fachkräftemangelthese aber nicht allein an arbeits- und lernwilliger bzw. qualifizierter Bevölkerung mangelt, sondern auch an privatwirtschaftlich und staatlich eingerichteten Jobangeboten oder Fortbildungsmöglichkeiten, dann ist die Verantwortungsfrage besonders problematisch. Sollte der Fachkräftemangel zu einer relativ selbstverständlichen Politikgrundlage avancieren, handelt es sich um eine Verantwortungsverschiebung zu Ungunsten von Bildungsträgern und Arbeitnehmern bzw. Lernern. Sollte der Fachkräftemangel aber umstritten bleiben, könnte man auch eine Auseinandersetzung erwarten, in der darüberhinaus Arbeitgeber, Bildungsträger und demokratische Entscheidungsträger in die Verteilung von Verantwortung eingebunden sind. Diese Verantwortungsverteilung ist zusätzlich bedingt von divergierenden Konjunkturdynamiken in Bildung und Wirtschaft, so dass sie insbesondere in jenen Regionen beobachtet werden kann, die, wie etwa San Francisco, zugleich von wirtschaftlichen Booms, regionalpolitischen Kontroversen und sozioökonomischen Ungleichheiten geprägt sind (siehe Fallstudie I).

Steuerungsoptik: Nicht nur durch Differenzierungen, auch durch eine unterstellte Steuerbarkeit kann überhaupt die Rede sein von demografischen Zuströmen und Abflüssen, einer Mangelerscheinung und einem Kompensationsbedarf. Dabei erklärt erst die Selbstverständlichkeit von kapitalistischen Wachstumsvorstellungen und modernistischen Steuerungsbegriffen, dass ein bestimmtes Produktionsvolumen notwendigerweise eines bestimmten Arbeitsvolumens bedarf, und dass sowohl sozioökonomische Ungleichheiten als auch wirtschaftliche Wachstumshemmnisse synergetisch durch ein Mehr an Bildung abgefangen und in Einklang gebracht werden können. Auch hier hat die Illusio(n) Fachkräftemangel eine perspektivisch verzerrende Wirkung, da genauso gut umgekehrt das Produktionsvolumen oder die dynamische Veränderung von Arbeitsanforderungen hinterfragt werden können. Beispielsweise kann man die Fachkräftemangelthese steuerungspolitisch auf das Angebot von Arbeitsplätzen hin problematisieren; mit anderen Worten: „Maybe part of the problem is not that we're not filling the pipeline, but that you're flushing the toilet too many times" (Interviewaussprache, zit. in Benner 2008, S. 199).

Organisationen und Raumvorstellungen im Zwischenraum

Mit dem Fokus auf institutionelle Zwischenräume ergeben sich auch Desiderate im Hinblick auf Organisationen, in Grafik 1 auf der unteren Ebene dargestellt, und in Bezug auf Räume, oben abgebildet.

Zum Ersten geht es um das Verhältnis von Bildungsorganisation und Wirtschaftsregion. Denn aus der Innen- und Außensicht von Organisationen, d. h. in Bezug auf die Positionierung und Strukturierung einer regionalökonomisch situierten Organisation einerseits und auf deren Einbindung im regionalpolitischen Kräftespiel andererseits, fallen die Desiderate des institutionellen Zwischenraums besonders deutlich auf. Vornehmlich können jene Organisationen als ein Kristallisationspunkt des Fachkräftemangels gelten, die sich als wirtschaftspolitische Fürsprecher, bildungspolitische Stakeholder und sogar als Vermittler zwischen Bildungs- und Wirtschaftsanliegen positionieren. In und durch deren Arbeit schlagen sich die im Fachkräftemangel angedeuteten Angebot-Nachfrage-Verhältnisse in ihren Prämissen und unerwarteten Folgewirkungen nieder. So lässt sich ein organisationswissenschaftliches Desiderat festhalten:

- Sektorübergreifende Bildungsorganisationen innerhalb von Bildungslandschaften können als Spielball umfassender Strukturen und Interdependenzen untersucht,
- als regional-verfasste Interaktionszusammenhänge beleuchtet
- und als steuerungspolitische Instanzen befragt werden.

Zusammengenommen stellen intermediäre Organisationen aufgrund ihrer Position inmitten von umfassenden Interdependenzen, aufgrund ihrer internen Interaktionszusammenhänge und ihres regionalpolitischen Einflusses die vorderste Front der Regionalisierungsbewegung dar. Sie sind Produkt, Prozess und Produzenten einer regionalökonomischen Bildungslandschaft und somit auch der geeignete Ort, um deren Institutionalisierung nachzuzeichnen. Insbesondere in Fallstudie III erkunde ich die Möglichkeiten und Grenzen einer regionalökonomisch-integrierten Bildungsarbeit bei einer Bildungsorganisation im Aufbau, der *Zukunftswerkstatt Buchholz*.

Zum Zweiten ist das raumtheoretische Desiderat zugleich das kritische Register dieser Arbeit. Nicht allein bedarf es eines desillusionierenden Perspektivwechsels, wenn der Fachkräftemangel in bildungsökonomischer und räumlicher Hinsicht illusorisch ist: Auf der obersten, abstrakten Ebene des obigen Venndiagramms stellt sich die Frage nach den Raumvorstellung einer regionalökonomischen Bildungslandschaft. Denn das regionale Wechselspiel von Bildung und Wirtschaft kennt mehrere Formen, Logiken und Entwicklungsfiguren, deren Gemeinsamkeit in den Querverbindungen und dem Wechselspiel zwischen mehreren Organisationen und Institutionen liegt. Diese Querverbindungen erkennen zu können, die in Kap. 4 als *transversal* bezeichnet werden, ist die primäre, epistemologische Herausforderung des vorliegenden Projektes. Dieser Herausforderung widmen sich die folgenden beiden Kapitel.

3. Kybernetische Landnahmen? Zur Feldtheorie von sozialräumlichen Ökonomisierungsprozessen

Erst wenn man sowohl die institutionelle als auch die räumliche Dimension des Fachkräftemangels erfasst, lassen sich die Prämissen und Folgen von regionalökonomischen Bildungsdebatten adäquat kritisieren. In Bezug auf die räumliche Dimension kann man Rosa Luxemburgs Landnahmebegriff heranziehen, der zunächst Ökonomisierungsprozesse bezeichnet (Dörre u.a. 2012), der wortwörtlich aber auch die sozialräumliche Entstehung von regionalökonomischen Landschaften beschreiben kann. In Bezug auf die institutionelle Dimension wiederum erarbeitet dieses Kapitel die im Angebot-Nachfrage-Schema angelegte Multikontextualität, also das in transaktionalen Ökonomisierungsprozessen angelegte Dazwischen.

Gesucht wird also nach Ansätzen, um Ökonomisierungsprozesse von den Zwischenräumen her zu denken. Damit werden die in der Einleitung eingeführten Annahmen ausgeführt: Laut der ersten Annahme zieht der Fachkräftemangeldebatte einen Autonomieverlust nach sich. Jedoch ist im Angebot-Nachfrage-Schema, das im Landnahmebegriff als Verbreitung von wettbewerblichen Organisationsformen umschrieben werden kann (Dörre 2012), zunächst die Kontextualisierung, gegebenenfalls die kontextuelle Steuerung von Bildungsorganisation angelegt. Der primäre Ökonomisierungsprozess wird zumindest rhetorisch im Angebot-Nachfrage-Verhältnis verortet, also in die Schnittstelle zwischen Bildungsorganisation und Wirtschaftsregion. Als nachgeordneten Effekt erst könnte man die zweite Annahme überprüfen: ob also Bildungsorganisationen mit der transaktionalen Vermittlung in ihrer Selbstständigkeit oder Abgrenzung untergraben werden. Ausgehend von der Schwerpunktsetzung auf Zwischenräume argumentiere ich im Zuge des Kapitels, dass man treffender von *heterogenen Landnahmeprozessen* sprechen kann, als dass man steuerungspolitische Interventionen oder interessenspolitische Einflussnahme in den Vordergrund stellt. Die Hauptthese lautet: *Weniger eine lineare Ökonomisierung sondern das dynamische, vielbezügliche und in weiten Teilen asymmetrische Wechselspiel zwischen Bildungsorganisation und Wirtschaftsregion charakterisiert den Fachkräftemangel und reiht diesen in den Kontext von wissensgesellschaftlichen Bildungsdebatten ein.*

Um von einer linearen Ökonomisierungskritik zu einer feldsoziologischen Perspektive auf Zwischenräume zu gelangen, ist das Kapitel, wie in Tabelle 1 abgebildet, in drei Schritten aufgebaut: Zuerst wird Landnahme mit Klaus Dörre in drei Aspekten skizziert (2011, 2012). Diesen Aspekten folgend wird dann die dreifache Kopplungsästhetik des Fachkräftemangels nachgezeichnet, in der besonders kybernetische Ideen von Raum, Lernen und Steuerung eine Vermittelbarkeit von Bildungsorganisation und Wirtschaftsregion nahelegen. Den Schluss macht eine feldsoziologische Operationalisierung, so dass insgesamt ein triadischer Feldbegriff den Fachkräftemangel als Landnahmeprozess beleuchtet.

Tabelle 1: Der feldanalytische Dreischritt (eigene Darstellung)

1. Landnahme als ...	*2. Bildung im Zeichen des Fachkräftemangels als ...*	*3. Feldsoziologische Operationalisierung als ...*
Vereinnahmung	sozialräumlicher Integrationsmechanismus	Ackerfeld
Stabilisierung	zyklischer Lernprozess	Kraftfeld
Instrumentalisierung	Steuerungsinstrument	Kampffeld

Herausfordernd an dem vorgeschlagenen Perspektivwechsel ist allerdings nicht allein der komplexe Gegenstand der Betrachtung (linke und mittlere Spalte), sondern auch die feldsoziologische Begrifflichkeit (rechte Spalte): Die multikontextuelle politische Arena des Fachkräftemangels wirft metatheoretische Probleme auf und macht es notwendig, den Raum zwischen Bildungsorganisation und Wirtschaftsregion zu konzeptualisieren.

3.1 Zentrales Problem: Sozialräumliche Ökonomisierungprozesse

Wie schon in der Einleitung angedeutet, illustriert meine eigene Ausgangslage auch das für die Arbeit zentrale Problem. In der Selbstdarstellung des Drittmittelprogramms, das die vorliegende Arbeit mitfinanziert hat, dem sogenannten *Innovations-Inkubator* der Leuphana Universität Lüneburg, macht sich bereits die Idee einer regionalökonomisch integrierten Bildungslandschaft bemerkbar. Jedoch verkompliziert sich diese Idee durch institutionelle Zwischenpositionen und territoriale Definitionsprobleme. Wie lässt sich also die sozialräumliche Komplexität von Ökonomisierung begreifen?

Der durch die OECD herausgegebene Evaluationsbericht formuliert Kriterien, die zunächst einen Autonomieverlust vermuten lassen. Etwa bevorzugt der *Innovations-Inkubator* dem OECD-Bericht zufolge ein „transaktionales" Wissenschaftsmodell (Kapferer 2015, S. 16). Die besonders wünschenswerten Projekte zeichnen sich durch „clear objectives, timescales, costs and benefits" (ebd.) aus und seien daher als Produkte und Dienstleistungen leichter zu vermarkten. Gewissermaßen wird Forschung und Lehre hier eng gekoppelt, sprich in einem marktlichen Austauschmodell („transaktional") mit der Regionalwirtschaft verbunden. Die Ziele anderer Projekte, sicher auch das hier vorgetragene Anliegen, seien dagegen „transformational" und daher eher „unklar". Einige Wissenschaftlerinnen täten sich zeitweise schwerer, einen „entrepreneurial, opportunistic approach" zu verfolgen.

Transaktionale Projekte dagegen seien geeignet, um die regionale Wirtschaft mit „magnetischen Effekten" und „sticky knowledge" (ebd., S. 15) auszustatten. Unternehmerisches Erfahrungswissen werde mit wissenschaftlichem Wissen kombiniert und Innovationspotenziale werden in der Weise an die Region gebunden. Insbesondere verfolgt diese Forschungspolitik die Entwicklungsformel, einerseits die Zahl und Qualität der hochqualifizierten Beschäftigten zu vergrößern und andererseits das regionale Unternehmertum und damit die Aufnahmefähigkeit für neue Beschäftigte zu vermehren. Dies soll geschehen, indem die Hochschulbildung und akademische Forschung innovative Arbeiterinnen, Produktideen und Geschäftsmodelle generiert.

Im Kern wird auch im *Innovations-Inkubator* – und durchaus auch im quasi-pädagogischen Appel an die Nutzbarmachung der forscherischen Arbeitskraft – eine Landnahme im Wissenschaftsmanagement bewerkstelligt. Diese dient ganz im Sinne der Fachkräftemangeldebatte dem Zweck, wachstumsökonomisch ungünstigen Beschäftigungslagen entgegenzuwirken und das Wachstum gewissermaßen freizusetzen. Entgegen der Befürchtung eines Autonomieverlustes folgt die vorliegende Forschung, die ein Bestandteil des Drittmittelprogramms ist, diesen Kriterien nicht, mehr noch, sie wurde gar nicht erst nach ökonomischen Maßstäben evaluiert. Um ob dieses scheinbaren Widerspruches die Kritik an regionalökonomischen Bildungs- und Forschungsprogrammen nicht zu pauschalisieren, sondern für deren sozialräumliche Komplexität und imperfekte Ökonomisierungsprozesse zu sensibilisieren, ist Rosa Luxemburgs Begriff der Landnahme besonders treffend, wird aber weiterentwickelt (Dörre 2012, siehe auch Lutz 1984).

Der *Innovations-Inkubator* bringt sich nicht als vereinnahmende Kraft oder instrumentale Intervention, sondern als Vermittler in Stellung, um transaktionale Arbeitsverhältnisse zwischen akademischer Forschung und Regionalwirtschaft anzustoßen und zu stabilisieren. Neben dem institutionellen Zwischenraum ist sogar die im Förderprogramm angesprochene

3.1 Zentrales Problem: Sozialräumliche Ökonomisierungprozesse 59

Region selbst, die aus mehreren Landkreisen und extrem unterschiedlichen Lebensräumen besteht, wohl kaum als *ein Raum* zu bezeichnen. Die Region heißt in der Antragssprache dementsprechend ‚Konvergenzregion', stellt also ein verbindendes Element divergenter Räume dar. Sie ist keine vorgefasste Einheit, sondern scheint in ihrer Existenz an das ihr gewidmete Förderprogramm gebunden. Die Idee eines linearen Autonomieverlusts, in dem Bildungsprozesse erst ökonomisiert, Wirtschaftsräume aber vorausgesetzt werden, trifft insofern nicht zu. Viel eher lässt sich die Funktionsweise des Innovations-Inkubators im Sinne der dreifachen Illusio(n) beschreiben: Die institutionelle Beziehung von Wirtschafts- und Bildungsfeldern einerseits und deren steuerungspolitische Territorialisierung andererseits stellen wechselseitig ihre Voraussetzungen her. Ließe man dies außer Acht, liefe auch die Kritik am Autonomieverlust teilweise ins Leere; man würde allein schon der Ausgangssituation der vorliegenden Arbeit nicht gerecht.
Es bedarf also einer genaueren Untersuchung, um einerseits die sozialräumlichen Prämissen von regionalökonomischen Bildungslandschaften zu verstehen und um andererseits deren Folgewirkungen erfassen zu können. In Anbetracht des sozialräumlichen Verhältnisses von Regionalwirtschaft und Bildung steht besonders zur Debatte, ob im Sinne von Klaus Dörre (2012) von einer *Vereinnahmung, Instrumentalisierung und Stabilisierung* von Bildungsarbeit durch regionalökonomische Kontexte gesprochen werden kann. Dörre unterscheidet die Landnahme entlang dieser drei Eigenschaften als einen Prozess, in dem kapitalistische Wirtschaftsformen sich ausbreiten und stabilisieren, indem weniger marktliche oder nichtmarktliche Räume für die Akkumulation genutzt werden. Jedoch ist die Schwierigkeit in den Kopplungsfiguren, die die Fachkräftemangeldiagnostik prägen, dass jene Landnahmen nicht linear, sondern zirkulär laufen und dass sie mit dem Fokus auf Angebot-Nachfrage-Verhältnisse im Zwischenraum verortet sind: Nicht Bildungssystemen oder Wirtschaftsregionen, sondern deren Verhältnis wird hier einer prototypischen Marktlogik zugeführt.

Die Ausprägung aller drei Landnahmeprozesse ist dementsprechend schwer zu erfassen. Zwar sind Räume auch in feldsoziologischer Sicht immer heterogene Konstrukte, jedoch sind die dazugehörigen Forschungsprojekte in Bezug auf die Emergenz von Feldern (Fligstein und McAdam 2012, S. 25), in ihren pluripolaren Bezugsstrukturen (Böschen 2014) oder in der Entstehung von Homologien aktuell erst aufgegriffen worden (Angermüller 2015, S. 16 ff.). Im Anschluss an diese und andere Beiträge (vgl. Gengnagel et al. 2016) lässt sich hier der institutionelle Zwischenraum in den Fokus rücken, um den feldsoziologischen Blick in drei Hinsichten für Landnahmeprozesse zu sensibilisieren.

Vereinnahmung, Stabilisierung und Instrumentalisierung

In dem ersten Landnahmeaspekt, der *Vereinnahmung*, rückt die Frage in den Vordergrund, welche Verbindungen zwischen Wirtschaft und Bildung als Vereinnahmungen gelten können. Jenseits eines Wirtschaftsverständnisses, das die Zusammenhänge von regionaler Wirtschaft und Bildung auf Produktions- und Akkumulationszyklen herunterbricht und deren expansive Tendenz nachzeichnet, will ich vorzugsweise die heterogenen Wechselspiele zwischen Wirtschaft und Bildung beforschen und die multireferenzielle Konfiguration von Bildungsinstitutionen und -politiken beschreiben. So registriert auch Dörre (2011): „Die Frage ist [...] nicht mehr, ob erweiterte kapitalistische Reproduktion systemfunktional eines nichtkapitalistischen Anderen bedarf, vielmehr muss geklärt werden, wie dieses Andere in konkreten Praktiken und Handlungsstrategien kapitalistischer Akteure genutzt" wird. Die Ausweitung regionalökonomischer Maßstäbe kann also mehr oder weniger fragmentarisch und eindeutig vonstattengehen und mag nicht einmal von Dörres *„kapitalistischen Akteure[n]"* ausgehen, sondern ein emergentes Produkt mehrerer Handlungszusammenhänge sein. Sie erfordert daher eine kleinteilige Nachzeichnung der sektorübergreifenden

Verbindungen, wie sie besonders durch feldsoziologische Ansätze geleistet werden kann. Zweitens bleibt zu fragen, wie *stabil* eine Landnahme ist oder sein kann – ist doch die Stabilisierung von bestimmten Wirtschaftsweisen nie vollständig und vermutlich sogar angewiesen auf den Erhalt nichtmarktlicher Legitimierung, nichtökonomischer Leistungen und nichtmarktförmiger Eingriffe durch staatliche Institutionen. Entlang der multireferenziellen Bildungsarbeit, ihres mehr oder weniger marktlichen Handlungsfeldes und seiner relativen Stabilität stellt sich eine weitere umfassende Frage, nämlich ob es tatsächlich das Außen ist, in diesem Falle die regionalökonomischen Zumutungen, die in den Radius der Bildungspraktiken vordringen. Ebenso denkbar wäre, dass Bildungspraktiken selbst an der Konstitution der Innen-Außen-Verhältnisse teilhaben.

Drittens kommen eine *Instrumentalisierung* und damit auch die Autonomieproblematik in den Blick, die ich in der Einführung erwähnt habe. So ist auch der mehr oder weniger nichtmarktliche Zustand des jeweiligen Raumes empirisch zu befragen, denn er kann entweder als umfassende Logik oder als vielgestaltige Mischform fungieren. Diesbezüglich trifft Dörre folgende Unterscheidung.

> Landnahme erster Ordnung umfasst das Muster naiver Akkumulation, der Kommodifizierung mittels Disziplinierung und gewaltsamer Enteignung. Landnahmen zweiter Ordnung okkupieren hingegen Territorien, Institutionen, Milieus und soziale Gruppen, die bereits Objekt oder Resultat ursprünglicher Landnahmen waren und die nun für die aktive Herstellung eines nichtkapitalistischen Anderen genutzt werden. (Dörre 2011)

Die Ausgangslage dieser zwei Arten der Landnahme unterscheidet sich also insofern, als dass die Wirtschaftswelt mehr oder weniger einer umfassenden Außenwelt entspricht oder auch innere Räume enthält, die, wie Dörre schreibt, *nichtkapitalistisch* sind.

Zunächst bezieht sich diese Autonomieproblematik nicht nur auf die Region, also auf Raumbegriffe, sondern auch auf Bildung. So haben Landnahmeprozesse in dem vorliegenden Phänomen ihren gesellschaftspolitischen Anker in der Debatte über die institutionelle Autonomie von Bildung. In der desintegrierten Formation von Interdependenzen zwischen Bildung und Wirtschaft und in der Problematisierung dieses Verhältnisses durch die Fachkräftemangeldebatte kommt allerdings eine sonderbare Vielfalt zum Vorschein. Mal richtet sich die Kritik gegen den Autonomieverlust, mal gegen die mangelnde Nähe der Bildungsarbeit zu nichtpädagogischen Handlungsfeldern; feldsoziologisch ausgedrückt wird mal die Autonomie, mal die Heteronomie von Bildung zum Ziel erklärt. Derlei Doppelführungen machen die Diagnose von Landnahmeprozessen insbesondere in institutionellen Zwischenräumen schwierig. Beispielsweise wäre die Kritik einer Instrumentalisierung oder umgekehrt das Plädoyer für eine Autonomie der Bildung wenig informativ, sollten sich Bildungsräume als gemischte Formationen herausstellen und daher eine kleinteiligere Organisation nahelegen. Aber auch die Beobachtung der angelegten Verhältnisse von Angebot und Nachfrage verläuft entschieden anders, wenn der Zusammenhang von regionaler Wirtschaft und Bildung als immanenter oder exmanenter Zusammenhang konzipiert wird.

Der folgende Abschnitt befragt die Prämissen des Fachkräftemangels vor dem Hintergrund der drei Landnahmeprozesse.

3.2 Die kybernetische Kopplungsästhetik des Fachkräftemangels

In Kapitel 2 wurde bereits betont, dass dem Fachkräftemangel eine transaktionale Vorstellung von Zufluss und Abfluss unterliegt. Der Fachkräftemangel birgt somit starke Annahmen über die räumliche Verfasstheit und Gestaltbarkeit von pädagogisch-ökonomischen Zwischenräumen. Wie ließen sich diese wiedergeben und kritisieren? Ausgehend von der Grundfigur einer engen Verkopplung zwischen den bildungsökomischen, räumlichen und institutionellen Elementen liegt hier ein ganze Wahrnehmung von gesellschaftspolitischen Umständen vor, eine politische Ästhetik: Im Angebot-Nachfrage-Schema wird die Desin-

3.2 Die kybernetische Kopplungsästhetik des Fachkräftemangels 63

tegration von Bildung und Regionalökonomie problematisiert und als Lösungsprogramm wird ein Transaktionsverhältnis vorgeschlagen, das quasi-marktliche Gesetzmäßigkeiten unterstellt und für bildungsökonomische Anliegen sensibilisiert.

Entgegen der im Fachkräftemangel angelegten Wahrnehmungen, Gesetzmäßigkeiten und Anliegen lässt sich daher, wie im vorigen Kapitel bereits die organisations- und raumtheoretischen Exkurse deutlich gemacht haben, eine alternative politische Ästhetik aufspüren, die auch einem regionalpolitischen Vernetzungs- und Verkopplungsdiskurs im Bildungsbereich entgegengestellt werden kann (vgl. Stäheli 2013): Als organisationale und regionale Folgewirkung kommen zumindest hypothetisch auch lose Kopplungen, strukturelle Kopplungen, sowie ganze Entkopplungsdynamiken zwischen Bildungsorganisation und Wirtschaftsregion in den Blick. Zur Grundlegung einer solchen Gegendarstellung in der Arbeit als Ganzes (vgl. Kap. 17) und zur Erfassung von heterogenen Landnahmen im Rahmen dieses Kapitels wird nun die Kopplungsästhetik des Fachkräftemangels im Detail wiedergegeben und auf Organisationen als deren Hauptadressaten bezogen.

In der Beziehung von Organisationen und steuerungspolitischen Handlungsschemata kann insbesondere auf die jüngere neoinstitutionalistische Forschung zurückgegriffen werden. Dieser liegt im Anschluss an Bourdieu (und andere) stets ein Verständnis von Gesellschaft als einem interinstitutionellen System zugrunde. Dieses Verständnis umfasst materielle und kulturelle Bestandteile und beruht vor allem auf der gleichzeitigen vertikalen Interdependenz *und* relativen Unabhängigkeit von Individuen, Organisationen und Institutionen (Friedland und Alford 1991; Thornton und Ocasio 2005). Diese, mit feldtheoretischen Ansätzen kompatible, Sichtweise auf Mikro- und Makroprozesse ermöglicht es, drei Aspekte zueinander in Bezug zu setzen: den Entstehungsprozess von Organisationen, die Kohärenz von inneren und äußeren Handlungswelten sowie den Kontakt diverser, strukturell bedingter Handlungs- und Denkweisen (Thornton und Ocasio 2005, S. 117). Der im Fachkräftemangel

angedeutete transaktionale Raum zwischen Bildungsangebot und Wirtschaftsnachfrage lässt sich in dieser Konzeption genealogisch als organisationaler Handlungszusammenhang, als regionaler Kontext und als voraussetzungsreiches Handlungsschema rekonstruieren.
Als die in der letztgenannten Hinsicht wesentliche Größe kommt in der neoinstitutionalistischen Literatur ein kultursoziologisches Verständnis von Institutionen hinzu. Auf dieses greife ich zurück, um die kulturelle Grundlage von organisationalem und steuerungspolitischem Handeln zu beschreiben:

> We conceive of institutions as both supraorganizational patterns of activity through which humans conduct their material life in time and space, and symbolic systems through which they categorize that activity and infuse it with meaning. (Friedland und Alford 1991, S. 232)

Entscheidend ist hier wiederum eine doppelte Blickrichtung: Das Innen und Außen und materielle sowie symbolische Komponenten geben einer Organisation erst Form. Dieser Logik zufolge können kulturelle Schemata, etwa das im Fachkräftemangel angelegte Angebot-Nachfrage-Denken, von organisationalen Akteuren reflektiert und aktiv genutzt werden (Swidler 1986), umgekehrt schlagen sich Institutionen aber in kognitiven Schemata nieder (Douglas 1986). Institutionen sind demnach primär auf der Ebene individuell verwendeter Schemata wirksam; sie erlangen ihren Status als alltägliche Selbstverständlichkeit durch historische Prozesse (Jepperson 1991, S. 145). Im Kern sind dann Organisationen institutionell eingebettet und „[...] best understood as embedded within communities, political systems, industries, or coordinative fields of organizations" (Feeney 1997, S. 490).
Ich will nun drei im Fachkräftemangel angelegte Kopplungsmotive herausarbeiten, die als Institutionen der sogenannten Wissensgesellschaftsdebatte entstammen, Bildungsorganisationen mit entsprechenden Handlungsschemata ausstatten und jeweils die Spezifik von heterogenen Landnahmeprozessen illustrieren. Das Argument ist in allen drei Aspekten, dass diese Kopplungsmotive auf der kulturhistorischen

Grundlage von kybernetischen Raum-, Steuerungs- und Lernvorstellungen zu komplex sind, als dass sie in einer linearen Ökonomisierungskritik begriffen werden könnten.

Eine Vereinnahmung? Bildungspolitik als sozialräumlicher Integrationsmechanismus

Inwiefern wird in der Fachkräftemangeldebatte die Ausweitung regionalökonomischer Maßstäbe vorangetrieben und insofern der Vereinnahmung von bislang weniger ökonomisch geprägten Handlungsfeldern Auftrieb gegeben? Im Hinblick auf diese Frage steht der Fachkräftemangel in einem diskursiven Zusammenhang, der über die lineare Idee der Vereinnahmung hinausreicht. So lässt er sich in den Kontext der bis heute diskutierten und bei genauerem Hinsehen widerspruchsreichen Diagnosen der Wissensgesellschaft bzw. des Informationszeitalters einordnen (vgl. Kline 2015; Webster 1999). Diesen ist gemein, dass sie allein schon durch die erzeugte politische Kultur und Ökonomie das Verhältnis mehrerer Handlungsfelder verschieben: das Verhältnis von Wissenschaft zu Politik und Wirtschaft (z. B. Heidenreich 2003; Leavitt und Whisler 1958; Weingart 2001) sowie das Verhältnis von Wissenschaft, Politik und Wirtschaft zu den Praktiken und Institutionen der Bildung (v.a. Becker 1975; vgl. Tan 2014). Insofern ist Vereinnahmung zu linear gedacht und man kann eher von einer wechselseitigen Kopplungsdynamik sprechen.

Das wird etwa in den zuvor verwendeten Zitaten aus dem OECD-Abschlussbericht des Innovationsinkubators deutlich: Mit regionalökonomischen Bildungs- und Wissenschaftsanliegen steht auch eine neue Terminologie und Priorisierung von *Wissensarbeit* (Willke 2001) auf dem Spiel und – auf Basis von wachstumsorientierten Wirtschaftsweisen – auch eine Neukonfiguration von sektorübergreifenden Funktionsbedingungen. Damit wird im Kern die Innen-Außen-Differenz von Ökonomie und Bildung als sozialräumliches Verhältnis, nämlich als regionales und sektorales Verhältnis, umdisponiert. Diese Denkfigur bezeichne ich als *sozialräumlichen Integrationsmechanismus*. Denn darin angelegt ist nicht nur die Idee, dass sich Felder, Regionen oder auch Nationalstaaten durch rekursive Wissensprozesse und Bildungs- und Wissenschaftsorganisationen verbinden lassen. Ausschlaggebend ist die Annahme, dass diese Verbindung relativ geordnet und sogar gesteuert vonstatten geht. Die scheinbar unvereinbare Dynamik unterschiedlicher Gesellschaftsbereiche, wirkt im Lichte von informationellen Angebot- und Nachfragesystemen zwar als dynamisch, komplex und unauflösbar. Zugleich aber weist diese Einsicht scheinbar auf einen gesamtgesellschaftlichen Hebelpunkt hin. Eine dabei wesentliche Grundlage, die den *sozialräumlichen Integrationsmechanismus* als nahtlos geknüpften Zusammenhang erscheinen lässt – so etwa in den regionalen Kooperationsbemühungen der Bildungspolitik – ist das Denken in Netzwerken (Castells 2001; Wellman 2002). Zwischen den konstitutiven Elementen werden Schnittstellen gedacht, die dann als Träger neuer Politikformen gelten. Der These folgend werden „die Codes und Schalter, die zwischen den Netzwerken vermitteln, zu den grundlegenden Quellen durch die Gesellschaften geformt, geleitet und fehlgeleitet" (Castells 2001, S. 529). Dem unterliegt, wie Frank Webster gezeigt hat, die auf Claude Shannon zurückgehende kybernetische Analogie, derzufolge soziale Prozesse ähnlich strukturiert sind wie eine neurologische Informations- und Verschaltungsarchitektur (Webster 1999, S. 25 ff.). Allerdings macht diese dynamische Vorstellung die für Wissensgesellschaften charakteristischen Landnahmeprozesse schwer greifbar. So kann man sich, wie bereits in bildungsökonomischer Hinsicht am Fachkräftemangel verdeutlicht wurde, der wechselseitigen Funktionalität von Wirtschaft und Bildung nicht sicher sein. Schon die bildungsökonomische Kontroverse in den 1960er Jahren über technologische und volkswirtschaftliche Arbeits- und Lernanforderungen (vgl. auch Galbraith 1967, S. 238) macht deutlich, dass Bildung kaum mehr als nicht-

3.2 Die kybernetische Kopplungsästhetik des Fachkräftemangels

kapitalistisches Anderes oder als reagierendes Gegenüber von wirtschaftlichen Bedarfsstrukturen gesehen werden kann (vgl. Kap. 2). Auch im Fachkräftemangel wird bei näherer Betrachtung eine dynamische, nämlich transaktional-vermittelnde Integration von regionaler Bildung und regionaler Wirtschaft imaginiert. Zugleich jedoch werden einige wesentliche Umstände verdeckt. Das betrifft die Fragmentierung vermeintlich interdependenter Handlungsfelder und die Skalierung von Wirtschaftsprozessen. Einerseits ist die Konstatierung von Wechselverhältnissen zwischen verschiedenen Feldern mit der Idee einer territorial eingegrenzten Region verbunden. Andererseits unterziehen etwa Amin und Thrift bereits 1992 das Ideal der niedrig-skalierten Wirtschaftspolitik einer Bestandsaufnahme und hinterfragen insofern die raumpolitische Schlussfolgerung, die auch im Fachkräftemangel zu einer Regionalisierung von Bildungs- und Wirtschaftsprozessen führt. Sie bemerken (Amin und Thrift 1992, S. 572 f.), dass die Lokalisierung vom wirtschaftlicher Produktion in Forschung und Politik für gewöhnlich deshalb als Notwendigkeit konstatiert wird, weil Marktveränderungen in schnelllebigen Branchen Produktionsbedingungen erfordern, die flexibel auf Veränderung reagieren und die dezentral koordiniert werden.

Von Silicon Valley bis Baden-Württemberg seien die vertrauten Beispiele für dieses wirtschaftspolitische Modell, so der Einwand von Amin und Thrift, nicht die einzigen erfolgreichen wirtschaftsgeografischen Modellierungen. Sie seien darüber hinaus auf überregionale Investition, Produktion und Wertschöpfung angewiesen und setzen schließlich eine graduelle Entwicklung von Arbeitnehmerfertigkeiten, Traditionen, Institutionen, Dienstleistungen und Infrastrukturen voraus, die wohl kaum planerisch nachgeahmt werden können. Daher warnen sie davor, dass die Regionalisierungsthese dazu verleitet, Lösungen auf einem niedrigen Skalenniveau zu suchen, während die adressierten Problemlagen global sind – oder wie es der Humangeograph Lovering formuliert hat (1999, S. 381): „New Regionalism is a version of fiddling while Rome burns, although the tunes are evidently very catchy".

Die steuerungspolitische Illusion einer räumlichen Integration divergierender Handlungsfelder läuft diesen Kritikern zufolge Gefahr, die komplexen und spezifischen Umstände von regionalpolitischen Konstellationen zu überzeichnen und letztlich auch zu übersehen. Wie ließe sich eben jene Illusion aber kritisieren, ohne auch von kritischer Seite die Komplexität des Phänomens zu unterschlagen? Diesbezüglich sind handlungsorientierenden Effekte und nicht intendierten Folgen interessant. Insofern richten die hier vorgelegten Fallstudien die Aufmerksamkeit auf Bildungsorganisationen als Hauptadressaten der Fachkräftemangeldiskussion.

Kopplung durch Bildungsorganisationen? Die Trägerthese

Auch innerhalb von Bildungsorganisationen gilt, so der implizite Anspruch der Fachkräftemangeldebatte, dass das Verhältnis verschiedener Handlungsfelder zu integrieren sei. Diese Handlungsfelder werden oft personal gedacht; in der Rede von Wirtschafts- und Bildungs*vertretern* etwa. Es wird eine bestimmte Arbeitsweise quasi mit einer bestimmten Gruppierungen gleichgesetzt, ohne dass das weiter plausibilisiert werden muss. Diese unterstellte Bindung von Logiken und Gruppen will ich als *Trägerthese* festhalten und in der Organisationsstudie in Fallstudie III untersuchen.

Hält die Prämisse einer sozialräumlichen Integration der organisationalen Wirklichkeit von regionaler Bildung stand? Zur Beantwortung dieser Frage ist die Einbettung von Organisationen und Personen im Zwischenraum zwischen Bildung und Regionalwirtschaft in Betracht zu ziehen (Emirbayer und Johnson 2008, S. 28). Elisabeth Popp Berman (2012) weist in ihrer historischen Ökonomisierungskritik gar auf einen steuerungsgeschichtlichen Paradigmenwechsel in der Kopplung von Bildungs- und Wirtschaftspolitik hin: Wenn sich beispielsweise amerikanische Universitäten als Motor des Wirtschaftswachstums verstehen und sich an der

3.2 Die kybernetische Kopplungsästhetik des Fachkräftemangels

Marktlogik von Angebot und Nachfrage orientieren, dann bedeute das keineswegs, dass sie ihr Angebot, etwa die Genese von arbeitsfähigen Absolventen, adaptiv auf Nachfragen ausrichten und ihre Leistungen als ökonomische Ressourcen unterordnen. Anstatt eines passiven Kontrollverlusts, wie er auch allzu schnell mit dem Landnahmebegriff assoziiert wird, beobachtet Berman einen Rollenwechsel hin zu einem umweltaktiven Selbstverständnis – hin zu einem Modell, das Universitäten als ökonomischen Motor stilisiert. Die von Berman beobachteten Universitäten sind somit nicht mehr nur Träger von pädagogischen Logiken, sondern verstehen sich zusätzlich als ökonomischer Akteur.

In der Metaphorik der Universität als Motor wird eine Kontextsteuerung bemüht, durch die Bildungsorganisationen in ökonomische Bedarfsstrukturen eingebettet werden können. Offen bleibt jedoch weiterhin eine Frage, die schon Aldrich und Herker herausgestellt haben (1977): Wie können Organisationsmitglieder aus der Innenperspektive betrachtet über die Grenzen einer Organisation hinweg auf regionale Anliegen eingehen? Auch das Verhältnis verschiedener Gruppierungen, die im Rahmen einer Bildungslandschaft aufeinander bezogen werden, gilt es also nicht vorauszusetzen, sondern als Teil eines Landnahmeprozesses zu begreifen. Besonders ausschlaggebend betrifft das die sektorübergreifende Vermittlung zwischen Profit- und Nonprofitbereichen, eine Vermittlung durch die äußere Referenzen imitiert, aufgegriffen, vermischt und neu ausgelegt werden (Dees und Anderson 2003). Die praktische Stichhaltigkeit der Trägerthese wird am Beispiel der *Zukunftswerkstatt* diskutiert (Kap. 15).

Eine Stabilisierung? Bildungspolitik als zyklischer Lernprozess

Landnahmen charakterisieren sich nicht nur durch Vereinnahmung und Instrumentalisierung, sondern wesentlich auch durch die Stabilisierung von marktlichen Organisationsformen. In der Rede vom Fachkräftemangel ist diese Stabilisierung bereits mit einbegriffen. Dabei ist wie so oft in wissensgesellschaftlichen Debatten weniger der Bildungsbegriff, sondern vielmehr der Lernbegriff zentral (vgl. Liessmann 2006). Ließen sich Landnahmeprozesse in diesem abstrahierten Bildungsbegriff auch als Lernprozesse erfassen? Ließe sich umgekehrt gar ein wissensgesellschaftliches Lernen als Prozess oder Ergebnis einer Landnahme kritisieren? Eine solche Kritiklinie hat sich bereits ausgehend von der Annahme etabliert, dass eine gewisse „Wissensarbeit" zur zentralen Form individueller und kollektiver Selbstorganisation geworden sei, die alle Gesellschafts- und Lebensbereiche letztlich als individuelle Lernprozesse stilisiert (Willke 1999). Die sozialpsychologischen Implikationen dessen lassen sich, im Sinne Michel Foucaults, in der Subjektivierung eines Lernimperativs zusammenfassen (vgl. Kade 2003). So schreibt Jochen Kade, wenn doch Nicht-Wissen zunehmend die Grundlage für Alltag, Wirtschaft und Politik sei, dann ist lebenslanges Lernen ein riskantes Unterfangen. Ein Pamphlet des österreichischen Philosophen Konrad Liessmann wendet sich noch vehementer gegen die Wissensgesellschaft (Liessmann 2006). Zwar werde Lernen zur Bürgerpflicht erhoben, das ‚Was' bleibt aber dem jeweiligen Kontext überlassen. Liessmann bezeichnet diese inhaltliche Flexibilität lakonisch als „Unbildung". Diese setzt anderen Autoren zufolge bildungspolitische Vorzeichen, die die individuelle, kognitive und intellektuelle Arbeit präferieren – zu Ungunsten von kollektivem und manuellem Arbeiten und Lernen (Amin und Cohendet 2004; Keller 2010; Sennett 1998). Im Rahmen volks- und betriebswirtschaftlicher Bildungsanliegen sind diese Vorzeichen auch günstiger für die im MINT-Begriff gefasste naturwissenschaftlich-technische Bildung als für die vermeintlich wirtschaftlich unnützen Fächer, so Künzli (2012).

In diesen Kritiken wird ein selbstreferenzieller und in alle Gesellschaftsbereiche diffundierter Lernbegriff also als Unterhöhlung von ethisch begründeten Bildungsanliegen verstanden, welche auch einem gesellschaftlich unmoderierten Individuallernen Auftrieb gebe und letztlich Raum gebe für ökonomische Prioritätenverschiebungen (Höhne 2012). Eine Landnahme von Bildungsbegriffen und -prozessen, die auf Basis

3.2 Die kybernetische Kopplungsästhetik des Fachkräftemangels 71

dieser zyklischen Lernvorstellungen operiert ließe sich dementsprechend darin sehen, dass die semantische Diffusion auch eine omnipräsente Lernzumutung verstärkt und eine Disziplinierung der Arbeitsbevölkerung im Rahmen von Wissensökonomien in die Wege leitet. Nach Michaela Pfadenhauer wird auch außerhalb von Bildungszusammenhängen ein umfassendes Lernvermögen vorausgesetzt und abgefragt, welches letztlich die ständige Inszenierung der eigenen Kompetenz unabdingbar werden lässt (Pfadenhauer 2003). Dem so diffundierten Lernbegriff entsprechend werden manageriale Steuerungspraktiken quasipädagogisch als Organisationslernen gerahmt (Tacke 2005). Ohne individuelle Lernprozesse durch Bildungsinstitutionen, -professionen oder -ziele abzustecken, greift das arbeitsmarktlich begründete lebenslange Lernen demnach über sektorale Grenzen hinweg um sich.

Spezifischer lehnen auch regionalökonomisch orientierte Forschungs- und Bildungsprogramme, etwa der Innovations-Inkubator der Leuphana Universität Lüneburg, ihr Selbstverständnis an das Motiv des zyklischen Lernprozesses an. Interessanter noch als die mitgeführte Vereinnahmung ist die Idee, dass jener Lernprozess das Transaktionsverhältnis von Bildung und Wirtschaft stabilisiert. Dem Titel des Programms folgend will man eine organische und serielle Produktionsstätte des Wissens errichten, die relativ selbsttätig, kraft des generierten Wissens ein regionales Wirtschaftswachstum befördert ohne dabei eine intervenierende Steuerung zu erfordern. Diesen zyklischen Lernmotiven nachkommend werden alle möglichen sozialen Einheiten zu Lerneinheiten und stellen für sich genommen und insgesamt ein lernendes System dar. Regionen lernen (Florida 1995), Organisationen lernen (Argyris und Schön 1978) und Individuen lernen lebenslang (Heidenreich 2003).

In der Wirtschaftsgeografie hat der vage Begriff des räumlich-emergenten Lernens seine Herkunft in der Systemtheorie (Scheff 1999), in anti-technokratischen Impulsen (Morgan 1997) und in dem Schwerpunkt auf Firmen (Asheim 1996). Wie schon in Castells Vernetzungs- und Verschaltungsideen lässt sich auch hier ein kybernetisch inspiriertes

Steuerungsdenken ausmachen: Etwa der Idee einer lernenden Region liegt die kybernetische Denkfigur von selbstreferenziellen Systemen zugrunde. In kybernetischen Planungs- und Managementmethoden, wie Jennifer Light nachweist, werden Städte und Regionen als rekursiv verknüpfte, endogene Wissensressourcen betrachtet (vgl. Light 2003). Materielle Komponenten der Region und Bildungsprozesse werden informationell erfasst und in einen rekursiven Lernprozess eingebunden. Bildungsprozesse werden, entgegen früherer Anwendungen dieser rekursiven Lernfigur (vgl. Herberg 2018a), sogar als weniger wirtschaftsförderlich als Forschung und Entwicklung aufgefasst (Cooke 2007) oder lediglich als katalytischer Faktor berücksichtigt (Rutten und Boekema 2012; Stahl und Schreiber 2003). Stattdessen gelten recht vage umschriebene Lernprozesse als bevorzugter Steuerungsmechanismus, um Innovation (Asheim 1996), ökonomischen Wettbewerb (Amin und Thrift 1995) und eine kollektive Anpassungsfähigkeit zu generieren (Scheff 1999). Dies entspricht Richard Florida, der Bildungsprozessen eine Funktion im Hinblick auf zwei zyklische Lernprozesse zuschreibt: Bildung diene dem Individuum und der Region in ihrer ökonomischen Produktivität (Florida 1995, S. 532).

Skeptische Stimmen holen zu einer semantischen Kritik aus und stellen dieses abstrakte Lernen als hole, mechanistische Vorstellung dar; als „almost automatic shaping of endogenous learning and innovation capacity by just being co-located in a cluster" (Asheim 2012, S. 1001). Jener Lernbegriff sei dennoch geeignet, um die Regionalforschung und -politik für institutionelle Trägheit und kognitive Blockaden zu sensibilisieren (ebd.). Weniger ausgeprägt ist jedoch die Kritik an zyklischen Lernbegriffen, die Bildung nicht allein in semantischer, sondern auch in institutioneller Hinsicht prägen. Lediglich einige Befürworter des Begriffs weisen darauf hin, dass mit lernenden Regionen auch die Vereinbarkeit von regionaler Wirtschafts-, Arbeitsmarkt- und Sozialpolitik in den Blick rücke (Stahl und Schreiber 2003), dass also eine Bündelung von sektorspezifischen Politikzielen in Reichweite rückt. Die

Idee der lernenden Region und das dahinter stehende Motiv des zyklischen Lernprozesses sind also eng mit dem Motiv eines Integrationsmechanismus verbunden. In beiden Fällen ist die Kritik an den mitgeführten Prämissen recht ausgeprägt, während die Kritik an den institutionellen Folgen noch auszustehen scheint. Wiederum eignen sich die Bildungsorganisationen als empirischer Fokus.

Kopplung durch Bildungsorganisationen? Die Schaltkreisthese

Welches Bild von Bildungsorganisationen liegt der Vorstellung von zyklischen Lernprozessen zugrunde? Besonders regionale Bildungsorganisationen lassen sich als ein integrativer Mechanismus beschreiben, der mehrere Bildungsbelange miteinander verkoppelt. Dementsprechend folgt die schematische Darstellung von Organisationen und kollektiven Lernprozessen oft der Vorstellung eines Schaltkreises. Diese Vorstellung ist in der organisationstheoretischen Literatur und in der Welt der Organisationsberatung relativ verbreitet.

So haben etwa Ciborra und Andreu mehrere Konzepte des organisationalen Lernens aufgegriffen, um drei „learning loops" zu bezeichnen. Demnach werden im Sinne des mode-2 Lernens von Argyris und Schön (1978) Strategien und Ziele hinterfragt, aber auch die Fähigkeiten der Organisation sowie ihre Anordnung hin auf bestimmte Kernkompetenzen. Nicht zuletzt gerät die Routinisierung ins Blickfeld, in der die Ziele und Fähigkeiten in alltägliche Praktiken übersetzt werden. Hier wird eine relativ enge Verschaltung angedeutet. Argyris und Schön (1978, S. 2-3) sprechen sogar in der Analogie eines Thermostats. Auch in Bezug auf organisationales Lernen macht sich also eine kybernetische Steuerungsvorstellung bemerkbar:

> Single-loop learning is like a thermostat that learns when it is too hot or too cold and turns the heat on or off. The thermostat can perform this task because it can receive information (the temperature of the room) and take corrective ac-

tion. *Double-loop* learning occurs when error is detected and corrected in ways that involve the modification of an organization's underlying norms, policies and objectives.

Ciborra und Andreu (2001) synthetisieren die vielen Arbeiten, die im Anschluss an Argyris und Schön (1978) das Organisationslernen ausgearbeitet haben, und stellen es, einvernehmlich, als Verschaltung von Lernprozessen dar (siehe Grafik 2). Sie kombinieren darin drei Lernzyklen, durch die Erfahrungen in Organisationsstrukturen einfließen: routinebasierte Arbeitsweisen sind demnach mehr oder weniger an die Entwicklung neuer Kompetenzen und an strategisches Umdenken gekoppelt.

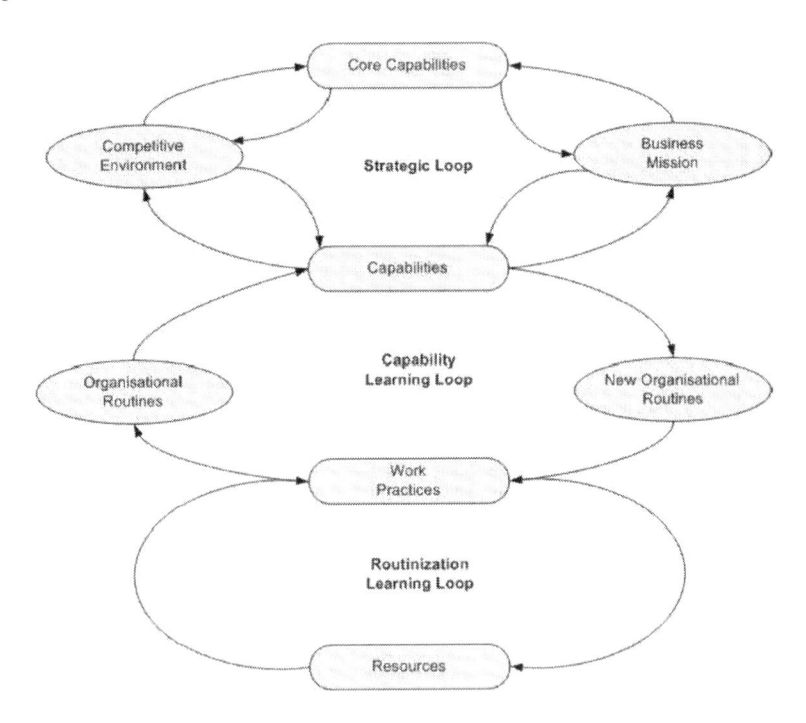

Grafik 2: Organisationslernen als Schaltkreis aus Ciborra und Andreu (2001, S. 75), verienfachte Version aus Fosser et al. (2008, S. 2468)

3.2 Die kybernetische Kopplungsästhetik des Fachkräftemangels

Hinter derlei Schaltkreis-Modellen steht die Annahme, dass Wissen, ähnlich wie elektrische Energie, weder einen Ursprung hat noch im Prozess Verluste erleidet, sondern vermittels Übersetzungspraktiken in stetigen zirkuläre Bahnen durch die Organisation zieht. Wissen passiert dann diverse Betätigungsbereiche, und muss an deren Grenzen immer wieder, aufgrund einer binären Unterscheidung je nach Signalkompatibilität der Betätigungsbereiche, übersetzt werden.

Eine Kritik dieser Vorstellung kann der in Kap. 2 eingeführten neoinstitutionalistischen Organisationsforschung entnommen werden. So lässt sich einwenden, dass Ideen und Denkweisen, die von Wirtschafts- oder Bildungsseite an Bildungsorganisationen zukommen, nicht zwangsläufig eng gekoppelt werden. Das betrifft zum einen Orte, an denen mehrere Gruppen zusammenkommen und nicht zwangsläufig ein einzelne, sondern gleich mehrere Raumbegriffe und -praktiken mitbringen und/oder hervorbringen (Pierce, Martin und Murphy 2011). Hinsichtlich der Organisationsform und Handlungsweise im Umgang mit äußeren Anforderungen und heterogenen Wissensprozessen kann weiterhin nicht von einer Kompatibilität aller Wissensformen ausgegangen werden (Cook und Brown 2005). Auch kann man nach Niels Brunsson (1989) anstelle einer stabilen Kopplung oder Entkopplung von Umwelterwartungen und organisationsinternen Sprechweisen, Handlungen und Entscheidungen auch ein anderes Denkbild entwerfen und beobachten. Ahrne und Brunsson sprechen eher von einer phasenweisen Um-Ordnung der Organisation im Angesicht vielfältiger Umwelterwartungen, oder gar von einer Gleichzeitigkeit mehrerer Organisationsprinzipien (Ahrne und Brunsson 2010). Empirisch wird die Schaltkreisthese in der Organisationsstudie aufgegriffen (Kap. 15).

Eine Instrumentalisierung? Bildung als ökonomisches Steuerungsinstrument

In der skizzierten Topologie von Integration und Lernen gerät Bildung zu guter Letzt als Steuerungsinstrument in den Blick. Dies entspricht dem dritten Aspekt von Landnahmen, nämlich der Umgestaltung und Umnutzung von nichtmarktlich organisierten Räumen für wirtschaftliche Zielsetzungen. In einem eher linearen Landnahmegedanken wird Bildung als mehr oder weniger defizitär evoziert und erscheint damit selbst als steuerungsbedürftig. Sie gehört zugleich zum regionalpolitischen Instrumentarium um übergreifende Ziele zu erreichen.

In Bezug auf diese Instrumentalisierung ähnelt die Fachkräftemangeldebatte wiederum der Rede von der Wissensgesellschaft. In dieser bleibt nämlich – einem Hinweis von Nico Stehr zufolge (1994, S. 64 ff.) – die grundlegende Raumvorstellung erhalten, mit der auch schon in Modernisierungstheorien operiert wurde. Stehr fasst dies im abstrakten Ausdruck der Extension (ebd., S. 67) zusammen: Demzufolge werden moderne Gesellschaften in ihrer Konstitution meist durch „die Aufnahme neuartiger Verbindungen in existierende Konfigurationen und deren Transformationen als weiteres Mittel der Ausweitung sozialen Handelns" beschrieben.

Auch im Falle des Fachkräftemangels ist diese Extension beobachtbar, so dass Bildungsprozesse nicht zwangsläufig als Instrument für die Erfüllung von gesteckten Wirtschaftszielen herhalten, sondern eher zur Erweiterung von regionalökonomischen Zielhorizonten. Leicht erkennbar findet man auch im Fachkräftemangel mindestens vier wesentliche modernisierungstheoretische Annahmen wieder (Stehr 1994, S. 50): Zum Ersten steht hinter einer regionalen Bildung weiterhin die Idee eines territorial verfassten Nationalstaates und Steuerungs- und Sozialsystems, lediglich auf niedrigerem Skalenniveau. Man erkennt weiterhin hinter der Kooperationsrhetorik, ex negativo beispielsweise in dem Ruf nach Koordinationsschnittstellen zwischen vermeintlich isolierten Silos, die moderne Differenzierung und Spezialisierung von Institutionen, wie es etwa in Theorien der funktionalen Differenzierung artikuliert wird. Beide Punkte werden im Fachkräftemangel aber nicht in Bezug auf relativ isolierte Containerräume gedacht, sondern in einer argumentativen Einheit auf Zwischenräume bezogen: Man plädiert im Angebot-Nachfrage-Motiv letztlich für eine quasi-staatliche Meta-Agentur, die das Vorrecht hat in einem Territorium zwischen sozial differenzierten Bildungsleistungen und -erwartungen zu koordinieren. Zum Dritten wird auch die umfassende Rationalisierung „nicht-rationaler" (Stehr, ebd.) Handlungsfelder, etwa durch Techniken der Bildungsplanung oder des Bildungsmonitorings, auf eine neue Ebene gehoben. Und überdies seien diese Maßnahmen alle, im Sinne einer Stufenlogik, hier: dem neuen Zeitalter der Technologie und der Wissensgesellschaft, geschuldet. In diesem Kontext erscheint Bildung als Problem und Instrument einer erneuten Modernisierungsbewegung, ist allerdings nicht in ein statisches Zweck-Mittel-Schema eingebunden, sondern ist rekursiver Bestandteil in der Vereinnahmung und Stabilisierung von regionalökonomischen Bildungslandschaften. Wie ließe sich diese Steuerungsvorstellung als Landnahmeprozess begreifen?

Ursächlich für die Denkfigur der Bildung als vielseitiges Steuerungsinstrument ist Gary Beckers (1975) Theorie der Bildung als Humankapital, also einer Theorie, die Bildungsprozesse durch eine karrierestrategische sowie durch betriebs- und volkswirtschaftliche Rationalisierung kalkulierbar macht. Bildung ist für Becker eine messbare und optimierbare Investition, um individuellen Aufstieg und anhaltenden Wohlstand zu sichern. Die angesteuerten Ziele sind vielfältig und reichen von psychischer Gesundheit über soziale Ungleichheit bis zu wirtschaftlicher Entwicklung. In sozialpolitischer Hinsicht fungiert Bildung in dieser betriebswirtschaftlich (vgl. Drucker 1968) und volkswirtschaftlich (Machlup 1962, Porat 1977) ausgelegten Wissensgesellschaft als effektive Stellschraube, um die Bedingungen und Folgen von Wirtschaftswachstum zu verwalten.

Präziser noch lässt sich als semantische und steuerungstheoretische Grundlage eine kybernetische Input-Output-Kopplung ins Auge fassen (vgl. Agar 2003). Wenn etwa Hochschulabsolventen und Arbeitgeberpräferenzen als Ein- und Ausflüsse von Arbeitsmärkten stilisiert werden, dann rücken Bildungsprozesse als Steuerungsinstrument in den Blick. Tatsächlich wird bildungspolitische Kontrolle oft im Rahmen von metaphorischen Maschinenvorstellungen gedacht und organisiert und in der Folge einer informationellen Kontextsteuerung zugeführt. Beispielsweise führen Bildungssoziologen die US-amerikanischen Bildungsreformen der 1980er und 1990er Jahre, etwa den Bericht *A Nation at Risk* (Mehta 2013, S. 84 ff.), oft auf ein mechanistisches Input-Output-Schema zurück (Rowan 1990; Agar 2003; Popp-Berman 2012). Besonders deutlich wird dies in Rowans Hinweis auf eine „Control Strategy", die im 20. Jahrhundert dominant gewesen sei:

> This approach involves the development of a standardized system of input, behavior, and output controls that constrain teachers' methods and content decisions, thereby controlling student access to academic content and assuring student exposure to a standardized quality of instruction. (Rowan 1990, S. 358)

Die Vorstellung von Ein- und Ausflüssen und der Kontrolle von dazwischen liegenden Gestaltungsprozessen richten den Zielhorizont eines Bildungspolitikers darauf ein, die sozialen und kognitiven Einflussfaktoren in Lehr- und Lernsituationen zu regulieren (Rowan 1990). Dieselbe Logik wird im Fachkräftemangel auf bildungspolitischer Ebene auf arbeitsmarktliche Ein- und Ausflüsse bezogen. Wie in dem obigen Zitat illustriert, verspricht das Schema von Input und Output kraft einer System-Umwelt-Kopplung auch im Fachkräftemangel die Möglichkeit einer Kontextsteuerung und ist programmiert auf bestimmte Problem- und Interventionsverständnisse. Die zuletzt zitierten Bildungssoziologen haben aufgezeigt, wie im amerikanischen Bildungssystem mit dem vielfach einsetzbaren Input-Output-Schema die Hoffnung auf eine messbare, standardisierte und verantwortbare Eingliederung von pädagogischen

3.2 Die kybernetische Kopplungsästhetik des Fachkräftemangels

Prozessen einherging (Rowan 1990; Mehta 2013) – und zwar eine Eingliederung in den Kontext einer abstrakten Umwelt, etwa der Umwelt von sozial- und wirtschaftspolitischen Steuerungsproblemen. Besonders in der naturwissenschaftlich-technischen Bildung bezieht sich dieses Steuerungsideal auf Angebot-Nachfrage-Schemata. So liegt eine oft explizit formulierte Folge der Wissensgesellschaft darin, dass die angefachte und diversifizierte Nachfrage nach spezifischen Wissensformen auch die Leistungen des Bildungssystems hervorhebt und auf den Prüfstand stellt. Diese Nachfrage geht von flexibilisierten und technisierten Arbeitsplätzen und Arbeitsmärkten aus, insbesondere beeinflusst durch die dynamischen Anfordernisse und Möglichkeiten der Informationstechnologie (wie schon bei Leavitt und Whisler 1958) und durch die sogenannte Computerrevolution (Tomeski 1970). Dies zeigt sich in der Idee, dass ein Zuwachs an naturwissenschaftlich-technischer Bildung, die Beschäftigungsfolgen des demografischen Wandels abdämpfen könne (Pfenning und Renn 2012).

Hier und an anderer Stelle wird sogar eine rekursive Verquickung sichtbar, so dass naturwissenschaftlich-technische Bildung zugleich der (Unter-)Fütterung von technoökonomisch bedingten Arbeitsmärkten dient, der Legitimierung von Bildungsreformen und der Förderung technologischer Innovation – eine dreifache Win-Win-Win-Situation. Beispielsweise hat die Obama-Regierung im Bericht „Preparing for the Future of Artificial Intelligence" (Executive Office 2016) in sehr affirmativen und recht vagen Formulierungen eine dreifache Synergie hinsichtlich Künstlicher Intelligenz (KI) dargestellt: Diese helfe „die Herausforderungen zu identifizieren und zu verfolgen, um ehrgeizige, aber erreichbare Ziele für KI festzulegen" (ebd., S. 15). Die technologische Herausforderung von KI selbst bringe neue Anforderungen an die Weiterbildung mit sich, welche Bildungsinvestitionen legitimiert, die beide, durch eine maschinell lernende Bildungspolitik vermessen werden und in Bezug auf curriculare Anpassungsmaßnahmen effizient durchgeplant werden könnten. Die als Bildungsherausforderung stilisierten

Veränderungen, etwa der Effekt von KI auf Arbeitsmarktzyklen, werden paradoxerweise also von derselben Technologie dynamisiert, die auf bildungspolitischer Seite eine regulative Handhabe verspricht (vgl. Herberg 2018a). Eine derart rekursive und technologisch unterstützte Instrumentalisierung beruht stärker noch als eine lineare Mittel-Zweck-Orientierung auf der Messbarkeit von Bildung, nämlich durch „Qualifikationen" (Traue 2010, S. 52), also staatlich zertifizierbare Lernerfolge, oder „Kompetenzen", die zwar weiterhin beschränkt messbar sind, aber „dargestellt und evaluiert werden". Der Erfolg von Gesellschaften und Individuen in ihrer gesamten Entwicklung bemisst sich demnach zentral an der ausgewiesenen oder inszenierten Bedarfsdeckung von ökonomisch nachgefragten Fähigkeiten. In der polemischen Kritik an der auch dadurch geschürten Sorge sich qualifizieren zu müssen, Bude spricht von „Bildungspanik" (Bude 2011), um den eigenen Status und die Konkurrenzfähigkeit aufrechtzuerhalten, schreibt Liessmann (2014, S. 17) lakonisch: „Talente müssen abgeschöpft werden, potenzielles Humankapital darf nicht brachliegen, jeder muss mitgenommen werden, keiner darf zurückbleiben, aber man muss auch hier wissen, wo es sich zu investieren lohnt". Ließe sich auch in Bildungsorganisationen die Vorstellung von Bildung als ökonomisches Steuerungsinstrument beobachten und kritisieren?

Kopplung durch Bildungsorganisationen? Die Steuerungsthese

Auf organisationaler Ebene ist es in einer dritten Hinsicht besonders schwer, die Fachkräftemangeldebatte als Steuerungsidee zu entlarven. Das wird deutlich, wenn man etwa sektorübergreifende und außerschulische Instanzen in den Blick nimmt, denn hier sind der staatliche Zugriff und die professionelle Pädagogik als traditionelle Steuerungslogiken weniger präsent als an Schulen oder Hochschulen. Die pädagogischen, institutionellen und organisationalen Folgeerscheinungen lassen sich an diesen Orten besonders gut beobachten, nur schwerlich aber auf Landnahmeprozesse zurückführen. Der relativ ambivalente Begriff des *außerschulischen Lernortes* deutet dies beispielhaft an. Dieser Begriff ist sozusagen mehrfach entkoppelt und wirkt dementsprechend ungreifbar und für eine Kritik unangreifbar. So kommt das Wort *Bildung* – mit all seinen staatlichen, didaktischen, akademischen und professionspolitischen Implikationen – gar nicht erst vor. Das ist insofern passend, als dass in Deutschland dem außerschulischen Bildungsbereich bislang von staatlicher Seite kein eindeutiges Regelwerk oder Unterstützungsprogramm zugeordnet wird. Auch gibt es kaum eine Didaktik des außerschulischen Lernens (vgl. etwa das Feld der Bildung für nachhaltige Entwicklung: Rode, Wendler, and Michelsen 2011; Salzmann, Bäumer, and Meyer 1995; Schockemöhle 2009).

So ist für gewöhnlich nicht etwa von einer *Einrichtung* oder gar *einer Institution*, sondern schlicht von einem (Lern-)*Ort* die Rede. Und im Unterschied zu den traditionellen Organisationstypen vermischen sich hier diverse Regeln und Ressourcen, so dass die Budgetstärke eines Lernorts viel stärker davon abhängt, pädagogisch unkonventionelle Fördergeber von sich zu überzeugen. Weiterhin will man buchstäblich *außer*-schulisch sein. In dieser sonderbaren Semantik steckt eine inhaltliche und strukturelle Distanz zu den Schulen, denen man sich nicht im Sinne von Steuerungsverantwortung, wohl aber als Kooperationspartner verpflichtet fühlt. Diese semantische Distanznahme und Öffnung der außerschulischen Lernorte wird aber nicht wieder geschlossen, sondern es bleibt bei der leeren Worthülse, bei einer *Nicht-Schule*. In der Semantik des außerschulischen Lernortes ist also schon eine Ambivalenz darüber angelegt, wo denn eigentlich die institutionelle Zuordnung und das pädagogische Programm anzusiedeln sind.

Eine treffende Kritik setzt an eben dieser Ambivalenz an: Bildungsorganisationen stehen, zurückgehend auf die kybernetischen Kopplungsmotive von sozialräumlicher Integration und zyklischem Lernen, nur wenig institutionalisierte Organisationsschemata zur Verfügung, sie werden zugleich aber mit einer Vielzahl an Wunschvorstellungen, Anfordernissen und Bedarfen konfrontiert. Im Angesicht der institutionellen Komplexität der außerschulischen Bildungsträger und in Ermangelung eines organisationalen Vorbildes, eines regulativen Standards und einer diskursiven oder institutionellen Ressourcenquelle sind außerschulische Lernorte und andere sektorübergreifende Bildungsorganisationen also ganz besonders auf organisationale Improvisationskünste zurückgeworfen. Sie brauchen daher regionale Allianzen und docken an vorstrukturierte Machtverhältnisse an, um ihren Wirkungskreis zu verstetigen. Zugleich jedoch verschreiben sie sich der bildungs- und regionalpolitischen Hoffnung, dass gerade außerschulische Lernorte als transformative Akteure neue regionale Strukturen errichten können.

Dass innerhalb von neuen Feldern oder zwischen etablierten Feldern der Aufbau neuer Organisationsformen besonders interessant, aber prekär ist, haben in der neoinstitutionalistische Organisationsforschung einige Autoren bereits konstatiert.[7] Denn in diesen Zwischenräumen berühren sich mehrere Arbeitsweisen, Interessen und normative Grundsätze und reproduzieren eine große institutionelle Komplexität (Greenwood et al. 2011) oder erschaffen sogar neue institutionelle Arrangements (Greenwood und Suddaby 2006). Aber nicht nur für diese Zwischenräume, sondern ganz allgemein konstatieren Pache und Santos (2010, S. 471), dass die Frag-

---

[7] Das ist eine relativ junge Entwicklung: So sind die Emergenz von Feldern und neue institutionelle Formen relativ ungekannte Phänomene (Fligstein und McAdam 2012). Dasselbe gilt für die Formierung und Strukturierung von Organisationen, die sich an den Schnittstellen oder in den Überlappungsbereichen zwischen mehreren Feldern und Institutionen befinden (Ausnahmen und entsprechende Hinweise finden sich bei Greenwood, Royston 2006; Pache und Santos 2010; Thornton et al. 2005). In Bourdieus Feldtheorie spielen Organisationen ebenso eine eher marginale Rolle (Emirbayer und Johnson 2008; Scott 1994; Vaughan 2008).

mentierung von Handlungsfeldern zunehmend eine organisationale Herausforderung darstellt, da auch die Gleichzeitigkeit von globalisierten und lokalen Praktiken, die Spezialisierung von Institutionen, die Hybridisierung von organisationalen Formen und die Vielfalt von Arbeitsplätzen und Personal im Allgemeinen zunehme. Ließe sich die Fragmentierung und Hybridisierung aber auch als Resultat von Landnahmeprozessen begreifen? Diese Frage soll im Rest des Kapitels bearbeitet werden.
Empirisch wird die Steuerungsthese am Beispiel der *Zukunftswerkstatt Buchholz* weiterverfolgt (Kap. 15).

3.3 Landnahme im Lichte von Bourdieus Feldsoziologie

Wie wird aus der Fachkräftemangeldebatte eine sozialräumliche Wirklichkeit? Inwiefern führt diese Institutionalisierung auch zu einem Landnahmeprozess im Verhältnis von Wirtschaftsregion und Bildungsorganisation?
Dreh- und Angelpunkt einer feldsoziologisch verstandenen Landnahme ist die Frage nach dem *Innen und Außen*; also einerseits, ob materielle Räume das Innen oder Außen von Gesellschaften darstellen, und andererseits, inwiefern Bildungsinstitutionen ideell und materiell mit regionaler Wirtschaft verbunden sind. Das wurde bereits in den in Kap. 2 präsentierten organisationswissenschaftlichen Konzepten deutlich.
Die einschlägigen Kopplungsbegriffe speisen sich teilweise aus einer kybernetischen Governance-Perspektive, in der die Verschaltung von System und Umwelt, von Lern- und Raumprozessen zentral ist (Heyck 2015, Agar 2003, Light 2003). Insbesondere menschliche Lernprozesse, oft in Analogie mit computerbasierten Informationssystemen, sollten in technologische Wirtschaftssysteme eingebettet werden. Neben Mensch-Computer-Analogien, in deren Lichte Lern- und Steuerungsbegriffe zusammengedacht werden können, bezieht sich das Konzept auf eine

weitere Grundfigur der Kybernetik: Die Beziehung von System und Umwelt. Die Steuerungsmotive, die oben aus der Fachkräftemangeldebatte herausgearbeitet wurden, folgen denselben Kopplungsideen: sozialräumliche Integration, zyklische Lernprozesse und reflexive Steuerungsinstrumente bildungs- und steuerungspraktische Prozesse in ihrer wechselseitigen Verflechtung. Weiterhin zeichnen sich hier mehrere Skalenniveaus und soziale Mikrokosmen ab. Der Fachkräftemangel legt in der bildungsökonomischen Dimension also einen Sachzwang nahe, demzufolge es ein Koordinationsdefizit zwischen Bildung und Beschäftigung gibt. In einem politischen Rahmen, nämlich „[b]ei der Legitimation von Ökonomisierungsprozessen" reiht sich der Fachkräftemangel aber auch in „ein Arsenal multireferentieller und hybrider Begriffe" ein, die „als semantische Verbindungsglieder zwischen mehreren Feldern fungieren und zwischen heteronomen Logiken vermitteln" (Höhne 2012, S. 808; sic). Um dieses institutionell vermittelnde Potenzial der Fachkräftemangeldebatte zu begreifen, ist eine Theorie gefragt, die vertikal und horizontal abgegrenzte politische Arenen bzw. Regionen aufeinander beziehen kann und aus deren Wechselverhältnis so wie aus kollektiven Handlungszusammenhängen heraus eine Erklärung, oder überhaupt erst eine Bild dafür liefert, wie die regionalökonomische Neufragmentierung von bildungspolitischen Verhältnissen begriffen und kritisiert werden kann. Dies ist eine Problematik, die ohne eine soziologische Verfremdung der kybernetischen Steuerungsideen nicht bearbeitbar ist. Eine besonders geeignete, wenn auch weiter aufzubereitende Theorieschule ist die soziologische Feldtheorie, da diese schon im Ansatz von Zwischenräumen ausgeht und sich in eigener Weise nicht allein den Systemdynamiken, sondern auch den sozialen Kämpfen und sozialräumlichen Konstellationen widmet.

3.3 Landnahme im Lichte von Bourdieus Feldsoziologie

Pierre Bourdieus Korrespondenzdenken und der triadische Feldbegriff

Die *Vereinnahmung, Instrumentalisierung und Stabilisierung* und der räumliche Aspekt der Landnahme spitzen sich in der Problematik des gesellschaftlichen Innens und Außens zu; hier: dem Innen und Außen zwischen Bildungsorganisation und Wirtschaftsregion. Diese Problematik ist in vielen weiteren Varianten spätestens seit Émile Durkheim eine prominente Unterströmung der soziologischen Theoriebildung und prägt ganz besonders auch die Feldsoziologie.[8] Die Folge ist ein großes Interesse an sozialräumlichen Institutionalisierungs- und teilweise auch Ökonomisierungsprozessen, andererseits aber eine gewisse Blindheit für heterogene Zwischenpositionen. Wo kommt die Problematik her und wie prägt sie eine feldsoziologische Perspektive auf den Fachkräftemangel als Landnahmeprozess?

Émile Durkheim hat das Soziale sozusagen in einer doppelten Bewegung veräußerlicht und verinnerlicht: im materiellen Raum als objektiviertes Substrat sozialen Lebens einerseits und im kollektiven Bewusstsein als der subjektive Zusammenhalt von Gesellschaften andererseits (Durkheim 2000 [1900], S. 169, Läpple 1991, Bourdieu 2015, S. 145, Terrier 2009, Delitz 2009, S. 49). Zum Substrat gehört das geografische Gebiet, seine

---

[8] Besonders grundlegend beschreibt Schillmeier (2013, S. 416) wie folgt die „Bifurkation der Natur" und die Ursprünge der Soziologie bei Émile Durkheim in einem Atemzug: „Nach außen aber – also wenn es um Differenz zu nichtsozialwissenschaftlichen Disziplinen geht – erreicht nur eine einzige Differenz Gültigkeit: Die Unterscheidung der menschlichen/sozialen Natur der Dinge von der Natur der Dinge. So gesehen befindet sich an den Grenzen der unterschiedlichen Soziologien immer ein doppelter Modus der Unterscheidung von innen/außen, der, je nachdem in welche Richtung man schaut, epistemologischen oder ontologischen Charakter annimmt: Innerhalb und zwischen den diversen Soziologien sind es epistemologische, und nach außen hin ontologische Unterscheidungen."

Ausdehnung und Grenzen, ihre Zentrum-Peripherie-Verhältnisse (Durkheim 2000 [1900], S. 169), die Demografie und materielle Infrastrukturen des sozialen Lebens (Terrier 2009) und, so neuere Adaptionen, auch die biophysische Grundlage sozialen Lebens (Läpple 1991). Mit dem kollektiven Bewusstsein stellt Durkheim dem Substrat die psychische und kulturelle Dimension von Wertvorstellungen und Ideen zur Seite (Terrier 2009). Hier entwirft Durkheim neben dem äußeren objektiven, materiellen Raum also einen subjektiven, phänomenologischen Raum, der nicht etwa außergesellschaftlich oder intim-sinnlich ist, sondern der die politische Bindewirkung einer Gesellschaft subjektiv erklärt.

Beide Gegenbegriffe können als absolute Räume begriffen werden, als selbstverständliche und umfangende Umgebungen sozialen Lebens. Das auf Basis beider Begriff begründete Konzept des sozialen Raumes, so Buttimer (1969, S. 424), habe seinen wesentlichen, analytischen Wert in der zweiseitigen Spiegelung zwischen subjektiver interner Ordnung und externer räumlicher Ordnung. Einen derart gedoppelten und wechselseitig gefestigten Raumbegriff erkennt darin auch der Durkheim-Schüler Maurice Halbwachs (1991, S. 128). Er sieht das Substrat sogar als Verkörperung des „kollektiven Gedächtnisses" (zit. in Läpple 1999, S. 197).

Die Durkheim'sche Perspektive legt eine ganze empirisch-diagnostische Sichtweise nahe; auf Bildungssysteme angewandt etwa, dass Bildungsorganisationen als funktionales Bindeglied im Wechselspiel von staatlicher Regulation und kultureller Inklusion fungieren (Bourdieu 2015, S. 158).[9]

---

[9] In dieser Denktradition wird auch die weitgehend immaterielle Bedeutung von Bildungsbegriffen geprägt: In Wissenschaft und Bildung wird Ideologie danach nicht als Instrument der Mächtigen wirksam, wie etwa bei Marx angelegt, sondern als reproduktiver, teils unbewusster, teils angefochtener Mechanismus politischer Ordnung (Bourdieu 2015, S. 169). Ohne gemeinsame kognitive Strukturen, ohne ein

Beiden, Durkheim und später auch Bourdieu, gilt das Bildungssystem als „immense rite of institution" (ebd., S. 168), da es zentral ist für die Schaffung von gesellschaftlichem Ein- und Ausschluss. Der Sprung zum Landnahmebegriff ist relativ groß, aber auch hier stellen Durkheims Begriffe ein grundlegendes Vokabular bereit: In der Prägung eines kollektiven Bewusstseins, könnte man spekulieren, wird die kulturelle Legitimation einer territorialen Herrschaft hergestellt. Im Umkehrschluss ist damit auch vorstellbar, dass ökonomische Klassifikationen zugleich ideell und territorial vereinnahmt, instrumentalisiert und stabilisiert werden; dass Bildungsprozesse sowohl symbolisch als auch materiell in eine ökonomische Umwelt eingespannt werden.

Bourdieus Feldsoziologie stellt gewissermaßen eine Dynamisierung dieser Vorstellung dar und kommt insofern den kybernetischen Raumvorstellungen entgegen, die im vorigen Abschnitt skizziert wurden. An der Stelle nämlich, an der Marcel Mauss und Durkheim (1993) in dem 1903 erschienenen *Über einige primitive Formen von Klassifikation* ein Fundament für das Verhältnis von Morphologie und symbolischen Systemen legten, setzt Bourdieu in der Absicht an, die „Antinomie von Sozialphysik und Sozialphänomenologie" (Wacquant 2006, S. 24 ff.) in einer Soziologie über soziale Ein- und Ausschlussmechanismen zu bündeln. Dabei legt es Bourdieu grundlegend auf die Korrespondenz zwischen Machtstrukturen und mentalen Strukturen an:

---

kollektives Bewusstsein sei politische Ordnung nicht denkbar. Die Produktion dieser kognitiven Strukturen, so Bourdieu (2015; Bourdieu und Clough 1996), könne vor allem im Staat, der bereits in der Durkheim-Schule als zentralisierte Symbolmacht gedacht ist, als ein Metafeld und als Mitproduzent von sozial differenzierten Feldern gesehen werden.

> If one takes seriously both the Durkheimian hypothesis of the social origin of schemes of thought, perception, appreciation and action and the fact of class divisions, one is necessarily driven to the hypothesis that a correspondence exists between social structures (strictly speaking, power structures) and mental structures. (Bourdieu 1991a, S. 5)

Bourdieu sucht also nach Korrespondenzen anstatt Innen- und Außenraum voneinander zu trennen. Er stört sich besonders an dem idealistischen Fokus auf Durkheims kollektivem Bewusstsein (vgl. Robbins 2002, S. 314) und knüpft in seiner Auslegung insofern an den von Durkheim begründeten, doppelten Raumbegriff an, als dass er dem Substrat und dem kollektiven Bewusstsein ihre organizistischen Ganzheitlichkeit nimmt und sie stattdessen in aufwendigen Kartierungsverfahren aufeinander bezieht. [10] Dies führt Bourdieu zu seiner strukturgenetischen Wendung, in der er einen konstitutiven Wechselbezug zwischen kognitiv-kulturellen und materiellen Strukturen behauptet (Bourdieu 1988a, S. 27; 1991b, S. 135–36). Speziell in Bourdieus feldsoziologischen Texten (Bourdieu 1975; Bourdieu, Wacquant, und Farage 1994; Bourdieu 1987, 1991a, 1993) wird dieser Wechselbezug als empirisches Programm aufgegriffen, um symbolische und machtstrukturelle Räume als relative Verteilungen zu kartieren. Ein Feld und seine Genealogie sind demzufolge strukturiert durch eine gewisse Korrespondenz

---

[10] Vandenberghe (1999, S. 44) bezeichnet Bourdieus Gegenbewegung als „absolutely non-Durkheimian move", da bei Bourdieu die Beobachterunabhängigkeit und Autonomie des Untersuchungsgegenstandes nicht mehr gewahrt bleiben. Bourdieu begründet dies mit einem entsprechenden Vorwurf gegenüber Durkheim. Dieser mache sich einer Projektion von Theorie auf Empirie schuldig mache: „He projects onto the object into the object" (Bourdieu 2015, S. 106). Dem Holismus des kollektiven Bewusstseins stellt Bourdieu (2015, S. 4) sein eigenes Geschichtsverständnis entgegen, indem er einerseits die „moralische Konformität", wie sie in der Durkheim-Exegese üblicherweise betont werde, und andererseits die „logische Konformität" als genealogische Prinzipien der Staatenbildung herausarbeitet (übersetzt vom Verfasser).

3.3 Landnahme im Lichte von Bourdieus Feldsoziologie

zwischen mehreren gesellschaftlichen Strukturdimensionen; etwa zwischen Territorium und Staat (Bourdieu 1998b, S. 123–26; 2015, S. 123 ff.) und zwischen funktional differenzierten Gesellschaftsbereichen (Wacquant 2006, S. 30 ff.; Bourdieu 1998b, S. 62 ff.). Dieses grundlegende Korrespondenzpostulat berührt auch das vorliegende Vorhaben, institutionelle Zwischenräume zu beobachten.[11]
Während Bourdieu aus Durkheims organischem Ganzen eine Topologie macht, denkt er nichtsdestotrotz wie Durkheim in „strukturierten und strukturierenden Strukturen" (u.a. Bogusz 2013, S. 374). Die historische Aggregation und Festigung von sozialen Praktiken in einer regulierenden Umwelt, einem Feld, verortet Bourdieu anders als Durkheim aber nicht innerhalb der symbolisch-materiellen Dualität, sondern in dessen wechselseitig verbundener Genealogie. Um Felder nicht allein als strukturiert, sondern stärker noch als strukturierend zu verstehen, bricht Bourdieu mehrfach mit Durkheim (Wacquant 2006, S. 31 ff.):

- Es gibt eine Korrespondenz zwischen kognitiver und sozioökonomischer Position.
- Hinter dieser Korrespondenz steht ein individueller Lern- und gesellschaftlicher Vermittlungsprozess.
- Die so gepflegten symbolischen Systeme erfüllen die Funktion, bestehende Ordnung zu stabilisieren.
- Diese Ordnung kann im Verlauf von politischen Auseinandersetzungen angefochten werden.

---

[11] Das Korrespondenzpostulat wurde in dieser Hinsicht von Loïc Wacquant (Wacquant, Slater und Pereira 2014, S. 1272) fortgeführt, der Orte als konfliktträchtige Überlappungen von den genannten Korrespondenzen konzipiert: „Wacquant adds the crucial mediation of place as *material container, social crossroads*, and *mental imagery* carrying deep emotional valences, in and through which collectives will emerge (or not) through struggles to establish claims over the built environment" [Hervorhebungen im Original].

Institutionelle Zwischenräume lassen sich auf dieser Grundlage bereits konkreter begreifen: Sie vermitteln zwischen kognitiven und sozioökonomischen Strukturen, schlagen die Verbindung zwischen individueller Lern- und gesellschaftlicher Ordnung und stabilisieren so bestehende Ordnungen. Problematisch für die Untersuchung von Zwischenräumen ist der Grundbegriff, indem dieses Korrespondenzdenken kumuliert: die Homologie. In relativ stabilen Handlungsfeldern und Gesellschaften verhalten sich symbolische und materielle Verteilungsräume demnach strukturähnlich zueizueinander, also homolog (Bourdieu 2015, S. 170; 1998b, S. 20). Es sei folglich die Passung zwischen symbolischen und materiellen Verteilungsräumen, die bestimmte Handlungspotenziale eröffnet und nahelegt und andere unterdrückt. Das gesellschaftliche Repertoire an Denk- und Handlungsweisen ist damit in seiner Verteilung auf bestimmte soziale Welten determiniert durch die materiellen Rahmenbedingungen dieser Welten (Bourdieu 1998b, S.62 ff.). Schwierig wird dadurch die Vorstellung, dass es zwischen Bildung und Wirtschaft institutionelle Formationen gibt, die in ihrer inneren Passung und äußeren Anbindung heterogen sind (siehe ein Lösungsvorschlag in Kap. 8).

Bourdieus Korrespondenzdenken ist aber nicht grundsätzlich eine Setzung, so dass Feldsoziologinnen ohne Homologien nicht auskämen, liegt doch gerade Bourdieus Werk – und der amerikanischen Aneignung (vgl. Sallaz und Zavisca 2007) im Neoinstitutionalismus und der Kultursoziologie (z. B. Fligstein und McAdam 2012; Swidler 1986, DiMaggio und Mohr 1985) – ein genealogischer Ansatz zugrunde. Trotz der theoretisch abgeleiteten Korrespondenzpostulate wird auf empirischer Ebene gerade die Idee einer Passungsgeschichte von Klassifikationen einerseits und sozialräumlichen Territorien andererseits fokussiert. Kulturelle Steuerungsschemata und Praktiken werden also untersucht, ohne die funktionale Spezifizierung von Handlungsfeldern a

3.3 Landnahme im Lichte von Bourdieus Feldsoziologie

priori zu unterstellen oder sie strukturfunktionalistisch auf den Erhalt des *ganzen Systems* zu beziehen. Während die Homologie in der Kontinuität mit Durkheim steht, entstehen aus Bourdieus vier Brüchen mit Durkheim auch die drei Kernbestandteile von Feldern. Diese lassen sich metaphorisch illustrieren und erlauben einen nuancierten Blick auf den Fachkräftemangel und die darin angelegten Landnahmeprozesse: Ein Feld ist demnach ein landwirtschaftliches, militärisches und physisches Gebiet und ist im Rahmen von Landnahmeprozessen entsprechend die politische Arena für Vereinnahmungs-, Instrumentalisierungs- und Stabilisierungsprozesse. Das Kraftfeld entstammt aus der Physik, das Feld als Arena von Antagonisten stammt aus der Gestaltpsychologie und die Idee eines Feldes als territorial umgrenzte, homogene Kultur ist meines Wissens zwar weniger gut zu verorten, aber wird oft mit der Vorstellung einer Monokultur im Ackerbau verglichen.[12]

- Denn wie ein landwirtschaftliches *Ackerfeld*, ist ein soziales Feld von der Monopolisierung bestimmter Arbeitsweisen und Erzeugnisse charakterisiert; ein Verständnis, das auch die *Vereinnahmung* im Sinne einer ökonomischen Landnahme erfasst – und potenziell auch die im Fachkräftemangel angelegte *Integration von Bildungsorganisation und Wirtschaftsregion*.
- Weiterhin lässt sich der Zwischenraum als *Kraftfeld* untersuchen. Von gesamtgesellschaftlichen Verteilungen und überindividuellen Effekten geprägt, sind seine Bestandteile und Akteure in einem ständigen Wandlungsprozess begriffen, der mal schneller mal langsamer läuft und sich aus dem Wechselspiel von Teilen und Ganzem heraus ergibt. Die *Stabilisierung* von Landnahmeprozessen, die im Ange-

---

[12] Diese Einteilung entnehme ich einer Vorlesung von Wacquant an der University of California, Berkeley im Sommersemester 2015. Sie findet sich punktuell aber auch in Bourdieus eigenen Werken (1985a, 1998a).

bot-Nachfrage-Schema sogar als *zyklischer Lernprozess* angelegt ist, lässt sich im Sinne dieser Kraftfelder verstehen.

- Zu guter Letzt ist das *Kampffeld* von antagonistischen Dispositionen, Konkurrenzen, Strategien und Regeln bestimmt: Es ist nach innen und außen durch Akteure gestaltet, die sich eng mit ihrer jeweiligen Rolle im Feld identifizieren. Die im Landnahmebegriff angelegte *Instrumentalisierung* der einen Arbeitsweise durch andere kann dementsprechend als konflikthafte, teilweise kollaborative Auseinandersetzung verstanden werden.

In diesem letzten Schritt, der im Folgenden in den drei Hinsichten gegliedert und illustriert werden soll, vervollständigt sich der Gedankengang, der eingangs bereits tabellarisch dargestellt wurde: Vom Landnahmeproblem, zum Untersuchungsgegenstand zur feldsoziologischen Operationalisierung kann der Fachkräftemangel in je drei Aspekten untersucht werden.

Ackerfeld: Korrespondenz von Territorium und Staat

In dem Angebot-Nachfrage-Schema wurde zuvor herausgearbeitet, dass zyklische Lernprozesse zur relativen Stabilisierung des Zwischenraums beitragen (sollen). Durch die Verschaltung von wirtschaftsregionalen Anliegen mit bildungspraktischen Leistungen erhofft man sich einen regionalspezifischen Transaktionsraum, in dem bildungsökonomische Koordinationsbedarfe akkumuliert, dargestellt und aufgegriffen werden. Diese Vorstellung lässt sich aus soziologischer Perspektive treffend in der Metapher des Ackerfeldes erfassen. Dementsprechend kann man fragen, wie in Grafik 3 illustriert, auf Basis welcher (Ent-)Kopplungen im Raum zwischen Bildungsorganisation und Wirtschaftsregion eine Monopolisierung von Steuerungsmacht und knappen Gütern entsteht.

3.3 Landnahme im Lichte von Bourdieus Feldsoziologie

Triadischer Feldbegriff Schlüsselfrage: *Durch welche Ent-* */Kopplungen...*	Ackerfeld ▪ *... gibt es eine Monopolisierung von Steuerungsmacht und knappen Gütern?* Kampffeld ▪ *... kooperieren und konkurrieren die Akteure?* Kraftfeld ▪ *... korrespondieren Ressourcenverteilungen mit umfassenden Machverhältnissen?*

Grafik 3. Version 1: Triadischer Feldbegriff (eigene Darstellung)

Hinter dem Ackerfeldbegriff steckt die Idee, dass sich Territorium und Staat überlagern, dass diese Überlagerung aber aufwändig aus den vorherrschenden Kräfteverhältnissen hergestellt und in regionalpolitischen Kämpfen ausgetragen werden muss. In der Folge erst kann im Fachkräftemangel von einer relativ unbewussten Illusio gesprochen werden. Haben die in einer Region an der Behebung des Fachkräftemangels beteiligten Akteure „einen Kopf, der gemäß den Strukturen der Welt strukturiert ist, in der [s]ie spielen, erscheint [i]hnen alles selbstverständlich und die Frage, ob denn das Spiel den Einsatz lohnt, stellt sich [i]hnen gar nicht erst. " (Bourdieu 1985a, S. 141)
Operationalisieren kann man Ackerfelder mit dem Begriff der institutionellen Logiken. Die Wirkung, die Institutionen in Organisationen entfalten, ist in der jüngeren neoinstitutionalistischen Literatur mit dem Konzept der sogenannten institutionellen Logiken konzeptualisiert worden (Fligstein 1990; Friedland und Alford 1991, S. 232). Friedland und Alford nennen in einem frühen Artikel beispielsweise die kapitalistische Logik, menschliche Kapazitäten zu akkumulieren und zu kommodifizieren, oder die demokratische Logik der Partizipation:

> These institutional logics are symbolically grounded, organizationally structured, politically defended, and technically and materially constrained, and hence have specific historical limits. (Ebd., S. 248 f.)

Die Begrenzung und Interaktion dieser Logiken untereinander ist demzufolge ein Gegenstand und Quell politischer Verhandlung und organisationaler Kreativität (ebd., S. 256). Wie anhand der Spannung zwischen demokratischen und kapitalistischen Logiken bereits deutlich wird, sind gerade Bildungsorganisationen besonders komplexen institutionellen Umwelten ausgesetzt, da sie de facto sowohl der Akkumulation von Humankapital als auch der gesellschaftlichen Teilhabe dienen. Das gilt umso mehr, wenn man das Konzept der Logiken wie in der Literatur üblich in symbolische, strukturelle und normative Elemente aufspaltet (Thornton und Ocasio 1999). Aus den vielfältigen Umwelterwartungen erklärt sich auch, so die neoinstitutionalistische Argumentationslinie, warum Bildungsorganisationen in der Regel komplex sind:

> The multiple functions and meanings attributed to education tend to give rise to complex and active environmental pressures, often reflected in boisterous school board or school bond elections and prolonged disputes over the selection of library books or sites for new schools. (Meyer, Scott und Strang 1987, S. 6)

Angesichts der vielschichtigen Umwelten, so die Autoren weiter, sei gerade bei Bildungsorganisationen stets empirisch zu klären, wie fragmentiert, formalisiert, vereinheitlicht und zentralisiert die evidenten Strukturen sind. Woher die verwendeten Ressourcen stammen, wie stark Umwelten rationalisiert und formalisiert sind, wie kompatibel die Umwelterwartungen sind und ob ihnen mit formalen oder informalen Strukturen begegnet werden kann – all diese Fragen sind empirisch zu beantworten und können nicht auf theoretischem Wege vorab geklärt werden.

Verstanden als Ackerfeld und operationalisiert durch institutionelle Logiken kann der Ökonomisierungsprozess der Vereinnahmung (Dörre 2011, 2012) insofern als kybernetische Landnahme konzeptualisiert werden, als dass das im Fachkräftemangel angelegte Ackerfeld erst aus der Vermittlung heterogener und zirkulär verbundener Logiken entsteht.

3.3 Landnahme im Lichte von Bourdieus Feldsoziologie

Vereinnahmung umfasst hier auch den physischen Raum: In der wechselseitigen Bezugnahme von Territorium und Staat beziehen sich in Bourdieus erstem Korrespondenzmotiv regulative Klassifikationen auf ein Territorium und müssen innerhalb dessen Anerkennung gewinnen. Darüber hinaus müssen auch die Institutionen, die den Staat als Regierungskörper installieren, erst errichtet werden und dienen dann, einem weiteren Landnahmeaspekt entsprechend, der Stabilisierung von steuerungspolitischen Klassifikationen. Physische Räume, hier ein staatlich umgrenztes Territorium, spiegeln im Ergebnis erst gesellschaftliche Machtstrukturen und gehen immer auch auf aufwändige Verteilungskämpfe zurück:

> Der auf physischer Ebene realisierte (oder objektivierte) soziale Raum manifestiert sich als die im physischen Raum erfolgte Verteilung unterschiedlicher Arten gleichermaßen von Gütern und Dienstleistungen wie physisch lokalisierter individueller Akteure und Gruppen (im Sinne von an einem ständigen Ort gebundenen Körpern beziehungsweise Körperschaften) mit jeweils unterschiedlichen Chancen der Aneignung dieser Güter und Dienstleistungen [...]. (Bourdieu 1991c, S. 29)

Der physische Raum ist bei Bourdieu also, wie auch die Raumsoziologin Martina Löw betont (2001, S. 182 f.), ein angeeigneter Raum und zugleich absolut – es wird *in ihm* und *um ihn* gestritten. Dabei folgt auch die Aneignung des physischen Raumes gewissen Korrespondenzschemata. Sei sie regional oder nationalstaatlich, diese Territorialisierung von Hoheitsgebieten bezeichnet den Prozess, in dem Steuerungskonzepte und -gewalten auf der einen Seite und ihr Territorium auf der anderen Seite deshalb als selbstverständliche Größen gelten können, weil sie sich funktional aufeinander beziehen und sich in machtpolitischer Bezugnahme wechselseitig stabilisieren.[13]

Was Bourdieu aber nur andeutet, ist das Verhältnis eines genealogisch entstandenen Raumes einerseits und der zugrundeliegenden Raumverständnisse andererseits.[14] Trotz seiner genealogischen Erkundungen setzt Bourdieu die daraus entstandene Raum- und Gesellschaftsordnung voraus und theoretisiert damit vor allem die Korrespondenz, nicht aber die vorgängige Divergenz von Steuerungspolitik und Territorium.[15]

Am Beispiel: Vereinnahmungsprozesse in der Fachkräftemangeldebatte?

Am Beispiel des Fachkräftemangels lässt sich der Ackerfeldbegriff treffend illustrieren: Obwohl mit der Mangeldiagnose offensichtlich Politik

---

[13] Diese Passung von Hoheitsgebiet und Steuerungsmacht ist hier als historisches Muster gemeint, das nicht zuerst am Nationalstaat, sondern in Lokalpatriotismus der Stadtstaaten im vormodernen Europa nachgewiesen wurde, so Manuel DeLanda (2006, S. 106) im Rückgriff auf Fernand Braudel.

[14] So macht Bourdieu (2015, S. 214) in den Vorlesungen über den Staat die lakonische Randbemerkung: [...] you might say that there is a link between the birth of a philosophy of space of the Cartesian type and the birth of the state; I am being careful not to propose this as a hypothesis, but now that I've said it, you can make what you will of it [...]

[15] Eine Ausnahme und zugleich ein Beispiel für den Versuch einer pluralen Raumontologie sind etwa Bourdieus ethnografische Studien in Algerien, die teilweise seiner Feldsoziologie zugrunde liegen. Er räumt die Gleichzeitigkeit von Räumen ein und beschreibt seine Situation als Ethnograph als eine sozialräumliche Verwirrung, als „floating between structures" (Bourdieu 2000; Bourdieu 2015, S. 223 ff.). Das Dorf, das er als Ort der Kolonisierung Algeriens beschreibt, sei einerseits eine bürokratische Einheit und andererseits ein Bündel traditioneller Familienstrukturen. Es existiere also zugleich das ius loci, das mit der französischen Staatsgewalt die Bevölkerung auf der Grundlage von Standorten beschreibt, während zugleich das ius sanguines fortexistiere.

gemacht wird, ist nicht gleich die Freiwerdung einer knappen Ressource und konvergenter Interessen ersichtlich (hier: Arbeitnehmermangel und Arbeitgeberinteressen). Wie in dem hier vorgeschlagenen Begriff der heterogenen Landnahme angedeutet werden soll, scheint die Konvergenz divergenter Interessen ebenso wirkungsvoll. Der Ackerfeldbegriff beleuchtet dabei, welche übergreifenden Deutungsangebote den regionalökonomisch eingebetteten Bildungsallianzen zur Verfügung stehen und wie sie das Übersetzungs- und Synchronisationsproblem lösen, das sie zwischen Bildungs- und Wirtschaftsfeldern haben. Einen denkbaren Landnahmeprozess, der auf der Monopolisierung eines bestimmten Steuerungsprinzips beruht, haben Ball und Youdell als endogene Privatisierung bezeichnet; d. h. ökonomische Organisationsweisen werden aus dem pädagogischen Feld heraus übernommen (Ball und Youdell 2008, S. 9-10; vgl. Höhne 2012).

Die allzu schnell mitgeführte Unterstellung ist jedoch, dass sich aus der Imitation oder Simulation von ökonomischen Legitimationsmustern auch ein eigenes Bildungs- und Wissenschaftsverständnis und eine feldspezifische Arbeitsweise und Organisationsstruktur ergibt. Denkbar ist darüber hinaus, dass immer wieder neue reziproke Transaktionsbeziehungen gefunden und divergente Denk- und Arbeitsweisen aufrechterhalten werden. Derlei erwartungsgemäß ambivalente und komplexe Folgewirkungen müsste man erst einmal erfassen (Schimank 2008).

Kraftfeld: Korrespondenz von sozialen Feldern und sozialem Raum

In der Fachkräftemangeldebatte wurde zuvor eine steuerungspolitische Illusion herausgearbeitet, derzufolge sich divergierende Handlungsfelder zugunsten von regionalem Wirtschaftswachstum integrieren und koordinieren lassen. Wie könnte man diese Prämisse auf ihre spezifischen Folgeerscheinungen hin untersuchen?

Pierre Bourdieu unterlegt der Korrespondenz von Feldern und sozialem Raum das Denkbild einer ineinander gesteckten Hierarchie, einer Matroschka (vgl. Fligstein und McAdam 2012, S. 58), und öffnet somit den soziologischen Blick für die Interdependenz von sozialen Feldern. In dieser Stoßrichtung wird auch jener Zusammenhang begreifbar, der im Kopplungsmotiv des zyklischen Lernens gleich mehrere Felder umfasst. Soziale Felder stehen hier in einem gewissen Kräfteverhältnis zueinander und funktionieren selber als Kraftfelder. Die Ressourcen- und Machtverhältnisse im Zwischenraum ließen sich dann in der Kopplung und Entkopplung mit Bildungs- und Wirtschaftsfeldern kartieren.

Die von Émile Durkheim begründete Idee eines sozialen Raums kann dann als die Gesamtheit der Verteilungsräume verstanden werden, innerhalb derer sich Felder und Individuen lokalisieren lassen und entsprechenden Reizen und Zwängen ausgesetzt sind (Bourdieu 1998b, S. 48–52). Über mehrere Felder hinweg und innerhalb eines jeden Feldes ist dieser Raum durch eine zweidimensionale Spannung strukturiert – nämlich durch einen in dreierlei Hinsicht herrschenden und beherrschten Pol (ebd., S. 68):

- der vertikalen Verteilung von Macht („oben und unten'),
- der horizontalen Teilung eines Feldes durch ökonomische und kulturelle Kapitalsorten,
- und das Verhältnis jedes Feldes zu gesamtgesellschaftlichen Hierarchien sowie anderen Feldern und deren kulturellen und ökonomischen Kapitalsorten.

So kennen Felder jeweils autonome und heteronome Pole, in denen Stabilität und Wandel entweder von innen oder außen kommt. Dies wird etwa ersichtlich, wenn Bildungsprozesse sich zugleich wirtschaftlichen Zwecken unterstellen, wenn sie sich feldinternen Gütekriterien beugen oder wenn sie gesamtgesellschaftlich einer sozioökonomischen Mobilität dienen. Auch feldexterne Verhältnisse lassen sich so topologisch denken: Der polaren Denkfigur folgend konstatiert Bourdieu (1991a) beispielsweise eine Homologie des religiösen Feldes und des Feldes der Macht, da

3.3 Landnahme im Lichte von Bourdieus Feldsoziologie

ersteres die symbolische Ordnung reproduzierte und in dieser Funktion politische Dynamik bediene und selbst von ihr strukturiert sei. Auch das Feld der kulturellen Produktion sei homolog mit dem Feld der Macht, so dass es etwa Solidaritäten zwischen den Inhabern ähnlicher Positionen gibt, etwa zwischen politischen und künstlerischen Eliten (Bourdieu 1993, S. 325 ff.). Insbesondere das Feld der Macht, das dem sozialen Raum als eine Art Metafeld vorsteht (Bourdieu 1993, S. 161 ff.; Bourdieu und Clough 1996), ist Gegenstand und Mechanismus einer gewissen Korrespondenz von horizontalen Machtverteilungen und vertikalen Differenzierungen und Interdependenzen.[16] Der Gedanke der Homologie führt zu einem Bild der Gesellschaft als Ganzes (Bourdieu 1988a, S. 10) und einer polaren Struktur, die es ermöglicht, die reproduktive Funktionalität von Herrschaftsverhältnissen sowie das Postulat von vertikal differenzierten Gesellschaftsbereichen zu untersuchen.

Eine Schlüsselrolle spielt auch in der Idee vom sozialen Raum die subjektive Bindung an den eigenen, von mehreren Reizen und Beschränkungen charakterisierten sozialen Ort. Der Begriff der Illusio beschreibt hier subjektive Wahrnehmungen und objektive Regelstrukturen;

---

[16] In der Nuancierung der feldübergreifenden Korrespondenzen unterscheiden Martin und Gregg (Martin und Gregg 2015) zwischen substanzieller und formeller Homologie; d.h. dass es entweder inhaltliche Analogien in beiden Feldern gibt, etwa zwischen verschiedenen Kunstfeldern, oder dass es im Sinne einer emergenten Gesamtstruktur eine tieferliegende Verbindung gibt, etwa in einem gemeinsamen Ursprung, aus dem die homologen Komponenten stammen. Zweiteres bedeutet etwa, dass die Wurzel kultureller Ähnlichkeit zwischen Handwerk und Bildung in Deutschland wohl in mittelständischen Milieus zu suchen wäre. Dies ist letztlich auf den sozialen Raum als solchen zurückzuführen und insbesondere auf das Feld der Macht (Bourdieu 1998b, S. 67), in dem der Gegensatz von Kunst und Geld herrsche, also ökonomischer und intellektueller Macht, und der sich in dieser Spaltung auch innerhalb eines jeden Feldes finde.

also „jenes verzauberte Verhältnis zu einem Spiel, das das Produkt eines Verhältnisses der ontologischen Übereinstimmung zwischen den mentalen Strukturen und den objektiven Strukturen des sozialen Raums ist" (Bourdieu 1985a, S. 141; Hervorhebung im Original).

Die örtliche Bindung an ein bestimmtes Interaktionsverhältnis, hier: ein Spiel, ist also vermittelt durch die geregelte und identitätsstiftende Einbindung in Felder.

Felder als pluripolare Handlungsräume hat schon der frühe Feldsoziologe Kurt Lewin entworfen (1982) und soziale Interaktionen entsprechend topologisch dargestellt.[17] Im Anschluss an diese Grundidee wird in neoinstitutionalistischer als auch wissenschafts- und techniksoziologischer Literatur (vgl. Mattozzi 1987) von „Skripten" gesprochen, die als kulturell konfigurierte Handlungsentwürfe vorliegen und in der Kopräsenz mit anderen Entwürfen bestimmen, welche Handlungsoptionen als plausibel, legitim und angemessen gelten. Dies können Weltbilder sein, die organisational-technologische Lernprozesse vorprägen (Vaughan 1996, S. 197), Designprozesse, die bestimmte Logiken in Technologien einbauen (Akrich 1992), oder technologisch-vorgeprägte Repertoires an Nutzerverhalten (Akrich und Latour 1992).

Diesbezüglich kann die Idee von einem Kraftfeld mit der Sollen-, Wollen- und Können-Dimension sozialen Handeln operationalisiert werden (vgl. Schimank 2008, S. 628 ff.). Dieser Zugriff kann im Begriff der Skripte, oder besser noch: mit der Überschneidung divergenter Skripte, operationalisiert werden. Skripte bezeichnen jene regulativen Modi, entlang derer Vorschriften oder Infrastrukturen bestimmtes Wollen, Können oder Sollen nahelegen. Sie können im ethnomethodologischen Sinne als

---

[17] Lewin (1982) folgt einem eher sozialpsychologisch Verständnis darüber, wie diese Skripte wirken, und übernimmt zugleich die physikalischen Metaphorik von Ladungen bzw. Valenzen.

3.3 Landnahme im Lichte von Bourdieus Feldsoziologie 101

„konstitutive Regeln" (Garfinkel 1963) gelten,[18] da sie in der Situation nicht immer reflektiert werden, sich rückwirkend aber – nach Maßgabe der darauffolgenden Sanktionierung, Fortsetzung oder Unterbrechung einer gegebenen Interaktion – ausschlaggebend für einen Interaktionsverlauf herausstellen. Insbesondere in der verlaufsmäßigen Rekonstruktion von freiwilligen und konstitutiven Regeln wird dann ein Kraftfeld deutlich, das sich aus Routinen und Angewohnheiten sowie aus Wünschen, Kompetenzen und Zwängen ergibt.

In der Lesart von Akrich und Latour (1992; Akrich 1992) lassen sich dabei zusätzlich – jeweils vor dem Hintergrund diverser Institutionen – drei wesentliche und synchrone Modi differenzieren, durch die Umweltbeziehungen organisationales Handeln ermöglichen. So platzieren etwa Fördergelder eine ganze Reihe von

- Anreizen und Begehren (vouloir),
- Kompetenzen und Möglichkeiten (pouvoir) und
- Erlaubnissen und Zwängen (devoir).

Wenn man, wie in Grafik 4 gezeigt, Zwischenräume also inmitten von mehreren Skripten konzeptualisiert, kann etwa ein und dieselbe finanzielle Ressource bereits als komplexe Konfiguration von Handlungsoptionen verstanden werden, da die Akteure im Umgang damit bestimmte Präfe-

---

[18] In ethnomethodologischer Auslegung bedeutet das genauer gesagt, dass sich die Bedeutung von (kommunizierten) Erwartungen erst im Verlauf ergibt, nämlich aus der Verkettung von Reaktionen. Dabei gibt es nicht allein konstitutive, sondern auch freiwillige Regeln (Garfinkel 1963) und die Musterhaftigkeit von sozialem Handeln ist nicht zwingend auf Sanktionierungen zurückzuführen, sondern auch auf sprachlich vermittelte Routinen (Cicourel, 1975), kulturell vermittelte Handlungsentwürfe (Schütz, 1971) oder kollektiv aufrechterhaltene Erwartungsmuster (Goffman, 1959). Um diese Figuren nicht vorauszusetzen, dient der dreifache (Wollen, Können, Sollen) Skriptbegriff als heuristischer Suchbegriff.

renzen entfalten, Fähigkeiten gewinnen und sich bestimmten Zwängen aussetzen (die Beschriftung von Grafik 4 bezieht sich beispielhaft auf Fallstudie III).

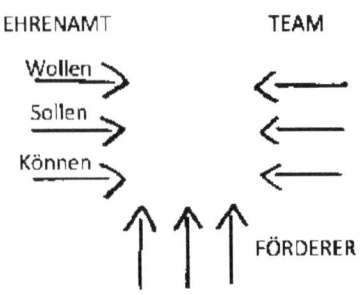

```
        EHRENAMT         TEAM
        Wollen  →      ←
        Sollen  →      ←
        Können  →      ←
                ↑ ↑ ↑
                       FÖRDERER
```

Grafik 4: Skripte (eigene Darstellung)

Dieses Wollen, Können und Müssen lässt sich, wenn es denn in gebündelter Form auf Ressourcen, Logiken oder Artefakte zurückzuführen ist, als Skript bezeichnen (ebd.).

Den Organisationstheoretikern Barley und Tolbert zufolge wirken Skripte als Medien bei der Enaktierung von Institutionen, die also konkrete Handlungsmöglichkeiten und kulturelle Deutungsschemata verbinden. Insofern eignet sich der Skriptbegriff für die hier vorgelegte Soziologie des Zwischenraums von Bildung und Wirtschaft. Er eignet sich besonders dazu, weder einem Umweltdeterminismus noch einem akteursorientierten Voluntarismus Vorschub zu leisten, sondern von Beginn an davon auszugehen, dass sich die Akteure in einer vielschichtigen Infrastruktur von Anforderungen und Möglichkeiten bewegen und diese zugunsten eines neuen Kollektivs neu arrangieren. In etwas umständlicher, aber umfassender Formulierung heißt es bei Barley und Tolbert:

> The value of defining scripts in behavioral terms and treating them as pivots between an institution and action is that it allows one to explicate the basis for one's inferences about systems of action, while simultaneously providing a point of reference for gauging the acceptability of deductions from trans-situational indicators of an institution and its implications for the logic of an interaction order. (Barley und Tolbert 1997, S. 9)

Im Hinblick auf das organisationale Handeln kann man also beobachten, woher Akteure die Legitimität und Plausibilität bestimmter Äußerungen und Aktionen ableiten. Ohne Handeln und Struktur gleichzusetzen, lassen sich Skripte als prozesshafte und in sich spannungsreiche Infrastruktur aufeinander beziehen. Welche „institutionalized beliefs, rules, and roles" (Scott 1991, S. 165) sich, in meiner Lesart des Neoinstitutionalismus als Skripte bemerkbar machen und wie sie wiederum die Ausprägung einer eigenen Sprache bestimmen, bleibt zu eruieren.

Am Beispiel: Stabilisierung durch zyklische Lernprozesse?

Wenn man im Sinne des Kraftfeldbegriffs Bildungsakteure in den Blick nimmt, die sich der im Fachkräftemangel angedeuteten Diskrepanzen in gestalterischer Absicht widmen, lässt sich die institutionelle Dimension der Angebot-Nachfrage-Diagnostik weiter spezifizieren. Der Illusio(n) Fachkräftemangel könnte dem Bild eines sozialen Raumes entsprechend eine breite, möglicherweise sogar gesamtgesellschaftliche Orientierungsleistung zugeschrieben werden; sie ermöglicht das Sich-Einbringen im Raum zwischen Bildungsorganisation und Wirtschaftsregion. Sie stabilisiert gar die komplexe Dynamik zwischen wirtschaftlichen und pädagogischen Bildungsbelangen. So eingebettete Bildungsakteure fühlen sich entweder Arbeitgeberinnen oder Bildungsanbieterinnen verpflichtet und schließen insofern an die in Feldern wirksamen Machtverteilungen und Solidaritätsbeziehungen an.
Angesiedelt am autonomen Pol der staatlichen Bildung oder in großer Nähe zur regionalen Technologiewirtschaft, entstehen Zwischenräume in der opportunistischen Anknüpfung an Ressourcen und Legitimationsquellen aus beiden Feldern. Mit Hinblick auf Ökonomisierungsprozesse hat Bourdieu dies als Intrusion beschrieben (1998a, S. 112 ff.): Demnach sind es die Schnittstellen, d. h. heteronomen Pole eines Feldes, an denen Akteure ökonomische Legitimationsmuster aufnehmen, um auch außer-

halb des spezifischen Bildungsfeldes Anerkennung zu finden. Erst in der Folge wird jenes Legitimationsmuster auch am autonomen Pol aufgegriffen, um sich innerhalb des Feldes in den von Marktlogiken angefachten Konkurrenzkämpfen durchzusetzen (vgl. Volkmann und Schimank 2008, S. 233). Dieser Intrusionsprozess findet also primär in dem Transaktionsraum statt, der mehrere Felder aufeinander bezieht.

Kampffeld: Korrespondenz von Akteursposition und -disposition

Wie in dem oben illustrierten Kopplungsmotiv von Bildung als Steuerungsinstrument, ist im Kampffeldbegriff eine strategische Dimension angesprochen. Wer setzt das Regelwerk, nach denen zwischen den teilweise kollidierenden Wirtschafts- und Bildungsvorstellungen vermittelt wird?
Die Tatsache, dass bestimmte gesellschaftliche Positionen musterhaft mit bestimmten kulturellen Neigungen einhergehen, ist in Bourdieus Korrespondenz von Akteursposition und -disposition wiederum als historischer Passungsprozess gedacht. Das Denkschema von Angebot und Nachfrage operiert, wie nun dargestellt, vor dem Diskurshorizont der Wissensgesellschaft. Es gibt aber auch Handlungsorientierung in den als objektiv wahrgenommenen Strukturen. Orientiert an der Illusio des Fachkräftemangels suchen die Akteure nach bestimmten Kooperations- oder Konfliktverhältnissen zueinander.
In dieser dritten Korrespondenz, der zwischen Akteursposition und -disposition, vollzieht Bourdieu den zweiten Bruch mit Durkheim (Bourdieu und Wacquant 1996, S. 31 ff.) und prägt das Konzept des Habitus (u.a. Bourdieu 1998b, S. 20 ff.). Dieses Habituskonzept füllt nach Bourdieu die begriffliche Stelle mit sozialer Bedeutung, die sonst einem transzendentalen Bewusstsein zugeschrieben werde (wohl wieder eine Durkheim-Referenz). Der Begriff beschreibe einen Körper, „der sich die immanenten Strukturen einer Welt oder eines bestimmen Sektors dieser

3.3 Landnahme im Lichte von Bourdieus Feldsoziologie

Welt, eines Felds, einverleibt hat und die Wahrnehmung dieser Welt und auch das Handeln in dieser Welt strukturiert" (Bourdieu 1998b, S. 145). Demzufolge inkorporieren Individuen ihre soziale Herkunft erst kraft gesellschaftlich bestimmter Sozialisationsprozesse. Dabei kommt der Erziehung selbstredend eine Schlüsselfunktion zu, die ähnlich schon bei Durkheim formuliert war. Sie gewährleistet die Stabilität einer Gesellschaft erst durch die Etablierung von geteilten Klassifikationen und Wissensformen und durch die subjektive Verinnerlichung von Herrschaftsordnungen (Bourdieu und Clough 1996). Sozialisation und Erziehung, als gesellschaftliche Strukturleistungen und biographische Erfahrungsräume, erklären historisch die Passung und Stabilisierung von materiellen und symbolischen Ressourcenverteilungen. Der Illusio folgend und in eine bestimmte Handlungsausrichtung hineinsozialisiert, sind die Akteure unter Umständen sogar bereit, „für Einsätze zu sterben, die umgekehrt aus der Sicht einer Person, die von diesem Spiel nicht erfaßt ist, uninteressant erscheinen" (Bourdieu 1985a, S. 142). Diese materiell bedingte, aber meist als bedingungslos akzeptierte Disposition entspricht in weniger kriegerischen Situationen etwa dem Habitus eines professionellen Lehrers. Auch dieser betrachtet seine Arbeit mit großem Ernst und erwägt nicht-pädagogische, beispielsweise arbeitsmarktliche Zielsetzungen als sekundär. Gerade die Interferenzen von arbeitsmarktlichen und pädagogischen Überzeugungen können also den Kampf um die Deutungshoheit im Zwischenraum entfachen.

Im Habitusbegriff treffen wir wieder eine quasi räumliche Vorstellung von ideellen und materialen Existenzbedingungen an, nämlich die der körperlichen Verinnerlichung von Kultur. Die für das anschließende Kapitel zentrale Folge ist, dass auch in Bezug auf den Habitus mit und doch auch gegen Bourdieu gedacht werden muss. Denn um die Positionen und Disposition von Akteuren im Zwischenraum unabhängig voneinander untersuchen zu können, gilt es die nun vorgestellten Feldbegriffe zu entkoppeln. Dass diese dennoch für Zwischenräume sensibilisiert werden können, war das Hauptargument der zurückliegenden Überlegungen und wird nun ein letztes Mal am Beispiel des Fachkräftemangels illustriert.

Am Beispiel: Instrumentalisierung in und durch Bildung?

Wie ließe sich die im Fachkräftemangel angelegte komplexe Instrumentalisierungsfigur feldsoziologisch auf konkrete Bildungsinitiativen beziehen? Wenn diese sich dem Fachkräftemangelproblem widmen, streben sie danach, knappe Güter zu verwalten, und ordnen sich einer bestimmten Handlungsperspektive und einer bestimmten Akteurskonstellation unter. Im Fachkräftemangel tun sie das etwa, um das angedeutete Gut der Fachkräfte zu verwalten oder um die regulative Macht über das Verhältnis von Angebot und Nachfrage zu erlangen. Sie treten untereinander und in Bezug auf Bildungs- und Wirtschaftsakteure in eine enge Beziehung, die sich durch Kooperation und Konkurrenz auszeichnet – ein Kampffeld also.

Ließe sich, wie es im Landnahmebegriff angelegt ist, von einer Instrumentalisierung sprechen? Der Fachkräftemangel lässt sich im Sinne eines Kampffeldes als Verschiebung von Gütemaßstäben und Zieldefinition fassen. Indem die Bedürfnisse von Arbeitgeberinnen zum Bildungsziel werden ist gerade der transaktionale Zwischenraum Träger von solchen Ökonomisierungsprozessen, die sich über marktlich geprägte Zielvereinbarungen und Effizienzmaßstäbe in Bildungsfeldern festsetzen (vgl. Brückner und Tarazona 2010, S. 101).

So ist in Bezug auf das dritte Korrespondenzmotiv denkbar, dass sich aus der Fachkräftemangeldebatte heraus eine relativ klar strukturierte Auseinandersetzung um die regionalökonomische Zielausrichtung entfacht. Jedoch liegt in der Abweichung von Bourdieus Vorstellungen die Annahme nahe, dass der Fachkräftemangel als Kampffeld relativ schwach reguliert bleibt und insofern nicht dem Bourdieuschen Korrespondenzdenken entspricht. Eine weniger vom Korrespondenzgedanken geprägte

Vorstellung würde etwa erklären, wonach diejenigen Bildungsakteure streben, die nicht auf Konkurrenz aus sind oder sogar ein Interesse daran haben, dass der Zwischenraum ein unorganisierter Raum bleibt.

3.4 Theoretische Aufgabenstellung: Entkopplung der Feldbegriffe

Die Arbeit wurde eingeleitet mit zwei Ökonomisierungsannahmen: Staatliche Bildungspolitik und (Hoch-)Schulen verlieren im Zuge der Fachkräftemangeldebatte ihre Autonomie, eine Autonomie, die, so die zweite Annahme, in regionalökonomischen Bildungslandschaften neu umfasst wird. Rosa Luxemburgs Landnahmebegriff folgend werden auch im Angebot-Nachfrage-Schema des Fachkräftemangels wettbewerbliche Organisationsformen über ökonomische Transferprozesse auf die Realwirtschaft und über weitere Transfermechanismen (Dörre 2012) auf nichtökonomische Handlungsfelder wie etwa Bildungsorganisationen ausgeweitet.

Entgegen der ersten Annahme jedoch sind die Prämissen des Fachkräftemangels nur sekundär auf Bildungsorganisationen in ihrer inneren Struktur ausgerichtet. Primär evozieren sie eine Transaktionsbeziehung mit regionalökonomischen Bedarfsstrukturen, im Lichte derer Bildungsorganisationen als vermeintliche Stellschraube adressiert werden können. Gerade aufgrund von Angebot-Nachfrage-Verhältnissen stehen dann am heteronomen Pol des Bildungsfeldes die bis dato selbstverständlichen Regeln des Feldes in Frage.

Eine Ökonomisierung, wie sie sich in zyklischen Lernideen und sozialräumlichen Steuerungsideen abzeichnet, findet demzufolge zunächst dadurch statt, dass der gängige Bildungsbegriff an Selbstverständlichkeit verliert – es ist gewissermaßen kein *Allgemeinplatz* mehr. Bildung im „Medium des Allgemeinen", eine „Bildung für Alle" (Klafki 2007, S. 53 ff.) das *Allgemeinwissen* und die regionale *Allgemeinheit* werden im Lichte der transaktionalen Mediatisierung allesamt umdefiniert und gemeinsam im Zusammenhang einer regionalökonomische Bildungslandschaft ermessen. In institutioneller Hinsicht bedeutet das, dass die transaktionale Vermittlung von Angebot und Nachfrage zur Debatte stellt, wer für die Allgemeinheit spricht, wer in der Region also die legitime politische Vertretungs- und Verwaltungsmacht innehat und welche Legitimationsmuster und Gütemaßstäbe die Bildungsarbeit bestimmen. Mit den drei Feldbegriffen, Ackerfeld, Kraftfeld und Kampffeld, lässt sich das Phänomen des Fachkräftemangels besser fassen und kritisch als Landnahmeprozess in den Blick nehmen. Der bisherige Dreischritt – vom Landnahmebegriff zum Fachkräftemangeldiskurs zur feldsoziologischen Operationalisierung – führt mich insgesamt zu folgender Schlussfolgerung:

- Eine *regionalökonomische Vereinnahmung* von Bildung ist im Fachkräftemangel als (2) sozialräumlicher Integrationsmechanismus angelegt und lässt sich (3) mit Bourdieu als Entstehung eines Ackerfeldes untersuchen. Als Operationalisierung wurde der Begriff der institutionellen Logiken vorgeschlagen.
- Eine *regionalökonomische Stabilisierung* von Bildung ist im Fachkräftemangel (2) als zyklischer Lernprozess angelegt und lässt sich (3) mit Bourdieus Konzept der Kraftfelder untersuchen. Als Operationalisierung wurde der Begriff der Skripte vorgeschlagen.
- Eine *regionalökonomische Instrumentalisierung* von Bildung ist im Fachkräftemangel (2) als dynamische Verwendung von Bildungsprozessen gedacht und lässt sich (3) mit Bourdieu als Kampffeld untersuchen. Eine Konkretisierung findet sich in Bourdieus Habitusbegriff.

Begrifflich machen die drei Feldmetaphern die Komplexität der Fachkräftemangeldebatte deutlich. Im Lichte der erarbeiteten Kopplungsmotive kann man vermuten, dass Bildungsorganisationen ihre Handlungsfähigkeit und Verortung aus dreierlei Feldprozessen schöpfen: der Anknüpfung an die Distributionsverhältnisse von symbolischen und materiellen Ressourcen, der Position im regionalen Territorium und der Bindung von sozialem Standort und soziale Disposition.

3.4 Theoretische Aufgabenstellung: Entkopplung der Feldbegriffe

Empirisch lässt sich die feldsoziologische Trias nutzen, um den Fachkräftemangel in seinen Prämissen und Folgeerscheinungen zu erfassen und es kann ein relativ weiter und daher theoretisch informierter Blick gewahrt bleiben, um sich weder in der Abstraktion noch in Einzelfällen zu verlieren. So lässt sich auch eine Vorstellung davon gewinnen, wie sich regionalökonomisch eingebettete und im Fachkräftemangel zentral adressierte Organisationen konstituieren.

Es bleibt ein theoretisches Problem, das sich auch begrifflich und empirisch niederschlägt: Wie die drei Korrespondenzen andeuten, ist das Verhältnis von Innen und Außen bei Bourdieu ambivalent. Sicher hat die Bourdieus Feldtheorie das Potenzial verstärkt, Veränderung von innen her zu erklären, ohne in strukturfunktionalistische oder interaktionistische Reduktionen zurückzufallen, also allein äußere oder innere Kräfte eines Handlungszusammenhangs für dessen Strukturierung verantwortlich zu machen. Die diagnostizierten Zustände gelten eben nicht als natürliche Zwänge angesichts einer umfassenderen Ordnung oder als intentionale Aushandlungen oder Ad-hoc-Interaktionen. Auch gelingt es besonders Bourdieu und dann einigen späteren Feldtheoretikern (z. B. Fligstein und McAdam 2012) äußere Erschütterungen eines Feldes auf sein Innenleben zu beziehen.

Um jedoch die referierte Kopplungsästhetik des Fachkräftemangels kritisieren zu können, wäre es erforderlich, Feldbegriffe nicht von vornherein als abgegrenzt zu verstehen, sondern sie so anzulegen, dass man die Öffnung und Schließung, die Kopplung und Entkopplung von Feldern durch Umdeutungs- und Territorialisierungsprozesse untersuchen kann. Hinderlich dafür ist besonders die Raumontologie, die auch der modernen Soziologie unterliegt, hier vertreten durch Émile Durkheim. Sie birgt die Schwierigkeit, sich von der Absolutsetzung von materiellen und symbolischen Räumen zu distanzieren, wie sie auch in der Fachkräftemangeldebatte herausgearbeitet wurde. Damit kann der doppelten Illusion, Räume entweder auf ideelle oder materielle Eigenschaften zu reduzieren, wie sie etwa Lefebvre angegriffen hat, wenig entgegengesetzt werden.

Besonders der mit der modernen Soziologie hadernde Pierre Bourdieu hat also einen passenden Forschungsansatz formuliert und setzt doch in besonders konsequenter Weise Durkheims Erbe fort. Er tut dies, indem er sozialen und physischen Raum sowie subjektive und objektive Welten als holistische Äußerlichkeiten und genetisch erwachsene Einheiten aufeinander bezieht, sie nach innen zerlegt und auf relationale Passungen überprüft. So scheint Bourdieus Korrespondenzdenken und die Vorstellung vom sozialen Leben als umgeben von sozialen Containern und materiellen Aggregaten erst dadurch möglich, dass sozialer Raum als nichtphysischer Raum und umgekehrt physischer Raum als nichtsozialer Raum modelliert werden. In dieser Vorstellung von umweltlich bestimmten, aber sich fortwährenden neu strukturierenden Systemen weicht Bourdieu nicht weit von den kybernetischen Figuren ab, die unterschwellig auch in der Fachkräftemangeldebatte aufgezeigt wurden. Wenn Felder aber als relativ autonome und homogene Strukturen untersucht werden, werden auch Landnahmeprozesse allzu schnell entlang eines mechanistischen und linearen Homogenisierungsschemas gedacht; nach dem Schema *Wirtschaft ökonomisiert Bildung*. Nur schwerlich ließe sich untersuchen, inwiefern das Ins-Verhältnis-Setzen von Bildungsangebot und -nachfrage von zyklischen Vereinnahmungs-, Lern- und Instrumentalisierungsfiguren geprägt ist; inwiefern also ein institutioneller Zwischenraum im Zentrum von Ökonomisierungsprozessen steht. Das folgende Kapitel geht dem Phänomen der heterogenen Landnahme daher weiter nach und entwickelt einen eigenen Feldbegriff.

4. Transversale Felder – Grundlagen einer assemblagetheoretischen Feldanalyse

> „Whereas definitive concepts provide prescriptions of what to see, sensitizing concepts merely suggest directions along which to look [...]" (Blumer 1954, S.7)

> „Wir verlangen nichts, außer daß man nicht mehr das Territorium mit der Karte verwechselt, nicht mehr die Ausrüstung eines Weges mit der Felswand, die durch ihn zugänglich wird." (Latour 2014, S. 143; sic)

In welche sozialräumliche Konstellation münden Landnahmeprozesse, wenn sie im Zwischenraum von Bildung und Wirtschaft stattfinden? Das vorige Kapitel, in dem der Idee eines linearen Autonomieverlusts der Prozess der kybernetischen Landnahme entgegengestellt wurde, lässt diese noch Frage offen. Im folgenden Kapitel lege ich eine mögliche Antwort vor und reagiere damit auch auf die zweite, in der Einleitung skizzierte Annahme: In der Fachkräftemangeldebatte kursiert die Vorstellung, dass ein ganzes Bündel an Städten, Gemeinden und Bildungsstätten als sozialräumlicher Mikrokosmos greifbar wird; dass diese sich zu Bildungslandschaften zusammenfügen.

Im Fachkräftemangel ist bei genauer Betrachtung weniger eine holistischintegrative Vereinnahmung zentral, sondern die Vorstellung von Schnittstellen; von Transaktionsräumen zwischen Bildungsangebot und -nachfrage. Wenn kraft dieser Schnittstellen ein Landnahmeprozess hervorgebracht wird, wo im sozialen Raum kann man ihn dann verorten?

Dieses Kapitel führt im Sinne der obigen Zitate einen Perspektivwechsel durch. Die Antwort, die hier erarbeitet wird, weist wiederum auf den Zwischenraum hin, erarbeitet zusätzlich aber unterschiedliche sozialräumliche Formationen. Der Zwischenraum wird im Sinne von Herbert Blumers obigen Worten aus alternativen Blickrichtungen betrachtet, nicht

© Springer Fachmedien Wiesbaden GmbH, ein Teil von Springer Nature 2019
J. Herberg, *Illusio Fachkräftemangel*, Politische Soziologie,
https://doi.org/10.1007/978-3-658-24584-9_4

allein um Hypothesen zu entwerfen, sondern um zu einer empirischen Vorstellungskraft zu gelangen, die für mehrere Raumformationen sensibilisiert.

Das zweite obige Zitat soll darauf hinweisen, dass mit der nun präsentierten Konzeption nicht allein der Gegenstand, sondern auch die feldsoziologische Perspektive weiterentwickelt wird. Denn in der zuvor erarbeiteten Feldmetaphorik läuft man Gefahr, wie Bruno Latour es passend ausdrückt, „das Territorium mit der Karte" zu verwechseln; von einer feldsoziologischen Perspektive auf eine gewissermaßen feldmäßige Wirklichkeit zu schließen. So ist die Feldsoziologie zwar darauf ausgelegt, den Raum zwischen Bildung und Wirtschaft als multikontextuale und heterogene Konstellation zu begreifen. Sie tendiert begrifflich aber dazu, Ökonomisierungsprozesse im Rahmen von relativ autonomen Containerräumen zu begreifen und somit auch in empirischer Hinsicht Zwischenräume aus dem Blick zu verlieren.

Wenn es aber gelingt, wie das Hauptargument dieses Kapitels vorschlägt, den triadischen Feldbegriff dimensional zu verstehen, dann kann man im Zwischenraum mehr also nur feldmäßige Konstellationen sehen; dann oszilliert er zwischen mehr oder weniger locker strukturierten Konstellationen.

Um diese Dimensionierung zu erarbeiten, problematisiert der erste Abschnitt die Rolle von Zwischenräumen in Ökonomisierungsprozessen und führt einen eigenen Feldbegriff ein. Um die Feldtheorie dann bezüglich der offengebliebenen Punkte zu alterieren, greife ich im zweiten Abschnitt auf die Kritik an Bourdieu aus dem Bereich der Wissenschafts- und Technikforschung zurück. In Bezug auf den triadischen Feldbegriff wird eine oft polemisch geführte Diskussion fruchtbar gemacht, die in der Polarisierung von Feldsoziologie und Wissenschafts- und Technikforschung entweder in homogenen Feldbegriffen oder in heterogenen Praxisbegriffen verharrt. Dies zeigt die Notwendigkeit einer metatheoretischen Überlegung, die mich im dritten Abschnitt zu den Ursprüngen der Feldtheorie in der Physik und zu Manuel DeLandas Assemblagetheorie führt. Im vierten Abschnitt bündele ich die Überlegungen in einem feldsoziologischen Forschungsansatz und entwerfe idealtypische Entwicklungsfiguren in Vorbereitung auf die Fallstudien.

4.1 Zentraler Theorievorschlag: Transversale Felder als Ökonomisierungsarenen

Mit dem zuvor fokussierten Zwischenraum steht die generative Interdependenz von Bildung und Regionalökonomie im Mittelpunkt der Untersuchungen; also die Prämissen und Folgen von dem im Fachkräftemangel angedeuteten Wechselspiel. Durch Ökonomisierungsprozesse im Bildungsbereich, aber auch darüber hinaus gewinnen Zwischenräume aktuell an gesellschaftspolitischer Bedeutung.
So wurde in der Diskussion des Fachkräftemangels deutlich (Kap. 2-3), dass sich das als Sachzwang wahrgenommene, bildungsökonomische Koordinationsdefizit in jene „Vermittlungsbegriffe" einreiht, auf Basis derer „Pädagogik und Ökonomie in einer hybriden Konstruktion verschmolzen [...] werden" (Höhne 2012, S. 802). In dem Postulat einer Entkopplung von Bildung und Beschäftigung (vgl. Seyffarth 2017) zeichnet sich die Idee ab, dass feldübergreifende Grenzbereiche strukturell hybride und gesellschaftspolitisch dysfunktional geworden sind. Wie Uwe Schimank auf gesamtgesellschaftlicher Ebene argumentiert, scheint das Verhältnis von Bildung, Wirtschaft und Beschäftigung aus der Balance geraten zu sein. Die vormalige Win-Win Situation, die bis in die 1970er Jahre einen Ausgleich zwischen „Unternehmensgewinnen auf der einen Seite [und] Wohlstands- und Wohlfahrtssteigerungen breiter Bevölkerungsgruppen auf der anderen Seite" garantiert hat (Schimank 2011, S. 15), wird in der Vorstellung einer sektorübergreifenden Bildungsallianz aufgegriffen und erneut bekräftigt. Möglicherweise bemühen sich die verwirklichten Allianzen gar darum, Wirtschafts- und Bildungsbelangen neu zu balancieren. Zumindest aber ziehen sie Bilanz, wenn sie Bil-

dungsnachfrage und -angebot abgleichen und in strategisch-kollaborativer aufeinander beziehen.

Dies illustriert, wie Zwischenräume in jener Wissensgesellschaft zum Politikum geworden sind, in der die wechselseitige Abhängigkeit und Eigenständigkeit, also die strukturelle Kopplung, zwischen Wissenschaft, Politik und Wirtschaft sich verdichtet hat (Weingart 2001, S. 28). Mit Rudolf Stichweh gesprochen könnte man sagen, es handelt sich lediglich um „korrupte" strukturelle Kopplungen (Stichweh 2005a, S. 175 ff.; 2005b, S. 194 f.), die momenthaft und nicht auf Ökonomisierungsprozesse zurückzuführen sind (Volkmann und Schimank 2006, S. 383). In einer kritischen Variante dieses Arguments aber schließt der britische Soziologe Colin Crouch auf ein postdemokratisches Zeitalter (2011): Mit der Hybridisierung von staatlichen Aufgaben und mit der marktlich-getriebenen Umverteilung von demokratiepolitischen Verantwortungsbereichen, habe eine große Bandreite an Akteursgruppen (Unternehmen, privat-öffentlichen Partnerschaften oder Stiftungen), nun jene Verantwortungen inne, die zuvor formal-demokratisch eingegrenzt und fixiert waren.

So lässt sich die gesellschaftliche Funktion und gesellschaftspolitische Rolle von Zwischenräumen kritisch befragen. Vor diesem Hintergrund erscheinen gerade Bildungsallianzen, die sich Wirtschafts- und Bildungsanliegen widmen, zugleich als strukturelles Symptom und als strategische Umgangsweise mit der Hybridisierung von Grenz- und Verantwortungsbereichen. Sie könnten in dieser Lage als prekarisierte Koordinationsinstanzen kontextualisiert, als transformative Experimente bestärkt oder als wirtschaftspolitische Botschafter kritisiert werden. Bevor Akteure entsprechend eingeordnet werden können, liegt eine zu untersuchende Wirkung in der Ökonomisierung von Bildung (Höhne 2012). Wie in der Wissensgesellschaftsdebatte diskutiert, können Zwischenräume hier entweder kurzweilig oder symptomatisch zu einer Vermischung und Neu-Priorisierung von Bildungs- und Wirtschaftsanliegen beitragen.

4.1 Zentraler Theorievorschlag: Transversale Felder als Ökonomisierungsarenen 115

Ein Ökonomisierungstypus jedoch, der über diese binäre Vorstellung hinausgreift, wurde von Pierre Bourdieu bereits benannt – im Begriff der „Intrusion": Ökonomische Legitimationsmuster werden am autonomen Pol eines Feldes aufgegriffen und institutionalisiert, nachdem zunächst am heteronomen Pol mit dem Argument der ökonomischen Relevanz um gesellschaftliche Legitimität geworben wurde (Bourdieu 1998c, Schimank 2008, Volkmann und Schimank 2006, S. 233). Hier begreift Bourdieu Ökonomisierung zwar insofern als symptomatisch, als dass alle Felder zunehmend auf ökonomische Ressourcen angewiesen sind. Im Prozess der Ökonomisierung aber sind autonome Feldgrenzen nicht unbedingt bedroht. So gedacht zieht die zunehmende bildungspolitische Abhängigkeit von ökonomischen Ressourcen eine Öffnung für ökonomische Relevanzkriterien nach sich, diese müssen aber feldintern verarbeitet werden, bevor im Ergebnis gemäß den zuvor vorgestellten, feldanalytischen Konzepten von einem Autonomieverlust gesprochen werden kann. Im Bourdieus Intrusion, in Crouchs Postdemokratie (2012) oder in Stichwehs „korrupten" strukturellen Kopplungen (Stichweh 2005a, S. 175 ff.; 2005b, S. 194 f.) werden Felder bzw. Systeme konzipiert und Ökonomisierungsmechanismen bezeichnet. Weniger aber werden die Zwischenräume erfasst, die erst für die Vermittlung von ökonomischen Ressourcen und Relevanzkriterien einstehen, beziehungsweise die mit dieser Vermittlung entstehen.

In dieser Stoßrichtung kann man feldsoziologische Fragen aufgreifen, die sich programmatisch auf Zwischenräume beziehen lassen:

- Wie lässt sich die Grenze des Feldes erkennen, wenn ein Feld nur an seinen Effekten und deren abebbender Wirksamkeit zu erkennen ist (Bourdieu und Wacquant 1996, S. 131)?
- Wie kann man die Emergenz eines Feldes untersuchen (Fligstein und McAdam 2012, S. 25)?
- Wie lassen sich Interferenzen und pluripolare Bezugsstruktur erschließen (Böschen 2014)?

- Sind Homologien eher eine erklärende oder eine zu erklärende Größe (Angermüller 2015, S. 16 ff.)?
- Wie lässt sich das Verhältnis von Diskursen und Feldern begreifen (Maeße und Hamann 2016; Maeße 2013)?
- Welche Funktion hat das Feld der Macht im Wechselspiel unterschiedlicher Felder (Bourdieu 2015; Gengnagel, Schmitz und Witte 2016)?
- Welche strukturierende Rolle hat kollektives Handeln (Fligstein und McAdam 2012; Greenwood und Suddaby 2006)?

Diese Fragen leiten die aktuell stärker werdende Untersuchung von „hybride[n] Wissensregime[n]" (Böschen 2016), von trans-epistemischer Konnektivität zwischen Wissenschaft und Gesellschaft (Maeße 2013) oder von „auf Dauer gestellte[r] heterogene[r] Kooperation" (Shinn und Joerges 2004, S. 104). Neben vielen weiteren Ansätzen erkennen diese drei in hybriden, transepistemischen oder transversalen Zwischenpositionen gar einen gesellschaftspolitisch zentralen, jedoch wenig institutionalisierten Feldtypus: Es bedürfe neuer theoretischer Mittel, so Stefan Böschen beispielhaft, um zu erkennen und zu erklären, wie „die gegenwärtigen Konflikte sich der Expansion gesellschaftlicher Felder verdanken [und] deshalb Formen und Intensität der Wechselwirkung zwischen den Feldern sich verändern" (Böschen 2016, S. 57). Politisch zentral sind Zwischenräume etwa für den Erfolg von ökonomisierungskritischen Bewegungen. Wenn beispielsweise ökologische und ökonomische Anfordernisse und Zielvorstellungen aufeinandertreffen und koordiniert werden, sind Zwischenräume längst ein zentraler Umschlagbahnhof für politische Anliegen, die sogar zu transformativen Arenen kulminieren (vgl. Böschen 2016, S 26 ff.; S. 325 ff.). Am Beispiel der Weltklimakonferenz und des Ethikrats zeigt Henning Laux in einem durchaus feldtheoretischen Ansatz, dass inmitten divergenter Skripte, Zeithorizonte und Machtverhältnisse vor allem „Hybridorganisationen" (2016) und „Arenen gesellschaftlicher Synchronisation" (2017) in der Lage sind, kollektiv verbindliche Vereinbarungen auszutarieren.

4.1 Zentraler Theorievorschlag: Transversale Felder als Ökonomisierungsarenen 117

Selbst einer transformativen Absicht folgend schreibt der Soziologe Erik Olin Wright sogar, „[d]ass in den Räumen und Rissen innerhalb kapitalistischer Wirtschaften emanzipatorische Alternativen aufgebaut werden und zugleich um die Ausweitung dieser Räume gekämpft wird" (2017, S. 11). Auch Wright rückt damit die Strukturiertheit und Strukturierung von Zwischenräumen in den Fokus und stellt die zeitliche und räumliche Entkopplung in den Vordergrund: Inmitten von gesamtgesellschaftlichen Desintegrationsdynamiken seien es Zwischenräume, die einen Bruch mit staatlichen und kapitalistischen Regimen ermöglichen; wenn nicht durch einen revolutionären Einschnitt, so doch mittelfristig durch eine anarchistisch motivierte Distanznahme oder langfristig durch einen sozialdemokratischen Balanceakt zwischen Arbeit und Kapital (S. 375 ff.).

In analytischer und politischer Hinsicht sind Zwischenräume also zentral für Ökonomisierungsprozesse. Dass jedoch Ökonomisierungsprozesse ambivalent ablaufen (vgl. Schimank 2006), lässt sich besonders in Bildungsbereichen verdeutlichen:

> Die Komplexität der Ökonomisierung von Bildung ist gerade in ihrer teilweise subtilen und unscheinbaren Prozesshaftigkeit, dem Zusammenwirken harter und weicher Kriterien sowie diskursiver, rechtlicher und subjektiver Praktiken analytisch und empirisch schwer fassbar. Daher besteht ein erster Schritt für die systematische Erforschung von Ökonomisierung darin, besagte Komplexität und Subtilität der Veränderungen und die damit einhergehenden möglichen Effekte theoretisch-analytisch plausibel zu machen. (Höhne 2012, S. 809)

Eine Ökonomisierung von Bildung zeichnet sich also durch divergente Wahrnehmungsregister und Praxisebenen aus. Dies zeigen nicht zuletzt die in Kap. 3 gesammelten Steuerungsmotive, in denen pädagogische und manageriale Wissensformen in einer diffusen Wissensökonomie aufeinandertreffen und sich vermischen.

Wie also lässt sich der im Fachkräftemangel herausdifferenzierte und interdependente Zwischenraum bezeichnen? Um die von den zuletzt zitierten Autoren herausgestellten Koordinationsmöglichkeiten und -risiken herauszuarbeiten schlage ich vor, den skizzierten Zwischenraum eigens mit einem Feldbegriff zu belegen, den *transversalen Feldern*. Schon Terry Shinn (u.a. 2002) hat am Beispiel transdisziplinärer Wissenschaftsformen darauf hingewiesen, dass deren sozialstrukturelle Formation nicht allein in der schwachen Abgrenzung oder rekombinatorischen Praxis, also in ihrer Hybridität liegt, sondern in ihrer Transversalität.[19] Ähnliches mag auch für den Raum zwischen Bildungsorganisation und Wirtschaftsregion gelten: Konstitutiv sei die Verschränkung von Problembereichen, die orthodoxe Felder durchkreuze und somit Kooperation und Konkurrenz und sogar einen strukturierten Raum zwischen orthodoxen (Wissenschafts-)Feldern denkbar mache. Diese Transversalität sei sogar, und hier schließt Shinn an die zuletzt referierte Literatur an, ein funktional-strukturelles Produkt unserer Zeit (Shinn 2002, S. 611).

Das Wort *transversal*, aus dem Lateinischen transversus, bedeutet *quer* und bezeichnet – unter anderem in der Physik, in der Anatomie und in der mathematischen Differenzialtopologie – Entwicklungsfiguren, Lagebezeichnungen und Prozesslogiken zwischen zwei oder mehreren Trajektorien oder Kraftverhältnissen.

---

[19] Vielen Dank an Werner Rammert für diesen Hinweis.

4.1 Zentraler Theorievorschlag: Transversale Felder als Ökonomisierungsarenen

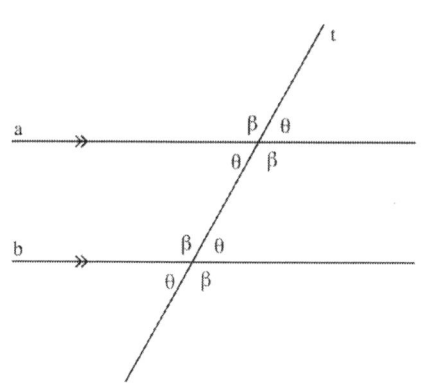

Grafik 5: Transversale Geometrie (Creative Commons CC0 1.0 Universal Public Domain Dedication)

Dem in Grafik 5 skizzierten geometrischen Begriff folgend, ist eine Linie dann transversal, wenn sie in der gleichen Ebene an zwei verschiedenen Punkten durch zwei Linien verläuft (a und b) und korrespondierende Schnittwinkel erzeugt (β und Φ). Dieses Denkbild ist fruchtbar um die Strukturiertheit und die Strukturierung von Zwischenräumen in den Blick zu nehmen. Indem zwischen differenzierten und verschieden skalierten Feldern, hier: Bildungsorganisationen und Wirtschaftsregionen, Verbindungen horizontal und vertikal neue Kontaktstellen und Mischverhältnisse aufmachen und diese mehr oder weniger stark institutionalisieren, sind transversale Felder durch ihre Kontexte geprägt, manifestieren zugleich aber auch die gegenseitige Lage von benachbarten Feldern. So lassen sich in transversalen Feldern sektorübergreifende Gruppierungen identifizieren, welche die Interdependenz von Bildung und Regionalwirtschaft neu anordnen und sie je nach Gemengelage und je nach Rollenverständnis neu entfalten.

Unter den oben zusammengestellten Aspekten stehen also die symbolischen und materiellen *Quer*verbindungen im Mittelpunkt, die das Verhältnis von Regionalwirtschaft und Bildungsorganisationen charakterisieren. Die transversalen Linien, die dieses Verhältnis begründen stellen Kreuzverbindungen zwischen mehreren Feldern her und drängen andere

Verbindung in den Hintergrund. Sie tragen damit zu präexistenten Kräfteverhältnissen bei und rekonfigurieren diese zugleich.

Dieses Konzept prägt den Rest der Arbeit wie folgt, um abschließend die Wirkungsweise von transversalen Feldern im Rahmen von Ökonomisierungsprozessen einschätzen zu können.

- In Fallstudie I wird am nordkalifornischen Beispiel dargestellt, wie transversale Felder zwischen Wirtschafsregion und Bildungsorganisation zu regionalökonomischen Bildungslandschaften beitragen, auch wenn der Zwischenraum relativ lose strukturiert bleibt. (Kap. 5-9)
- In Fallstudie II wird die Begrifflichkeit von transversalen Feldern genutzt, um in deutschen Bildungslandschaften zu zeigen, wie aus der losen Zusammenwirkung von bildungsföderalistischen Debatten und am Rande von föderalistischen Bildungssystemen neue Zwischenräume entstehen. (Kap. 10-11)
- Fallstudie III erarbeitet anhand der Arbeit einer Bildungsorganisation, die aus transversalen Kopplungen zwischen diversen Akteursgruppen entsteht, wie die alltagspraktische Folgeproblematik von Ökonomisierungsprozessen als Felddynamik beschrieben werden kann. (Kap. 12-15)
- Der Schlussteil bezieht die Rolle von transversalen Feldern abschließend auf ein hintergründiges Problem. Transversale Felder werden als wirkmächtige Arenen von Ökonomisierungsprozessen beschrieben. (Kap. 16-17)

In den Fallstudien wird der nun präsentierte Feldbegriff also empirisch und begrifflich weiterentwickelt. Im nächsten Abschnitt wird der Begriff der transversalen Felder zunächst in den Kontext wissenschaftssoziologischer Literatur gestellt.

4.2 Mehr als Polemik? Wissenschaftsforschung mit und gegen Bourdieu

Entlang eines feldsoziologischen Forschungsprogramms können transversale Felder auf ihre äußere Strukturiertheit und innere Strukturierung befragt werden: Welche Formation nehmen sie an, wenn sie zwischen unterschiedlichen Kontexten vermitteln oder wenn sie gar, wie im Ökonomisierungsbegriff angedeutet, eine einseitige Angleichung befördern? Gerade in der aufgegriffenen Literatur zur Wissensgesellschaft (vgl. Kap. 3) wird die strukturelle Kopplung zwischen Bildung und Wirtschaft als zunehmend fragmentiert gesehen. In Bezug auf jene Fragmentierung zitiert Nico Stehr (1994, S. 69) den Soziologen Alain Touraine (1988, S. 109), ein begrifflicher Urheber der sogenannten post-industriellen Gesellschaft, demzufolge die handlungsorientierende Bezugsstruktur sich verändert habe: Das Handeln beziehe sich nicht mehr auf einen „central point but rather to seperate centers of decision that form a mosaic rather than a pyramid".

Wenn man dementsprechend Bildungsprozesse und deren Ökonomisierung nicht in einem hierarchischen Zentrum, sondern im Spannungsfeld mehrerer Pole und fragmentierter Raumkonstellationen verortet, liegt das Vorhaben nahe, die Strukturierung und Strukturiertheit von transversalen Feldern in einer gewissen Vielgestaltigkeit zu begreifen. Dieses Vorhaben, das an Touraines Doppelbild von Pyramide und Mosaik anschließen kann, ist auch deswegen angebracht, weil in der Kopplungsästhetik des Fachkräftemangels offen bleibt, wo die behauptete Entkopplung von Angebot und Nachfrage hinführt: Ergibt sich zwischen Angebot und Nachfrage ein differenzierter und stratifizierter pädagogisch-ökonomischer Zwischenraum? Oder entsteht doch eher eine fragmentierte Konstellation?

Problematisch ist in diesem Rahmen das in Kap. 3 eruierte Korrespondenzdenken Pierre Bourdieus, da es eine Passung zwischen Territorien auf der Makro-, Feldern auf der Meso-, und Akteursdispositionen auf der

Mikro-Ebene voraussetzt. Entlang von diesen sozial differenzierten, gestapelten Hierarchien begreifen Feldsoziologinnen ihren Gegenstand meist im Denkbild einer Pyramide oder, was auf dasselbe hinausläuft, in einer ineinander gesteckten Matroschka (Benson und Benson 1998, S. 491; Crouch und Voelzkow 2014, S. 172; Fligstein und McAdam 2012, S. 9). Wenn man aber die Ausdifferenzierung von Ebenen und Bereichen, wie sie in Pyramiden und Matroschkas bildhaft wird, als ontologische Grundlegung annimmt, dann verstellt dies den Blick. Dann wirken jene Konstellationen, in denen das Passungsverhältnis zwischen Mikro-Akteuren, Meso-Feldern und Makro-Räumen aufbricht oder nicht (mehr) vorrausgesetzt werden kann, schnell schleierhaft oder unbedeutend.

Wenn dagegen untersucht werden soll, inwiefern tatsächlich „die Felder und Ebenen der Gesellschaft nicht länger wie Schichten und Funktionssysteme über- und nebeneinander aufgebaut sind [...]", dann muss eine feldsoziologische Perspektive angepasst werden. Denn dann muss auch erkennbar bleiben, wie sich „verschachtelte, transepistemische Welten heraus[bilden], die sich horizontal und vertikal überlappen" (Maeße 2015, S. 225). Alain Touraine, der diese inzwischen populär gewordene, fragmentarische Diagnose einer postindustriellen Gesellschaft mitbegründet hat, hat zu diesem Zweck das Gegenbild des Mosaiks vorgeschlagen. Dieses wird aber in der aktuellen feldsoziologischen Literatur – seiner Anschlussfähigkeit an den populären Diskurs zum Trotz – höchstens impliziert, etwa im Begriff des „unorganisierten Raums" (Fligstein und McAdam 2012, S. 91), um in der Tradition von Émile Dirkheim von einem gewissen Nullpunkt her fragen zu können ‚wie ist soziale Ordnung möglich?' (vgl. Münch 1988, S. 281 ff.; Delitz 2013, S. 386). Diese konventionell einseitige Untersuchung von sozialer Ordnung rückt die konstitutive soziale *Un*-Ordnung in den Hintergrund. Wenn man also Pyramide *und* Mosaike im Vordergrund sehen will, dann folgt nicht unbedingt eine Soziologiekritik. Folgerichtig ist vielmehr eine konsequente Fortsetzung der feldsoziologischen Denktradition, die sich multikontextual eingebettete Zwischenräume zum Gegenstand macht, da hier mehrere

4.2 Mehr als Polemik? Wissenschaftsforschung mit und gegen Bourdieu

Ordnungsvorstellungen, mindestens pädagogische und ökonomische, in ungeordneter Form aufeinander bezogen und ausgefochten werden. Ein auf den ersten Blick übereinstimmendes Theorieangebot formulierten in den 1980er Jahren Bruno Latour (1988), Steve Woolgar (Latour und Woolgar 1986), Michel Callon (1986), John Law (1987) und Andere. Ihre Akteurnetzwerk-Theorie (ANT) entstand derzeit weitgehend als postsoziologisches Projekt; das Ziel war es nicht, auch soziale Unordnung denken zu können, sondern die Frage nach sozialer Ordnung zu kritisieren und durch radikale Gegendarstellungen ad absurdum zu führen. Emergente soziale Strukturen sollten ohne ein organizistisches oder mechanisches Raumbild erklärbar werden.

Entgegen der gängigen Lesart jedoch hat insbesondere die frühe Wissenschafts- und Technikforschung an einer alternativen Feldsoziologie gearbeitet, die Latour erst jüngst wieder aufgegriffen hat (Latour 2014; vgl. Laux 2017). Nicht zuletzt vor dem Hintergrund aktueller Arbeiten, die sich in weiten Teilen von soziologischer Literatur entfernt haben, ist weniger bekannt, dass sich die einschlägigen Autoren und Autorinnen schon früh mit Bourdieus Feldsoziologie beschäftigt haben – kaum verwunderlich, wenn man sich an dessen damalige Dominanz in der französischen Soziologie erinnert. Dies führte nicht allein zu einer alternativen Theorieschule, sondern in der Abgrenzung auch zu einer unabsichtlichen Inkorporierung feldsoziologischer Ansätze.

Bourdieu reagierte in späteren Vorlesungen am College de France eher polemisch auf die inzwischen fortgeschrittene Gegenbewegung (2004).[20] Mit zunehmender Etablierung der Wissenschafts- und Technikforschung wurde auch seine Feldtheorie weniger häufig als Anhaltspunkt herange-

---

[20] An diesem Artikel ließen sich die vielen Alternativprogramme nach wie vor nicht messen, behauptet er. Diese Provokation wurde in STS-Kreisen kaum als Anregung wahrgenommen (Carroll 2006; Gieryn 2006; Mialet 2003; Robbins 2002).

zogen, aber kürzlich – mitsamt der frühen Polemik – wieder fruchtbar gemacht (Hess 2013).[21] Die wechselseitige Polemik zwischen ANT und Bourdieu ist nicht zu synthetisieren, aber man kann zwischen den Zeilen die Bestandteile einer Feldsoziologie der Zwischenräume herauslesen. Zu dem Zweck soll das bisherige Ergebnis der Polemik revidiert werden: eine überspitzte Dichotomie zwischen homogenen Feldstrukturen und heterogenen Praktiken führt in die Unterschlagung von heterogenen Strukturformationen. Mehr noch: die in Bezug auf Zwischenräume interessante sozialstrukturelle Formation der transversalen Felder gerät ganz aus dem Blick (vgl. Shinn 2002, Herberg 2018b). Der Versuch einer Revision bedarf daher, so das Hauptargument der folgenden Auseinandersetzung, einer raumontologischen Grundlegung. In dieser Absicht lehnen sich die folgenden drei Abschnitte an den triadischen Feldbegriff an (Kap. 3), beginnend mit dem Ackerfeld.

Polemik I: Ackerfelder als homogen oder heterogen

Mit dem Begriff des Ackerfelds lässt sich fragen, wie Deutungshoheiten entstehen. Diesbezüglich hat die ANT-Denkschule gegenüber Bourdieu einen alternativen Feldbegriff entwickelt. Dieser könnte in der Fachkräftemangeldebatte hilfreich sein, um Deutungshoheiten auf das

---

[21] David Hess (2011; 2013) mahnt die frühe Kritik als verlustreiche Polemik an, unter anderem um Bourdieu zugunsten einer kapitalismuskritischen Wissenschaftsforschung wieder in die Diskussion einzubringen. Nach Hess (2013, S.185), lassen sich die zur Bourdieu-Kritik verwendeten Konzepte zunächst auch feldsoziologisch interpretieren – seien es Latours „Cycles of Credit" (1988) oder Knorr-Cetinas Transwissenschaftliche Felder (1991).

Aufeinandertreffen heterogener Logiken zurückzuführen. Mehr noch: es zeichnen sich in der Auseinandersetzung um homogene oder heterogene Ackerfelder auch raumtheoretische Fragen ab. Den Aufschlag macht eine innersoziologische Abgrenzungsdebatte: Dass Bourdieu Felder internalistisch versteht und deren Heterogenität unterschlägt, ist einer der Aufhänger für Bruno Latours Soziologiekritik (2005). Das Innen und die Grenze eines Feldes sei eben nicht gegeben, wie es in den transzendenten Begriffen von Habitus und Feld angelegt sei, sondern voll und ganz als interaktionistische Schöpfung zu konzeptualisieren: „Since nothing is inherent in anything else, the dialectic is a fairy tale. Contradictions are negotiated like the rest. They are built, not given" (Latour 1988, S. 180). Obwohl hier weitgehend ignoriert wird, dass auch Bourdieu die Feldgrenzen aus den Feldeffekten ableitet, nicht aus Feldern selbst,[22] entstand in der frühen Wissenschafts- und Technikforschung (Callon 1986a; Knorr-Cetina 1991; Latour und Woolgar 1986; Latour 1988, Law 1987) der Anspruch, die Geschichtlichkeit von Wissenschaft und Technik nicht aus dem Innenleben von einschlägigen Feldern her abzuleiten, sondern aus der äußeren Verbindung von sehr heterogenen Referenzen.

Die darin versteckte Feldsoziologie ist auf empirischer Ebene in der Pasteurisierung Frankreichs (Latour 1988) besonders illustrativ und enthält durchaus auch die Frage nach Ackerfeldern. Steht hier doch zur Debatte, wie überhaupt Pasteurs Entdeckung der Mikrobe als Krankheitserreger so viele medizinische Felder und damit ein ganzes Land gesundheitspolitisch neu klassifizieren konnte; kurz: wie Deutungsmonopole entstehen.

---

[22] Vgl. Bourdieu und Wacquant (1996, S. 131): „Die Grenzen des Feldes liegen dort, wo die Feldeffekte aufhören. Folglich muss man in jedem einzelnen Fall und mit wechselnden Mitteln versuchen, den Punkt zu vermessen, an dem diese statistisch fassbaren Effekte nachlassen oder ganz aufhören."

Latours typische Antwort: Das Feld entsteht durch eine Vielzahl kleinskaliger Routinen und wechselseitiger Bezugnahmen, die nie ganz konsistent sind, sondern sich an ihrer Stabilität gegenüber Herausforderungen bemessen: „The consistency of an alliance is revealed by the number of actors that must be brought together to seperate it" (Latour 1988, S. 185). Ein Ackerfeld ist demzufolge nicht durch seine Homogenität stabilisiert, sondern durch die Dichte und den Spannungsreichtum der heterogenen Verbindungen; eine Operationalisierung dessen findet sich etwa in dem zuvor dargestellten Konzept der Skripte (Kap. 3; Akrich und Latour 1992; Akrich 1992).

Oft wird eine die Heterogenität betonende Wissenschafts- und Technikforschung als Ablehnung soziologischer Strukturbegriffe gelesen (Hess 2011, 2012, Opitz 2015). Dabei war Karin Knorr-Cetinas (1991) schon in „Die Fabrikation von Erkenntnis" bemüht, diese Verwirrungen aufzulösen. Entgegen der üblichen Lesart der frühen ANT-Schule als ethnomethodologische Mikrosoziologie, deutet Knorr-Cetina beispielsweise Latour und Woolgars „Laboratory Life" als eine Diagnostik sozialer Strukturen (1986, S. 133). Die Autoren seien an der „Beschleunigung und Expansion des Reproduktionszyklus" der Wissenschaft interessiert. Weniger im Fokus stehe, anders als bei Bourdieu, die reziproke Anerkennung unter den Wissenschaftlern, so dass auch die Anhäufung von Reputation eine geringere Rolle spiele.

Ähnlich wie bei Bourdieu sollen also ‚Felder' nicht unterstellt, sondern im Entstehen beobachtet werden. Wenn aber der Fokus in wissenschaftlichen Feldern auf Reproduktionszyklen liegt, nicht auf der Akkumulation von wissenschaftlichem Kapital, dann stellt sich die Frage nach Deutungshoheiten und monopolisierten Kapitalsorten nicht im Sinne eines homogenen Feldes: Die Etablierung eines Feldes oder sogar seine Ökonomisierung muss aus ANT-Perspektive keineswegs als Homogenisierung gedacht werden mit der Folge, dass auch Deutungsmonopole nicht zwangsläufiger Bestandteil von Feldern sind. Vielmehr legen Ackerfelder den vielbezüglichen und vielgestaltlichen Status ihrer ursprünglichen Zwischenposition nicht ab – sie bleiben heterogen. Die Kritik an Bourdieus Korrespondenzdenken haben andere in Bezug auf hintergründige Raumverständnisse vertieft. So kommt Manuel DeLanda (2006, S. 163 ff.) später zu dem Schluss, dass Bourdieus Feldanalysen nicht von einer inhärenten Verknüpfung von Kollektiven, Individuen und Handlungsräumen ausgehen, sondern sie äußerlich verknüpfen. Den Vorwurf von ANT-Autoren, dass eine innerliche Verbindung von Position und Disposition vorausgesetzt werde, weist er insofern zurück. Auch die Feldsoziologen Martin und Gregg (2015, S. 48) stellen Bourdieus Erkenntnisse in plausibler Weise als Bruch innerhalb des feldtheoretischen Korrespondenzdenkens dar: Gerade der Habitusbegriff löse den Automatismus einer innerlichen Verbindung von Teil und Ganzem auf.

In der begrifflichen Theoretisierung aber, so DeLanda, insbesondere im Habitusbegriff, werde der soziale Raum dennoch im Sinne von Passungsverhältnissen entworfen und die empirisch festgestellten Heterogenitäten rücken in den Hintergrund (vgl. Vandenberghe 1999). Michel De Certeau (1988, S. 125) folgert ähnlich, dass empirische Forschung in Bourdieus Korrespondenzdenken, insbesondere im Habitusbegriff, einem konzeptuellen Zirkelschluss untergeordnet wird und insofern unoriginell bleibe:

> Der Zirkel geht in der Tat von einem konstruierten Modell (der Struktur) zu einer vorausgesetzten Realität (dem Habitus) weiter und von dort zu einer Interpretation der beobachteten Fakten (Strategien und jeweilige Umstände).

Selbst ethnographischen Studien kommt in der Modellvorstellung dadurch eine theoretische Funktion zu, dass die Theorie, dem Anspruch eines umfassenden Arrangements folgend, mehrere Begriffe vereint und in einem Korrespondenzmechanismus verbindet. Die zunächst begriffliche Verbindung, die im Habitusbegriff gezogen wird, stellt Praktiken auch in der empirischen Beobachtung vor den Hintergrund eines biographisch angeeigneten „Erbe[s]" (ebd.). Sehr unterschiedliche empirische

Beobachtungen werden in einer „Veräußerlichung" (ebd., S. 122) auf ihren vermeintlich eigentlichen Konvergenzpunkt zurückgeführt. Der Habitus wird als „magischer Ort" aufgesucht und an „sorgsam fest umrissenen Orten" (ebd., S. 128) untersucht.[23] Er sei somit ein „Masterprozess" (DeLanda 2006, S. 163 ff.), der makrosoziale Strukturen und mikrosoziale Praktiken zum Zweck einer theoretischen Abrundung verzahne. DeLanda und De Certeau konstatieren aber, dass die Festlegung, den empirischen Blick für die voraussetzungsreiche Herstellung eben jener Überlagerung verstelle; eine Diskrepanz zwischen Position und Disposition gelte dann als Ausnahmefall und die konzeptuell verdichtete Feldtheorie überzeichne die Homogenisierung von Feldern.

Man könnte Bourdieus Raumbegriffe folglich mit dem Humangeographen David Harvey kritisieren (1996, S. 73 f.), der internalistische Raumbegriffe per se beanstandet hat. Harvey und andere Geographen (z. B. Thrift 2003) wenden sich in der Internalismuskritik im Kern gegen absolute Raumvorstellungen, in der „interne Relationen" als „ontologisches Prinzip" gelten (Harvey 1996, S. 80), so dass sie als „Permanenzen" festgehalten werden. In dieser Stoßrichtung ist die Spatial-Turn-Debatte auch aus feldsoziologischer Sicht interessant: Entgegen der abstrakten Idee eines umfassenden Kontinuums, das sozusagen gefüllt ist mit sozialen Inhalten (Läpple 1999, Thrift 2003), prägt die moderne Vorstellung des Staates (vgl. Bourdieu 2015, S. 214; Scott 1998) und der Landschaft (vgl. Ingold 1993; Kaufmann 2005) und möglicherweise auch die Vorstellung eines Feldes. Entgegen dieser absoluten Raumvorstellung sprechen etwa Henri Lefebvre (1991) oder Michel Foucault (1992) von heterogenen *Anordnungen*. Die Raumsoziologin Martina Löw, die auf

---

[23] De Certeau (1988, S. 121) schreibt gar von einer „Ökonomie des eigenen Ortes", in der Güter und Kollektive erzeugt und maximiert werden, so dass die ganze Theorie sich eigentlich einer essenzialistischen Wettbewerbsontologie bediene.

diese gemeinsame Sprache hinweist (2001, S. 150) und materielle und diskontinuierliche Beziehungen und sowie obendrein die Beobachterperspektive als konstitutiv für Raumordnungen begreift, beruft sich wie zuvor schon Läpple (1999) auf Albert Einstein (1980), der sich in der Physik an Newtons Container-Raum als immaterieller und beobachterunabhängiger Sphäre abgearbeitet hatte und als Mitbegründer der allgemeinen Feldtheorie gelten kann.

Die erste Lehre aus der Polemik von STS und Bourdieu ist damit die Erkenntnis, dass beide einen externalistischen Raumbegriff verfolgen, dass die Untersuchung von heterogenen Feldkonstellationen aber nicht allein einer soziologischen Konzeptualisierung, sondern auch einer ontologischen Grundlegung bedarf. Ganz wie es Raumsoziologen für ihren Gegenstandsbereich vorschlagen, liegt eine mögliche Grundlegung besonders auf der Hand: die präsoziologische, physikalische Feldtheorie, die Räume als heterogene Konstellationen versteht.

Polemik II: Das Für und Wider der Emergenz von Kraftfeldern

Der Kraftfeldbegriff hinterfragt, wie Felder in Strukturdynamiken eingebunden sind, die über die Köpfe der Akteure im Feld hinweg funktionieren. Auch in dieser Stoßrichtung hat die Polemik von ANT und Bourdieu alternative Denkrichtungen hervorgebracht, sie aber auch verstellt.

Bourdieu erkannte in der Feldmetapher das Potenzial Menschen zwar nicht als unreflektierte physische Partikel, sondern als bedeutungsbegabte Wesen zu betrachten (Bourdieu und Wacquant 1992, S. 101 f.) sie aber dennoch, den aus der Physik stammenden Raumvorstellungen entsprechend in strukturelle Dynamiken eingebettet zu sehen. Mit Bezug auf diese Kraftfeldvorstellung, wenn auch ohne explizite Bourdieu-Referenz, kritisiert Latour in einem Appendix mit der Überschrift „sociologics" die von Bourdieu imaginierten Zentrifugalkräfte: Sie überspielten die Pluralität an Bestimmungsfaktoren (Latour 1988, S. 155).[24] Wiederum also zeichnet sich eine Gegenüberstellung von homogenen und heterogenen Raumvorstellungen ab. Präziser noch lässt sich vermuten, dass der wesentliche Unterschied zwischen beiden Lagern in einer Uneinigkeit darüber gründet, wie Teil und Ganzes, Individuen und Felder miteinander zusammenhängen. Im Zusammenhang mit physikalischen Feldbegriffen wendet sich die Kritik gegen die Emergenzannahmen Émile Durkheims, die in Bourdieus Begriff des sozialen Raums verbaut sind (siehe Kap. 3). Diese gehen, z. B. im Begriff der sozialen Fakten, davon aus, dass kollektives Handeln auf organisationalen Zusammenschlüssen beruht, die auf einer anderen Realitätsebene als der des individuellen bzw. kollektiven Handelns existieren (Terrier 2009, 2013).[25] Diesbezüg-

---

[24] Latour (1988, S. 155) unterscheidet zwischen drei Arten von Kräften, auf die Soziologen gesellschaftliche Formationen reduzieren: Malthus'sche und Darwinsche Kräfte, die Wachstum generieren, Newtonsche Kräfte, die lineare Kausalitäten genieren, Freudsche Kräfte, die Verlangen generieren und Nietzscheanische Kräfte, die sich selbst hervorbringen – und konstatiert lakonisch, ganz ähnlich zu dem Mottozitat dieses Kapitels: „We should not decide a-priori what the state of forces will be beforehand or what will count as a force".

[25] Auf die Diskussion von Gesellschaft und Territorium angewendet bedeutet das, dass beide aufeinander angewiesen, aber relativ unabhängig existieren, „denn Gesellschaft könnte 1) nicht ohne es existieren (es bietet Ressourcen, die sie zu ihrer Organisation braucht); 2) die meisten ihrer Eigenschaften – anders als der klimatische und geografische Determinismus behauptet – lassen sich nicht von diesem Territorium ableiten; 3) die Gesellschaft verändert das Territorium." (Terrier 2013, S. 127 f.)
Die Anordnung und Aneignung eines Territoriums, die mich im Landnahmebegriff auch beschäftigt, ist in diesem Denken Voraussetzung für gesellschaftliche Organisation, alteriert allerdings je nach Organisationsweise eben jenes Territoriums nicht allein in seiner sozialen Bedeutung, sondern auch in seiner physischen Realität.
Durkheim wendet sich mit diesen Emergenzannahmen unter anderem gegen die amerikanischen Pragmatisten seiner Zeit, die zwar den Pluralismus theoretisieren,

4.2 Mehr als Polemik? Wissenschaftsforschung mit und gegen Bourdieu 131

lich moniert vorwiegend Bruno Latour (Latour 2005, 2014) eine untergründige Sozialontologie, wie sie bei Durkheim noch offensiv verfolgt wurde und mehr oder weniger explizit ins Erbe seiner Nachfolger überging. Tatsächlich, so auch der Feldsoziologe John Levy Martin (Martin 2014, S. 18), ist in der zirkulären Logik von Teil und Ganzem die Gefahr eines tautologischen Erklärens angelegt.

Gewichtiger noch: der Gedanke einer Bewegung, die nicht von mechanischem Kontakt ausgelöst ist, sei eine Herausforderung für die westliche Wissenschaft als Ganzes. Manuel DeLanda bringt diese Kritiken auf den Punkt (vgl. DeLanda 2006, Kap. 3), als grundlegend problematisch sieht er die Tendenz zu Totalitäten, die diese unauflösbaren Einheiten von strukturierten und strukturierenden Strukturen behaupten. Diese Einheit, die DeLanda in der feldsoziologischen Verbindung von Akteur und Feld wiedererkennt, sei tautologisch. Sie sei einerseits von den Wechselbeziehungen ihrer Bestandteile bestimmt, andererseits definiere sie zugleich diese Bestandteile.

Ein alternativer Zugang erfordert dem frühen Bruno Latour zufolge einen radikal induktiven und relationalen Zugang zur Herstellung von kollektiver Handlungsfähigkeit. Wenn die Relationen erst die Relata konstituieren, was auch aktuelle Theoretikerinnen anderer Schulen konstatieren, dann sind auch die Art der Kausalitäts- (Barad 2012; Hirschman und Reed 2014) und Teil-Ganzes-Beziehungen (Hacking 2004; Harman 2008; Ivakhiv 2014) nicht Teil einer vorgeschobenen Metaphysik, sondern im Sinne einer empirischen Philosophie dem jeweiligen situativen Zusammenhang zu entnehmen. Diese mikroskopische Untersuchungsstra-

---

aber seiner Ansicht nach einen Monismus praktizieren, indem sie eine übergeordnete Umwelt unterstellen, die es erst ermöglicht, dass heterogene Bestandteile der Wirklichkeit kompatibel sind und flüchtige Passungen herstellen können (Terrier 2013).

tegie, wie sie Latour und andere zum Programm der Akteurnetzwerk-Theorie gemacht haben (Callon 1986; Latour und Woolgar 1986; Latour 1988), weist darauf hin, dass die Existenz aller Kontinuität infrastrukturelle Absicherung und ständige Reproduktion erfordere. Noch grundlegender: Latours Kritik am Emergenzbegriff führt schon im Postskript zur Pasteurisierung Frankreichs zu einer flachen Ontologie:

> There are two consistent ways of talking. One permits reduction and builds the world by starting from potency. The other does not allow this initial reduction and thus manifests the work that is needed to dominate. The first approach is reductionist and religious; the second is irreductionist and irreligious. [...] if we choose the principles of irreduction, we discover intertwined networks which sometimes join together but may interweave with each other without touching for centuries. There is enough room. There is empty space. Lots of empty space. There is no longer an above and below. Nothing can be placed in a hierarchy. The activity of those who rank is made transparent and occupies little space. There is no more filling in between networks, and the work of those who do this padding takes up little room. There is no more totality, so nothing is left over. It seems to me that life is better this way. (Latour 1988, S. 191)

In dieser Ontologie bedarf alles, was Bestand hat, immer neuer Herstellung oder Akteurnetzwerke. Jene bleiben nie von sich aus erhalten, geschweige denn, dass sie auf einer anderen, hierarchisch übergeordneten Realitätsebene stabilisiert werden könnten.

Eine flache Ontologie ist für mein Vorhaben problematisch. Denn dem Interesse an Landnahmeprozessen liegt die ontologische Setzung zugrunde, dass es mehrere Ebenen der Realität gibt, so dass Wechselwirkungen auf der einen Ebene neue Einheiten auf der anderen Ebene schaffen; dass das historische Resultat von mehreren interdependenten Teilen also mehr ist als die Summe seiner Teile (Harman 2008; Ivakhiv 2014). Nur so lassen sich Zwischenräume denken. Denn das Emergenzpostulat ist unverzichtbar, wenn es darum geht, die Topologie von transversalen Feldern genealogisch auf mehrere Ursprünge zurückzuführen, unter anderem auf die Interdependenz von präexistenten Machtverhältnissen in Bildung und Wirtschaft. Ganz in diesem Sinne ist die Teil-Ganzes-Relationalität zwar auch in der frühen ANT angelegt, wie in *Polemik III* gezeigt wird.

Doch verdichtet sich die Kausalität und Relationalität in diesen Werken zumindest den zitierten Aussagen zufolge nicht zu einer strukturierenden Struktur; hier: zu einem Feld im Zwischenraum von Bildung und Wirtschaft.
An dieser Stelle kommt die zweite Lehre aus der Polemik von STS und Bourdieu zum Tragen: Während frühe ANT-Texte in der teilweise überzeichnenden Kritik an Bourdieu interessante Feldkonzepte hervorgebracht haben, verhindert eine anfänglich als flache Ontologie festgeschriebene Grundlage ein Denken in Feldstrukturen. Ähnlich wie Bourdieu durch das Korrespondenzmotiv an der Theoretisierung von heterogenen Formationen gehindert ist, kann man sagen, dass frühe ANT-Zugänge durch eine flache Ontologie an der Konsolidierung ihrer feldsoziologischen Interessen gehindert sind. Aus der Gegenüberstellung von homogenen Feldern und heterogenen Praktiken, konnte damit schwerlich eine Begriffsbildung für heterogene Strukturformationen entstehen; geschweige denn eine politische Soziologie der Zwischenräume.

Polemik III: Kampffelder durch die Brille von Wirtschaftsanalogien

Zu guter Letzt stellt der dritte Feldbegriff, das Kampffeld, auf Konkurrenz- und Kooperationsbeziehungen ab. Gerade der Konkurrenzbegriff deutet hier auf eine Analogie mit Wirtschaftsprozessen und Märkten hin. Diesbezüglich bietet die Polemik von STS und Bourdieu zwei Einsichten, einerseits die Verknüpfung von Wirtschaftsanalogie mit den unter *Polemik I* referierten Raumvorstellungen und andererseits die übergeordnete Problematik des Denkens in Analogien, das eng mit *Polemik II* verknüpft ist.
In der Bündelung hat bereits Knorr-Cetina auf beide Aspekte hingewiesen, der analytische Streit um die Grenzen wissenschaftlicher Felder ignoriere jene Ökonomisierungswelle, die dem Wissenschaftssystem die

Autonomie genommen habe und die historisch erst zu der Untersuchung von heterogenen Wissenschaftsfeldern geführt habe.

> Der Internalismus ist nicht länger auf die einst dominante Unterscheidung zwischen sozialen und kognitiven Aspekten der Wissenschaft zurückzuführen, wohl aber auf eine weiterhin bestehende ausschließliche Blickrichtung auf die Wissenschaftlergemeinde. Wissenschaftlergemeinden sind zu Märkten geworden, in denen Produzenten wie Klienten Kollegen in einem oder mehreren Spezialgebieten sind. Normativ-funktionale Integrationsmechanismen wurden durch Wettbewerbskämpfe auf den Wissenschaftsmärkten ersetzt. Wissenschaftler wurden zu Kapitalisten, aber sie werden immer noch behandelt, als wären sie in einem selbst-genügsamen, quasi unabhängigen System isoliert. (Knorr-Cetina 1991, S.137 f.)

Mit anderen Worten dienen Wirtschaftsmetaphern Knorr-Cetinas Kritik zufolge zugleich als Erkenntnisinstrumente und als Kritikgegenstand. Diese Verquickung verstelle in einer dritten, wesentlichen Hinsicht die Möglichkeit einer zeitgemäßen, also ökonomisierungskritischen Wissenschaftsforschung. Denn eine Vermarktlichung sei schwer erkennbar, wenn auch in der eigenen Forschungsoptik von vornherein im Register von Quasi-Märkten gedacht werde (ebd., S. 136 f.).

Auf dieser Ebene lässt sich vor allem „Laboratory Life" (Latour und Woolgar 1986) als konkurrierende Feldsoziologie zu Bourdieu verstehen. Bourdieus oben am Beispiel der Region illustrierte performative Argumentationsfigur, der zufolge Felder hervorbringen, was sie behaupten, fassen Latour und Woolgar (ebd., S. 206) als „tautological explanation of interest" auf. Ein Bestandteil dieser Kritik ist der Vorwurf, dass sich Bourdieu nachlässiger Wirtschaftsanalogien bediene: dass nämlich die empirische Erfassung von Wettbewerb und der quasi-ökonomischen Akkumulation von Kapital erst durch die begriffliche Unterstellung möglich werde.[26] Dieser Vorwurf erstaunt insofern, als dass die Autoren selbst eine Analogie fruchtbar machen und ebenfalls den von Knorr-Cetina angemahnten Analogismus vollziehen. Insbesondere der von Latour und Woolgar benannte „Cycle of Credit" ist nicht nur eine Diagnose über die marktliche Organisationsweise wissenschaftlicher Praktiken. Er ist auch eine Wirtschaftsmetapher, deren begriffliche Bestandteile zwar Interviews entstammen, deren Zusammenhang aber unweigerlich aus der Feder der Autoren stammt. Wie zuvor eruiert legen Latour und Woolgar den Schwerpunkt nicht auf Kapitalakkumulation (etwa: akademische Reputation). Vielmehr entsteht das Feld als Markt, nämlich in der netzwerkförmigen Synergie mehrerer Interessenskonstellationen und in der strategischen Aufrechterhaltung eines Transaktionsraums als kollektivem Akkumulationsprozess.

Die Marktanalogie ist zugleich eine Kritik an Bourdieu: bei ihm bliebe die wissenschaftliche Wertschöpfung unterbeleuchtet, die aber, wenn auch als Analogie, erst die Nachfrage nach wissenschaftlicher Arbeit und die wechselseitige Rezeption von Wissenschaftlern erklären könne (ebd., S. 206 f.). Es sei weniger der rein inhaltliche oder strategische Wille (den Bourdieu ihnen umgekehrt als Machiavellismus vorwirft; 2004, S. 28), der Wissenschaftler zum Lesen ihrer Kollegen motiviert; der *Kauf* eines

---

[26] Ähnlich argumentiert Michel Callon (1986), den Bourdieu nicht weiter würdigen will (2004, S. 30). Callon kritisiert Bourdieus Feldtheorie sowie dessen Konkurrenten Touraine auf derselben Grundlage, die ich mit der Externalisierung von physischem Raum und der Subdifferenzierung von sozialen Räumen angesprochen habe. So seien die meisten soziologischen Theorien „bound to remain hypothetical and speculative because it simplifies social reality by excluding from the associations it considers all those entities – electrons, catalysts – that go to explain the coevolution of society and its artifacts" (Callon 1986, S. 91).

Konkurrenzproduktes sei vielmehr eine *Investition* in die eigene Kreativität, also von dem Wunsch bestimmt, selbst zu *produzieren*. Kurz: Wissenschaft ist nicht durch das kompetitive Schreiben und Reputationskonflikte strukturiert, sondern durch das kollektive Rezipieren und Zitieren – in dem Sinne ein „Cycle of Credit".

Als Quasi-Feldsoziologen analysieren Latour und Woolgar, wie der Eintritt in das Feld reguliert ist und wie Akteure im Feld ihre Position ausweiten. Sie sehen das stabilisierende Element in den Querverbindungen, durch die einzelne Wissenschaftler sich auf das Feld als Ganzes und aufeinander beziehen. Ähnlich argumentiert Latour in der Pasteurisierung Frankreichs (1988): Ohne Urheber und ohne eigenes Handlungsfeld hat die Entdeckung der Mikrobe dennoch eine ganze Reihe von medizinischen Praktiken transformiert. Diese Praktiken wiederum, seien es Operationstechniken oder hygienische Regularien, fungieren als „obligatory passage points" (ebd., S. 43-49), also als zentrale Stellen der medizinischen und gesundheitspolitischen Veränderung, die ganz ohne jeden missionarischen Eifer dazu beitragen, dass sich neue Arbeitsweisen verbreiten. Zwischen mehreren Belangen stellen diese „obligatory passage points" eine Vermittlung her und treiben als unfreiwillige Delegierte das neue System voran, das erst rückwirkend Louis Pasteur zugerechnet werden kann.

Auch im frühen Latour ist damit nicht allein eine interaktionistische Konzeption von Konkurrenz und Kooperation zu erkennen, sondern durchaus die Idee von hintergründigen Kräften; Latour (ebd., S. 42) weist auf zwei Mechanismen hin, die in der Begrifflichkeit und analytischen Aussage einem Kraftfeld ähneln:

> The primary mechanism describes the alliances and make-up of the forces, whereas the second explains why the forces are mixed together under a name that represents them. The first defines the ‚trials of strength'; the second enables us to explain what ‚potency' is made up of. [Hervorhebung im Original]

Latour schreibt, anders als es Bourdieu in seiner Kritik wahrnimmt (2004, S. 75), der Pasteur'schen Struktur des Gesundheitssystems allein eine

4.2 Mehr als Polemik? Wissenschaftsforschung mit und gegen Bourdieu

kampfförmige Auseinandersetzung zwischen Eliten und Herausforderern zu. Die bestimmenden Kräfte seien, so Latour, einerseits ein Verknüpfungsprozess, andererseits eine Kollektivierung im Namen eines übergreifenden Strukturganzen. Die militärischen und ökonomischen Metaphern entfalten sich demnach dadurch, dass sich der Wert der neuen Entdeckung über die Mikrokosmen des medizinischen Feldes hinweg verknüpft, kollektiviert und im Laufe von Markttests bewährt (daher das Konzept der „trials of strength").

Bourdieu reagierte später wie folgt auf die Kritik an seinen Wirtschaftsanalogien: Er teile zwar die sozialkonstruktivistische Analysestrategie und das Bestreben, soziale und epistemologische Anteile der Wissensproduktion in ihrer Verquickung zu rekonstruieren (2004, S. 75). Jedoch bediene man sich einer bewussten Ambivalenz, wenn alle wissenschaftliche Praxis mit einem Investitionszyklus (Latour und Woolgar 1986) oder einem individualistischen Unternehmertum zusammenfalle (Latour 1988).[27] Auffällig ist also, wie auch Bourdieu den ANT-Autoren eine konzeptuelle Überstülpung vorwirft und wie auch dieser Vorwurf die Gegenseite überzeichnet: Latours und Woolgars (1986, S. 187) Konzept des „Cycle of Credit" ist durchaus ein feldsoziologisches Konzept; es beschreibt kraft der Marktanalogie die ständige Konversion, in der aus wissenschaftlichen Arbeitsumständen wissenschaftlich nützliches Kapital wird.

---

[27] In dieser ökonomischen Analogie erlaube man sich dann wissenschaftliche Strategien auf derselben Ebene wie Intrigen zu diskutieren, und wissenschaftliche Erfolge als rhetorische Einflussmacht (Bourdieu 2004, S. 54). Diese Behauptung bemühe sich des Tricks einer „slippage" (ebd., S. 26). Die Ambivalenz von Analogien werde offengelassen und zwecks einer analytisch radikalen Behauptung ausgeschlachtet, ohne aber die Analogie als Hintergrund dieser Plausibilität zu kennzeichnen.

Frédéric Vandenberghe (1999) setzt zu einer nuancierten Bourdieukritik an und öffnet den Blick für das grundlegende Theorieproblem: Zwar verstehe Bourdieu seine Konzepte zunächst als Analogie, um damit die Wirklichkeit nicht mit seiner abstrakten Abbildung zu verwechseln. Doch riskiere er im Verzicht auf eine ontologische Grundlegung eben dieselbe nachlässige Analogie, zu der er sich ursprünglich reflexiv verhalten wollte.

> Thanks to this epistemological vigilance, Bourdieu avoids the risk of the reification of the theory, but only at the price of ontological cowardice, if I dare say. The reifying move from the model of reality to the reality of the model is indeed averted, but as a result of this conventionalist twist the referential relation between the model and reality becomes ontologically obscure. When the referential move from the model of reality to the reality of the model, and from the signifier to the signified, is a priori rejected and denounced as a reifying move from the hypothesis of the model to its hypostasis, it is no longer possible to rationally test the ontological pretentions of the model. (Vandenberghe 1999, S. 40)

Bourdieus Analogie, der zufolge die Welt eine Spiegelung der Theorie sei, konstatiert eine ontologische Realität. Er setzt die Feldhaftigkeit der Welt voraus. Bruno Latour hat das resultierende Anliegen erst in „Existenzweisen" treffend formuliert und sich darüberhinaus mit differenzierungstheoretischen Überlegungen auf eine Feldsoziologie zubewegt (vgl. Laux 2014, 2017, Opitz 2015).[28]

Bleibt also die Frage: Wie lässt sich Bourdieus Korrespondenzvorstellung entkoppeln, ohne damit zugleich, wie es die frühen ANT-Autoren getan

---

[28] Die in Latours „Existenzweisen" angelegte Differenzierungstheorie (vgl. Laux 2016, 2017; Opitz 2014) und die hier zitierten soziologischen Kommentierungen können aus pragmatischen Gründen nicht mehr aufgenommen werden, der Beitrag ergänzt die Debatte aber um einen feldsoziologischen Bezugshorizont, der bis auf Ausnahmen bislang noch aussteht (Hess 2011, 2013).

haben, die Mehrdimensionalität und Emergenzontologie seiner Feldsoziologie aufzugeben?

Lehren aus der Polemik

Nun wurden mehrere, teils polemische teils widersprüchliche gegen Bourdieu vorgebrachte Kritiken zusammengetragen. Deutlich wurde, wie mal analytische, mal ontologische Register gezogen, so dass Ausgangspunkt und Zielrichtung der Kritik an Kontur verlieren und der Streit wie folgt den wesentlichen ontologischen Unterschied beider Ansätze verwischt.

- Erstens rückt eine feldsoziologische Ontologie, eingangs im Bild der Pyramide angedeutet, heterogene Formationen in den Hintergrund der Analyse [siehe Polemik I].
- Der Feldsoziologie-Kritik in der ANT-Literatur gelingt es zweitens heterogene Felder ins Auge zu fassen, eingangs im Bild des Mosaiks angedeutet. Die zugrundeliegende flache Ontologie aber behindert die Untersuchung von emergenten Strukturen und verstellte bis vor kurzem (Latour 2014) das feldsoziologische Interesse der ANT [siehe Polemik II].
- Das wesentliche Hintergrundproblem ist drittens der Analogismus zwischen Theorie und Empirie, der im Falle der Feldsoziologie den Blick auf unordentliche Räume verstellt und im Falle der ANT-Literatur den Blick auf emergente Strukturen. [siehe Polemik III]

Kurz: die Polemik überzeichnet die analytischen Schwierigkeiten, unterschlägt aber die zugrundeliegende Ontologieproblematik. Demnach stehen analytische und ontologische Setzungen in einem Zusammenhang. Das betrifft, wie die beiden ersten Einsichten aus der Polemik deutlich machen, die Grundlegung von ANT und Feldsoziologie gleichermaßen. Beginnend mit dem zweiten oben aufgeführten Punkt (vgl. Polemik II): Vorausgesetzt man verzichtet auf die flache Ontologie der frühen ANT, kann das feldsoziologische Vokabular die ANT-Kritiken durchaus aufgenommen werden: sei es der Hinweis der ANT-Autoren, dass auch heterogene Formationen stabil sein können; oder seien es die homogenen Konstellationen, die genealogisch auf heterogene Ursprünge zurückverfolgt werden können (Martin und Gregg 2015). Diese Zugeständnisse münden in eine analytische Schwerpunktverschiebung: in den Mittelpunkt rückt nicht das Feld als stabile institutionelle Umgebung, sondern die kollektive Stabilisierung von Querverbindungen. Gerade im „Cycle of Credit" (Latour und Woolgar 1986) wird beispielhaft deutlich, wie Transaktionsbeziehungen vielbezüglich angebundene Zwischenräume hervorbringen. So kann man im analytischen Anschluss die transversalen Verknüpfungen als eine Grundlage sehen, auf deren Basis ein Feld zwischen Bildungsangebot und -nachfrage entsteht, ohne dass einheitliche Kapitalsorten, Kraftverhältnisse oder Konkurrenzbeziehungen vorherrschen.

Wenn man aber, wie in *Polemik I* argumentiert wurde, jene analytischen Zugeständnisse ANT-Zugänge nur auf Basis einer feldsoziologischen Ontologie aufnimmt, würde man heterogene Konstellationen als Ausnahmefälle behandeln. Das liegt an der Grundlegung der Feldsoziologie in einem fundamentalen Korrespondenzmotiv, wie in der philosophischen Kritik von DeLanda und De Certeau deutlich wird.

Das in *Polemik III* herausgearbeitete Hintergrundproblem ist, dass der Analogismus zwischen Theorie und Empirie einerseits den feldsoziologischen Blick auf unordentliche Räume verstellt, andererseits den ANT-Blick auf emergente Strukturen. Diese ontologischen Schwierigkeiten anerkennend wird hier, im Anschluss an John Levy Martin zugunsten einer Feldsoziologie argumentiert, die den Feldbegriff nicht voraussetzt, sondern perspektivisch für heterogene Formationen öffnet (Martin 2014, S. 18). Unter Verzicht auf einseitige Analogien kann die mitgeführte Ontologie der Feldsoziologie reflektiert und genutzt werden, um das Denken in sozialer Ordnung nicht mit einer unordentlichen Wirklichkeit zu verwechseln. Und zudem können in analytischer Hinsicht empirische

Abweichungen, auf die gerade die Wissenschafts- und Technikforschung hingewiesen hat, aufgenommen und theoretisiert werden. Diese Perspektive wird nun methodologisch begründet und im folgenden Abschnitt ausgearbeitet.

Methodologische Grundlegung

Die methodologischen Lehren aus dem herausgearbeiteten Analogieproblem beziehen sich auf den Wechselbezug und den Unterschied von praktischer und theoretischer Realität. Das ist keine neue Kritik und es gibt etablierte methodologische Auswege: Im Einvernehmen mit Max Webers Warnung vor der „Vermischung von Theorie und Geschichte" (1973, S.185)[29] wird auch in der aktuellen Bourdieukritik vor einer Tautologie gewarnt, in der man misst was man behauptet. Richard Biernacki, der jüngst eine solche Tautologietendenz in gängigen Auswertungs- und Kodierungsverfahren aufgezeigt hat, empfiehlt, dass man Theorie nicht mit dem Anspruch der Repräsentation oder Induktion gebraucht und plädiert stattdessen für Theorie als Instrument der Transparentmachung und als Kontrastfolie (2012, S.16). Als methodologische Grundlegung kann demnach der Unterschied von praktischer und theoretischer Wirklichkeit strategisch eingesetzt werden, um eine irreführende Vermengung zu vermeiden und um Diskussionsstoff zu generieren. In dieser Stoßrichtung

---

[29] Vor der „Vermischung von Theorie und Geschichte" gewarnt und methodologische Lösungsangebote gemacht hat bereits Max Weber (1973, S.185); zum einen um die theoretische Fixierung und Vereinfachung der empirischen Erkenntnisse zu vermeiden. Zum anderen – wie er am Beispiel politisch verwirklichter und kulturell verankerter Wirtschaftsvorstellung verdeutlicht – bestehe die Gefahr, „daß man gar die ‚Ideen' als eine hinter der Flucht der Erscheinungen stehende ‚eigentliche' Wirklichkeit, als reale ‚Kräfte' hypostasiert, die sich in der Geschichte auswirkten".

ließe sich die Feldtheorie als „sensitizing concept" verstehen; ein Theoriebegriff, den schon Herbert Blumer (1954) in seiner frühen Kritik an einem repräsentationalistischen Theorieverständnis vorgeschlagen hat. Ein „sensitizing concept" lenkt zuallererst die analytische Aufmerksamkeit in eine bestimmte Richtung. Es dient weiterhin der Kontrastierung zwischen Theorievorstellung und empirischer Beobachtung und stärkt damit die soziologische Vorstellungskraft. Denn durch alternative Theoriemodelle und eine relative Distanz zwischen Konzept und empirischer Beobachtung kann deutlicher herausgearbeitet werden, dass die empirischen Abläufe kontingent sind. Nicht zuletzt untermauert die Feldsoziologie als „sensitizing concept" die Untersuchung von den strukturellen Prozessen, die kollektives Handeln erst ermöglichen und begrenzen.

Insbesondere die Bildung von Idealtypen ist ein geeignetes Instrument, um die Intransparenz des Induktionsprozesses und die falsche Korrespondenz von Theorie und Empirie zu vermeiden. Weber beschreibt den Idealtypus als

> ein Gedankenbild, welches nicht die historische Wirklichkeit oder gar die ‚eigentliche' Wirklichkeit ist, welches noch viel weniger dazu da ist, als ein Schema zu dienen, in welches die Wirklichkeit als Exemplar eingeordnet werden sollte, sondern welches die Bedeutung eines rein idealen Grenzbegriffes hat, an welchem die Wirklichkeit zur Verdeutlichung bestimmter bedeutsamer Bestandteile ihres empirischen Gehaltes gemessen, mit dem sie verglichen wird. Solche Begriffe sind Gebilde, in welchen wir Zusammenhänge unter Verwendung der Kategorie der objektiven Möglichkeit konstruieren, die unsere, an der Wirklichkeit orientierte und geschulte Phantasie als adäquat beurteilt. (Weber 1973, S. 191)

Ganz im Sinne eines Gedankenbildes wird auch die feldtheoretische Deutung als Analyse- und Diskussionsmedium genutzt, so dass auch der

4.2 Mehr als Polemik? Wissenschaftsforschung mit und gegen Bourdieu 143

Status der empirischen Beobachtung immer wieder begründet werden muss.[30] Theorieapparate können damit als legitime Grundlage für eine heuristische Forschungsoptik herangezogen und empirische Fälle so interpretiert werden, dass ihre Spezifik nicht unterschlagen wird, als exemplarisch untergeordnet oder als Muster überzeichnet wird.

Auf den Begriff gebracht schlage ich eine Gegenüberstellung zwischen zwei idealtypischen Strukturvorstellungen vor. Anstatt die herausgearbeiteten Feldbegriffe einseitig einzuhegen, soll zwischen stabilen und differenzierten Hierarchien einerseits und labilen, vernetzten Heterarchien andererseits unterschieden werden und eine Oszillation zwischen jenen Idealtypen, zwischen Pyramide und Mosaik, beobachtbar gemacht werden (vgl. Touraine 1988, S. 109). Mein Beitrag zur methodologischen Diskussion ist damit schlichtweg das Argument, dass es hilfreich ist nicht ein, sondern gleich zwei „sensitizing concepts" zu verwenden (Blumer 1954).

Diese Öffnung des in Kap. 3 erarbeiteten triadischen Feldbegriffs für dimensionale Variationen ist besonders geeignet für die idealtypischen

---

[30] Passend zum vorliegenden Vorhaben illustriert Weber illustriert am Beispiel der Stadtwirtschaft: "Tut man dies, so bildet man den Begriff ‚Stadtwirtschaft' nicht etwa als einen Durchschnitt der in sämtlichen beobachteten Städten tatsächlich bestehenden Wirtschaftsprinzipien, sondern ebenfalls als einen Idealtypus. Er wird gewonnen durch einseitige Steigerung eines oder einiger Gesichtspunkte und durch Zusammenschluß einer Fülle von diffus und diskret, hier mehr, dort weniger, stellenweise gar nicht, vorhandenen Einzelerscheinungen, die sich jenen einseitig herausgehobenen Gesichtspunkten fügen, zu einem in sich einheitlichen Gedankenbilde. In seiner begrifflichen Reinheit ist dieses Gedankenbild nirgends in der Wirklichkeit empirisch vorfindbar, es ist eine Utopie, und für die historische Arbeit erwächst die Aufgabe, in jedem einzelnen Falle festzustellen, wie nahe oder wie fern die Wirklichkeit jenem Idealbilde steht, inwieweit also der ökonomische Charakter der Verhältnisse einer bestimmten Stadt als ‚stadtwirtschaftlich' im begrifflichen Sinn anzusprechen ist." (Weber 1973, S. 191)

Modellierung von Zwischenräumen. Denn so kann von einer Gleichzeitigkeit mehrerer Formationen gesprochen werden und eine Vielzahl an Mischformen kann antizipiert werden. Wie aber ließe sich das Ziel, analytische Modelle variabel zu halten, fundieren, wenn doch Pyramide und Mosaik auch ontologische Modelle darstellen? Die ontologische Grundlegung lässt sich aus der physikalischen Feldtheorie ableiten und mit Manuel DeLandas Assemblagetheorie greifbar machen.

4.3 Assemblagetheorie als Feldsoziologie

Herkunft des Feldbegriffs in der Physik

Gerade wenn sozialontologische Probleme in polemische Auseinandersetzungen münden, scheint es sinnvoll ihre kultur- und wissenschaftsgeschichtlichen Hintergründe explizit zu machen und als Grundlegung zu erneuern.

Besonders die allgemeine, der Physik entstammende Feldtheorie wird hier dem eingangs eingeführten Feldbegriff zugrunde gelegt. Das ist durchaus plausibel, da insbesondere die oben eingeführte Metapher des Kraftfeldes, aber auch die in Kap. 3 herausgearbeiteten kybernetischen Denkfiguren von sozialräumlicher Integration, zyklischem Lernen und instrumenteller Steuerung auf naturwissenschaftlich-technische Herkunftsdiskurse hinweisen. Wenn die soziologische Feldtheorie über die inner-soziologischen Ursprünge hinaus ihren physikalischen Referenzen nachgeht, kann sie auch das Potenzial verstärken, heterogene Konstellationen, indirekte Kausalitäten und emergente Raumstrukturen in reflexiver Weise aufzugreifen. Das betrifft offensichtlich die Vorstellung eines Kraftfeldes, aber reichert auch die Erfassung von Ackerfeldern und Kampffeldern an.

Kraftfeld

Bourdieus Feldsoziologie konstatiert in epistemologischer Hinsicht, dass eine Soziologin bei der Untersuchung von Feldern gefordert ist, mehrere Realitätsebenen zugleich zu denken. Es gilt musterhafte Interdependenz-Ereignisse zu identifizieren, die mit dem bloßen Auge nicht erkennbar sind, wohl aber mit einem mehrdimensionalen Beobachtungsregister. Gewissermaßen geht es also um das Kartieren mehrerer Feldebenen im Zusammenhang.

Mit diesem Interesse, so Pierre Bourdieu, ist für die Feldsoziologie die epistemologische Bewegung fruchtbar, die in der Physik weg von der Substanz hin zur Form vollzogen wurde. Insbesondere Bourdieu will in seiner Wende gegen den französischen Existenzialismus und in der Fürsprache für eine relationale Soziologie nicht die Substanzidee aus der Physik entlehnen, umso mehr aber die Idee der Form.[31]

> To remove from physics any remnant of substantialism, it has been necessary to replace the notion of force with that of form. In the same way social sciences could not do away with the idea of human nature except by substituting for it the structure it conceals, that is by considering as products of a system of relations the properties that the spontaneous theory of the social ascribes to a substance. (Bourdieu 1968, S. 692)

Im Kern steht hinter den Gemeinsamkeiten der postnewtonschen Physik und der Feldsoziologie also nicht, wie es die geläufige Kritik an einer

---

[31] Die Inspiration kommt einerseits von Ernst Cassirer, der in der Relationalität den Ursprung moderner Wissenschaft sieht: „The field is not a thing-concept but a relation-concept; it is not composed of pieces but is a system, a totality of lines of force" (Cassirer 2000, S. 92). Andererseits stammt sie aus Kurt Lewins (1982) Gestalttheorie, in der die Verteilung von Komponenten das Verhalten der Komponenten bestimmt. Gemein ist diesen Ursprüngen die Kritik am Aristotelischen Substantialismus.

Sozialphysik nahelegt, eine unterstellte Ähnlichkeit zwischen physischer Welt und Gesellschaft. Grundlegend ist vielmehr der reflexive Umgang mit dem epistemologischen Problem von Kausalitätsannahmen; in der soziologischen Feldtheorie wird etwa mit der multivariaten Logik gebrochen, der zufolge „a change in state in one variable produced by external manipulation would impel a change in state in another variable" (Martin 2014, S. 5). Anstelle eines kausalen Mechanismus wären gleich mehrere lokale Kräfteverhältnisse und akteursspezifische Perspektiven zu berücksichtigen, um aus der Kontextdynamik heraus indirekte Kausalitäten zu beobachten. In dieser Distanznahme von linearen Kausalitäten verdankt sich die Feldsoziologie nicht zuletzt auch James Clerk Maxwells Elektrodynamik und Albert Einsteins Relativitätstheorie.[32] Auch deren Kritik galt holistischen Containervorstellungen und mechanischen Denkbildern bzw. hat die physikalische Feldtheorie diese zum Spezialfall erklärt. Genau genommen findet die Feldtheorie ihre Notwendigkeit erst darin, dass mechanistische Kausalitätsannahmen scheitern: „If there were a mechanism there would be no need for a field theory" (Martin 2014, S. 16).
In der Essenz lässt sich die allgemeine Feldtheorie auf einige wenige Eigenschaften reduzieren (vgl. Martin 2014, S. 4 ff.):

---

[32] Dieser Hintergrund, der kürzlich wieder Eingang in die Sozialtheorie fand (etwa die Niels-Bohr-Aneignung bei Barad 2012 oder Barry 2015), hat über die Feldtheorie schon früher soziologische Theorien geprägt. Harrison White (1992, S. 280), bei dem nichtnetzwerkförmige Formationen – wiederum in begrifflicher Parallele zur Physik (vgl. Ziman 1979, S. 258) – als „Gel" bezeichnet werden, weist in einer Fußnote darauf hin (1992, S. 367), dass der Thermodynamiker Benjamin Thompson im 19. Jahrhundert modellhaft für die Erkenntnis gewesen sei, dass hypothetische Räume, etwa abstrakte Staatenräume, erst kraft der kognitiven Bezugnahme kausale Wirkung entfalten.

4.3 Assemblagetheorie als Feldsoziologie 147

(1) nichtmechanische Kausalität
(2) Teil-Ganzes-Relationalität
(3) angelegte Feldeffekte
(4) Potenzialität von Kraftfeldern
(5) Abhängigkeit des Ganzen von wirkmächtigen Teilen

Das bedeutet, dass die Erklärung von Wandel in einem Element nicht auf Ursprünge in anderen Elementen zurückgeführt werden muss; dass hinter diesem Wandel eine Interaktion zwischen dem Feld und seinen Elementen vermutet wird; dass das Element bestimmte Attribute hat, die es für Feldeffekte sensibilisiert; dass das Feld, wenn es keine Elemente in sich trägt, nur die Möglichkeit, nicht aber die Ausübung von Kräften birgt; und dass ein Feld in sich differenziert ist und viele und divergente Spannungen in sich vereint.

Im Detail lassen sich die Charakteristika #1-5 wie folgt darlegen: Die Feldtheorie dient als Bruch oder zumindest Provisorium (ebd.), um Kausalität als ereignishaft, aber nicht als generelle Regelmäßigkeit zu evaluieren (ebd., S. 42 f.). Ziel ist es, einen Effekt nicht mehr mechanisch auf eindeutige Auslöser zurückzuführen, etwa auf die Attribute oder Variablen einer anderen Feldkomponente, sondern – in dieser Hinsicht kompatibel mit Durkheims Emergenzverständnis – als Aggregat zu verstehen. Dieses existiert zwar immer als Resultat von Teilprozessen und wirkt auf diese zurück (Martin und Gregg 2015, S. 40), manifestiert aber eine höhere Realitätsebene separat von seinen Ursprüngen.

Gewissermaßen paart sich die Multikausalität mit einer prozesshaften Mehrdimensionalität, so dass ein Ereignis und die Konstitution von Positionen und Beziehungen auf ein gestaffeltes Set an Ursachen und Anforderungen zurückzuführen ist; in der Soziologie etwa, wie es zuerst bei Fürstenberg zu sehen ist (1962; vgl. Martin 2014), durch eine Kombination von Positions- und Strukturanalyse die wiederum interaktive Effekte erzeugen.

Das letztgenannte Element der Feldeffekte stammt unter anderem aus der Elektrodynamik nach Maxwell, also der Physik von elektrischen und magnetischen Feldern, in denen Komponenten kraft ihrer Ladung und ihres Wechselspiels Feldeffekte erzeugen. Umgekehrt sind Feldeffekte auf vorige Bewegungen im Feld zurückzuführen, so dass ein Feld letztlich auch, wie bereits im Habitusbegriff deutlich wurde, als manifestierte Geschichte Bestand hat (vgl. Bourdieu 1985a, S. 138). In Verbindung mit der Kausalitätsannahme gab Einsteins Relativitätstheorie der Feldtheorie mit der Theoretisierung von „fluid mechanisms" (Martin 2014, S. 4) insofern zusätzlich Auftrieb, als dass Effekte nicht auf unmittelbaren mechanischen Kontakt angewiesen sind, sondern auch an distanzierten Stellen im Feld antizipiert werden können.

Begriffliche Herkunft von Acker- und Kampffeldern

Die nun gesammelten Charakteristika bedienen einen der vorgeschlagenen Feldbegriffe im Besonderen: das Kraftfeld. Um in die soziologische Feldtheorie auch kulturell-kognitive Aspekte aufzunehmen, ist die psychologische Gestalttheorie eine zentrale Referenz der Feldsoziologie. Hier zeichnet sich in der triadischen Feldterminologie vor allem eine wichtige Idee ab, die ich im Begriff des Ackerfeldes aufgreife.
Die Gestalttheorie entstand ebenfalls aus einer der vielen Gegenbewegungen zum Cartesianischen Weltbild (Bourdieu 1968, S. 692). Während in der neueren Physik Substanz und mechanische Kausalität relativiert wurden, ist die Gestalttheorie vor allem an den Zusammenhängen von „mind" und „matter", Psychologie und Umwelt interessiert und hilft Bourdieus integrativer Zielstellung auf die Sprünge, um soziologischen Subjektivismus und Objektivismus zu überkommen. Schon in der Gestalttheorie bestand neben den feldtheoretisch kompatiblen Annahmen, dass Natur zur Selbstorganisation neigt (Köhler 1947) und sich Aggregate auf höheren Realitätsebenen verdichten, auch die Idee, dass es eine innere

4.3 Assemblagetheorie als Feldsoziologie

Abhängigkeit von Psychologie und Wahrnehmung zum einen und der relativen Position und materiellen Situation zum anderen gibt. Hier bietet sich also die Möglichkeit, die Reflexivität von Subjekten, die für Bourdieu die Demarkationslinie zwischen Sozial- und Naturwissenschaften darstellt (Bourdieu und Wacquant 1992, S. 101 f.), feldtheoretisch zu konzipieren.

Den Gedanken der individuellen und kollektiven Motivlagen hat Kurt Lewin (1982) weitergeführt und in die therapeutische Sozialpsychologie sowie eine der ersten soziologischen Feldtheorien überführt (aktuell aufgegriffen bei Böschen 2016). Eine der soziologischen und methodologischen Folgen aus den psychologischen Ursprüngen der Feldtheorie ist die Aufmerksamkeit, die den Motiven und Auseinandersetzungen von Gruppen geschenkt wird. Lewin beschreibt Gruppeninteraktion als dynamische Anordnung von Motivationen, Befugnissen und Befähigungen, so dass Rollen sich aus der relativen Position zueinander ergeben. Bourdieu interpretierte Lewins Felder zusätzlich – und im oben ausgeführten Bruch mit Durkheims Soziologie – als Kampffelder. Um den Zustand des Feldes wird gerungen, während allerdings konfliktäre und kollaborative Situationen in die Figuration des ganzen Feldes einbegriffen sind (Vandenberghe 1999, S. 53). Im Hinblick auf verschiedene Traditionen des relationalen Denkens[33] und in der Zusammenschau von nichtmechanischer Kausalität und wechselseitiger Einbettung von Geist und Materialität bietet die Feldtheorie also eine interdisziplinäre Grundlage und ein gewisses Bündelungsvermögen.

Gemein ist allen genannten Varianten und Ursprüngen, die hier auf den triadischen Feldbegriff bezogen wurden, dass die innere Geschichte und die aggregierten Effekte verschiedener Phänomene ein Feld als Prozess

---

[33] Vandenberghe bezieht sich u.a. auf Norbert Elias.

und Produkt bestimmen. Zwar besteht insbesondere Uneinigkeit über die Beschaffenheit von Innen-Außen-Beziehungen, doch werden die Verbindungen zwischen Elementen sowohl in der theoretischen Physik als auch der Gestalttheorie äußerlich zu ihren Elementen gedacht.

> „The non-independence of parts, then, was the key insight that led Gestalt psychology to see the perceptual field as a field, as opposed to an indifferent Cartesian space" (Martin und Gregg 2015, S. 43).

In diesen epistemologischen Ursprüngen ist also das zuvor kritisierte Korrespondenzdenken nicht erkennbar. Sie können daher aufgegriffen werden, um jenes Korrespondenzdenken nicht als ontologische Grundlage, sondern lediglich als Resultat einer Rezeptionsgeschichte der Feldtheorie zu begreifen. Ein aktueller Theorievorschlag, der zentral auf „non-independence of parts" zurückgreift, ist Manuel DeLandas Assemblagetheorie.

Manuel DeLandas Assemblagetheorie

Als Verfechter des Emergenzbegriffes und Vertreter einer materialistischen Sozialtheorie ist Manuel DeLanda eine passende Referenz, um das Vorhaben einer Feldsoziologie transversaler Kopplungen umzusetzen. Mit Interesse an Stabilisierung und auch Destabilisierung führt DeLanda (2006, S. 11) Gilles Deleuzes Begriff der „Exteriorität" als sozialtheoretisches Desiderat ein. Ein Ganzes sei tatsächlich denkbar und nicht auf seine Teile reduzierbar, eine Annahme, die auch der allgemeinen Feldtheorie unterliegt.

Diese Möglichkeit beruht nicht auf einer Reduktion seiner Teile, so dass diese charakteristisch immer mit dem Ganzen verbunden sind, sondern auf folgendem Set an alternativen Annahmen. Besonders wichtig ist dabei ist die Idee, dass die Teile eines Ganzen sowohl stabilisierende als auch destabilisierende Kapazitäten aufweisen:

4.3 Assemblagetheorie als Feldsoziologie

> One and the same assemblage can have components working to stabilize its identity as well as components forcing it to change or even transforming it into a different assemblage. In fact, one and the same component may participate in both processes by exercising different sets of capacities. (ebd., S. 12)

DeLanda beschreibt diese Stabilisierung als Territorialisierung, also als materiell-räumliche Verortung sowie quasi-räumliche Bewahrung einer inneren Einheitlichkeit des Ganzen. Gegen sowohl ein organizistisches als auch ein mechanistisches Denkbild[34] führen Kritiker ins Feld, dass überhaupt keine Komponenten sozialen Lebens – seien es Individuen, Gegenstände oder überindividuelle Organisationsformen – auf übergeordnete Essenzen bezogen werden können; stattdessen dürfen alle Einheiten – seien sie über- oder untergeordnet – nur als solche gelten, wenn sie als Bündel von Komponenten Fortbestand haben (vgl. Ivakhiv 2014).

Diese Kritik lässt sich, auch bei DeLanda (2006, S. 9), als Gegenbewegung zu sogenannten Interioritätsbeziehungen denken und feldsoziologisch fruchtbar machen. Das zugrundeliegende Argument ist, dass er Teilen eines Ganzen, beispielsweise Akteuren im Feld, zwar eigene Eigenschaften (properties) zuspricht, diese aber nicht mit seinen system-funktionalen Kapazitäten (capacities) gleichsetzt, so dass Akteure nicht durch ihre Felder definiter werden, sondern unabhängig davon (ebd., S.10):

---

[34] Durkheims Emergenz-Theorie ist ein gutes Beispiel für das Problem von organischen und mechanischen Denkbildern. Hier wie andernorts werden diese Verhältnisse oft biologistischen Annahmen über organische Zusammenhänge entnommen. Eine wesentliche Motivation für diese organisch gewachsenen Verhältnisse liegt in der Skepsis an ihrem prototypischen Gegenmodell, nämlich mechanischen Annahmen von Ursache-Wirkungs-Verhältnissen.

152 4. Transversale Felder – Grundlagen einer assemblagetheoretischen Feldanalyse

> In this other view, being part of a whole involves the exercise of part's capacities but it is not a constitutive property of it. And given that an unexercised capacity does not affect what a component is, a part may be detached from the whole while preserving its identity.

Dank der Entkopplung von Eigenschaften und Kapazitäten also ist erst die Entkopplung von Teil und Ganzem denkbar. Wenn die Akteure im Feld sich nicht durch ihre Kapazitäten auszeichnen, sondern diese sich erst aus ihrer akuten Verbindung zu einem Feld ergeben, dann ist ihre soziologische Relevanz nicht an das Feld allein gebunden. Inwiefern stützt dieser Gedanke das Vorhaben, die Polemik von ANT und Bourdieu zugunsten eines transversalen Feldbegriffs zu übersteigen? Entgegen der ANT-Literatur wird deutlich, dass hier eine Emergenz mitgedacht wird. Und anders als bei Bourdieu wird die Formation, zu der diese Emergenz strebt, nicht gleich als Feld oder ähnliches definiert: „Assemblage privileges process of formation and does not make a priori claims about the form of relational configurations or formations" (Anderson et al. 2012, S. 18). Die Figur der *Assemblage* fügt dem Vorhaben eine auf Äußerlichkeit basierte Feldvorstellung hinzu, so dass eine Feldsoziologie auf einer Assemblage-Ontologie aufsitzt. Das Ergebnis können sowohl hierarchische Überlagerungen als auch heterarchische Netzwerke sein bzw. diese können den Prozess bestimmen. Die entscheidende Schlussfolgerung: soziale Felder sind in einer Assemblagetheorie denkbar, Assemblagen aber nicht in einer Feldtheorie.[35] Die Verwendung der ersten Theorie als ontologische Grundlage hat den Vorteil, dass der jeweilige blinde Fleck der konkurrierenden Theorien mitgedacht werden

---

[35] So kritisiert die Assemblagetheorie hegelianische Weltbilder von organischen Einheiten, so zumindest bei DeLanda (2011, S. 4), ohne aber auszuschließen, dass die Welt hin und wieder solche in sich abgeschlossenen und relativ stabilen Einheiten hervorbringt.

4.3 Assemblagetheorie als Feldsoziologie 153

kann, indem ich das andere Modell in Erinnerung rufe. Außerdem haben die ontologische Herleitung und die nun folgende Grundlegung meiner eigenen Untersuchung den Vorteil, dass die Grundlage der Gegenüberstellung nicht unreflektiert bleibt. Schließlich bleibt der Gegenbegriff nicht bei dem Pejorativ eines „unorganisierten Raums" stehen (Fligstein und McAdam 2012, S. 91). Die Durkheimsche Frage nach der sozialen Ordnung kann damit weiter gestellt werden, Assemblagen können darüber hinaus aber auch als elaboriertes Konzept für Nichtfelder verstanden werden. Die Tatsache, dass Felder assemblagetheoretisch gedacht werden können, impliziert keine Abwendung von der Feldtheorie, sondern eine Hinwendung zu deren physikalischer Grundlegung. So kann die Assemblagetheorie durchaus als feldtheoretische Variante gelten, wenn man sich Martins fünf ontologischen Grundannahmen der allgemeinen Feldtheorie vor Augen führt. Diese Grundannahmen können durch eine Assemblagetheorie mit einem Gegenbild ergänzt werden.

Tabelle 2: Feldtheoretische Varianten (eigene Darstellung)

Feld	Assemblage
1. Veränderungen innerhalb der Komponenten sind abhängig vom Feld.	Veränderungen innerhalb der Komponenten *können unabhängig* vom Feld sein.
2. Teilveränderungen involvieren eine Interaktion zwischen dem Feld und dem Zustand seiner Teile.	Teilveränderungen involvieren *keine* charakteristische Interaktion zwischen Feld und dem Zustand seiner Teile.
3. Die Komponenten haben Eigenschaften, die sie für Feldeffekte sensibilisieren.	Komponenten sind durch ihre vorrübergehenden Kapazitäten im Feld, *nicht durch ihre Eigenschaften*, sensibel für Feldeffekte.
4. Ein Feld ohne seine Komponenten ist ein potenzielles Kraftfeld.	Eine Assemblage *existiert nicht, ohne dass* seine Komponenten relationale Kapazitäten ausüben.
5. Das Feld ist organisiert und differenziert als ein Set an Vektoren und Ladungen.	Eine Assemblage ist *nur* auf Basis der Komponenten-Relationen organisiert.

Dem in Tabelle 2 zuerst genannten Charakteristikum zufolge wird die Abhängigkeit des Ganzen von seinen Teilen hinterfragt. In der Assemblagetheorie werden Teil-Ganzes-Verhältnisse aber entkoppelt. Das bedeutet auch umgekehrt, in einer zweiten Hinsicht, dass Teile eines Feldes sich auch unabhängig vom Feld verändern können. Dahinter steckt drittens die Unterscheidung zwischen den Eigenschaften und den Kapazitäten eines Teiles, so dass dieses nur in der letztgenannten Hinsicht an das Feld gebunden ist. Viertens ist das Feld nicht Träger von akkumulierten Strukturen, sondern Resultat von aktiv ausgetragenen Fähigkeiten. Ein Feld ist insofern, wie das fünfte Charakteristikum ausdrückt, nicht selber daran beteiligt, seine Existenz aufrechtzuerhalten, sondern abhängig von seinen Teilen.

Anstelle einer unterstellten Kontinuität und Kompatibilität oder einer unterstellten Differenzierung in räumliche Teilbereiche basiert DeLandas Assemblagetheorie auf einer Dimensionierung von relativ homogenen oder heterogenen Konstellationen. Man untersucht entsprechend die Zusammenfügung von mehr oder weniger austauschbaren und relational verbundenen Komponenten und unterstellt den sozialen und physischen Welten, dass sie durch eben solche Prozesse des Individuierens und Zusammenfügens zustande kommen. Auf drei Ebenen können nach DeLanda zugleich

- symbolische und materielle Verknüpfungen,
- Territorialisierungs- und Deterritorialisierungsprozesse,
- Verknüpfungs- und Trennungsprozesse in den Blick genommen werden.

In der Assemblagetheorie hat diese Dualität und Pluralität eine eigene Begriffsgeschichte, nämlich die Vorstellung von „arborescent and rhizo-

4.3 Assemblagetheorie als Feldsoziologie

matic multiplicities" (Deleuze und Guattari 1987, S. 33), das bedeutet einerseits, dass sich Ordnungen aus extensiven Beziehungen und teilbaren Bestandteilen zusammensetzen, oder andererseits, dass sie sich als unteilbares Teil-Ganzes-Verhältnis transformieren. [36, 37] Anstatt dieser eigenen Theorietradition zu folgen, will ich sie aus der Soziologie heraus für die Feldtheorie nützlich machen und sogar als Feldtheorie formulieren. [38] Die Assemblagetheorie DeLandas ist also als Framework zu verstehen, in dem soziologische Erkenntnisse weitergeführt und zugleich

---

[36] Nach Gilles Deleuze (1994, S. 182), wesentlicher Urheber des Assemblagedenkens, ist Multiplizität nicht „a combination of the many and the one, but rather an organization belonging to the many as such, which has no need whatsoever of unity in order to form a system".

[37] Diese Unterscheidung, die auch Patton trifft (2006, S. 30), korrespondiert mit dem vorliegenden Vorhaben, Gesellschaften nicht nur in Feldern zu denken: „Different societies, or different social spheres within the same society, may have a preponderance of one mode of individuation over the other: pre-modern as opposed to modern societies, disciplinary institutions or bureaucracies as opposed to social, artistic or religious movements, and so on. On the other hand, Deleuze and Guattari make it clear that they are not proposing a dualism between two kinds of assemblages or machines. Rather, they insist on the interpenetration and co-implication of the two kinds of assemblage: tree structures have their rhizomatic offshoots and rhizomes have their own points of arborescence. There are only different dimensions of one and the same assemblage. From this perspective, there are not so much different kinds of thing as different ways of understanding the same things. In this sense, they refer to different underlying forms of order that provide the basis for two distinct but not mutually exclusive readings of the world."

[38] Alan Irwin und Mike Michael (2003) machen das bereits in ihrem Konzept einer „ethno-epistemic assemblage" deutlich. Dies umfasst das Verhältnis von Wissensgemeinschaften (ethno), Wissen (epistemic) und diskursiven Räumen (assemblage) und umschreibt drei Dimensionen: Das Ausmaß an Heterogenität (des transversalen Bildungsraumes zwischen Regionalwirtschaft und Bildung), das Verhältnis von Inhalt und Form (innerhalb der Bildung) und das Verhältnis zwischen angrenzenden Feldern (vgl. ebd., S. 121).

in ihren ontologischen Setzungen reflektiert werden können (DeLanda 2006, S. 5). Die drei Dimensionen einer Assemblage sind analog zum triadischen Feldbegriff, in dem die Überlagerung von Deutungshoheiten und Kapitalsorten (Ackerfeld), die Einbettung in umfassende symbolische und materielle Verteilungen (Kraftfeld) und die Eingrenzung von sozialen Beziehungen (Kampffeld) bereits erarbeitet wurde. Eine Assemblage unterscheidet sich aber dadurch vom Feld, dass die relationalen Bezugnahmen der Komponenten keine feldeigenen Charakteristika entwickeln und sich insofern keine skalierte Realitätsebene herausbildet, die auch unabhängig von ihren Teilen existiert. Im Gegensatz zum Feld hört eine Assemblage daher dann auf zu existieren, wenn sich seine Bestandteile nicht mehr aufeinander beziehen. Aus der Binnensicht bedeutet das: die Komponenten sind nur dann Teil eines Ganzen, wenn ihre Kapazitäten sich wesentlich durch die Beziehungen zueinander definieren. Beide Formationen emergieren also aus wechselseitigen Bezugnahmen diverser Menschen und Güter, aber die Skalierung, durch die sich ein Ganzes, d.h. ein Feld oder eine Assemblage, erst in seiner Eigenlogik verstetigt, ist unterschiedlich stabil. Wenn man dann zwei Extremausprägungen berücksichtigt, dann können Assemblagen auf drei Ebenen changieren. Um Verwirrung zu vermeiden, werden wohlgemerkt die sich ergebenden extremen Konfigurationen des Zwischenraums nicht mehr als Feld und Assemblage bezeichnet, sondern als Pyramide und Mosaik.

- Die Kodierung des Zwischenraums als *Mosaik* ist flüchtig und vielgestaltlich, während Akteure in einer *Pyramide* eine gemeinsame Sprache oder gar Identität verwenden (Ackerfeld).
- Die symbolisch-materielle Kopplungen eines *Mosaiks* bestehen aus losen oder lediglich aus zufälligen Ähnlichkeiten mit Nachbarfeldern, während eine *Pyramide* nach innen und außen von Korrespondenzen geprägt ist (Kraftfeld).
- Die Territorialisierung eines *Mosaiks* ist mobil, während die Interaktion in einer *Pyramide* von klar umrissenen Konkurrenz- und Kooperationsgegenständen gebunden und begrenzt wird (Kampffeld).

Damit ist die Assemblagetheorie eine Grundlage um mehrere Formationen des Zwischenraums erkennen zu können. Die aufgelisteten Dimensionen werden nun auf den eingangs bezogenen Begriff von transversalen Feldern bezogen und in idealtypischer Weise ausformuliert.

4.4 Idealtypische Entwicklungsfiguren: Pyramide und Mosaik

Die bisherigen Kapitel haben mit dem Stichwort des Zwischenraums und einem triadischen Feldbegriff das Phänomen des Fachkräftemangels beleuchtet. Bildhaft gesprochen und im Rückgriff auf den Anfang des Kapitels können Bildungslandschaften nicht allein als hierarchische Stapelung, als Pyramiden, betrachtet werden. Gerade die charakteristische Fragmentierungen von wissensgesellschaftlichen Bildungskonstellationen, also Mosaike, sollen erkennbar bleiben. DeLandas Begriffe sind hier hilfreich, um gewissermaßen eine weniger ordentliche Situation zu charakterisieren. Seine Theorie baut im Kern auf drei Prozessen auf. Es handelt sich in meiner Aneignung auf Basis des triadischen Feldbegriffs (Ackerfeld, Kraftfeld, Kampffeld) um drei Oszillationsprozesse. Deren extreme Kalibrierung führt zur Formation einer Pyramide oder eines Mosaiks.

Daraus ergibt sich die abschließende Forschungsperspektive. Zu deren Erarbeitung war die Gegenüberstellung von ANT und Bourdieu hilfreich. Hier wurden die jeweiligen Feldbegriffen diskutiert und die metatheoretische Lehre abgeleitet, dass eine Feldsoziologie der Zwischenräume einer neuen ontologischen Grundlegung bedarf. Diese wurde unter Rückgriff auf naturwissenschaftliche Ursprünge der Feldtheorie nun dargestellt. Zuletzt ist damit eine Entkopplung der Feldbegriffe in Reichweite geraten, wie sie zum Ende von Kap. 3 bereits ins Auge gefasst wurde.

Um den Feldbegriff auch auf methodologischer Ebene um einen Gegenbegriff zu ergänzen, lassen sich Pyramiden und Mosaike mit Max Weber als Idealtypen bezeichnen. Der analytische Gütemaßstab für Idealtypen liegt zunächst in der Plausibilität, die sich aus vergangenen Erfahrungen speist und mittels der man kraft der geteilten Erfahrungswelt in der Lage ist, einen Idealtypus als mehr oder weniger einleuchtend darzulegen. So ergibt sich aus dem Idealtypus im besten Falle eine sinnvolle Nacherzählung des empirischen Phänomens und eine relevante Illustrierung der theoretischen Schlüsse. In der Ergebnisdarstellung stellt ein Idealtypus eine Verdichtung dar – mit Kuckartz (1988, S. 224) die „Bildung eines aus mehreren prototypischen Fällen ‚komponierten' idealtypischen Konstruktes". Sie dient somit dem allgemeinen Verständnis des in Einzelfällen angenäherten Phänomens.

Die empirische Forschung dient demgemäß der Modellierung und Plausibilisierung genereller Erkenntnisse. Und die erarbeitete Feldtheorie dient der Auswahl und Befragung des Einzelfalles. Gerade wegen der empirischen Bezüge liegt der theoretische Maßstab eines Idealtypus aber nicht in der komplexen Anreicherung mit empirischen Befunden im Sinne einer Grounded Theory, sondern in der „begrifflichen Reinheit" (Weber 1973, S. 194).

Formal hat eine idealtypische Theoretisierung zwei Elemente: Die Beschreibung von idealtypisch geclusterten Situationen und die Zuordnung von einem Set an charakteristischen Eigenschaften zu je einem Idealtypus auf Basis von geteilten, abhängigen Variablen (Doty und Glick 1994).

4.4 Idealtypische Entwicklungsfiguren: Pyramide und Mosaik 159

Ganz im Sinne von Webers frühen Warnungen ist ein idealtypisches Verständnis also ein Mittel, um falsche Abstraktionen zu vermeiden. Die Feldtheorie fungiert so verstanden als eine *instrumentalistische Abstraktion*, in der die Theorie zugleich heuristischer Rahmen und Schleifstein der Empirie ist. Die empirische Wirklichkeit wiederum ist damit nicht nur ein Gegenstand, vielmehr kommt mit den historischen Abläufen eine andere Welt und damit auch ein anderer Blickwinkel zur Geltung. Dies betrifft, wie schon in den physischen Ursprüngen der Feldtheorie angelegt, die Annahmen über historische Kausalität und Ereignisse.[39]
In Bezug auf ein Empirieverständnis können in der Schaffung von Idealtypen, wie von Rebecca Emigh (1997) systematisiert, unerwartete oder vereinzelte Beobachtungen zur Theorieverdichtung und -demonstration herangezogen werden. Dieses Vorgehen schütze vor rationalistischen Methoden, die dazu neigen, analytische Kategorien mit empirischen Wirklichkeiten zu verwechseln (vgl. Biernacki 2012). In der Nutzung von Idealtypen rückt hilfreicherweise auch die Frage in den Vordergrund, in welchem Zusammenhang die Beobachtung überhaupt als ‚ein Fall' gelten kann (Becker 2008; Ragin 1992; Walton 1992). Es kann sogar ein Set an Beobachtungen zugleich auf unterschiedliche theoretische Zusammenhänge bezogen werden, wie Diane Vaughn (1992) empfiehlt. Denn die Art der Fallkonstruktion ist ganz abhängig von kausalen Analogien (vgl. Walton 1992).
Die theoretische Vorarbeit der vorigen Kapiteln hat also eine heuristische Funktion für die Fallstudien in den Folgekapiteln. Die Fälle bekommen eine dezidierte kausale Textur und werden einem idealtypischem Verständnis gebündelt (vgl. Walton 1992, S. 124):

---

[39] So schreibt Sewell (1996, S. 263) in seinem Plädoyer für eine historisch sensible Soziologie, dass Ereignisse nicht nur kausale Kräfte neuanordnen können, sondern sich sogar auf die Prozesslogik in situativen Umständen auswirken.

Fallstudie I
Die Region San Francisco wird der Neuformulierung regionalökonomischer Zusammenhänge dienen. Ich will weniger die Prozesse neu formulieren, die den Fall prägen, als vielmehr die Definition des Falles selbst (vgl. Walton 1992, S. 127). Was oft als Wirtschaftsmetropole insinuiert wird, stellt sich als Bildungslandschaft heraus (Kap. 5), die ententlang der unten formulierten Idealtypen als Ackerfeld (Kap. 7), Kampf- und Kraftfeld (Kap. 8) modelliert werden kann.

Fallstudie II
Anhand der bundesdeutschen Debatte um die sogenannten Bildungslandschaften, mit deren Auswahl ich die Einheit und die Ebene der Analyse variiere (Vaughn 1992), wird der historische Entstehungshintergrund von regionalökonomischen Bildungslandschaften rekonstruiert. Gezeigt wird analog zu der theoretischen Argumentationsführung in Kap. 3 und 4. zweierlei: aus einer föderalistischen Bildungsdebatte entsteht ein transversales Feld (Kap. 10), in dem diverse bildungspolitische Akteure an unterschiedlichen, idealtypischen Strukturierungen arbeiten (Kap. 11).

Fallstudie III
Die *Zukunftswerkstatt* ist ein Einzelfall, in dem gleich mehrere Teilphänomene im Zusammenhang erkundet und als Zusammenhang verifiziert werden können (vgl. Vaughn 1992), in meinem Verständnis ist sie ein „strategic case" (Walton 1992, S.127). Das bedeutet, dass ich die organisationale Entstehungsgeschichte nutze, um die Zwischenposition zwischen Regionalwirtschaft und staatlicher Bildung als Verhandlungszone vielfacher Einflüsse und Bildungsanliegen zu beschreiben. Anstatt als klar umrissener Lernort zu fungieren, entsteht die Zukunftswerkstatt aus heterogenen Legitimationen (Kap. 13), Ressourcen (Kap. 14) und Logiken (Kap. 15).

4.4 Idealtypische Entwicklungsfiguren: Pyramide und Mosaik

Ich will die vorige Theoriearbeit also in ein heuristisches Forschungsinstrument überführen. Dessen Zweck ist es, bei empirischer Arbeit für eine Oszillationsbewegung sensibilisiert zu sein, die in transversalen Feldern mal enge und lose Kopplungen zwischen Wirtschaft und Bildung hervorbringen. Um idealtypische Entwicklungsfiguren zunächst eher minimal und offen zu halten, sind DeLandas und Bourdieus drei Feldbedeutungen hilfreich. Denn diese beschreiben wohl eher die sich formierenden Prozesslogiken, weniger die Eigenschaften der resultierenden Form. Wegen eben dieser Prozesshaftigkeit lassen sich beide Analyseperspektiven auf Grundlage einer assemblagetheoretischen Ontologie begreifen, so dass unterschiedliche Formationen, Pyramiden *und* Mosaike, erkennbar gemacht werden können.

Triadischer Feldbegriff	Ackerfeld
Schlüsselfrage: *Durch welche Ent-/Kopplungen...*	▪ *... gibt es eine Monopolisierung von Steuerungsmacht und knappen Gütern?* ▪ De-/Territorialisierung
	Kampffeld
Ent-/Kopplungsdimension	▪ *... kooperieren und konkurrieren die Akteure?* ▪ De-/Kodierung
	Kraftfeld
	▪ *... korrespondieren Ressourcenverteilungen mit umfassenden Machverhältnissen?* ▪ Symbolisch-Materielle Ent-/Kopplungen

Grafik 6: Triadischer Feldbegriff, ergänzt um Ent-Kopplungsdimension (eigene Darstellung)

Im Detail betrifft diese Oszillation drei Ebenen: die symbolisch-materielle Kopplung, die Territorialisierung und die Kodierung des Zwischenraums. Der pädagogisch-ökonomische Zwischenraum kann folglich als Kampffeld, Kraftfeld und Ackerfeld zwischen mehreren Formationen variieren. Jeweils stehen die symbolischen und materiellen *Querverbindungen* im Mittelpunkt, die das Verhältnis von Regionalwirtschaft und Bildungsorganisationen in drei Hinsichten charakterisieren: indem Steuerungsverhaltnisse mehr oder minder monopolisiert sind; indem das Interaktionsverhältnis von Akteuren mehr oder minder durch Kooperations- oder Konkurrenzbeziehungen strukturiert ist; und indem Ressourcenverhältnisse Ressourcenverhältnisse mehr oder minder mit äußeren Machtverhältnissen korrespondieren (siehe Grafik 6).

Transversales Feld als Ackerfeld

Wenn man ein Feld mit Pierre Bourdieu denkt, dann entsteht in ihm – analog zum landwirtschaftlichen Feld – eine innere Homogenität und eine äußere Grenze. Die mehr oder weniger ausgeprägte Monopolstellung und ihre Regulierung, deren Untersuchung nach Hilgers und Mangez (2015) den Beginn einer jeden Feldanalyse darstellt, ist überdies Bedingung für die Autonomie eines Feldes. Die Frage nach der Autonomie setzt ein ganzes Set an Beobachtungsmaßnahmen voraus: Welche Handlungsweisen genießen welche Legitimität und kann die Legitimierung aus anderen Feldern importiert werden? Welche Auswirkungen haben externe Einflussversuche? Je höher die Autonomie, desto größer ist der Einfluss derjenigen, die die feldspezifischen Kompetenzen besitzen. Und desto eher sind die dabei unterstellten Regeln des Feldes selbstverständlich, so dass die Akteure im Feld habituell auf bestimmte und kollektiv geteilte Deutungsmuster zurückgreifen.

Bei DeLanda (2006) steht analog zur Ackerfeldmetapher die Territorialisierung im Zentrum, sie ist ein Prozess, in dem eine Assemblage mehr oder weniger eingegrenzt und nach eindeutigen Kriterien charakterisiert ist. Damit der pädagogisch-ökonomische Zwischenraum als Feld gelten kann, muss er relativ abgegrenzt sein, d. h. er muss in einem Territorialisierungsprozess mit einem Monopol an bestimmten Klassifikationen geschaffen werden.

4.4 Idealtypische Entwicklungsfiguren: Pyramide und Mosaik

Doch können Monopolisierungstendenzen recht flüchtig sein. Um dennoch die Institutionalisierung dieses Zwischenraumes beobachten zu können, lässt sich DeLandas Begriff der Territorialisierung nutzen. Anstatt allein die feldinterne Monopolisierung als möglichen Territorialisierungsprozess zu denken, gilt hier, dass multireferenzielle Beziehungen und ihre Neukombination ebenso umgrenzt und reguliert werden können.

Transversales Feld als Kraftfeld

Bourdieus Metapher des Kraftfeldes lässt sich assemblagetheoretisch wenden. Es beruht in seiner Einbettung in gesamtgesellschaftliche Verteilungen auf der inneren und äußeren Verbindung von symbolischen und materiellen Komponenten. Das bedeutet für den Zusammenhang von Bildungsorganisationen und Wirtschaftsregionen, dass erstere aus der Akquise und Kombination heterogener Ressourcen entstehen und dass sie sich etwa durch die wechselseitige Kopplung von wissens- und steuerungspolitischen Referenzen stabilisiert. Ob sie jedoch unauflösbar oder eher lose miteinander verbunden werden und wie sehr sich die Organisation an gesamtgesellschaftliche Machtverhältnisse bindet, bleibt offen. Nach DeLanda (2006) gibt es eine gewisse Varianz in der Machart der Komponenten einer Assemblage. So existieren eher symbolische Komponenten, die sprachlich und nichtsprachlich sein können, und eher materielle Komponenten, die aus biophysischer und technologischer Materie bestehen. Je nach Bauweise der Assemblage lässt sich, kraft der symbolischen und materiellen Referenzen, im feldtheoretischen Sinne auch eine unterschiedliche Einbettung in den sozialen Raum feststellen. Dank der oben referierten Kritik an Bourdieu werden am Beispiel der Bildungslandschaften auch die konkreten diagnostischen Probleme deutlich, Feldgrenzen zu erkennen (Bourdieu und Wacquant 1996, S. 131), die Emergenz von Feldern (Fligstein und McAdam 2012, S. 25), die Interferenz von pluripolaren Bezügen (Böschen 2014) und die Genealogie von Homologien zu untersuchen (Angermüller 2015, S. 16 ff.). In den Fallstudien wären diese Fragen wichtig zu beantworten; etwa um politische Einflussbereiche abstecken zu können; oder um zu diskutieren, was es heißt, wenn sektorübergreifende Bildungsallianzen sich nicht zwischen ein oder zwei, sondern zwischen mehreren Feldern bewegen und in ihren feldübergreifenden Referenzen an mehr oder weniger autonomen Stellen der Wirtschaft, Politik, Bildung oder Wissenschaft andocken.

Transversales Feld als Kampffeld

Gemäß der Metapher vom Kampffeld sind feldinterne Interaktionsverhältnisse durch Feldeffekte und Hierarchien reguliert. Der Beobachter und die Akteure im Feld widmen sich vor allem der Frage: *What is at stake*. Damit steht in der Bourdieu'schen Wendung, der zufolge Strukturen selber zum Verhandlungsgegenstand werden, auch eben jene Definition im Raum: *„the definition of what is at stake [...] is at stake"* (Bourdieu 2001, S. 63). In der Regel aber sind die Strukturen, die die Auseinandersetzung bestimmen, derart verankert, dass sie Außenstehenden ersichtlich sein mögen, aber im Feld selbstverständlich sind. Im Feld tun sich entsprechend jene Akteure hervor, denen es gelingt, den Kooperations- und Konkurrenzbeziehungen ihre orientierende Bedeutung zu geben. Die Opponenten wiederum bemühen sich um eine subversive Umdeutung, die andere Interessen mobilisieren und dominante Akteure schwächen kann.

Als alterierte Terminologie bietet sich DeLandas (2006) recht schlichtes Kodierungskonzept an, um die Interaktionsbeziehungen nicht von vornherein auf den Feldverdacht hin zu untersuchen und damit ein recht beschränktes Set an Interaktionsregeln zu antizipieren. Assemblagen – und hier geht DeLanda über Guattari und Deleuze hinaus – sind mehr oder weniger *kodiert*, d. h. ihre Komponenten werden in ihrer Anordnung und Mischform reguliert. Angewandt auf die Feldsoziologie ist dies besonders plausibel in Bezug auf die Interaktion im Feld, die nach bestimmten Regeln abläuft. Das Kampffeld muss mit den darin wirksamen Regeln und Konkurrenzbeziehungen erst kodiert werden und ist in seinen Auseinandersetzungen auch von der Position im Kraftfeld und der relativ ausgeprägten Monopolisierung des Ackerfeldes abhängig. Mit der Kodierung und Dekodierung von Kampffeldern können auch Konkurrenzgegenstände und Interaktionsbeziehungen als von multiplexen Beziehungen bestimmt gedacht werden. Ob es den Akteuren dann gelingt, überhaupt eine stabile Definition von *what is at stake* zu finden, oder ob ihre Interaktion nicht schon durch andere Kodierungen und hybride Mischungen hergestellt wird, bleibt eine offene Untersuchungsfrage.

4.5 Theoretisches Zwischenfazit

Der nun präsentierte Theorievorschlag hat zwei Elemente und strukturiert den Rest der Arbeit entsprechend:
Zum Ersten stellen *transversale Felder* als feldsoziologisches Instrumentarium einen Vorschlag dazu dar, wie der lose gekoppelte Raum zwischen strukturell gekoppelten Handlungsfeldern kontextualisiert und problematisiert werden kann. Hier deutet sich auch an, dass die vorgeschlagenen *transversalen* Kopplungen ein theoretisches Problem lösen können, das in der Ökonomisierungsfrage angelegt ist: Nämlich die Tatsache, dass intermediäre Organisationen zwar relativ entkoppelt von ihren vielfachen Umgebungen agieren, aber dennoch die strukturelle Kopplung von Ökonomie und Bildung mitprägen. Im Rückgriff auf Kap. 2 und 3 und im Vorgriff auf die empirischen Untersuchungen lässt sich also konstatieren, dass intermediäre Organisationen, wenn sie im Fachkräftemangel einen Koordinationsmangel vermuten, als integrative Bildungsinitiativen auftreten und im Ergebnis transaktionale Räume zwischen Bildung und Wirtschaft mitgestalten. Diese als transversale Felder bezeichneten

Transaktionsräume tragen dazu bei, dass wirtschafts- und bildungsprogrammatische Anliegen aufeinandertreffen und gegebenenfalls in eine asymmetrische Machtverteilung münden. Zum Zweiten besteht der Vorschlag darin, eine Oszillation denken zu können, in der man den Raum zwischen Bildungsorganisationen und Wirtschaftsregionen nicht allein im Register von relativ autonomen Feldern denkt, sondern auch in einem Gegenbegriff. Dieser Gedankengang wurde aus der Auseinandersetzung mit Feld- und Assemblagetheorie hergeleitet. Um aber begriffliche Verwirrungen zu vermeiden, werden die zwei Gegenbegriffe mit Alain Touraine als Pyramide und Mosaik bezeichnet. Das Ziel ist es dabei nicht, Spannungsverhältnisse aufzulösen oder gar einen Trend in die eine oder andere Richtung zu verkünden. Vielmehr soll unter Aufrechterhaltung einer feldsoziologischen Perspektive auf die Gleichzeitigkeit von sozialräumlich unterschiedlichen Konstellationen hingewiesen werden. Auf dieser theoretischen Grundlage, insbesondere auf Grundlage der zuletzt formulierten Idealtypen, werden in den Fallstudien transversale Felder beobachtet, die in ihrer strukturellen Orientierung zwischen Bildung und Wirtschaft oszillieren.

FALLSTUDIE I:
Bildungslandschaft San Francisco

5. Heterotopie des Humankapitals – Die Bucht von San Francisco als regionalökonomische Bildungslandschaft

Wenn die Vorstellung von regionalökonomischen Bildungslandschaften ein soziales Produkt ist, wie bereits herausgearbeitet wurde, dann aufgrund einer „doppelten Illusion" (Lefebvre 1991, S. 27): abstrakte Bildungs- und Raumvorstellungen prägen die Raumerfahrung vor Ort, tun dies aber erst gemeinsam mit materiellen, oft von sozioökonomischen Krisenverhältnissen geprägten Bedingungen. So ließe sich eine Region auch in einer Untersuchung von Bildungslandschaften entweder als physischer Ort oder als Denkbild studieren. Entscheidend ist mit Lefebvre jedoch die Dopplung – „each side of which refers back to the other, reinforces the other, and hides behind the other" (ebd.).

Um mich der doppelten Illusion einer regionalökonomischen Bildungslandschaft zu nähern, habe ich die Region SF besucht. Denn hier treffen Bildungsorganisationen und regionalökonomische Raumvorstellungen besonders prominent aufeinander. Es finden sich sehr kontrastreiche Orte, renommierte Universitäten, das Silicon Valley oder städtische Armutsviertel, die von dem gemeinsamen Kontext der nordkalifornischen Wissensökonomie geprägt sind. Mehr noch: Die Region als Ganzes wird oft als eine Art Sehnsuchtsort der regionalen Wirtschaftsförderung stilisiert.

Und doch bleibt sie ein Abstraktum, denn vor Ort stellt sich heraus, dass Wirtschaftsmythen und konkrete Bildungsprozesse nur schwierig miteinander zu vereinbaren sind.[40] Teilweise ist die oft gehörte Rede von der Wirtschaftsregion SF aus einer Bildungsperspektive sogar irreführend. Greifen doch in unmittelbarer Nähe zu den wachstumsstärksten Wirtschaftsstandorten der Welt jene Bildungskrisen um sich, die mit dem vermeintlichen Fachkräftemangel zwar nicht angesprochen werden, die aber in ihren Ursachen durchaus auf eine ökonomisch begründete Bildungspolitik zurückgehen. Trifft die Fachkräftemangeldebatte also den Kern von regionalen Bildungskrisen? Oder trägt sie eher zu deren Fortwirken bei?

Gerade der Fokus auf Zwischenräume macht die Region SF zu einem besonders interessanten Untersuchungsgegenstand. Zeichnet sie sich doch dadurch aus, dass sektor- und organisationsübergreifende Zusammenarbeit in der Begründung der Wirtschaftsregion eine Schlüsselrolle einnehmen (vgl. u.a. Saxenian 1996). Folgende Frage lässt sich daher treffend bearbeiten: *Wie stehen die Handlungsfelder der Bildung und der Wirtschaft zueinander, wenn Bildungsorganisationen als Bildungslandschaft auf regionales Wirtschaftswachstum ausgerichtet werden?*

Gefolgt von drei feldanalytischen Kapiteln macht das folgende Teilkapitel den Auftakt zu einer mehrteiligen Fallstudie. Argumentiert wird dass die Region, da sie sich durch eine sonderbare Verquickung von virtueller und sozialräumlicher Wirklichkeit auszeichnet, treffend als „Heterotopie" (Foucault 1992) verstanden werden kann. Denn aus der Bildungsperspektive entfaltet sie als techno-ökonomische Vision dieselbe Wirkung, die

---

[40] So fanden zwei WIRED-Autoren schon im Jahr 1998 weltweit 72 Orte, an denen Wirtschaftsförderer eine lokale Variante des Namens Silicon Valley begründet haben, darunter Israels *Silicon Wadi* oder Bangalores *Silicon Plateau* (Wieners und Hillner 1998).

schon Langdon Winner (1992, S. 59) in Bezug auf Silicon Valley nachgezeichnet hat:

> „In sum, perhaps the most significant, enduring accomplishment of Silicon Valley is to have transcended itself, and fostered the creation of an ethereal reality, which exercises increasing influence over embodied, spatially bound varieties of social life".

Winners Hinweisen auf den konkreten Ort folgend wird nun die Region als Heterotopie des Humankapitals umdefiniert. Wirtschaftsregion und Bildungsorganisation stehen hier in einem Spiegelverhältnis, das sowohl polit-ökonomische Rahmenbedingungen als auch kulturhistorisch gewachsene Bildungsvorstellungen umfasst. Für Bildungspraktiker bedeutet das, dass die Rede von Bildung als Humankapital wie ein Spiegel auch die eigene Verortung in der Region bestimmt.

Zunächst wird anhand von drei Aspekten die politische Ökonomie kartiert, aus der heraus sich die Rolle von Bildungsorganisationen ergibt: (1) Die Technologiewirtschaft, (2) sozioökonomische Ungleichheiten und (3) Landnutzungsprozesse.[41] Daraufhin gehe ich, analog zu den Dimensionen in Kapitel 2, in bildungsökonomischer, institutioneller und territorialer Hinsicht auf die heterotopischen Nähe- und Distanzverhältnisse zwischen Bildung und Regionalwirtschaft ein.

---

[41] Bei der Skizzierung dieser Situation greife ich auf Policy-Berichte von (teils) nichtakademischen Forschungs- und Beratungsorganisationen zurück, insbesondere von der Brookings Foundation, San Francisco Bay Area Planning and Urban Research Association (SPUR) und dem Center for Cities and Schools an der Universität Berkeley.

5.1 Politische Ökonomie der Region

Die „Tech Expansion" als Landnahme

Im Sinne von Klaus Dörres Landnahmebegriff nutzten Richard Florida und Gary Gates (2002) bei der Vermessung der „kreativen Klasse" der Region San Francisco (Florida 2002) die kalifornischen Bohemiens der 1960er Jahre „für die aktive Herstellung eines nichtkapitalistischen Anderen" (Dörre 2011). In der Region selbst ist die Humankapital-Wachstum-Korrelation besonders im Bereich der naturwissenschaftlich-technischen Bildung präsent, messbar und gilt als relativ regulierbar. Das belegt eine Studie der Brookings-Institution (Rothwell 2013), einem vielgehörten Thinktank im Bereich der Regional- und Stadtentwicklung.

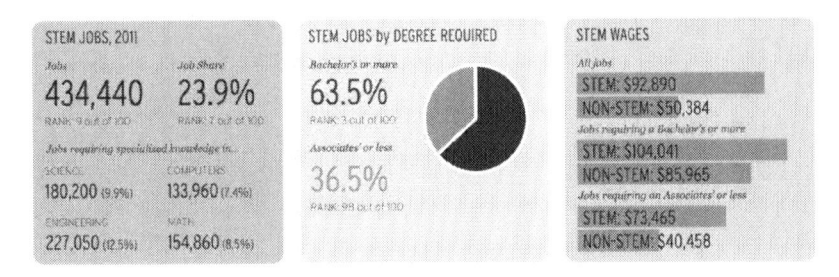

Grafik 7: Brookings „Factsheet" zur Metropolregion SF (Rothwhell 2013)

Nicht allein gibt es in diesen sehr breit definierten Berufsfeldern 23,9 % der Jobs in der Region und damit den neuntgrößten Anteil unter hundert US-amerikanischen Metropolen. Darüber hinaus sind diese Jobs für gewöhnlich auch wesentlich besser bezahlt.[42] Um sich jedoch erfolgreich

---

[42] Die beschäftigungspolitische Bedeutung der Technologie-Wirtschaft setzt sich auch nach der Rezession im Jahr 2008 fort, wie Brookings zumindest für die Teil-

5.1 Politische Ökonomie der Region 173

bewerben zu können, ist meist ein Universitätsabschluss erforderlich.[43] Damit profitieren gut gebildete Populationen von den regionalen Technologieindustrien, während andere hier wesentlich weniger Beschäftigungsgelegenheiten finden. Für die Region heißt das, dass die Beschäftigungsvorteile weniger eine Funktion von sogenannten Tech-Skills sind als von hohen Bildungsabschlüssen in naturwissenschaftlich-technischen Bereichen. Der regionale Einfluss dieser Jobs nimmt mit dem aktuellen Boom im Silicon Valley zu. Hinzu kommt, wie in der regionalen Presse diskutiert wird, dass sich Silicon Valley Richtung Norden ausdehnt – ein Trend, der derzeit als „Tech Expansion" diskutiert wird (Brown 2015) –, so dass SF längst das neue Lebenszentrum der meisten Arbeitnehmerinnen der Technologiebranchen ist.

Abgesehen von den sogenannten STEM-Branchen und passend zu den Expansionsmetaphern ist in regionalplanerischen Forschungsberichten von einem sogenannten ‚Job Sprawl' die Rede. Dieser charakterisiert viele Metropolregionen des Landes, ganz besonders aber die Region SF (Kneebone 2013a).[44] Im Ergebnis finden sich die Arbeitsstellen nicht mehr im Zentrum, etwa der Stadt SF, sondern sind gleichmäßig auf Satel-

---

[43] region Silicon Valley feststellt – bis ins Jahr 2014, wie ein Mercury News Bericht konstatiert (Avalos 2015).
2001 haben 63,5 % aller Arbeitgeber für die sogenannten STEM-Jobs einen Bachelor-Abschluss verlangt. Die einschlägigen niedrig-qualifizierten Stellenangebote dagegen sind in der Region besonders rar gesät und im sog. STEM-Bereich können nur 36,5 % aller Jobs mit einem „Associates Degree" belegt werden (Rothwell 2013).

[44] Damit kann San Francisco auch in beschäftigungs-ökonomischer Hinsicht als Region und immer weniger als Stadt gelten. Im Online-Anhang (Kneebone 2013b) von Kneebone (2013a) wird deutlich: 2010 waren 25,2 % von 1 750 000 Jobs im 3-Meilen-Radius von SF Innenstadt angesiedelt, 19,5 % im Radius zwischen 3 und 10 Meilen und ein großer Anteil von 55,4 % der Jobs befindet sich 10 bis 35 Meilen stadtauswärts.

liten-Städte und die Peripherie verteilt. Im Vergleich ist San Jose, die Stadt an der südlichen Grenze des Silicon Valley, sehr zentralisiert. Als Region lässt sich also auch aus der Arbeitnehmerperspektive Silicon Valley, SF und die Ostbucht mit den Städten Oakland, Fremont und Berkeley sowie die Nordbucht und dem östlichen Landkreis Contra-Costa begreifen.

Allerdings sind Technologieunternehmen und einschlägige Arbeitsplätze keineswegs flächendeckend oder gleichmäßig verteilt. Während der Arbeitsmarkt insgesamt zunehmend regionalisiert ist, bleibt die Beschäftigung in den IT-Industrien bislang recht lokal. So schaffen Unternehmen in einigen Städten, nämlich vor allem in Redwood City, San José und San Francisco, wesentlich mehr Jobs als andernorts in der Region. Da diese eher zentralisierten Industrien aber die besonders lukrativen Jobs bieten, kann von einer Konkurrenz unter den Landkreisen gesprochen werden. Diese buhlen als Wirtschaftsstandort um die Ansiedlung von IT-Industrien.

Wie ein Bericht des Milken Institutes konstatiert, haben San Mateo, San Francisco und Santa Clara in diesen Industrien einen wesentlich höheren Lokalisierungsquotienten und einen relativ starken Beschäftigungszuwachs im STEM-Bereich, ganz besonders in San Mateo. Ähnliches gilt für die Jobs in „high-tech industries", wobei diese bevorzugt im Silicon Valley (nämlich den Landkreisen Santa Clara und San Mateo) angesiedelt sind (Bedroussian, Klowden, Zhu und Shen 2012, S. 33 ff.).

5.1 Politische Ökonomie der Region   175

Grafik 8: Landkarte der Region San Francisco (Wikipedia commons)

Hier lässt sich eine erste Eingrenzung für meine Fallauswahl vornehmen: Die auf Technologiewirtschaft ausgerichteten Bildungsbemühungen sind an den Orten im Osten der Bucht besonders interessant, weil dort eher als in San Francisco, San Mateo oder Santa Clara die Technologiewirtschaft als besonders dringliches Förderungsziel ausgemacht ist, um weiterhin mit den führenden Teilregionen um die Unternehmensansiedlung und bei den Beschäftigungsmöglichkeiten konkurrieren zu können, die besonders in hochtechnologischen Industrien ein gutes Einkommen garantieren. Dies bestätigen – insbesondere für die Landkreise Alameda und Contra Costa County – die zitierten Policy-Dokumente. Die nun skizzierten wirtschaftspolitischen Standortdiskussionen beschäftigen auch die Unternehmen selbst, etwa die CEOs im Silicon Valley, die die Silicon Valley Leadership Group (Gerston 2014) regelmäßig auf ihre regionalpolitischen Sorgen und Bedarfe hin befragt. Die CEOs empfehlen besonders die Förderung der Bildung auf lokaler, staatlicher und föderaler Ebene, vor allem im MINT-Bereich, um den hohen Bedarf an kompetenten Mitarbeiterinnen decken zu können. Auch die wahrgenommenen Stärken der Region werden von dieser Thematik dominiert.[45]

Damit wird deutlich, dass das Verhältnis der Landkreise untereinander und die Ansiedlung von Beschäftigungsmöglichkeiten stark von der lokalen Technologiewirtschaft geprägt sind. Die „Tech Bubble" Anfang der 2000er Jahre veranschaulicht das besonders prägnant. Die spekulativen Investitionen in internetbasierte Geschäftsmodelle, die zwischen 1990 und 2000 zu einer Viertelmillionen neuer IT-Jobs und damit ca. 28 % des Beschäftigungszuwachses in der Region beigetragen hatten (Osman 2015, S. 4) sind in den Jahren 2000 und vor allem im März 2001 rapide zurückgegangen. Die Folgen sind ungleich mehr in jenen Landkreisen zu sehen, die zuvor besonders stark von einem hohen Anteil an Technologieunternehmen profitiert hatten. Das betrifft – sogar im landesweiten

---

[45] So sei die größte Stärke der Zugang zu „skilled labor" (80 %), die unternehmerische Mentalität (76 %), die Nähe zu Kunden und Wettbewerbern (53 %), und die Spitzen-Universitäten (59 %) und nicht zuletzt das milde Wetter (44 %) (Gerston 2014, S. 9).

5.1 Politische Ökonomie der Region

Vergleich – vor allem Santa Clara, San Mateo und San Francisco (Galbraith und Hale 2006).[46]

Zwischenfazit

Im Zentrum der geschilderten Zusammenhänge steht die naturwissenschaftlich-technische Bildung, da sie ausschlaggebend für die ökonomische Mobilität und die territoriale Wirkung der expandierenden STEM-Industrien ist. Die Bedeutung dieses Bildungsbereichs ist vor dem Hintergrund sozioökonomischer Ungleichheiten besonders groß. Dies geht auf drei zusammenhängende Entwicklungen zurück: Mit dem „Job Sprawl" in der Metropolregion nimmt die territoriale Wirkung technologiewirtschaftlicher Arbeitsmärkte an Reichweite zu. Die Vorteile dessen sind aber je nach Bildungsniveau ungleich verteilt, so dass auch die sozioökonomische Bedeutung der STEM-Jobs groß ist und auch für diejenigen Teilregionen relevant wird, die um eine gut verdienende Anwohnerschaft konkurrieren. Zugleich zentriert sich das Beschäftigungswachstum eindeutig in bestimmten Teilregionen, so dass die Technologiewirtschaft und ihre Krisen sich nicht überall gleich bemerkbar machen.

---

[46] In den Computer-Dienstleistungen gingen bis Mitte 2002 35 000 Stellen verloren, 43 100 Stellen im „electronic equipment" und 26 900 Stellen im „industrial machinery manufacturing" (Pastor und Zabin 2002, S. 49). Laut Osman (2015, S. 4) hat die IT-Industrie nach 2001 220 254 Jobs verloren, was 83 % der Jobverluste in der Region ausmacht. Die flexibilisierten Arbeitsmärkte, in denen Anstellungen oft kurzfristig und die Kooperationen zwischen Firmen (und anderen Organisationen) oft informell sind, haben mangels sicherer Verbindlichkeiten zur Beschleunigung der sozioökonomischen Folgen geführt.

Sozioökonomische Ungleichheit

Vor dem geschilderten Hintergrund stellt sich die Frage, was die Kosten der expandierenden Technologieindustrien im Bereich der Bildung sind, insbesondere für niedrigqualifizierte Populationen sowie für Gebiete, die eine weniger hohe Dichte an einschlägigen Jobs aufweisen. Mit einem Median-Einkommen von 118 700 Dollar in sogenannten „high-skill jobs" und einem Median-Einkommen von 27 000 Dollar in „low-skill jobs" ist diese Schere zwischen Arm und Reich in der Region SF besonders groß und an arbeitsmarktrelevante Fähigkeiten gebunden (Avalos 2015). Laut Brookings rangiert SF im Jahr 2013 auf dem zweiten Platz der besonders ungleichen Städte im Land (Berube und Holmes 2015; Berube 2015). Hinzu kommt, dass die Spitzeneinkommen hier stärker als andernorts wachsen, nämlich um einen Quotienten von 4,3 über einen Zeitraum von fünf Jahren, so frei verfügbare Daten von Brookings (Berube und Holmes 2015). Auch andere Städte in der Region, etwa San José und Oakland, sind im oberen Viertel der ungleichen US-Städte mit signifikanten Wachstumszahlen in den hohen Einkommensbereichen.

Tabelle 3: Einkommensungleichheit in den 50 größten US-Städten (Online-Appendix von Berube und Holmes 2015)

Income Inequality in America's 50 Largest Cities, 2007-2013						
City	Household Income, 2013		Change in Household Income, 2007-2013		Ratio Change, 2007-2013	Ratio Change, 2012-2013
	20th percentile	95th percentile	20th percentile	95th percentile		
1 Atlanta, Ga.	14.988 $	288.159 $	-4.174 $ *	-12.815 $	3,5 *	0,4
2 San Francisco	24.815 $	423.171 $	-1.182 $	92.649 $ *	4,3 *	0,5
3 Boston, Mass.	15.952 $	239.837 $	-244 $	-2.402 $	0,1	-0,3
4 Miami, Fla.	11.497 $	169.855 $	-960 $	-1 $	1,1	-0,9
5 Washington, D.C.	21.036 $	302.265 $	-1.087 $	15.139 $	1,4	1
13 Oakland, Calif.	19.493 $	236.205 $	511 $	-5.297 $	-0,6	-0,6
25 San Jose, Calif.	32.013 $	310.325 $	-3.095 $ *	40.821 $ *	2,0 *	0,9

Source: Brookings Institution analysis of 2007, 2012, and 2013 American Community Survey data
* Change is statistically significant at the 90% confidence level

Ein Hauptgrund für die Einkommensungleichheit sind die fehlenden Jobs im mittleren Lohnbereich (Autor 2010; Terplan, Bhatti und Vi 2014). In der Erholung von der im Jahr 2000 geplatzten Dotcom-Blase wurden die Stellen im mittleren Lohnbereich Mitte der 2000er Jahre nicht im selben Umfang wiederhergestellt, sondern in Regionen mit weniger hohen Arbeitskosten angesiedelt (Donaldson 2008, S. 54 f.). Im laufenden Jahrzehnt, so eine Projektion des Thinktanks SPUR, werde es lediglich 310 000 neue Jobs im mittleren Lohnsektor geben, wesentlich weniger als die eine Millionen Jobs, die zusammengenommen im niedrigen und hohen Lohnsektor erwartet werden (Terplan et al. 2014, S. 51). Dahinter steht u.a. die Strategie vieler Arbeitgeber der Region, die Arbeitsplätze im mittleren Lohnsektor in andere Regionen zu verschieben, wo die Arbeitskosten geringer sind. Auch werden derlei Jobs oft outgesourct, wenn sie in der Region bleiben, so dass etwa in der Fertigung, dem „Groundskeeping" oder den Sicherheitsdiensten externe Service-Dienstleister beauftragt werden, um von Arbeitskosten, Versicherungsleistungen und lohnpolitischer Verantwortung entlastet zu sein (ebd.). Neben anderen Faktoren trägt das dazu bei, dass die sogenannte Mittelklasse schrumpft und damit die Grundlage für den amerikanischen Wohlstands im 20. Jahrhundert schwindet (Reich 2010, S. 51), während die wachsende Ungleichheit sich auch in einer physischen Segregation bemerkbar macht (Terplan et al. 2014, S. 32). Die große sozioökonomische Ungleichheit ist insofern an die Technologiewirtschaft gebunden, als dass deren Wachstum keine mittleren Einkommen schafft, aber hohe Einkommen weiter steigen lässt.

So zeigt ein SPUR-Bericht (ebd., S. 53), dass es nicht Technologieindustrien sind, in denen in großer Zahl mittlere Löhne ausgezahlt werden, sondern etwa der große Bereich der „professional, scientific and technical services" oder aber die landnutzungsintensiven Sektoren der „construction", „transportation" und „warehousing". Auch das Bildungswesen gehört hier zu den arbeitsmarktpolitischen Trägern der Mittelklasse. Ein baldiger Zuwachs an mittleren Einkommen ist wohl eher von diesen Sektoren zu erwarten (sollten diese denn wachsen) als von der Technologiewirtschaft.

Ein Effekt dieser Entwicklung auf Niedriglöhner, die in den dünnen mittleren Lohnsektor vordringen wollen, ist die Notwendigkeit umzulernen (Terplan et al. 2014, S. 19). Denn der Aufstieg ist besonders aus einer Bildungsperspektive komplex, da – wie SPUR es treffend ausdrückt – manche Fähigkeiten schwer zu erlernen, aber im mittleren Lohnsektor besonders wichtig sind, während andere Fähigkeiten leicht zu erlernen sind, aber in Niedriglohnverhältnissen nicht vorkommen. Wiederum andere Fähigkeiten sind in den meisten mittleren Jobs gefragt, aber nur bei wenigen Niedriglohnarbeitsplätzen. Und schließlich sind die Fähigkeiten, die nachgefragt werden, insbesondere in den lukrativen Technologiewirtschaftszweigen, einer starken Konjunktur oder gar Inflation ausgesetzt, so dass man ständig umlernen muss, wenn man nicht aufgrund hoher Bildungsabschlüsse in führende Positionen vordringt. Damit ist die vertikale Mobilität an eine horizontale Mobilität – nämlich an einen Wechsel in andere Sektoren – gebunden und sogar an gewisse kognitive und finanzielle Kosten, nämlich an die Notwendigkeit, seine Fähigkeiten regelmäßig mit Verweis auf einschlägige Zertifikate aktualisieren zu müssen.

Umgekehrt ist der Zugang zu Bildung selbst eine Funktion der sozioökonomischen Ungleichheit. Das illustriert ein Bericht der Arbeitnehmerorganisation Working Partnership USA für das Santa Clara Valley im Herzen des Silicon Valley (Auerhahn, Brownstein, Darrow und Ellis-Lamkins 2010). Hier ist die außergewöhnlich niedrige Zahl an Hochschulzugängen und damit einer Chance auf die gut bezahlten Jobs u.a. auf die Krise der Community Colleges zurückzuführen.[47] Auch das

---

[47] Dort wurden im Landkreis 2007 noch 19,8 % der „graduating seniors" aufgenommen 2009 nur noch 7 %. Zwischen 2003 und 2007 haben sich für die

staatliche Universitätssystem, die California State University (CSU), leidet unter Budget-Kürzungen, so dass man damals für das Jahr 2010 befürchten musste, dass 45 000 Bewerber aus Kostengründen abgelehnt werden würden. Diese steigenden Kosten verstärken die sozioökonomische Ungleichheit zwischen den in den Bildungsorganisationen eingeschriebenen Studierenden. So dienen die Community Colleges zwangsläufig vor allem sogenannten Minderheiten und Familien mit niedrigem Einkommen als Ausbildungsstätten, während es anderen zumindest gelingt, die Studiengebühren der Universitäten mit Krediten zu finanzieren.[48]

Zwischenfazit

Alles in allem werden hier bereits Zusammenhänge deutlich, die die Bildung zum Bedürfnis- und sogar zum Kostenträger für die Regionalwirtschaft macht. Es wächst die Ungleichheit wegen fehlender mittlerer Einkommen. Es werden die wenigen Arbeitsplätze auf diesem Gebiet ausgelagert oder in prekäre Arbeitsverhältnisse transformiert. Ein ökonomischer Aufstieg hängt von dem zusätzlichen Umbildungsaufwand ab. Und nicht zuletzt ist das Bildungssystem selbst von Budgetkürzungen

---

[48] Hochschulanwärterinnen wiederum die Kosten für das Studium der Community Colleges, der California State University (CSU) oder der University of California (UC) verdoppelt (Auerhahn et al. 2007, S. 78). Zwischen 2009 und 2010 allein sind die Studiengebühren im CSU-System um 28,9 % angehoben worden, bei der UC immerhin um 16,1 % (ebd., S. 107).
2007, also noch vor den Budgetkürzungen, waren 60 % der Latinos am Community College und 40 % begannen ein Studium an einer UC oder CSU. Weiße Schulabgängerinnen sind in genau umgekehrter Verteilung auf die Institutionen gegangen. Sie haben zu 37 % in Community Colleges und zu 63 % an eine UC oder CSU gewechselt (Auerhahn et al. 2007, S. 109).

und steigenden Kosten geplagt, so dass es weiter die Ungleichheit verschärft, anstatt zu deren Linderung beitragen zu können.
So entsteht ein Komplex, in dem Bildung für viele das Problem und die Lösung zugleich darstellt. Insbesondere teure Universitätsabschlüsse oder die Ausbildung in einem naturwissenschaftlich-technischen Bereich erscheint dabei als ein Selektionsmechanismus für all jene zu werden, die vom Boom profitieren wollen.
In der Zusammenschau hat dieser Zusammenhang auch territoriale Ausmaße: Die sogenannte „Tech Expansion" bringt gut bezahlte Jobs auch in zuvor technologiewirtschaftlich weniger geprägte Teilregionen bzw. diese bemühen sich aktiv um eine technologiewirtschaftliche Ausrichtung (Bedroussian et al. 2012).

Landnutzung als Landnahme

Die kommerzielle Landnutzung, die Wohnungskosten, die Transportmöglichkeiten und sogar die Standorte von Schulen sind allesamt eng an den Konnex von Technologiewirtschaft und Bildung gebunden. Diese Bindung wächst zunehmend. So kommt Donaldson sogar zu der Aussage, dass eine erneute „Tech Bubble" wesentlich umfassendere Folgen hätte als es 2001 der Fall war. Während damals eher gut verdienende Arbeitnehmer und Neuankömmlinge die Region wegen massiver Jobverluste verlassen mussten, waren Niedriglöhner insofern weniger betroffen, als dass der Wegzug der Gutverdiener den Wohnungsmarkt entlastete und vor allem suburbane Gegenden betraf. Hinzu kommt, dass die Zulieferkette weniger eng an die Technologieunternehmen geknüpft war, als es heute der Fall ist (Donaldson 2014, S. 53).
Inzwischen ist die Wechselbeziehung zwischen Wohnungsmarkt und Technologiewirtschaft so eng, wie der Chefökonom eines Immobilienunternehmens kürzlich feststellte (Kolko 2014), dass in zehn sogenannten ‚Tech-Hubs' in den USA (darunter Oakland, San Jose und San Francisco)

5.1 Politische Ökonomie der Region

die Mieten mit 5,7 % Wachstum doppelt so schnell stiegen wie in anderen Metropolregionen mit 3%-Wachstumsrate. Hier kann auch in territorialer Hinsicht von einer Landnahme gesprochen werden. Denn mit der wachsenden Technologiewirtschaft verschärft sich tendenziell auch die sozioökonomische Ungleichheit, so dass die Kosten und Nutzen, Risiken und Potenziale des Wirtschaftswachstums sich innerhalb der Region in unterschiedlichen Entwicklungsfiguren der Teilregionen niederschlagen.

Die hohen Mieten[49] und die mit dem Wirtschaftswachstum einhergehende Beschäftigungsungleichheit und der punktuell stattfindende Bevölkerungszuwachs setzen das knappe Angebot an gut bezahlten Arbeitsplätzen und an finanzierbarem Lebensraum zusätzlich unter Druck. In den ökonomischen Epizentren im Silicon Valley ist gar die Rede von einem „race for space", so das Wall Street Journal (Brown 2015).[50] Das betrifft aber auch die Ostbucht, die sich, wie erwähnt, um die Beschäftigungsvorteile der Technologiewirtschaft bemüht, zugleich aber einige der ärmsten Gegenden des Landes umfasst, z. B. Richmond und West- und Süd-Oakland. Die Mieten hier, etwa in Oakland im Jahr 2015, waren mit einem Median von 2000 Dollar wesentlich günstiger als andernorts in der Region, obwohl Oakland insgesamt zu den teuersten Wohnorten der USA zählt (Zillow 2015).[51]

---

[49] Im Durchschnitt, wie eine Analyse von „Zillow" besagt (Zillow 2015), wenden die Bewohner des „Bay Area" 44 % ihres Einkommens für die Miete bzw. 39 % für ihre monatlichen „mortgage payments" auf. Die Median-Miete in der Region beträgt 3400 Dollar (O'Brien 2015).

[50] In Mountain View beispielsweise, der Heimat einiger Technologiefirmen, kostete ein Quadratmeter im ersten Quartal 2015 90,96 Dollar, in Palo Alto sogar 97,57 Dollar (Brown 2015).

[51] Der Mangel an Wohnraum hat mehrere Gründe: Er geht u.a. auf die sogenannte Finanzialisierung der Landnutzung zurück, in deren Folge sich Städte eher für die Ansiedlung von Einzelhandel entscheiden, als dass sie bereit, sind, das geringere

Für Niedriglöhner bedeuten der mangelnde Wohnbau und die steigenden Mietkosten, dass sie bei ihrer Niederlassung hauptsächlich die Mietkosten berücksichtigen, noch bevor sie Transport, Bildung und Arbeitsplätze in die Waagschale werfen können, die – wie erwähnt – entscheidend sind für das Leben in der Region (Terplan et al. 2014, S. 32). Die damit zusammenhängenden Landnutzungsaspekte setzen diese weniger ressourcenstarken Populationen den dramatischen Wirtschaftskonjunkturen der Region aus.

Die Klage über eine ethnische und sozioökonomische Segregation trifft auf einige Bereiche besonders zu, etwa in Oakland oder Ost-Palo-Alto.[52] Das liegt unter anderem an den geringeren Mieten und auch daran, dass das Transportwesen von mehreren desintegrierten Anbietern bedient wird, die oft unregelmäßige Dienste anbieten, so dass ein machbarer Arbeitsweg oft an den letzten Meilen zum Arbeitsplatz scheitert (Terplan et al. 2014, S. 52; S. 76 ff.). Im Ergebnis sind Niedriglöhner viel weniger mobil als andere. Jeder zweite Gutverdiener dagegen pendelt, insbeson-

---

[52] Steueraufkommen, das durch private Wohnungen entsteht, in Kauf zu nehmen (ebd., S. 33). Hinzu kommt, dass die Stadt in ihrer Topografie und ihren Stadtplanungsgesetzen wenig Neubau erlaubt, so dass etwa in San Francisco verhältnismäßig wenig Hochhäuser gebaut oder alte Bauten neu genutzt werden können. Contra Costa County hinter den Hügeln von Oakland war Ende 2013 wesentlich günstiger. Dort kostet ein Ein-Familien-Heim gemittelt (Median) 415 000 Dollar, also halb so viel wie in San Francisco. Einige weisen als Ursache auch auf Proteste aus der Haltung *Not-in-my-Backyard* (NIMBY) heraus als Ursache für den Neubaumangels hin, die den Erhalt bestehender Strukturen, nicht dem Neubau Priorität geben (Weinberg 2015).
Vom Rapper Coolio mal als „gangsters paradise" besungen, ist letztgenannte Gegend nur 20 Fahrminuten von Palo Alto und von der Universität Stanford und Mountain View entfernt, doch zahlt man hier einen Median von 534.000 Dollar für ein Eigenheim im Vergleich zu 2,1 Millionen Dollar in Palo Alto und $1,1 Millionen in Mountain View (Cutler 2015).

dere in der Nord- und Ost-Bucht, weil Transportkosten sich weniger ausschlaggebend auf deren Lebenshaltungskosten auswirken. Damit ergeben sich mehrere überlappende Ungleichheiten, die sich im Zusammenhang auf individuelle Biografien und auf das gesamte Territorium der Region auswirken und die sich teilweise auf die Technologie-Wirtschaft zurückführen lassen. Während Arbeitsplätze von Niedriglöhnern und Gutverdienern recht dezentral verteilt sind und auch der allgemeine Arbeitsmarkt einen ‚Job Sprawl' erlebt, sind die lukrativen Technologieindustrien relativ stark zentralisiert. Die günstigen Mieten wiederum sind in der technologie-orientierten Region besonders rar gesät und innerhalb der Region ungleich verteilt. Ähnliches gilt für das Transportwesen, das so fragmentiert ist, dass die Möglichkeit, einen neuen Job anzunehmen oder gar am ‚Tech Boom' teilzuhaben, oft an logistischen Hürden scheitert.

Das bedeutet im Umkehrschluss, dass das Pendeln wiederum der Einkommensungleichheit entsprechend verteilt ist, also dass einkommensschwache Einwohner sich lange Wege nicht leisten können. Sie leben mit höherer Wahrscheinlichkeit im selben Landkreis, in dem sie auch arbeiten und müssen unter Umständen, die rar gesäten Jobmöglichkeiten im mittleren Lohnbereich ausschlagen.[53] Die oben eruierten Ungleichheiten reproduzieren und stabilisieren sich also auch auf komplexe Weise.

---

[53] Das trifft auf 67-90 % der Niedriglöhner zu, so SPUR (Terplan et al. 2014, S. 24). Nur eine/r in fünf pendelt länger als 40 Minuten.

Zwischenfazit

Vorausgehend wurde herausgearbeitet, dass die Region SF
- eine der ungleichsten Metropolregionen der USA darstellt,
- eines der einträglichsten Wirtschaftscluster des Landes beherbergt,
- eine besonders kleine Zahl an mittleren Lohnverhältnissen hat,
- ein besonders teures und undurchlässiges Hochschulsystem und
- immense Wohnkosten sowie
- ein besonders desintegriertes Verkehrssystem aufweist.

Damit ist die Region für Niedriglöhner ein außerordentlich riskanter Lebensraum, da nicht nur die Beschäftigungsvorteile der Technologiewirtschaft, sondern auch die Kosten der sogenannten „tech expansion" in territorialer und bildungsökonomischer Hinsicht ungleich verteilt sind und oft individuell getragen werden, wenn man Budget- und Lebensentscheidungen in der Abwägung zwischen Job-, Wohn-, Pendel- und Bildungsmöglichkeiten trifft. Zusammengenommen erklären diese Kontexte, warum angesichts dezentraler Arbeits- und Wohnungsmärkte von einer „Region" die Rede sein kann und warum Bildungsprozesse sich zunehmend an der von der recht zentralisierten Technologiewirtschaft vorangetriebenen regionalen Entwicklung ausrichten.[54] Doch welche

---

[54] Auf dieser Grundlage ziehen Wirtschaftsförderer in der Peripherie eine ambivalentes Fazit über den Zusammenhang von STEM-Industrie und STEM-Bildung (Bedroussian et al. 2012, S. 19): „Contra Costa faces a mismatch between its workforce and economic development needs. It has a bigger share of residents with at least a bachelor's degree (38 percent) than the state average (30 percent), but the regions central counties, that is Santa Clara, San Francisco, and Alameda, all have higher concentrations of employment in knowledge-based industries. [...] Compared to the Bay Area, where the highest concentration of degree holders work in engineering and science, Contra Costa has further to go in developing its core competitiveness in R&D-intensive industries that typically require science, technology, engineering, and mathematics (STEM) expertise."

Bildungsimplikationen hat dies und wie lässt sich aus der Bildungsperspektive der räumliche Bezug zur Regionalwirtschaft herstellen?

5.2 Bildungsökonomische, institutionelle und territoriale Heterotopie

Um nicht von einer nahtlosen Verbindung zwischen Bildungs- und Wirtschaftsprozessen, diskursiven Motiven und praktischer Erfahrung auszugehen, behaupte ich, dass die Region SF aus einer Bildungsperspektive als eine Heterotopie des Humankapitals bezeichnen lässt. Eine Heterotopie zeichnen sich Michel Foucault zufolge durch eine virtuelle Räumlichkeit aus, die wiederum konstitutive Deutungsangebote dafür bereithält, sich im physischen Raum, im Hier und Jetzt, zu verorten (Foucault 1992). Eine „Heterotopie vermag an einem einzigen Ort mehrere Räume, mehrere Platzierungen zusammenzulegen, die an sich unvereinbar sind" (ebd., S. 42). Das gilt aus einer Bildungsperspektive auch für die Region SF.

Um ein Landschaftsbild zu kreieren, skizziere ich die paradoxen Nähe-Distanz-Verhältnisse, die Bildungsprozesse in der Region ins Verhältnis zur oben skizzierten politischen Ökonomie setzen; sie äußern sich in drei wesentlichen Dimensionen: In bildungsökonomischer, institutioneller und territorialer Hinsicht werden Bildungsorganisationen in der untersuchten Region auf regionales Wachstum und die Technologiewirtschaft ausgerichtet. Dabei kommen die zuvor identifizierten Kopplungsmotive zur Geltung (Kap. 3).

Aus Sicht dieses Wirtschaftsförderers dient eine technologiewirtschaftliche Regionalentwicklung zwei Zielen, einerseits der Schaffung von Aufstiegsmöglichkeiten, andererseits der Niederlassung von besonders gut bezahlenden Arbeitgebern.

Die bildungsökonomische Spiegelfunktion der Wirtschaftsregion

Die politische Kultur der Region ist von zahlreichen (quasi-) pädagogischen Referenzen und Raumvorstellungen durchdrungen. Aus der Bildungsperspektive stellt der Mythos Silicon Valley aber weniger einen Ort als einen Spiegel dar, in dem sowohl die Denkbilder als auch die Orte der Region sich in ihrer Charakterisierung wechselseitig aufeinander beziehen. Das lässt sich anhand der Gründungsmythen von Silicon Valley, des Verhältnisses von Hochschulen und Unternehmen und an aktuellen Initiativen der naturwissenschaftlich-technischen Bildung illustrieren.

Die gängigen Gründungsmythen[55] sind geprägt von einem radikalen Individualismus und einem großen Vertrauen in technologische Visionen. Seither ist Silicon Valley nicht nur Synonym für einen risikovollen, mobilen und flexiblen Stil der Zusammenarbeit oder für Wissensarbeit (Willke 2001), also eine allein auf kognitiven Ressourcen basierende Produktionsweise. Diese Wissensarbeit bezieht sich auch auf die vor Ort ansässigen Bildungsstätten. In diesen Bildungsstätten werden die wirtschaftlich-technologischen Imaginationen nicht allein gepflegt, sondern sogar mitbegründet.

Im Besonderen betrifft das den Campus der Universität Stanford, aber auch andere Universitäten.[56] Diese beruhen in Forschung und Lehre selbst auf engen persönlichen und symbolischen Tauschverhältnissen mit der Regionalwirtschaft, sei es auf der Ebene von Arbeitskräften, Ge-

---

[55] Das betrifft etwa die Geschichte der Firma *Fairchild Industries*. Der Arbeitsstil war der gängigen Erzählung zufolge von der Idee der Individualität jedes Arbeiters, einem kollaborativen und verschworenen Kollektiv und vom Wettbewerb der Ideen geprägt.

[56] Insbesondere nämlich die University of California, Berkeley, Cal Tech und San Jose State University.

5.2 Bildungsökonomische, institutionelle und territoriale Heterotopie   189

schäftsideen, technologischer Forschung oder umfassenden Innovationskonzepten. Diese institutionellen Kreuzverbindungen sind wiederum selbst längst Teil des Gründungsmythos von Silicon Valley.[57]
In den einschlägigen Kooperationsnarrativen und -praktiken wird sogar eine wechselseitige Nachahmung, ein Spiegelungsverhältnis zwischen Hochschulen und Unternehmen deutlich, so Langdon Winner (1992, S. 39):

> If Stanford is a university modeled on a business firm, Hewlett-Packard is a business firm modeled on a university. It pioneered the campus-style architecture widely emulated by Silicon Valley firms, with well-appointed offices and laboratories placed in large and beautiful landscaped gardens.

Diese gegenseitige Spiegelung betrifft auch Managementdiskurse; etwa das „management by walking around", einen egalitären Managementstil, der sich selbst pädagogisch-akademischer Referenzen bedient, so Winner weiter (ebd.): „(It) gives employees considerable autonomy, with managers looking in only now and again, much like a vuncular deans at liberal-arts colleges, to give advice and evaluate performance."
Das so institutionalisierte pädagogisch-ökonomische Wechselspiel findet weiterhin statt, auch in naturwissenschaftlich-technischen Bildungsinitiativen, und diese sind wiederum an die sozialräumlichen Ungleichheitsverhältnisse rückgekoppelt. So betitelt das einflussreiche WIRED-Magazin (Tanz 2015) ein Interview mit dem Begründer der

---

[57] So erhielt ich auf eine Interviewanfrage etwa folgenden Text von einer lokalen Stiftung, die sich der Geschichte von Silicon Valley verschreibt: „[...] The establishment of the Stanford Industrial Park codified the model including the use of university interns and students working at the high tech companies. This model became very successful. The atmosphere and positive attitudes towards establishing new businesses brought in new ventures from many entrepreneurs including Bill Shockley – whose employees founded Fairchild Semiconductor and Intel."

Khan-Academy, einer Online-Lernplattform, mit der Überschrift „The tech elites quest to reinvent school in its own image". Der Artikel beschreibt, wie vom Bildungssystem enttäuschte Unternehmer und Konzernmitarbeiter beginnen, eigene Bildungsstätten zu begründen. Die Region SF sei gar zu einer Pilgerstätte avanciert, zu der all jene reisen mögen, die neue, Technologie-basierte Schulideen entwickeln oder im Entstehen beobachten wollten.

Dieses wechselseitige Interesse von Bildung und Technologieindustrie illustrieren auch die sogenannten *Coding Academies*. Das sind pädagogische Veranstaltungsreihen, in denen oft große Technologieunternehmen als Gastgeber fungieren. Sie öffnen ihre Büroräume, so dass dritte Bildungsanbieter, oft wohltätige Vereine oder Mitarbeiterinitiativen, Jugendlichen in einer anschaulichen Lernumgebung das Programmieren näherbringen können.[58] Gewissermaßen arbeiten diese Kodierschulen also – wenn auch nach Geschäftsschluss – mit einem sehr geschäftsmäßigen Arbeitssetting. Umgekehrt weisen die umliegenden, aber außerhalb der Geschäftszeiten geschlossenen Büros durchaus pädagogische oder zumindest verspielte Elemente auf. Allerdings bleiben Kickertische,

---

[58] Ich habe eine solche Veranstaltung im Gebäude von Microsoft besucht. Etwa zweihundert Kinder und ihre Eltern fuhren mit dem Auto in die Industrieparks am Rande von Mountain View (denn mit den öffentlichen Verkehrsmitteln ist es nur mit einem längeren Fußweg erreichbar), wo eine non-profit Organisation den teilnehmenden Kindern nach Altersgruppen (Grundschulalter bis ca. 14 Jahre, verteilt auf drei Gruppen) und Schwierigkeitsstufe sortiert Computer und eine spielerische Lernsoftware bereitgestellt hat.
Ironischerweise standen den Besuchern dabei nicht etwa die Büroräume der Microsoft Mitarbeiter selbst zur Verfügung, die wie in den Technologieunternehmen inzwischen üblich mit verspielten Möbeln und ungewöhnlichen Arbeitsplätzen ausgestattet sind. Die Veranstaltungsräumlichkeiten waren dagegen auf repräsentative Zwecke, Konferenzen und geschäftliche Verhandlungen ausgerichtet und bis auf eine große Zahl an Tischen und Stühlen weitgehend leerstehend.

5.2 Bildungsökonomische, institutionelle und territoriale Heterotopie 191

übergroßes Mobiliar und Freiräume zum Rückzug, zur Zusammenarbeit, musikalischer oder sportlicher Ertüchtigung den Mitarbeiten vorbehalten. Aus Sicht der Veranstaltungsteilnehmer gelten die Unternehmen dann lediglich als Spiegel, denn „im Spiegel sehe ich mich da, wo ich nicht bin" (Foucault 1992, S. 39) und wo ich womöglich sein will. Aktuell erkennt man also sehr gut, wie die Begründung der Bildungsorte mit den Wirtschaftsnarrativen zusammenhängen und wie andersherum Wirtschaftsorte durch Bildungsnarrative mitbegründet werden. Dieses Wechselspiel betrifft auch die zuvor geschilderten Ungleichheitsverhältnisse und, bildlich gesprochen, einen spannungsreichen Zwischenraum zwischen Spiegelbild und Standort des Betrachters. So veranschaulicht ein Eintrag auf einem führenden Technologieblog, techcrunch.com, das Spannungsverhältnis zwischen Wohltätigkeitsveranstaltungen einerseits und Armutsvierteln andererseits. Während in East Palo Alto die Mietpreise steigen und ein Mangel an mittleren Löhnen die Lebenshaltung zunehmend erschwert, engagieren sich die benachbarten Firmen als Wohltäter:

> Facebook is a major charitable force in East Palo Alto that supports several dozen non-profits. But its presence may also eventually price out the community it intends to help. Similarly, the foundation of Google co-founder Sergey Brin and Anne Wojcicki underwrites the computer science and engineering curriculum at Eastside College Preparatory, a private East Palo Alto high school that has taken in about 300 local students, most of whom are black and Latino and will be the first in their families to go to college. But Google, the company, uses low-wage labor in East Palo Alto for Google Shopping Express. (Cutler 2015)

Hier wird also deutlich, wie außerschulische Bildungsangebote und unternehmerische Wohltätigkeitsveranstaltungen zum einen auf den pädagogischen Gehalten der IT-Industrien beruhen. Zum anderen reproduzieren sie relativ unbesehen die sozioökonomischen Folgen der eigenen Beschäftigungspolitik. Aus der Perspektive von Bildungsorten stellen sich Wirtschafts- und Bildungsideen mehr als Utopien dar, mehr als „Plazierungen ohne wirklichen Ort" (Foucault 1992, S. 38). Sie funktionieren eher als virtuelle Bestimmungsgrößen eines wirklichen Erfahrungsortes. Für die vor Ort Ansässigen ergibt sich daraus „eine Art Misch- oder Mittelerfahrung" (ebd., S. 39): Individuelle und gesellschaftliche Bildungskrisen werden konfrontiert mit technologische Eliten und Visionen über ökonomische Zukünfte, welche im Sinne eines *American Dream* Aufstiegsmöglichkeiten nahelegen, zugleich aber den Druck auf sozioökonomische Problemlagen erhöhen.

In den letzten Jahrzehnten ist die Region verstärkt als symbolträchtiges Emblem der Wissensgesellschaft überhöht worden. Auf der regionalpolitischen Ebene etwa orientieren sich auch in Deutschland einige gängige Politikschemata am Stichwort der lernenden Regionen (Nuissl et al. 2006; Scheff 1999; Fürst 2003) und, mehr oder weniger direkt, an Studien über die Regionalökonomie der Bucht von San Francisco, die der Verbindung von Wissen und Regionalökonomie Auftrieb gegeben haben (Arthur 1989, Florida 1995, 2002; Saxenian 1996). Dieser Tradition folgend stellte sich in einem Interview (Y) [59] mit einer auf die Technologiewirtschaft ausgerichteten Bildungsallianz (The Neutral Table; siehe unten) heraus, dass auch die nordrhein-westfälische Ministerpräsidentin Hannelore Kraft im Juni 2013 dort zu Besuch war. Sie erkundigte sich über bildungspolitische und pädagogische Förderstrategien der Technologiewirtschaft.[60] Mein Interviewpartner zeigte sich durchaus erstaunt über diesen Besuch, weil er – wie viele andere, mit

---

[59] Die hier erwähnte Interviewforschung wird in Kap. 2 umfassend dargestellt. Die alphabetische Nummerierung setzt in Fallstudie II neu an, unabhängig von Kap. 1-3 und Fallstudie I und III.

[60] Ein Newsletter von einer Organisation, die später als „The Neutral Table" diskutiert wird, berichtet davon: „Minister President Kraft is considering an effort to create a similar network of supports in her state to assist work underway in eighteen cities and learned of the Gateways Partnership through the German Consulate." (Pathways to Education 2012).

denen ich gesprochen habe (A, W, S) – weniger die krisengerüttelte Region SF, sondern eher das deutsche Ausbildungssystem und die deutsche korporatistische Industrie zum entwicklungspolitischen Vorbild für den Zusammenhang von Bildung und Wirtschaftswachstum nehmen würde.

Aus dem Vorangegangen geht hervor, dass die Region SF unter dem Überbegriff der *Wissensgesellschaft* eine besondere Bedeutung für die Verbindung von Regionalwirtschaft und Bildung hat. Diese Bedeutung beruht vor allem auf den in der Region entstandenen und weiterhin ansässigen Computerindustrien.

Erstaunlich ist aber der Kontrast zwischen Ideal und Wirklichkeit: Während die sozioökonomischen Studien zur Region eine wachsende Ungleichheit bezeugen und oft die Dominanz der hochtechnologischen Industrien als Ursache angeben, zehren dieselben Industrien weiterhin, besonders in ihrer mythischen Überhöhung als Wirtschaftsförderungsvorbild, von der synnergetischen Vorstellung einer lernenden Region. In ihrer Erfolgsgeschichte sind sie sogar angewiesen auf die bildungsökonomischen Leistungen derselben Hochschulen, deren Leistungen im Rahmen der Fachkräftemangeldebatte jedoch hinterfragt werden.

Die institutionelle Scheinöffnung der Wirtschaftsregion

Die Bildungsimplikationen der Wissensgesellschaft stellen in der Region SF auch eine institutionelle Realität dar. Allerdings ist die regionale Bildung hier wohl kaum nahtlos integriert, wie es die kybernetische Kopplungsästhetik des Fachkräftemangels nahelegt (Kap. 3). Und doch gilt auch für die Heterotopie, „daß sie gegenüber dem verbleibenden Raum eine Funktion" hat (Foucault 1992, S. 45). Gewissermaßen ist der Ort nicht weniger illusorisch als die referierte Raum- und Lernsymbolik. Beziehungsweise entlarvt diese Symbolik die Region als besonders spannungsreiche und desintegrierte Bildungslandschaft.

Das lässt sich besonders plausibel auf das kollaborative Vermächtnis des Silicon Valley beziehen, das nach Anna-Lee Saxenian (1996) auf einem besonders offenen und durchlässigen Verhältnis der Technologieunternehmen untereinander und im Verhältnis zu Bildungsträgern beruht.[61, 62] Der institutionelle Zwischenraum von Bildung und Wirtschaft ist demnach entscheidend für Erfolg und Misserfolg der Region. Saxenian beschreibt die regionale Ökonomie entlang dreier Dimensionen: (1) den lokalen Institutionen und Kulturen, bestehend aus Universitäten, Regie-

---

[61] Ähnliche Charakterisierungen regionaler Wirtschaftsentwicklung finden schon bei Jacobs (1969), Piore und Sabel (1984), Storper und Christopherson (1987). Die letzten beiden Referenzen sieht Storper (1997, S. 9) sogar als Teil einer „California School" der Regionalentwicklungs-Literatur. Deren Vertreter zeichnen sich dadurch aus, dass sie die Basis für regionales Wirtschaftswachstum in der vertikalen Arbeitsteilung und in flexiblen Produktionsweisen zwischen ansässigen Firmen sehen.

[62] Basierend auf diesem Modell haben im Silicon Valley beispielsweise 100 Start-ups, die aus der Universität Stanford heraus entstanden sind, bis zum Jahr 1996 mehr als 65 Milliarden Dollar an ökonomischem Output generiert (Huffman und Quigley 2002, S. 406), der nach dem Platzen der Blase 2001 dramatisch zurückging.

5.2 Bildungsökonomische, institutionelle und territoriale Heterotopie   195

rungen und „business associations", (2) der industriellen Struktur, bestehend aus der Arbeitsteilung und Beziehung der ökonomischen „player", (3) und der Firmenorganisation, die mehr oder weniger hierarchisch oder horizontal, zentralisiert und spezialisiert sei. Silicon Valley ist demzufolge aus einem gewissen Kooperationsethos heraus entstanden und verdankt sich recht durchlässiger und beweglicher institutioneller Grenzen zwischen Privatwirtschaft und Staatsapparaten. Aufgrund dieser Erfolgsgeschichte ruft Saxenian am Ende ihres Buches auch nach mehr Kooperation der Technologieindustrien mit der Bildungs- und Landnutzungspolitik.

Wie zuvor jedoch deutlich wurde, lässt sich die sozioökonomische Lage von Bildungsträgern und -populationen in der Region wohl kaum als offen und durchlässig beschreiben. Mit Foucault gesprochen, stellt die Wirtschaftsregion aus ihrer kollaborativen Kultur heraus Heterotopien bereit, „die ganz nach Öffnung aussehen, jedoch zumeist sonderbare Ausschließungen bergen" (Foucault 1992, S. 44).

So gibt es soziale Welten, die in dieser Literatur weniger thematisiert werden, aber von den mit der Technologiewirtschaft einhergehenden Risiken und Ungleichheiten besonders beeinflusst werden. Das betrifft die zuarbeitenden Industrien, ausgleichenden Sozialdienste und einkommensschwache Arbeiterpopulationen – oder mit Langdon Winner (1992, S. 47) „[...] the Valley's Second World [...]". Tatsächlich sind hier auch die Glaubenssätze des Unternehmertums weniger verbreitet, wie eine teilnehmende Beobachtung bei einer Gewerkschaftsgründung durch Fast-Food- (und Security-)Arbeitnehmer andeutet. Neben dem Hauptanliegen des sektorspezifischen Mindestlohns skandierten sie unter anderem Mottos wie „the American Dream is the American scheme", um sich dem unstimmigen Narrativ der ökonomischen Mobilität entgegenzustellen. Mit Winners Worten gilt (1992, S. 49): „At the lower levels, the much-heralded opportunities for participation and self-actualization often look more like paternalism and the denial of autonomy".

Somit ist eine weitere bildungsrelevante Implikation des kollaborativen Entwicklungsmodells die Tatsache, dass die organisationsübergreifenden Verbindungen, die Saxenian beschreibt, überhaupt erst hergestellt werden müssen. So beschreiben sektorübergreifende Vermittlungsversuche das Spannungsverhältnis zwischen Bildung und Regionalwirtschaft als zeitliche Inkohärenz. In diesem Sinne schildert Squazzoni (2009) die Stiftung aus den 1990er Jahren, das sogenannte Joint-Venture: Silicon Valley Network (JVSVN).[63]

1992 hatten Unternehmer und Regionalpolitiker es sich in der JVSVN-Initiative zur Aufgabe gemacht, die geschäftlichen und politischen Grundlagen der Regionalwirtschaft in einem koordinierten Vorgehen zu stärken. Schon in den frühen Dokumenten der Stiftung, so Squazzoni (ebd., S. 6), wurde der ökonomische Erfolg der in Vororten ansässigen Arbeitnehmerschaft angerechnet und umgekehrt ein wachsender „mismatch" mit der regionalen Sozial- und Bildungspolitik konstatiert. Im Ergebnis wären Kompetenzangebote und -nachfragen wenig koordiniert, was ein Hinterherhinken des Bildungssystems trotz rasanter Wirtschaftsentwicklungen suggeriert. Dieser Vision folgend kann in und durch das Bildungssystem Wirtschaftspolitik betrieben werden. Die Organisationsstruktur der Stiftung, die diesen „mismatch" überbrücken helfen sollte, beruhte auf betriebswirtschaftlichen Arbeitsweisen:

> (JVSVN) is based on a small internal staff, a dense network of volunteers involved in initiatives at various levels, a board of directors composed of leaders with a high turnover belonging to different sectors, and a composite body of investors, coming from business, private foundations, and the public sector. (Squazzoni 2009, S. 2).

---

[63] Anna-Lee Saxenian hat in einem weniger beachteten Bericht diese Initiative aus einer kollaborativen Perspektive beforscht, die sie auch in „Regional Advantage" einnimmt (Saxenian und Dabby 2004).

5.2 Bildungsökonomische, institutionelle und territoriale Heterotopie 197

Mit der betriebswirtschaftlich geführten Verwendung von Bildung als Wirtschaftsförderung ging eine Landnahme auf zwei Ebenen einher, einerseits auf betriebswirtschaftlicher und andererseits auf politischer Ebene, wie Squazzoni (2009, S. 5) deutlich macht:

> The initiative included a network of 62 schools in 14 different region districts, and more than 42 000 students. The CWI action model conformed to an innovative application of the venture capital approach: investing in schools and education not simply with grants but also by applying an outcome-oriented long-term investment focused on intensive collaboration between volunteers coming from technology businesses, schools and education institutions, and communities, such as parents, families, and students.

Die Organisation unterhielt also eine auf die staatliche Steuerung abzielende Investitionsstrategie, derzufolge sich Schulen ähnlich dem Modell Silicon Valley unternehmerisch um „Venture Capital" bemühen müssen. In diesem Organisations- und Politikmodell, das hier auch im Bildungsbereich auf informellen Firmennetzwerken und deren staatlicher Einbindung beruht, stilisierte sich die JVSVN-Organisation eher als wirkungsvoller Resonanzraum für regionale Interessenslagen. Eher als Plattform denn als eigenständiger Akteur, stehe sie im Dienste der Kooperationspartner: „[...] an organization they do things through, rather than another organization with a staff that delivers results" (Saxenian und Dabby 2004, S. 39).

Ähnlich der sektorübergreifenden Vermittlungspraxis von JVSVN können viele vermittelnde Agenturen – seien es Arbeitsvermittlungs-, Sozial-, Bildungs-, Rechts-, Zulieferer- und Finanzdienste – in ihrer Koordination über institutionelle Kontexte hinweg als eine eigene Arbeitsform beschrieben werden. Im Bildungsbereich ist beispielweise die Anwendung der unternehmerischen Kooperationsprinzipien auf sozial- und bildungspolitische Problemlagen auch in einem Programm namens *Challenge 2000* sichtbar.

Dieses verschrieb sich ebenfalls besonders früh und in ähnlicher Weise einer beschäftigungs- und wachstumsorientierten Bildungspolitik (Saxenian und Dabby 2004). Die bei Saxenian dokumentierten Ziele von *Challenge 2000* bestanden darin, die bildungspolitische Investitionsstrategie zu hinterfragen und dabei auf einen Business-Plan zurückzugreifen, der ganz im Sinne der unternehmerischen Führungsschemata von Silicon Valley auf einzelnen Arbeitsgruppen beruht, die in einen Wettbewerb der Ideen eintreten. Diese müssten dem Programm folgend von Beginn an ihre Visionen, Ziele und Messverfahren offenlegen und in einem limitierten Zeitraum von drei Jahren die intendierten Resultate vorlegen. *Challenge 2000* verfolgt also konseqent einen betriebswirtschaftlichen Zugang zu Bildungsproblemen – oder wie Anna-Lee Saxenian konstatiert: „It got business involved in systemic educational reform in a way that we haven't seen before or since" (Saxenian und Dabby 2004, S. 13). [64]

In beiden sektorübergreifenden Bildungsallianzen, *JVSVN* und *Challenge 2000*, kann mit Saxenian (1996, 2004) eine charakteristische politische Kultur konstatiert werden. Diese zeichnet sich durch eine anpassungsbereite lokale Regierung und die Abwesenheit von anderen organisierten Interessen aus und habe eine experimentierfreudige Business-Community hervorgebracht, welche nun auch in sozialpolitische Handlungsfelder

---

[64] Nach außen hin arbeitet Challenge 2000 mit lokalen Partnern in der weiterführenden Bildung. Dabei wird in der Evaluation des Programms auch auf einen interessenspolitischen Balanceakt hingewiesen. So schreibt das Stanford Research Institute (SRI) International als Evaluator, dass die Projektpartner aus Bildung und Privatwirtschaft keine gemeinsame Sprache in Bezug auf Zielsetzungs- und Qualitätssicherungsverfahren entwickeln konnten (Penuel et al. 2001, S. 13). Der Bericht skizziert gar ein Nullsummenspiel in der Involvierung beider Seiten und schließt angesichts der schwelenden Konflikte zwischen Bildungs- und Wirtschaftsvertretern mit einem ernüchternden Fazit, demzufolge die Schulen sich dank der schwindenden privatwirtschaftlichen Ressourcen nicht mehr mit einem systemischen Wandel beschäftigen konnten, auch wenn individuelle Lerneffekte nicht ausgeschlossen werden können.

5.2 Bildungsökonomische, institutionelle und territoriale Heterotopie   199

vorstoße. Beide Beispiele verdeutlichen weiterhin auf institutioneller Ebene, dass die politische Kultur der Region sich im interorganisationalen Verhältnis von Bildungs- und Wirtschaftsbereichen bemerkbar macht, u.a. dadurch, dass Arbeitgeberinteressen und betriebswirtschaftliche Arbeitsweise auf sozialunternehmerische Bildungs- und Beschäftigungsinitiativen übertragen werden.
Die skizzierte politische Kultur (Kap. 6 und 7), institutionelle Form (Kap. 7) und die regionalpolitischen Effekte (Kap. 8) von sektorübergreifenden Vermittlungsversuchen werden in den folgenden Kapiteln eruiert. Hinzuzuziehen ist vorab noch die territoriale Rückwirkung auf die oben geschilderte politische Ökonomie.

Die territoriale Blase Silicon Valley

Die Wirtschaftsregion SF ist aus der Bildungsperspektive zusammenfassend eher als Heterotopie zu bezeichnen. Das umfasst die folgenden fünf von Foucault (1992) genannten Eigenschaften:

(1) Heterotopien unterliegen allen gesellschaftlichen Machtverhältnissen.
(2) Heterotopien sind kontingent und wandelbar.
(3) Heterotopien können mehrere Räume an einem Ort vereinen.
(4) Heterotopien gehen einher mit temporalen Trennungen und Ungleichzeitigkeiten.
(5) Heterotopien bieten zugleich Zugangs- und Ausschlussmöglichkeiten.

Als Territorium verstanden entspricht die Region SF durchaus dem Idealbild einer durchlässigen, integrativen Lernumgebung. In anderer Hinsicht lässt sie sich aber schwerlich als solche identifizieren. Hier macht sich zwar eine bildungsökonomische Nähe, aber auch eine große territoriale und institutionelle Distanz zwischen Bildung und Regionalwirtschaft bemerkbar. Aus Bildungsperspektive wirkt die Regionalwirtschaft wohl eher „als eine Art Schatten, der mir meine eige-

ne Sichtbarkeit gibt, der mich erblicken läßt, wo ich abwesend bin" (Foucault 1992, S. 39, sic).
Selbst die gebaute Umgebung und das öffentliche Leben wird in den mythischen Überhöhungen der Region oft als eine Art Blase beschrieben; als ein physisch klar umgrenzter Raum, in dem eine unbegrenzte Mobilität herrscht. So beschreibt Winner Silicon Valley als eine große Vorstadt ohne Stadtkern, der ihr Bedeutung und Fokus verleihen könnte (Winner 1992, S. 33). Damit spricht er den Mangel an öffentlichen Orten an – oder mit Gertrude Stein gesprochen: „There is no there there" (Gertrude Stein zitiert in Winner 1992, S. 51).
Auch gleicht das von Saxenian (und anderen) beschriebene Innovationsmodell, demzufolge Spin-offs organisch entstehen, nicht etwa der Idee eines Territoriums oder einer verfassten Gemeinschaft. So bestimmen nicht öffentliche Versammlungsorte oder sich kreuzende Laufwege das Geschäftsleben, sondern eher die abstrakte Vision und technologische Infrastruktur eines selbsttätigen und dezentralen Wachstumsmechanismus: „a kind of urban mitosis in which mature cells divide to form new organisms roughly similar to form and function" (Winner 1992, S. 40).
Doch haben diese biologistischen und zugleich aphysischen Raummetaphern nicht nur ihre kognitiven und logischen Grenzen. Sie stoßen vor allem auf politischen Widerstand. Zwar ist die Idee einer unbegrenzten Mobilität innerhalb eines klar umgrenzten Raumes nicht zuletzt in der Umgehung von öffentlichen Verkehrsdiensten zu erkennen, wenn die Technologiewirtschaft inzwischen ein zweites, exklusives Verkehrssystem, die sogenannten ‚Tech Busses', in der Region etabliert hat. In dieses *heterotopischen* Verkehrssystem kann man aber „nur mit einer gewissen Erlaubnis und mit der Vollziehung gewisser Gesten eintreten" (Foucault 1992, S. 44) – nämlich wenn man sich für einen Job in der Technologiewirtschaft qualifizieren konnte. Buchstäblich leitet sich daraus eine große räumliche Distanz zwischen der armen Bevölkerung und der Regionalwirtschaft ab.

5.2 Bildungsökonomische, institutionelle und territoriale Heterotopie

In dieser räumlich situierten sozioökonomischen Ungleichheit spielen Bildungsträger eine wichtige Rolle.[65] Da Besserverdiener lokale Bildungsangebote als Schlüsselfaktor in ihrer Niederlassung in Erwägung ziehen können, ist die demografische Zusammensetzung von School Districts in großen Teilen durch die beschränkte Mobilität bestimmt, aber ganz wesentlich auch durch die Qualität der Schule. Die pädagogische Arbeit der Schule, der Standort, ihre Finanzen, ihre Qualität und demografische Struktur korrelieren dementsprechend einseitig. Diese Korrelation ist so zuverlässig, dass der bundesstaatliche Bildungsindex in Kalifornien, der „Academic Performance Index" (API) zum wesentlichen Referenzpunkt für Wohnungsmakler und -suchende bei der Bewerbung und Bewertung der lokalen Lebensqualität geworden ist (Bierbaum, Vincent und McKoy 2011, S. 13).

Trotz dieser engen Verzahnung sind Schul- und Landnutzungspolitik keine integrierten Politikressorts. Das liegt unter anderem an den divergierenden räumlichen Konfigurationen von Stadtplanung einerseits und Bildungspolitik andererseits, so dass sich die Hoheitsgebiete nicht immer wechselseitig in kooperierenden staatlichen Agenturen abbilden lassen. Während Transport, sichere Schulwege und geteilte Nutzung der Schulgebäude (die aufgrund eines Mangels an öffentlichen Orten in der Region eine wichtige Rolle spielt) in Teilen bereits über die Ressorts hinweg koordiniert werden, sind Schulstandorte, Wohnbau und „community development" sowie Schülerpopulationen üblicherweise nicht Teil von Planungsprozessen (Vincent 2012).

---

[65] Auch die Anfahrt der Lehrkräfte, Schüler und Studierenden ist zunehmend von teuren bzw. ungünstigen Verkehrswegen aus weit abgelegenen Wohnorten geprägt. Bei zahlreichen eng verknüpften Facetten, so Bierbaum und Kollegen (Bierbaum, Vincent und McKoy 2011), steht die Verbindung von Wohnungsmarkt und Schulsystem der Erschaffung „kompletter Communities" im Wege.

Das Vermögen von Bildungsorganisationen oder Regionalplanern, im Falle solcher Ungleichheiten einzugreifen und eine sozialräumliche Integration der verschiedenen Lebens- und Berufswelten herzustellen, ist dementsprechend begrenzt – in erster Linie aufgrund von Kaliforniens steuerlichen Rahmenbedingungen (Bierbaum, Vincent und McKoy 2011, S. 14). Wenn lokale Einkommen und Vermögenssteuern in einem District steigen, überträgt sich diese Steigerung in das „Revenue Limit" des Districts und der staatliche Anteil reduziert sich um denselben Umfang. Das Überschusseinkommen aus Steuern verbleibt zwar bei den Districts, aber weil lokale Vermögenssteuern und Einschreibungen fluktuieren, können die Districts nur in manchen Jahren mit diesem Zusatzeinkommen rechnen. Das behindert langfristige Planungen und macht die Schulen selbst zum Instrument der Stadtentwicklung.

Angesichts der unregelmäßigen Finanzierung sehen sich Schulen zusätzlich nach Spendern und Sponsorinnen um. Auch umwerben Schulen bestimmte Bevölkerungsschichten, denn ihre Geldgeber, die Schulbezirke, sind abhängig von den Einnahmen lokaler Steuergelder, die umgekehrt in die Schulen zurückfließen. Damit ist die Attraktivität des Ortes für Arbeitgeber, also Firmenniederlassungen, auch an das Bildungsbudget gebunden, so dass das Anwerben von Arbeitgebern durch Image-starke Bildungsprogramme durchaus im Interesse der Schulverwaltung wäre.[66] Damit erscheint für Bildungsstätten, Lernende und

---

[66] Weitere Abhängigkeiten zwischen Schule und Regionalwirtschaft betreffen die Zuverlässigkeit der Wohnsituation, die Sicherheit und Lebensqualität in der Nachbarschaft, die verfügbaren Transportoptionen, das Engagement der Eltern, das Gesundheitssystem, die Zugänglichkeit von Nachmittagsprogrammen und die Verfügbarkeit von öffentlichem Raum und kulturellen Diensten.
Auch das Ausmaß an Segregation nach sozioökonomischem Status und Hautfarbe in Schulen und Vierteln beeinflusst die Arbeit einer Schule erheblich (Bierbaum, Vincent und McKoy 2011).

Arbeitssuchende die regionale Technologiewirtschaft zugleich also weit entfernt und als konstitutiv für die eigene Situation. Je besser die Annäherung an diese Heterotopie gelingt, desto eher kann auch eine beständige Bildungsarbeit geleistet werden.

5.3 Ausblick: Landnahme durch transversale Kopplungen?

Es ist nicht leicht, die Bildungslandschaft der Region SF im Sinne einer regionalen Eigenlogik zu charakterisieren. Vielmehr scheint hier eine Überlagerung mehrerer virtueller und materieller Räume stattzufinden.

Auf der bildungsökonomischen Ebene ist Bildung in die institutionelle und politisch-kulturelle Etablierung der IT-Industrien involviert. Wenn man die Region als emblematisch und teils sogar als ursprünglich für die Debatte der Wissensgesellschaft in Augenschein nimmt, sind Bildungsanliegen eng an die Vorstellung von technologisch induzierten, scheinbar aphysischen Lernumgebungen gebunden und damit inhärent an der Überhöhung der Region selbst beteiligt. Hier spiegeln und imitieren sich Wirtschafts- und Bildungswelten gegenseitig.

Auf institutioneller Ebene ist die Technologiewirtschaft weniger durch institutionalisierte Arbeitsmärkte und die daran gebundenen Bildungsträger entstanden, sondern durch Kooperationsnetzwerke und organisationsübergreifenden Verbindungen, die – wie oft unterschlagen wird – von vermittelnden Instanzen erst hergestellt wurden. Es kann in dieser Hinsicht kaum von einer nahtlosen Kopplung zwischen Bildungsorganisation und Wirtschaftsregion die Rede sein.

Auf der territorialen Ebene gilt für die Technologiewirtschaft in mancherlei Hinsicht durchaus das Raumbild einer hochgradig mobilen und hochtechnologischen Arbeitsumgebung. Die Folgen der steigenden Lebenskosten zeigen sich jedoch gerade auf der Ebene der Landnutzung, dem Wohnungsmarkt und dem Transportwesen. Bildung ist von diesen nichtschulischen Faktoren in vielerlei Hinsicht beeinflusst und besonders

Schulen sind selbst ein treibender Faktor bei der Territorialisierung sozioökonomischer Ungleichheiten. Ihr Einfluss selbst ist aber durch eben jene Ungleichheiten und segregierten Raumordnungen begrenzt. Bildung gilt in dieser politischen Ökonomie damit vermehrt als Hoffnungsträger, während es selbst einen großen Teil der Konsequenzen dieser komplexen Kausalitäten tragen muss.

Mit JVSVF und *Challenge 2000* habe ich zwei Initiativen erwähnt, durch die die in den 1990er Jahren etablierten Kooperations-Modelle auf die Bildungslandschaft ausgeweitet werden. Es kann bei der Integration von Arbeitgeberanliegen, der regionalen Bildungsplanung und sozialpolitischer Problematiken also auch von Landnahmeprozesse zweiter Ordnung im Sinne von Klaus Dörre (2011) gesprochen werden: Diese „okkupieren [...] Territorien, Institutionen, Milieus und soziale Gruppen, die bereits Objekt oder Resultat ursprünglicher Landnahmen waren und die nun für die aktive Herstellung eines nichtkapitalistischen Anderen genutzt werden."

Durch sektorübergreifende Initiativen werden betriebswirtschaftliche und regionalplanerische Machtverhältnisse und politische Modelle der Wirtschaftsförderung auf Bildungsorganisationen ausgeweitet und pädagogische Abwägungen oder demokratisch verfasste sozialpolitische Instrumente gegenüber einer vermeintlich synergetischen Wachstumspolitik abgewertet. Die Folge wäre eine Verbindung von Arbeitgeberanliegen einerseits und der staatlich verfassten und territorial eingebetteten Bildungsarbeit andererseits. Diese könnte die geschilderte Abhängigkeit regionaler Bildungsorganisationen von der Technologiewirtschaft verstärken.

Den hier getroffenen vorläufigen Spekulationen gehen die folgenden Kapitel nach. In der anschließenden Feldanalyse beschreibe ich eine Institutionalisierungsbewegung, in der die Vorstellung von Bildung als Wirtschaftsfaktor in organisationale Formen gegossen wird: Ich skizziere zunächst den Forschungszugang (Kap. 6) und schildere dann sektorübergreifende Steuerungspraktiken, die – entlang der feldsoziologischen Trias von Ackerfeld, Kampffeld (Kap. 7) und Kraftfeld (Kap. 8) – zwischen Arbeitgeberanliegen und Bildungsorganisationen vermitteln. Kap. 9 schließt mit einem zuvor eingeführten diagnostischen Begriff, der kybernetischen Landnahme (vgl. Kap. 3).

6. Im „perfekten Sturm" – Zur Feldanalyse konvergenter Krisen

> „All the schools and departments closely connected to firms in the region [...] live by two-way traffic. Faculty and students carry ideas to the firms, helping the firms to develop their knowledge. But the schools reciprocally develop their knowledge through visits [...] from people who work in the region's firms." (Brown und Duguid 2000, S. 12)

Die heterotopische Bildungslandschaft SF ist sowohl in ihrer politischen Imagination als auch in ihrer sozioökonomischen Komplexität von der ansässigen Technologiewirtschaft geprägt. Dabei handelt es sich um einen komplexen Problemkreis, ein Interviewpartner spricht sogar von einem „Perfect Storm" (Interview-Zitat, C). Wie dieser „Perfect Storm" steuerungspraktisch ausgelegt wird und den Zwischenraum von Bildung und Wirtschaft prägt, wird im Folgenden diskutiert. Insbesondere unter dem Stichwort des Fachkräftemangels, in den USA: Skills Gap oder Skills Shortage, formieren sich sektorübergreifende Initiativen, die – nach dem Muster der *Joint Venture Silicon Valley Foundation* (JVSVF) oder von *Challenge 2000* – bildungs- und wirtschaftspolitische Problemlagen in kollaborativer Weise neu koordinieren wollen. Dabei werden die in Kap. 5 aufgeführten Zusammenhänge uminterpretiert – oft hin zu einem Angebot-Nachfrage-Verhältnis zwischen Arbeitsmarkt und Bildungsanbietern. Die Initiativen, die ich später als *Bildungsbroker* einführen will, alterieren damit die erwähnten Problemlagen. Sie bemühen sich, der Angebot-Nachfrage-Diagnostik folgend, um rationalisierte und gesteuerte Transaktionsverhältnisse zwischen Bildung und Beschäftigung. Die damit einhergehenden Steuerungspraktiken könnten im Raum zwischen Bildung und Beschäftigung ein Feld erschaf-

---

© Springer Fachmedien Wiesbaden GmbH, ein Teil von Springer Nature 2019
J. Herberg, *Illusio Fachkräftemangel*, Politische Soziologie,
https://doi.org/10.1007/978-3-658-24584-9_6

fen, das auch die bildungs- und wirtschaftspolitischen Problemlagen im Wechselspiel stabilisiert oder verändert.
Die übrigen Kapitel der Fallstudie enthalten eine Feldanalyse, die im Zwischenraum das Entstehen eines transversalen Feldes beobachtet und dieses in seiner gesellschaftspolitischen Wirkung diskutiert. Ich gehe im Folgenden zunächst auf die Umdeutung der zuvor geschilderten Problemlagen ein, stelle den Zusammenhang mit den theoretischen Vorarbeiten her und schildere dann mein Vorgehen. Abschließend konstruiere ich zwei alternative Entwicklungsszenarien.

6.1 Sozioökonomische Problemlagen in der Umdeutung

In der Rede vom Fachkräftemangel wird weniger das mangelnde Angebot an mittleren Löhnen thematisiert, das in Kap. 5 herausgestellt wurde. Vielmehr wird die unternehmerische Arbeitskräftenachfrage zum Bildungsanlass gemacht und das mangelnde Bildungsangebot als Hürde für den ökonomischen Aufstieg einzelner und das ökonomische Wachstum als Ganzes problematisiert. Diese Umdeutung will ich hier skizzieren und in den folgenden Kapiteln umfassend nachvollziehen.
In den Ursprüngen geht die Fachkräftemangeldebatte in den USA unter anderem auf den emblematischen Bericht „A Nation at Risk" zurück. Dort heißt es in kriegerischen Metaphern:

> If an unfriendly foreign power had attempted to impose on America the mediocre educational performance that exists today, we might well have viewed it as an act of war. As it stands, we have allowed this to happen to ourselves. [...] We have, in effect, been committing an act of unthinking, unilateral educational disarmament. (Gardner 1983, S. 9)

In jüngerer Zeit wird diese Katastrophenrhetorik in gestalterischer Absicht aufgegriffen. *ConnectEd California* ist eine der Organisationen, die sich im sogenannten Linked-Learning-Ansatz um die Vereinbarung von akademischen und berufsvorbereitenden Bildungsbiografien bemüht. Sie

6.1 Sozioökonomische Problemlagen in der Umdeutung 209

begreifen den Verlust von „middle skills workers", also der mit dem mittleren Lohnsektor assoziierten Fähigkeiten, nicht gleich als „educational disarmament", wie der oben zitierte Bericht, aber doch in der gleichen Stoßrichtung als Bildungsaufgabe:

> California must take proactive policy actions to realign its workforce and education resources to better meet the state's labor market demand. This also must include major investments in training programs that will prepare many more California residents who are now at the low-skill level for middle-skill jobs and careers. (The Workforce Alliance 2009, S. 5)

Im Grunde wird hier der Mangel einer Mittelklasse weniger auf den Arbeitsplatzmangel zurückgeführt, wie in Kap. 5 ausgeführt, sondern auf mangelhafte Bildungswege und damit auf einen Arbeitskräftemangel. Ein Mehr an wirtschaftlich maßgeschneiderter Bildung wird hier zu einem vielseitigen, in erster Linie wirtschaftspolitischem Instrument stilisiert. Mit diesem ließen sich sozial- und wachstumspolitische Anliegen zugleich bearbeiten, so die Initiative. Das stellte 2013 auch US-President Barack Obama in der „State of the Union Address" fest. Unter Verweis auf das deutsche duale Ausbildungssystem, appellierte er an die stärkere Kopplung von Schulen und Firmen im Sinne einer frühen, praxisnahen Bildung:

> Let's also make sure that a high school diploma puts our kids on a path to a good job. Right now, countries like Germany focus on graduating their high school students with the equivalent of a technical degree from one of our community colleges. At schools like P-TECH in Brooklyn, a collaboration between New York Public Schools, The City University of New York, and IBM, students will graduate with a high school diploma and an associate's degree in computers or engineering. We need to give every American student opportunities like this. (The White House 2013)

Der ehemalige US-Präsident rief hier nach einer kollaborativ gestalteten Schulentwicklung und Bildungsbiografie, die schon in der Sekundarstufe Technologieunternehmen hinzuzieht (hier: IBM). Jene Technologiebranche also, die in Kap. 5 bereits als entscheidender Faktor für den Mangel an mittleren Einkommen in der Region SF ausgewiesen wurde, wurde hier als Vorbild für kollaborative Prozesse zitiert. Kollaborative und unternehmerische Stoßrichtungen wären geeignet, um bildungspolitische und arbeitsmarktpolitische Ungleichheiten zu beheben, die ebenso plausibel als Lohnpolitik oder Sozialpolitik thematisiert werden könnten. Obama zielte hier nicht darauf ab, Arbeitsmärkte umzugestalten oder abzusichern, sondern wollte die berufliche Bildung an Arbeitserfahrungen flächendeckend ausrichten. Auch er deutete dabei die Synergieeffekte mit sozialpolitischen Problem an, hier unter Hervorhebung der Community Colleges. Diese sind in Kalifornien jedoch seit Budgetkürzungen chronisch unterfinanziert und konnten daher innerhalb von vier Jahren 485.000 weniger Studierende aufnehmen konnten, während sie im Rahmen der Fachkräftemangeldebatte verstärkt den Auftrag erhalten, Ausbildungswege zu gestalten (Asimov 2012).

Auch Non-Profit-Organisation wie etwa Change The Equation (CTEq 2013), das in Kap. 5 zitiert wurde, übersetzen Rekrutierungsschwierigkeiten und sogar betriebliche Produktivitätshindernisse in ein Problem der Bildungsanbieter und der Arbeitnehmer. Nur die Hälfte der Unternehmen seien in der Lage, passende Bewerber aufzutreiben – und nichtweiße Mitarbeiter seien in diesem Sektor besonders selten. Dies sei dem Mangel an qualifizierten Kandidaten zuzuschreiben und belaste darin auch die Produktivität der Unternehmen. Der ausgewiesene vertrackte Zusammenhang von Beschäftigungs-, Ungleichheits- und Landnutzungsprozessen wird hier lediglich angedeutet und wiederum als Angebot-Nachfrage-Verhältnis vereinfacht. Die schwierigen Umstände dafür, als weniger qualifizierter Arbeiter überhaupt in Bildung zu investieren und Jobs im mittleren Lohnsektor zu finden, werden nicht thematisiert oder gar auf wirtschaftspolitische und betriebliche Entscheidungen zurückgeführt. Damit wird – in sozioökonomischer Hinsicht, aber auch im Sinne einer Steuerungsoptik – eine bildungspolitische Orientierung an der Technologiewirtschaft verstärkt.

6.1 Sozioökonomische Problemlagen in der Umdeutung 211

CTEq rückt stellvertretend für ähnliche Stimmen die naturwissenschaftlich-technischen Fächer in den Vordergrund und zwar unter dem Sammelbegriff der STEM-Fächer. Analog zur deutschen MINT-Debatte sind in diesen vermeintlich verwandten Fachbereichen die „Skills Shortages" besonders heiß diskutiert und Anlass für MINT-Initiativen. Dieser vage benannte Bildungsbereich ist gerade in der Region SF zentral und wird durch die Rede vom Fachkräftemangel mitkonstituiert, wobei derselbe Diskurs aber weniger die steigenden Lebenshaltungskosten zum Anlass für entsprechende Bildungswege nimmt. Vielmehr gilt es in Bildungspolitik und Bildungsbiografien den anspruchsvollen Kompetenzerwartungen der Technologieunternehmen zu genügen.

Insgesamt ergibt sich das Bild einer Umdeutung der zuvor skizzierten Problemlage: Denn zunächst ist das Verhältnis von Bildung und Regionalwirtschaft eng, aber in vielerlei Hinsicht kein gesteuerter Zusammenhang. Die Einblicke in *Challenge 2000* und *JVSN* und die regionale Entwicklung als Ganzes deuten eher an, dass die Konvergenzen und Angebot-Nachfrage-Verhältnisse vielmehr als Ko-Strukturierung divergenter Entwicklungen zu sehen. Sie haben zwar ähnliche Ursachen, vor allem die Abhängigkeit von der regionalen Wirtschafts- und Wachstumspolitik, sie finden aber in so unterschiedlichen Bereichen statt wie Landnutzung, Sozialpolitik und Technologiewirtschaft. Aufgrund der geschilderten Angebot-Nachfrage-Logik liegt nun die Vermutung nahe, dass divergente Zusammenhänge erst unter einem gewissen rhetorischen und steuerungspolitischen Aufwand als eine konvergente Steuerungsaufgabe gebündelt werden. Insbesondere sektorübergreifende Politikinitiativen wie *Challenge 2000, JVSN* oder *CTEq* reden dieser Deutung das Wort und übernehmen die suggerierte Vermittlungs- und Steuerungsaufgaben.

Die zugrundeliegende Sichtweise ist nicht nur, aber im Wesentlichen, die Rede von Angebot-Nachfrage-Verhältnissen – genauer gesagt: die Diagnose eines Fachkräftemangels. Auf bundesstaatlicher, föderaler oder regionaler Ebene wird ein vermeintlicher Mangel an qualifizierten Be-

werberinnen als Schnittmenge für divergente Problemlagen gesehen und als Stellschraube für bildungspolitische Lösungen konstruiert.
Im Sinne transversaler Felder lässt sich fragen, welche Zeithorizonte, Geografien, Institutionen und Machtverteilungen evoziert werden, um die Verteilung von Arbeitskräften zu problematisieren und die Umsteuerung von Wirtschaft und Bildung zu legitimieren. Insofern schließt das Phänomen an die theoretischen Vorarbeiten an. Das wird im Folgenden näher ausgeführt.

6.2 Szenarien auf wirtschaftsgeografischer Grundlage

Die erwähnten sektorübergreifenden Initiativen und Sprechweisen schließen mehr oder weniger bewusst an ein Plädoyer an, das Anna-Lee Saxenian ans Ende ihres Buches *Regional Advantage* gestellt hat (Saxenian 1996). Nachdem sie die Kooperationskultur der Technologiewirtschaft in recht affirmativer Weise von dem Bostoner Modell, der sogenannte Route 128, abgrenzt, endet Saxenian das Buch mit einem kritischen Appell: Der wirtschaftliche Erfolg der Region hänge wesentlich von öffentlichen Gütern ab, nämlich von Bildung und mobiler Infrastruktur, die zunehmend unter dem demografischen und wirtschaftlichen Wachstum zu leiden habe.
Die Kooperationsbereitschaft der Unternehmerinnen sei daher auf diese Bereiche auszuweiten, um den weiteren Erfolg der Region zu sichern. Die bei Saxenian angepriesene Kooperationskultur prägt weiterhin das Selbstverständnis vieler Arbeitgeber und Arbeitnehmer in der Technologiewirtschaft, die aktuell wieder einen bislang unübertroffenen Boom erlebt (Cadwalladr 2015), während auch die von Saxenian kritisierte Bildungsbenachteiligung und Verkehrsdichte dramatisch zugenommen hat.
Die damals fehlende Aufmerksamkeit für Bildung und Verkehr kehrt sich derzeit in regionalpolitischen und sogar regionalwirtschaftlichen Steue-

rungs-Instanzen zu konkreten Kooperationsvorhaben um, selbst bei den noch bei Saxenian kritisch angesprochenen Technologieunternehmen.[67] Es liegt die Vermutung nahe, dass sich diese sektorübergreifenden Initiativen an Saxenians Buch (1996) orientieren. So wurde mir das Buch im Verlauf der Interviewforschung mehrere Male als Lektüreempfehlung nahe gelegt und stand sogar im Regal mehrerer Gesprächspartnerinnen. In beinahe wortgetreuer Weise wird in den einschlägigen staatlichen und privatwirtschaftlichen Policy-Dokumenten (Terplan et al. 2014; Traphagen und Traill 2014) sogar eine regionalplanerische Perspektive evoziert, in der Bildung nicht nur auf Beschäftigungsbedürfnisse und Ungerechtigkeiten bezogen wird, sondern auch auf die sozialräumliche Integration von Bildungspolitik einerseits und infrastrukturellen und regionalplanerischen Politikressorts andererseits.

Derlei öffentliche Güter gewinnen damit sowohl an regionalpolitischer Relevanz als auch an regionalökonomischer Legitimation. Sie werden zur Grundlage für wirtschaftspolitisch-motivierte (Um-)Steuerungsversuche. Bildung gilt hier nicht nur als beschäftigungspolitisches oder karrieristisches Instrument, sondern funktioniert auch als synergetisches Gestaltungsinstrument, mit dem sowohl die Erhöhung sozioökonomischer Mobilität als auch die beschäftigungspolitische Befeuerung des Wirtschaftswachstums vorangetrieben werden kann (ebd.).

---

[67] Um nur einige Beispiele im Bildungsbereich zu nennen: IBM bestärkt den behaupteten Mangel in dem Bericht *Enterprising Pathways* (Bridgeland, Litow, Mason-Elder und Sueh 2012), Cisco lanciert die Initiative *US2020* (Cisco 2016), Salesforce engagiert sich in lokalen *Coding Academies* (Lee 2013; Salesforce 2016) und Non-Profit-Organisationen wie die Silicon Valley Education Foundation (Silicon Valley Education Foundation 2016), mit der ein hier nicht weiter verwendetes Interview geführt wurde, werden von einer Vielzahl an Technologieunternehmen und regionalen Behörden begründet und gesponsert.

In dieser Zwischenposition – von den zitierten Dokumenten verstärkt als *Gelegenheitsfenster* wahrgenommen – steht wiederum das übergeordnete sozialräumliche Verhältnis von Bildung und Wirtschaft auf dem Spiel; nicht zuletzt sogar die Konstitution einer Bildungslandschaft im Spiegel der Wirtschaftsregion.

Zu der soziologischen Unterscheidung verschiedentlich konfigurierter Interdependenzen, wie sie in Kap. 4 diskutiert wurde, hat Saxenian (1996) selbst beigetragen. So schilderte die Autorin die sprießende Unternehmensstruktur im Silicon Valley als netzwerkartige und selbstreproduzierende Dynamik. Manuel DeLanda (2006, S. 76 ff.), der zuvor zitierte Assemblagetheoretiker, geht sogar so weit, Saxenians Schilderungen als Modell für seine Assemblagetheorie heranzuziehen. Wenn Organisationen in wechselseitige Abhängigkeit über gemeinsam geteilte Ressourcen geraten, so DeLanda,[68] können sie entweder von der Interdependenz profitieren. Oder sie versuchen, sich und ihre hauseigenen Ressourcenquellen abzusondern. Saxenians Schilderungen der *Route 128* markieren letzteren Typus, während Silicon Valley nach DeLandas Lesart ein Beispiel für die Kapitalisierung von Interdependenzen sei.

Die Bostoner Konkurrenzregion, *Route 128*, beruhe Saxenian zufolge auf klar umgrenzten, nach innen abgeschlossenen Firmen, die ihre Ressourcen nur selten teilen. Zwischenräume spielen eine untergeordnete Rolle, denn Arbeitnehmerinnen wechseln ihre Arbeitgeber selten und es kommt nur gelegentlich zum Austausch oder gar zur Zusammenarbeit zwischen den Peers mehrerer Unternehmen. Dagegen sei Silicon Valley eben dadurch entstanden, dass die Organisationen Ressourcen teilen und auch nach innen nur aus losen Teamverbünden bestehen. Mit beiden Modellen,

---

[68] DeLanda greift hier auf die Resource Dependancy Theory von Pfeffer und Salancik (1978) zurück.

6.2 Szenarien auf wirtschaftsgeografischer Grundlage   215

so DeLandas Auslegung weiter, gehen unterschiedliche Organisationskulturen und unterschiedliche Formen der (De-)Territorialisierung einher. Die losen Netzwerke sind in ihren geteilten Ressourcen eher an bestimmte Orte gebunden, während die hochskalierte Ressourcen-Agglomeration von Organisationen des Bostoner Typs recht unabhängig von ihrer örtlichen Umgebung agieren können.

In der nuancierten Ausarbeitung des kollaborativen Modells haben Brown und Duguid (2000) Silicon Valley als „network of practices" beschrieben (vgl. Mottozitat zum Kapitel). Die Unternehmensszenen bestehen diesem Konzept folgend aus einer Verbindungsweise innerhalb und zwischen Organisationen, die ohne den persönlichen Kontakt der Individuen auskommt. Damit seien die Wissensdynamiken der Region trotz aller Kollaborationsstrukturen nicht als örtliche Gemeinschaft, sondern als ein Set an Querverbindungen und relativ strukturierten Austauschbeziehungen zu verstehen. Bildlich stellen Brown und Duguid (2000, S. 9) dies als Gitter an firmenübergreifenden (vertikal) und firmeninternen Geschäftsprozessen (horizontal) dar. Durch situative Anordnungen von Mitarbeiterinnen und Projekten sei die Zirkulation von Wissen, Neugründungen und Personalwechseln zwischen großen und kleinen Organisationen dementsprechend fluide. „The reciprocating movements of the Valley need to be read as an elaborate balance between stabilizing structure, on the one hand, and dynamic spontaneity, on the other" (ebd., S. 11). Die damit umschriebene, teils ortsgebundene Reziprozität betrifft auch das Verhältnis von Hochschulen und Firmen, wie die Autoren in der eingangs zitierten Aussage festhalten.

Den dichten Netzwerken und dynamischen Material-, Personal- und Wissensflüssen entsprechend beschreiben Brown und Duguid das regionale Verhältnis von Wirtschaft und Bildung als Ökologie. Sie unterstreichen damit die sozialen Grundlagen der Regionalökonomie, um technikdeterministischen Erzählungen zu begegnen.

Das Konzept der „network of practices" lässt sich als formaltheoretische Ausformulierung von Saxenians These lesen und schließt auf dieser Ebene an die Assemblagetheorie an. Denn sowohl bei Brown und Duguid (2000) als auch bei DeLanda liegt der entscheidende Moment darin, dass Teil-Ganzes-Kopplungen nicht eng und dauerhaft sind, sondern lose und situativ hergestellt werden. Analog zu meiner Unterscheidung von Pyramiden und Mosaiken, bzw. Assemblagen und Feldern, gehen andere Autoren dagegen von der Vorstellung eines sozialen Feldes aus, um die Region SF in ihren emblematischen Wirtschaftsprozessen zu beschreiben. Insbesondere schufen neoinstitutionalistische Organisations-soziologen das Konzept der Organisationsfelder (DiMaggio und Powell 1983), eine kultursoziologische Organisationstheorie, die sich auch eignet, um Silicon Valley und seine Firmen als institutionelle Einheit zu beschreiben (vgl. Suchman 2000). So skizziert Suchman die Region als eine normativ generierte und kollektiv aufrechterhaltene Einheit; als „*pervasive sense of ‚entity-ness'*".

> What defines an organizational community such as Silicon Valley is its high level of internal interaction and interdependence, its distinctive normative and behavioral style, its collective identity, and, more generally its pervasive sense of ‚entity-ness'. (2000, S. 72)

In dieser Auslegung beruht die Bindewirkung nicht nur auf assoziativen Kooperationsformen, sondern auf einer geteilten, kognitiv-kulturellen Grundlage. Aber wichtiger noch ist im Anschluss an die assemblagetheoretische Alterierung der Feldsoziologie von verschiedenen Raumformationen zu sprechen, die in diesen Beispielen mit großer Plausibilität auf die Region SF angewandt wurden. Suchman kommt daher zu dem Schluss, die Region in einer konzeptuellen Mischform als „institutional ecology" zu charakterisieren. Anstatt einer solchen Zusammenführung will ich der oben entworfenen Forschungsperspektive entsprechend die Oszillation zwischen Mosaiken und Pyramiden beobachten und die Idealtypen getrennt halten, schlichtweg um Mischformen als solche erkennen zu können.

6.2 Szenarien auf wirtschaftsgeografischer Grundlage 217

Diese Fortführung lässt sich in dreierlei Hinsicht mit der nun referierten Literatur begründen. Erstens machen die Einblicke deutlich, dass es sich ganz besonders in dieser Region lohnt, die sozialräumliche Formation von emergenten Organisationszusammenhängen zur offenen Forschungsfrage zu erheben. Zum Zweiten sind die in den zitierten Werken herausgestellten Wirtschaftsprozesse voller Bildungsimplikationen, die Saxenian sogar zu einem Plädoyer für mehr sektorübergreifende Zusammenarbeit veranlassen. Zu guter Letzt kann die formal-theoretische Unterscheidung – zuvor metaphorisch als Mosaik oder Pyramide besprochen (Kap. 4) – auch auf regionale Bildung angewandt werden, indem die Vorarbeiten in der Wirtschaftsregion sowohl in ihrer empirischen als auch ihrer theoretischen Substanz berücksichtigt werden.

Die im vorigen Kapitel beschriebene Skizze der Region als Bildungslandschaft gewinnt damit an Tiefenschärfe. Es eröffnet sich sogar die Möglichkeit einer Kritik, denn die Region kann nicht nur im Einvernehmen mit der gängigen Selbstbeschreibung als flüssige, egalitäre Netzwerkstruktur beschrieben werden, sondern auch als ein Set an hierarchischen Machtsphären. Je nachdem wie sich der Zwischenraum zwischen Bildung und Wirtschaft gestaltet, verändern sich auch die regionalen Effekte, in denen sektorübergreifende Verknüpfungen auf die zuvor skizzierte Bildungslandschaft zurückwirken.

Die zwei angedeuteten Denkbilder lassen sich wiederum, wie schon in Kap. 4 begründet wurde, als idealtypische Szenarien konstruieren, um damit die Vielfalt und Kontingenz des Phänomens zu untersuchen. Die Vergleichsdimension beruht dabei auf der vorgeschlagenen Begriffstrias, während die Extrempositionen als Pyraimde oder Mosaik benannt werden.

Der Zwischenraum von Bildung und Wirtschaft lässt sich auf Basis einer Feld-Terminologie zunächst als Ackerfeld bezeichnen, da man sich scheinbar auf den Begriff des Fachkräftemangels einigen und die feldinterne und -externe Interaktion entsprechend ausrichten kann. Weiterhin ist es besonders plausibel von einem Kampffeld zu sprechen, denn die unterstellte Mangel an Fachkräften wirft nicht nur die Frage auf, welche Knappheiten und Interessen behauptet werden, wie in der obigen Kritik angedeutet, sondern darüber hinaus auch die Frage, wie die behaupteten Knappheiten zu tatsächlichen Konkurrenz- oder auch Kooperationsbeziehungen führen. Drittens steht der Fachkräftemangel im Kontext der zuvor geschilderten divergenten Problemlagen und weiterer, landes- und bundespolitischer, unternehmerischer und schulischer Kräfteverhältnisse.

Die Institutionalisierung und Territorialisierung von Angebot-Nachfrage-Verhältnissen ist in einem Szenario, das in Analogie mit Saxenians historischen Studien eher der Bostoner *Route 128* entspricht (1996), auf der Schaffung eines neuen Feldes, bzw. einer Pyramide ausgerichtet. Es stellt sich die Frage, ob die im Fachkräftemangel unterstellten Feldstrukturen von Angebot und Nachfrage tatsächlich konstitutiv für die Interaktionsverhältnisse sind, die sich an der Fachkräftemangeldiagnose entfachen.

In einem anderen Szenario aber, das in Kap. 4 als Mosaik bezeichnet wurde, wäre der Fachkräftemangel weniger von Mangeldiagnosen, Konkurrenzverhältnissen und umfassenden Kräften bestimmt. Die konstitutiven Komponenten im pädagogisch-ökonomischen Zwischenraum wären lose gekoppelt. Diese lose Kopplung hat Saxenian bereits als typisch für die Region SF ausgewiesen (1996). Das bedeutet, dass Gruppen und Organisationen im Zwischenraum in ihren Eigenschaften vielfältig sind und relativ mobil bleiben. Der Zwischenraum als ein Mosaik ist dann nur als loses Aggregat der aktuellen Formation zu verstehen, nicht als Verdichtung von eigenen Kapitalsorten, eigenen Illusios und, bildlich gesprochen, elektromagnetischen Effekten.

6.3 Das feldanalytische Vorgehen

Das Phänomen des Fachkräftemangels lässt sich also auch in der Region SF als feldsoziologischer Gegenstand verstehen. Zur Konstruktion eines empirischen Falles und entsprechender Untersuchungsgegenstände greife

6.3 Das feldanalytische Vorgehen

ich auf vier Auswahlkriterien zurück: die Selbstbeschreibung der Akteure als Bildungsbroker, ihre Verbundenheit in einer ‚Szene', die soziale Anbindung an Bildungs- und Wirtschaftsorganisationen und die geografische Verortung ihrer Initiativen. Das Ziel dieser Kriterien ist es, eine ganz bestimmte politische Arena ausfindig zu machen und sie in ihrer institutionellen Identität und Akteurszusammensetzung umschreiben zu können.

In dem letztgenannten Kriterium, der geografischen Lagerung der Bildungsbroker, interessieren mich besonders die Orte östlich von San Francisco. Hier liegen besonders vielfältige sozioökonomische Bedingungen vor, etwa im Vergleich zwischen dem reichen Berkeley, dem zunehmend gentrifizierten Oakland und dünner besiedelten Landkreisen östlich davon. Zusätzlich findet in der Ostbucht das höchste Populationswachstum der Region statt sowie ein Anstieg von Mietpreisen trotz der bisherigen Armut (etwa in Oakland), während dort eine im Vergleich zur Stadt SF und zu Silicon Valley weniger etablierte Identität als Wirtschaftsregion vorherrscht. Neben den Technologie- und Medizin-Clustern um die Universität Berkeley herum gibt es etwa in Richmonds Ölraffinerien, dem Bayer-Sitz in Berkeley oder in Oaklands Hafen auch Wirtschaftssektoren, die sich nicht umfassend als Wissensökonomie bezeichnen lassen, und Bevölkerungsschichten und Bildungsträger, die sich nicht wie etwa die Universitäten in San Jose oder die Schulen in Palo Alto als Nachbarn, Stakeholder oder Dienstleister der Technologiewirtschaft verstehen. Zugleich gibt es aktuell Bestrebungen, eine regionalökonomische Orientierung der Bildungsträger zu verstärken. Diese Situation – bestehend aus parallel verlaufenden Krisen und der Expansion der Technologie-Wirtschaft – macht besonders die Bildungsbroker der sogenannten Ostbucht interessant: Verstehen sie sich doch als Vermittler und somit als Träger der sektor- und schichtübergreifenden Verbindung zwischen Wirtschaftswachstum und Bildungsanliegen, Armut und Technologiewirtschaft, während eben jene Spannungs-

Verhältnisse sich im Zuge der „tech expansion" und der steigenden Ungleichheit verschärfen.
In Bezug auf die Praktiken der Bildungsbroker nutze ich relativ offene Auswahlkriterien. So sind diejenigen Organisationen und Allianzen interessant, die Bildung und Wirtschaft sowohl auf der Systemebene von politischer Gestaltung durch eine neue Bildungsplanung verknüpfen wollen, die aber auch auf der Sozialebene das Ziel verfolgen, Arbeitssuchende mit Beschäftigungsangeboten zu vermitteln. Die Bildungsbroker können mit einer solchen Zielvorstellung durchaus auch als Broker für neue Verbindungen zwischen etablierten Feldern gelten oder sogar als Broker eines neuen Feldes.

Die Fallauswahl, die durch mangelnde Kontakte und überraschende Hinweise und Begegnungen oft unerwartet verläuft, orientiert sich weiterhin an der ideellen Selbstbeschreibung der Akteure. Ich habe den Kontakt zu denjenigen gesucht, die sich mit der Rolle eines „intermediaries", eines „brokers" oder mit dem Wahlspruch „convene, measure, broker, connect" identifizieren. Dabei sind neue Initiativen interessanter als die alteingesessenen Instanzen, etwa staatliche Beschäftigungsdienste wie die Workforce Investment Boards oder das Berufsbildungssystem der Community Colleges, die sich traditionell um ähnliche Aufgabenfelder bemühen. Im Kontakt zu eben jenen Akteuren interessiert mich in zweiter Instanz die Vernetztheit meiner Interviewpartnerinnen untereinander. Wenn wiederholt dieselben Namen fallen oder ich in Veranstaltungen vorigen Gesprächspartnern wiederbegegne, deutet sich damit die erfolgreiche Identifikation einer politischen Arena an. Dazu gehören aber auch Ressourcenquellen, an die sich die Bildungsbroker binden bzw. auf die sie ein Auge geworfen haben.

Mit dem letzten Punkt ist auch die äußere Anbindung der ‚Szene' an Bildungs- und Wirtschaftsorganisationen angesprochen, wie sie in Kap. 8 eruiert wird. Diese Anbindung sollte variieren und nicht eng definiert werden. Unter der Voraussetzung, dass die Akteure sich als Teil der Bildungsbrokerszene verstehen, sind sie umso interessanter, wenn sie sich

6.3 Das feldanalytische Vorgehen

durch unterschiedliche Finanzquellen und Solidaritäten mit Wirtschafts- und Bildungsinstanzen auszeichnen. In Bezug auf die Finanzquellen hat sich insbesondere der im Jahr 2014 lancierte „California Career Pathways Trust" (CCPT) als ausschlaggebend erwiesen, in dem das Kalifornische Bildungsministerium diese und andere Regionen im Bundesstaat mit einem außergewöhnlich großen (250 Millionen Dollar für drei Jahre) und in seiner Zweckaufwendung flexiblen Förderprogramm für die Umgestaltung von Bildungs- und Karriereübergängen versorgt (California Department of Education 2014).

Auch variiere ich zwischen den bildungs- und den wirtschaftsnahen Brokern, um der Vermutung einer Homologie mit präexistenten Machtstrukturen nachzugehen. Dabei sind einerseits die Bildungsbegriffe und Denkweisen ausschlaggebend, gleichzeitig auch die materielle, d. h. finanzielle und personelle Ausstattung, die mehr oder weniger aus Anleihen aus der Privatwirtschaft oder der staatlichen Bildung stammen. So können Initiativen als bildungsnah gelten, die örtlich und organisational bei Bildungsträgern angesiedelt oder die durch ihr formales Programm diesen Trägern rechenschaftspflichtig bzw. dienlich sind. Gruppen aber, die sich aus Wirtschaftsförderungsprogrammen speisen oder sich Unternehmensgruppen in den Dienst stellen, können als wirtschaftsnah gelten. In der Untersuchung von bildungs- und wirtschaftsnahen Gruppen ergab sich mehrmals auch die Gelegenheit, den Austausch mit den jeweiligen Publikums- und Kooperationsgruppen zu suchen, so dass ich mit beteiligten Lehrkräften und Unternehmen gesprochen habe.

Insgesamt speist sich aus diesen Kriterien ein Set an sieben Bildungsallianzen, wobei ich auch andere, dem Kontrast dienliche Initiativen im Rahmen einer Dokumentenanalyse oder durch qualitative Interviews untersuche. Die Interviewforschung besteht insgesamt aus 28 Gesprächen, wobei ich die Allianzen, die in der Analyse aufgegriffen werden, mit mindestens zwei Interviews untersucht habe. Die Interviews wurden in ausgewählten Passagen transkribiert. Ergänzt werden sie inhaltlich dadurch, dass die Gesprächspartner sich gegenseitig kennen und in den

Gesprächen aufeinander eingehen. Weiterhin habe ich durch sie oft Publikationen der eigenen Organisationen an die Hand bekommen und analysiert. Zu guter Letzt berücksichtige ich in der Analyse fünf teilnehmende Beobachtungen (andere wurden nicht protokolliert oder sind hier nicht relevant).

In den Interviews habe ich, neben einigen fallspezifischen und sich aus dem Gespräch ergebenen Fragen, speziell nach der Ausgangslage, der Zielstellung und den Folgen des Bildungsbrokerings und seiner finanziellen und legitimatorischen Bezugspunkte gefragt. Daraus ergeben sich Leitfragen-gestützte Interviews von 30 Minuten bis 90 Minuten (siehe Interviewleitfaden im Anhang).

Die Analyse greift diese Daten umfassend und deduktiv auf. Auf Basis von feldtheoretischen Suchbegriffen durchsuche ich sowohl die Interviews, die Dokumente als auch die teilnehmenden Beobachtungen vor allem auf der manifesten Bedeutungsebene nach Informationen, die auf die institutionelle Strukturierung und die kollektiven Praktiken des Bildungsbrokerings hinweisen. Die fünf Überbegriffe, die die entsprechende Kodierbegriffe darstellen in der Auswertung darstellen, lauten stets: „goals, challenges, practices, structures, contexts" (siehe Kodierschema im Anhang).

Analytisch liegt die Aufgabe vor allem in der Kontrastierung und Kartierung sozialer und geografischer Positionen und verschiedener Praktiken des Bildungsbrokerings. Die idealtypische Modellierung von Pyramiden und Mosaiken liefert bereits die Analysekategorien, die induktiv um weitere Kategorien und eine bipolare Dimensionierung ergänzt werden können, wie es im Konzept des Idealtypus auch theoretisch angelegt ist. Diese deduktive Kodierung ist notwendig, um homologe Strukturen und kontrastierende Praktiken überhaupt ausfindig zu machen (siehe Kodierschema im Anhang). Im Detail ist die Feldanalyse entlang der Bourdieu'schen Begriffe der Position, der Disposition, der Komposition und der Positionierung der Akteure erfolgt. Diese vier Begriffe lassen sich durchaus als Analyseschritte bezeichnen, die zusammen einen Kar-

6.3 Das feldanalytische Vorgehen

tierungsprozess ergeben und entlang derer alle untersuchten Bildungsbroker im Feld verortet wurden.

(1) Im ersten Analyseschritt wird die Begründung der Initiative durch Finanzierungs- und Legitimationsquellen aus Bildung und Wirtschaft und die Beziehungen der Bildungsbroker untereinander rekonstruiert.
(2) Daraufhin untersuche ich die zugrundeliegenden Logiken, Bildungsbegriffe und Selbstbeschreibungen, mit denen die Akteure im Interview, in Dokumenten und in beobachteten Interaktionen ihre Position deuten und ihre eigene Arbeit charakterisieren.
(3) Die Zusammensetzung von Positionen und Dispositionen charakterisiert die Organisation als Ganzes, also als mehr oder weniger umgrenzte und eigenständige Komposition mehrerer Bezüge und Ressourcen. Diese Komposition dient im dritten Analyseschritt einem Vergleich der Organisationen untereinander und in feldanalytischer Hinsicht der Frage, ob Gemeinsamkeiten und Unterschiede sich durch die Positionierung in der Nähe zu Wirtschafts- oder Bildungswelten erklären lassen.
(4) Zu guter Letzt sind die Praktiken und Strategien als aktive Positionierung zu untersuchen, mittels derer die Akteure ihre Ausgangslage mehr oder weniger umgestalten oder reflexiv in ihr Handeln einbinden.

In der Darstellung der Ergebnisse in den Folgekapiteln spiegeln sich diese Analyseschritte nur indirekt wieder. Es wäre zu scholastisch, diese Kartierungen schrittweise vorzustellen. Die interessantesten Erkenntnisse aber speisen sich aus diesen Untersuchungen und bündeln sich in der Trias von Ackerfeld, Kampffeld und Kraftfeld, so dass ich nun wie folgt vorgehe.

Kap. 7 beschreibt nun die relativ einheitliche Legitimationsweise, die mit dem Begriff des Fachkräftemangels einhergeht, und setzt insofern am Begriff des Ackerfeldes an. Es schildert weiterhin, dem Begriff des Kampffeldes entsprechend, die Konkurrenzverhältnisse der Bildungsbroker.

7. Ein Trugbild als Spielregel – Das Angebot-Nachfrage-Schema in der Steuerungspraxis von Bildungsbrokern

Dieses Kapitel bearbeitet in der US-amerikanischen Fachkräftemangeldebatte die Frage, welche Annahmen über das Verhältnis von Regionalwirtschaft und Bildung der Angebot-Nachfrage-Diagnostik unterliegen. Dabei kann man erstens bei den inhärenten Prämissen ansetzen. Demnach sitzt der Fachkräftemangel auf den institutionellen, bildungsökonomischen und territorialen Facetten der in Kap. 5 beschriebenen politischen Ökonomie auf. Im Sinne einer Illusion hat der Begriff hier zunächst vor allem eine starke Suggestivkraft.

Darüber hinaus aber, wie ich es im zweiten Schritt versuchen will, kann man dieser Suggestivkraft auch in der praktischen Wirkung folgen und erkunden, inwiefern der suggerierten Kopplung von Angebot und Nachfrage auch eine institutionelle Kopplung von Bildungsanbietern und Arbeitgebern folgt. Der letzte Abschnitt geht auf das Verhältnis der Bildungsbroker untereinander ein und eruiert an drei Beispielen, wie dieses zustande kommt und inwiefern der Fachkräftemangel auch der Impuls für ein Kraftfeld zwischen Wirtschaft und Bildung ist.

7.1 Divergente Bedürfnisse triangulieren – Zwischenraum als Ackerfeld

Bereits zu Beginn der Arbeit wurde das illusorische Steuerungsversprechen kritisiert, das vermittels eines Angebot-Nachfrage Schemas in der Fachkräftemangeldebatte angelegt ist, dabei aber wesentliche diagnostische Unsicherheiten außer Acht lässt. Man könnte von einer Steuerungsillusion sprechen. Umso auffälliger ist, dass man dem Stichwort des Fachkräftemangels oft als faktizistische Hypothese oder als affirmative Behauptung behauptet. Das gilt für die US-Amerikanische Debatte ähnlich wie für die bereits dargestellte deutsche Debatte: „Is there really a skills gap?" (Kurtzleben 2013) titelt ein Zeitungsartikel, „The truth hurts – the STEM crisis is not a myth", ein anderer (Rosen 2014) und „Employers Aren't Just Whining – the „Skills Gap Is Real" ein dritter (Bessen 2014). Um diese (Halb-)Wahrheiten zu etablieren, treten eine Vielzahl an Fürsprechern auf.

Auch die Gruppen, die ich zuvor als Bildungsbroker angedeutet habe, docken an die Debatte des Fachkräftemangels an. Ich werde sie nun einführen und den Fachkräftemangel als ihr handlungsleitendes Motiv darstellen. Im Verlauf der Erzählung treten nach und nach die folgenden sieben Gruppen in den Vordergrund, die sich – ihrer eigenen Sprechweise zufolge – wie folgt bezeichnen lassen:

(1) The Cross-Fertilizer
(2) The Supply Manager
(3) The Bridge
(4) The Platform
(5) The Neutral Table
(6) The Ecosystem
(7) The Coalition of the Willing
(8) The Matchmaker

Die Identität und Interaktionen dieser Gruppen emergieren in der Folge zusammen mit dem legitimatorischen Figur des Fachkräftemangels.

7.1 Divergente Bedürfnisse triangulieren – Zwischenraum als Ackerfeld   227

„What is the Mismatch?" *Bildungsbrokering als Konvergenzherstellung*

Die meisten Vertreterinnen der sektorübergreifenden Bildungsallianzen finden klare Worte, als ich sie im Interview frage, welche Bedeutung der Fachkräftemangel für sie hat. Exemplarisch antworten zwei Interviewpartner wie folgt:

> ... everything we are trying to do is about preparing workers for jobs that actually exist, and making sure that workers have the skills that employers need. If I would sum up what we are trying to do, that would be it. Our education system and other systems are not doing a good enough job to preparing workers with the skills that employers say they need. (Q)

Diese Gesprächspartnerin versteht ihre Arbeit vor dem Hintergrund eines versagenden Bildungssystems, das nicht mehr in der Lage sei, Arbeiter mit den nachgefragten Kenntnissen auszustatten. Ein anderer unterstreicht, dass der Stimme der Arbeitgeber Gehör verschafft werden muss:

> We need to listen to them when they say, I cannot hire a mechanic in order to maintain our machines and plant. Because there is no program that meets my skill needs right now. We have to listen to them, we have to hear them [...] and then to say, we need you to partner with us. You are telling us what this is gonna look like along the way and then you have these [unverständlich] for the students at the other end. It becomes that loop. It becomes an economic driver, by investing in this, I create that local employees that I need at the other end. (P)

Beide Gesprächspartner, die eine Sprecherin einer Regionalentwicklungsinitiative der andere Leiter eines zivilgesellschaftlichen Gruppe in der Stadtpolitik von Oakland, evozieren hier die Idee eines linearen Input-Output Systems („making sure that workers have the skills that employers need"; „I create that local employees that I need at the other end"). Ein solches Angebot-Nachfrage-Verhältnis wird hier zum Anlass und Maßstab für die eigene Arbeit genommen und im zweiten Zitat sogar personellen Anliegenträgerinnen (den Unternehmerinnen), untergeordnet und einem größeren Mechanismus in den Dienst gestellt (dem regionalen Wirtschaftswachstums). Diese Ausrichtung wird vornehmlich auf die

„skills" bezogen, die in ganz bestimmten Arbeitsfeldern erhoben werden und umgehend als Bildungsgrundlage dienen sollen. Diese einvernehmliche und durchaus planerische Orientierung an Angebot-Nachfrage-Verhältnissen stammt im ersten Zitat gar von einer Interviewpartnerin, die zuvor ausgiebig ihre Skepsis gegenüber der Vermessung und Vermittlung von Angebot und Nachfrage ausdrückte.

Meine Anschlussfragen werden allerdings mit weniger Entschlossenheit beantwortet. Einerseits reagieren die Interviewpartnerinnen vorsichtig oder ihrerseits mit einer Rückfrage, wenn ich frage, ob denn auch die „Demand"-Seite, d. h. die Jobangebote seitens der Arbeitgeber, Teil der Verhandlungen wären. Andererseits stehe die faktische Grundlage von Angebot und Nachfrage, so mehrere Interviewpartner einvernehmlich, auf unsicheren Füßen (P, A, C, Y). Man wisse nur anekdotisch über die Fähigkeiten der (Hoch-)Schulabgänger oder über die kurz- und langfristigen Arbeitgeberbedarfe Bescheid; auch weil Schulen und Unternehmen angesichts ihrer jeweiligen Konkurrenzbeziehungen ungern ihre Daten öffentlich machten und bildungspolitische Datensätze nur freiwillige und unvollständige Angaben enthielten.[69]

Das behauptete Interesse der Arbeitgeber, demzufolge bestimmte Arbeitnehmerschaften schwierig zu finden sind, ist ebenfalls schwer auf seine Ernsthaftigkeit hin zu überprüfen. So bemühen Anstellungsprozesse üblicherweise diverse Kanäle, nicht etwa ein geschlossenes Set an dokumentierten Arbeitnehmerschaften. Die Anstellung geschieht einigen

---

[69] Cal-Pass Plus, erstellt durch Führung und Finanzierung des Kanzleramts des California Community Colleges, ist ein Datensatz, der die Schüler- und Studierendendaten des ganzen Staates erfassen soll („Pre-K through 16").Cal-PASS Plus bietet Längsdaten, Analysen zu Übergängen und Informationen zu Erfolgsfaktoren sowie Vergleiche zwischen den Universitäten, Hochschulen, K-12-Schulsystemen und -Schulen (https://www.calpassplus.org/).

Bildungsbrokern zufolge nicht einmal auf Basis eines klar umrissenen Erwartungshorizontes an wohldefinierten Arbeitskompetenzen. Die in der Fachkräftedebatte besonders prominent erwähnten Technologieunternehmen scheinen ganz besonders unspezifisch und zugleich dynamischer und anspruchsvoller in ihren Anstellungsvoraussetzungen als noch vor einigen Jahren (Benner 2008). Im Interview hat ein selbsternannter „education evangelist" (K), der bei einem der größten Computer-Firmen Bildungsvisionen und -technologien bewirbt, sogar die begrenzte Definierbarkeit von jenen Skills hervorgehoben, die als gefragt gelten können. Und das, obwohl sein Arbeitgeber in der öffentlichen Debatte regelmäßig adressiert wird. Denn die Firmen, so auch ein besonders erfahrener „workforce and community organizer", haben oft gar keine systematischen Suchverfahren entwickelt:

> A couple of businesses have admitted it. They do not know how to do it [...]. They started with their friends, a cohort of friends. [...] Maybe if you make it big, we make it big too. So that whole sort of things in the way that a lot of them evolved explains that. And they embedded that in their businesses culture of how they recruit. And that becomes really critical. (P)

So teilen viele Interviewpartner zwar die Skepsis gegenüber dem Fachkräftemangel, legitimieren ihre Arbeit aber ausnahmslos mit eben jener Diagnostik. Die Annahme liegt nahe, dass die aktive Beteiligung an Angebot-Nachfrage-Verknüpfungen sogar unabhängig von persönlichen Überzeugungen und betriebswirtschaftlichen Dispositionen ist, sondern dankbar als Legitimationsquelle aufgegriffen wird. Dies zeigt sich auch im Gespräch mit A., einer Bildungsbrokerin, die hier als ‚The Cross-Fertilizer' bezeichnet wird, weil sie es sich zur Aufgabe gemacht hat, die verschiedenen Vermittlungsinstanzen zu koordinieren. Sie hinterfragt, ähnlich wie eine zuvor zitierte Bildungsbrokerin, durchaus die Bedürfnisse der Unternehmen:

The dynamic here, which is moving some industry to play in ways they haven't before, they cannot find a qualified workforce in the region, so that they have to look nationally and internationally. But really, they look internationally because they can find cheaper labor. So the argument is, let's be real, how much did you really look! This is the thing I keep saying to people. The Biotech people tell me, they cannot find anybody. I am like, you got Stanford, CSU and Berkeley all right here, and you are telling me that you cannot find anybody. So the question is, what is the mismatch? The challenge with UC Berkeley is that it is not applied. It is too theoretical. So you have people who don't know how to take notes, how to play in a team, and so forth. It is workplace skills. They know academic research but they do not know how to build it in a process line and a problem solving. They are becoming more invested in helping to look at how to prepare the local workforce. Some sectors, like the utilities, have upcoming retirements and the retirements were delayed because of the economic downturn, so now they are starting to gear up again. They are looking for replacement. So they are more interested in working with the education system to try to prepare folks. But they don't wonna pay for it necessarily. (A)

Mit der Frage „*What is the mismatch?*" deutet A. bereits die Vielfältigkeit der wahrgenommenen Inkohärenzen an und stellt sie als Anlass des Bildungsbrokerings heraus. Insgesamt berührt das Zitat die wesentlichen Dimensionen, unter denen der Fachkräftemangel als Umverteilung von Verantwortungen aufscheint: nämlich die Ernsthaftigkeit der Bedürfnisbehauptungen der Arbeitgeber, die Zurechenbarkeit der beschäftigungsvorbereitenden Bildung sowie die Verantwortung beider Seiten, Steuerungsprogramme mitzugestalten beziehungsweise die dadurch entstehenden Kosten und Aufwendungen zu verteilen. Die potenziellen „mismatches" sind einerseits zwar auch für A. bedenklich, ihre Auslegung folgt aber einem gestalterischen Anspruch. Die Frage „What is the mismatch?" wird dabei aufgegriffen und sie schreibt sich, wie unten geschildert, in die aufgeworfenen Koordinationsbedürfnisse als regulative Instanz ein. A. und andere Bildungsbroker beschreiben ihre Arbeit daher treffend mit dem Motto „convene, connect, measure, sustain".
Diese vier Stichworte bedeuten in der Gesamtschau der nun dargestellten Steuerungspraktiken, dass etwa Industrie- und Bildungsvertreter auf gemeinsamen Events zusammengebracht werden, in denen erstere Gruppe den anderen von ihren Arbeitswelten und von den Qualifikationsvoraus-

7.1 Divergente Bedürfnisse triangulieren – Zwischenraum als Ackerfeld 231

setzungen berichtet („convene"). Als institutionelle Kopplung dieser Bedarfe werden etwa Schul-Curricula unter Beteiligung der Lehrkräfte auf dokumentierte Unternehmerbedarfe ausgerichtet („connect"). Diese Bedarfe sollen im Sinne des dritten Stichwortes („measure"), so das Vorhaben einiger (‚The Cross-Fertilizer') mitsamt der fragmentierten, staatlich-verwalteten Absolventenstatistik vermessen, wechselseitig transparent gemacht und in integrierte Datensysteme und Managementtools überführt werden. Im Sinne einer erhöhten Beständigkeit dieser Kopplungen („sustain") sprechen viele davon, die eigenen Projekte hochskalieren zu wollen („to scale"). Dahinter steckt die Hoffnung, etwa für sektorübergreifende Vernetzungsversuche oder Kooperationsvorhaben standardisierte ‚Lösungen' anbieten zu können oder die Erwartung, in der (Teil-)Region als die eine, zentrale Anlaufstelle zu fungieren.

Diese Vermittlungspraktiken sind im Kern also Versuche, die im Fachkräftemangel unterstellten Angebot-Nachfrage-Verhältnisse erst herzustellen, sie zu messen und zu konsolidieren und dabei den Unternehmen zu helfen, die eigenen Suchverfahren zu optimieren:

> There are not a lot of models out there and maybe they don't know how. It is not only what they need in the workforce, but what do they perceive as the chances and challenges of them getting better at diversity and how do you help them. You know, we don't know how to do it, lets gather some models that work. (P)

In den letzten Sätzen wird deutlich, dass P. selbst dem Mangel an arbeitsmarktlichen Infrastrukturen Abhilfe verschaffen will, indem er Unternehmen und Bildungsanbieterinnen zur Kooperation bewegt.

In diesem Sinne formuliert er nicht nur neue Arbeitsprozesse, sondern auch ein moralisches Unterfangen; etwa wenn es darum geht, den Fachkräftemangel zugleich als Diversifizierungsmöglichkeit in Bezug auf die demografische Zusammensetzung der Arbeiterschaft wahrzunehmen. Letzteres ist darüber hinaus insofern ein Konfliktfeld, welches zum Zeitpunkt meines Forschungsaufenthaltes in den lokalen Medien diskutiert und in den Interviews aufgegriffen wurde, als dass große Technologieunternehmen ihre Verantwortung inzwischen eingestehen. Innerhalb eines Zeitraums von einem halben Jahr (Frühjahr 2015) veröffentlichten ein Computerunternehmen nach dem anderen in öffentlichkeitswirksamem Gestus interne Arbeitnehmerdaten und bekundeten damit, dass es an (ethnisch) diversen Arbeitnehmerschaften mangele (Cook 2015; Intel 2015; Microsoft 2015; Williams 2015). Daraus entstand in der Wahrnehmung einiger Interviewpartnerinnen – nachdrücklich bei M., P., C., die sich um arme und vornehmlich afro-amerikanische Bevölkerungsschichten bemühen – ein Überbietungswettbewerb. Wie im Zitat oben deutlich wird, nutzen die Bildungsbroker ihrerseits diesen Wettbewerb, um die entsprechenden Wirtschaftssektoren auf die mangelnde Diversität anzusprechen und damit eine Verantwortungsübernahme für bildungspolitische Themen zusätzlich anzuregen.

Gemein ist diesen Beispielen die Rolle der sektorübergreifenden Allianzen als aktive *Broker*, die verschiedene Bildungsanliegen trotz aller Widersprüche im Lichte des Fachkräftemangels aufeinander beziehen und diese Diagnostik im Interesse des eigenen Anliegens als Aktionsprogramm deuten. Dieses Programm steht weiterhin in Diensten der Unternehmensnachfrage, kombiniert sie aber mit den – der Armut und der Bildungsungerechtigkeit geschuldeten – Krisen, um dann die soziale Relevanz von unternehmerischem Bildungsengagement zugunsten der eigenen Vorhaben symbolisch zu unterfüttern. In dieser symbiotischen Beziehung zwischen Unternehmensbedürfnissen und Bildungsbrokern übernehmen letztere auch administrative Entlastungsaufgaben (siehe Kap. 8).[70]

---

[70] So begründen einige Interviewpartnerinnen die Vorteile von sektorübergreifenden Bildungsallianzen mit der Argumentation, dass Unternehmen zu viele Anrufe von Schulen und gemeinnützigen Organisationen bekommen, da diese immer auf der Suche nach Praktikumsgelegenheiten oder Finanzierungsmöglichkeiten seien. Die

Es lässt sich hier eine Überlappung, nicht aber eine Konvergenz verschiedener Konkurrenzbeziehungen und Koordinationsaufgaben erkennen, die nur entfernt mit dem Fachkräftemangel verwandt sind. Vielmehr muss die behauptete Konkurrenz um die Arbeitnehmerschaft aus Sicht derselben Protagonisten überhaupt erst transparent gemacht werden. Wohl aber konkurrieren Unternehmen um öffentliches Ansehen, während dieses Engagement wiederum Finanzierungsquelle ist und sogar Konkurrenzgegenstand der unterfinanzierten Non-Profit-Organisationen. Die Bildungsallianzen greifen diese unterschiedlich konfigurierten Konkurrenzverhältnisse auf und interpretieren sie als Anlass für ihre eigene, sektorübergreifende Vermittlungsarbeit. Sie manifestieren damit das Primat der behaupteten Arbeitgeberbedürfnisse.

So kann man zwei hypothetische Annahmen festhalten: Die sektorübergreifende Beziehung liegt zum Ersten in der wechselseitigen Publikumsrolle. Eine zweite Annahme besteht darin, dass die Stärke der Fachkräftemangeldebatte eher in seiner sektorübergreifenden Legitimität liegt, als dass diese Mängelbehauptungen – ob zutreffend oder nicht – selbst Anlass für das Bildungsbrokering sind.

„A reform agenda" – Die sektorübergreifende Bedürfnistriangulation

Während die Bildungsbroker die verschiedenen Krisensituationen dankbar aufgreifen, betätigen sie sich selbst zumindest reproduktiv, wenn nicht sogar gestalterisch bei der Priorisierung verschiedener Bedürfnisse und Verantwortlichkeiten. Denn in einigen der untersuchten Initiativen

---

Rolle der Bildungsallianzen läge dann darin, Unternehmen durch das Zwischenschalten von Koordinationsstellen von den vielen Anfragen abzuschirmen.

wird auch die Verteilung von Dankbarkeit und sogar Schuld neu arrangiert und damit indirekt in die beschriebenen Konfliktfelder eingegriffen. Bereits als das Förderprogramm *California Career Pathways Trust* (CCPT) lanciert wurde, sprach ein Vertreter einer als beispielhaft präsentierten Bostoner Initiative gegenüber möglichen Fördernehmern von seinen Bemühungen und gab einschlägige Empfehlungen. Wenn man eine sektorübergreifende Initiative lanciert, gelte besondere Aufmerksamkeit den Dankbarkeitsverpflichtungen gegenüber unternehmerischen Kooperationspartnerinnen.

> As a backbone organization, we are brokering, we are convening, but we also give them credit. I have to give a couple of them a heads-up. Guys, I am going to this meeting and you are not on this list. I don't want to put pressure on you but someone is going to give you a call. This is something that you also have to think of as an intermediary: How do you give them credit? Everybody wants credit. As an intermediary, we never get credit but we always get the blame. (Pathways to Prosperity Institute 2013a)

Die reziproken Beziehungen der Unternehmen kann man ihm zufolge auch nutzen, um neue Partner anzuwerben, wenn auch auf Kosten neuer Dankbarkeitsverpflichtungen. Nicht allein sieht sich der Vortragende dazu verpflichtet, einen moralischen ‚Return on Investment' zu schaffen, um dem zukünftigen, finanziellen Nutzen des Bildungsengagements vorzugreifen. Auch müssten die Initiativen Schuld auf sich nehmen – so der Ratschlag –, sollte im Verlauf der Kooperation ein Konflikt auftreten oder das ganze Vorhaben scheitern. Damit ist sogar dem möglichen Imageschaden vorgegriffen, der für Unternehmen entstehen würde, wenn sie sich aus dem eigenen Hause heraus um Bildungsprogramme bemühen und dieses Bemühen scheitern sollte.

Kooperierende Bildungsanbieterinnen dagegen werden in keinem der Interviews im Sinne von Dankbarkeitsverpflichtungen thematisiert, sondern eher im Sinne von Pflichten, denen man sich im Rahmen der Bildungsarbeit aus beruflichen und ideellen Gründen stellen müsse. Die Bildungsbroker positionieren sich in diese Richtung weniger als Dienst-

7.1 Divergente Bedürfnisse triangulieren – Zwischenraum als Ackerfeld   235

leister. Sie fungieren eher als Katalysatoren der bildungsreformerischer Erwartungen, staatlicher Klassifikationssysteme und der wirtschaftspolitischen Bildungsbedarfe. Im originalen Wortlaut müssen Bildungsarbeiter zur Verantwortung gezogen werden („accountability") und sie müssen dem Wunsch der Bildungsbroker zufolge für die (zukünftigen) Berufskarrieren der Schülerinnen verantwortbar sein, so Vertreter von der Gruppe „The Matchmaker". Die sozioökonomische Situation der bedienten Bevölkerungsschichten fällt dann, ex negativo, nicht ins sozialpolitische Politikressort, sondern wird, der Humankapitallogik folgend, in der individuellen Entscheidung über bildungsbiografische Investitionen zum Gegenstand dilemmatischer Kosten-Nutzen-Abwägungen. Die staatliche Bildung wird von den Bildungsbrokern auch als mögliches Konfliktfeld in Betracht gezogen und mit angrenzenden Konkurrenzfeldern trianguliert. Wie in Kap. 5 beschrieben, ist die Konkurrenz hier mindestens so groß wie der Imagewettbewerb der Unternehmen. Die Konkurrenz der einen ist indirekt sogar an den Imagewettbewerb der anderen gebunden. Insgesamt scheinen regionalpolitische und -ökonomische Wettbewerbe die Fachkräftemangeldebatte in einer besonders vertrackten Weise zu befeuern. Die in dem Narrativ angedeutete Win-Win-Situation von „*bessere Bildung, bessere Wirtschaft*" deckt sich zwar mit einer vielfachen Kopplung beider Zusammenhänge. Diese stiften sich aber nicht in der einfachen Orientierung an einem Arbeitnehmermangel, sondern an anderen sektorübergreifenden Vermittlungsbedürfnissen, seien sie sozioökonomischer und sozialpolitischer, arbeitsmarkt- oder wirtschaftspolitischer Natur. Beide zuvor getroffenen Annahmen sind also plausibel: So berufen sich die Bildungsbroker sowohl auf wechselseitige Publikumsrollen der Nachbarfelder und nutzen die Angebot-Nachfrage-Diagnostik um sektorübergreifende Legitimität zu erzeugen.

Zusammengenommen stehen hinter der im Fachkräftemangel behaupteten singulären Konvergenz von Angebot und Nachfrage eine Vielfalt an Divergenzen und Konkurrenzen. Bildungsträgerinnen und Unternehmen begreifen sich dabei gegenseitig als Publikum, um durch die Aufmerksamkeit der anderen feldinterne Machtpositionen zu behaupten. Was die Bildungsbroker dabei tun, ist die Triangulation und Akkumulation mehrerer Bedürfnisse, um ihre sektorübergreifenden Vermittlungsarbeit zu legitimieren und in die Wege zu leiten.

Dass dahinter durchaus ein strategisches Bewusstsein steht, formuliert ein besonders sozialunternehmerisch orientierter Bildungbroker in dem untenstehenden Zitat. Seine Organisation, hier als ‚The Supply Manager' gekennzeichnet, hat ein besonders eng gestricktes Programm der Betreuung, Fortbildung und des „Job-Placement" aufgestellt. Das Businessmodell besteht darin, Langzeitarbeitslose und ehemalige Häftlinge aus Oakland in aktuell gefragten Kodiersprachen zu trainieren und sie, mit entsprechenden Zertifikaten ausgestattet, an Computer- und Medienunternehmen zu vermitteln. Die Lancierung und den Anlass zu dieser Arbeit beschreibt er vor dem Hintergrund mehrerer Krisen:

> We said, let's be very deliberate and conscious about what it is that we are asking the ICT sector. Because everybody has some ICT work. What is it that we want from them, what does the relationship need to be, what reform is it, that they need to engage in, and especially in light of the recent public disclosures about their diversity data. But also recognizing that school districts need to change what they are doing, the community colleges we are pouring billions of dollars in them [...] and they are pretty dysfunctional [...]. So part of it is this notion about being clear what we want from business, but also that there is a reform agenda embedded that all of us have to behave differently around being successful in getting people prepared into careers. So the cross-sector thing comes in there. (C)

In dieser Auslegung wird die Omnipräsenz von ICT-Arbeitsplätzen und die Diversity-Krise der Technologieunternehmen mit den dysfunktionalen (tatsächlich aber unterfinanzierten) Schulen und Community Colleges zu einer großen „reform agenda" kombiniert.

In Reaktion oder eher Antizipation auf diese Synergien bringen Bildungsbroker wie C. die Bildungs- und Wirtschaftsvertreter in Kontakt. Anstatt die aufwendige Aufgabe des Intermediären zu übernehmen, hat sein Programm sich jedoch von den sozialpolitischen Akteuren und Politikbereichen distanziert, da diese zu dysfunktional seien. In die offene Lücke, so C.s Semantik, platziert er stattdessen ein, seiner Aussage folgend, vom Supply-Chain-Management inspiriertes Geschäftsmodell: In der Kombination von einerseits „stackable certificates" – ein in der Computerindustrie übliches Modell, Hochschulqualifikationen durch Einzelzertifikate zu ersetzen – und andererseits besonders benachteiligten Arbeitnehmerschaften hat er eine Grundlage gefunden, um mehrere Krisen- und Konkurrenzsituationen innerhalb eines Arbeitgeber-orientierten, sozialen Dienstleistungsunternehmen zu kapitalisieren.

7.2 Um Gelegenheiten konkurrieren – Zwischenraum als Kampffeld

Es zeigt sich also, dass im Bildungsbrokering die Krisenbedürfnisse – trotz aller Divergenzen – unter dem Leitbegriff des Fachkräftemangels konvergiert und die daran geknüpften Arbeitgeber- und (Hoch-) Schulinteressen und Publikumsrollen trianguliert werden. Und doch sind sich alle darin einig, dass er wenig als analytische Handlungsgrundlage taugt. Der Fachkräftemangel liefert für die Bildungsbroker eher eine Zielperspektive und eine Legitimationsfigur. In der Angebot-Nachfrage-Diagnostik hat die Formierung von organisations- und sektorübergreifenden Beziehungen und von Organisationen, die sich diesen Beziehungen widmen, einen kollektiv wahrgenommenen Impuls. Doch entsteht daraus auch eine politische Arena?

Mehrere Akteure zeigen Interesse, die knappen Ressourcen ‚skilled worker/student' an sich zu binden und sich in kooperierender Absicht an Bildungs- und Wirtschaftsmächte zu wenden. Damit kommen im weiteren Umfeld verschiedene Ebenen und Aktionsbereiche – neben von Konkurrenz getriebenen und interdependenten Feldern – in den Blick, deren Autonomie zum Gegenstand der feld-internen Konkurrenzverhältnisse werden kann. Die resultierenden Feldstrukturen, nämlich die einschlägigen Organisationsformen und Verknüpfungspraktiken, weisen auf einen eher unorganisierten Handlungsraum hin, in dem lokal verankerte Konkurrenz- und Kooperationsbeziehungen auf vielfältige Weise divergieren, während sich die Bildungsbroker um die Herstellung von Konvergenz bemühen.

Die multikausalen Ursprünge mögen in unternehmerischen Konkurrenzverhältnissen um Arbeitgeberinnen und Konsumentinnen liegen oder in der Konkurrenz der Landkreise um Firmensitzen. Sie mögen in der Konkurrenz unter den Schulen und Bildungsträgern um Schülerinnen und Familien sowie um staatliche und privatwirtschaftliche Gelder begründet sein. Nicht zuletzt kann man sie unter Umständen auf die Konkurrenz von Bewerberinnen und Wohnungssuchenden um eine günstige Lebenssituation in der zunehmend kostenintensiven Region zurückführen. Es liegen also mehrere Interdependenzbeziehungen und Publikumsrollen vor, die die Bildungsbroker verknüpfen. Doch auf welcher Grundlage kooperieren und konkurrieren sie miteinander und mit Akteuren in angrenzenden Feldern?

Den Informations- und Leistungsbeziehungen von Angebot und Nachfrage im Falle eines Fachkräftemangels widmen sich derzeit viele sektorübergreifende Gruppierungen, die ich hier als *Bildungsbroker* bezeichne. Die Klage in den regionalen Technologieindustrien über den qualitativen und quantitativen Arbeitnehmermangel wird zur Grundlage für eine Feld- und Organisationsübergreifende Bildungsplanung gemacht. Dieser Aufgabe nehmen sich sektorübergreifende Vermittlungsinstanzen an – mal aus einem sozial-unternehmerischen Duktus heraus, mal eher als Bildungsreformerinnen. In diesen und anderen Formaten wird derzeit nicht das emanzipatorische, sondern das beschäftigungsstrategische Lernpotenzial zum Bildungsanlass gemacht. Insbesondere im Bereich der naturwissenschaftlich-technischen Bildung richtet man sich dabei mehr oder weniger systematisch auf Beschäftigungsbedarfe der Technologiesektoren aus.

7.2 Um Gelegenheiten konkurrieren – Zwischenraum als Kampffeld 239

In Ermangelung tragfähiger Politikgrundlagen erheben und relationieren sektorübergreifende Bildungsallianzen interdependente Leistungserwartungen und erzeugen zugleich die erstrebten Bildungsprogramme sowie unterstellte Überschüsse und Mängel. Sie betätigen sich insofern als *Bildungsbroker*. Der folgende Abschnitt eruiert das Verhältnis der Bildungsbroker an drei Beispielen.

„Lightning Rod" – *Fachkräftemangel als politische Gelegenheit*

Der Leiter von ‚The Supply Manager' beschreibt den Beginn der Feldformation als Zündfunke („lightning rod"), als einmalige Gelegenheit, ökonomische und sozialpolitische Problemlagen zugleich zu bearbeiten.

> [...] what is happening right now in Oakland is this big emphasis on software development and coding jobs. It is becoming a lightning rod for a lot of these issues. Comunity colleges try to figure out how they are developing curriculum around that. WIBs[71] are thinking about who they are gonna fund to get more jobs here. CBOs are saying how are we collaborating better to make this happen. So I feel like almost what you have in front of you right now for the first time is a lightning rod issue that is creating a lot of cross-talk between these sys-

---

[71] WIBs = Workforce Investment Boards; CBOs = Community Based Organizations; Workforce Investment Boards (oder „WIBs") sind regionale Einheiten, die geschaffen wurden, um die Workforce Investment Act von 1998, u.a. in den Vereinigten Staaten zu implementieren. Jeder Landkreis ist mit einem zugehörigen WIB ausgestattet. Für jedes WIB, ernennt ein gewählter Beamter die Mitglieder. Mindestens 50 % der Mitgliedschaft der WIB muss von privaten Unternehmen kommen. Es gibt auch Posten für Vertreter von Gewerkschaften und Bildungseinrichtungen wie Volkshochschulen. Neben diesen grundlegenden Richtlinien variieren die Arbeitsweisen der einzelnen WIBs. Die Hauptrolle des WIB ist auf Bundes-, Landes- und Kommunal-finanzierung Personalentwicklungsprogramme zu lenken. WIBs arbeiten im Dienste der wirtschaftlichen Entwicklung ihrer Region indem sie versuchen, die Arbeitssuche für hinzuziehende Arbeitskräfte sowie etablierte Belegschaften zu erleichtern und zu beschleunigen.

tems. [...] Because it is technology, these are really good paying jobs, because we have all these big companies around here that you know, and because we actually, some of the grants that came out have said: these are traditionally jobs for degreed people but we can't turn the college system around fast enough so we have to find a way of getting non-degreed people into this. They are forced to do it. The market demands it. We have for the first time a market demand for low income people to be skilled up [*schlägt auf den Tisch*]. And so the WIBs care, the community colleges care, the CBOs care. There are a couple of areas in which this is really taking off. [...] So what we are all trying to do is map this. So that is an interesting test bed. So all of this is coming together in those sessions. [...] but also the government is saying, we are funding you to do it. [...] So there is an opportunity, there is a potential that there is an opportunity here. (C)

In den Augen dieses Bildungsbrokers fügen sich also die arbeitsmarktlichen Engpässe der Technologieunternehmen und die große Menge an Arbeitssuchenden zu einer Gelegenheit für Fortbildungsdienstleister, einen Beitrag zur sozioökonomischen Mobilität und zum Wirtschaftswachstum zu leisten. Hinzu kommen, wie auch andere andeuten, ungewöhnlich umfassende Förderprogramme. Jedoch bleibt das Gelegenheitsfenster virtuell, wie der letzte Satz ausdrückt: Es besteht ein *Gelegenheitspotenzial*.

Interviewpartnerin A., die weniger sozialunternehmerisch als regionalplanerisch arbeitet, schildert auch die Finanzierungssituation als kreative Kombination mehrerer Gelegenheiten. In dieser Kombination werden auch die relativ autonomen Entwicklungen und Krisen- und Konfliktherde miteinander in Verbindung gebracht. Durch diese Arbeit ist das nun geschilderte Feld an Bildungsbrokern sowie die in der Grafik 9 hell- und dunkelgrau markierte Bildungslandschaft entstanden.

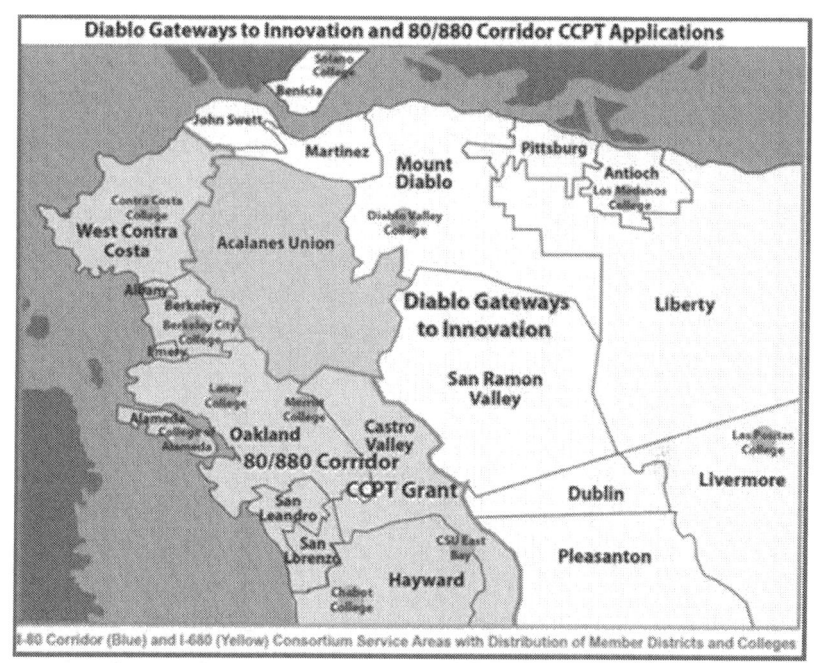

7.2 Um Gelegenheiten konkurrieren – Zwischenraum als Kampffeld 241

Grafik 9: Die Ostbucht von San Francisco (Entnommen aus einer Präsentation der Gruppe „The Bridge")

A. hat zusammen mit Akteuren in ihrer Umgebung, die aus der University of California, Berkeley, sowie den Workforce Investment Boards und Community Colleges und High Schools der „East Bay" besteht, seit 2007 mehrere Finanzierungsquellen akquiriert und verknüpft.
Ein erster Anlass für sektorübergreifende Koordinationsbemühungen war damals die Einsicht, dass die Innovationsprojekte, die insbesondere zu erneuerbaren Energien in den Berkeley-Laboren entstanden sind, nach Silicon Valley im Süden abwanderten. Um Unternehmen in diesen Vor-

orten zu halten ist eine erste Partnerschaft zwischen den Rathäusern der vier Ostbuchtstädte[72] und der Universität entstanden. Dabei wurden auch staatliche Gelder zusätzlich angeworben, die der regionalen Energiewirtschaft, dem „green corridor", gewidmet waren: Diese konnten als gemeinsamer Nenner aufgegriffen werden, um die beschäftigungspolitische Zusammenarbeit der benachbarten sekundären und weiterführenden Institutionen in sogenannte Akademien zu bündeln. Hier wurde ein übergreifendes Curriculumentwicklungs- und Berufsorientierungsprogramm entworfen, während die involvierten Stadtverwaltungen dabei halfen, lokale Unternehmen, High Schools und Community Colleges stärker zu verknüpfen.

In den weiter östlich gelegenen Landkreisen Contra Costa und Peralta ist gleichzeitig ein Programm des föderalen Arbeitsministeriums eingeworben worden, das Community Colleges in ihrer Berufsorientierung befördern sollte. Unter dem Titel „*Design it, Build it, Ship it*" (,The Platform') hat die erfolgreiche Bewerbung 15 Millionen Dollar eingeholt und wurde eingesetzt, um die zehn Community Colleges besser in den regionalen Transportsektor zu integrieren und diesen somit verstärkt mit Absolventen zu versorgen. In diesen Projekten, so A., wurde eine Szene begründet, in der sie – damals als Mitglied des sogenannten *CSU Eastbay STEM Institute* (hier: ,The Neutral Table') – teilnahm. Diese Szene, nun als Gemeinschaft einer Gesamtregion darstellbar, bemühte sich fortan mittels informellen Kooperationsaufwands um weitere Förderungen. Die Bildungsbroker der Ostbucht – u.a. mit ,The Platform', dem ,The Neutral Table' sowie den staatlichen beschäftigungspolitischen Agenturen, vor allem Workforce Investement Boards und Ausbildungsträgern, vor allem Community Colleges – konnten nun die beiden staatlichen Universitäts-

---

[72] Emeryville, Berkeley, Oakland, Richmond

7.2 Um Gelegenheiten konkurrieren – Zwischenraum als Kampffeld

systeme, Wirtschaftsförderer, Schulen und zugleich Unternehmen mit Karriereorientierungs- sowie Aus- und Weiterbildungsprogrammen bedienen bzw. sie in der Entwicklung von vermittelnden Programmen einbinden; etwa in der Versorgung des biomedizinischen Manufacturing-Sektors durch darauf spezialisierte Bildungsanbieter.

Der größte Akquise-Erfolg gelang dann bei der Anwerbung des sogenannten *California Career Pathways Trust* (CCPT): „We knew that grant came down because everybody is kind of connected to something", so A. Diese Neuigkeiten waren Anlass, die genannten Akteure in informellen Meetings einzuberufen und zugleich bei den Informations- und Lobbyveranstaltungen, die in der Hauptstadt Sacramento stattfanden, teilzunehmen. Daraus entstanden zwei Anträge, 8 Millionen Dollar für die östliche Teilregion und 15 Millionen Dollar für die westliche Teilregion, und die Zweiteilung der Bildungslandschaft in den sogenannten ‚I-80-Korridor' im Westen, in Grafik 9 dunkel markiert, und den ‚I-680-Korridor' im Osten, in der Grafik hell markiert.

Diese Finanzierung nehmen die meisten vor Ort zwar als defizitär wahr, da sich das Geld auf individuelle Bezirke aufteilt und dort viele Finanzlücken herrschen, außerdem steht es auch nur für drei Jahre zur Verfügung. Es reicht aber für die als ungewöhnlich aufgefasste Koordinationsgelegenheit, in der die Bildungsbroker für die nächsten drei Jahre die kleinteilige Arbeit übernehmen wollen, die Community Colleges, High Schools und Unternehmen lokal zusammenzubringen, um gemeinsame organisations- und ortsübergreifende, bedarfsorientierte Curricula zu entwickeln. Das Geld steht den Schulbezirken frei zur Verfügung, was die geschaffene Region in lokale Unterteilungen fragmentiert und letztendlich auf staatlicher Ebene die Regulationsmacht beim *California Department of Education* ansiedelt. Insofern entsteht die Bildungslandschaft nicht als Region, sondern als vermittelnde Ebene zwischen lokalen und bundesstaatlichen Verwaltungseinheiten. Die lokale Ebene der Schulbezirke soll sich aber nun, so A.s Antragsstrategie, auf die Region ausrichten:

[...] the challenge when it comes to school districts: school districts and cities work very provincially. Community Colleges cross the region. Universities cross the region. Economic development partners cross the region. Industry crosses the region. So the question became when we look at industry engagement and community colleges, how do we develop some bridges of coordination between the two grants. So we did some work where we actually took the language on: there is a role at the state level that is called intermediary function, that is mainly around the industry engagement. We basically lifted the same paragraph from both grants and mirrored that and said that they gonna work together as a region. We haven't figured out how that would work yet. We hoped it would! The intention is that it would! (A)

In Reaktion auf die Förderungsgelegenheit und bei der Aneignung des Antragstextes erfinden die Bildungsbroker also ihre Funktion als „intermediaries" neu. Diese operiert nicht nur horizontal, sondern auch vertikal, um lokale Schulbezirke im Lichte regionaler „Stakeholder" umzuorganisieren. Als Resultat dieser Formation wurde das durch A. und andere geknüpfte Netz an Bildungsanbietern und Wirtschaftsförderern konsolidiert. Die Koordination zwischen den beiden Teilregionen übernimmt A. nach der Aneignung eines weiteren Fördertopfes persönlich.

Die umfassende quasi-staatliche Vision, die das Anliegen motiviert, nämlich die Territorialisierung von Bildungswegen, hat zwei Ebenen: Einerseits beziehen sich die Vermittlungsbemühungen auf die angestrebte Bildungsarbeit. In Y.s Worten dient die Erhebung diverser Bedarfe und Möglichkeiten einem primären Ziel: „You need to figure out what it is that we need to teach" (Y). Damit wird die angestrebte Bildungsarbeit nicht an Traditionen oder Professionen, sondern an konjunkturellen Bedarfen ausgerichtet. Die Zielvorstellung bezogen auf die Bildungsregion ist des Weiteren die Herstellung von Gleichheit und damit erst die Definition einer als homogenes Territorium verstandenen Bildungslandschaft. So formuliert A. die zugrundeliegende Idee, dass einer kohärenten Landschaft von Bildungsangeboten und Karrieremöglichkeiten, die aus der biografischen Perspektive von Arbeitsuchenden und aus der Steuerungsperspektive als dichtes Netzwerk an Bildungs- und Karrierepfaden aufscheint.

7.2 Um Gelegenheiten konkurrieren – Zwischenraum als Kampffeld 245

> All these discussions that are kind of happening try to figure out from k14 to higher out, how can we make the students experience, ... how do we break down all the silos so that students experience the sameness to that extent. Getting all those different perspectives, sitting at the table, the thing that is interesting here, is not just getting economic development and industry and education, but also the different wings of education. So it is a whole lot of cross-fertilization! (A)

Trotz aller Divergenzen und Dynamiken sollen Karrierewege durch die Konsultation und Konvergenz der angrenzenden Felder zuverlässiger und flexibler werden, um damit, wie in einem der vorausgehenden Zitate deutlich wurde, die Attraktivität der Region für Arbeitgeber und ihre Bindewirkung für Arbeitnehmer zu verstärken.

In der umfassenden Entwicklung dieser Landschaft bewegen sich Biografien in einer kontinuierlichen Umgebung – „from cradle to career", wie es eine landesweite Verbundsinitiative von regionalen Bildungslandschaften treffend bezeichnet (Strive Together 2015). Dieses von allen Interviewpartnerinnen geteilte Ziel bedeutet im Detail, wie eine Power-Point-Präsentation von ‚The Crossfertilizer' angibt, einen Wandel von Bildungszugängen zu fortlaufenden Bildungswegen; die Integration von staatlicher Bildungsinvestition und „Workforce Development"; das neue System unterstützt „best practices", geteilte Datensysteme" und „industry engagement" den Versuch, Ausbildungs- und Bildungscurricula zu integrieren sowie Systeme tiefenwirksam („deeply") zu integrieren.

In diesen regulativen Zielen und dem CCPT-Topf ist bereits eine erste Brokering-Praxis eingebaut, nämlich die Idee der „sector-based strategies". Um Bedürfnisse festzustellen und als Bildungsziele durchzusetzen, priorisieren Städte und Landkreise – oder auch die Bildungsbroker als regionalpolitische Planungsdienstleister – ihre industriepolitischen Schwerpunkte. Sie bemessen und strukturieren die lokalen Bildungsdienste nach dem Maßstab einzelner Industriesektoren. Operativ hat das zur Folge, dass die verschiedenen Schul- und Unternehmensvertreter in ihren Zusammenkünften die Curriculumsentwicklung durch ein gewisses „mapping backwards" vorantreiben. Bildungsbiografien sind demzufolge Ausgangspunkt für eine organisationsübergreifende Planung, aber nicht als iterativer, emergenter Prozess, sondern als möglichst verzweigte, aber lineare Ausrichtung an Arbeitgeberbedürfnissen. A. erklärt:

> Now what we are trying to do is with these career pathway trust grants is go backwards. So now from a high school perspective, I am a kid in 9th grade and I decide I might wonna go into the biosciences [...] how do I look at the map, here is the track that I would have to go into, what are the competences that I need at High School to make you ready and prepared to hit that track. Or how can you take courses while you are still in High School that would lead you in that track. [...] So at highschools they started to map things. And we said, no wait a minute. We have already done some of it. So let's take it and use it and try to map backwards. What we haven't done, say around health and ICT, lets look at what we need to do to start making that happen. [...] (A)

Was beim „mapping backwards" in den Blick kommt, sind aber auch eine Reihe von organisationalen Defiziten. Die Idee, Bildungsprogramme auf die Unternehmens-Nachfrage hin zu entwickeln, stößt A. zufolge[73] an die Grenzen der Steuerbarkeit, z. B. bei Hochschuldozenten und -curricula. Diese Grenzen werden im Lichte der organisationsübergreifenden Steuerung, die den Bildungsbrokern vorschwebt, hinderlich problematisiert und der Absicht nach im Sinne transparenter und organisational zurechenbarer Bildungswege umgestaltet.

CCPT, der Geldtopf, der diese Arbeit erst ermöglicht, ist im Rahmen von Lancierungsveranstaltungen online dokumentiert. Auf einer Auftaktveranstaltung wendet sich einer der staatlichen Bildungspolitiker wie folgt an die Förderanwärterinnen im Publikum:

---

[73] Sie schildert dies wie folgt: „ At the higher education level you need faculty to change things, whereas at the K12 level, you can make decision at the top about what the pathway is gonna be. The teachers have different authorities but they do not have academic freedom that higher education has. So it makes is pretty process-labor intensive to do the work at the higher education level so you got to make sure that faculty are buying into it." (A)

7.2 Um Gelegenheiten konkurrieren – Zwischenraum als Kampffeld 247

> It is all about forming that mindset, this regional partnerships, and doing this for our students. As Darrel Steinberg had it, think of this as economic development through education. I told you earlier: We don't want you in your partnerships to be kind of engaged in the effort. We want you to be married to the effort. So it is a whole new level of commitment that you ever made! [...] And think about this: If we do not do this right, the legislature is going to say, ‚we just invested 250 Mio Dollar and you could not pull this off. Why would we give you more?' So we are asking for those grant applicants to turn in in strong proposals that address that need of regional economy and that of the economy of the individual students as well! (Pathways to Prosperity Institute 2013b)

Der Zweck des Programms ist also wörtlich eine Wirtschaftsentwicklung durch Bildung. Der Duktus, mit dem die im Publikum sitzenden Bewerber adressiert werden, folgt wiederum der Idee einer einmaligen Gelegenheit und wird mit ideellem Eifer vorgebracht. Es gehe nicht um Geld, aber – so die Warnung – man würde diese Summe so schnell nicht wieder kriegen, wenn die Gelegenheit nicht genutzt würde. Gute Anträge würden weiters zugleich regionalökonomischer als auch beschäftigungsbiografische Bedürfnisse ansprechen.

Auch die Empfänger dieser Gelder, so meine Interviewpartner, verstehen das Programm als Mittel der Wahl zum Erreichen höherer Ziele. Zum Beispiel sagt R., eine langjährige Bildungsbrokerin und informelle Beraterin der Fördernehmer im 680-Korridor: „It is common core[74] and next generation science standards[75] that really are going to be implemented

---

[74] Die *Common Core Standards* ist eine Bildungsinitiative, die Wissenstandards auf der Primar- und Sekundarstufe definiert, die Schüler in englischer Sprache, Geisteswissenschaften und Mathematik haben sollen. Die Initiative wird von der *National Governors Association* und dem *Rat des Chief State School Officers* gefördert und soll im Einklang mit den Bildungsstandards in den Bundesstaaten sicherstellen, dass Schüler zum Abschlussjahr der High School auf die Hochschule (zwei- oder vierjährige College-Programme) oder eine Berufslaufbahn vorbereitet sind.

[75] Die *Next Generation Science Standards* ist eine Initiative mehrerer Bundesstaaten, um neue Bildungsstandards im naturwissenschaftlich-technischen Bereich zu

through CCPT." Aus S.s Sicht, die Koordinatorin des 680-Programms, liegt ein übergeordneter Zweck auch darin, dass Schülerinnen trotz der steigenden Lebenshaltungskosten in der Region bleiben können. Sie ist deutsche Muttersprachlerin und meint:

> Die sollen weiter an unserer Wirtschaft teilnehmen. Was oftmals passiert, ist: Die gehen zur Schule, K12, Abitur und dann gehen sie weg, weil sie es sich nicht leisten können. [...] Wir wollen, dass sie hier bleiben und sich das auch leisten können. Und in diesen Sparten gibt es halt genug Jobs, theoretisch auf jeden Fall, mit denen sie Geld verdienen können. (S)

Hier ist die Regionalwirtschaft nicht allein Bedürfniszusammenhang, sondern auch Hintergrundfolie. Deren Entwicklung gilt nicht, wie noch auf pädagogischer Ebene, als gestaltbar. Nach Sektoren unterteilt, hält die regionale Wirtschaft vielmehr als Konjunkturdynamik her, auch um die Bildungsbroker selber zu legitimieren. Der CCPT-Antrag und das Bildungsbrokering bringt, mit Bourdieus Worten, hervor, was es behauptet:

---

schaffen, die eine inhaltliche und formale Kohärenz zwischen den Fächern herstellen. Die Standards sind von einem Konsortium aus 26 Staaten und von der National Science Teachers Association und der American Association für die Förderung der Wissenschaften und dem National Research Council entwickelt worden. Der endgültige Entwurf der Standards wurde im April 2013 veröffentlicht.

7.2 Um Gelegenheiten konkurrieren – Zwischenraum als Kampffeld 249

> The regio and its frontiers are merely the dead trace of the act of authority which consists in circumscribing the country, the territory, in imposing the legitimate, known and recognized definition of frontiers and territory. (Bourdieu 1991b, S. 222)

Tatsächlich ist die Konvergenz verschiedener Hoheitsgebiete und sektorübergreifender Interessen das Resultat einer politischen Praxis. Wie ich nun darstelle, wird die Regulation und Herstellung von innerregionalen Konvergenzen selbst zum Konkurrenzgegenstand: Während in der Rede vom Fachkräftemangel Knappheits- und Interessensverhältnisse suggeriert werden und ein Krisenszenario als Kooperationsanlass gezeichnet wird, werden tatsächlich in der Kooperationspraxis erst Konkurrenzverhältnisse hergestellt.

„Workforce intermediaries" – Fachkräftemangel als Konkurrenzgegenstand

In der Konsolidierung der Bildungslandschaft reagieren die Bildungsbroker mehr oder weniger explizit auf mehrere der in Kap. 5 diskutierten Krisen. Diese bündeln sie im Interesse einer neuen „reform agenda" (C) – eine Bündelung, die auch das Verhältnis der Bildungsbroker untereinander bestimmt und die möglicherweise Auslöser für die Institutionalisierung eines eigenen Feldes ist.
W. kartiert die Akteurskonstellation der Bildungsbroker wie folgt:

> Typically what we do is we each have our relationship with the employer community and the WIBs are just one more competitor at the table. [...] K12 wants theirs, community colleges wants theirs, we want ours, UC Berkeley want theirs. When it comes to a workforce intermediary all of those people want to drive it and be it. They all want to have those kinds of relationships for their type of unit. And nobody wants the other person to be it. That is giving up your contacts. We at CSU give our business contacts to community colleges? No, we won't. It doesn't work that way. (W)

Wie sie in der ersten Passage erklärt, haben die Bildungsanbieter jeweils ihre eigenen Kontakte. Sie betont weiterhin, dass aus der gewachsenen Bedeutung der Unternehmenskontakte unter Bildungsanbietern eine Konkurrenz existiert, die sich auch auf die Rolle des, wie sie es nennt, „workforce intermediary" bezieht.
Hier und in weiteren Beobachtungen wird ein Zusammenhang besonders deutlich: Diejenigen „intermediaries", die als besonders erfolgreich gelten, sind auch diejenigen, die eine Vielzahl privilegierter Beschäftigungszugänge an sich binden konnten. So ist auf dem Start-Workshop des CCPT-Programms eine Bostoner Initiative eingeladen, um von der eigenen Arbeitsweise zu berichten. Eingeführt als vorbildliches Beispiel, eruiert ein Vertreter dieser Gruppe eine Stunde lang die Bewandtnis seines Projektes aus Sicht von Arbeitssuchenden:

> It is not mandatory to be part of the program, however, in Boston if you want to have a high-paying internship or job, you better know one of my career specialists because you are not going to get a job on your own. The employment rate is awful, so you have to come to see my people and get through the workshops. (Pathways to Prosperity Institute 2013a)

Das mit Stolz vorgetragene Privileg besteht in einem Vermittlungsmonopol und in dem explizit vorgetragenen Ziel, Karriereübergänge als zentrale Verwaltungsstelle mitzugestalten. Diese Zielstellung wird nun auch den kalifornischen Bildungsbrokern nahegelegt, schon bevor sie sich auf eine CCPT-Förderung bewerben.
In der Konkurrenz um möglichst zentrale Brokerpositionen, die auch W. in dem obigen Zitat offen eingesteht, bemüht sie sich – obwohl der California State University zugehörig – um eine Eindruck von Neutralität. Sie will sich als ‚The Neutral Table' etablieren. Die anderen Kandidaten auf selbiger Vermittlerposition, mit denen sie unter Umständen konkurriert, benennt sie auch – seien es formale Unternehmensnetzwerke, Wirtschaftsförderer oder andere, die allesamt nicht als neutral zu bezeichnen seien. Sie schließt an die obigen Sätze an:

7.2 Um Gelegenheiten konkurrieren – Zwischenraum als Kampffeld 251

So for there to be a workforce intermediary, there needs to be a neutral body. [...] But I try really hard not to make it suspect. I try to not brand gateways as CSU eastbay [ihre Gruppe; Anmerkung des Autors]. Really, I try to make it the community table. But it is hard, because we do fund it and we do run it. So, then what happens is, the community colleges say: we use our funding to create a a STEM Institute [Ws ‚The Neutral Table']. So it is gonna be the same challenge. People are not going to see it as a ‚The Neutral Table'. So then you could turn to business organizations, like eastbay EDA. It actually lives within county government, it is not neutral either. But it does try to serve the business community. There is the local chambers of commerce, there is the contra costa leadership group. There are different business organizations who all want it to be the one [...]. They have the same dynamics that we in the education community have. I don't think there is ever going to be a workforce intermediary. At least there is not going to be one. It is not possible! (W)

Die Konkurrenz mehrerer „intermediaries" untereinander ist demnach dadurch virulent, dass die Bildungsbroker sich einerseits an die bestehenden Kontakte von (kostenpflichtigen) Bildungsuniversitäten anschließen und das sie diese Kontakte andererseits für Dritte zugänglich machen. Der Konkurrenzgegenstand garantiert damit zugleich den Zugang zu Firmenkontakten und die machtvolle Position eines Vermittlers.

Die Konkurrenzparteien bemühen sich mit anderen Worten um „obligatory passage points" (Latour und Woolgar 1986, S. 43-49, Callon 1986b). Sie versuchen, Unternehmenskontakte zu bündeln, um dann für all jene die präferierte Kontaktstelle zu werden, die Bildungsprogramme oder -absolventen mit Beschäftigungsverhältnissen vermitteln. Über ihre Positionierung und Reputation versuchen sie der regionalen Bildungslandschaft durch die hauseigenen Brokering-Praktiken ihren Stempel aufzudrücken. In dem Sinne handelt es sich im Bildungsbrokering tatsächlich um ein Kampffeld.

Dennoch ist nicht gesagt, dass aus der Konkurrenz in der Ostbucht von SF ein *Feld* entsteht. So sind Verbindungsgelegenheiten nicht unbedingt knapp und die Broker schöpfen teils auch aus relativ unverbundenen und lokal angesiedelten Intermediärkörperschaften; sind doch Universitäten, Wirtschaftsverbände und staatliche Beschäftigungsdienste nicht in uniformer Weise institutionell eingebunden. Im Sinne eines *Mosaiks* stellen

manche – etwa W.s ‚The Neutral Table' oder C.s ‚The Supply Manager'
– wechselseitige Zugangsmöglichkeiten für Firmen und Bildungsanbieter
her. In ihrer Sprache zumindest streben beide aber eine flexible und inklusive Plattform an, kein Vermittlungsmonopol. W. hält eine solche Monopolisierung sogar für unvorstellbar (mehr dazu in Kap. 8). Jenseits dieser Rhetorik müssen also die Vermittlungspraktiken untersucht werden.

„There is deepness to" Bildungsbrokering

Eine Interviewpartnerin weist auf die Komplexität des Bildungsbrokerings hin. R., die in anderen Videoaufnahmen des zitierten Start-Workshops zu sehen ist und die anderen Bildungsbrokern als erfahrene Ratgeberin zur Seite steht, berichtet von ihren Erfahrungen in der von ihr aufgebauten „Koalition der Willigen":

> When you say intermediary, it sounds so simple [...], but there is deepness to convene, there is deepness to connect, there is deepness to measure, and there is deepness to sustain, when you do it our way. (R)

Worin besteht diese *Tiefe* des Brokerings? R.s Beschreibung ihrer eigenen Initiative – „The Coalition of the Willing" – illustriert ihre Umgangsweise mit den unterschiedlichen Interessensträgern und Handlungslogiken: Man komme nicht um einen fortlaufenden, langwierigen und unverbindlichen Dialog herum. Denn die zu verknüpfenden Gruppen müssten erst aufgetan und der geknüpfte Kontakt aufrechterhalten werden. Das betrifft etwa die oben geschilderten Konvergenzgelegenheiten, in denen A. mehrere Geldflüsse zu kanalisieren versucht und in denen es auf das gegenseitige Vertrauen der Beteiligten ankäme. Aber auch viele andere Probleme der Bildungsbroker lassen sich in dem Sinne als *tief* begreifen – etwa V.s Versuch, eine STEM-Veranstaltung, den *STEM*

Awareness Day zu finanzieren oder C.s Versuch, sich immer wieder neu auf die Zertifikate der Technologiebranchen auszurichten. Insbesondere berichten einige Interviewpartner, wie schwierig es sei, überhaupt Kooperationspartner als legitime Repräsentanten eines Sektors oder einer Organisation zu identifizieren und ihre institutionellen und kulturellen Kooperationsgrundlagen zu artikulieren (V). So klagen viele Bildungsbroker über den mangelnden Kontakt von benachbarten bildungs- und beschäftigungspolitischen Akteuren.

T., die hier bislang nicht zu Wort kam und eine kleinere Initiative im Nordwesten der Ostbucht leitet, führt dies im Telefoninterview auf die kompetitive Kultur des Bildungswesens zurück. Seit der Reform „A Nation at Risk" und den Evaluations- und Testregimen von „No Child Left Behind" sei bildungspolitisch bislang eher der Wettbewerb als die Zusammenarbeit gefördert worden. Sie sieht die aktuelle Reform, die unter dem Titel „Common Core" eine regulative Zentralisierung und pädagogische Öffnung hin zu mehr Projektarbeit vorsieht, als eine organisationskulturelle Herausforderung. In deren Bewältigung besteht eine übergeordnete Aufgabe der Bildungsbroker. Darüber hinaus, so ergänzt V., seien die offiziellen Vertreter des Schul- und Hochschulsystems selten die besten Ansprechpartner: die Position des Superintendenten[76] etwa „became a very high-brow position" (V).

Die Ansprechpartner in der Regionalwirtschaft dagegen, so V. weiter (ähnlich R), hätten am besten höhere Positionen inne, um die Machtstrukturen innerhalb und zwischen Unternehmen zugunsten weiterer Referenzen und Kooperationspartner aufzugreifen. In der Organisation eines sogenannten *STEM Career Awareness Day* bemüht sich V. daher

---

[76] Ein Superintendent ist ein höherer Beamter, verantwortlich für eine Reihe von öffentlichen Schulen oder für einen Schulbezirk oder eine öffentliche Schulaufsichtsbehörde.

auch darum, die Unternehmen miteinander zu vernetzen, einerseits um diesen einen weiteren Grund zur Teilnahme zu bieten, andererseits um die Vernetzung ihrer eigenen Vermittlungsposition zu verdichten. Auch müssen die Sektoren, die angesprochen werden, je nach Absicht überhaupt erst konstituiert werden.

Bei einer pädagogisch motivierten und auf Sichtbarkeit ausgerichteten Veranstaltung wie dem *Awareness Day* ist das Label der STEM-Bildung etwa Mittel, um diverse Unternehmen, beispielsweise eine Bäckerei, als relevant für die naturwissenschaftlich-technische Bildung zu präsentieren. Der Bildungsevent ist hier zwar als solcher weniger an Beschäftigungslagen orientiert und bedient sich eines breiten Bildungsbegriffes, ist aber auch Instrument, um die keineswegs immer präsenten Netzwerke in Bildung und Wirtschaft zu konstituieren.

Weiterhin müssen in einem Hin und Her zwischen Bildungs- und Wirtschaftswelten, wie W. vom ‚Neutral Table' schildert, die jeweiligen Gruppen erst übereinander unterrichtet werden, bevor sie voneinander profitieren können:

> … when I think about business engagement in education, I think it is not just this intermediaries connecting strangers up but consciously have someone help both sides think about what is going to really support the student at whatever grade level, and how do you get both sides prepared to support each other. And I find that missing in a lot of dialogue. (W)

Die Praxis, die W. dem letzten Satz zufolge als marginalisiert erlebt, stellt also erst den Kontext her, der der Zusammenarbeit dient. In ihrem Beispiel werden Unternehmen und Bildungspraktiker aufeinander vorbereitet. Auch einer der Mitarbeiterinnen vom ‚Neutral Table', die oben zitierte Koordinatorin des *Awareness Day*, illustriert, dass sie Arbeitgeberinnen auf die Eigenschaften von Bildungsprogrammen hinweisen muss. Sie könne nicht ohne weiteres davon ausgehen, dass diese ein Gespür dafür haben, welche Beiträge gefragt sind. „Experienced collaborators like X know that but others, for instance Y, do not", sagt sie (Namen anonymisiert).

7.2 Um Gelegenheiten konkurrieren – Zwischenraum als Kampffeld

Mit den verschiedenen Konkurrenzbeziehungen, die im Bildungsbrokering aufgegriffen werden, gilt es dann zu manövrieren. Aber auch, wenn sie denn miteinander kooperieren sollen, werden die querlaufenden Spannungsverhältnisse austariert: sei es zwischen diskurs- und ressourcenmächtigen Technologiefirmen mit etablierten Anstellungspraktiken einerseits und kleinen Unternehmen mit eher reziproken Verfahren andererseits; sei es zwischen institutionalisierten Jahreszyklen der Bildung (*semesters, summer breaks, vacations* etc.) und hochdynamischen Konjunkturen der Technologieunternehmen (etwa in Bezug auf die geschaffenen Arbeitsplätze und Kompetenzbedürfnisse).

Im Lichte dieser Divergenzen ist das Bildungsbrokering treffend mit Anselm Strauss' (1988) Begriff des „articulation work" zu bezeichnen. Bevor ein Projekt überhaupt lanciert wird, werden Arbeitsprozesse erst artikuliert und in Pakete zerlegt.

Was die Organisationsstruktur betrifft, die die Konvergenzen administrativ ermöglicht, legt W., wie ihre Metapher vom ‚Neutral Table' verdeutlicht, großen Wert darauf, Neutralität zu signalisieren, um möglichst multidirektionale Vernetzungen zu erlauben. Als zweites Ziel strebt sie, der Tischmetapher folgend, eine relative Stabilität an. Der Balanceakt zwischen Neutralität und Stabilität liegt also darin, dass ersteres Ziel eine Anbindung vermeidet und zweiteres diese Anbindung tendenziell voraussetzt.

Als organisationale Praxis geht damit eine administrative Aufgabe einher, die auch W.s Angestellter Y. als überaus kleinteilig und als für gewöhnlich unsichtbar beschreibt. Gemeinsam agieren sie in der Vorbereitung des Brokerings wie „Santa's Elves", etwa wenn sie, Y. zufolge, eine E-Mail-Datenbank von 1000 Kontakten pflegen. Sie greifen dabei auf eine Vielzahl von Kniffen zurück: In der Auswahl von „Stakeholdern" etwa wird die MINT-Bildung als Maßstab genommen und mit einer Typologie von Anliegenträgern abgeglichen. Dann werden, so W., die „powerhouses" identifiziert, die in den verschiedenen Kategorien in den angrenzenden Landkreisen eine Rolle spielen. Die ausgewählten Akteure

versucht sie dann in ihr Steuerungskomitee zu holen. Die in dem Komitee und andernorts aktiven Partner seien weiterhin, das betont sie, nicht formal oder ideell gebunden: „... and they like that about our network, that it is porous and you can come in and out as it fits you". Eine lose Bindung ist demnach dabei hilfreich, Neutralität zu signalisieren.
Die lose Bindung suggeriert auch eine eigenartige Feldstruktur: W. arbeitet keineswegs auf die Institutionalisierung von Vermittlungswegen und die Monopolstellung von Vermittlungspositionen hin. Zur Klärung ist es sinnvoll, tiefer in die verschiedenen Organisationsstrukturen und -praktiken der Bildungsbroker einzusteigen. Dabei ist des Weiteren die Anbindung der Organisationen an die Nachbarfelder zu beachten. Denn möglicherweise werden Konkurrenzverhältnisse geschaffen oder gelöst, je nach Verhältnis zu den Machtverteilungen innerhalb von Bildungs- und Wirtschaftskreisen. Daher nehme ich in Kap. 8 das feldtheoretische Problem der Homologie in meine Betrachtungen auf. Zuvor jedoch ein Zwischenfazit.

7.3 Ausblick: Eine Homologie mit Wirtschaft und Bildung?

Auf steuerungspraktischer Ebene wurde deutlich, dass mit der Begründung einer Bildungslandschaft auch der Raum zwischen Regionalwirtschaft und staatlicher Bildung stärker institutionalisiert wird. Dies geht einher mit der Hervorbringung von Bildungsbrokern. Diese Gruppierungen erschaffen aus einer multiplexen Gelegenheitssituation eine Bildungslandschaft. Sie tun dies, indem sie staatliche Gelder und lokale Hoheitsgebiete vertikal koppeln und feldübergreifend neue Brücken schlagen. Im Sinne von Anselm Strauss' „articulation work" gestalten die Bildungsbroker zugleich die konstitutiven Gruppierungen, Geldflüsse, Legitimationsweisen und Rollenbeziehungen, um die Grundlage für ihre Brokering-Projekte zu schaffen (1988). Ihr Hauptproblem ist dabei, mit A.s Worten, die institutionelle Grenzüberschreitung bei gleichzeitiger Begründung eines Territoriums: „How do we break down all the silos so that students experience the sameness?" (A). Man kann hier also festhalten: Die Bildungslandschaft wird durch das Bildungsbrokering als transversales Feld hervorgebracht und Bildungsorganisationen werden darin auf regionalökonomische Belange ausgerichtet. Zusätzlich werden durch die Kooperationsinstanzen auch bildungspolitische Reformprogramme katalysiert und in die lokale Praxis getragen.[77]

Das transversale Feld ist jedoch selbst ein Kampfgebiet. Die Bildungsbroker konkurrieren um die Etablierung einer feldspezifischen Vermittlungsfunktion und werben damit um die Gunst der zu vermittelnden Partner. Darüber hinaus geraten sie so in ein Konkurrenzverhältnis mit etablierten Vermittlungsinstanzen, z. B. Wirtschaftsförderern und Sozialdiensten, die ihrerseits durch Budgetkürzungen und kommunalpolitische Gebietsgrenzen behindert sind. Hier wird also deutlich, wie die Bildungsbroker die ausgewiesenen, nur lose zusammenhängenden Krisen als Konkurrenzumwelten fruchtbar machen, indem sie Publikumsrollen herstellen und Aufmerksamkeitswettbewerbe ausfechten. Mit anderen Worten gilt auch für die Bildungsbroker: „Konkurrenz [...] ist ein indirekter, ‚berührungsloser' Kampf, der von der Beobachtung Dritter abhängt" (Werron 2010, S. 302). Die Konkurrenz vor einem Publikum betrifft auch den Imageschaden vieler Technologieunternehmen. Diese können wegen allzu homogener Belegschaften oder im Zuge von steigenden Lebenshaltungskosten in den regionalen Medien kritisiert werden und lancieren daher, vorzugsweise durch STEM-Programme, neue „Public outreach"-Offensiven.

---

[77] Das betrifft insbesondere die Standardisierungsprogramme Common Core Standards und die Next Generation Science Standards.

Daraus ergibt sich in den Augen der Bildungsbroker ein „Zündfunke" (C), der zusammen mit dem aktuellen Wirtschaftsboom und dem steigenden sozioökonomischen Druck auf Arbeitnehmer- und Schülerschaft den sektorübergreifenden Handlungsdruck erst begründet. Trotz dieser mehrdimensionalen Ausgangslage ist es die lineare Angebot-Nachfrage-Diagnostik, die die sektorübergreifenden Krisen als konvergente „reform agenda" (C) erscheinen lässt. Eine so umgedeutete Krisensituation bedeutet aus der Arbeitnehmerperspektive eine erhöhte Drucksituation einerseits und andererseits neue Auswege, nämlich neue Bildungs- und Karrieremöglichkeiten.

Es bleibt aber noch eine wichtige Frage offen: So zeigen sich einige Interviewpartner erstaunt über die große Masse und Vielfalt an intermediären Organisationen. So ist auch der oben eruierte Konkurrenzgegenstand nicht für alle ersichtlich: „I cannot figure out what the privilige about that position is", sagt ein Interviewpartner. „You can put it on your business card, but it is a lot of work" (Y). Es gibt also nicht nur mehrere Anwärter auf die Position der sektorübergreifenden Vermittlung von Bildungsträgern und Unternehmen, Arbeitsuchenden und Arbeitgebern. Bei näherem Hinsehen gelten auch verschiedene Auslegungen, ob man konkurriert und worum.

8. In stiller Solidarität mit ‚Job Creators'? Homologien in der Vermittlung von Bildungsangebot und -nachfrage

In der Diskussion um den Fachkräftemangel zeigen sich vielfache Bezüge zu dem illustrierten, sozioökonomischen „Perfect Storm" (Kap. 5). In dessen Zentrum, nämlich zwischen Bildungs- und Wirtschaftsfeldern, bemühen sich die Bildungsbroker um eine sektorübergreifende „Cross-Fertilization" (A). Setzen sie sich selbst den Problemdynamiken aus? Nicht zuletzt wegen ihrer strategisch-breiten Anknüpfung lässt sich vermuten, dass die Handlungslogik der einzelnen Bildungsbroker vorstrukturiert ist und dass sie ihrerseits in vorgefundene Problemlagen hineinwirken. Denn die Arbeitsweise der Bildungsbroker ist nur teilweise den zuletzt referierten Konkurrenzverhältnissen und Strategieüberlegungen geschuldet. In weiteren, nun zu erarbeitenden Facetten stehen die Bildungsbroker relativ unbewusst in einer Kontinuität mit ihren strukturellen Kontexten. Die Nähe und Distanz zu Bildungs- und Wirtschaftsakteuren begrenzt und ermöglicht ihnen einen mehr oder weniger privilegierten Zugang innerhalb von Bildungs- und Wirtschaftswelten.

Nun ist also zu klären, ob das Bildungsbrokering als Zwischenposition eher dem Feld der Bildung oder der Wirtschaft zuzuordnen ist und inwiefern es die Machtverhältnisse zwischen den Feldern reproduziert. Diese Kontextualisierung bietet auch die Gelegenheit, eine bereits zuvor ins Auge springende Frage aufzugreifen, die sich auf die Interdependenz von Bildung und Beschäftigung bezieht; nämlich die Frage, inwiefern diese Wechselwirkung als pathologische Ökonomisierungsbewegung kritisiert

© Springer Fachmedien Wiesbaden GmbH, ein Teil von Springer Nature 2019
J. Herberg, *Illusio Fachkräftemangel*, Politische Soziologie,
https://doi.org/10.1007/978-3-658-24584-9_8

werden kann. In dieser Stoßrichtung und in etwas technischeren Worten lässt sich nun die Annahme einer Homologie als Arbeitshypothese fruchtbar machen (vgl. Kap. 3.4). Der Begriff Homologie bezeichnet in Bourdieus Feldtheorie (1985a, S. 48–62 ff; 1988a, S. 10; 1993, S. 325 ff; 2015, S. 170; Martin und Gregg 2015) eine Übereinstimmung der Machtverhältnisse innerhalb eines Feldes – hier innerhalb des Bildungsbrokerings – mit den Machtverhältnissen in oder zwischen benachbarten Feldern. Je nach Nähe-Distanz-Verhältnissen wirken Wirtschafts- und Bildungskontakte auf die Konvergenzpraktiken und Konkurrenzbeziehungen der Bildungsallianzen ein.

Die Frage lautet dementsprechend: Geht mit der Nähe oder Distanz der Bildungsallianzen zu kooperierenden Arbeitgeberinnen oder Bildungsanbieterinnen eine Disposition für eine bestimme Form der Verteilungs- und Vermittlungspraxis einher? Und welche Rolle spielen dabei die Publikumsrollen, die die Bildungsbroker zwischen Wirtschafts- und Bildungsvertretern mobilisieren? Bevor ich in die Analyse einsteige, will ich den Zusammenhang mit den in Kap. 5 beschriebenen Problemlagen herstellen. Denn in den zuletzt genannten Fragen deutet sich auch an, dass dem Bildungsbrokering ein transformatives oder auch reproduktives Potenzial hinsichtlich der gesellschaftspolitischen Machtverhältnisse und sozio-ökonomischen Problemlagen innewohnt.

8.1 Mangeldiagnosen als Verantwortungsentlastung

Im Bildungsbrokering und der Rede vom Fachkräftemangel geht es im Kern um die sozialräumliche Neuverteilung von Bildungsanliegen und -verantwortlichkeiten. In dem Anspruch, das Nähe- und Distanzverhältnis zwischen Regionalwirtschaft und Bildung noch enger zu schnüren, intervenieren die Bildungsbroker in den krisenreichen Zwischenraum. Hier fungiert Bildung, ganz der kybernetischen Kopplungsästhetik des Fach-

8.1 Mangeldiagnosen als Verantwortungsentlastung 261

kräftemangels folgend, als Stellschraube, um die Bedingungen und Folgen von Wirtschaftswachstum zu verwalten (vgl. Kap. 3). Daher liegt die Vermutung nahe, dass durch die Kommodifizierung des Humankapitals und durch die Umformulierung von Arbeitgebernachfragen in Bildungsbedarfe auch die Verantwortung und die Kosten für die Problemlagen – sei es der Mangel an mittleren Löhnen oder die steigenden Lebenshaltungs- und Bildungskosten – neu verteilt wird. Dafür gibt es bereits erste Anzeichen.

Zum einen erscheinen viele Akteursgruppen aufgrund der regionalökonomischen Orientierung nicht als relevante Ansprechpartner. So begegnete ich in den Gesprächen und Veranstaltungen keinen politischen Bewegungen, sozialpolitischen Verantwortungsträgern oder lohnpolitischen Interessensgruppen, obwohl diese insbesondere in der Bucht von San Francisco historisch und aktuell eine wichtige Rolle spielen (Domhoff 2011). Auch ihnen könnte man den Politikgegenstand von Bildung und Beschäftigung zuschreiben, etwa aus wohlfahrtsstaatlicher oder sozialpartnerschaftlicher Perspektive. Darüber hinaus geraten die wirtschaftspolitischen Ursprünge für soziale Ungleichheiten aus dem Blick, wenn die Krisenbewältigungsstrategien durch die Bildungsbroker allein Arbeitnehmer und Bildungsträger in die Pflicht nehmen und weniger die Verantwortung von Arbeitgebern anspricht.

Zum anderen gehen einige wenige Stimmen in der öffentlichen Debatte durchaus auf diese Umstrukturierung von Verantwortung, Kosten und Einflussnahme ein. In Bezug auf die diagnostische Richtigkeit und politische Dringlichkeit des Fachkräftemangels richtet sich 2013 etwa Seth Harris, damals amtierender Secretary of Labor, an die Unternehmen. Er greift zwar die Unternehmensanliegen auf, fordert diese aber zugleich auf, sich stärker mit den lokalen Bildungsträgern in Verbindung zu setzen:

> Have you sat down with the local school district?' Harris said he believes employers need to ‚put some skin in the game' by talking to local grade schools, community colleges, and universities about what skills they need. ‚If you haven't done those things, my answer is you don't have a skill shortage; you have a creativity shortage', he added. (Kurtzleben 2013)

Der Politiker weist damit einen Teil der staatlichen Verantwortungszuschreibung von sich, die in der Klage des Fachkräftemangels auf die Koordinationsaufgabe des Staates abhebt. Umgekehrt wirft er den Unternehmen eine „creativity shortage" vor. Nur wenn man bereit sei, auch unübliche Suchverfahren einzusetzen, könne die Klage über einen Mangel an passenden Arbeitskräften ernstgenommen werden. In dieser wechselseitigen Verantwortungszuschreibung kommen wiederum Bildungsträger nicht nur als Lieferanten von Arbeitskräften in den Blick. Sie erscheinen auch als Kooperationspartner und sogar als legitimatorische Instanz. Denn Unternehmen wenden sich an die Bildungsträger einerseits, um nach Arbeitnehmern zu suchen; andererseits lässt sich auch vermuten, dass die Bildungskontakte ein Legitimationsmittel sind, um nicht etwa die Löhne oder die Schaffung von Arbeitsplätzen als Arbeitgeberverantwortung zu thematisieren. Stattdessen wird eine Bringschuld der Bildungsträger evoziert.

Potenziell entfacht sich am Gegenstand von industriellen Bildungsbedarfen also auch eine moralische Auseinandersetzung. In dieser wird mehr oder weniger explizit diskutiert, wer die Verantwortung für die Ursachen, die Folgen und die Lösungen der Krisensituationen trägt, die mit dem Fachkräftemangel assoziiert sind. Hier deutet sich demnach ein konfliktträchtiger gesellschaftspolitischer Kontext des Bildungsbrokerings an. Unter Umständen haben die Bildungsbroker einen entlastenden Effekt in die eine Richtung und einen belastenden in die andere. Selektiv verstärken sie Problemdefinitionen, Lösungsideen und Verantwortungszuschreibungen. Eine Möglichkeit, dem auf den Grund zu gehen, ist das feldsoziologische Homologiepostulat.

8.2 Internal Governance Units und der Zwischenraum als Kraftfeld

Wie in Kap. 3-4 besprochen, entwirft Pierre Bourdieu auf drei Ebenen eine zweidimensionale Spannung zwischen herrschenden und beherrschten Polen: (1) Die gesamtgesellschaftliche Hierarchie von oben und unten, (2) Die Teilung des Feldes der Macht in ökonomisches und kulturelles Kapital und (3) das Verhältnis jedes Feldes zu gesamtgesellschaftlichen Machtverhältnissen. Außerhalb und auch innerhalb eines Feldes kann dieser Kontext eine strukturierende Wirkung haben.

Denn nach Bourdieu (1998a, S. 19) kann die Einbettung eines Feld als produktives Spannungsfeld zwischen zwei Polen gesehen werden: Auf der einen Seite eines Feldes findet sich der autonome Pol, an dem feldinterne Gepflogenheiten ausgeprägt sind und feldexterne Anforderungen aufgebrochen und in feldeigene Logiken übersetzt werden. Auf der anderen Seite des Feldes findet sich der heteronome Pol, an dem äußere Zwänge und Anliegen relativ ungebrochen übernommen, bearbeitet und dem autonomen Pol des Feldes zugeführt werden.

In dieser physikalischen Strukturvorstellung korrespondieren benachbarte, aber auch distanzierte Felder miteinander und sogar mit gesamtgesellschaftlichen Hierarchien. Insbesondere das Feld der Macht, das dem sozialen Raum als eine Art Metafeld vorsteht (Bourdieu 1993, S. 161 ff.; Bourdieu und Clough 1996), ist Gegenstand und Mechanismus einer gewissen Korrespondenz von horizontalen Machtverteilungen und vertikalen Differenzierungen und Interdependenzen.

Das Homologiepostulat und die Polstruktur mögen in all ihren Korrespondenzen konstruiert wirken, wie auch in Kap. 3-4 kritisiert; sie sind aber im pädagogisch-ökonomischen Zwischenraum sehr plausibel, da doch die Bildungsbroker selbst von den adressierten Bildungs- und Wirtschaftskontakten abhängen. Dem Homologiepostulat folgend rückt der Zwischenraum dann als reproduktiver Mechanismus für bestehende Machtverhältnisse in den Blick. Diese Idee illustrieren einige Studien zu ähnlichen intermediären Praktiken bereits. In der Forschung zu „workforce intermediaries" etwa (Benner, Leete und Pastor 2007; Benner 2008, S. 88), die den Bildungsbrokern ähnlich sind, wurden Vier-Felder-Tafeln kreiert (Osterman 1999, Kazis 1998), die eine Homologie von Position und Disposition zum Ausdruck bringen. Die zugrundeliegende Unterscheidung besagt, dass Intermediaries entweder eine starke oder schwache Beziehung zu Arbeitgebern und Bildungsinstanzen haben und daher entweder versuchen, Jobangebote oder Arbeitnehmerkontingente zu beeinflussen. Dies stellt im Kern bereits eine Homologie-Analyse dar, wird doch die Arbeitsweise der Intermediaries auf feldexterne Beziehungen zurückgeführt. Auffällig dabei ist, dass eine gleichwertige Anbindung an beide Felder bzw. an die bidirektionalen Angebot-Nachfrage-Verhältnisse seltener sei und der Quadrant rechts unten in der Tabelle 5 mit einem Fragezeichen versehen ist.

Tabelle 4: Homologie der Bildungsbroker I (adaptiert von Benner 2008, S. 89, Osterman 1999, S. 134)

Beziehung zu Bildungsträgern	Beziehung zu Arbeitgebern	
	Schwach	Stark
Schwach	Datenbanken, „welfare-to work programs"	Vertrags-basiert
Stark	„Mitgliedsorganisationen", „Community colleges"	„Community-based organizations"

Hier sieht Benner durchaus den Trend hin zu Intermediaries, die nicht allein die Arbeitnehmerkontingente, sondern auch die Nachfrage nach Arbeitnehmern zu verändern suchen. Ob die Bildungsbroker als solche „new intermediaries" gelten können – das wird sich nun zeigen.

Tabelle 5: Homologie der Bildungsbroker II (adaptiert von Kazis 1998)

	Akzeptieren Nachfrage nach Arbeitnehmern	Transformieren Nachfrage nach Arbeitnehmern
Akzeptieren das Angebot von Arbeitnehmern	„Job matching"	„Low wage pressure groups"
Transformieren das Angebot von Arbeitnehmern	„Workforce development"	*New intermediaries?*

Entgegen der Darstellung in den Tabellen ist es vorab wichtig, die Beziehungen nicht allein als schwach oder stark, reproduktiv oder transformativ zu kategorisieren, sondern sie mit qualitativen Attributen zu beschreiben, miteinander ins Verhältnis zu setzen und den Kopplungsprozess sichtbar zu machen, auf dem die Beziehungen basieren.
Außerdem ist es hilfreich, die Übersetzung von feldexternen Referenzen in feldinterne Routinen und Strategien nachzuvollziehen – zwei Aspekte, die in Tabelle 5 und 6 getrennt betrachtet werden. Denn in der Untersuchung von Zwischenräumen ist es wesentlich, wie in Kap. 3-4 diskutiert, die bei Bourdieu angelegten Korrespondenzen nicht einfach zu unterstellen. Im Zusammenhang mit der zuvor vorgeschlagenen, genealogischen Forschungsoptik stellen sich vielmehr Anschlussfragen, die in mehrere Richtungen offen sind: Kann es nicht sein, dass gerade im Zwischenraum die Homologie erst enaktiert wird? Auch ist denkbar, dass der Fachkräftemangel vorab bereits als Diskurs wirkt, aber erst an präexistente Interdependenzdiskurse angedockt werden muss, um steuerungspraktisch konsolidiert zu werden.
Auf die Komplexität dieser Interdependenzen eingehend macht Stefan Böschen (2014) darauf aufmerksam, dass die Beziehung zwischen mehreren Feldern und ihren jeweiligen autonomen und heteronomen Polen sich in dreierlei Hinsicht auf Zwischenräume und mit besonderem Gewicht auf multireferenzielle Praktiken auswirken können:

- Man ist angewiesen auf Ressourcen aus mehreren umliegenden Feldern;
- die Abhängigkeiten von anderen Feldern sind interdependent und als Mischverhältnis wirksam;
- die Abhängigkeiten können pathologisch werden.

In der Konkurrenz um zentrale Vermittlungspositionen bedürfen die Bildungsbroker tatsächlich spezifischer Ressourcen, insbesondere Unternehmenskontakte. Gemäß Stefan Böschens zweiter Beobachtung ist aber auch eine Mischung aus Bildungs- und Unternehmensressourcen erst konstitutiv für die Broker-Organisationen. Der dritte Punkt wiederum, der hier in sozialtheoretischer Weise mit dem Landnahmebegriff angesprochen ist, lässt sich dann abschließend eruieren. Das betrifft im Sinne einer Pathologie etwa die Frage, ob das Bildungsbrokering das Primat von Bildung oder Wirtschaft reproduziert.

Dreh- und Angelpunkt dieser offenen Fragen ist wieder die abstrakte Frage der Innerlichkeit und Äußerlichkeit von Zwischenräumen (Kap. 3-4). Welche Strukturen binden das Feld tatsächlich von innen und welche kommen von den Nachbarfeldern als (de-)stabilisierende Einflüsse hinzu? In dieser Frage schließt sich die Homologie-Analyse an die feld- und assemblagetheoretischen Vorarbeiten an. Bevor ich diese aber durchführe, gilt es die Position zu klären, in der die Bildungsbroker selbst an einem Feld beteiligt sind.

„Internal Governance Units" in stiller Solidarität mit Nachbarfeldern

Offen bleibt bei Bourdieu, wie feldexterne Machtverhältnisse im Feld interferieren. Angesichts dieser nach Böschen „vielleicht größte[n] Schwäche der Feldtheorie Bourdieus" (2014, S. 363) kann untersucht werden, wie unterschiedliche feldexterne Beziehungen nicht nur entlang

8.2 Internal Governance Units und der Zwischenraum als Kraftfeld

einer feldspezifischen Dimension interagieren, sondern verschiedenartige Kräfte erzeugen und „was passiert, wenn diese Kräfte interferieren". Zu dieser Diskussion und deren Klärung will ich nun beitragen. Dabei ist eine jüngere Feldsoziologie von Neil Fligstein und Doug McAdam (2012) hilfreich, die Bourdieu mit dem Neoinstitutionalismus und der Bewegungsforschung trianguliert. Der resultierende akteursorientierte Zugang ist hier besonders fruchtbar, weil die Autoren feldübergreifende „vertical ripple effect[s]" (ebd., S. 100) auf feldinterne Auseinandersetzungen beziehen und dabei Feldstrukturen als Konkurrenzgegenstand theoretisieren. Das kommt meiner Analyse zugute, weil die Bildungsbroker tatsächlich auf mehrere „exogenous shocks" (ebd.) Bezug nehmen und miteinander um die Strukturierung einer neuen politischen Arena konkurrieren. Meinem triadischen Feldbegriff entsprechend, erklären sie Stabilität und Wandel durch feldübergreifende Effekte (Kraftfeld), feldinterne Handlungslogiken (Ackerfeld) und durch Positionskämpfe sowie den Kampf um knappe Güter (Kampffeld). In Hinsicht auf Letzteres konstatieren die Autoren zwei Stabilisierungsmechanismen, nämlich die autoritäre Durchsetzung einer Feldordnung einerseits und politische Koalitionen andererseits (ebd., S. 14).

Ganz ähnlich bauen auch die studierten Bildungsbroker Koalitionen, um ihre Position und das Feld zu stabilisieren. In geringerem Ausmaß, etwa auf dem Workshop von ‚The Bridge', üben sie auch einen regulativen Zwang auf Bildungsorganisationen aus. In dieser regulativen und stabilisierenden Rolle lassen sich die Bildungsbroker als „Internal Governance Units" (IGUs) bezeichnen.

IGUs sind staatliche oder auch nichtstaatliche Akteursgruppen, die versuchen, ein Feld zu regulieren und die allgemeinen Funktionsmechanismen zu verwalten (ebd., S. 13). Vergleichbar mit dem Wahlspruch „convene, connect, measure, sustain" variieren die Aufgaben von IGUs zwischen Informationsvermittlung und -standardisierung im Feld und nach außen sowie der Definition, Beobachtung („monitoring") und Sanktionierung von Regeln und umfassen überdies auch die Zertifizierung von Feldzugängen und -mitgliedschaften (ebd., S. 78). In dieser Verwaltungsrolle entlasten IGUs die dominanten Gruppen von Verwaltungstätigkeiten, befördern den Eindruck einer legitimen und vermeintlich natürlichen Ordnung und fungieren als „the liaison between the strategic action field and important external fields" (ebd.). Damit objektivieren und regulieren die IGUs die Ideen und Arbeitsweisen, die dominante Akteure zur Legitimation ihrer Position nutzen.

IGUs sind somit interessante Organisationstypen, um die Forschungslücke von interferenten Feldeffekten zu untersuchen. Allerdings theoretisieren auch Fligstein und McAdam nicht die Zwischenposition, die IGUs als Garanten einer feldinternen und -externen Stabilität einnehmen. Was heißt es also aus feldtheoretischer Sicht, dass die IGUs „one foot in the field and the other outside" haben? Und inwiefern sind sie in ihren Haupttätigkeiten auf feldexterne Beziehungen angewiesen (ebd., S. 77)?

Tabelle 6: Homologie der Bildungsbroker III (eigene Darstellung)

Bridge	Platform	Cross-Fertilizer	Neutral Table	Eco-system	Supply Manager	Coalition of the Willing	Matchmaker

BILDUNG ← *symbolische Kopplung* → WIRTSCHAFT

BILDUNG ← *materielle Kopplung* → WIRTSCHAFT

Auf diese Fragen werde ich unter Rückgriff auf die feldsoziologischen Instrumente aus Kap. 3-4 eingehen. Ich greife acht Bildungsbrokerinitiativen heraus und schildere drei Extrembeispiele, ‚The Bridge', ‚The Platform' und ‚The Matchmaker'. Die anderen, die oben zur Sprache kamen, werden jeweils kontrastierend eingebracht, um das gesamte Feld in seinen Nähe- und Distanzverhältnisse zur regionalen Wirtschaft und

Bildung kartieren zu können. In der Summe der Vergleiche deutet sich eine Homologietendenz an (siehe Tabelle 6). Darin scheint das Interesse an einer kollektiven Verteilung und Stabilisierung von sektorübergreifenden Kooperationsmöglichkeiten und individuellen Jobgelegenheiten ungleich verteilt zu sein. Diese Verteilung lässt sich durch die Anbindung an Bildungs- und Wirtschaftsbeziehungen erklären: Diejenigen, die sich durch Gelder und Personal oder durch Bildungsbegriffe und Arbeitsweisen materiell und symbolisch stärker an Bildungsträger und die Bildungspolitik binden, erstreben mit größerer Eindeutigkeit ein neues Feld im Zwischenraum; diejenigen Organisationen aber, die bereits mit entsprechenden Unternehmenskontakten ausgestattet und an entsprechende Reziprozitätsverpflichtungen gebunden sind, sind weniger an der Errichtung eines Distributionssystems interessiert. Ich greife nun, Tabelle 6 von außen nach innen folgend, drei Extremfälle heraus und vergleiche jeden mit anders positionierten Bildungsbrokern, um diese Homologiethese zu belegen.

8.3 ‚The Bridge' – IGU von gemeinsamen Wirtschafszielen

Im 680-Korridor – hinter den Hügeln von Oakland und Berkeley – operiert ‚The Bridge'. Durch die CCPT-Gelder wird hier das beschriebene „Mapping Backwards" in die Tat umgesetzt. Die Gelder des bundesstaatlichen Bildungsministeriums finanzieren eine Koalition von elf Schulbezirken und drei Landkreisen, vier Community Colleges, einem Campus der California State University, zwei Bildungsressorts der Landkreise, zwei regionalen Beschäftigungsprogrammen und zwei Workforce Investment Boards. Das Team besteht aus einer bei einem Landkreis angestellten administrativen Koordinatorin, während W. und Y. von ‚The Neutral Table' die bildungsplanerische Gestaltung übernehmen. Der Koordinatorin zufolge ist das Ziel ein „regional approach to Career Pathways that allows students from throughout the region to successfully transition from middle school to high school to post-secondary education to employment in local businesses."

„Change Management" in Solidarität mit Bildungsträgern – ‚The Bridge' im Kraftfeld

Welche Akteure verbinden die Bildungsbroker von ‚The Bridge' und wie stellen sie die Bezüge her? Ihr Zielpublikum sind 6600 High-School-Schüler und Studierende an einem Community College der Region. ‚The Bridge' will laut einer Power-Point-Präsentation der Gruppe folgende Effekte erzielen:

- New and strengthened pathways – better prepared for college and careers
- More and better opportunities for work-based learning
- Relevant educational experience
- Better access to information about school and work opportunities
- Better support for basic skill development
- System to facilitate seamless transition from high school to college and career

Im Ergebnis sollen die High Schools neue „Pathways" begründen und diese mit besseren „Systemen" unterstützen, die Beziehungen zu Unternehmen und das „work-based learning" verbessern sowie „basic skills development" der Schulen begründen. Community Colleges sollen sich besser als „professional learning community" verstehen, Datensysteme einführen und Lern- und Bildungswege für die Resultatauswertung dokumentieren.

Mit Blick auf die Wirkung auf Unternehmen sollen dann die Beziehungen zwischen High Schools und Community Colleges mit klar definierten Rollen in ihrer Effizienz und wechselseitigen Vorteilen gestärkt werden. Das Ziel ist es weiterhin, die Dienstleistungen von Unternehmen für

8.3 ‚The Bridge' – IGU von gemeinsamen Wirtschafszielen

Schulen zu konsolidieren und die wechselseitige Anpassung (eng.: alignment) zwischen Schulen und Unternehmen zu verbessern, um lokale industrielle Nachfragen zu erfüllen. Letztlich will ‚The Bridge' mehr „work-ready graduates" und ein regionales System produzieren, in dem durch bildungsbiografische Übergänge nahtlos zwischen High School, College und Karriere vermittelt wird.

In diesen Zielsetzungen wird der Anspruch der Territorialisierung einer Bildungslandschaft deutlich. Neben den Nachfrageorientierungen sind eindeutig auch die Schulentwicklung und sogar pädagogische Grundaufgaben wie etwa das „basic skills development" in den Blick genommen worden.

Um die Umsetzung dieser Synergievorstellung nachzuvollziehen und auf ihre Bedingungen und institutionellen Folgen zu überprüfen, habe ich mit der Koordinatorin des Programms gesprochen und umfassende teilnehmende Beobachtungen an zwei halbtägigen Curriculum-Entwicklungsveranstaltungen durchgeführt. S., die Koordinatorin, versteht ihre Rolle im Sinne eines „Change Managements" und übernimmt dabei, zumindest im Interview, die offizielle Erzählung des CCPT Grants, mitsamt seiner ideellen Überhöhung.

> My position is just to bring it all together and coordinate the efforts. You know, just to get them to talk to one another. On paper they all said they would collaborate. So you have individuals saying that and it is very well intentioned, but behind them is this big operating machines in a sense. Their wheels turn differently in the K12 system vs. in a community college. So you have to change all of it. [...] It is a change management effort in a sense. And it is not easy. For industry it is a little bit quicker. Look at an iPhone and how often that changes. In education it is a lot bit slower. So you bring the different pieces together. A better word is sort of an operating model within their system. [...] We have meetings with people from CC that said, our system is great, we are not going to change it. And the K12 system that said, we cannot do it unless you change. They are also plenty on the High School side, who say, it is just fine, what do you want us to do. (S)

Der Wille zur Veränderung und auch die temporale Dynamik der Bildungsträgerinnen seien eher träge. Angesichts der in den letzten Sätzen beschriebenen zögerlichen Reaktion von Bildungsakteuren sieht sich S. in der Position, Überzeugungsarbeit zu leisten. S. bemüht sich, die unterstellte, institutionelle Trägheit von Bildungsorganisationen zu lösen. Wie in der Arbeit ihres Programms im Rahmen einer teilnehmenden Beobachtung deutlich wurde (siehe unten), bleiben die staatlich legitimierten Unternehmensnachfragen aber weitgehend unangetastet bzw. es ist schwierig für S.s Gruppe, überhaupt Unternehmen in die kleinteilige Planungsarbeit einzubeziehen. Daher wurde entschieden, Unternehmen erst dazuzuholen, wenn die Bildungsträger in den organisationalen Wandel eingetreten sind, während die Anbindung an die Schulbezirke durch die CCPT-Regularien gegeben ist.

In dieser Konstellation bewegt sich ‚The Bridge' sowohl in der eigenen Ressourcenausstattung als auch in den primären Kontakten nahe an staatlichen Bildungsträgern und stellt das Verhältnis zur Wirtschaftsregion nur auf inhaltliche, nicht aber auf finanzielle oder dialogische Weise her.

Wirtschaftsziele als gemeinsame Sprache – ‚The Bridge' im Ackerfeld

Wie geht ‚The Bridge' mit der Vielzahl an Arbeitsweisen und Ansprüchen um? Versuchen die Gruppenmitglieder ein stabiles Metakapital zu kreieren, oder gibt es eher Ad-hoc-Mischformen im Sinne eines Mosaiks? Die oben erwähnte materielle Anbindung weist bereits auf eine relativ starke Abhängigkeit von bildungspolitischen Behörden hin. Das betrifft auch die Schulbezirke selbst. Denn als ich die Koordinatorin frage, wie die durch CCPT eingeworbenen Gelder verwaltet werden, antwortet sie:

> It is up to the school districts, here as a fiscal ..., we don't tell them what they need to implement. They need to hear it from industry, they need to hear it from community colleges. But it is ultimately up to them. Maybe they will say, we have these and that is fine. [...] Maybe we buy materials with that. It is up to them. There are certain activities that are now allowable but for the most part, as long as you can come up with a reason how it benefits the pathway program and the students, it is fine. (S)

8.3 ‚The Bridge' – IGU von gemeinsamen Wirtschafszielen

In diesem Zitat wird deutlich, dass der CCPT-Grant große Freiheiten im Umgang mit den zur Verfügung gestellten Finanzmitteln lässt – Freiheiten, die aber für die Bildungsbroker zusätzliche Unsicherheiten bergen. Während die an den sektorübergreifenden Workshops zur Curriculumsentwicklung teilnehmenden Lehrkräfte derzeit durch eine von den Schulbezirken bezahlte Lehrkraft ersetzt werden, müssen diese nach Ablauf der Finanzierung anders kompensiert werden, wenn sie denn überhaupt an fortlaufenden Koordinationsbemühungen teilnehmen können. „After the three years", erklärt S., „the schools must have a lot of desire for teachers to do something in order to send them to one of these meetings."

In der teilnehmenden Beobachtung auf den Workshops stoße ich auf Lehrkräfte aus High Schools und Community Colleges, die eingeladen wurden, um auf Basis von zwei staatlichen Reformdokumenten lokale Partnerschaften und Curricula zu entwickeln bzw. eigene Curricula mit benachbarten Schulen zu koordinieren. Mehr als hundert Lehrerinnen aus beiden, sequenziell aneinander anschließenden Bildungsträgern werden dabei von einer Reihe von Bildungsbrokern begleitet.[78] Die zugrundeliegenden Dokumente sind einerseits die vom föderalen *Department of Labor* herausgegebenen „Industry Competency Models". Darin befragt die Ministerial-Abteilung „Employment und Training Administration" (ETA 2016) Arbeitgeber nach deren sektorspezifischen Qualifikations- und Kompetenzanforderungen und führt die Antworten in vier Abstraktionsgraden („Tier 1-4") gestuft auf.[79] Andererseits ziehen die Teilnehmer

---

[78] Anwesend sind ‚The Bridge', ‚The Neutral Table', ‚The Cross-Fertilizer', ‚The Platform' und ‚The Coalition of the Willing'.

[79] Jede Ebene im Modell enthält eine Reihe von verwandten Kompetenzen, zum Beispiel persönliche Effektivität, akademische Kompetenzen, Arbeitsplatzbezogene Kompetenzen oder betriebswirtschaftliche Kompetenzen. Die Stufen

ein Dokument des kalifornischen Bildungsministeriums (California Department of Education 2013) heran, die „Career Technical Education Standards", indem Bildungsstandards ebenfalls sektorspezifisch in Konsultation mit Arbeitgebern dargestellt werden und in didaktisch nuancierte Anforderungsmodelle aufgeführt werden, um eine Informationsgrundlage für die Gestaltung von institutionenübergreifenden Bildungswegen zu liefern.

Bei der Begrüßung spricht S. davon, dass der Aufwand der Bearbeitung durch den „skill gap" und die Produktion von „highly skilled students" entsteht. Die Entwicklung von entsprechenden Karrierepfaden könne überall beginnen: Bereits im Kindergarten werde der Grundstein für eine spätere Karriere in der Region gelegt. Die zugrundeliegende Strategie sei die Kooperation mit allen Anwesenden: Dementsprechend lautet auch der Appell an die Gäste – „The vehicle are you all!"

Zugleich suchen die Veranstalter auf symbolischer Ebene die Nähe zu Unternehmen. Nach der Einführung werden junge Arbeitnehmer lokaler Industriefirmen von einer weiteren Bildungsbrokerin (,Coalition of The Willing') zu ihren Karrierewegen und Kompetenzen am Arbeitsplatz befragt.[80]

---

sind in einer Pyramide angeordnet. Die Anordnung der Ebenen in einer Pyramidenform stellt eine immer höhere Spezifität und Spezialisierung der Inhalte auf den oberen Rängen der Grafik dar. Für den IT-Bereich bedeutet das etwa folgende Abstufung: „Tier 1: Personal effectiveness competencies, Tier 2: academic competencies, Tier 3: workplace competencies, Tier 4: industry-wide technical competencies".

[80] R. fragt an die Unternehmer im Podium gerichtet: What kind of skills are required in your industry, and the kind of education that is required, and how recruitement works in your industry?" Die Begründung fügt sie sogleich hinzu:„We want to agree, there are a lot of different jobs, and we want to build paths that lead towards them".

Die tatsächliche Arbeit an der Curriculumsentwicklung wird aber in Zusammenarbeit mit den eingeladenen Lehrkräften gemacht, während die Unternehmensvertreter schon frühzeitig abreisen. In der nun folgenden Gruppenarbeit werden die zwei Dokumente, die bundesstaatlichen „Career Technical Education Standards" und föderalen „Industry Competency Models", aufeinander bezogen, um Sektor-orientierte Curricula zwischen den benachbarten Schulen aufzuspüren. Ein Aufwand, den eine Teilnehmerin mit dem Bauen von zwei Brückenhälften vergleicht, die sich nun – entgegen der bisherigen Verfehlung – in der Mitte treffen sollen. Die Dokumente des kalifornischen *Department of Education* und das *Federal Department of Labor* eignen sich jedoch nicht in jeder Hinsicht für diese Übung. So böten die „Industry Competency Models" keine Lösung, wohl aber einen Anlass und eine Ermutigung dafür, sich wieder den „soft skills" zuzuwenden. Denn die hier im Detail aufgeschlüsselten technischen Fähigkeiten, so meine Sitznachbarin in der Kleingruppe für den IT-Sektor, seien viel zu spezifisch und muten dem Unterricht damit zu viel zu. Die vier Schwierigkeitsstufen, entlang derer das Dokument die Unternehmensforderungen aufführt, werden als formale Modellierungsgrundlage von vielen am Tisch verworfen. Es diene nur zur Erinnerung daran, worauf Bildungskarrieren letztlich hinauslaufen sollen, so eine College-Dozentin.[81]

---

[81] In einem tiefergehenden Gespräch mit einer Lehrerin und einer „School Consultant" zu meiner Rechten bestätigt sich dieser Eindruck. Sie berichten beide von der Bedeutung, die die ersten drei im Dokument aufgeführten Kompetenz-Stufen für sie haben könnten. Auch sie berichten von einer größeren Konsistenz und greift das Dokument als Zielperspektive dankbar auf: *„This is what industry wants."* Während die höheren Kompetenzstufen zu spezifisch seien, wären die niedrigeren zu allgemein und als pädagogischer Gegenstand zu abstrakt. Die Folge sei, dass Lehrkräfte und Schülerinnen letztlich in ihrer persönlichen Entwicklung, nicht in ihren „skills" angesprochen würden; dies seien die Lernpro-

Hier bleibt die Anlehnung an Wirtschaftsanliegen also relativ lose, rein rhetorische Bewegung. Denn die Unternehmenswünsche laufen als Schulentwicklungsprogramm ins Leere. „Tier 1", so ein Lehrer im Plenum „is about the culture in the classroom", nicht aber ein didaktisches Programm. Der Verdacht auf ein ökonomisiertes Curriculum, aber auch die Hoffnung auf einen Mehrwert der Wirtschaftsprogramme bei der Integration mehrerer Schulprogramme ist damit in den Augen der anwesenden Lehrkräfte unbegründet. Vielmehr scheint die Arbeitgeberorientierung, wie auch im Originalton wiedergegeben, eine gemeinsame Sprache oder sogar zusätzliche Bemächtigung der Lehrkräfte als Pädagoginnen, nicht als *Ausbilderinnen*, hervorzurufen.

In der Anbindung an umfassende Machtverhältnisse stellt ‚The Bridge' also ein eigentümliches Mischverhältnis her und scheint zunächst an einem hybriden Ackerfeld zu arbeiten. Während aus Wirtschafts- und Bildungswelten jeweils ein politisches Dokument entlehnt wird, sind die entsprechenden Anliegenträger aber nur einseitig beteiligt. Denn nur diejenigen Bildungsträger sind in die Curriculumsentwicklung involviert, die sich an föderalstaatlichen Unternehmunsbefragungen orientieren. Diese Befragung und die generelle wirtschaftspolitische Ambition wird allerdings auf symbolischer Ebene als ‚gemeinsame Sprache' der beteiligten Bildungsträger angenommen.

---

zesse, mit denen man sein Leben verbringe („they live their whole lives to learn") und die eine pädagogische Meisterleistung erforderten (dies sei „the hard stuff").

8.3 ‚The Bridge' – IGU von gemeinsamen Wirtschafszielen

Bildungsressourcen treffen auf Wirtschaftslogiken – ‚The Bridge' im Kampffeld

Wie kooperieren und konkurrieren wiederum die Bildungs- und Wirtschaftsanliegen innerhalb von ‚The Bridge'? Im nächsten Schritt auf dem Workshop werden die höher angesiedelten Kompetenzerwartungen und Curricula trianguliert. Das Ziel dieser Übung ist eine ganze „course map" der benachbarten Bildungsangebote für die Klassen 9 bis 13, d. h. für Schüler im Alter von 14 bis 19 Jahren zu erstellen und auf die Passung mit Arbeitgebernachfragen abzuklopfen. Der vom ‚Neutral Table' vorgelegte Entwurf für Tier 4 stammt, so Y., eins zu eins aus dem Dokument des Bildungsministeriums. Damit ist Tier 4 für den IT-Sektor entlang vier Untersektoren aufgegliedert – „(1) info support and services (2) networking (3) software (4) games and simulation". In der Folge bilden die benachbarten High Schools und Colleges Kleingruppen, um die Curricula zusammenzutragen. Wieder scheinen die spezifischen Anliegen, hier die nachgefragten Fähigkeiten des IT-Sektors, nur auf rhetorischer Ebene tragfähig zu sein.

So spricht eine Schulpädagogin mir gegenüber von einem „overkill", weil sowohl die Kompetenzentwicklung als auch der Schulalltag von zu spezifischen und zu Arbeitsplatz-orientierten Ausbildungsaufgaben überfrachtet würden.[82] Jedoch rechnet sie damit, dass eine vermehrte Orientierung an Arbeitgeber-Anliegen einen zusätzlich reformierenden Effekt haben könnte. Denn speziell die nun umgesetzten Reformen der

---

[82] Als ‚School Consultant' wisse sie, dass die Sorgen der Schüler zwar auf ihre Karrieren Bezug nehmen, aber tiefer gehen als der Wunsch, mutmaßliche Kompetenzen zu erwerben. Die derzeit gültigen Standards würden damit höchstens um wenige Details ergänzt. In dem damit formulierten Konsistenzanspruch, so pflichtet eine Sitznachbarin bei, läge dann auch der Mehrwert für ihre Schulen.

Common Core Standards stellten durch das ergebnisoffene und projektorientierte Lernen eine pädagogische Herausforderung dar. Bei deren Bearbeitung erwiese sich die Arbeitgebernachfrage in ihren Augen jedoch nicht als Hindernis, sondern als zusätzlicher Katalysator. Insofern würden mit dem Bildungsbrokering, so die Hinweise der Workshop-Teilnehmerinnen, zusätzlich auch föderale Bildungsreformen umgesetzt, wenn auch in sektorübergreifender Kooperation.

In diesen Beobachtungen wird damit der Anspruch der Bildungsbroker deutlich, regional konsistente und regionalökonomisch motivierte Vervielfältigung von Bildungswegen anzustiften und zu verwalten. Zusammengenommen ist ‚The Bridge' bestrebt, im Rahmen einer neuen Bildungslandschaft die Rolle einer IGU einzunehmen (Fligstein und McAdam 2012, S. 78).[83] Im Sinne eines Feldes wollen sie die Organisationen auf ein gemeinsames Bildungs- und Wirtschaftsverständnis ausrichten und diese Ausrichtung durch Administration, Information, Regulation, Sanktionierung oder Zertifizierung durchsetzen. Man will als legitimer Interessenrepräsentant und Vermittlungsinstanz auftreten.

Im Detail ist das Bildungsbrokering hier eine Vermittlung von wortwörtlich übernommenen staatlichen Reformprogrammen aus mehreren Politiksektoren einerseits und Lehrererfahrungen sowie Arbeitgeberbedürfnissen andererseits. Während in letzterer Hinsicht symbolisch auf

---

[83] Das anschließende Meeting, das ich zum Ende des Forschungsaufenthaltes besuchte, macht deutlich, dass aus diesen Bemühungen durchaus eine neue Bildungslandschaft entstehen kann. Die Schulbezirke und darin verorteten Schulen trafen sich, um institutionelle „Prioritäten" zu setzen, welche der Förderziele für sie besonders wichtig seien; etwa „career readiness", „course sequences", „cross-institutional alignment" und andere Aspekte, die dann in einem zweiten Schritt auf „Themen" – etwa curriculum, „post-secondary completion", „transitions", „wokrbased learning" – bezogen werden. Sichtbar wird damit, wie Schulen ihre eigene Rolle und Position neu justieren.

Unternehmens- und Regionalwirtschaftsdiskurse zurückgegriffen wird, stammen die Finanzen, die regulativen Vorgaben und die primären Verhandlungspartner aus den staatlichen Bildungsinstitutionen. In der Polstruktur des Bildungsbrokerfeldes zwischen Wirtschaft und Bildung sind die dabei wirksamen Logiken in der Nähe von Bildung anzusiedeln.

Kontrastierung I: ‚The Supply Manager' und ‚The Cross-Fertilizer'

Um das Feld der Bildungsbroker zu skizzieren wurde vorher eine Polstruktur vorgeschlagen (vgl. Tabelle 6). Im Anschluss stellt sich die Frage, wie steht die Initiative, die hier als ‚The Bridge' untersucht wurde, im Verhältnis zu anderen Bildungsbrokern steht.
Als erstes Kontrastbeispiel kann das zuvor zitierte ‚The Supply Manager' von C. gelten, das symbolisch und materiell die Distanz zu staatlichen Bildungsreformen, -klassifikationen und -akteuren sucht. C. wendet sich stattdessen den Anforderungen der Arbeitgeber einerseits und benachteiligten Arbeitnehmern andererseits zu. Die Bildungspläne und -bedarfe werden nicht etwa den staatlichen Dokumenten, sondern den eigenhändigen Erkundungen in der Region entnommen. Der Anspruch dabei ist keineswegs eine umfassende Abdeckung aller demografischen Schichten und Sektoren, sondern eine ausgewählte, in betriebswirtschaftlicher Hinsicht besonders passende Kombination aus „stackable certificates" und Langzeitarbeitslosen. Nichtsdestotrotz teilt C. die Gemeinwohlorientierung und die Figur des Fachkräftemangels, bewegt sich also im selben Sprachraum, wenn auch in einer entgegengesetzten, wirtschaftsnäheren Position.
‚The Cross-Fertilizer' dagegen ist an der UC Berkeley angesiedelt, also sehr nahe an einer Bildungsorganisation. Sie bemüht sich um eine digitalisierte Transaktionsplattform, in der sowohl individuelle als auch vom System bereitgestellte Bildungswege abgebildet werden und in deren Online-Foren sich Lehrkräfte und Arbeits- und Bildungssuchende um den

Anschluss an Beschäftigungsgelegenheiten bemühen können. Derlei Ansprüche um eine transparente und kohärente Darstellungs- und Transaktionsform finden sich den bisherigen Einblicken zufolge also eher bei wirtschaftsfernen Bildungsbrokern.

8.4 ‚The Matchmaker' – IGU von individuellen Transaktionsbeziehungen

Ganz anders verhält es sich bei der Businessgruppe ‚The Matchmaker'. Hier sind weniger Schulbezirke und Lehrkräfte als Wirtschaftsförderer und Unternehmen diejenigen, denen man Rechenschaft ablegt und deren Vorschläge man aufgreift. Eine Vertreterin des wichtigsten Mitglieds – sie ist Angestellte des zahlenmäßig größten Arbeitgebers in Berkeley – bezeichnet ‚The Matchmaker' vielmehr als die „regional chamber of commerce, *the* business group".

Ursprünglich ist EDA als Economic Development Alliance (EDA) entstanden, um den Hafen von Oakland umzubauen, damit mehr Güter verarbeitet werden können. Die Hafenunternehmen beschlossen damals, so die Leiterin von ‚The Matchmaker' im Interview, dieses Großvorhaben unter Rückgriff auf sektorübergreifende Allianzen durchzuführen, denn „if politics does it, it will cause upheaval. So they brought everybody to the table, environmentalists and others". Dieser Zugang, der anfänglich von Skepsis gegenüber der staatlichen Verwaltung geprägt war, war so erfolgreich, dass er als Projekt des Landkreises Alameda und unter dem Titel Eastbay EDA verstetigt wurde.

Ein arbeitgebergeleiteter Zwischenraum – ‚The Matchmaker' im Kraftfeld

Wie verhalten sich Bildungs- und Wirtschaftsanliegen innerhalb von ‚The Matchmaker'? Die Gruppe ist am entgegengesetzten Pol des Bildungs-

8.4 ‚The Matchmaker' – IGU von individuellen Transaktionsbeziehungen

brokerings anzusiedeln, nämlich in großer Nähe zur regionalen Wirtschaft. Als ich die Leiterin in einem Bürogebäude des Landkreises treffe, berichtet sie, dass die Organisation materiell gänzlich an Wirtschaftsförderungstöpfe, regionale Behörden und die Mitgliederorganisationen gebunden ist und in ihrer Arbeit primär aber die Interessen von regionalen Unternehmen vertreten will.[84] Die Gruppe verstehe sich als „regionale Stimme" und „Netzwerkressource", von denen Mitglieder umsonst profitieren, etwa indem ‚The Matchmaker' regionale Wirtschaftsberichte für die Ostbucht erstellt, um die lokal-spezifischen Daten nicht in den umfassenden Regionalberichten untergehen zu lassen. Damit würde man den Vorteil einer sektorübergreifenden NGO abgreifen, zugleich aber auch regionale Firmen legitim vertreten und befördern können. ‚The Matchmaker' ist Informationslieferant und sektorübergreifende Lobbygruppe und als solche eindeutig als IGU zu bezeichnen. Doch welche Feldstrukturen versucht die Gruppe zu stabilisieren? Insbesondere arbeitet H. gerade an einer, wie sie es nennt, „employer-led public engagement strategy". Ziel sei es, die regionale Beschäftigung zu fördern und, wie sie betont, „educational and governmental efforts in areas as STEM education and workforce development" zu ergänzen. Als ich sie zu kurz- und langfristigen Zielen befrage, schildert H. den „sehr einzigartigen Zugang" wie folgt:

---

[84] Sie ist finanziert durch Sponsoren und Grants und von ca. hundert zahlenden Mitgliedsorganisation bestehend aus Landkreisen, Bezirken, Arbeitnehmerorganisationen, umweltpolitischen NGOs, sekundär- und postsekundären Bildungseinrichtungen und Unternehmen.

J: In 20 years, how closely tight will the systems be?

H: I am hoping that there is a regional workforce strategy that is bifurcated, so you have education in really good partnership and that you have clear roles for both of them and that they start sharing goals. They are starting to put the paper where their goals are and are clear and documenting what their goals are. And sharing with education: we have different goals and goalsets but the goal really should be one: this young person should get employed. You have to have some agreement or understanding on who is the beneficiary: business, school, student. If you choose each one you have different strategies. but there is gonna be time to change that. And as long as government continues to fund under certain streams, I think they restrict themselves from what could be. The beauty of an employer-led strategy is that they innovative. They know no boundaries, they try, take risk, evaluate. For decades they have been serving on [...] advisory committees and they know that they could do more because those strategies are not as good as they would wish. (H)

H. spricht sich dabei klar für eine Trennung („bifurcated") von Bildungs- und Wirtschaftsanliegen und den jeweiligen Anliegenträgern aus. Die Position von ‚The Matchmaker' schlägt dabei eindeutig zugunsten einer Anwendung etablierter betriebswirtschaftlicher Praktiken aus. Diese seien auch nützlich, um sektorübergreifende Bildungsprozesse zu strukturieren. Der Schwerpunkt liegt dabei auf der Klarheit und Zurechenbarkeit der Ziele, wobei H. eine gewisse Skepsis gegenüber staatlichen Verwaltungspraktiken und Finanzierungsstrategien äußert.

„Return on investment" – ‚The Matchmaker' im Ackerfeld

Zielt ‚The Matchmaker' darauf ab, die verschiedenen Belange durch eine Art Metasprache zu vermitteln. Oder gibt es eher spontane Mischformen im Sinne eines Mosaiks? Die Unternehmensmitglieder der Gruppe, wie die Leiterin im letzten Satz erwähnt, seien unzufrieden mit den derzeitigen Bemühungen der beschäftigungsorientierten Bildung. Sie fährt fort: „They are funding a lot but are frustrated because they do not have a deep local pool from which they can hire and hire from elsewhere which they

8.4 'The Matchmaker' – IGU von individuellen Transaktionsbeziehungen 283

don't like because it is not efficient to do outreach beyond the region". Um die Vorzüge der Arbeitgeber-orientierten Strategien besser nachvollziehen zu können, frage ich nach den Vorteilen, die umgekehrt eine von Bildungspraktikern geleitete Strategie hätte.

> They made a lot of links and bounds [...] in trying to have their system more flexibel to industry needs. I applaud them to take an industry approach on curriculum. That is new to them. That technology does change need, not as fast as we want them to see, but they do recognize that. Common core is more aligned with business. It is hard for educators. It is even hard for educators and students to take that test using computer apparatus. But business sees that as a necessity. Those are big jumps. As an educator, I understand. I understand financially some districts are strapped. (H)

Wohlwollend erwähnt H. hier zwar die Fortschritte, die in der staatlichen Bildung bereits vollzogen wurden: nämlich die industriell orientierte Curriculumsentwicklung und die Common-Core-Reform. Doch sei etwa die technologische Ausstattung, die von Unternehmen eingefordert wird, weiterhin mangelhaft. Deutlichere Worte findet eine Unternehmensvertreterin, deren Arbeitgeber sowohl ‚Matchmaker'-Mitglied als auch Sponsor des erwähnten ‚Neutral Table' ist. Sie teilt die Vision einer von Arbeitgeberseite angeleiteten Strategie und sieht ‚The Matchmaker' dabei nicht als „intermediary organization". „[...] But it is providing the strategies for the internal coordination". Bezüglich der Bildungspraktiker findet sie bezeichnenderweise eine tautologische Formulierung: „I don't want to insult the education system but educators educate". Sie fährt fort:

> We don't know what we are gonna be doing in 20 years from now so how do we educate people that are going to be able to do it for us? [...] [Educators] don't look that far outside the classroom and even education leaders, county superintendents and probably even when you get up to the state level, really don't talk to businesses. And as businesses change faster and faster because we are so innovative, educators – we realize – just can't keep up. They don't even know the right questions to ask. So businesses get more and more involved and take more initiative. We are not anywhere close where we are going to be. But right now there is a lot going in on the businesses side and try to take an active role in preparing students for real jobs in, you know, what we call the innovation economy. (H)

Schulen erweisen sich, H zufolge, also als träge Organisationen. Lokale Unternehmen dagegen, so auch ein der Business-Gruppe (U), versuchen seit ein, zwei Jahren ihre eigenen Zugänge zu kreieren, um ein anderes Bildungsbrokering zu etablieren, nämlich mit dem Ziel „to coalesce and fund a service or an agency that coordinates business engagement in education". U. selbst arbeite, sagt sie im stillen Verweis auf ‚The Neutral Table' und andere Projekte, in einer ganzen Reihe dieser Initiativen, versuche dabei aber wirklich „anders zu denken". Und dabei gehe es um einen langfristigen Prozess, nicht um „Return on Investment".
Der Anspruch von Seiten der Unternehmen an die Bildungsbroker läge in dem Wunsch, dass diese „non-intrusive" und „easy to use" sein mögen und dass man ihnen sagen kann, „wie es funktioniert und warum es funktioniert". Die Unternehmensinteressen fasst sie kurz zusammen: „They would like you to measure. They always do pilots and evaluation. And that is a business model" (U).[85] Aus dieser Sicht würde die Vermittlungsarbeit also dafür sorgen, dass sich etwa ein Lehrer nicht an das Unternehmen, sondern an einen kompetenten Koordinator wendet, der dann „Individuen effizient verknüpft".[86]

---

[85] Die gängige Skepsis der Bildungspraktiker, dass *Unternehmen „Curricula kaufen wollen"* oder sich nur als sichtbare Sponsoren positionieren, möchte sie aber ausräumen: *„businesses now say, no, no, no, we want to be real partners"* (U.).

[86] Auch in pädagogischer Hinsicht sieht U. einen Unterschied zwischen Unternehmens- und Bildungs-orientierten Zugängen. *„On the education side, what they are used to is to impact curriculum. They ask [businesses] for money and all the time for internships which is not always real. A business strategy would be a shadowing role [as opposed to an internship]. That is a big difference."* Hier schildert U. aus ihrer Sicht die Disposition, die ein Bildungsbrokering mit der Anbindung entweder an Wirtschaft oder Bildung mit sich bringt. Sie spricht sich für eine Vereinheitlichung der Herangehensweisen zugunsten einer „employer-led strategy" aus.

8.4 ‚The Matchmaker' – IGU von individuellen Transaktionsbeziehungen   285

Strebt ‚The Matchmaker' damit eine regulative Position und verbindliche Regel- und Informationssysteme an? Und wie positioniert sich die Gruppe im Verhältnis zu anderen Brokering-Zugängen?

Matchmaking ohne bildungspolitische Verantwortung – ‚The Matchmaker' im Kampffeld

Um dieser Frage weiter nachzugehen, folge ich U.s Einladung zum Meeting der Businessgruppe, dem sogenannten „Employer Advisory Committee". Es handelt sich um eine beratende Sitzung mit dem Ziel, Arbeitgeberinteressen einzuholen und zu koordinieren.
Hier stoße ich auch auf W. von ‚The Neutral Table' und Q. von ‚The Platform', mit der ich später sprechen sollte und die eines der ersten Bildungsbrokeringprogramme in der Region koordiniert. Auf dem Meeting werden verschiedene Konzepte des Bildungsbrokerings präsentiert – mit aufschlussreichen Einblicken bezüglich der homologen Zugänge.
U. legt einen Entwurf vor, auf dem tabellarisch das Arbeitgeberengagement bei verschiedenen Bildungsbeiträgen, -zielen und -zielgruppen abgebildet wird, den „employer-led regional workforce development engagement strategies". Nach Maßgabe dieser Parameter können Arbeitgeber sich etwa um junge Schüler bemühen, indem Karrieremöglichkeiten im Klassenraum präsentiert, Tutorenprogramme oder auch in späteren Altersgruppen „job shadowing" und Beratung angeboten werden. Das umfassende Ziel dieser Aktivitäten: „to promote and influence a career ready near future workforce to meet the hiring demands of employers". Andere, eher kurzfristige Beschäftigungsziele können verfolgt werden, indem WIBs, Community Based-

Organizations[87] und weitere auf Arbeitssuchende angesprochen werden und indem diese dann in Firmen oder durch web-basierte Seminare ausgebildet werden.[88]
Teils am Tisch versammelt, teils über Konferenzschaltung zugeschaltet, diskutieren eine Handvoll von Geschäftsleuten, aber insbesondere auch Bildungsbroker (U., Q., W. und die ‚The Matchmaker'-Vertreter) diese und andere Präsentationen. In allen Vorträgen geht es um die Idee, eine „Intermediary Organization" zu begründen, die die Brokeringaufgaben hauptsächlich übernimmt. O., rechte Hand der abwesenden ‚Matchmaker'-Leiterin, bemüht sich um eine konkludierende Formulierung:

> I think about it like this: we build an organization, that identifies best practices and education needs and then matches them up with the [The Matchmaker] members and thereby build education opportunities.

Es gelte daher, so O. weiter, „best practices" zu finden, die man einerseits nachahmen, andererseits in einem Koordinationsaufwand bündeln könne. Auch das kalifornische Bildungsministerium habe eine Liste an „good practices" herausgegeben, wobei diese, wie W. klarstellt, erst auf ihre eigene Anregung hin erstellt worden sei: „They know, because we told them about the need for extra resources to make these programs possib-

---

[87] Der Begriff „Community Based-Organizations" bezeichnet Organisationen, die in einer bestimmten Ortsgemeinde verwurzelt sind und gemeinnützige Aufgaben übernehmen. Der Begriff der Community bezieht sich hier auf eine Gruppierung von Menschen in einer bestimmten geografischen Region oder eine lokale Gruppierung basierend auf Beruf oder ethnische Herkunft oder Kultur.

[88] Auch W. präsentiert ihre Programme, nämlich den oben erwähnten STEM Career Awareness Day, aus dem sie eine bestimmte Brokeringtechnik herausgreift: das sogenannte „Menü", das mehrere Beteiligungsformen auflistet und bei der Anwerbung von privatwirtschaftlichen Kooperationspartnern vorgelegt werden könne, da diese oft nicht wüssten, wie man sich für Bildungsprogramme einsetzen könnte.

le." U. wirft ein, „best practices are not all. We want to analyse all practices and create something replicable", und stellt ihrerseits klar, „the idea is to have a well-ordered, high impact". Wettbewerb dagegen sei nicht erwünscht. W. spricht sich weiterhin für einen planerischen Zugang aus. Dazu gehöre etwa auch, stimmt U. ein, die Firmenressourcen zu sondieren und zu kartieren. Ihr Arbeitgeber etwa könne keine Gelder, wohl aber Arbeitskräfte abstellen.

Es folgt dementsprechend ein Brainstorming, in dem diejenigen Bildungsprojekte in der Region gesammelt werden, die annähernd als „intermediary" eingestuft werden können oder von einem umfassenden Koordinator aufgegriffen werden sollten. Hierbei wird deutlich, dass auch wirtschaftsferne Bildungsbroker als Teil des Feldes empfunden werden, weil dort die gleiche Arbeit gemacht werde.[89] Weiterhin gelte es aus diesem Grund, sich diese anderen Projekte anzueignen oder sie zumindest zu beeinflussen. Insofern ist es auch ‚The Matchmaker' an der Rolle einer IGU gelegen. O.s Einschätzung zufolge gibt es mindestens 50 solcher intermediärer Programme in der Region. Neben den als wertvoll empfundenen Projekten eruiert O. bei den anwesenden Bildungsbrokern auch die regulativen Bedingungen in der staatlichen Bildung.[90]

---

[89] So wird etwa ‚Contra Costa Economic Partnerhip' erwähnt, dessen Leiterin R. in einem vorigen Interviewzitat die „deepness" des Brokerings herausgestellt hat und die im Osten der Region selbst eine ‚Coalition of the Willing' organisiert, wie sie es mir gegenüber formulierte. Auch ‚The Crossfertilizer', ‚The Bridge' und ‚The Ecosystem' kommen zur Sprache.

[90] O. fragt sich etwa, ob die Dekane der Community Colleges mehr oder weniger starke Anreize für die Beteiligungen an karriereorientierter naturwissenschaftlich-technischer Bildung haben – sogenannte „STEM incentives". O. konstatiert diesbezüglich, „so there is a mismatch between the lower incentives for STEM in community colleges and the increasing need for STEM from the business point of view". Q. stimmt dem zu, erwähnt aber positiv die zunehmende Diskussion von Zurechenbarkeit (accountability). U. ergänzt, „we are getting better at holding

Die Gruppe selbst scheint sich aber nicht für die Veränderung dieser Anreizsysteme zu interessieren. Man will also als IGU keineswegs eine bildungspolitische Rolle einnehmen.[91] ‚The Matchmaker' ist auch weniger an der Errichtung eines Distributionssystems, sondern vielmehr an reziproken Transaktionsbeziehungen zwischen einzelnen Unternehmen und Bildungsträgern interessiert. Insofern scheint die Business-Gruppe eher auf ein Mosaik bedacht zu sein, in dem mehrere Herangehensweisen koexistieren und individuelle Zugänge zu Wirtschaftskontakten nicht geteilt werden.

Kontrastierung II: ‚Coalition of the Willing'

Wieder bietet es sich im Anschluss an die Analyse eines Bildungsbrokers der Vergleich mit anderen Bildungsbrokern an (vgl. Tabelle 6). Wie steht ‚The Matchmaker' zu bildungs- bzw. wirtschaftsaffinen Pendants im Feld?
Als ähnliches Beispiel kann die im Business-Meeting erwähnte „Koalition der Willigen" von R. dienen, die sie aus einer anderen Wirtschaftsförderungsagentur heraus unterhält. Diesem Wortlaut entspre-

---

[91] people more accountable on job placement. That is brand new, though!" Hier eruiert ‚The Matchmaker' also die bildungspolitischen Anreizsysteme, auch unter Rückgriff auf die anwesenden Bildungsbroker.
Das macht sich in der Diskussion weiter bemerkbar: Die nächsten Schritte, so fasst die Gruppen zusammen, bestehe aus der Finanzierung einer „roadmap", einer Planung, wie sie von der EDA-Leiterin mit einem Antrag auf 200 000 Dollar im Jahr eingebracht wurde. Dies diene der Eruierung aller Grants und der planerischen Integration. Diesen Diskussionen folgend wird klar, dass auch bei der Businessgruppe die Absicht gegeben ist, die Bildungslandschaft tiefgreifend zu prägen.

chend legen beide Wirtschaftsförderer den Akzent auf freiwillige Teilnahme und nichtformalisierte Netzwerke. Man könne weder Bil-Bildungsträger noch Unternehmen in die Pflicht nehmen, wie es etwa ‚The Bridge' tue, sondern müsse eine schlagkräftige und solidarische Allianz finden, auch weil die Arbeitskulturen zwischen Bildungsorganisationen und Unternehmen so unterschiedlich seien, dass besser die besonders Motivierten angesprochen werden sollten, um ein Exempel zu statuieren. Der ultimative Zweck sei es, die Bildungswege dynamisch auf Unternehmensnachfragen hin anzupassen. Gewissermaßen möchten die Businessgruppen die Landschaft also im Sinne eines informellen Regimes beeinflussen.

Die bisher gesammelten Eindrücke von bildungs- und wirtschaftsnahen Bildungsbrokern deuten darauf hin, dass es bestimmte Dispositionen gibt. Während die wirtschaftsfernen Gruppen eher an einem verstetigten Verteilungssystem arbeiten und sich als Koordinatoren darin sehen, arbeiten die genannten Wirtschaftsförderer eher als ‚Matchmaker' und wollen insofern als Knotenpunkt, nicht aber als Verwaltungsstelle fungieren. ‚The Matchmaker' ist in diesem Sinne die IGU eines Mosaiks, durch das der Zwischenraum nicht reguliert wird, wohl aber feldübergreifende Kontakte stabilisiert und gepflegt werden.

8.5 ‚The Platform' – IGU von gerecht verteilten Karrieremöglichkeiten

Neben den geschilderten Diskussionsbeiträgen kam auf dem ‚Matchmaker'-Meeting auch Q. zu Wort, deren Zugang ich abschließend schildere. Wie kombiniert ihre Gruppe die verschiedenen Arbeitsweisen und Ansprüchen?

Als meine letzte Interviewpartnerin berichtet Q. von ihrem in der Bildungsbroker-Szene anerkannten Programm mit dem Namen ‚The Platform'. Obwohl ich das Projekt nicht im Detail untersucht habe, ist die zugehörige Gruppe interessant, weil sie jüngst einen Plan für eine umfassende Bildungsbrokerorganisation vorgelegt hat, die damit einen Monopolanspruch formuliert oder zumindest suggeriert. Jedoch wird in den Interaktionen selbst nicht immer klar, ob diese als Konkurrenz wahrgenommen werden. Neben der Vergleichsperspektive war diesbezüglich das Interview mit Q. aufschlussreich und rückblickend ihre Rolle in dem ‚Matchmaker'-Meeting.

Individuelle Transaktion oder gerechte Verteilung? ‚The Platform' im Ackerfeld

Ähnlich wie in dem ‚The Bridge'-Workshop, ist auch das ‚The Matchmaker'-Meeting Treffpunkt für gleich mehrere Bildungsbroker, unabhängig davon, ob sie eher der Wirtschafts- oder Bildungswelt angehören.
In dem ‚Matchmaker'-Meeting trägt Q. ihren Plan vor. Trotz dem unmittelbaren Anschluss an die anderen Beiträge fällt schon in dem Meeting auf, dass der durchaus anspruchsvolle Entwurf wenig Feedback bekommt. Nur ein kurzer Austausch über die Vereinbarkeit der Zugänge weist auf ein mögliches Spannungsverhältnis hin. U. betont darin die Komplementarität der verschiedenen Vorhaben und W. pflichtet dem bei. O., ein Vertreter der Businessgruppe, unterstreicht in den Folien den dritten Punkt, nämlich die Frage, wie mehr Unternehmen involviert werden können, und fragt sich allgemein, was ein „intermediary" überhaupt sei. Im selben Atemzug beantwortet er dann die Frage selbst: „I really see it as a matchmaker". An Q. gewandt fragt er nach der Reichweite des Projektes, woraufhin diese ihr Vorhaben ohne Umschweife als „all-

encompassing" beschreibt. Der administrative Teil des Vorhabens würde sich einem zu formalisierenden Kollektiv in den Dienst stellen.[92] Bislang scheint ‚The Platform' sich also als IGU eines Feldes zu verstehen. Die Gruppe will den Zwischenraum durch umfassende Koordination, unterschriebene Verträge und standardisierte Erfolgsmaßstäbe regulieren – ein Anspruch, den die Businessgruppe ‚The Matchmaker' nicht teilt.

Ein versteckter Umverteilungsanspruch – ‚The Platform' im Kampffeld

Stehen die anwesenden Bildungsbroker also in Konkurrenz zueinander? W.s Präsentation, deren Vorstellung von „Neutral Tables" zuvor dargestellt wurde, erweckt diesen Anschein weniger. Sie zieht im Anschluss an die Diskussion über die Vereinbarkeit der verschiedenen Zugänge, ihren Anspruch zurück, ihrerseits die Zugänge vermitteln zu wollen. Damit wird sie ihrem eigenen Neutralitätsanspruch gerecht. Es gehe, so ihre abstrakte Formulierung, eher um einen „more coordinated effort".

U.s Schema dagegen, wie das der ‚The Matchmaker'-Leiterin, ist aus einer Unternehmensperspektive entworfen. Entsprechend folgt es dem Ziel, die Unternehmensbeteiligung zu stärken und äußert sich kritisch über die Veränderungsbereitschaft der Schulen und Colleges. Q.s Plattform, so U., sei ein „großartige Ergänzung" zu einer Verbesserung der Lage und Einbindung der Unternehmen.

Q. selbst geht es aber um mehr. Das verraten einige Präsentationsfolien, die sie nicht wortwörtlich vorstellt und teilweise überspringt. Diesen Fo-

---

[92] Es geht genauer gesagt, so Q.s Folien, um ein „signed commitment to uphold the vision and mission of the initiative; includes a common agenda, communication strategy and measures of success".

lien zufolge plant sie sogar eine „transparent governance and balanced representation". Die „mission" ist auf den Folien wie folgt formuliert:

> ... to create a shared platform to link, align, leverage, and coordinate public and private resources to incubate and scale business-driven workforce and education practices that lead to employment and career success for all.

Diese Ansprüche der umfassenden Vermittlung[93] und paritätischen Interessensrepräsentation bedient nicht nur auf der Zielebene quasi-staatliche Aufgabenfelder und Semantiken. Auch operativ fühlt man sich in Q.s Gruppe der Arbeit verbunden, die bereits jetzt im Bildungs-, Ausbildungs- und Beschäftigungswesen stattfindet, also nicht allein der Arbeit, die der Unternehmensgruppe zufolge im privatwirtschaftlichen Bereich und in zukünftigen Politikmodellen ein Anliegen ist. Sogar operativ fallen in den Folien, nicht aber in der Präsentation Begriffe wie *evidence-based practices* und *system-wide continuos improvement*, die sich sogar als Aufsichts- und Kontrollprogramme lesen lassen. Q. schwebt damit eine Agentur vor, die von allen relevanten Gruppen als legitime Verwaltungsmacht anerkannt wird. Sogar ethische Ansprüche wie die in der amerikanischen Bildungspolitik brisante „equitability of access"[94] finden sich in den schriftlichen Formulierungen. Worin genau liegt also der Unterschied zwischen Q.s Zugang und den oben eruierten Initiativen? Und warum negieren oder unterschlagen andere diesen Unterschied?

Die relativ zurückhaltende Präsentation ist umso überraschender, da die ‚Matchmaker'-Gruppe als Gastgeber des Treffens durchaus von Q.s Plan

---

[93] Übergreifend liegt die „Vision" im „equitable access to quality education, training, and employment opportunities that promotes upward mobility and regional vitality".

[94] Gemeint sind die aufgrund hoher Studiengebühren und sozioökonomischer Rahmenbedingungen ungleichen Zugänge ins Bildungswegen.

profitieren könnte. So schreibt Q. nicht ihrer eigenen Organisation, sondern der ‚Matchmaker'-Gruppe die zentrale Rolle als IGU zu. Dabei argumentiert Q., dass die Businessgruppe als Plattform über ‚The Bridge', ‚The Cross-Fertilizer' (als Verbindung zwischen Sekundarstufe und Community College) und andere Projekte hinweg fungieren, die im Businessmeeting teilweise am Tisch versammelt sind. Ein entsprechender Entwurf sei bereits einer Beraterfirma anvertraut worden. Deren Ratschlag läge darin, die in der Organisation gebündelte sektorübergreifende Zusammenarbeit zu formalisieren, u.a. durch einen „Compact", der von regionalen Führungsfiguren unterschrieben wird und eine operative Körperschaft integriert. Damit ist Q.s Plattform eindeutig, auch in der operativen Verpflichtung aller Beteiligten, ein Versuch der Neuverteilung von Bedürfnissen, Ansprüchen und Begünstigungen.[95]

Während Q. die schriftlichen Ansprüche auf dem Meeting nicht vorträgt und damit eine Konfrontation vermeiden will, lässt sie im Interview einige ihrer Beweggründe durchscheinen. Darin geht sie anderen Brokering-Bestrebungen gegenüber auf Distanz, drückt sogar eine gewisse Enttäuschung aus:

> I really felt when I started this, we had such commitment and buy-in, that we would be able to do this. And to me that was a lesson with money, which is the grant, and the will of key leaders. It is such a complex terrain, the educational and workplace space. I stop there. (Q)

Ihr Zögern, diese Enttäuschung weiter auszuführen, geht auf das Meeting mit ‚The Matchmaker' zurück. Dort hatte sie bereits von der „platform"

---

[95] Im Interview stellt sie dies auch klar heraus und hält ihrerseits weiterhin – obwohl eher die Häretikerin im Feld – an der Angebot-Nachfrage-Diagnostik fest. Das Ziel sei es, „to translate that from the mouth of the companies to the educators and say, this is where you really need to invest." (Q.)

gesprochen. In dieser Bezeichnung, so das Interviewresultat, sieht Q. einen qualitativen Unterschied: In ihrer Sichtweise sind einige Bildungsbroker – und dazu zählt sie sich selbst – an einer Plattform interessiert, die als „unified voice" mit der „Arbeitgeber-Community" kommuniziert. Andere aber bevorzugen eine „transaktionale Rolle" (Q), durch die „workbased learning" Gelegenheiten auf der operativen Ebene vermittelt werden, also letztlich Arbeitgeber und Beschäftige einander zugeordnet werden. Anstatt aber die sektorübergreifenden Kontakte ad hoc herzustellen und zu orchestrieren, müsse es Q. zufolge um eine planerische Gestaltung von Angebot und Nachfrage gehen.

Dieser Unterschied zwischen Plattform und transaktionalem Brokering erklärt das diplomatische Verhalten von Q. im Rahmen des ‚Matchmaker'-Meetings. Während Q, eine relativ uniforme Bündelung des Bildungsbrokerings anstrebt, arbeiten andere auf dezentrale und adhoc organisierte Passungsverhältnisse hin. Über die im Kampffeldbegriff fokussierte Interaktionssituation hinaus erklärt sich dieser stille Konflikt, so meine folgende Analyse, in der homologen Position der Bildungsbroker zwischen Bildung und Regionalwirtschaft.

Umfassend koordinieren oder transaktional vermitteln? ‚The Platform' im Kraftfeld

Das von der Business-Gruppe ‚The Matchmaker' präferierte Modell, die „transaktionale Rolle", habe Q. zufolge in der aktuellen Entwicklung die Oberhand gewonnen. Das verdeutlicht sie anhand von einigen der zuvor genannten Projekte:

> I think it is defining what the industry priorities are and then being able to operationalize those priorities. That is really different from, in my mind, to go to an employer and say, can you offer five internships and then going to a school and say, lets find five students that fit the internships. (Q)

8.5 ‚The Platform' – IGU von gerecht verteilten Karrieremöglichkeiten

Im Sinne einer „regional planning agency" liegt es Q. sogar einerseits an einer verantwortlichen Verwaltung von Bildungszugängen und andererseits auch an der Vermittlung von Firmenkontakten. Aktuell sieht Q. in der Bildungsbrokerszene aber „keinen Appetit" auf eine integrative, formalisierte und gerecht verteilende Plattform.

Dieser Eindruck geht, so meine Schlussfolgerung, auf die dünne Rückmeldung beim ‚Matchmaker'-Meeting zurück und auf die Disposition firmennahen Gruppen zugunsten einer „employer-led strategy". In der Reaktion auf Q.s Präsentation wurde bei aller Diplomatie stets die Vereinbarkeit, nicht aber die Vereinnahmung der verschiedenen Zugänge betont.

Auch in den Interviews mit den an ‚The Matchmaker' beteiligten Akteuren äußern sich diese weniger diplomatisch. Im Gespräch bekräftigen sie vielmehr die Skepsis gegenüber einer Plattformrolle, wie sie Q. vorschwebt. Im Interview mit H. war sogar die Rede davon, dass Bildungsträger und -politik einer „employer-led strategy" in der Effektivität und Flexibilität unterlegen seien. Auch äußert sich die Business-Gruppe sehr defensiv, wenn es darum geht Kooperationsprivilegien mit Wirtschaftspartnern zu teilen; diese Kontakte gebe man ungern weiter (H., U., und ähnlich auch C. von ‚The Supply Manager').

Die verschiedenen Sichtweisen auf die optimale Strukturierung des Bildungsbrokerings sind all diesen Einblicken folgend also selbst durch die Position im Feld strukturiert und in der letzten Schilderung sogar als Konfliktpotenzial ersichtlich. Q.s Anspruch einer „allumfassenden Plattform", die Bildungswege und Karrieremöglichkeiten gerecht verteilt, stößt auf Widerstand in der Unternehmensgruppe. Obwohl die Gruppe durch Q.s Vorhaben wohl eine zentrale Rolle als koordinierende und regulierende Instanz gewinnen könnte, sind die ‚Matchmaker'-Sprecher auffallend zögerlich. Das legt die Deutung nahe, dass sie Konkurrenz unter den Bildungsbrokern vermeiden, weil sie bereits Kooperationsprivilegien durch Wirtschaftspartner haben. Ihr regulativer Wille, der trotz allem erkennbar ist, zielt also nicht darauf ab, Angebot-Nachfrage-Verhältnisse offenzulegen und zu institutionalisieren.

Kontrastierung III: ‚The Ecosystem'

‚The Platform' wurde nun als eine Initiative geschildert, die in einer relativ großen Nähe und auch Solidarität zu Bildungsakteuren agiert. Welche Vergleiche lassen sich mit anderen Akteuren im Feld ziehen?
Als letzter Kontrastfall kann eine Gruppe von Regionalplanern weiter südlich gelten (vgl. Tabelle 6). Angestiftet durch einen lokalen Wirtschaftsboom wittern auch Angestellte (E und F) der Stadt San Leandro die Möglichkeit, Bildungswege zu vervielfältigen und für unkonventielle Karrierepfade und artikulierte Arbeitgeberbedarfe durchlässiger zu machen.
Auch sie haben zwar die Idee einer umfassenden Struktur, bedienen sich aber der Semantik eines „Ökosystems". Bei deutlicher Ablehnung aller staatlichen Bürokratie will man zwar die Stadt umfassend und sektorübergreifend umplanen, es ist aber nach eigenen Aussagen nicht das Anliegen, Bildungsträger oder Unternehmer in die Pflicht zu nehme oder gar an bestehende Datenbanken und Planungssysteme anzuschließen. Vielmehr wollen diese Bildungsbroker im Zusammenhang von interdependenten Interessen und sektorübergreifenden Kooperationsprojekten eine katalysierende Rolle spielen – durch Gesprächsbereitschaft und sozialunternehmerische Vermittlungsaktivitäten.
Wiederum wird also deutlich, dass dem regulativen Anspruch in wirtschaftsnahen Broker-Gruppen ein eher dezentraler und auf reziproken Netzwerken beruhender Stil folgt. In all diesen Beobachtungen, vermittels derer eine strukturell bestimmte Disposition der verschiedenen Bildungsbroker deutlich geworden ist, bestätigt sich also das oben formulierte Homologiepostulat. Doch woran arbeiten die wirtschaftsnahen

Bildungsbroker, wenn nicht an einem einheitlich strukturierten Zwischenraum zwischen Bildungsangebot und -Nachfrage?

8.6 IGUs als Produkt und Produzenten eines transversalen Feldes

Die amerikanischen Feldsoziologen Neil Fligstein und Doug McAdam warnen bereits, dass es nicht leicht ist, den Status eines Feldes zwischen verschiedenen Entwicklungsfiguren und Strukturprinzipien zu diagnostizieren.

> The problem of telling the exact state of a strategic action field is so difficult precisely because of these differing collective projects that are inherently and continuously contestable. (2012, S. 171)

Der stark akteursorientierte Feldbegriff dieser Autoren bringt also die Schwierigkeit mit sich, dass auch die Akteure innerhalb des Feldes, hier: die IGUs, unterschiedliche Feldvorstellungen unterhalten und enaktieren. In dem Versuch, diese Definitionsschwierigkeiten ernstzunehmen, hatte ich zuvor die idealtypische Unterscheidung von Mosaik und Pyramide vorgeschlagen. In der zurückliegenden Feldanalyse hat sich zusätzlich das Konzept der IGUs als besonders nützlich erwiesen, um der Enaktierung unterschiedlicher Feldvorstellungen zu folgen und diese Vorstellungen in umfassende Machtverhältnisse einzubetten.

Zu Beginn der Feldanalyse waren die Definitionsschwierigkeiten aber nicht so gravierend. So können die beschriebenen Acker- und Kampffelder des Bildungsbrokerings treffend mit den Begriffen der *Illusio* und der *Konkurrenz* dargestellt werden. Der Fachkräftemangel fungiert im Bildungsbrokering zugleich als legitimierende Erzählung, als Illusio und als Konkurrenzgegenstand, nämlich in der kompetitiven Vermittlung von Wirtschaftskontakten.

Auch das zuletzt beschriebene Kraftfeld, also die Einbettung in umgebende Machtverhältnisse, trägt zur Aufrechterhaltung der Idealtypen eines Feldes bei. So greift hier der Begriff der *Homologie* recht treffend die Anordnung der Wirtschafts- und Bildungswelten auf. Innerhalb dieser Homologie lassen sich zwei Ebenen von Kräfteverhältnisse zueinander in Bezug setzen: Einerseits hatte ich die Bildungsbroker als Anwerber auf die Position einer IGU charakterisiert, die an der Stabilisierung einer neuen Feldordnung arbeiten. Andererseits ist ihre Ambition, als Koordinatoren aufzutreten, durch die Nähe zu Bildungsträgern und Unternehmen beeinflusst.

Selbst positionsspezifischen Kräfteverhältnissen ausgesetzt, zielen die Bildungsbroker in ihrer Disposition also auf unterschiedliche Kräfteverhältnisse ab. Welche Kräfteverhältnisse das aber sind, lässt sich nicht allein im Idealtypus der Pyramide, sondern auch als *Mosaik* beschreiben. Es ist also auch empirisch hilfreich, beide Idealtypen wie zuvor argumentiert als oszillierendes Theoriemodell zu betrachten (vgl. Kap. 4).

Dieses Argument will ich nun anhand der zurückliegenden Fallstudie verdeutlichen. Ziel ist dabei, nicht nur das Bildungsbrokering treffend zu beschreiben, sondern auf theoretischer Ebene die Zwischenposition von IGUs zu bestimmen, indem der feldexterne Einfluss nachvollzogen und auf feldinterne Beziehungen zurückverfolgt wird (vgl. Fligstein und McAdam 2012, S. 14). Tatsächlich ist der „imprint" (ebd.) von Bildungs- und Wirtschaftskontakten auch innerhalb des Bildungsbrokerings zu sehen.

Allerdings sind die wirtschaftsnahen Bildungsbroker nicht etwa an einem „ unorganized space" interessiert, wie es Fligsteins und McAdams (2012, S. 91) Gegenbegriff zum Feldbegriff suggeriert. Sie arbeiten vielmehr an einem *anders organisierten* Raum, nämlich an einem Mosaik. Sie betonen in der Praxis und im Interview reziproke Transaktionsbeziehungen (H), sprechen von wirtschaftlichen „Ökosystemen" (X) oder Bildungsdienstleistungen (C), stellen die kulturellen Unterschiede und divergenten Temporalitäten zwischen Bildungs- und Unternehmenslogiken heraus und unterstreichen das Vermeiden von Konkurrenz (siehe ‚Matchmaker'-Meeting). Sie distanzieren sich damit von gouvernementalen Vermitt-

lungstechniken, offener Konkurrenz, regulativen Instanzen, staatlichen Ordnungsvorstellungen, verbindlichen Kooperationsweisen und professionalisierten Moderationstechniken, wie sie von wirtschaftsfernen Bildungsbrokern praktiziert werden.
Diese Tendenz ist ihrerseits durch Feldkontexte erklärbar. So unterscheiden sich bildungs- und wirtschaftsnahe Bildungsbroker wie folgt: In der Anbindung an School Districts, High Schools, Community Colleges und Hochschulen haben Initiativen wie das ‚The Neutral Table', ‚The Bridge' oder ‚The Platform' den Anspruch, die Belange von Bildungspraktikern zu vertreten und sie – trotz allem – an der Unternehmensnachfrage auszurichten.
Die Business-Gruppe ‚The Matchmaker' und auch der ‚Supply-Manager' sehen sich dagegen ob der privilegierten Informationen und Kontakte zu den HR-Abteilungen der Technologiefirmen nicht in der Lage, die im Angebot-Nachfrage-Verhältnis entscheidenden Firmenkontakte mit anderen Initiativen zu teilen, geschweige denn sie in eine zentrale Agentur oder Informationsplattform einzuspeisen. Wohl aber betätigen sich diese wirtschaftsnahen Vermittler stark an der Umverteilung von Verantwortungen und an der Koordination zwischen ihren eigenen Wirtschaftskontakten einerseits und Bildungsträger beziehungsweise Job-Suchenden andererseits. Somit zeichnet sich die in Tabelle 6 skizzierte Polstruktur zwischen wirtschafts- und bildungsnahen Brokern ab.

Tabelle 6: Homologie der Bildungsbroker III (eigene Darstellung)

Bridge	Platform	Cross-Fertilizer	Neutral Table	Eco-system	Supply Manager	Coalition of the Willing	Match-maker

BILDUNG ← *symbolische Kopplung* → WIRTSCHAFT

BILDUNG ← *materielle Kopplung* → WIRTSCHAFT

In Bezug auf die Kräfteverhältnisse, auf die die wirtschaftsnahen Bildungsbroker (rechts abgebildet) hinarbeiten, lässt sich also folgern: Der Status quo, den die wirtschaftsnahen Bildungsbroker hier zu verteidigen scheinen, ist eben kein Feld. Vielmehr führen die Bildungsbroker eine Auseinandersetzung um zwei gegensätzliche Ordnungsvorstellungen, die sich nicht eins zu eins entweder einer Stabilität oder einem Wandel zuordnen lassen.

Das Phänomen des Bildungsbrokering ist damit zwar selbst als Feld strukturiert. Es steuert in der aktuellen Auseinandersetzung der Bildungsbroker aber auf eine strukturelle Oszillation hin, die über die eineindeutige Beschreibung des Zwischenraums als Feld hinausreicht. Der Zwischenraum oszilliert zwischen dem Status eines Mosaiks und dem einer Pyramide. Auf der diagnostischen Analyse-Ebene lässt sich diese Unterscheidung vor dem Hintergrund des zuvor eingeführten triadischen Feldbegriffes aufzeigen. Man kann folglich die zwei feldstabilisierenden Mechanismen, die Fligstein und McAdam aufführen – „hierarchical power by a single dominant group or the creation of some kind of political coalition" (ebd., S. 14) – um Mechanismen ergänzen, die auf Basis von transversalen Querverbindungen funktionieren. Diesbezügliche Befunde werden nun zusammengetragen.

Der Streit um die Verteilung von Wirtschaftskontakten – das pädagogisch-ökonomische Ackerfeld als Mosaik?

Der Fachkräftemangel ist, ganz abgesehen von seiner Plausibilität, der legitimierende Konkurrenzbegriff des Bildungsbrokerings. Es bestätigt sich Bourdieus Rede von der Illusio, die in diesem Falle eine gewisse Konkurrenz unterstellt. Die Sprache, durch die hier Bildungsorganisationen und Wirtschaftsbelange verknüpft werden, fokussiert paradoxerweise auf eben jener Orientierung an Wirtschaftsbelangen.

8.6 IGUs als Produkt und Produzenten eines transversalen Feldes 301

Den einen Bildungsbrokern schwebt ein Zwischenraum vor, den sie – aufgrund ihrer Einblicke in Unternehmens- und Bildungsszenen – als einen Transaktionsraum bearbeiten. Dieser bindet Organisationen durch die Konsolidierung eines Metakapitals und ihrer wechselseitigen Orientierung. Diese bildungsnahen Bildungsbroker bemühen sich darum, die IGU dieses Feldes zu werden.

Den wirtschaftsnahen Brokern dagegen schwebt eine flexiblere Konstellation vor und sie konkurrieren um die Position der IGU. In ihrem Modell wären sie selbst im Vorteil, weil sie ihren privilegierten Zugang zu Firmen reproduzieren könnten, ohne dass Kontakte in ein Verteilungssystem überführt würden. Diese Art Brokering läuft auf die Rolle als IGU eines Zwischenraums hinaus, der wie ein Mosaik zusammengesetzt ist. Jedoch liegt in diesem Mosaik ein stabilisierendes Moment, der umfassende Machtverhältnisse perpetuiert. Es werden transversale Verbindungen hergestellt, die ihre Endpunkte – hier Wirtschaftskontakte, da Bildungskontakte – in ihrer Position festigen, ohne sie aber zum Anlass für ein neues Feld werden zu lassen.

Der Streit um die Bündelung der Bündelungsaufgaben – das pädagogisch-ökonomische Kampffeld als Mosaik?

Weiterhin ist unter den Bildungsbrokern die zentrale Bündelung und Position als „obligatory passage point" (Latour und Woolgar 1986, S. 43-49, Callon 1986b) der Konkurrenzgegenstand. Während auch Wirtschaftskontakte Konkurrenzgegenstand sind, findet ein zweiter Streit also auf der Metaebene statt. Er dreht sich um die Frage, ob Bündelungsaufgaben geteilt oder monopolisiert werden. Und er verbindet sich wie folgt mit der erstgenannten Konkurenzebene.

Die Bildungsbroker nutzen ihre eigene Position als Ausgangspunkt, um sich als zentraler Knotenpunkt, als Internal Governance Unit (Fligstein und McAdam 2012) für sektorübergreifende Kontakte zu etablieren. Aus der Erkenntnis dieser politischen Gelegenheit heraus entsteht zwischen Wirtschaft und Bildung durchaus eine Arena von antagonistischen Konkurrenzverhältnissen. Da man aber um Firmenkontakte rivalisiert, haben firmennahe Bildungsbroker auch einen Vorteil im Streit um die Bündelungsposition. Im Sinne von Fligstein und McAdam gilt: „Backed by internal governance units and allies in proximate state fields, skilled strategic actors in incumbent groups will use the existing rules and resources to reproduce their advantage" (ebd., S. 32). So treten die geschilderten Businessgruppen, die sich selbst aus den dominanten Arbeitgebern zusammensetzen, als IGUs auf. Im Streit um die Bündelungsposition bedeutet das allerdings, dass sie sich gegen eine Monopolisierung aussprechen. Die „employer-led strategy" bemüht sich paradoxerweise nicht um Verwaltungs- und Führungsaufgaben, sondern stellt transversale Querverbindungen her, die bereits existierende, feldexterne Machtverhältnisse verstärken. Die gleichen Bildungsbroker, die derart regulativ eingreifen, wollen feldintern nicht als verantwortbare IGU ansprechbar sein. Entsprechend verweigert etwa ‚The Matchmaker' Q.s Zuschreibung, dass er als „Plattform" agieren möge.

Das wird verständlicher wenn man einen weiteren, auf den ersten Blick abstrakten Zusammenhang hinzuzieht. So lässt sich das Kampffeld auch als wechselseitiger Erwartungshorizont verstehen. Wie deutlich wurde, mobilisieren die wirtschaftsfernen Bildungsbroker wechselseitige Publikumsrollen. In dem Mosaikmodell, das den firmennahen Gruppen mehr liegt, soll daraus ein Geflecht aus transversalen Verbindungen entstehen. Dieses will man nicht verwalten und standardisieren, wohl aber dominieren. In den Beobachtungen und in dem Begriff des Mosaiks kommt damit ein Bildungsbrokering zur Geltung, das nicht auf der Verallgemeinerung von Bildungs- und Beschäftigungswegen beruht. Vielmehr reichen die transversalen Verbindungen zwischen Bildung und Wirtschaft über den Zwischenraum hinweg, benötigen also keine koordinierenden Instanzen. Es genügt schlichtweg, die Dominanz der aktuellen Machtpositionen in pädagogischen und ökonomischen Bereichen zu stärken.

8.6 IGUs als Produkt und Produzenten eines transversalen Feldes

Der Streit um die Nähe zu Bildung und Wirtschaft – das pädagogisch-ökonomische Kraftfeld als Mosaik?

Hinter der Anschlussfähigkeit der Angebot-Nachfrage-Diagnose stehen divergente und mittelbare Konkurrenzverhältnisse. Diese Konfiguration von feldübergreifenden Positionen ist die Basis für das anstehende Bildungsbrokering.

Die bildungsnahen Bildungsbroker wünschen sich transparente und damit auf einzelne Unternehmen und Bildungsträger zugeschnittene Verteilungssysteme. Sie heben die Dauerhaftigkeit der Verknüpfungen hervor („alignment"), betätigen sich dabei durchaus aber in ihrer eigenen Weise an der Reproduktion von antagonistischen Verhältnissen. Diese Verhältnisse beruhen weniger auf stillen Solidaritäten, wie es bei den wirtschaftsnahen Bildungsbrokern auffällig ist, sondern auf formalen Zusammenhängen; etwa in der Referenz auf ressortspezifische Reformdokumente aus Bildungs- und Wirtschaftspolitik.

Bei wirtschaftsnahen Bildungsbrokern dagegen wird der Effekt der zunehmenden Verantwortbarmachung der Bildungsträger zwar begrüßt, aber nicht eigenhändig verwaltet. Der Zweck ihrer Arbeit ist ein von Sozialunternehmern und -dienstleistern bedientes, zyklisch an die konjunkturellen Firmenbedarfe angepasstes Vermittlungs-, Trainings- und Bildungssystem. Die politische Kultur dieser Akteure ist an privatwirtschaftlichen Gepflogenheiten orientiert. Das bedeutet beispielsweise in Bezug auf die auf ungleichen Bildungschancen und exklusiven Arbeitsmärkten beruhende Armut und Arbeitslosigkeit, dass nicht mit sozialpädagogischen Methoden und sozialpolitischen Zielen gearbeitet wird. Vielmehr wird ein Geschäftsmodell geschaffen, das zwischen Arbeitslosigkeit und Technologieunternehmen, zwischen West-Oakland und Silicon Valley vermittelt.

9. Kybernetische Landnahmen durch Bildungsbroker

Die amerikanische Fachkräftemangeldebatte diskutiert das Verhältnis von Bildung und Beschäftigung im Lichte des Schemas von Angebot und Nachfrage. Fallstudie I hat sogar gezeigt, dass Vermittlungsallianzen in Nordkalifornien, die sich zwischen Bildungsträgern und Unternehmen verorten, an einer wortgetreuen Umgestaltung dieses Angebot-Nachfrage-Verhältnisses arbeiten. Sie kämpfen als unternehmerisch handelnde Akteure darum, den Zugang zu einer Vielzahl von Arbeits- und Bildungsmöglichkeiten nach Maßgabe von Arbeitgeberanliegen neu zu gestalten.

Im Detail wurde in Kap. 5 herausgearbeitet, dass die Ausgangslage des Bildungsbrokerings jedoch nicht mit einer Angebot-Nachfrage-Diagnostik übereinstimmt. In Kap. 6 konnte sogar erwiesen werden, dass diese Logik selbst ihre diagnostischen Schwächen hat und schwerwiegende gesellschaftspolitische Prämissen verbirgt (vgl. Kap. 2). Nichtdestotrotz folgt aktuell eine sektorübergreifenden Akteursgruppe – hier als *Bildungsbroker* bezeichnet – eben dieser Diagnostik als handlungsleitendem Motiv. So wurde in Kap. 7 dargestellt, dass die Bildungsbroker um die Vermittlung von Wirtschaftskontakten konkurrieren. Sie selbst sind in dieser Konkurrenz, wie abschließend Kap. 8 aufgedeckt hat, durch Wirtschafts- und Bildungsbeziehungen bestimmt. Insgesamt wurde also empirisch mit Leben gefüllt, was in Kap. 2-4 mit den *intermediären Organisationen als Produkt, Prozess und Produzenten einer Bildungslandschaft* bereits ins Auge gefasst wurde und was zuletzt mit dem Begriff der „Internal Governance Unit" (IGU) benannt wurde (Fligstein und McAdam 2012).

Das Zwischenergebnis lässt sich als Institutionalisierungsprozess fassen: Aus der regulativen Imagination von Angebot und Nachfrage entstehen Vermittlungsdienstleister sowie ein marktlich organisierter Zwischenraum zwischen Bildung und Beschäftigung und sogar ein physisch begrenztes Steuerungsgebiet. Kurz: Die humankapitalistische Heterotopie wird zu einer regionalökonomischen Bildungslandschaft. Wesentlich für diese Institutionalisierung ist die Errichtung eines Zwischenraumes zwischen Bildung und Beschäftigung, der von heterogenen Logiken, Akteursgruppen und Kräfteverhältnissen geprägt ist.

In der US-amerikanischen Fachkräftemangeldebatte und in den daran orientierten Steuerungspraktiken kommen drei, in Kap. 2-4 erarbeitete Aspekte zur Geltung: die Kopplungsmotive, die transversalen Felder und der Landnahmebegriff. Diese konzeptuelle Rückbindung will ich nun abschließend ausführen und auf Basis dessen eine eigene Formulierung der vorliegenden Landnahmeprozesse vorschlagen. Dieselben drei Aspekte dienen zum Schluss der Arbeit einer Zusammenschau der Fallstudien (Kap. 16).

Begriffliche Zusammenfassung

Um die Vielfalt von Landnahmeprozessen zu beleuchten, bin ich der Frage gefolgt, wie das feldsoziologisch gedachte Wechselspiel von Bildung und Regionalwirtschaft in seiner gesellschaftspolitischen Aktualität funktioniert. Wie die Fallstudien in SF gezeigt hat, spielt sich hier ein konstitutives Wechselverhältnis von Region, Wirtschaft und Bildung ab. Den drei kybernetischen Kopplungsmotiven folgend, wird dabei das Verhältnis von Bildung und Wirtschaft als *sozialräumliche Integration* gedacht, das Angebot-Nachfrage-Verhältnis als eng gekoppelter *Lernzyklus* gestaltet und als *Steuerungsinstrument* auf regionalpolitische Ziele ausgerichtet oder zumindest legitimiert.

9.1 Landnahmeprozess: Wirtschaftsregion als Bildungscontainer 307

Ich behaupte, dass sich hier eine kybernetische Landnahme abzeichnet (vgl. Kap. 3). So bestehen Landnahmeprozesse erster und zweiter Ordnung nach Dörre (2011) in „der Kommodifizierung mittels Disziplinierung und gewaltsamer Enteignung" und in der Nutzung bereits ökonomisierter Bereiche, „für die aktive Herstellung eines nichtkapitalistischen Anderen". In den hier gezeigten Landnahmen, so möchte ich hinzufügen, wird im Wechselspiel ein physisches Territorium und eine transversale Verknüpfung des pädagogisch-ökonomischen Zwischenraums hervorgebracht.

Das lässt sich an dem vorliegenden Beispiel illustrieren: Die Region San Francisco kann mitsamt ihren sozial- und bildungspolitischer Handlungsfeldern erst vor dem Hintergrund regionaler Technologieindustrien als Region verstanden werden, eine Rahmung, die wiederum Ungleichheiten und Landnutzungskrisen manifestiert; und eine Rahmung, die aktuell intermediäre Organisationen darin bestärkt, Bildungsangebot und Nachfrage zu verknüpfen. Mit der Region – verstanden als Wirtschaftsregion – installieren oder verstärken diese als Bildungsbroker bezeichneten Gruppen auch quasi-marktliche Querverbindungen. Sie kapitalisieren die in Kap. 5 beschriebenen, latenten Konkurrenzverhältnisse zwischen Bildungsträgern, zwischen Arbeits- und Bildungspopulationen und zwischen Teilregionen.

Die theoretische Neuerung, die aus der Fallstudie folglich hervorgeht, ist die Verbindung von Ökonomisierungsprozessen im Rahmen des Fachkräftemangels (vgl. Kap. 3) mit dem transversalen Feldbegriff (Kap. 4). In vier Schritten werden die Forschungsdesiderate des Zwischenraums, also die Differenzierung, Steuerung, Interdependenz etc. (vgl. Kap. 2), nun als transversales Feld bezeichnet und als Grundlagen für vier Landnahmeprozesse skizziert.

9.1 Landnahmeprozess: Wirtschaftsregion als Bildungscontainer

Die in Kap. 5 beschriebenen sehr unterschiedlichen Bildungsprobleme und -prozesse haben gemein, dass sie in sozioökonomischer und kulturhistorischer Hinsicht an die Technologiewirtschaft geknüpft sind. Aus einer Bildungsperspektive erscheint die Region dann als Wirtschaftsregion, weniger als Bildungslandschaft. Damit kommen bestimmte Problemdiagosen in den Blick und andere rücken in den Hintergrund.

Transversale Differenzierung im Bildungsbrokering

Zunächst ist die Region SF als ein Territorium der Bildung und als institutioneller Zusammenhang nach innen und nach außen hin in vielerlei Hinsicht gebrochen und oft eher als virtueller Zusammenhang begreifbar. In diesem Kontext wird das Verhältnis von Bildung und Beschäftigung kontrovers diskutiert, denn die Nutzen und Kosten der regionalen Wirtschaft sind überaus ungleich verteilt. Sie behindern damit die sozioökonomische Mobilität der ansässigen Bevölkerung und machen sich dadurch als Bildungsproblematik bemerkbar: Einerseits wächst die Technologiewirtschaft, treibt die Topeinkommen in die Höhe und produziert eine besonders hohe Nachfrage nach hochqualifizierten Arbeitnehmerinnen. Andererseits haben Arbeitnehmerinnen und Bildungsträger mit Armut und Finanzproblemen zu kämpfen, während der mittlere Lohnsektor dem Boom zum Trotz nur wenige Aufstiegschancen bereithält. Die Vermittlungsarbeit zwischen Bildung und Beschäftigung ist aber auch selbst krisenanfällig. Insbesondere die Übergänge zwischen Schule und Beruf, die von Community Colleges (CCs) und sogenannten Workforce Investment Boards (WIBs) verantwortet werden, sind durch drastische Budgetkürzungen behindert.

In diesem „perfect storm" (Interview-Zitat, C) entstehen derzeit neue sektorübergreifende Steuerungspraktiken und interorganisationale Interaktionsverhältnisse, um Arbeitgebernachfragen und Bildungsangebote zu vermitteln. Die Bildungsbroker im Osten der Region erschaffen ihre Bildungslandschaft unter Rückgriff auf staatliche Gelder, die den beschäftigungspolitischen Koordinationsbedarfen gewidmet sind. In ihren Koordinationspraktiken relationieren sie die Leistungserwartungen von Arbeitgebern gegenüber Bildungsträgern und Arbeitssuchenden, sie erzeugen die erstrebten wirtschaftsorientierten Bildungsprogramme und erheben unterstellte Überschüsse und Mängel. Die Vision, die das Koordinationsanliegen der Bildungsbroker motiviert, lässt sich als Territorialisierung von Bildungswegen beschreiben. Dies bezieht sich einerseits auf Vermittlungsbemühungen zwischen Arbeitgebern und Arbeitnehmern und andererseits auf die Herstellung von dezentralen Bildungswegen innerhalb einer ortsübergreifenden Infrastruktur.

Hinter der Eingrenzung der Region steht demnach eine regionalökonomische Zielsetzung, weniger eine präexistente Bildungslandschaft oder ein pädagogisches Anliegen. Die Bildungsbroker greifen die diversen Krisensituationen auf, grenzen sie territorial ein und bewerben sich selbst als Koordinationsinstanzen.

Transversale Steuerungsoptik im Bildungsbrokering

Der Konstituierung der Region ergibt sich weniger aus der Perspektive von Lernern oder Pädagogen als aus einer Steuerungsoptik heraus. Um die Ostbucht im Bildungsbrokering als bildungspolitisches Steuerungsgebiet zu etablieren, wird das Motiv des Fachkräftemangels als Imagination aktiviert, um innerhalb des Gebietes eine Passung zwischen Wirtschaftsräumen und Bildungsorganisationen herzustellen und diese Passung in alle Richtungen zu legitimieren.

Die Wirtschaftsregion wird als Bildungscontainer gedacht. So werden die diversen, in der Region virulenten Problemlagen in einer regulativen Absicht gebündelt: Ein Mehr an berufsorientierter, naturwissenschaftlich-technischer Bildung verspricht zugleich die Arbeits- und Bildungsintegration sowie das Wirtschaftswachstums zu fördern. Unterstellt wird dabei ein Angebot-Nachfrage-Verhältnis, ein zyklisches Input-Output-Schema, in dem knappe Arbeitnehmerinnenkontingente und wachsende Arbeitgeberbedarfe als steuerungspolitischer Koordinationsanliegen erscheinen. In dem so begründeten Steuerungsgebiet und den entsprechend kanalisierten Bildungswegen kann das neu verfasste Wechselspiel von Bildung und Wirtschaft als politisches Instrument und politische Agora gestaltet werden.

9.2 Landnahmeprozess: Bildung als Entwicklungsdefizit

Nach der Konstitution der Bildungslandschaft als regionalökonomisches Territorium werden die Leistungen von Bildungsorganisationen in der Steuerungsoptik und dem Steuerungsgebiet als Entwicklungsdefizit gerahmt. Hier kehren die Bildungsbroker um, was in Kap. 5 als Belastung durch regionale Wirtschaftsprozesse(n) und -politiken aufgezeigt wurde. Bildung erscheint im Lichte des Fachkräftemangels nun – trotz der Belastung – weniger als Konsequenz denn als Hindernis und als Gestaltungsinstrument regionaler Wirtschaftsprozesse und -politiken. Diese Umdeutung beruht ganz wesentlich auch auf der transversalen Interdependenz von Bildungsorganisationen und Wirtschaftsregion.

Transversale Interdependenz im Bildungsbrokering

Zunächst ist das Verhältnis von Regionalwirtschaft und Bildungsorganisation von divergenten Konkurrenz- und Krisensituationen geprägt. So konkurrieren Bezirke und auch Schulbezirke um die Niederlassung von Unternehmen und Familien mit starkem Steueraufkommen. Familien und Haushalte konkurrieren im Angesicht steigender Lebenshaltungskosten

9.2 Landnahmeprozess: Bildung als Entwicklungsdefizit

um die Nähe zu guten Schulen und Arbeitsstellen. Unternehmen, besonders Technologieunternehmen, konkurrieren um gut (aus-)gebildete Arbeitnehmer. Niedriglöhner haben es in diesem Kontext schwer, in den mittleren Lohnsektor vorzudringen. Daraus entsteht die Notwendigkeit umzulernen. Die vertikale Mobilität hin zu besseren Löhnen ist oft mit einem Wechsel in andere Sektoren verbunden. Klar ist damit, dass Bildungsbiografien und Bildungsträger Lasten tragen, die auf sozioökonomisch und technologiewirtschaftlich bedingte Ungleichheiten zurückgehen. Umgekehrt verstärken die steigenden Kosten für höhere Bildung die sozioökonomische Ungleichheit zwischen den in den Bildungsorganisationen eingeschriebenen Studierenden.

Vor dem Hintergrund der vielfältigen, krisenhaften Querverbindungen legitimieren die Bildungsbroker ihre Arbeit. Die Verfügbarkeit und das kulturelle Prestige von ICT-Arbeitsplätzen und die Darstellungsbestrebungen der Technologieunternehmen einerseits kombinieren die Bildungsbroker mit den dysfunktionalen (tatsächlich aber unterfinanzierten) Schulen und Community Colleges andererseits zu einer großen „reform agenda". Hinter der Anschlussfähigkeit des Bildungsbrokerings stehen aber divergente und mittelbare Konkurrenzverhältnisse. Dabei benötigen sich Bildungsträger und Unternehmen in ihren Konkurrenzen gegenseitig als Publikum. Diese Publikumsrollen nutzen die Bildungsbroker, um Koordinationsbedarfe zu inszenieren und sich als Koordinatoren zu etablieren.

Ein verstärkender Effekt der Bildungsbroker liegt darin, dass das schlechte Angebot an gut bezahlten Arbeitsplätzen für mittlere und niedrige Bildungsniveaus in der Debatte um den Fachkräftemangel nicht problematisiert wird, wohl aber das Angebot an ausgebildeten Arbeitskräften. Mit der Kommodifizierung des Humankapitals und der Angliederung von Arbeitsmärkten und Bildungsprozessen an die regionale Technologiewirtschaft drohen die Bildungsbroker den Prozess zu katalysieren, indem sie die Risiken der regionalen Wirtschaftsförderung individualisieren und zu Bildungsbedarfen umformulieren.

9.3 Landnahmeprozess: Zwischenraum als Transaktionsraum

Drittens, wie in Kap. 5 geschildert, installiert die am Fachkräftemangel orientierte Steuerungspraxis einen quasi-marktlichen Raum zwischen Bildung und Beschäftigung. Hier orientiert sich die Steuerungspraxis an der Angebot-Nachfrage-Diagnostik und liefert dadurch eine marktökonomische Organisationsform. Damit etablieren sie erst das Medium dafür, dass Bildung an regionalwirtschaftlichen Bedarfen orientiert werden kann. Dieser Zwischenraum entsteht im Wesentlichen durch transversale Kooperationspraktiken zwischen Bildung und Beschäftigung.

Transversale Kooperation im Bildungsbrokering

Das Ziel der Bildungsbroker ist ein perfekt an die Konjunktur der unternehmerischen Kompetenzerwartungen angepasstes Vermittlungs- und Trainingssystem, das von gut vernetzten, sozialunternehmerischen Arbeits- und Bildungsdienstleistern unterhalten wird. Zunächst hat es den Anschein, als ob Wissensgesellschaften hier insofern kollaborativ und reflexiv gesteuert werden, als dass man ihr Territorium hervorbringt und darin ansässige, aus wissensökonomischer Perspektive legitime Gruppierungen ‚an den Tisch' bringt.

Bei näherem Hinsehen aber ist unter den Bildungsbrokern die zentrale Bündelung und Position selbst der Konkurrenzgegenstand. Während man im Fachkräftemangel von Knappheits- und Interessensverhältnissen ausgeht und diese dann kooperativ bearbeitet, scheint die umgekehrte Formulierung präziser zu sein: Es werden Kooperationen hergestellt, um

Konkurrenzverhältnisse herauszukristallisieren. Folglich buhlen Kooperationsinstanzen um die Herstellung von Angebot-Nachfrage-Verhältnissen.
In Bezug auf die Armut und Arbeitslosigkeit, die auf ungleichen Bildungschancen und exklusiven Arbeitsmärkten beruht, bedeutet das beispielsweise, dass nicht mit den herkömmlichen sozialpädagogischen Methoden und sozialpolitischen Zielen gearbeitet wird. Vielmehr wird ein Geschäftsmodell gesucht, das einen kurzen Weg zwischen West-Oakland und Silicon Valley, notorischer Armut und hochdynamischen Beschäftigungszyklen erlaubt (bspw. ‚The Supply Manager').

9.4 Landnahmeprozess: Wirtschaftskosten als Bildungsverantwortung

Zu guter Letzt bietet der Transaktionsraum eine Plattform für Bildungs- und Wirtschaftsinteressen, womit das Primat von regionalökonomischen Belangen fortgesetzt wird. Dieser Landnahmeprozesse geht auf die Neuverteilung von Verantwortungsbereichen zurück.

Transversale Verantwortungsbereiche im Bildungsbrokering

Während die Bildungsbroker die verschiedenen Krisensituationen dankbar aufgreifen, betätigen sie sich selbst zumindest reproduktiv, wenn nicht sogar gestalterisch an der Priorisierung verschiedener Bedarfe und Verantwortlichkeiten. In ihrer regulativen und stabilisierenden Rolle lassen sich die Bildungsbroker mit Fligstein und McAdam (2012) als „Internal Governance Units" (IGUs) bezeichnen. Sie entlasten die dominanten Gruppen von Verwaltungstätigkeiten, befördern den Eindruck einer legitimen und quasi-natürlichen Ordnung und fungieren als „„the liaison between the strategic action field and important external fields" (ebd., S. 14). Als IGUs objektivieren und regulieren die Bildungsbroker die Ideen und Arbeitsweisen, die dominante Akteure zur Legitimation ihrer Position nutzen. Bei genauerem Hinsehen wird dabei zwischen den Bildungsbrokern auch ein abstrakterer Kampf um die Strukturierung des neuen, transversalen Feldes ausgefochten.

So beteiligen sich alle Bildungsbroker daran, soziale Ungleichheit nicht als wirtschaftspolitisches Problem, sondern als Bildungsproblem zu behandeln und lassen die Schaffung von Arbeitsplätzen weitgehend außen vor. Aber nur die mit ‚Job Creators' und wirtschaftspolitischen Instanzen assoziierten Bildungsbroker beharren darauf, dass die Besetzung von Arbeitsplätzen zwar optimiert werden könnte, dass der Transaktionsraum aber nicht zu einer Verantwortbarmachung von Arbeitgebern führen soll. Die wirtschaftsfernen Bildungsbroker dagegen steuern auf eine flächendeckende und transparente Verteilung von Beschäftigungs- und Bildungsmöglichkeiten hin und imitieren oder ermöglichen damit staatliche Steuerungsversuche. Alle Bildungsbroker operieren insofern als IGUs unterschiedlicher Formationen. Während alle sich gemeinsam als Feld interpretieren lassen, arbeiten die einen eher auf eine Strukturierung im Idealtypus einer Pyramide hin, während die anderen dem pädagogisch-ökonomischen Zwischenraum die Form eines Mosaiks zu geben versuchen.

FALLSTUDIE II:
Bildungslandschaften in Deutschland

10. Von Balancierung zu Bilanzierung – Eine Geschichte der Bildungslandschaften zwischen Bildungsföderalismus und Wirtschaftsregionalismus

> „The ideas in the New Regionalist package are there because they seem to resonate when viewed from the point of view of a wish to focus on the scope for policy initiatives at the regional level. This, rather than logical or historico-empirical considerations, determines which ideas are allowed for inclusion in the bundle and which are not."
> (Lovering 1999, S. 390)

In Deutschland ist die Idee von regionalökonomisch orientierten Bildungsorganisationen im naturwissenschaftlich-technischen Bereich zu einer veritablen „Gründungswelle" herangewachsen, so eine Studie der Körber-Stiftung (Dittmer 2015, S. 6). So hat die Stiftung landesweit 79 Initiativen erfasst, von denen 85 % in den Jahren nach 2008 und 42 % in den Jahren 2009 und 2010 begründet worden sind. Dieses Kapitel zeigt, dass diese Idee auf eine überregionale, sehr lose Zusammensetzung mehrerer föderalistisch verfasster Bildungsdebatten zurückgeht. Es handelt sich, ganz im Sinne des oben zitierten Humangeographen John Lovering um das Zusammengesetzte bzw. die Zusammensetzung sehr unterschiedlicher steuerungspolitischer Motive; kurz: um ein Mosaik (vgl. Kap. 4).

Welche Ursprünge hat die „Gründungswelle"? Im Sinne des genealogischen Vorgehens der Arbeit wird nun der Prozess betrachtet, der die Idee hervorgebracht hat, dass Bildungsorganisationen sich an Wirtschaftsregionen ausrichten sollen. Das Hauptargument ist, dass diese Idee sich erst jüngst durchsetzen konnte, sich aber in eine lange Geschichte der Skandalisierung von bildungsökonomischen Zuständen einfügt. Zunehmend wurde von den Problemen eines föderalen Ausgleichs zwischen Wirtschaft und Bildung auf die Lösung durch ein regionalökonomisches Bildungsmanagement geschlossen. In dieser Geschichte von Balancierung zu

Bilanzierung wurde die Moderation zwischen Wirtschafts- und Bildungsanliegen zunehmend zur regionalpolitischen Aufgabe.
Die Argumente mit denen die vielen Bezüge zwischen Bildungs- und Regionalpolitik hergestellt werden, will ich im ersten Abschnitt als eine Genealogie der Idee der Bildungslandschaften rekonstruieren. Diese Rekonstruktion beruht auf Primär- und Sekundärliteratur.[96] Die zentralen Befunde werden dann im zweiten Abschnitt auf das in Kap. 2 gebündelte Desiderat bezogen, d. h. auf die Differenzierung, Steuerung, Interdependenz (etc.) des pädagogisch-ökonomischen Zwischenraums. Zu diesem Zweck wurden sieben Interviews geführt und teilnehmende Beobachtungen gemacht (exemplarischer Interviewleitfaden im Anhang). Dies leitet in Kap. 11 über, wo die aktuelle Auseinandersetzung um die Strukturierung von Bildungslandschaften dargestellt wird.

10.1 Frühe Bildungskatastrophen und Balancierungsversuche

Grundsätzlich sind die bildungsökonomischen Anliegen der Regionalisierungsbefürworter nicht neu. In den historischen Bildungs- und Föderalismusdebatten der Bundesrepublik wurde sowohl der ökonomische Zweck von Bildungsorganisationen als auch die skalare Um-Verteilung von Steuerungsmacht sowie der bildungsplanerische Abgleich von Angebot und Nachfrage immer wieder diskutiert.
Das lässt sich an einigen Meilensteinen der letzten Jahrzehnte illustrieren, die den jüngeren Regionalisierungsargumenten nicht unähnlich sind, sich

---

[96] Allerdings ist die Unterscheidung von Primär- und Sekundärquellen in der dargestellten Debatte kaum praktikabel, weil politische und wissenschaftliche Akteursgruppen durcheinander laufen, so dass etwa Stiftungen, die sich bildungspolitisch betätigen zugleich wissenschaftliche Schriften herausgeben.

10.1 Frühe Bildungskatastrophen und Balancierungsversuche 319

in diesen aber erst zusammenfügen. Auf dem Spiel steht dabei immer wieder die Frage, welche bildungspolitische Verwaltungseinheit – die Schule, die Kommune, die Länder oder der Bund – mehr Einfluss auf pädagogische Prozesse haben sollte und wieviel Autonomie dieser Einheit dabei gegenüber den anderen zusteht. Diese Motive, die noch heute diskutiert werden, wurden in der nun erzählten Genealogie sukzessive umgewidmet – aus föderalen Anliegen wurden regionale Anliegen.

Die argumentative Kombination von Schulverwaltung, Beschäftigung und emanzipatorischen Anliegen formulierte schon Hellmut Becker (1993) in seinem Pamphlet die „verwaltete Schule" 1954, in welchem er für eine schulische Selbstverwaltung zugunsten einer Reproduktion von Arbeitskräften, vor allem aber zugunsten einer Bildung zum Weltenbürgertum argumentierte.[97] Zehn Jahre später plädierte Georg Picht (1964) im Zuge der Reformen der 1960er Jahre für eine stärkere Zentralisierung des deutschen Bildungssystems. Picht warnte in der Anklageschrift „Die Bildungskatastrophe" vor einem Verlust an internationaler Wettbewerbsfähigkeit, die ein Mangel an technologischer Ausstattung und Ausbildung sowie die Unterfinanzierung der Schulen hätte.

Besonders die technologische Ausstattung von Bildungsorganisationen sei zentral, um der dynamischen und internationalisierten deutschen Wirtschaft entsprechende Arbeitnehmer zu liefern. Schon in den 1960ern wurde damit ein Fachkräftemangel konstatiert und als Grundlage für wirtschaftlich ausgerichtete, bildungsplanerisch durchdachte Reformen anempfohlen (Aumann 2009, S. 331). Strategisch und politisch-kulturell

---

[97] So schreibt Becker: „Es geht bei dieser schrittweisen Entwicklung einer Selbstverwaltung darum, den Staatsabsolutismus, der vielleicht in keinem Bereich so beharrlich ist wie in dem der Schule, zu überwinden, ohne die Vorteile der organisatorischen Zusammenfassung und gemeinsamer Gesichtspunkte über größere Gebietsteile hinweg ganz aufzugeben." (Becker 1993 [1954], S. 146)

eng verbunden mit der attestierten Bildungskatastrophe waren die kybernetischen Denkfiguren, die von pädagogisch-wissenschaftlicher Seite, etwa von Helmar Frank (1969), in der frühen Bundesrepublik in prominenter Weise propagiert und teils an Hochschulen implementiert wurden (vgl. Kap. 3.2; ausführlich Aumann 2009). In der von Picht prominent verbreiteten Idee eines Technologiemangels, aber auch in kybernetischen Bildungsplanungsansätzen wurden Soll- und Istwerte abgeglichen, um Didaktik auch instrumentell auf gesellschaftspolitische Zielvorstellungen ausrichten zu können.

In der 1964 propagierten Bildungskatastrophe ist also schon die Verbindung mit einem transaktionalen Lösungsschema erkennbar; nämlich die Vorstellung, dass Bildungsprozesse objektiviert und Unterrichtsmethoden auf Basis von Computertechnologie und Informationspsychologie auf bestimmte Ziele ausgerichtet werden können. Ähnlich den in Kap. 3 skizzierten transaktionalen Vorstellungen galt Bildungspolitik schon damals als zyklischer Lernprozess: Zumindest der Idee nach könnte der Einsatz von Lehrmaschinen und Formaldidaktiken die Anpassungsfähigkeit im Angesicht von individuellen Lernverhalten und gesellschaftlichen Bedarfen gewährleisten (vgl. Aumann 2009, S. 331 ff.).

Ein Jahrzehnt später, im selben Jahr also in dem die OECD die Ergebnisse des Länderexamen unter dem Titel „Bildungswesen: mangelhaft" veröffentlicht hatte (Hüfner 1973), schrieb der Bildungsrat, der 1965 von Bund und Ländern zum Zweck von umfassenden Bildungsreformen gegründet wurde, explizit von einer Stärkung der Kommune als Planungsagentur:

> „Die Kooperation zwischen Staat und Kommune im Schulbereich sollte daher neben der Abgrenzung der Aufgaben vor allem durch eine institutionalisierte Zusammenarbeit in wichtigen Planungsentscheidungen bestimmt werden. Auf diese Weise werden sich zentrale Planung und dezentrale Verwirklichung und Gestaltung im Schulwesen besser miteinander verbinden lassen." (Deutscher Bildungsrat 1973, S. 34)

10.1 Frühe Bildungskatastrophen und Balancierungsversuche 321

Das Argument für eine stärkere Schulautonomie und institutionenübergreifende Koordination war schon in der frühen BRD bekannt und von regional- und nationalökonomischen Abwägungen, Vergleichsstudien und einer gewissen Katastrophen-Rhetorik geprägt. Parallel zu transaktionalen Lösungsvorstellungen und zyklischen Planungsmethoden, waren die nun zitierten Dokumente auch von einem starken Balanceargument durchzogen, demzufolge eben jene Funktionen und föderalen Steuerungsbefugnisse in ein gewisses Gleichgewicht gebracht werden müssen. Es sei geboten, zu koordinieren, aber nicht zu zentralisieren, so Hellmut Becker (1965) und der Deutsche Bildungsrat (1973).

Die Bemühungen des Bildungsrates[98], innerhalb derer Becker an sein Papier aus dem Jahre 1965 anknüpfen konnte, scheiterten letztlich aber am Bruch der großen Koalition, sowie an Auseinandersetzungen zwischen Bund und Ländern, so Leschinksy (2005).[99] In diesem Konfliktfeld, in dem zudem auch Gesamtschulen ein wichtiger Diskussionsgegenstand waren, sei auch der damalige OECD-Bericht untergegangen, der auf Basis internationaler Vergleiche eine grundsätzliche Bildungskrise konstatierte.

Als wiederkehrende Elemente kann die Machtverteilung zwischen Bund und Ländern, einige krisenhafte Diagnosen und Prognosen, sowie die Verknüpfung von humanistischen und wirtschaftlichen Bildungsargu-

---

[98] Zu den Aufgaben des Bildungsrates siehe Leschinsky (2005, S. 818): Der Bildungsrat „hatte den Auftrag, a) Bedarfs- und Entwicklungspläne für das deutsche Bildungswesen zu entwerfen, b) Reformvorschläge für die Struktur des Bildungswesens zu machen, c) den dafür erforderlichen Finanzbedarf zu beziffern, und schließlich d) Empfehlungen für eine langfristige Planung auf den verschiedenen Stufen des Bildungssystems auszusprechen."

[99] Auch sei ein desintegriertes Verhältnis von Wissenschaft und Politik innerhalb und außerhalb des Bildungsrates hinderlich gewesen. Der OECD-Bericht sei, in seinen Anklagen zur Ungleichheit der Bildungschancen, durchaus vergleichbar mit dem PISA-Bericht von 2001 (Leschinsky 2005).

menten festgehalten werden. Jedoch gab es in Bezug auf eine Neu-Skalierung steuerungspolitischer Verhältnisse keinen geteilten politischen Willen oder geteilte institutionelle Plattformen zwischen Bund, Länder, Kommunen, zwischen den beiden Volksparteien sowie Wissenschaft und Schulwesen (Leschinsky 2005). Wie also konnte sich in jüngerer Zeit die Idee einer Bildungslandschaft als Mittel gegen ökonomische Missstände und bildungspolitische Steuerungsdefizite durchsetzen?

1995 – 2000: Das Ganzheitlichkeitargument der Bildungskommission

Die Entwicklung seit Mitte der 1990er Jahre stellt Niemann bereits im Detail als chronologischen Referenzzusammenhang dar (2014). Ich folge dieser Darstellung, gehe aber eher auf die strukturellen Hintergründe, um die Mehrdimensionalität der Bildungslandschaften-Debatte aufzuzeigen. 1992 begründete das Land NRW, damals im dritten Jahrzehnt SPD-geführt, die Kommission *Zukunft der Bildung – Schule der Zukunft*. Prominent besetzt und mit einem breiten Auftrag ausgestattet, grundlegende Reformideen zur Diskussion zu stellen, veröffentlichte diese Gruppe eine gleichnamige Denkschrift (Kommission 1995), in der zum ersten Mal von „regional gestalteten Bildungslandschaften" die Rede ist. Es gehe darum „die verschiedenen Bereiche von Bildung, die sich nach Aufgabe, Trägerschaften, Strukturen und Organisationsformen unterscheiden, zusammenzusehen und aufeinander zu beziehen" (ebd., xxii). Die Abstimmung zwischen Bund und Ländern bezeichnet die Kommission als „Konsensrahmen" (ebd., S. 12) und die Autonomie der Schule wird ähnlich den vorigen Balance-Argumenten als Teilautonomie dargestellt (siehe ebd., S. 159).[100] Nach Emmerich (2010, S. 356) erkläre sich diese erneute Wiederholung des Balance-Argument, das bereits in den 1970er Jahren so prominent war, vor dem Hintergrund der makropolitischen Strukturen. Dabei geht zentral auch um die sozialräumliche Organisation von Bildung: Erst die bewahrte Trennung von Schulaufsicht im Bund und Trägerschaft der Kommune, habe der Bildungslandschaften-Debatte als steuerungspolitisches Reformprogramm regulative Plausibilität und politische Anschlussfähigkeit gegeben. Die Autonomie der Schulen wird in der Denkschrift insofern regionalisiert, als dass den Trägern ein Zugriff auf innere Schulangelegenheiten übertragen wird. Die bisherige Beschränkung auf äußere Schulangelegenheiten wird als unplausibel, unpraktikabel und gar unverantwortlich dargestellt (Kommission 1995, S. 171). Stattdessen sei die Ausstattung von kommunalen Trägern mit Beratungs- und Antragsrechten zu begrüßen. Sie seien als regionaler Koordinator und Dienstleister und sogar pädagogische Instanz für das kommunale Bildungswesen „ganzheitlich" in Verantwortung zu ziehen. Ganzheitlichkeit meint dabei im Kern eine umfassende steuerungspolitische Durchdringung von Bildungsorganisationen und eine auf Kohärenz bedachte Koordinierung aller Bildungsleistungen und -erwartungen einer Region. Ganz ähnlich der in Kap. 3 präsentierten Bildungsdiskurse ist diese Ganzheitlichkeit als Integrationsmechanismus gedacht. Das Stich-

---

[100] So schreibt die Kommission "Zukunft der Bildung - Schule der Zukunft" (1995, S. 65) an anderer Stelle zu jener Teilautonomie: „Größere Selbstständigkeit der Einzelschulen und erweiterte Gestaltungsmöglichkeiten der Träger und regionalen Gremien müssen aber in einem definierten Rahmen zum Tragen kommen, durch die eine Balance zwischen eigenverantworteten Entscheidungen vor Ort und weiterhin bestehender staatlicher Gesamtverantwortung, die auch Interventionsmöglichkeiten gegenüber Einzelschulen und Schulträgern einschließt."

wort fällt fortan in beinahe allen einschlägigen Dokumenten und wird implizit oder explizit einem pejorativen Gegenbegriff entgegengesetzt, etwa der Vorstellung einer regionalen Bildung als „Stückwerk(s)" (Rolff 2014, S. 6).
Der Argumentation für sozialräumliche Steuerungsmodelle [101] zufolge, habe sich die Verwaltung inzwischen derart geändert, dass auch das Regionalisierungsargument mehr Auftrieb gewinnt. Die Verwaltung sei nun geprägt von einer verstärkten „Kundenorientierung/Bürgerorientierung, „Mitarbeiterorientierung", und „Kooperationsorientierung" (Kommission 1995, S. 63) und weniger auf Herrschaft, denn auf Dienstleistung gepolt. Was derzeit als „lean administration" (ebd., S. 62) zu einer flachen Hierarchie und größeren öffentlichen Indienststellung der Verwaltung tragfähig sei, sei in der vorigen Schulautonomie-Diskussion der 1970er Jahren auf keine ausreichende Resonanz gestoßen. Zusätzlich habe sich die Ausgangslage nun „durch die Veränderung im Wirtschaftsbereich durch die verstärkte internationale Vergleichsperspektive und durch die Verwaltungsreform-Konzepte entscheidend verändert" (ebd.).
In der Motivation der Reformvorschläge werden, wie schon in den 1960er Jahren, technologische Veränderungen am Arbeitsplatz und die Problematik des „Lernens in der Informationsgesellschaft" (ebd., S. 134) ausführlich diskutiert. Diese Thesen erinnern an die Diagnose der Wissensgesellschaft. Im ganzen Dokument stellt die Kommission aber keine

---

[101] Gesetzlich empfiehlt die Kommission im Anschluss an die Balance- und Ganzheitlichkeitsargumente, die Gestaltung der Schulträgerschaft zur kommunalen Angelegenheit zu machen, aber die Selbstgestaltungsrechte zugunsten der Schulautonomie bewahrt werden sollten. Als Koordinationseinheiten seien eine kommunale Schulkommission anstelle kommunaler Schulausschüsse einzurichten (Kommission 1995, S. 179) und auf der Ebene der Landkreise und kreisfreien Städte eine regionale Bildungskommission. Diese treibe in breiter Besetzung und unter freiwilliger Kooperation der Träger die Entwicklung der Bildungslandschaft voran.

inhärente Verbindung zwischen Regionalwirtschaft und dem Regionalisierungsargument her.[102] Wohl aber gilt bereits hier „Humankapital als Standortfaktor" (Kommission 1995, S. 43) und die „Reorganisation der Arbeitswelt" und die grundsätzliche Verantwortung wird angenommen. Neben dem wissensgesellschaftlichen Motiv des zyklischen Lernens, das schon in den 1960ern präsent war und neben der sozialräumlichen Integrationsvorstellung gerät hier ein drittes Motiv in den Blick: Das der Steuerung (vgl. Kap. 3). So beklagt die Denkschrift in instrumenteller Weise, dass eben jene neue Arbeitswelt „in der Zielplanung des Bildungswesens noch nicht ausreichend verankert" (ebd., S. 53) sei. Dies könne aber keineswegs zu einer Gleichzeitigkeit von wirtschaftlichem und sozialpolitischem Wandel führen; vielmehr sei ein um mehrere Jahre verzögerter „Transfer von Innovation und Wissen in die Schulen" unvermeidlich. Regionale Strukturen seien nicht etwa zu vereinheitlichen, sondern idealerweise „durch Pluralität in Trägerschaft, Ausgestaltung und Personal gekennzeichnet" (ebd., S. 39). Doch wer steuert die angestrebte Ganzheitlichkeit und die evozierte Balance?

10.2 Doppelführung I – Schulautonomie und Territorialisierung

Im Rückgriff auf die Denkschrift und mit dem doppelten Ziel der schulischen Selbststeuerung und der Entwicklung regionaler

---

[102] Dabei wird allerdings entschieden auf die unvorhersehbaren Folgen technologischer Innovation hingewiesen (Kommission Zukunft der Bildung - Schule der Zukunft 1995, S. 26) und Regionalwirtschaft wird nicht als Akteursfeld adressiert; Arbeitgeberinteressen und -Forderungen bleiben unberücksichtigt (ebd., S. 134 ff.) und die Verantwortung und Steuerung wird nicht auf Zivilgesellschaft, Verbände oder Unternehmertum bezogen (ebd., S. 151).

Bildungslandschaften startete das Land NRW, Ministerium für Schule und Weiterbildung, im Jahr 1997 unter dem Titel *Schule und Co* in Zusammenarbeit mit der *Bertelsmann-Stiftung* eines der ersten öffentlich-privaten Partnerschaften, die sich in weiten Strecken den Bildungslandschaften widmen. Ohne dass derlei Kooperationen auf steuerungspolitischer Ebene in der Denkschrift konzeptualisiert waren, gelang es der *Bertelsmann-Stiftung* in diesem Pilotprogramm erstmalig als steuerungspolitischer Akteur im Feld der Bildungslandschaften auf den Plan zu treten. Sie übernahm hier und auch in den Nachfolgeprojekten *Selbstständige Schule*, im Jahr 2001, und *Regionale Bildungsnetzwerke in NRW*, im Jahr 2002, die Projektleitung.
Im Zuge aller drei Initiativen wird die Bildungslandschaften-Debatte erstmalig in Deutschland zu einem kommunal verbindlichen Kooperationsregime, während Schulen selbst eine höhere Selbstständigkeit auf den Gebieten Personal, Sachmittel, Unterrichtsorganisation, innerer Gremienstruktur und Rechenschaftslegung zugewiesen bekommen. 2006 wird das Schulgesetz in NRW sogar geändert, um die Erkenntnisse des Projektes *Selbstständige Schulen* auf alle Schulen des Landes zu übertragen (Ministerium für Schule und Weiterbildung 2005; Tressel 1995).
Hier liegt also eine Doppelführung von Schulautonomie und Territorialisierung vor. Es wird eine Ganzheitlichkeit der Bildungslandschaften also durch die Annahme von relativ autonomen ‚Feldern' einerseits und relativ umgrenzten Territorien andererseits begründet. Das bedeutet, so Niemann (2014, S. 21), „auf der einen Seite, einzelnen Schulen Unterstützung für die Unterrichtsentwicklung zu liefern sowie den Aufbau von Leitungs- und Steuerungskompetenzen aufzubauen, auf der anderen Seite Beratungsstrukturen auf der regionalen Ebene zu etablieren". Die Eckpunkte der regionalen Strukturen bilden die in allen Bildungsnetzwerken

installierten drei Körperschaften der Regionalen Bildungskonferenz als oberstes Repräsentanz- und Partizipationsorgan, der Lenkungskreise als strategisches Leitungsgremium und der regionalen Bildungsbüros als Geschäftsstellen der Bildungsnetzwerke.[103] Erst Mitte der 1990er Jahren wurde also die traditionsreiche Föderalismus- und Autonomie- Debatte durch Regionalismus-Debatten angereichert. Insbesondere in NRW kann zur Jahrhundertwende bereits von einer ersten Schließung dieser Debatte die Rede sein, als dass es der Regierung gelang, zivilgesellschaftlich dominante Akteure wie die *Bertelsmann-Stiftung* und eine große Zahl an Kommunen innerhalb von Kooperationsmodellen in die Pflicht zu nehmen, welche formalisiert und ausdifferenziert sind und auf Leistungsstärke überprüft werden.

2001 – 2006: PISA und die Konstruktion einer Steuerungs-Leerstelle

Der eine exogene Schock Ende des Jahres 2001, den seither viele Regionalisierungsbefürworter als Anlass und Impuls ihrer Vorstöße anführen (Belege unten), ist das *Programme for International Student Assessment*, kurz die PISA-Studien. Die abermals attestierte Bildungskatastrophe stellt im Vergleich zu vorigen Krisennarrativen verstärkt auf das Problem der Bildungsbenachteiligung und auf sozioökonomische Ungleichheiten ab. In der PISA-Referenz innerhalb der Bildungslandschaften-Debatte jedoch werden diese Problemlagen zusätzlich zu einer raumpolitischen

---

[103] Die Kooperationsvereinbarungen, die das Bildungsministerium mit den Kreisen und kreisfreien Städten trifft, um Evaluationen durchzuführen (Rolff 2014), ergänzen die Strukturen der Bildungsnetzwerke. „Seit dem Jahr 2008 schloss das Ministerium für Schule und Weiterbildung mit 50 von 53 kreisfreien Städten und Landkreisen im Land NRW Kooperationsvereinbarungen, die der landesweiten Einführung von Regionalen Bildungsnetzwerken dienen" (ebd., S. 4).

Krise bzw. Gelegenheit stilisiert. Im Lichte der ländervergleichenden Studie und der abfallenden Leistungswerte im Bereich der Naturwissenschaften und Technik bekommt zugleich eine gewisse Beschäftigungsproblematik mehr Aufmerksamkeit. Vermittels gescheiterter Bildungsbiografien wird ein Missverhältnis zwischen Beschäftigungsangebot und -nachfrage diskutiert, das eine Gefährdung der nationalen Wirtschaft darstellt. Auch diese Komponente der PISA-Studien lässt sich als territorialer Wettbewerb argumentieren und fügt sich dementsprechend in die Bildungslandschaften-Debatte ein.

10.3 Doppelführung II – Benachteiligung und Beschäftigung

Im selben Jahr wie die PISA-Veröffentlichung Ende 2001 begründet der Bund ein erstes bundesweiten Förderprogramm unter dem Namen *Lernende Regionen* (Nuissl, Dobischat, Hagen und Tippelt 2006). Begrifflich fügt sich hier der manageriale Diskurs vom zyklischen Lernen, der historisch auf kybernetische Denkfiguren zurückgeht und auch den Begriff der lernenden Region prägt (vgl. Kap. 2-3; vgl. Kap. 5 anhand der Region San Francisco), mit bildungsföderalistischen Steuerungsinteressen zusammen.

Unter Rückgriff auf das aus EU-Ebene lancierte Förder-Stichwort des lebenslangen Lernens und der wirtschaftsgeografischen Terminologie der lernenden Region wird die Doppelproblematik von Bildungsbenachteiligung und Beschäftigungsorientierung zugleich behandelt und zusätzlich einem regionalem Profilförderungs- und Transferprogramm unterstellt. Dieses Förderprogramm habe einen ungewöhnlich großen Umfang, so die wissenschaftliche Begleitforschung (Ambos, Conein und Nuissl 2002, S. 4).[104] Dieselbe Doppelführung von Benachteiligung und Beschäftigung findet sich in den sogenannte *Leipziger Thesen*, eines der meist zitierten Urheber-Dokumente der Bildungslandschaften-Debatte. Dieses Dokument, das das Bundesjugendkuratorium (BJK), der Sachverständigenkommission für den Elften Kinder- und Jugendbericht sowie der Arbeitsgemeinschaft für Jugendhilfe gemeinsam im Jahr 2002 veröffentlichen, liest sich als eine Reaktion auf die PISA-Ergebnisse. Es wendet sich gegen die rein schulpolitische Auslegung der Befunde und plädiert für einen breiten Bildungsbegriff (Mielenz 2002). So heißt es unter dem Stichwort „Zukunftsfähigkeit sichern" in einer der elf Thesen:

> Bildung entscheidet nicht nur über den ökonomischen Erfolg einer Gesellschaft, sondern vor allem auch über Lebensperspektiven und Teilhabechancen jedes einzelnen jungen Menschen. Sie ist grundlegend für die materielle Sicherheit und die Entfaltung der Persönlichkeit sowie Schlüssel zu einer zukunftsoffenen, sozialen und ökonomisch erfolgreichen Entwicklung jedes Einzelnen und der Gesellschaft.

Die doppelten Motive von „ökonomische[m] Erfolg" und „Teilhabechance" wird hier einer sozialräumlichen Diskussion zugeführt: Soziale Ungleichheiten, die die Schulleistung so sehr vorbestimmen, reichen weit über die Kapazitäten der Schule hinaus. Und auch Eltern könne die Misere nicht angelastet werden. Vielmehr fehle es an der „Zusammenarbeit aller Bildungsorte" (ebd.). Man müsse die Bedürfnisse Jugendlicher zum

---

[104] Nämlich weist das Programm eine große Zahl an Netzwerken auf (80 Stück), einen großzügigen Zeithorizont und finanziellen Rahmen, eine umfassende administrative Unterstützung, sowie ein „ganzheitlicher bildungsbereichsübergreifender Ansatz" und die „programmatische, übergreifende Reflexion und Diskussion" (Ambos, Conein und Nuissl 2002, S. 4).

Ausgangspunkt für eine gründliche institutionelle Neu-Abstimmung machen. In diesem historischen Moment wird also ein Zwischenraum also politisches Instrumentarium begründet, um Bildungs- und Berufslaufbahnen auf regionaler Ebene auf das Doppelziel von Wirtschaftswachstum und Bildungsintegration auszurichten.

Es drängt sich die Steuerungsfrage auf: Wer trägt die Verantwortung für die Krise und ihre Überwindung? In den *Leipziger Thesen* wird eine Leerstelle konstruiert und damit ein Bedarf an staatlicher oder quasistaatliche Verantwortung. Für eine „bildungspolitische Wende" sei es „notwendig, dass eine lokale und übergreifende Bildungspolitik [...] das unkoordinierte Nebeneinander der einzelnen Bildungsinstitutionen überwindet und stattdessen Formen innovativer Zusammenarbeit praktiziert" (ebd., S. 5). In dieser Argumentationslinie wird also die Verantwortung einer übergreifenden Instanz inszeniert. Diese Instanz ist aber nicht auf Länder- oder Bundeskompetenzen vorprogrammiert. Es bleibt bei einer Leerstelle, die allerdings mit dem Recht ausgestattet werden könne, zuvor gebundene Ressourcen zu entkoppeln und zwecks einer gemeinschaftlichen Verwaltung an sich zu binden.

Wenig später reagiert auch der *Deutsche Städtetag* (Hebborn 2003) mit einer Kommission aus 30 Stadtentwicklungsdienststellen auf PISA und greift ebenfalls das Stichwort der „Zukunftssicherung" auf, um die Verknüpfung zwischen Bildung und Stadtentwicklung herzustellen. Bei genauerem Hinsehen liegt der Akzent dieses Dokumentes aber weniger auf Bildungsbenachteiligung. Weiterhin bleibt die erwähnte steuerungspolitische Leerstelle hier nicht unbesetzt, sondern die Städte positionieren sich selbst als legitime Koordinationsagentur. Der Städtetag spricht vor allem davon, dass eine Reform der Bildungsinfrastrukturen notwendig sei, um die Städte konkurrenzfähig zu halten. Hier stehen also die Bedürfnisse der Städte im Vordergrund, werden aber in der Mitführung mehrerer Zielstellung auch auf pädagogische und sozialpolitische Synergie-Effekten bezogen. Die Stadt wird somit zum Gebiet und natürlichen Steuerungsorgan für die Behandlung mehrerer nationalstaatlich verfasster

10.3 Doppelführung II – Benachteiligung und Beschäftigung 331

Krisen. Diese werden unter dem Stichwort der Zukunftssicherung zugleich dramatisiert und hinausgezögert, zugleich als nahende Katastrophe und Planungsgegenstand verstanden. Im selben Jahr fällt die Kommission des folgenden Kinder- und Jugendberichtes, der 2005 erscheinen sollte (Bundesministerium für Familie 2005), den Entschluss, außerschulische Bildung zum Hauptthema der 12. Ausgabe zu machen, so Niemann (2014, S. 24). Das Thema der Bildungslandschaften wird auch in dem Bericht i.s. kommunaler Infrastruktur als neue Koordinierung von Bildungsträgern und ihren Zielgruppen aufgegriffen (Bundesministerium für Familie 2005, S. 14).[105] Die Deutsche Kinder- und Jugendstiftung argumentiert, ähnlich wie der 12. Kinder- und Jugendbericht, auf Basis der kindlichen Lebenswelt, als sie 2004 ihr eigenes Bildungslandschaften-Programm unter dem Titel *Ideen für mehr! Ganztägig Lernen* lanciert. Es handelt sich, vor dem bildungspolitischen Hintergrund der damals geplanten Ganztagsschulen, um ein Schulentwicklungsprogramm, an dem sich alle Länder und der Bund beteiligen. Hier kommt neben der allgemeinen Orientierung an (autonomen) Schulen, regionaler Verwaltung und regionalen Lebenswelten also ein bestimmter Schultypus in den Blick, der angesichts seines Auftrages einen planerischen Perspektivwechsel auf ganztägige und außerschulische Betreuung erfordert.

---

[105] Entgegen des Städtetages liegt der Fokus im Bildungsbericht (Bundesministerium für Familie 2005) aber weniger auf einer institutionenpolitischen Rhetorik, sondern auf einer Lebenswelt-orientierten Bildungspolitik (vgl. Niemann 2014, S. 103). Wohl aber wird der Kommune im Einvernehmen mit den *Leipziger Thesen* und dem Städtetag eine steuernde Rolle zugesprochen. Die Bündelung der Institutionen beziehe sich im Dienste von Kindern und Jugendlichen allerdings weniger auf die Organisationsziele der Einzelnen, sondern müsse sich am Beitrag zur Gestaltung der Bildungs-landschaften bemessen.

In dieser Wendung ist dieselbe Bildungslandschaft, die zuvor als sozial- und wirtschaftspolitisches oder auch stadtpolitisches Programm beworben wurde und die langfristig auf Bildungsbiografie und Beschäftigung ausgerichtet war, weiterhin der Kommune als zentraler Steuerungsakteurin zugeordnet. Sie dient insofern eher dem schulischen und familiären Zweck, Betreuungsverhältnisse zu koordinieren, als dass es um Bildungsanliegen gehe. In dieser Auslegung schließt die Kinder- und Jugendstiftung an die Lebenswelt-orientierte Diskussion von Betreuungsverhältnissen an, die im Kinder- und Jugendbericht stark gemacht wird, und gliedert die Regionalisierungsinitiativen an das stiftungseigene Investitionsprogramms „Zukunft, Bildung und Betreuung" (2002 begründet).[106]

In der Zusammenschau der Dokumente, die dem Stichwort der Bildungslandschaft die heute gängigen Konnotationen verliehen haben, wird eine große argumentative Vielfalt und wechselseitige Bezugnahme deutlich. Die bildungsökonomischen Motive von zyklischem Lernen zwischen Ist- und Sollzuständen, von sozialräumlichen Integrationsmechanismen und neuen Steuerungsmodellen fügen sich sukzessive zusammen.

Diskursiv, aber auch in der institutionellen Zusammensetzung erscheint die Bildungslandschaften-Debatte als Mosaik von lose verbundenen Teilaspekten, die über die Jahre dennoch eine relativ große Beständigkeit hatte: Bund, Länder, Kommunen und zivilgesellschaftliche und wirtschaftspolitische Akteure ziehen zwar unter Rückgriff auf PISA und in der doppelten Evozierung von gefährdeten Biografien und Regionalökonomien immer denselben Schluss und begründen damit den Zwischenraum von Bildung und Wirtschaft als regionalpolitische Schalt-

---

[106] Die Kinder- und Jugendstiftung hat im Ausbau dieses Programmes Serviceagenturen in den Ländern eingerichtet, um den Informationsaustausch zwischen den Politikebenen und auf Länderebene zu befördern.

stelle: Eine verstärkte, regional verankerte Koordinierung von Bildungsorganisationen und regionalpolitischen Stakeholdern sei notwendig. Jedoch variieren das Ausmaß an kommunaler Zentralisierung, sowie der primäre Zweck von Bildungslandschaften. Bildung wird als mehr oder weniger nationalökonomisch oder lebensweltlich verstanden und die neue Topologie der regionalen Bildung wird dementsprechend mehr oder weniger an regionalwirtschaftlichen, biografischen oder tagtäglichen Bildungs- und Betreuungsbedarfen ausgerichtet.

2006 – 2012: Berichtwesen und Institutionalisierung

Wann und wie kam es zur Institutionalisierung der beschriebenen Vorstellungen? Den Entwicklungen seit 2001 ist nach Altrichter, Rürup und Schuchart (2016) gemein, dass Schulen aufgrund systematischer Evaluationen für ihre Leistungen zur Verantwortung gezogen werden. Was hier als „Accountability-Politik" (ebd., S. 119) beschrieben ist, lässt sich in der institutionellen Konsequenz erst ab dem Jahr 2006 verfolgen. Neu ist hier die Setzung von Standards, die als Systemziele positioniert werden und somit die Autonomie von Schulen einerseits begründet und sie andererseits einer Messung und Selbst-Erhebung zuführt, um die Schulen für die eigenen Leistungen verantwortbar zu machen und sie Effizienzkriterien unterziehen zu können. Die Debatte um regionale, bzw. regionalökonomische Bildungslandschaft erfährt somit eine Managerialisierung und Quantifizierung.

10.4 Doppelführung III – Autonomie und „Accountability"

Mit der Accountability-Politik geht nach eine weitere Doppelführung einher, bzw. ein „siamesische[s]" Zwillingspaar:

Nach 2001 traten zunehmend Maßnahmen hinzu, mit denen „zentral" Systemziele vorgegeben (Bildungsstandards, Qualitätsrahmen) und Institutionen bzw. Verfahren ein- geführt wurden, um die einzelschulische Zielerreichung regelmäßig extern zu überprüfen [...]. „Schulautonomie" wurde durch eine Accountability-Politik ergänzt und dabei von einem eigenständigen Konzept zu einem Teilprogramm in einem umfassenderen neuen Steuerungsmodell des Schulwesens, sodass heute Autonomie und Accountability als „siamesische Zwillinge" der aktuellen Bildungspolitik erscheinen. (Altrichter, Rürup und Schuchart 2016, S. 140)

Die Grundlage von Bildungsberichten liegt auf der Ebene von Schulen also in deren Autonomisierung der Schulen und, wie ich nun darstellen werde, in der gleichzeitigen Autorisierung bzw. Selbstbehauptung der Kommunen als Kontrollinstanz.[107]

Ein erster regionaler Versuch, alle Bildungsleistungen und -bedürfnisse regional zu erfassen und die Kontrolle darüber an die Städte und Kommunen zu binden, wurde in München unternommen (Schul- und Kulturreferat Stadt München 2006). Hier und bald auch andernorts wird dabei die steuerungspolitische Absicht bekundet, dass man die Verteilung von Befugnissen und Ressourcen auf Basis von gemessenen Leistungen umorganisieren will. Dabei schließen die Städte und Kommunen strategisch an die vorläufigen Debatten an. So fasst das Münchner Schul- und Kulturreferat die politische Gelegenheitsstruktur über mehrere Skalenniveaus zusammen und setzt sich selbst als Steuerungsagentur in Szene:

> Die Stärke der Kommune bei der Bildungssteuerung liegt gerade darin, dass sie die einzelnen Akteure auf dem Gebiet der Bildung zu abgestimmtem Verhalten

---

[107] Ich kann hier nur am Rande auf die skalenübergreifende Bezugspunkte aufmerksam machen, die dem regionalen Berichtwesen zusätzlichen Auftrieb geben bzw. in der die Kommunen immer wieder auf nationale und internationale Berichte hinweisen. Der bundesweite Bildungsbericht lehnt sich an internationale Bildungsberichte (u.a. OECD) an; die regionalen Bildungsberichte lehnen sich wiederum an den bundesweiten Berichte an (vgl. Bundesagentur für Arbeit 2006, S. 3).

10.4 Doppelführung III – Autonomie und „Accountability"   335

veranlassen kann. Gerade die kommunale Verantwortung für Bildung wird von Fachleuten, z. B. von der *Bertelsmann-Stiftung* zunehmend als wesentlicher Erfolgsfaktor betrachtet. Diese Stärkung der kommunalen Rolle ist in den PISA-Siegerländern Schweden und Finnland bekanntlich bereits vor Jahren erfolgt. Die Struktur des Schul- und Kultusreferates [...] bietet eine hervorragende Ausgangsbasis für eine wirkungsorientierte Bildungssteuerung. (ebd., S. 3)

Das Ziel des umschriebenen Unternehmens, das analog zum Bildungsbericht Deutschland sei, ist die „Wirkungsorientierte kommunale Bildungssteuerung" (ebd., S. 1), wie zuvor in stadtpolitischen Gremien beschlossen wurde. Zu diesem Zweck habe man neben den Experten der *Bertelsmann-Stiftung* auch andere Städten kontaktiert. Für die Stadt selbst diene der Bericht dem zweifachen Zweck, „eine wirkungsorientierte Bildungsteuerung zu ermöglichen, aber auch, um die Bildungsregion München transparent mit ihren Angeboten darzustellen" (ebd.).[108]

Etwa zeitgleich bestärken wiederum der *deutsche Städtetag* (2007) und kurz darauf der *deutsche Verein* (2007) die Re-Kommunalisierung der Bildungsberichte. Wiederum liegt der Akzent auf Kooperation, wiederum wird für die Flexibilisierung und Selbstständigkeit der Schulen plädiert und eine Neuverhandlung der Zuständigkeiten von Ländern und Städten nahegelegt. Im Anschluss an die Diskussion zum Berichtwesen, also anknüpfend an die durch die Stadt München aufgeworfenen Diskussionen, plädiert auch der Städtetag in der *Aachener Erklärung* (Deutscher Städtetag 2007) für ein „umfassendes Bildungsmonitoring", das „als integriertes

---

[108] In der Folge stehe dann eine Umverteilung der eingesetzten „sachlichen und personellen Ressourcen im Sinne einer wirkungsorientierten Bildungssteuerung" (Schul- und Kultusreferat Stadt München 2006, S. 5) an. Man denke etwa an die Möglichkeit, durch individuelle Verlaufsdaten in den Bildungsbiografien sozialökonomische Unterschiede ausweisen, zu können (ebd., S. 15) oder aber an den Anstellungsschlüssel, der dank möglichst kleinräumiger Datenerfassungen von lokalen Belastungsfaktoren abhängig gemacht werden kann (ebd., S. 5).

Berichtswesen von Bildungsverläufen vor Ort gemeinsam von Kommunen und Ländern entwickelt werden" solle.
Diese Manifestierung von Monitoring-Systemen gibt der Bildungslandschaften-Debatte, und in erster Linie kommunalpolitischen Akteuren, weiteren Auftrieb. In den im Folgenden zitierten Dokumenten kommen keine neuen Aspekte hinzu, aber Städte und Kommen verschärfen ihre Forderung nach bildungspolitischer Kontrolle.

Besetzung der Steuerungs-Leerstelle

Wer regiert den Zwischenraum, in dem pädagogische und wirtschaftliche Ziele abgewogen und auf regionalpolitische Akteurskonstellationen bezogen werden? Insbesondere in den vielzitierten *Celler Thesen* (Niedersächsischer Städtetag 2007) fordern die Kommunen das Monopol auf Regulierung und Ressourcenverwaltung: schließlich, so das Argument, sind sie als Schulträger und -gestalter doch die geeignetste Koordinierungsinstanz. Das Argument richtet sich auf der Ebene der Ressourcen implizit gegen Bund und Länder, denn die Kommunen fordern Ressourcen einerseits für sich ein und verlangen andererseits eine Mitverantwortung von Bund und Ländern für die Kosten, Konsequenzen und Erträge von Bildung. Auf der Ebene von pädagogischer Gestaltung richten sie sich mit ihrer Forderung nach inhaltlicher Kontrolle und personeller Koordination teilweise gegen die Autonomie der Schulen; etwa in der Bestellung von Schulleiterinnen. Die fachinhaltlichen Stellungnahmen und Forderungen[109] wenden sich wiederum gegen Anliegen, die

---

[109] U.a. ist die Rede von Curricula für Kitas, früherer Einschulung und mehr Praxisorientierung in der Lehrerbildung.

10.4 Doppelführung III – Autonomie und „Accountability"

von den Universitäten vorgebracht werden. Die Städte pochen in diesem Rundumschlag auf eine vereinheitlichte Steuerung. Damit sprechen sie in diesem Anspruch auf das bildungspolitische Durchregieren auch von der Kurzform „Schule aus einer Hand" (ebd., S. 8) und fachen untereinander einen „Wettbewerb der Systeme" (ebd., S. 12) an:

> Die Übertragung der alleinigen Trägerschaft für die Schulen soll auf Antrag der Städte, Gemeinden und Samtgemeinden im Rahmen eines zeitlich befristeten Modellversuchs mit begleitender Evaluation erfolgen. Dabei sollen sich Kommunen möglichst aus verschiedenen Landesteilen und von unterschiedlicher Größe beteiligen. Hierdurch würde auch ein Wettbewerb der Systeme initiiert, in dessen Rahmen überprüfbar sein wird, ob alleine von den Kommunen getragene Schulen bessere Ergebnisse erzielen können. (Hervorhebung im Original)

Der *Deutsche Verein für öffentliche und private Fürsorge* (2007) stimmt mit dieser steuerungspolitische Absicht der Städte und Kommunen überein. Er ruft nach mehr Kontrolle über die Ressourcenverteilung und nach einem Berichtwesen, das mit Bund und Ländern koordiniert und integriert sein solle. Bemerkenswert ist weiterhin der Anspruch, dass „Vernetzungsstrukturen" „verbindlich[e]" sein sollen (ebd., S. 1 f.). Maykus (2009) stellt die Forderungen des *Deutschen Städtetages* und des *Deutschen Vereins* als Neuanordnung von Bedingungen und Regionalisierungszielen dar, in der Bildungsmonitoring, kommunale Verantwortung und neue Trägerstrukturen die zentralen Mittel sind. Ein ganzheitliches Bildungs- und Steuerungsverständnis wird dabei gepaart mit einer Vorstellung von regionalen Infrastrukturen, die sich an individuellen Bildungsbiografien ausrichten. Ganzheitlichkeit soll gewissermaßen regierbar bleiben.

Die nun dargestellten Forderungen der Städte und Kommunen wurden in den Folgejahren weitgehend institutionalisiert, wenn auch in einer fragmentierten und weitgehend experimentellen Art und Weise. Das Bundesweite Programm *Lernen vor Ort* als Fortsetzung der Bildungslandschaften-Debatte (BMBF 2014) sowie eine erneute Erklärung des *deutschen Städtetages* (2012) sind hier besonders hervorzuheben. Ersteres ist ein 60 Millionen Euro starkes Förderpaket, dass an 20-30 Kommunen im Zeitraum 2009-2012 ausgegeben wurde, um schlüssige Konzepte hervorzubringen und zu installieren, „wie das regionale Bildungswesen den Ansprüchen einer modernen Wissengesellschaft genügen kann" (BMBF 2014). Dies kann als föderalistischer Koordinationsversuch gelten, in dem die Errichtung von Bildungslandschaften nicht als Kontrollverlust hingenommen, sondern als Gelegenheit einer bundespolitischen Koordination ausgelotet wird und der Ruf nach einem Wettbewerb der Regionen in ein Anreizprogramm übersetzt wird. Den Kommunen werden etwa Handreichungen zu den Techniken der Bildungsberichterstattung und ähnliche Unterstützungen geboten, die im Kern die vorigen Vorstöße aus den Kommunen und Pionierregionen konsolidieren.

Der *Deutsche Städtetag* ruft in der *Münchner Erklärung* wiederum zur Umverteilung der Ressourcen und Verantwortlichkeiten zugunsten der Städte und Gemeinden auf. In einer ähnlichen Allianz von kommunaler Steuerung und Bundespolitischer Koordination fordern die Städte hier die Abschaffung des Kooperationsverbots, das der Abstimmung zwischen Bund und Ländern im Weg steht, und arbeiten in Richtung einer weiteren Aufweichung des Föderalismus nach der gescheiterten Föderalismusreform. Auffällig ist hier hinsichtlich regionaler Wirtschaft und individueller Bildungswege, dass eine Sowohl-Als-Auch-Semantik fortgeführt wird, in der Bildungslandschaften folglich als win-win Situation stilisiert werden.

10.5 „Schule aus einer Hand"? Fünf Dimensionen transversaler Felder

Das Anliegen, örtlich verfasste Bildungsorganisationen als Landschaft zu integrieren, lässt sich auf eine historisch gewachsene politische Arena zurückführen. Schon früh strebten zentrale Akteure danach, bundesweite Bildungsprozesse im Angesicht von vermeintlichen Bildungskatastrophen nicht zu zentralisieren, aber zu koordinieren (Becker 1965; Deutscher Bildungsrat 1973). Eine ganzheitliche Bildung sollte regierbar bleiben. Regionale Bildungslandschaften konnten sich sukzessive als eine Antwort auf dieses Problem etablieren.

Bevor aber inmitten der föderalistischen Bildungsstrukturen auch das vage und weniger staatlich getragene Programm einer Regionalisierung als legitim galt, haben diverse kommunalpolitische Akteuren versucht diesem Programm ihre Handschrift zu geben. Ganzheitlichkeit ist somit ein umstrittener Zankapfel, aber musste sich als solcher auch erst verstetigen. Denn die einschlägigen Argumente der Entgrenzung, Vernetzung und Neu-Regulierung von Bildungsorganisationen waren nicht von Beginn an im Sinne eines eigenständigen und gerichteten Diskurses aneinander gebunden. Lange wurden die Abwägungen über eine relative Gleichheit des bundesweiten Bildungssystems, über eine relative Unabhängigkeit der Bildungsträger und über eine örtliche Zentralisierung der steuerungspolitischen Mächte in einem ausgleichenden Ton formuliert. Erst Mitte der 1990er Jahre fügte sich die Idee der Bildungslandschaft zu einem relativ beständigen, aber sonderbar lose gekoppelten Bündel zusammen.

In der Auseinandersetzung um die Neu-Skalierung und Steuerung von Bildungsträgern und -adressaten stehen hier Kommunen, Länder und der Bund, zivilgesellschaftliche und wirtschaftliche Akteure miteinander im Kooperations- und Konkurrenzverhältnis und beschäftigen sich mit dem internationalen und lokalen Berichtwesen und den darin konstatierten Krisen, mit dem Schulmanagement, mit der Regionalentwicklung und mit

Bildungsplänen und -reformen. Wie ausgewiesen verknüpfen sie das charakteristische Ganzheitlichkeitsargument und die Doppelführungen von Schulautonomie und Territorialisierung, Bildungsbenachteiligung und Beschäftigung, Schulautonomie und Accountability.

Das Mosaik aus mehreren Politikmotiven innerhalb der Bildungslandschaften-Debatte lässt sich historisch problematisieren. So macht die Genealogie zwar deutlich, etwa in der frühen Klage über sogenannte Bildungskatastrophen, dass durchaus anerkannt wurde, wie Bildungsprozesse ihre sozioökonomische Bindewirkung zwischen Wirtschafts- und Sozialpolitik zunehmend verlieren. Aus der gescheiterten Balancierung, die streckenweise Wohlfahrt und Wirtschaftswachstum in ein duales Ausgleichs- und Steigerungsmodell eingebunden hatte (Schimank 2011), wurde aber nicht die Abkehr von Integrationsmodellen abgeleitet.

Vielmehr gibt es ein großes Einvernehmen, dass die sektorübergreifende Integration nun auf der politischen Ebene von Regionen hergestellt werden soll. In regionalen Lebens- und Wirtschaftsräumen könne weiterhin eine „Schule aus einer Hand" (Niedersächsischer Städtetag 2007, S. 8) geleistet werden; habe jede Bildungsarbeit doch ihren pragmatische Kern und natürlichen Ort in Regionen. Bildung wird folglich als ganzheitliches Mittel und sektorübergreifende Plattform genutzt, um zugleich Schulen und Regionen, sozial- und wirtschaftspolitische Probleme, Bildungsbiografien und Wirtschaftssysteme zu befördern. Bildungslandschaften gelten, widerläufigen historischen Tendenzen zum Trotz, als ein synergetisches Politikinstrument zwischen wirtschaftlichem Wachstum, soziokulturellem Wohlstand und sektorübergreifender Governance.

Wie lässt sich die zugrundeliegende Idee paraphrasieren? Die für gewöhnlich inner-regionale Darstellung lässt sich, auf Basis der oben referierten Primär- (Greinert 2008; Hebborn 2006; Kommission 1995; Mielenz 2002; Rolff 2014; Städtetag 2012; Niedersächsischer Städtetag 2007) und Sekundärliteratur wie folgt skizzieren (Altrichter und Maag Merki 2010; Berkemeyer 2010; Bollweg und Otto 2011; Deinet 2007;

10.5 „Schule aus einer Hand"? Fünf Dimensionen transversaler Felder 341

Eisnach 2011; Kussau und Brüsemeister 2007; Reutlinger 2011; Rürup und Heinrich 2007):
Seien es regionalpolitische Behörden, Stiftungen, Verbände, Hochschulen oder außerschulische Bildungsprojekte – die Akteure, die an Bildungslandschaften interessiert sind, argumentieren für gewöhnlich, dass sie sich eines sektorübergreifenden und bildungsrelevanten Problems annehmen wollen und dass es daher einen neuartigen, sektorübergreifenden Koordinationsbedarf gebe. Sie machen somit den pädagogischökonomischen Zwischenraum zum Politikum. Zugunsten aller an der regionalen Bildungsarbeit Beteiligten und im Sinne aller Bürgerinnen in der Region werde versucht, eine stärkere Verständigung und Koordination aller legitimer Bildungsleistungen und -bedarfe zu gewährleisten.
Deutlich wird in der historischen Problematisierung und in der Akteursperspektive auf Bildungslandschaften, dass die Spannungsverhältnisse und die institutionellen Bestandteile des Problems in einem Zwischenraum zwischen mehreren Skalenniveaus, Politikbereichen und Berufs-Milieus zusammenkommen. In diesem Zwischenraum stellt sich die feldsoziologische Frage nach der Entstehung, Stabilisierung und Transformation neuer politischer Arenen.
Die vage und mehrdimensionale Gleichzeitigkeit mehrerer Strukturkontexte lässt sich mit dem zuvor erarbeiteten Feldbegriff diskutieren. So schlagen Kommunen und Städte in der Hervorbringung von Bildungslandschaften transversale Querverbindungen, welche auf die in Kap. 3 eruierten Kopplungsmotive zurückgehen. Diese Kopplungsmotive können hier auch als Phasen verstanden werden, die historisch zur Begründung eines transversalen Feldes geführt haben: von Bildungskatastrophen und zyklischen Lernprozessen, zu Ganzheitlichkeitsargumenten und sozialräumlicher Integration hin zum PISA-Schock und Bildungssteuerung.

- Die historische Debatte um Bildungskatastrophen und Balancierungsversuche veränderte sich hin zu einem kybernetischen Verständnis, in dem Ist- und Sollzuständen durch *zyklische Lernprozesse* in Ausgleich gebracht werden sollten. Schulen und anderen Bildungsorganisationen öffneten sich, entlang von transversalen Linien, für regionalökonomische Leistungsmaßstäbe. Soziologisch gesehen wurde der Zwischenraum i.s. eines *Ackerfeldes* umgedeutet.
- In Debatten über eine ganzheitliche Bildung, die über föderalistische (De-)Zentralisierungsvorstellungen hinausgehen, wurde Bildung zunehmend als *sozialräumlicher Integrationsmechanismus* gedacht (vgl. Kommission 1995). Im Sinne eines *Kraftfeldes* wurde das Wechselspiel zwischen regionalem *Um-Feld* und Bildungsorganisation neu arrangiert. Die transversale Verbindung von regionalpolitischen, teils regionalökonomischen Interessen und bildungspraktischen Belangen bezog Interessenslagen aufeinander, die zuvor relativ isoliert voneinander waren.
- Im Zuge des PISA-Schocks wurde ein regionales Berichtwesen installiert und Bildung zunehmend als Steuerungsinstrument imaginiert. Die so gerahmten Kommunen und Städte trugen zur Begründung und Reproduktion von *Kampffeldern* bei, indem sie an nicht pädagogische Kooperationen und Konkurrenzverhältnisse anknüpfen, etwa in der Beschäftigungspolitik oder bei regionalen Stiftungen.

Das aus der historischen Entwicklung resultierende transversale Feld wird nun in fünf Parametern beschrieben, die zuvor als Desiderate in den Blick genommen wurden (Kap. 2) und die in der US-amerikanischen Fallstudie bereits nuanciert wurden.

Transversale Differenzierung: „gleichwertige[r], aber differenzierte[r] Bildungslandschaften"?

Ähnlich wie in der amerikanischen Fallstudie ist in der deutschen Bildungslandschaften-Debatte nicht nur die Neu-Verortung pädagogischer

Arbeit, noch die skalare Steuerungsproblematik des Föderalismus allein angesprochen. Vielmehr ist die horizontale Öffnung von Bildungsprozessen zentral, die über vertikale Politikstrukturen oder den geografischen Ort der Bildungsarbeit hinausgeht.
Emmerich (2016, S. 389) fasst diesen Unterschied treffend zusammen:

> So zielen „Regionalisierungsentwicklungen im Bildungssektor auf eine horizontale, das heißt systemübergreifende Relationierung schulischer (Einzelschule, Schulaufsicht) und außerschulischer Akteure und Akteursgruppen, die in der gesellschaftlichen Umwelt des staatlichen Schulwesens agieren. Handlungskoordinationen zwischen diesen Akteuren operieren folglich sektorenübergreifend, „intergouvernemental", entsprechende Akteurskonstellationen gestalten sich issue-orientiert und mit Fokus auf spezifizierte Problembezüge.

Trotz dieses Schwerpunktes macht die geschilderte Regionalisierungsentwicklung deutlich, dass die konstitutive politische Auseinandersetzung erst im Verhältnis zu den Bildungsstrukturen des Föderalismus verstanden werden kann.
Der letzte Satz im obigen Zitat beschreibt hier den Bedarf für die Konzeptualisierung eines Zwischenraums. Die sektorübergreifende Handlungskoordination gewinnt gerade dadurch als Steuerungs- und Einflussmöglichkeit an Bedeutung (oder wird gar selbst zum Kampffeld), dass regionale Programme überregional legitimiert und teilweise gesteuert werden. Es vermischt sich also die horizontale Ebene der Verhandlung innerhalb einer Region mit anderen Regionen und übergeordneten oder querlaufenden Handlungsbereichen. So bemühen sich viele Stiftungen darum, regionale Netzwerke [110] überregional zu vernetzen und verhandeln dementsprechend umfassende Zielvorstellungen und Akteurskonstellationen. Aber auch die bundespolitischen Regierungsinstanzen sehen in

---

[110] Bertelsmann-Stiftung, Körber-Stiftung, Böll-Stiftung, Kinder- und Jugendstiftung

Programmen wie *Lernen vor Ort* neue Möglichkeiten, durch die föderalen Strukturen hindurch und über das Kooperationsverbot hinweg Einfluss auf Bildungsprozesse an bestimmten Orten auszuüben.
Städte und Landkreise, in deren räumlichen Territorien Bildungslandschaften situiert sind, wähnen in Bildung ein neue hoheitliche Aufgabe und Gestaltungsmöglichkeit. Nicht zuletzt bringen sich in regionalen und überregionalen Regionalisierungsbewegungen auch nicht staatliche und nicht pädagogische Akteure in Position. Damit stehen nicht nur die Vertreter einer Politikebene untereinander in Konkurrenz- und Kooperationsverhältnissen, sondern suchen auch eine Nähe und Distanz zu den unter- oder übergeordneten Instanzen. Der Föderalismus ist damit für sich genommen von zahlreichen Kampffeldern geprägt, die miteinander um die Monopolisierung von Kontrollmacht konkurrieren und die die Regionalisierungsbewegung in kaum vorhersehbarer Weise mitprägen.
Die im Föderalismus gesetzte, inner-regionale und überregionale Differenzierung steht im Zusammenhang mit den Bildungslandschaften erneut zur Debatte. Tatsächlich formiert sich das Feld erst aus dieser Absicht neuer Grenzziehungen und Kreuzverbindungen heraus. Die oben vorgestellten bildungs- und regionalpolitischen Akteure plädieren für eine Orientierung an regionalen Bildungsbedarfen, seien es benachteiligte Gruppen oder wirtschaftliche Beschäftigungsbedarfe. Auch die Abgrenzung von Nachbarregionen steht auf der politischen Agenda der Städte und Kommunen und wird bundespolitisch gefördert. Dem BMBF etwa gilt „das Bildungsniveau der Bürgerinnen und Bürger [als ein] ein entscheidender Faktor für die wirtschaftliche und soziale Entwicklung des regionalen Standorts." (BMBF 2014).
Es findet hier also eine weitere Perspektivverschiebung hin zur Differenzierung von Regionen statt und damit eine relative Abkehr davon, dass

der Staat die Aufgabe hätte Gleichheit zu bewahren, also die Qualität und den Zugang zur Bildung von räumlichen Unterschieden zu entkoppeln.[111] Für die Bildungslandschaften-Debatte dagegen ist das Anliegen entscheidend, dass inter-regionale Unterschiede zusätzlich zu befördern seien. Diese Verschiebung stellt einen neuen regionalpolitischen Impuls für die Konkurrenz unter Regionen und für politische Allianzen innerhalb von Regionen dar.

Transversale Kooperation: Eine integrative Kooperationskultur?

In der Abgrenzung zwischen Regionen richtet sich die Bildungslandschaften-Debatte an vermeintlichen Spezifika der Region aus und schafft neue Kreuzverbindungen zwischen und innerhalb von Regionen. Auch diese Facette ist eine Parallele zwischen amerikanischen und deutschen Bildungslandschaften (vgl. Kap. 9).

So ist die Differenzierung nicht allein eine raumpolitische Folge von regional spezifischen oder föderalistisch strukturierten Auseinandersetzungen, nicht allein ein übergreifendes *Kraftfeld*. Sie ist auch eine zielorientierte Abgrenzung von Regionen untereinander, also ein Versuch, klar umgrenzte *Ackerfelder* zu schaffen. In diese Form der

---

[111] Im Spannungsverhältnis von Gleichheit und Differenz steht etwa das Raumordnungsgesetz (ROG), das nach § 1, Abs. 2 der „dauerhaften, großräumig ausgewogenen Ordnung mit gleichwertigen Lebensverhältnissen in den Teilräumen" verpflichtet ist (Hinweis von Emmerich 2016). Die Bildungslandschaften-Debatte scheint eine entwicklungsstrategische Abweichung von diesem Leitmotiv zu implizieren (vgl. Benz und Fürst 2003, S. 21). So wird in den einschlägigen Politikdokumenten argumentiert, dass die „Gleichwertigkeit der Lebensverhältnisse" durch „Entwicklung gleichwertiger, aber differenzierter Bildungslandschaften in den Bildungsregionen" (Kommission 1995, S. 288 f.; Hervorhebung vom Verfasser) garantiert sein sollte.

Regionalisierungsbewegung fließt also eine Charakterisierung und Problemanalyse der Region mit ein. Diese wird dann in den vorliegenden Konflikt- und Kooperationsbeziehungen – wenn auch nicht immer explizit und meist erst im Rückblick erkennbar – zur Grundlage gemacht. Innerhalb der Region findet folglich eine Auseinandersetzung darüber statt, was denn eigentlich die Region ausmacht. Wie diese Deutung jedoch artikuliert wird und ob sie die Prägung eines neuen Bildungsraumes beeinflusst, wurde nicht aus der dargestellten Genealogie ersichtlich (siehe dazu Kap. 11).

Damit liegt weiterhin die Frage auf der Hand, ob sich Bildungslandschaften durch eine neuartige Bildungsarbeit oder eine integrative Kooperationskultur auszeichnen. Die Antworten auf diese Frage sind in beide Richtungen offen: So lässt sich zu Gunsten der transformativen Potenziale einer Bildungslandschaft vorab sagen, dass sie tatsächlich eine potenzielle Gegenbewegung gegen die nationalstaatliche Verfasstheit und die globale Standardisierung darstellt und grundsätzlich Möglichkeiten der Vervielfältigung und Öffnung von Bildungsprozessen bietet. Mit Blick auf nicht berücksichtigte Konsequenzen und Risiken dieser Kooperationsprozessen bleibt jedoch unklar, welche staatliche oder nicht staatlichen Regierungsformen und Differenzierungs- oder Angleichungsprozesse stattdessen greifen und ob mit Bildungslandschaften als Regierungsform nicht ein neuer hegemonialer Standard etabliert wird.

Im Kontrast zu der amerikanischen Fallstudie scheinen die bundesdeutschen Kooperationsverbünde nicht primär auf ökonomischen Legitimationsmustern aufzusitzen. Sie verknüpfen auf mehrdeutige Weise staatliche, zivilgesellschaftliche und ökonomische Belange. In der Ausbalancierung dieser Belange scheinen in den letzten zehn Jahren aber ökonomische Legitimationsmuster an Bedeutung zu gewinnen. Dies geschieht nicht zuletzt im Zuge der internationalen und inter-regionaler Konkurrenz, unterfüttert durch ein seit etwa 2006 zunehmendes bildungsökonomisches Berichtwesen.

10.5 „Schule aus einer Hand"? Fünf Dimensionen transversaler Felder

Transversale Interdependenz: Eine Meta-Koordination?

Am Beispiel der Bildungslandschaften wurde deutlich wie unter regionalpolitischem und auch wissenschaftlichem Einfluss, mehrere Felder, Institutionen und Professionen auf Bildung einwirken, die meist nicht mit Bildung assoziiert werden. Diese Querverbindung von divergenten Feldern geht, wie auch in der nordkalifornischen Bildungslandschaft, mit einer Neuziehung räumlich-politischer Territorialgrenzen einher.
Eine beabsichtigte Folge sind neue Kreuzverbindungen zwischen Bildungsträgern und Unternehmen, staatlicher Bildung und Wirtschaftsförderung. Es sind nicht allein die Organe des Föderalstaates, die die Beziehung zwischen Bildungsträgern und Wirtschaftsakteuren verdichten wollen, sondern eben auch jene Bildungsträger und Wirtschaftsakteure selbst; Stiftungen, Forschungseinrichtungen, stadt- und regionalpolitische Organe und viele mehr.
Trotz der Komplexität dieser Interaktionen und Interventionen lässt sich dieser Prozess relativ eindeutig als Entgrenzungsprozess von Bildungsprozessen beschreiben. So ist die Ausrichtung von Bildungsarbeit an organisationsexternen, oft nicht pädagogischen Zielen, Anforderungen und Legitimationen das selbsterklärte Ziel der Regionalisierungsbefürworter. Im Kampffeld der Bildungslandschaften bemühen sich viele um eine steuerungspolitische Vision, um Bildungslandschaften eine eigene Denkweise und politische Struktur zu unterlegen. Zugleich aber wird die Autonomie etablierter Felder angefochten oder zumindest einer Art Meta-Koordination zugeführt.
Damit stehen zugleich Autonomieverluste für etablierte Felder und das Potenzial für neue politische Arenen auf dem Spiel. Zum Ersten birgt eine Bildungslandschaft etwa die steuerungspolitische Möglichkeit pädagogische und nicht pädagogische Aktivitäten stärker auf sektorübergreifende Problemlagen zu beziehen, wie es etwa die Rede vom demografischen Wandel nahelegt. Einigen Visionen der Bildungslandschaften-Debatte schwebt jenseits von steuerungspolitischen Logiken

sogar eine gemeinschaftliche Kohäsion vor. Sogenannte strukturschwache Orte sollen dann anlässlich einer pädagogisch-angestifteten Kooperation neu belebt werden können. Zum Zweiten hatte ich aber unter dem Stichwort der Kooperation auf die neuen Verhandlungszonen hingewiesen, die sich zwischen etablierten Feldern eröffnen können, wenn deren Koordination den einen oder anderen Akteuren als fruchtbare, politische Gelegenheit erscheint.

Mit der Errichtung von Bildungslandschaften geht also eine Ausprägung von intermediären Organisationen und Praktiken einher, die selber wieder Einfallstor für Interdependenzen darstellen, etwa für die Durchsetzung regionalökonomischer Interessen. Anders als in den USA können jene intermediären Organisationen in Deutschland auf ein breites Feld an Verbänden, Stiftungen und kommunalpolitischen Akteuren zurückgreifen, so dass die deutschen Intermediäre weniger sozialunternehmerisch geprägt sind als es in Nordkalifornien der Fall ist.

Transversale Verantwortungsbereiche: Aus der Region für die Region?

Wie nun ersichtlich, schafft die Bildungslandschaften-Debatte eine neue Topologie sozialer und physischer Nähe-und-Distanz Verhältnisse. Bildungsangebote sollen aus der Region für die Region gemacht werden. Diese innerregionalen Wechselspiele umfassen auf den zweiten Blick auch die Neu-Verteilung von Verantwortungsbereichen, eine Neu-Verteilung die zuvor im nordkalifornischen Fall besonders prägnant beobachtet werden konnte.

Sie umfasst auch zukünftige Gemeinschaften und Gesellschaften, die im Begriff der Bildung mitgedacht werden, während unter Umständen, benachbarte Gruppierungen und Bezirke aus dem Blick geraten, wie in der Region San Francisco deutlich geworden ist. Der zuletzt herausgestellte Entgrenzungsprozess hat Auswirkungen auf die pädagogischen Relevanzsetzungen, die zuvor stärker als Kompetenz- und

Zuständigkeitsbereiche von Pädagoginnen und pädagogischen Institutionen gesehen wurden. Zwar zeigen sich in regionalen Bildungsprozessen immer noch neue und alte pädagogische Gruppen als zentrale Akteure, doch wird insbesondere die Erarbeitung von pädagogischen Schwerpunkten in Kooperation mit anderen getroffen. Es eröffnen sich vielfache Zwischenräume, in denen pädagogische Entscheidungen mit nicht pädagogischen Relevanzkriterien konfrontiert werden.

Im Hinblick auf die Zukunftsorientierung weiten sich die zeitlichen und räumlichen Verantwortungsverhältnisse – Birnbacher (1988, 2003) spricht hier im Anschluss an Hans Jonas von Fernverantwortung und Fernethik. Über Bildung und Wirtschaft hinweg wird sowohl die Integration von gesellschaftlichen Funktionsbereichen als auch von Interaktionsverhältnissen entlang von territorialen Naheverhältnissen angestrebt. Sowohl die Interdependenz als auch die Steuerung und Vernetzung von Akteuren und Systemleistungen in Wirtschaft und Bildung werden als regionale Bündel verstanden und als solche verknüpft.

Die Verantwortung für Andere steht folglich eher im Lichte von räumlichen Näheverhältnissen. Es entsteht eine eingebauter Vorrang für Bedürfnisse, die von regionalen Gruppen geäußert oder vertreten werden, auf Kosten solcher Bedürfnisse, die nicht interessenspolitisch vertreten werden oder sichtbar gemacht werden können. Das Urteil über den pädagogischen und gesellschaftlichen Wert der Bildungsarbeit, etwa die Frage welche Wissensformen als allgemeingültig und zukunftsrelevant gelten, findet damit innerhalb neuer räumlicher Grenzziehungen statt. Neben dem Verlust an Aufmerksamkeit für distanzierte Bildungsbelange geht andererseits eine erhöhte Aufmerksamkeit für innerregionale Machtverhältnisse einher.

Das birgt einerseits das Versprechen auf eine stärkere sektorübergreifende Vergemeinschaftung und vergemeinschaftet andererseits die Qualität der Bildungsarbeit, so dass pädagogische Entscheidungen sich nicht allein an föderalistisch oder professionell verfassten Kriterien bemessen, sondern auch gegenüber Kommunen, regionaler Zivilgesellschaft und Wirtschaft vertreten werden müssen. Ein wesentlicher Unterschied zwischen deutschen und nordkalifornischen Bildungslandschaften ist allerdings, dass die Neu-Verteilung von Verantwortung weniger prägnant auf dem transaktionalen Verhältnis von Bildungsangebot und -nachfrage aufsitzt. Der Fachkräftemangel wirkt weniger buchstäblich auf die moralische Struktur von Bildungslandschaften zurück als es in Nordkalifornien der Fall ist. Stein des Anstoßes für deutsche Bildungslandschaften ist nicht das Verhältnis von Arbeitgeberin und Arbeitnehmerin, das in den USA weniger korporatistisch und sozialpartnerschaftlich eingebettet ist. Der Kampf um Steuerungshoheit und Verantwortlichkeit entfacht sich vielmehr zwischen den bildungsföderalistischen Ebenen von Bund, Ländern und Kommunen.

Transversale Steuerungsoptik: Ein „konfliktfreie(s) Zusammenspiel"?

Eine weitere diskursive Bewegung, die allen zitierten Dokumenten eigen ist, lässt sich als Verräumlichung der Sozialpolitik fassen (Barlösius 2009; Kaufmann 2005; Reutlinger 2011). Das betrifft den Steuerungsgegenstand, die Steuerungsperspektive und das Steuerungsterritorium. Als Steuerungsgegenstand werden in einem Atemzug auch Bildungsbiografien und inter-organisationale Verhältnisse aufgegriffen. Im wörtlichen Sinn werden Bildungswegen zwischen mehr oder weniger vernetzten Organisationen umorganisiert. Der Landschaftsbegriff trianguliert dann zugleich die individuelle Perspektive und die Systemperspektive.
Dieser Gegenstand ist eng an eine bestimmte Optik gebunden. Insbesondere die Landschafts-Metapher, wie Reutlinger (2011, S. 54) treffend analysiert, suggeriert einen Blick von oben und ein „konfliktfreie(s) Zusammenspiel", ein Zusammenspiel das gerade dann mitsamt seiner Konflikte in den Blick kommt, wenn die Definition der Region auch als

10.5 „Schule aus einer Hand"? Fünf Dimensionen transversaler Felder

politischer Aushandlungsprozess untersucht wird (ähnlich dazu Kaufmann 2005). Aber auch innerhalb der evozierten Bildungslandschaften trifft der Versuch der Regionalisierung nicht immer auf Zustimmung, wie auch praxisnahe Publikationen[112] immer wieder anerkennen ohne dieser Tatsache weiter auf den Grund zu gehen. Insbesondere der Landschaftsbegriff wird oft aus einer umfassenden Gestaltungsabsicht heraus benutzt, aus dem Wunsch heraus die *Schule aus einer Hand* zu schaffen. Damit wird die innere Organisation und äußere Öffnung von Bildungsorganisationen zur Debatte gestellt und der Sprecher selbst positioniert sich als plausible Deutungsmacht, als kompetenter Architekt und als legitimer Verwalter. Bildungslandschaften erscheinen dann als Raum-Container mit eigener Realität.

Als Perspektivwechsel gilt es Bildungslandschaften als Topologie zu begreifen, die nicht flach ist und von oben betrachtet und gesteuert werden kann. Vielmehr entstehen Bildungslandschaften – sozusagen von mitten drin betrachtet – in der wechselseitige Beobachtungen und Auseinandersetzung der beteiligten Akteure. Diese Auseinandersetzung konnte anders als im nordkalifornischen Fall noch nicht skizziert werden.

Im Folgekapitel kommen daher die zuvor eruierten Idealtypen zur Geltung, um die nun historisierte Bildungslandschaften-Debatte um zwei Einsichten zu ergänzen: Erstens entsprechen keineswegs alle Entwicklungstendenzen dem Bild einer holistischen, sondern vielmehr einer

---

[112] Das betrifft etwa den Integrationsgedanken, wie er bei Baumheier und Warsewa (2009) zur Sprache kommt. Dieser zeichnet sich durch die Absicht aus „die alleinige Zuständigkeit einzelner Institutionen zu überwinden [...]. Viele Beteiligte sehen die Gefahr, ihre Eigenständigkeit und originären Kompetenzen zu verlieren. Derartige Bedenken sind verständlich, doch zeigen erste Praxiserfahrungen [...], dass sich durchaus eine funktionierende Balance zwischen institutioneller Eigenständigkeit und enger Abstimmung zwischen verschiedenen Institutionen herstellen lässt" (Baumheier und Warsewa 2009, S. 24).

fragmentarischen Landschaft. Zweitens streiten diverse Initiativen um die strukturelle Gestaltung von Bildungslandschaften. Sie konkurrieren, wie auch in Nordkalifornien (vgl. Kap. 8), um die institutionelle Auslegung von holistischen und/oder fragmentarischen Zwischenräumen.

11. „Strukturitis" oder „Projektitis"? Internal Governance Units in deutschen Bildungslandschaften

Die grundlegenden Motive der Debatte um Bildungslandschaften konnten sich in der frühen Bundesrepublik nicht vollends entfalten. Der Schaffung entsprechender Rahmenbedingungen widmen sich aktuell bildungs- und regionalpolitischen Allianzen, von denen einige bereits zur Sprache kamen; sei es das *zdi* in NRW, die *Körber-Stiftung* in Hamburg oder die *Kinder- und Jugendstiftung*. In ihrer Position zwischen Bildungsorganisationen und Wirtschaftsregionen versuchen diese und andere Akteure, Bildungslandschaften gemäß ihrer jeweiligen Strukturvorstellungen hervorzubringen und sich selbst als koordinierende Schnittstellen zu positionieren.

Ähnlich wie die Bildungsallianzen in der amerikanischen Fallstudie lassen sich auch diese Akteursgruppen als *Internal Governance Units* (IGU) beschreiben (Fligstein und McAdam 2012, S. 13). Um die sozialen und räumlichen Einheiten einer Bildungslandschaft als solche zu legitimieren und zu koordinieren, können jene IGUs auf die zuletzt rekonstruierten Politikmotive zurückgreifen. Sie sind in weiten Teilen jedoch selbst gefordert, diese Motive institutionelle Wirklichkeit werden zu lassen. Diese Institutionalisierung, in der Bildungslandschaften als Kampf- und Kraftfeld greifbar werden, wird nun dargestellt.

Teil der steuerungspraktischen Grundlegung von Bildungslandschaften ist es, eine politische Übereinstimmung darüber zu schaffen, dass Regionen geeignete Räume für bildungspolitische Entscheidungsfindung sind. Aktuell scheint diese Grundlage auf Basis der bundesdeutschen Debatte über Bildungslandschaften bereits relativ weit gediehen. Jedoch muss die voraussetzungsreiche und aufwändige Regionalisierung von politischer Verantwortung erst auf entsprechende Interessenskonstellationen, Kosten-Nutzen-Abwägungen und Gelegenheitsfenster stoßen; diese Strukturbedingungen können intermediäre Akteursgruppen durchaus mitprägen, sie sind selbst aber auch von ihnen abhängig und geraten inmitten von divergenten Bildungsbelangen in schwierige Zwischenpositionen. Überdies wurden Bildungslandschaften bereits in manchen Regionen – in NRW, aber beispielsweise auch in München – schon früh als politisch relativ selbstverständliche Strukturgrößen und als relativ begrenzte Territorien etabliert. In anderen Regionen aber wird diese raumpolitische Grundlegung erst noch geleistet. Um auch hier Bildungslandschaften zu etablieren, müssten bildungspolitische Steuerungseinheit und territoriale Grenzen geschaffen und regionale Allianzen gefunden werden – gegebenenfalls auf Kosten anderer Bildungsbelange.

Schon im vorigen Kapitel wurde gefragt, wer den Zwischenraum von Bildung und Wirtschaft auf regionalpolitischer Ebene bestimmt. Die entscheidende Erkenntnis des folgenden Kapitels liegt darin, dass unter den Internal Governance Units (IGU) der deutschen Bildungslandschaften sehr unterschiedliche Vorstellungen kursieren (vgl. Kap. 8; Fligstein und McAdam 2012, S. 13). Auf Basis des zuvor erarbeiteten theoretischen Modells wird eine systematische Diskussionsweise vorgeschlagen, die die Strategien und die strukturierende Wirkung von intermediären Organisationen begreifbar macht und sie kartiert. Handlungsempfehlungen oder Prognosen lassen sich daraus nicht ableiten. Wohl aber sollen die Darstellungen der aktuellen politischen Landschaft und die konzeptuellen Einordnungsversuche einen Grundstein dafür liefern, die kontroversen Strukturvorstellungen expliziter zu diskutieren. Im Schlussteil der Arbeit wird im Anschluss an die Befunde eine gesellschaftspolitische Kritik formuliert, um auch die blinden Flecken herauszuarbeiten, die sich aus den kontroversen Strukturvorstellungen ergeben (siehe Kap. 17).

11.1 Divergente Strukturvorstellungen in „MINT-Regionen"

Die Argumentationsgrundlage des folgenden Kapitels ist theoretisch und empirisch. Es greift auf die theoretischen Vorarbeiten zurück, in denen die Debatte um und der Gegenstand der Bildungslandschaften zunächst mit drei Feldmetaphern (Kap. 3) und dann mittels einer assemblagetheoretischen Nuancierung diskutiert wurde (Kap. 4).

Die empirische Datengrundlage besteht aus einer teilnehmenden Beobachtung auf einem bundesweiten Treffen der sogenannten MINT-Regionen und aus sieben Interviews mit einschlägigen Stiftungen, Verbänden und Vereinen. Diese Interviews wurden transkribiert und in ausgewählten Passagen mittels einer hermeneutischen Feinstrukturanalyse und mithilfe von Interpretationsgruppen ausgewertet (Lueger 2010, S. 188 f.). In Ermangelung tiefergehender Analysen kann ihre Untersuchung nicht als umfassende Feldanalyse gelten, wie sie am Fall San Francisco (Fallstudie I) durchgeführt wurde. Vorgelegt werden vielmehr eine deskriptive Kartierung und eine idealtypische Einordnung der in der Bildungslandschaften-Debatte tätigen Koordinationsakteure. Dazu wurden sechs Organisationen als beispielhaft für die eine oder andere Entwicklungsfigur ausgewählt:

- Zukunft durch Innovation (zdi) *als IGU einer Pyramide*
- die Körber-Stiftung *als IGU einer Pyramide*
- das Haus der kleinen Forscher *als IGU einer Pyramide*
- die Kinder- und Jugendstiftung *als IGU eines Mosaiks*
- das Programm „Lernen Vorort" des Bundesministeriums für Bildung und Forschung (BMBF) *als IGU eines Mosaiks*
- und die Bildungsgenossenschaft Lippe *als IGU eines Mosaiks*

Mit Ausnahme der letztgenannten Organisation habe ich mit diesen Initiativen jeweils ein Interview geführt und mehrere der von ihnen herausgegebenen Dokumente analysiert. Die Bildungsgenossenschaft Lippe wurde nicht befragt, wird aber dennoch hinzugezogen, um eine weitere Spielart zu illustrieren, wenn auch in weniger großem Detaillierungsgrad.

Das Kapitel ist wie folgt aufgebaut: Erstens wird plausibilisiert, inwiefern man von mehreren Strukturvorstellungen sprechen kann. In einer Podiumsdiskussion auf dem erwähnten bundesweiten Treffen der sogenannten MINT-Regionen erörterten einige, vom Veranstalter als Experten befragte Akteure die optimale sozialräumliche Strukturierung und kommunalpolitische Angliederung von regionaler Bildung. Diese Diskussion wird in einer feldsoziologischen Systematik präsentiert.

Zweitens gehe ich auf Basis von qualitativen Interviews und Dokumentenanalysen auf die von den IGUs geäußerten Präferenzen ein und zeige, welche Initiativen an welchem Strukturierungstypus arbeiten. Den Abschluss macht eine Einordnung der Befunde in die Arbeit als Ganzes und ein Ausblick auf die Rolle von Bildungsorganisationen inmitten von entsprechend strukturierten regionalen Arrangements.

11.1 Divergente Strukturvorstellungen in „MINT-Regionen"

Die vorigen Überlegungen zum Fachkräftemangel, zur Wissensgesellschaft und zur Feldtheorie (Kap. 2-4) haben nicht nur mehrere Raumbilder aufgezeigt, sondern eine gewisse Überlagerung dieser Raumbilder. Gerade in der Debatte um die sogenannte Wissensgesellschaft wird Bildung als Gegenstand und Antrieb von postindustriellen Produktionsweisen, Fähigkeitsanforderungen und Governance-Schemata in Position gebracht wird und eher als fragmentarisch und transformativ beschrieben.

Jedoch hat das letzte Kapitel gezeigt, dass der Föderalismus – also in dem Sinne auch *gestapelte Hierarchien* – eine der wesentlichen Grundlagen für die Bildungslandschaften-Debatte ist. Die doppelte Logik von Fragmentierung und Defragmentierung prägt auch die Bildungsdebatten in den USA, wie die Fallstudie I herausgestellt hat, so dass sich eine internationale Vergleichsperspektive ergibt: Analog zu den Balancierungsversuchen der bundesdeutschen Bildungsdebatte zwischen Benachteiligung

11.1 Divergente Strukturvorstellungen in „MINT-Regionen" 357

und Beschäftigung, Schulautonomie und Territorialisierung, Autonomie und „Accountability" wird auch in den USA zugleich von öffentlichen und privaten Bildungsinstitutionen gesprochen; von einer humanistischen Haltung und beschäftigungsrelevanten Skills; von globalen Wissensarbeitern und klassischem Handwerk, von nationalstaatlicher Intervention und multinationalen Unternehmen.

Wie prägen diese divergenten Strukturvorstellungen die Institutionalisierung der deutschen Bildungslandschaften? Auch unter den oben aufgeführten IGUs kursieren gleich mehrere Raumbegriffe. Bildungslandschaften gelten mal als *ganzheitlich*, mal als vielfältig gebrochen. Dass diese räumliche Vielfalt auch praktisch relevant und politisch kontrovers ist, zeigt sich beispielhaft in der Diskussion der oben genannten Akteure auf einer Veranstaltung der *Körber-Stiftung*.

Hier diskutieren die Teilnehmer eine „Projektitis" von unkoordinierten regionalen Bildungsvorhaben, andere sehen eine „Mergerisierung". Dritte beklagen gar eine „Strukturitis", in der eine administrative Bündelung und von regionalen Bildungsprojekten Überhand nimmt:

> **Moderatorin:** Nun sollen Netzwerke eigentlich helfen, Parallelstrukturen zu vermeiden. Droht uns nach der Projekteritis jetzt die Netzwerkeritis?
> **A.:** Anfang 2011 gingen wir von 100 bis 150 regionalen Netzwerken aus. Dann 800 und dann 1100. Da gibt es aber auch eine Mergerisierung, etwa in Stuttgart gerade und vor etlichen Jahren in Nürnberg. Es gibt also eine stärkere Tendenz Cluster zu bilden, auch weil es Thema des Regionalmarketings entdeckt wurde.
> **B.:** Wir haben eher eine Strukturitis. Wir sind über das Sterben der Projekte hinaus. Die Frage ist eher, wie kann ich eine MINT-Region aufbauen? Das kann immer nur ein Kreis oder eine kreisfreie Stadt sein. Siehe auch Veröffentlichungen des Landkreistages. Hier geht es nicht mehr um Projekte, sondern die Frage ist, wie Strukturen aufgebaut werden.[113]

---

[113] Die hier verwendeten alphabetischen Referenzen beziehen sich nur auf zitierte Sprecher und Sprecherinnen innerhalb dieses Kapitels. Spätere Kapitel fangen je-

In der einen Optik, der „Strukturitis", rücken vornehmlich Kontinuitäten und containerhafte Raumvorstellungen in den Vordergrund; man will „Parallelstrukturen vermeiden", Cluster schaffen und sie stärker als bislang im Rahmen von Regionalmarketing oder kommunalpolitischen Strukturen vereinheitlichen. Analog dazu fällt in der Ideengeschichte der Bildungslandschaft oft das Stichwort der Ganzheitlichkeit.

Häufig wird eine ganzheitliche Perspektive implizit oder explizit einem Gegenbegriff gegenübergestellt: der Vorstellung einer regionalen Bildung als „Stückwerk[s]" etwa (Rolff 2014, S. 6). Und auch in dem Diskussionsausschnitt werden „Projektitis" und „Strukturitis" als pathologische Situationen skizziert, die beide nicht wünschbar sind, so dass sich wiederum einen Balanceakt aufdrängt: Ganzheitlich organisierte Bildungslandschaften würden in der Doppelführung von Schulautonomie und Territorialisierung, Autonomie und „Accountability" zu einer regionalen Vereinheitlichung tendieren.

Eine „Strukturitis" allerdings würde diese Bündelung übertreiben, auf Kosten der zuvor eruierten Balancierung von divergenten Zielhorizonten. „Stückwerk" dagegen würde bedeuten, dass Bildungsorganisationen zwar vernetzt werden, aber ihre Autonomie bewahren können – auf die Gefahr hin, dass die Autonomie von lokalen Bildungsvorhaben zu einer Verinselung führt und in eine regionale „Projektitis" mündet. Dieser Spekulation folgend prägen die divergenten Strukturvorstellungen eine pejorative Gegenüberstellung in der Praxis. Diese Gegenüberstellung veranlasst die IGUs der deutschen Bildungslandschaften scheinbar zu einer Stellungnahme.

---

weils neu mit der Zählung an, weil sie auf ein anderes Set an Interviewpartnern rekurrieren.

11.1 Divergente Strukturvorstellungen in „MINT-Regionen"

Umso näher liegt wiederum der Grundgedanke dieser Arbeit: Die Konfliktträchtigkeit und der institutionelle Graubereich zwischen holistischen und fragmentarischen Bildungsräumen scheint im Zentrum und doch im Abseits der Bildungslandschaften-Debatte zu stehen und sich implizit auf Regionalisierungs- und Ökonomisierungsprozesse auszuwirken. Auch innerhalb der Bildungslandschaften-Debatte also würde eine Untersuchung von divergenten Strukturvorstellungen helfen, um die Übergänge und Brüche deutlicher herauszustellen, durch die Bildungsorganisationen ökonomisch eingebettet werden.

Gerade der Vergleich mit US-amerikanischen Verhältnissen stellt heraus, wie die in der „Projektitis" angedeuteten fragmentierten Räume mit anderen Formationen interagieren können: Besonders im Falle des amerikanischen Föderalismus lassen sich Bildungssysteme nicht allein als relativ autonome Handlungsfelder, sondern auch als sehr fragmentiert beschreiben (Mehta 2013). Gerade auf lokaler Ebene, die mit der Etablierung von regionalen Bildungslandschaften umso bedeutender wird, hatte in den USA eine nationalstaatliche Zentralisierungswelle und die Schulfinanzierung über die Länder hinweg eine Fragmentierung der schulischen Organisationsumwelt zur Folge (Meyer, Scott und Strang 1987). Weiterhin wird am US-Amerikanischen Bildungssystem deutlich, dass trotz der spannungsreichen Fragmentierung eine kulturelle Angleichung entstehen kann, so dass regionale Unterschiede letztlich doch geringer sind als es aus steuerungspolitischer Sicht zu erwarten wäre (Meyer 1979). Dass derlei fragmentierte Strukturen im Rahmen von Ökonomisierungsprozessen nichtsdestotrotz eine große Wirkung entfalten, hat die amerikanische Fallstudie in dieser Arbeit ebenso aufgezeigt: Auch ein Mosaik im Zwischenraum von Bildungsorganisation und Wirtschaftsregion kann dazu führen, dass ökonomische Legitimationsschemata in Bildungsprozesse hineingetragen werden.

Trotz der bildungs- und steuerungspraktisch sehr folgenreichen Parallelführung von Zentralisierung und Fragmentierung wird dieses Spannungsverhältnis selten in seinen institutionellen Grundlagen thematisiert. Die oben angerissene und unten fortgeführte Praxisdiskussion ist eine Gelegenheit dieses Versäumnis nachzuholen. An diesem Beispiel kann man dem Denkschema von fragmentierten Bildungsräumen auch in Deutschland nachgehen und Vergleichsperspektiven eröffnen. Das ist umso naheliegender, da im ersten Kapitel der Fallstudie (Kap. 10) ebenfalls eine lose Strukturierung herausgestellt wurde und da die illustrierte Diskussion über „Projektitis" und „Strukturitis" ein relativ starkes Problembewusstsein unter den bildungs- und steuerungspraktischen Akteuren andeutet. Kristallisiert sich in dieser Diskussion doch eine zentrale Schwierigkeit heraus, die in den Mischverhältnissen von ökonomischen und pädagogischen Referenzen deutlich wird: die Koexistenz von zwei Raumbildern, der monolithischen Welt der Modernisierung einerseits und den fragmentierten Wissensgesellschaften andererseits.

Um „Strukturitis" und „Projektitis" in diesem größeren Diskursrahmen zusammenzudenken kann man konzeptuell auf die Denkbilder von Pyramiden und Mosaiken zurückgreifen, die seit Alain Touraine auch die Debatte um die sogenannte Wissensgesellschaft prägen und die hier zum Entwurf von feldsoziologischen Szenarien genutzt wurden (vgl. Kap. 4). Bei genauerem Hinsehen betrifft die Gleichzeitigkeit von Pyramide und Mosaik auch die im vorigen Kapitel eruierte Bildungslandschaften-Debatte; in praktischer Sprache: „Strukturitis" und „Projektitis". Ausschlaggebend ist in diesen Aspekten jeweils die Bewahrung der Autonomie des Feldes einerseits (Pyramide) und die Ergänzung um heterogene Erwartungskontexte andererseits (Mosaik):

- So wird die Autonomie der Bildung gegenüber ökonomischen Entwicklungszielen zwar gemindert und vielfältige Wechselbezüge werden geschaffen (Mosaik). Zugleich aber wird die „accountability", d.h. die Verantwortlichkeit von Bildungsorganisationen und -professionen im Hinblick auf pädagogische Leistungen und sozialökonomische Ungleichheiten aufrechterhalten (Pyramide).
- Auch sollen individualisierte Bildungswege erleichtert und die Eigenarten einzelner Bildungsträger verknüpft werden (Mosaik). Dies

soll aber geschehen, indem die Flexibilität von Bildungswegen durch neue Steuerungsagenturen standardisiert wird (Pyramide).
- Bildungsziele sollen durch zusätzliche Erwartungen ergänzt werden, so dass nichtpädagogische Bildungsanliegen in die Arbeit aufgenommen werden können (Mosaik). Weiterhin bleibt der Bildungsauftrag der Schulen und Lehrer aber aufrechterhalten (Pyramide).

Aktuell spiegeln sich beide Modelle, Pyramide und Mosaik, darin, dass die hierarchische Steuerungseinheit einer „Strukturitis" und die heterarchisch-kollaborative Allianzen einer „Projektitis" kontrovers diskutiert werden. Zu einer systematischen Darstellung dieser Kontroverse eignet sich der bereits angewandte Begriff der transversalen Felder (Kap. 4). Entsprechend lautet die nun zentrale These: In transversalen Feldern arbeiten Akteure daran, unterschiedlich heterogene und fluide Strukturierungen hervorzubringen und gegenläufige Handlungsräume zu verknüpfen.

In der Folge wird also gezeigt, dass die zuvor eruierten Raumvorstellungen ganz praktisch auf einschlägige Initiativen einwirken und von diesen ausgedeutet werden. Es wird zunächst herausgearbeitet, wie Bildungsallianzen auf einer Veranstaltung der *Körber-Stiftung*, divergente Vorstellungen zur Sprache bringen.

Ackerfeld: Praxisdiskussion um Monopolisierung

Im Begriff des *Ackerfeldes* lässt sich zum Ersten die Monopolisierung von Steuerungsmacht als symbolisch-materielle Kopplung denken: Bestimmte Steuerungsideen setzen sich in den institutionellen Verhältnissen durch und begründen so ein Territorium.

Demgemäß wurde in der Bildungslandschaften-Debatte eine steuerungspolitische Leerstelle konstruiert, eine Position um die sich vorwiegend Städte und Kommunen bemühten. Die feldsoziologische Terminologie erlaubt einen breiten Blick auf mehrere Debatten – hier etwa: kommunale Bildungslandschaften *und* MINT-Regionen, Hochschul- *und* Schulpolitik. Die Frage nach Vielfalt und Einheit der Sprech- und Arbeitsweisen wird auch in einschlägigen Szenen diskutiert, wie das Treffen der bundesdeutschen MINT-Regionen weiter deutlich macht. So schildert C. mehrere Entwicklungen zugleich.

> **Moderatorin:** Im Bildungsbereich ist viel entstanden, die Stichworte sind kommunale Bildungslandschaften, Bildungsregionen, etc. Herr C., wie ordnen sie das ein?
> **C.:** Gar nicht so einfach zu beantworten. Es gibt ganz viele Schnittmengen, von den Strukturen und Funktionsweisen her. Eine Kommunale Bildunglandschaft denken wir, nicht nur weil wir der Verband der Kreise sind – von der Kommune ausgehend – der Daten eingibt, der Management in der Kommune betreibt. Wir denken da vom Thema und von ein, zwei Initiatoren ausgehend und da ist eine Kommune ein Akteur unter mehreren. Da gibt es unterschiedliche Denkweisen, aber im Großen und Ganzen funktioniert das sehr ähnlich. Gerade weil sich Kommunen auf den Weg gemacht haben, kommunale Bildungslandschaften zu gestalten. Und dann aus der Wirtschaft [...] ein MINT-Netzwerk sich bildet, dass auch sinnvoll sein muss. Das ist nicht so einfach [...] Es gibt viele Schnittmengen, aber auch die Notwendigkeit sich zusammenzuraufen [...], aber mir ist noch nicht zu Ohren gekommen, dass es da Konflikte gibt [...].

C. deutet hier an, wie sogenannte *kommunale Bildungslandschaften* eher an die Kommune gebunden sind, während andere, von der Moderatorin als *Bildungsregionen* bezeichnete Entwicklungen zwar „Schnittmengen" aufweisen, aber anders strukturiert seien und – wie er andeutet – durchaus Konfliktpotenzial mit erstgenannter Entwicklung haben. Das betrifft auch die Auseinandersetzung innerhalb von Regionen wie ein Kommentar aus dem Plenum anmerkt. An ein bestimmtes „regionales Netzwerk" gewandt, wirft er eine Frage auf:

> **D.:** Sie haben ein hochinteressantes Beispiel gemacht, irgendwie waren wir gärtnerisch tätig. Wir hatten mehrere Parallelangebote gehabt und da haben sie gesagt, Schluss jetzt mit dem Durcheinander. Eins und zwar dieses! Und das scheint völlig konfliktfrei gewesen zu sein! (Lachen) Das kann ich mir ehrlich gesagt gar nicht vorstellen. Das ist ja eine traumhafte Situation wenn man das hinkriegt, aber wie schafft man das, ohne die andere zu verprellen. Wie hält man die anderen, die dann nicht mehr vorkommen, bei Laune?

11.1 Divergente Strukturvorstellungen in „MINT-Regionen" 363

Die Antwort auf diesen provokanten Einwurf liest sich als Plädoyer für klare Linien und freiwillige Engagement aller Beteiligten. Die Position des Koordinators scheint dann gewissermaßen „zwischen den Stühlen" zu liegen:

> B.: Wenn man ehrlich mal herumfragt, sagen die alle – z. B. letzte Woche noch – alle sind froh, wenn man sich irgendwie auch einigen kann. Es ist uns durchaus bewusst, dass wir uns vorwerfen lassen müssen, ihr schließt dann alle anderen aus. Das kann durchaus als Argument kommen und das finde ich auch bedenkenswert. Auf der anderen Seite, wir können keinem etwas vorschreiben. Wir müssen ja überzeugen! Das ist auch das zwischen den Stühlen sitzen. Keiner muss mit uns zusammenarbeiten. Man kann jederzeit aufhören.

Die Diskutanten eruieren hier also, wie vielfältig die Bildungsanliegen vor Ort sind und suchen nach Koordinationsstrategien, um diese Anliegen zu vereinen oder gar zu vereinheitlichen. Die hier diskutierte Entwicklung, weg von einer Strukturvielfalt hin zu steuerungspolitischen Monopolen, kann als ein vielbezüglicher, möglicherweise konfliktträchtiger Prozess betrachtet werden. Die Bezugspunkte und die Steuerungsmächte, die diese Konflikte prägen, können mehr oder weniger uniform sein und darin sogar auf Konkurrenz um knappe Güter hinauslaufen; nicht zuletzt auf die Konkurrenz um die Steuerungsmacht selbst.

Diese Auseinandersetzungen lassen sich nicht allein als Kampffeld und Kraftfeld auffassen, sondern auch als Territorialisierung bzw. De-Territorialisierung. So ist die Bildungslandschaft, dem Denkbild eines landwirtschaftlichen Ackerfelds entsprechend, mehr oder weniger abgegrenzt und gleichförmig.

Kraftfeld: Praxisdiskussion um Strukturkontexte

Als *Kraftfeld* stellen die Kommunen zum Zweiten eine Verbindung zwischen ‚ihrer' Bildungslandschaft und umfassenden Kräfteverhältnissen, Krisengebieten und politischen Trends her. So wird eine große Zahl an unterschiedlichen Missständen erhoben und aufeinander bezogen. Ferner werden bestehende Erhebungen neuinterpretiert, seien es die PISA-Studien oder andere Daten der Sozial- und Wirtschaftspolitik. Dank einer Quantifizierung einzelner Bildungsleistungen wird daraufhin ein Zusammenhang von Bildungsbedürfnissen und -leistungen ersichtlich, der zuvor noch nicht Gegenstand politischer Auseinandersetzungen war.

Eine regionale Bildungsarbeit ist zwangsläufig bereits in eine Vielzahl sozioökonomischer und territorialer Kausalitätsbedingungen und Effekte verstrickt. Beispielsweise entfacht sich in der zitierten Podiumsdiskussion ein Gespräch über die zentrale Verwaltung von Bildungslandschaften durch Akteure, die dem einen oder anderen Sektor angehören. So stellt C. die oben erwähnte Bildungsgenossenschaft in Lippe als ein besonders ortsspezifisches Modell heraus – „man kann es nicht übertragen". Daraufhin spricht sich ein Anderer für eine relativ starke Standardisierung verschiedener Orte aus und verweist auf ein entsprechendes anderes Beispiel – und zwar das relativ vereinheitlichte Modell der nordrhein-westfälischen *Initiative Zukunft durch Innovation* (zdi):

> **B:** [...] Sie haben recht, es gibt keine Pauschallösungen. Der große Erfolg der zdi-Perspektive liegt darin, dass sie uns ein Ziel vorschreibt, wie und wer das organisiert. Wenn wir aber nicht nur Teilprojekte koordinieren, sondern die ganze Bildungskette in den Blick nehmen, dann ist trotzdem die unmittelbare Beteiligung der Kommunen eine zentrale Voraussetzung für eine funktionierende und gelingende MINT-Region.

An anderer Stelle fährt B. fort, dass „wir uns im Schulsystem bewegen" und der Bildungsföderalismus eine landespolitische Zuordnung regionaler Netzwerke bewirkt. Aber, wendet er ein, „als Erfüllungsgehilfen für die Länderpolitik geht es auch nicht". Im Angesicht der vielfältigen Anordnung, die der Sprecher hier abwägt, kann man sich damit dann eine Vielzahl an institutionellen Dynamiken und Entwicklungsfiguren vorstellen, die die Bildungslandschaft hervorbringen.

Die Kraftfeld-Metapher macht klar, dass es sich nicht nur um intentionale und monokausale, sondern um unbeabsichtigte Folgeerscheinungen und feldübergreifende Effekte handelt, hier etwa angesprochen in der präexistenten, föderalistischen Struktur. Innerhalb von Regionen ergeben sich sozusagen Schneeballeffekte oder Ausstrahlungswirkungen und dementsprechend unterschiedliche Organisationsformen.

In einer jüngeren Evaluation (Rolff 2014, S. 57 f.) der nordrhein-westfälischen Initiative zdi etwa wird eine Alternative zwischen dem „Aquarium-Modell" und dem „Satellitenmodell" angesprochen; Während Ersteres die Bildungslandschaft als nach außen und innen transparente, abgegrenzte und kontrollierte Umgebung imaginiert, suggeriert das Satellitenmodell eine zentralisierte Koordination von lose gekoppelten Mikrokosmen. So sie denn als Einheit fungieren und steuerbar sind, beruhen beide Modelle auf unterschiedlichen Strategien darüber, wie das Bildungsmanagement expandiert und stabilisiert werden kann.

Kampffeld: Praxisdiskussion um Koordinationsprinzipien

Zum Dritten ist die Auseinandersetzung der Akteure im Sinne eines *Kampffeldes* reguliert – und zwar dadurch, dass das institutionelle Verhältnis von Bildungsorganisationen und Wirtschaftsregionen von bestimmten Steuerungsideen und -regeln bestimmt ist. Die empirischen Einblicke stellen klar heraus, dass Bildungslandschaften in ihrem tatsächlichen Entstehen nicht im Sinne eines sozialen Vertrages oder eines gesellschaftspolitischen oder pädagogischen Konzeptes verstanden werden können. Es handelt sich vielmehr um ein Feld der Auseinandersetzung, in dem die Organisation, Bewertung, Klassifizierung und Konzeptualisierung einer regionalen Bildung selbst zum Streitgegenstand geworden ist. Auf dem bundesweiten Treffen der sogenannten MINT-Regionen diskutierten einige, vom Veranstalter als Experten befragte Akteure über die optimale, kommunalpolitische Angliederung. Die „Projektitis" von unkoordinierten regionalen Netzwerken wurde hier einer „Mergerisierung" und sogar einer „Strukturitis" gegenüber gestellt. Als Feld verstanden lassen sich innerhalb der Bildungslandschaften also widersprüchliche Trends identifizieren, die miteinander zusammenhängen und die hier in der Interaktion mehrerer Akteure im Feld unterstrichen werden. Aus ihrer Sicht lässt sich eine Vielzahl regionaler Akteurskonstellationen erahnen. Auch hier treten die Podiumssprecher miteinander in eine Auseinandersetzung – teils innerhalb von den angesprochenen Regionen, teils als überregionale Interessensgruppen und Förderer.

Dadurch werden gleich mehrere Politik- und Konfliktbereiche miteinander gekoppelt, andere werden vermieden. Das betrifft die Interaktion über mehrere Skalenniveaus hinweg, wie zuvor deutlich wurde, lässt sich aber auf inner-regionaler Ebene veranschaulichen. So schildert ein Sprecher auf derselben Tagung die formale Struktur seiner Initiative und erwähnt die vielen Kooperationsverhältnisse in der Weiterbildung, Familienbildung, Sprachbildung, Schul- und Unterrichtsentwicklung, Bildungsberatung, beruflichen Bildung, „MINT-Bildung" und im Management von Bildungsübergängen:

> **B.:** Als Querschnittsaufgabe haben wir uns in der Verwaltung zu einem Bildungsnetzwerks zusammengetan. Die Akteure, die in allen Kommunen da sind, wollten wir unter einem Schirm zusammenfassen. In dem Gesamtkomplex ist die MINT-Bildung ein zentrales Handlungsfeld. Wir müssen und wir wollen in der Region eine Bündelungskraft von der KITA bis in die Hochschulen hinein entfalten. [...]

Diese Akteurskonstellation wird an zentraler Stelle koordiniert, führt er weiter aus:

[...] Es gibt die zentrale Geschäftsstelle, an die man sich wenden kann, wenn man nicht weiter weiß. Da ruft man die 115 an – sie können bundesweit die 115 anrufen. Unsere Geschäftsstelle verweist sie dann weiter.

Das Verhältnis der Akteure untereinander schildert er nicht weiter, wohl aber deutet er zuletzt einen Koordinationsmechanismus an: eine Art Notfalltelefon, in dem Bildungsfragen, die Eltern oder Andere im Alltag haben können, zentral gesammelt und weitergegeben werden – ein Instrument, das die verschiedenen Organisationen buchstäblich als eine, eng verknüpfte Bildungslandschaft ansprechbar macht. Damit ist das Kampffeld auch von Verwaltungspraktiken und Kommunikationsmedien bestimmt.

Darüber hinaus wurden im vorigen Kapitel verschiedene Bildungsbereiche und -institutionen erwähnt, die jeweils unterschiedliche Argumente hervorbringen. Eine solche Vielfalt oder aber eine Schwerpunktsetzung ist auch durch die Interaktion der kooperierenden und konkurrierenden Parteien bestimmt. In den beschriebenen Auseinandersetzungen zwischen den bildungspolitischen Ebenen und zivilgesellschaftlichen Akteuren wird deutlich, dass Bildungslandschaften sowohl als Gestaltungsabsicht als auch als emergentes Resultat beschrieben werden müssen und in beiden Fällen in eine Vielzahl von historischen Kontexten gestellt werden können. Diese treten darüber hinaus in Interaktion und stoßen idealiter wiederum auf diverse sozialräumliche Konfigurationen. Kurz gesagt wird Wissenspolitik betrieben, die zugleich auch Raumpolitik ist.

Die Wiedergabe der politischen Diskurse ist damit essenziell, um auch das sozialräumliche Ergebnis von Bildungslandschaften zu verstehen. Sie reicht zugleich nicht aus, um die Bedingungen und Folgen abzuschätzen. Zum Kampffeld gehört auch die Verteilung unterschiedlicher Ressourcen und regulativer Befugnisse, wie etwa das Bestreben schulpolitische Gelder neu zu kanalisieren deutlich gemacht hat. Bildungslandschaften sind, neben Wissens- und Raumpolitik, also auch in ihrer Ressourcenpolitik von Kooperations- und Konkurrenzbeziehungen geprägt.

Was der Kampffeldbegriff außer Acht lässt ist, dass die feldinterne Wissens- und Ressourcenpolitik in ein feldübergreifendes Wechselspiel tritt, wenn Bildungsarbeit nicht allein pädagogischen, sondern u.a. auch regionalökonomischen Diskursen und Institutionen ausgesetzt ist. Damit findet die Bildungslandschaften-Debatte in einem Zwischenraum statt – vor allem zwischen Bildungs- und Wirtschaftsbereichen.

IGUs von Pyramiden oder Mosaiken? Zwei Szenarien

Nun wurde herausgearbeitet, dass die genannten Initiativen sich mit bestimmten Strukturvorstellungen einer Bildungslandschaft befassen; sich insofern sogar mit ihnen identifizieren, als dass sie versuchen die eine oder andere Strukturierung durchzusetzen.

(1) Die Variabilität des Ackerfeldes zeigt sich beispielhaft, wenn die einen Bildungsallianzen das Ziel verfolgen, alle regionalen Bildungsorganisationen in einer einheitlichen Form zu zertifizieren, während andere gerade auf die Vielfalt der Sprachen und Logiken setzen.
(2) Die Variabilität des Kraftfeldes wird deutlich, wenn sich in sektorübergreifenden Bildungsallianzen prototypische Vertreter einer netzwerkartigen Wissensökonomie und bürokratisch organisierter Bildungsorganisationen gegenüberstehen.
(3) Die Variabilität des Kampffeldes ist illustrativ darin erkennbar, dass die Auseinandersetzung um die Rolle eines Koordinators und um entsprechende Koordinationsprinzipien von gleich mehreren Raumvorstellungen geprägt ist.

Man kann hier von einem gewissen Interesse an Bildungslandschaften sprechen. Interesse allerdings nicht im Sinne einer klar umrissenen instrumentellen Strategie oder im Sinne eines „unbewusste[n] Vollzug[s] der Spielregeln" (Barlösius 2013, S. 153). Das besondere an IGUs ist vielmehr, dass sie sich grundlegend der strategischen Gestaltung von

11.1 Divergente Strukturvorstellungen in „MINT-Regionen"

Bildungslandschaften widmen. Besonders werden im obigen Abschnitt zwei Aspekte deutlich, die sich mit dem in Kap. 2 eingeführten Begriff der Illusio thematisieren lassen:
Erstens verfolgen die Akteure insofern ein *Interesse*, als „daß sie einem sozialen Spiel zugesteh[en], daß es wichtig ist, daß, was in ihm geschieht, denen wichtig ist, die in ihm engagiert sind" (Bourdieu 1985a, S. 141; sic.). Die IGUs beugen sich nicht im Sinne eines Brettspiels einigen vorgefassten Regeln, sondern sie bemühen sich selbst um die Definition dieser Regeln und sind insofern grundlegend an Bildungslandschaften interessiert.
Zweitens arbeiten sie jedoch mit einem strategischen Zielbewusstsein und einer gewissen Mittelabwägung daran, auch andere Akteure zu interessierten Spielern zu machen. Zu dem grundlegenden Interesse, das die IGUs an Bildungslandschaften haben, gehört es also auch, das instrumentelle Interesse anderer zu gewinnen. Ähnlich dem kognitiven und politischen Prozess der Staatswerdung, wird in der regionalpolitischen Rolle von IGUs eine gewisse Performativität der Bildungslandschaften-Debatte deutlich; eine „state magic" (Bourdieu und Clough 1996, S. 374–377), durch die aus der Illusion eines verwalteten Territoriums eine mehr oder weniger unangefochtene Wirklichkeit wird.
In der Begründung von Spielregeln und sozialräumlichen Handlungskontexten spielen die oben eingeführten Akteure eine besonders wirkmächtige Rolle (vgl. die Konzeptualisierung in Kap. 8). Sei es als wirtschaftspolitische Fürsprecher, als bildungspolitische Gestaltungsakteure oder Stakeholder besetzen sie die regionalpolitische Steuerungsleerstelle, die im vorigen Kapitel genealogisch rekonstruiert wurde. Sie verschreiben sich der Bildungslandschaften-Debatte als ihrem Produkt, aber in der weiteren Ausdeutung können sie auch als Prozess und Produzenten von Bildungslandschaften gelten.
Organisationen wie die Initiative *zukunft durch innovation* (zdi), die *Körber-Stiftung*, das *Haus der kleinen Forscher*, die *Kinder- und Jugendstiftung*, das Programm *Lernen Vorort* des BMBF und die hier nur

oberflächlich untersuchte *Bildungsgenossenschaft Lippe* lassen sich daher, wie bereits in der amerikanischen Fallstudie anhand der Bildungsbroker argumentiert wurde, als „Internal Governance Unit" bezeichen (IGU; Fligstein und McAdam 2012, S. 13). Sie treten in Aktion, um die politische Gestaltung von Bildungsorganisationen im schulischen und außerschulischen Bereich auf regionaler Ebene an zivilgesellschaftlichen und wirtschaftlichen Bildungsbelangen zu orientieren. Ähnlich wie sich die nordkalifornischen Bildungsallianzen dem Wahlspruch „convene, connect, measure, sustain" verschreiben, verwalten auch sie die informationellen, organisatorischen und politischen Grundlagen von Bildungslandschaften und bringen sich als Schnittstelle in Position.

Ihre Schnittstellenrolle ist nicht allein in der situativen Praxis feldübergreifend. In ihrer regionalen Wirkung haben diese Akteure auch eine strukturierende Funktion. Mal als „change agents", oft aber auch als „defenders of the status quo" (Fligstein und McAdam 2012, S. 14) stellen sie die Verbindung zwischen dem Vorher und dem Nachher her, also zwischen dem vorgefundenen Verhältnis von Bildungsorganisation und Wirtschaftsregion einerseits und dem im Begriff der Bildungslandschaften angestrebten Verhältnis andererseits. Selbst in einer sektorübergreifenden Zwischenposition verortet, verfolgen sie jene Ziele, die auf der oben beschriebenen szeneinternen Konferenz debattiert wurden. Sie manifestieren dabei jedoch unterschiedliche Strukturvorstellungen.

Dabei lassen sich die obigen Überlegungen über eine Strukturpluralität nutzen, um die Bildungslandschaften-Debatte in ihrer Vielfalt und Konfliktträchtigkeit zu explizieren. Es werden auf Basis der interviewten Initiativen idealtypische Szenarien herausgearbeitet, in denen transversale Felder entweder als Mosaike oder als Pyramiden funktionieren. Dabei kann man die drei Feldbegriffe dimensionieren und als Vergleichsachsen einsetzen.

11.1 Divergente Strukturvorstellungen in „MINT-Regionen"

Tabelle 7: ‚Internal Governance Units' der deutschen Bildungslandschaften

IGUs:	Bildungslandschaften als Mosaik oder Pyramide	
Deutsche Kinder- und Jugendstiftung	Einheitliche Legitimationsformen [ACKERFELD]	Zukunft durch Innovation
Lernen vor Ort	Eingespielte Interessenslagen [KRAFTFELD]	Haus der kleinen Forscher
Bildungsgenossenschaft Lippe	Geregelte Interaktionsformen [KAMPFFELD]	Körber-Stiftung
Mosaik [-]		*Pyramide* [+]

Wie auch in der amerikanischen Fallstudie aufgezeigt wurde, setzen sich demnach bestimmte Initiativen für eine stärkere Institutionalisierung ein (in der Tabelle rechts), während andere an einem eher losen Arrangement arbeiten (in der Tabelle links). Diese Szenarien werden nun anhand von beispielhaften Initiativen illustriert. Aus den Interviews werden regionalpolitische Ambitionen und Aufgaben sowie unterschiedliche Strukturvorstellungen herausgearbeitet.

11.2 Szenario I: Der Zwischenraum als Pyramide

Eine Institutionalisierung der regionalen Umgebung als Pyramide bedeutet aus Sicht der Bildungsorganisationen entlang der zuvor eruierten Trias folgendes:

(1) Im Zwischenraum zwischen pädagogischen, ökonomischen und anderen etablierten Handlungsfeldern bemühen sich mehrere Organisationen um eine Stabilisierung und Monopolstellung. Dies geschieht durch einen Territorialisierungsprozess, der ein Monopol an bestimmten Klassifikationen schafft.
(2) Ein Kraftfeld beruht in seiner Einbettung in gesamtgesellschaftliche Verteilungen auf der inneren und äußeren Verbindung von symbolischen und materiellen Komponenten. Das bedeutet hier, dass eine Bildungsorganisation aus der Akquise und Kombination heterogener Ressourcen entsteht und dass sie sich etwa durch die wechselseitige Kopplung von wissenspolitischen und steuerungspolitischen Referenzen stabilisiert.
(3) Das Kampffeld muss mit den darin wirksamen Regeln und Konkurrenzbeziehungen erst kodiert werden und ist in seinen Auseinandersetzungen auch von der Position im Kraftfeld und der relativ ausgeprägten Monopolisierung des Ackerfeldes abhängig. Dies geschieht indem eine eindeutige und langfristige Finanzierungs- und Legitimierungsquelle in Reichweite gerät, sei es von staatlicher, privatwirtschaftlicher oder zivilgesellschaftlicher Seite, und die Auseinandersetzungen im Feld kodiert.

Aus der Sicht einer außerschulischen Bildungsinitiative bedeutet das, dass man sich einer umfassenden Organisationsweise in den Dienst stellt und damit die Legitimierungs- und Finanzierungsunsicherheiten abbauen kann. Die gesellschaftspolitischen Gestaltungsmöglichkeiten aber, die sich im pädagogisch-ökonomischen Zwischenraum bieten, würde man damit als einzelne Organisation teilweise aus der Hand geben und damit eventuell eine regionalökonomische Landnahme befördern.
Im Sinne aller drei Feldbegriffe deuten folgende Trends, Befürworter und prototypische Projekte auf die Entwicklung eines Feldes hin.

11.2 Szenario I: Der Zwischenraum als Pyramide

Zum Ackerfeld als Pyramide

Einige Akteure unternehmen bereits den Versuch, relativ klar umgrenzte *Ackerfelder* zu schaffen. Sie arbeiten damit daran, Bildungsorganisationen so auf Wirtschaftsregionen auszurichten, dass sie einem verhältnismäßig homogenen Set an politischen Instanzen und Maßstäben folgen. In der regionalen Etablierung von solchen Feldern bemühen sich in Deutschland viele Akteursgruppen[114] darum, regionale Netzwerke überregional zu vernetzen und verhandeln dementsprechend umfassende Zielvorstellungen und Akteurskonstellationen. Als ein Akteur ist beispielsweise schon 1997 die *Bertelsmann-Stiftung* in NRW mit der Denkschrift *Schule & Co* in Erscheinung getreten. Hier gelang es der *Bertelsmann-Stiftung* erstmalig als steuerungspolitischer Akteur im Feld der Bildungslandschaften-Debatte auf den Plan zu treten. Auch in den *Leipziger Thesen*, die das Bundesjugendkuratorium (BJK), der Sachverständigenkommission für den elften Kinder- und Jugendbericht sowie der Arbeitsgemeinschaft für Jugendhilfe (AGJ) gemeinsam im Jahr 2002 veröffentlichen, wird in dem Aufruf einer „bildungspolitischen Wende" die Verantwortung einer übergreifenden Instanz inszeniert. Diese Instanz wird anschließend mit dem Recht ausgestattet, zuvor gebundene Ressourcen zu entkoppeln und sich der Verwaltung von Bildungslandschaften zu widmen. In den vielzitierten *Celler Thesen* (2007) schließlich fordern dann die Kommunen das Monopol auf Regulierung und Ressourcenverwaltung ein – seien sie als Schulträger und -gestalter doch die plausibelste Koordinierungsinstanz. Im Folgenden ein Beispiel dafür, wie

---

[114] Zum Beispiel die Bertelsmann-Stiftung, Körber-Stiftung, Heinrich-Böll Stiftung und die Kinder- und Jugendstiftung

u.a. außerschulische Bildungsinitiativen von relativ monopolisierten, transversalen Feldern auf Wirtschaftsregionen bezogen werden.

Das zdi als IGU von einheitlichen Legitimationsformen

Besonders im Bereich der naturwissenschaftlich-technischen Bildung gibt es einige Bemühungen, standardisierte Bezüge zwischen Organisation und Region zu schaffen: Als starke Instanz der Vereinheitlichung von Legitimationsformen kann die bereits mehrfach erwähnte Initiative mit dem Namen *Zukunft durch Innovation.NRW* (zdi) gelten. Sie wird auch bundesweit als vorbildhaft diskutiert.

Mit 42 zdi-Zentren und 24 Schülerlaboren, die in ihren Zielgruppen zwischen dem Grundschul- und Hochschulniveau variieren (Rolff 2014, S. 19), gibt kaum eine regionale „MINT"-Initiative in NRW, die nicht unter dem Banner des *zdi* steht oder zumindest das *zdi* als zentralen Akteur kennt und berücksichtigt. Der Auftrag vom Wissenschaftsministerium, der im Wettbewerb mit anderen Anbietern eingeworben wurde, ist die Förderung von bereits existierenden örtlichen Strukturen und wohlgemerkt auch die Vermeidung von Konkurrenz. So schildert mein Interviewpartner, der in dem Projekt eine führende Rolle hat:

> Wir sind kein Förderprojekt. Wir hatten den Auftrag vom Wissenschaftsministerium: Als Dienstleister geht in die Regionen, guckt was es da schon gibt und setzt bitte nichts Neues in die Landschaft. Weil da gibt es schon ganz viel, da gibt es schon teilweise Konkurrenz. Versucht mal was Neues zu machen und euch untereinander abzustimmen. Und das ist eigentlich die Grundidee, von dem zdi Netzwerk. Nämlich dafür zu sorgen dass die vielen Akteure, die da unterwegs sind, sich nicht gegenseitig Konkurrenz machen.

Das Ziel der übergreifenden Koordination und Konkurrenzvermeidung ist, wie die heutigen Resultate zeigen, in erster Linie durch eine relativ flächendeckende Zertifizierung gelungen. Mit einer Zielgruppe von insgesamt 300.000 jungen Menschen, mit über 2.600 Partnern und einer

11.2 Szenario I: Der Zwischenraum als Pyramide

Kooperation mit allen Regionaldirektionen der Arbeitsagentur und mit 25 Prozent aller weiterführenden Schulen ist diese Regionalisierungsstruktur die größte in Europa (ebd.). Der politische Erfolg ist auf eine Initiative des FDP-Politikers Andreas Pinkwart zurückzuführen, der damalige nordrhein-westfälischer Wirtschaftsminister, und weiterhin auf die günstige Gelegenheit nutzte mit der Arbeitsagentur zusammenzuarbeiten (Interview mit zdi-Mitarbeiter).
Dank dieser Schlagkraft und dank der Allianzen mit staatlichen Behörden kann das *zdi* von einer zentralen Geschäftsstelle heraus und durch lokale Standorte in den meisten Landkreisen ein Großteil der naturwissenschaftlichen Bildungsvorhaben übersehen und gestalten. Die lokalen Projekte werden von zentraler Stelle dabei unterstützt, Förderanträge zu schreiben, Organisationsstrukturen zu bauen und Zertifikate der Arbeitsagentur zu bekommen, um als Bildungsorganisation legitimen Zugang zu staatlich verwalteten Ressourcen, Bevölkerungsgruppen und Einrichtungen zu haben. Um als *zdi* diese privilegierte Position halten zu können und den Auftrag des Ministeriums erneut einzuwerben, setzt das *zdi* auf „hohe Qualitätsstandards" in der Förderung und Evaluation regionaler Projekte. Das Anliegen gegenüber diesen ist es, keinen „Wildwuchs entstehen zu lassen", sondern „gewisse Dinge herauszuarbeiten und vorzugeben". Diese Vorgaben werden durchaus auch, im Rahmen von Evaluationsprogrammen, eingefordert:

> Wie viele Kurse, wie viele Teilnehmer, wie viele Jungs, wie viele Mädchen, wie viele Migranten, wie viele Teilnehmerstunden. [...] Die haben alle gestöhnt. Wir kriegen so wenig Geld dafür, 50% müssen wir selber zahlen und jetzt der ganze Verwaltungsaufwand. Das ist ein weiterer Punkt der meiner Ansicht nach zum Erfolg beigetragen hat. Wir haben als Dienstleister, als zdi-Geschäftsstelle, sehr früh erkannt, wir müssen versuchen hier Qualitätsstandards zu setzen, die sehr hoch sind. In der Umsetzung der Fördergelder. Das sind wir massiv angegangen und unterstützt, so dass wir eben das zweite Mal Glück haben in den Osterferien dieses Jahr. Als die Wissenschaftsministerin sehr kurzfristig entschieden hat, ‚ja wenn die Bundesagentur ihr Modell umstellt, dann übernehme ich die Kofinanzierung aus den Landesmitteln'.

Die Evaluationsprogramme dienen dem *zdi* also auch zur Aufrechterhaltung der eigenen Position. Aus dieser heraus gilt es aber, so betont mein Gesprächspartner, regionale Eigenheiten aufzunehmen. Anstatt hier den „Wildwuchs" zu befördern, werden Analysen über lokale Eigenheiten erstellt, die, dank der landesweiten Struktur, durch ähnlich konfigurierte Regionen informiert und mit diesen in den Austausch gebracht werden können. Dank dieser Struktur kann die Geschäftsstelle den Lokalprojekten gegenüber sagen, „so eine ähnliche Situation die die da haben, haben wir z. B. in Gütersloh. Kommt wir fahren mal zusammen nach Gütersloh und gucken, wie die das da machen." (Interview mit zdi-Mitarbeiter)

In NRW entstehen also Bildungslandschaften, in denen ein beschäftigungsorientiertes MINT-Programm als dominante institutionelle Struktur auf ein ganzes Territorium ausgeweitet wurde und eng mit den steuerungspolitischen Machtverhältnissen zusammenwirkt, vulgo der Landesregierung. Dies kann gewissermaßen als ein Kooperationsregime beschrieben werden, denn das *zdi* durchdringt und vermittelt gleich mehrere politische Ebenen und Felder.

Zum Kraftfeld als Pyramide

Das sektor- und skalenübergreifende Phänomen der Bildungslandschaften lässt sich gerade in seiner föderalistischen Einbettung besonders plausibel als Kraftfeld bezeichnen. In Bezug auf Kommunen, Länder und Bund fungieren transversale Felder bereits als Kraftfeld, denn ihre inneren und äußeren Spannungen gehen auf skalen- und feldübergreifende Beziehungen zurück, innerhalb derer etwa die Kommune ihre Rolle aus ihrer lokalen Macht über die Schulen ableitet, also wiederum aus einer weiteren feldübergreifenden Beziehung schöpft.

11.2 Szenario I: Der Zwischenraum als Pyramide

Das Haus der kleinen Forscher als IGU von eingespielten Interessenslagen

Als ein Akteur, der mutmaßlich an einem pyramidenartig organisierten, transversalen Kraftfeld arbeitet, kann exemplarisch das *Haus der kleinen Forscher* genannt werden. Das Verhältnis von Bildungsorganisationen und Wirtschaftsregionen wird von dieser Initiative mehr oder weniger beabsichtigt mit umfassenden Machtverhältnissen in Übereinstimmung gebracht.

Als Partner der KITA-Träger, Kommunen, der Stadt München, der Landkreise und Wirtschaftsverbände und entstanden aus einer Idee ehemaliger Geschäftsführer von McKinsey und der Helmholtz-Gemeinschaft, ist das Projekt machtpolitisch günstig eingebettet. Das Engagement zeichnet sich vor allem durch Fortbildungen und Zertifikate aus, die Bildungsstätten nach Abschluss von Fortbildungen verlieren werden.

Die Organisation arbeitet als bundesweiter Akteur insofern an einem Kraftfeld, als dass machtpolitische Verhältnisse stabilisiert und in Bildungslandschaften relativ flächendeckend reproduziert werden. Dabei will man zwar nicht in steuerungspolitische Verhältnisse hineinregieren, doch ist bislang relativ erfolgreich das Ziel verfolgt worden, derart attraktive Fortbildungs- und Zertifizierungsprogramme anzubieten, dass kleine Initiativen sich um die Anerkennung und um die pädagogische Kompetenz des Hauses der kleinen Forscher bemühen. So berichtet eine Mitarbeiterin der Organisation von beachtlichen Erfolgen:

> Aber was wir jetzt mal erreicht haben, ist [...] wir haben jetzt aktuell, 21.000 Kita-Hort und Grundschule als aktive Einrichtung. D. h. aus all diesen Einrichtungen war mindestens eine Fachkraft in einem Haus der kleinen Forscher Workshop. D. h. es gibt kein Programm, keine Initiative, die jemals so viele Menschen aus dem Bildungsbereich erreicht hat.

Die Fortbildungen und die Klassifizierung von Bildungsprojekten haben dabei einen bedeutsamen, symbolischen Charakter. Bei Teilnahme an den Fortbildungsangeboten bekommt die Einrichtung eine „Plakette an die Tür". Dies hat auch Vorteile für das *Haus der kleinen Forscher* selbst:

> Das ist für uns auch ein Serviceangebot ihre Arbeit zu dokumentieren. Auch gegenüber Eltern zu dokumentieren, gegenüber den Trägern zu dokumentieren. Und wenn man die Zertifizierung verliehen bekommt, ist das ein schöner Presseanlass. Dann kommt auch der Träger dazu. Das ist eine Wertschätzung und Dokumentation.

Eine solche Darstellung entlastet auch von dem Druck, sich aus eigener Kraft als hochwertige Einrichtung zu präsentieren. Mit dem Angebot geht also die Tendenz einher, sich an das *Haus der kleinen Forscher* als großen und ausgezeichnet vernetzten Anbieter zu wenden.

Aus dem Interview geht hervor, dass dem *Haus der kleinen Forscher* die Beständigkeit der geförderten Initiativen und der eigenen Position im Feld besonders wichtig ist. Die Bedeutung der Zertifizierung ist hier die Etablierung von stabilen Bewertungsautoritäten einerseits. Andererseits bietet die Zertifizierung für das Haus der kleinen Forscher die Möglichkeit, das eigene Netzwerk zu pflegen, zu konsolidieren und zu aktualisieren.

> Das ist auch ein Bindungsinstrument. Was wir feststellen, dass die die sich zum ersten Mal zertifizieren haben lassen, also die Zertifizierung gilt offiziell zwei Jahre, [...] aber es kann sein dass das schon 5 Jahre her ist und das sieht man dann. So dass man dann sieht, naja, das ist schon relativ lange her. Wir schrauben aber nirgendswo ab [...]. Aber was wir feststellen, dass diejenigen die das gemacht haben, dass die aber auch die Zertifizierung immer wieder erhalten möchten. Und wir haben jetzt einige, die das schon zum vierten Mal machen. Das heißt, die sind seit 8 Jahren dabei. Das ist für uns auch Gradmesser dafür, wie gut es unseren Partnern gelingt, die Einrichtungen zu binden. So hat das mittlerweile auch so, das war für uns gar nicht der Zweck, da ging es darum, die Arbeit zu wertschätzen [...] Heute hat das für uns auch die Komponente zu schauen, wie erfolgreich sind wir und unsere Partner.

Zugunsten dieser Beständigkeit bevorzugt das *Haus der kleinen Forscher* weiterhin eine Anbindung der Bildungsinitiativen an vorgefasste Institutionen. Auch dies entspricht der Entwicklung eines Kraftfeldes, durch welches umfassende Machtverhältnisse in den Initiativen Resonanz finden. So habe man festgestellt, dass freie Vereine „oft keine verlässlichen Strukturen sind", weil sie zu sehr von den tragenden Personen abhängig sind. Die Initiativen „müssen an eine Institution andocken [...], damit das nachhaltig auch stehen kann". Die Effekte der eigenen Arbeit bewertet die Interviewpartnerin selbst durchaus als reproduktiv in Bezug auf vorgefasste, regionalpolitische Strukturen. Das schildert sie sowohl hinsichtlich des Bildungssystems als auch in Bezug auf die Wirtschaftsregionen.

> Sachsen sieht sich als Ingenieursschmiede, Baden-Württemberg, da haben sie große Firmen, da wird ständig über das Thema, ... da lesen sie ständig über Ingenieursmangel, über die Bedeutsamkeit von Technologie, sie haben Weltmarktführer in den unterschiedlichen Sparten und Branchen. Da sind wir zum Beispiel unglaublich gut. Rheinland-Pfalz, was jetzt auch eher ländlich geprägt ist, eher landwirtschaftlich und nicht so industriell geprägt, da sind wir noch nicht so weit.

In dieser Äußerung wird deutlich: Mit dem so verfassten Kraftfeld geht weiterhin – durchaus zum Bedauern der Gesprächspartnerin – die Tendenz einher, die Machtverhältnisse von Wirtschaftsregionen untereinander zu reproduzieren.

Auch die regionalen Identitäten, wie sie für ihren eigenen Landkreis beschreibt, werden durch das Engagement aufgegriffen und insofern manifestiert. In Anlehnung an die benachbarten sozialen Welten schildert sie zwar ein hohes Interesse für den einen oder anderen Schwerpunkt, die eigene Arbeit zielt aber eher auf grundlegende Kompetenzförderung ab und steht damit einer Schwerpunktsetzung auf MINT entgegen. Es scheint ihr und dem *Haus der kleinen Forscher* also weniger um ein Monopol, als um eine Stabilisierung der bestehenden Strukturen und aufkeimenden Regionalinitiativen zu gehen.

Zum Kampffeld als Pyramide

Städte und Landkreise sehen in der Bildungslandschaften-Debatte eine Chance, ihren Aufgabenbereich zu vergrößern und neue Gestaltungsmöglichkeiten. Aber auch innerhalb der von den Kommunen verwalteten Regionen mag es aufgrund eines größeren Umbruchs, etwa einer umfassenden Bildungsreform oder der einen oder anderen bildungsrelevanten Krise, einen Grund geben, den Aktionsradius von bildungsrelevanten Akteuren zu erweitern und neue Konkurrenz- und Kooperationsverhältnisse zu schaffen.[115] Es gibt somit Hinweise darauf, dass transversale Felder in Deutschland als Kampffeld(er) entstehen und dass das Verhältnis von Bildungsorganisationen und Wirtschaftsregionen insofern ein umkämpfter Zwischenraum ist.

Körber-Stiftung als IGU von geregelten Interaktionsformen

Im naturwissenschaftlich-technischen Bereich ist der Versuch der *Körber-Stiftung* und anderer Stiftungen maßgeblich, bundesweit eine einschlägige Akteurskonstellation zu konsolidieren. Hier werden Kooperations- und Konkurrenzverhältnisse gebündelt und insofern zu einer Akteurskonstellation konsolidiert. Dies geschieht unter dem Stichwort

---

[115] Ein erster regionaler Versuch, alle Bildungsleistungen und -bedarfe regional zu erfassen und die Kontrolle darüber an die Städte und Kommunen zu binden, wurde bereits 2006 in München unternommen. Hier wird dabei die steuerungspolitische Absicht bekundet, dass man die Verteilung von Befugnissen und Ressourcen auf Basis von gemessenen Leistungen umorganisieren will (Schul- und Kultusreferat Stadt München, 2006).

11.2 Szenario I: Der Zwischenraum als Pyramide 381

des MINT-Forums, wie mir zwei Interviewpartner der *Körber-Stiftung* im Gruppengespräch berichten. Ihr Verknüpfungsanliegen ist aus der Einsicht entstanden, dass „die MINT-Landschaft und die MINT-Förderlandschaft und die MINT-Projektlandschaft ziemlich zersplittert" sei. Bei der letzten Schätzung haben sich „17000 Projekte in der Republik" ergeben, doch „wenn sie mit dem Zählen fertig sind, existieren die ersten 3000 schon wieder nicht mehr". Hier gebe es „ganz viele Parallelaktionen und es gibt wenig Koordiniertes". Die Reaktion der *Körber-Stiftung* auf die stark fragmentierten Bildungslandschaften ist es, in vielerlei Hinsicht eine ordnende Rolle einzunehmen, wenn auch im Verbund mit anderen Stiftun-Stiftungen. Meine Gesprächspartner berichten, dass mehrere Akteure befunden haben, man „müsste sich mal auf oberster Ebene zusammensetzen und mal versuchen, diese ganze Landschaft ein Stück weit zu koordinieren". Daraus ist das sogenannte nationale MINT-Forum entstanden:

> Vor zwei Jahren hat sich ja jetzt dieses nationale MINT-Forum gegründet, mit dem Versuch diesem Thema MINT wirklich bundesweit auch mal eine Stimme zu verleihen. Es ist ein Zusammenschluss von inzwischen 28 Institutionen ganz unterschiedlicher Art, und interessanterweise ist jetzt bei der letzten Sitzung beschlossen worden, dass auch die Gewerkschaften da mit dazugehören. Also da saßen zunächst mal die Arbeitgeberverbände am Tisch und die haben gesagt, die Offenheit war relativ groß, zu sagen, ‚In dieser Thematik müssen wir an einem Strang ziehen und da müssen wir gemeinsam ziehen'.
>
> [...] Schwieriger wird es dann in der Frage, wie werden bestimmte Dinge umgesetzt, wie ist da der Approach? Und wer ist eigentlich im Cockpit sozusagen dann jeweils. Dann passiert das, was Sie wahrscheinlich, wenn Sie mikrosoziologisch arbeiten, Institutionen angucken, was eigentlich immer passiert, wenn Leute zusammenarbeiten, es entstehen so kleinere bis größere Konflikte, wer ist eigentlich der Bestimmer, wer darf irgendwas labeln?

Ähnlich wie das *zdi* arbeitet die *Körber-Stiftung* also daran, Konflikte und Konkurrenz innerhalb von regionalen Machtverhältnissen einzudämmen.

Die von der *Körber-Stiftung* angestoßene, bundesweite Vernetzung hat mehrere Funktionen. Eine davon ist Austausch von erfolgreichen Praktiken und Projektideen, andere sind steuerungspolitischer Natur. In Bezug auf den Austausch liegt die „Service-Leistung" in der Erleichterung von Kommunikationsmöglichkeiten von Akteuren aus dem ganzen Land. Dahinter steht „umgekehrt der Versuch, herauszufinden, was brauchen die da eigentlich, und gibt's etwas, was man dann sozusagen in eine politische Strategie ummünzen könnte. Und das könnte man dann via nationales MINT-Forum dann auch bespielen."

Meine Gesprächspartner betonen also den Austausch und den Versuch als gebündelte Akteurskonstellation in anderen Feldern Politik zu machen – in dieser Möglichkeit, kollektiv auf umfassende Machtverhältnisse und Entscheidungsprozesse Einfluss zu nehmen, liegt ein wesentlicher, synergetischer Vorteil eines Kampffeldes. So könne das nationale MINT-Forum eine „politische Lobby-Arbeit" machen, die bereits erste Früchte getragen hat. Es sei beispielsweise gelungen die „MINT-Bildung" in die engere Themenauswahl der Tagesordnung der sogenannten Innovationsdialoge der Bundeskanzlerin zu bringen.

Die bislang geschilderten Initiativen teilen also das Bestreben Bildungslandschaften zu stabilisieren und dabei selbst als Koordinationsinstanzen aufzutreten. Mit unterschiedlicher Schwerpunktsetzung – auf die Stabilisierung umfassender Machtverhältnisse, auf die Monopolisierung regionalpolitischer Steuerungsmächte oder auf die Konsolidierung kollaborativer und kompetitiver Akteursverhältnisse – tendieren doch alle drei hin zu einer klassifikatorischen Systematik. Sie betonen die Bedeutung von wissenschaftlichem Monitoring, konsolidierten Netzwerken und professionellen Praktiken und arbeiten selbst daran, diese zu etablieren und sich selbst in eine koordinierende Position zu manövrieren. Wie könnte sich ein solches Umfeld auf außerschulische Bildungsorganisationen auswirken? Diese Frage wird in Fallstudie III eruiert.

11.3 Szenario II: Der Zwischenraum als Mosaik

Alternativ zur Pyramide ist auch vorstellbar, dass Bildungsorganisationen im Sinne eines Mosaiks mit Wirtschaftsregionen verknüpft werden. Im Dazwischen entwickelt sich dieser Denkmöglichkeit zufolge kein (1) institutionell abgegrenzter, (2) mit anderen Feldern homologer und (3) von antagonistischen Akteurskonstellationen bestimmter Handlungsraum. In der Trias von Ackerfeld, Kraftfeld und Kampffeld, bedeutet das, dass Mosaike wie folgt von Pyramiden unterschieden werden können:

(1) Ihre Kodierung ist flüchtig und multireferenziell, so dass Akteure in einem Mosaik, anders als in einer Pyramide, mehrere Sprachen und variable Identitäten verwenden.
(2) Ihre symbolisch-materiellen Kopplungen bestehen nur lose oder lediglich aus zufälligen Analogien zwischen inneren und äußeren Machtverhältnissen, während eine Pyramide nach innen und außen von Korrespondenzen geprägt ist.
(3) In ihrer territorialen Anordnung sind Mosaike veränderbar, während die Interaktion in einer Pyramide von klar umrissenen Orten, Konkurrenz- und Kooperationsgegenständen und gebunden und begrenzt wird.

Das Verhältnis von Organisation und Region ist in Mosaiken weniger eng. Staatliche Territorialinteressen und diskursive Vorstellungen emergieren erst in der Konkurrenz oder Kooperation mit anderen Interessenslagen und Diskursen und stellen in transversalen Feldern uneindeutige Mischverhältnisse und labile Querverbindungen her.
Diese Formation ist insofern plausibel, als dass sie durchaus an das Anliegen in der deutschsprachigen Bildungslandschaften-Debatte erinnert, flexiblere Bildungsstrukturen in Antizipation auf eine vermeintlich differenzierte Gesellschaft zu etablieren. Welche Hinweise gibt es, dass Bildungslandschaften sich entsprechend entwickeln?

Zum Ackerfeld als Mosaik

Im Sinne eines Ackerfeldes, sind nicht allein Felder – hier: Monopolisierungstendenzen – denkbar. Es gibt ebenso starke Hinweise auf eine starke Gleichzeitigkeit und eine lose Kopplung mehrerer Klassifikationssysteme und Hoheitsgebiete. Ist es doch denkbar, dass gerade diejenigen Akteure ihre Vorstellungen durchsetzen können, die die Verhältnisse in Politik, Wirtschaft und andernorts lesen können und in der Lage sind, feldinterner Konkurrenzbeziehungen feldübergreifend zu kombinieren.

Im Zuge der zuvor skizzierten Initiativen werden transversale Felder erstmalig in der deutschen Bildungspolitik zu kommunal verbindlichen Kooperationsregimen ausgebaut. Zugleich wird Schulen eine höhere Selbstständigkeit auf den Gebieten Personal, Sachmittel, Unterrichtsorganisation, innerer Gremienstruktur und Rechenschaftslegung zugewiesen (Tresselt 1995). Damit würde zwar die hybride Vermischung von regionalökonomischen oder sozialpolitischen Fördertöpfen und Legitimationsweisen weiter vorangetrieben, aber die Abhängigkeit einzelner Organisationen in einem kollektiven Aufwand abgefedert.

Deutsche Kinder- und Jugendstiftung als IGU von heterogenen Legitimationsweisen

Als Beispiel für die Etablierung einer recht fragmentierten Landschaft kann die *deutsche Kinder- und Jugendstiftung* (DKJS) gelten. Sie schließt in den hauseigenen Publikationen an die lebensweltorientierte Diskussion von Betreuungsverhältnissen an, die im zwölften Kinder- und Jugendberichtes stark gemacht wird, und gliedert die Regionalisierungsinitiativen an das vom Bundesministerium für Bildung und Forschung initiierte Investitionsprogramm „Zukunft, Bildung und Betreuung" an (2002 begründet). Die Stiftung hat im Aufbau eines Begleitprogramms, Ideen für mehr! Ganztägig Lernen", Serviceagenturen in den Ländern mitent-

11.3 Szenario II: Der Zwischenraum als Mosaik

wickelt, um den Informationsaustausch zwischen den Politikebenen und auf Länderebene zu befördern, ohne dass dadurch gleich ein neues Feld entstehen würde. Das illustriert eine sehr fragmentierte Konstellation von Logiken und Legitimationsweisen.

Ich habe mit einem Vertreter der Stiftung gesprochen, der auf der zitierten Tagung zu MINT-Regionen als Workshop-Facilitator aufgetreten ist und auf eher lose Akteurskonstellationen hinweist, seinerseits aber keine regulative Koordinationsinstanz sein will. Auf die Frage hin, ob es bei der Stiftungsarbeit oder im Engagement anderer Akteure eine Tendenz gibt, bestimmte Regeln durchsetzen, antwortet mein Gesprächspartner eher ablehnend: „Das wäre nicht unsere Haltung. Da verstehen wir unsere Rolle anders. Wir haben durch die Begleitung Zugang zu Praxiswissen und können das bereitstellen für andere. Letztere müssen dafür auch bereit sein."

Genauer gesagt sehe die Stiftung ihre Rolle darin, Kommunen programmatisch zu unterstützen. Das bedeutet, dass sie Praxisbegleitung anbieten, z. B. durch Prozessbegleitung für Netzwerke, Wissensarbeit und -transfer leisten, mit dem Ziel kondensiertes Praxiswissen zu generieren oder dass sie als Träger von Transferagenturen im BMBF-Programm agieren. In Bezug auf das in allen Gesprächen oft erwähnte Bildungsmonitoring seien zwar die Transferagenturen damit beschäftigt lokale Systeme zu entwickeln, die DKJS als Ganzes stelle aber nur Kommunen das Wissen über andere Kommunen bereit, um Monitoring selber durchzuführen. Sie unterstützen das Bildungsmonitoring also indirekt.

Auch in Bezug auf präferierte Arbeitsformen auf regionaler Ebene, sieht mein Gesprächspartner lokale Flexibilität als vorrangig an:

> Welche Gremien braucht man? Das ist abhängig von den Zielen der Kommunen. Wenn es im Bereich der Gesundheitsentwicklung eine Verknüpfung geben soll, dann braucht es andere Akteure als wenn die Entwicklung aus dem MINT-Bereich heraus ihren Lauf nimmt.

Die Anordnung, auf die die DKJS hinarbeitet, ist also auch insofern nicht uniform, als dass der Bildungsschwerpunkt unterschiedliche Organisationsformen hervorbringen würde. Die DKJS arbeitet also eher an einem Mosaik des Bildungsmonitorings. Unter ihrem Einfluss hätte jede Kommune ihre eigenen Strukturen. Sie könnten sich insofern selbst als relativ uniforme Steuerungsstruktur entwickeln, aber aus Sicht der DKJS ergibt sich zunächst ein Flickenteppich verschieden organisierter Regionen.

Zum Kraftfeld als Mosaik

Die Bildungslandschaft-Debatte hat durchaus Charakteristika eines Mosaiks. So wird im Rückgriff auf Stichwort wie *Schule aus einem Haus*, das insbesondere die Kommunen und Städte bemühen, eine eher heterogene Ressourcenpolitik betrieben. Wie es in NRW die Kommission *Zukunft der Bildung – Schule der Zukunft* formulierte (1995): Es gehe darum „die verschiedenen Bereiche von Bildung, die sich nach Aufgabe, Trägerschaften, Strukturen und Organisationsformen unterscheiden, zusammenzusehen und aufeinander zu beziehen" (ebd., S. xxii) und eine Teilautonomie der Bildungsorganisationen zu etablieren, die zugleich eine relative Unabhängigkeit der einzelnen Organisation sowie eine Regulation im Zusammenhang erlaubt (ebd., S. 159). Es steckt also in den Regionalisierungsargumenten, die in anderer Hinsicht eher ein Feld der regionalen Bildung suggerieren, zugleich auch ein Gegenmodell. Dieses Modell aber, das ich als Mosaik bezeichne, ist trotz seiner Heterogenität nicht weniger wirkungsvoll als ein einheitlich strukturierter pädagogisch-ökonomischer Zwischenraum.

11.3 Szenario II: Der Zwischenraum als Mosaik 387

Lernen vor Ort und das Nachfolgeprojekt als IGU von flüchtigen Interessenslagen

Wenn transversale Felder, also der Zwischenraum von Bildung und Wirtschaft als Mosaike funktionieren, bündeln sie Bildungsorganisationen nur indirekt und binden sie unbeständig an etablierte Machtverhältnisse. Ein Beispiel dafür ist das Nachfolgeprojekt des bundesweiten Programms *Lernen vor Ort*. Das ist ein 60 Millionen Euro starkes Förderpaket, dass an 20-30 Kommunen im Zeitraum 2009-2012 ausgegeben wird. „Mit der 2009 gestarteten Initiative werden Anreize für Kreise und kreisfreie Städte geschaffen, ein kommunales Bildungsmanagement zu entwickeln. Es soll dazu beitragen, ‚Bildung für alle' und in allen Phasen des Lebens zu ermöglichen" (BMBF 2014). Das Projekt *Lernen vor Ort* ist inzwischen abgeschlossen.

Sein Nachfolgeprojekt kann als recht fragmentarische Anknüpfung an umfassende Machtverhältnisse gelten. Die Erfahrungen aus *Lernen vor Ort* werden im Programm *„Transferagenturen kommunales Bildungsmanagement"* an die übrigen, im Programm Lernen vor Ort nicht teilnehmenden Kommunen vermittelt. Ich habe mit einem Mitarbeiter des Projektträgers, dem Deutschen Zentrum für Luft- und Raumfahrt (PT-DLR), gesprochen. Ursprung des Programmes sei es, nach Modellen zu suchen, die man auf Basis von *Lernen vor Ort* entwickeln könne. Dieses allseitige Bestreben habe im Einvernehmen aller Interessensgruppen zu eben diesem Programm geführt. Das von ihm benannte Ziel ist eher eine Motivationsstrategie, als ein Anreiz- oder Regulationssystem. Die Absicht sei es, die Kommunen zur Errichtung von kohärenten kommunalen Bildungsstrukturen zu bewegen. Der wesentliche Ansatzpunkt sei dabei das Erfahrungswissen der Kommunen und Bildungsträger, die an *Lernen vor Ort* beteiligt gewesen seien.

Zur Erhebung dieses Erfahrungswissens und zur Wissensvermittlung an Kommunen werden nun Agenturen installiert. Dabei wird eine Datenbank erstellt, aber es werden auch Schulungen angeboten. Daraus ergeben sich

vier zentrale Handlungsfelder: der Einbezug der relevanten Bildungsakteure, das kommunale Bildungsmonitoring, das Übergangsmanagement und die Bildungsberatung. Hinzu kommen weitere Aktionsfelder, wie etwa Diversität und Integration. Bei der Umsetzung von den bisherigen Erfahrungen geht es um die Entwicklung von „Strukturlösungen", wie er es nennt, also langfristig angelegte Mechanismen der Koordination und Ermöglichung regionaler Bildung. In der beabsichtigten Konsolidierung sei vor allem die kooperative Einbindung aller bildungsrelevanten Akteure als auch die Erschaffung einer Datenbasis über regionale Bildungsdienstleistungen unabdingbar. Mein Gesprächspartner weist aber auf einige, wichtige Einschränkungen hin. Zwingen könne man die Kommunen nicht, fügt er an und weist auf Artikel 28 II im Grundgesetz, in dem die Autonomie der Gemeinden geregelt ist, hin.[116] Entgegen der Absicht „Strukturlösungen" zu finden, tendierten die Kommunen vielmehr in Richtung von lokal beschränkten Maßnahmen, also weg von jedweder, flächendeckender Konsolidierung. Er schließt das Argument mit den Worten, „Mal gucken welche Erfahrungen sich durchsetzen."
Zwar weisen also einige Aspekte auf die Etablierung eines Feldes hin, etwa die Suche und Konsolidierung von erfolgreichen Modellen, und tatsächlich sei eine Institutionalisierung wünschenswert. Doch reagiert mein Interviewpartner zurückhaltend auf meine Mail, insbesondere auf das erwähnte Wort der ‚Institutionalisierung'. Meine Anfrage sei nicht ganz zutreffend beziehungsweise er könne keine Angaben dazu machen,

---

[116] Den Gemeinden muß das Recht gewährleistet sein, alle Angelegenheiten der örtlichen Gemeinschaft im Rahmen der Gesetze in eigener Verantwortung zu regeln. Auch die Gemeindeverbände haben im Rahmen ihres gesetzlichen Aufgabenbereiches nach Maßgabe der Gesetze das Recht der Selbstverwaltung. Die Gewährleistung der Selbstverwaltung umfasst auch die Grundlagen der finanziellen Eigenverantwortung; zu diesen Grundlagen gehört eine den Gemeinden mit Hebesatzrecht zustehende wirtschaftskraftbezogene Steuerquelle.

wie Institutionalisierungsprozesse aussehen. Er und seine Kolleginnen wären wohl auch sehr interessiert daran, gerade ob der aktuellen Aufgabe die Strukturen fortzusetzen, die sich aus dem Projekt *Lernen vor Ort* als günstig erwiesen hatten. So weit aber sei der Prozess noch nicht fortgeschritten. Auch sei das in der Mail gegebene Stichwort der *neuen Bildungsträger* nicht zutreffend, da es das Ziel sei „bestehende Formen zu schärfen", nicht aber neue Anlagen zu schaffen.

Mein Gesprächspartner schließt an diese Ausführung umfassende Hinweise an, in denen sich eher die Strukturen eines Mosaiks herauskristallisieren. Während etwa das obige Beispiel für pyramidenartige Kraftfelder, das *Haus der kleinen Forscher*, ebenfalls auf eine stabilisierende Wirkung abzielt, aber zu diesem Zweck auf umfassende Klassifikationssysteme setzt, scheitert ein solches Vorhaben in den Augen dieses Interviewpartners. Insbesondere sei es durch regulative Rahmenbedingungen behindert und durch die institutionelle Komplexität der Bildungslandschaften im Allgemeinen. So scheitert beispielsweise ein Bildungsmonitoring, das von der Bundesebene ausgeführt wird, an der Bereitschaft der Kultusbehörden die notwendigen Daten herauszugeben, da die Leistungserhebung einzelne Schulen oder Bildungsstandorte in ein schlechtes Licht rücken können. In vielen Ländern oder auch in einzelnen Bildungsbereichen, etwa der Erwachsenenbildung gibt es noch gar keine Daten zu den Nutzprofilen oder zu den Leistungen der Bildungsträger.

In der Dimension von Kraftfeldern wird hier also durchaus eine offene Entwicklung erkennbar. Die Bestrebungen eines konsolidierten, transversalen Feldes sind durch zahlreiche Rahmenbedingungen behindert, so dass dieser Interviewpartner und seine Initiative eher auf die Etablierung eines Mosaiks setzen.

Zum Kampffeld als Mosaik

Anstelle eines klar konturierten Konkurrenzkampfes um knappe Ressourcen entwickeln sich an einigen Stellen auch eher lose Akteurskonstellationen. Diese sind von gleich mehreren Konfliktverhältnissen und Nebenschauplätzen geprägt. So heißt es im zwölften Kinder- und Jugendbericht (Bundesministerium für Familie 2005), die institutionelle Bündelung der Institutionen beziehe sich im Dienste von Kindern und Jugendlichen weniger auf die Organisationsziele der Einzelnen, sondern bemesse sich am Beitrag zur Gestaltung der Bildungslandschaften. Der Aufruf zu einer „bildungspolitischen Wende" gelte dann allen Bildungsorten und man müsse die Bedürfnisse Jugendlicher zum Ausgangspunkt für eine gründliche institutionelle Neuabstimmung machen. Dabei gelte es auch die den einzelnen Organisationen zur Verfügung stehenden, aber oft versiegenden Ressourcen neu zu bündeln, sie aber im Sinne einer Orientierung an individuellen Biographien flexibel zu halten. Tatsächlich finden sich Projekte und Regionen, in denen bereits eine solche lose Verbindung heterogener Akteursgruppen in unverbindlicher Ausrichtung auf relativ variable Aufgabenbereiche stattfindet.

Bildungsgenossenschaft Lippe als IGU von wenig regulierten Interaktionsformen

Eine Bildungsgenossenschaft im ostwestfälischen Lippe veranschaulicht, die Möglichkeit einer mosaikhaften Akteurskonstellation. Hier ist eine Vielzahl an Mikrokosmen auf das Anliegen einer Bildungslandschaft ausgerichtet, ohne dass jedoch ihre jeweiligen Arbeitsweisen auf das Ganze hin reguliert werden.
Nach einem Kreistagsbeschluss im Landkreis Lippe, also von staatlicher Seite, wurde 2008 eine Genossenschaft gegründet und ein sogenanntes

11.3 Szenario II: Der Zwischenraum als Mosaik

Bildungsbüro eingerichtet, das außerhalb der Kreistagsstrukturen operieren sollte und dem Auftrag des Kreistages folgend seinen Schwerpunkt auf die sogenannte MINT-Bildung legt. Die Organisationsstrukturen verantwortet der Leiter des Fachbereichs Jugend, Soziales, Gesundheit. Da es sich um eine Genossenschaft handelt, bestimmen allerdings ein Lenkungskreis und eine Steuerungsgruppe die Zielsetzungen des Bildungsbüros. In diesen Gremien sind der Landkreis, die Bezirksregierung, die Gemeindeverwaltungen der Region und die Schulleitungen vertreten. Aber auch Stiftungen, Verbände, Unternehmen, außerschulische Bildungsträger und Kultureinrichtungen arbeiten mit. Die Teilnahme ist interessanterweise kostenpflichtig – da die Organisation einerseits als Genossenschaft fungiere, sich andererseits aber als Dienstleister verstehe, so einer ihrer führenden Köpfe in einer Podiumsdiskussion auf dem nationalen Treffen der MINT-Regionen 2014.

> Das ist ein interessanter Ansatz, weil wir da auch ein Stück weit Regionalentwicklung hinkriegen und man auch die anderen Netzwerke im Blick haben kann. (B)

Es handelt sich hier insofern um ein Mosaik, als dass die Bestandteile nicht in den Eigenschaften als Schulträger oder Verband verändert werden, wohl aber in ihren Kapazitäten beitragen. Die zahlenden Mitglieder sind zugleich Abnehmer der einschlägigen Dienstleistungen und fungieren insofern auch als Klienten. Damit geht eine relative Unabhängigkeit von den staatlichen Behörden einher, obwohl diese die Genossenschaft mit ins Leben gerufen haben. So liegt das Mosaik hier darin, dass die Bildungsgenossenschaft einerseits von ihren Mitgliedern abhängig ist, andererseits aber auch eine eigenständige Organisationsweise hat, in der sie den Mitgliedern als Dienstleister gegenübertritt.
In dieser Entwicklungsfigur ist die regionale Umgebung einer Bildungsorganisation besonders komplex. Dies bedeutet aus bildungspraktischer Sicht, dass gleich mehrere Sets an Erwartungen, Leistungsstandards und Erhebungsverfahren bedient werden müssen und dass man mit ähnlichen Organisationen um die Anerkennung der gleichen Leistungen buhlt.

11.4 Fazit zu Fallstudie II und Bezüge zu Fallstudien I und III

In den letzten beiden Kapiteln wurden die Genealogie und die institutionelle Umsetzung der Idee von Bildungslandschaften in Deutschland rekonstruiert und das regionalpolitische Handlungsfeld aus der Außenperspektive dargestellt. Es treten sehr unterschiedliche Akteure und Logiken in Interaktion und es entstehen konkurrierende Positionen, aber auch ein gewisses Einverständnis über die regionale Bedeutung von Bildungsorganisationen.

Insgesamt verdeutlicht die Fallstudie eine Kernthese der Arbeit: Die räumliche Prägung einer Bildungslandschaft und die institutionelle Etablierung eines Feldes zwischen Bildungsorganisation und Wirtschaftsregion gehen Hand in Hand. In demselben Prozess, in dem eine Bildungslandschaft als ein „Ort der Allgemeinheit" behauptet wird (Bourdieu 1985a, S. 123), bemüht sich eine steuerungspolitische Instanz darum, für eine regionale Allgemeinheit sprechen zu können und ein feldübergreifendes „Meta-Kapital" zu verwalten; hier: „Wechselkurse" zwischen Bildungsorganisation und Wirtschaftsregion zu bestimmen (ebd., S. 146).

Bildungslandschaften sind damit, wie schon zu Beginn argumentiert wurde (vgl. Kap. 2), in vielen Hinsichten illusorisch: Sie überzeichnen die sinnliche Erfassbarkeit und materielle Greifbarkeit von Räumen und verdecken einige politische Annahmen. Die Region, eine ökonomisch dienliche Bildung und ein transaktionales Verhältnis von Bildungsprozessen und Arbeitsmärkten – diese und andere Komponenten lassen sich nicht ohne weiteres voraussetzen, begründen dennoch in einer eher losen Zusammensetzung die Hervorbringung von Bildungslandschaften.

Die sozialräumlichen und bildungsökonomischen Prämissen stehen dabei in einem sonderbaren Verhältnis zu den institutionellen Folgeerscheinungen. Gerade die illustrativ aufgegriffene Praxisdiskussion über „Strukturitis" und „Projektitis" verdeutlicht dies: Die sozialräumlichen Vorstellungen von modernen Containerräumen und fragmentierten Wis-

sensgesellschaften, aber auch der Streit um institutionelle Schlossfolgerungen werden in dieser Praxisdiskussion miteinander verbunden. Welchen Anteil an der Institutionalisierung dieser Strukturvorstellungen haben nun jene Akteursgruppen, die sich um die Etablierung von Bildungslandschaften bemühen? Die Fallstudie legt folgende Antwort nahe: Bildungslandschaften sind entgegen holistisch anmutender Raumvorstellungen von sehr unterschiedlichen Strukturkontexten geprägt, noch konkreter von Steuerungs- und Koordinationsagenturen, die sehr unterschiedliche Präferenzen verfolgen. Als wirtschaftspolitische Fürsprecher, als bildungspolitische Gestaltungsakteure und Stakeholder setzen sie zwar die in Bildungslandschaften angelegten Prämissen um, sie tun dies aber auf Basis von sehr heterogenen Strategien. Beide Aspekte, räumliche Prämissen und institutionelle Folgen, wurden im Rückgriff auf die Debatte um „Strukturitis" und „Projektitis" konkretisiert und aufeinander bezogen. Ganz ähnlich wie in Nordkalifornien treffen im Rahmen von Bildungslandschaften divergente Bildungsbelange aufeinander und treten sukzessive aus den üblichen bildungsföderalistischen Mustern heraus. Dies löst unter den Koordinationsinstanzen auch eine grundsätzliche Auseinandersetzung über die sozialräumliche Strukturierung von Bildung aus, in der nicht allein das Bild von autonomen Feldern, sondern auch fragmentarische Formationen als legitimes Szenario gelten.
Der letzte Abschnitt macht diesbezüglich nicht allein die Rolle der „Internal Governance Units" (IGUs; Fligstein und McAdam 2012, S. 13) begreiflich, die in ähnlicher Weise auch in den USA zur Geltung kommen, sondern stellt auch gesellschaftspolitische Implikationen heraus. Anders als in der Region SF ist die Durchsetzung der sozialräumlichen Vorstellungen weniger von ökonomischen Legitimationsmustern, wirtschaftspolitischen Solidaritäten und sozialunternehmerischen Handlungslogiken geprägt. Vielmehr sind deutsche Bildungslandschaften weiterhin von bildungsföderalistischen Ausgleichsvorstellungen durchzogen.Wirtschaftspolitische Vorstellungen wie der Fachkräftemangel werden weniger von Unternehmen, sondern primär von Städten und

Kommunen sowie punktuell von Wirtschaftsverbänden vertreten. Ähnlich wie in den USA kommen dabei Arbeitnehmerperspektiven selten zur Sprache (eine Ausnahme sind die Veranstaltungen der Körber-Stiftung). Überhaupt scheinen gesellschaftspolitische Fragen in der direkten, von einem ausgleichenden Ton geprägten Interaktion meist implizit zu bleiben.

Im Kontrast mit diesen Praxisdiskussionen wurde hier eine Offenlegung der oft nur impliziten Präferenzen angestoßen. Es wurde gezeigt, wie im Feld der Bildungslandschaften um dessen Strukturierung gestritten wird, beziehungsweise wie verschiedene Akteursgruppen die von ihnen präferierte Strukturierung durchzusetzen versuchen: Die Einen präferieren ein an klar umgrenzten Strukturen orientiertes Bild. Sie verfolgen das Ziel, sich selbst als Koordinationsstelle in einer relativ einheitlichen Bildungslandschaft zu etablieren, nicht zuletzt um eine „Projektitis" zu vermeiden. Die Anderen, die in erster Linie einer „Strukturitis" entgegentreten wollen, finden eine Bildungslandschaft erstrebenswert, die gleich mehrere Ansätze parallelführen kann. Diese zweite Akteursgruppe bemüht sich entsprechend um eine vermittelnde und gewissermaßen ermöglichende Rolle.

Neben der gesellschaftspolitischen Diskussion werfen die Befunde auch eine praktische Frage auf: Welche Perspektive ergibt sich innerhalb einer Bildungslandschaft aus Sicht von Bildungsorganisationen? Die sehr variable Einbettung, die idealtypisch aufgezeigt wurde, begünstigt mutmaßlich auch unterschiedliche Reaktionen und Umgangsweisen von Seiten regionaler Bildungsorganisationen. So zeichnet sich ab, dass Bildungsorganisationen, wenn sie umgeben sind von einer fragmentierten Bildungslandschaft, nicht mit einem stabilen Orientierungspunkt zwischen Wirtschaft, Bildung, Wissenschaft und Politik rechnen können. Ihr Ausgangspunkt und ihre Handlungslogik ergeben sich vermutlich erst aus der Anpassung an divergente Erwartungen. Die nächste Fallstudie zeichnet die Entstehungsgeschichte einer Bildungsorganisation nach, die sich inmitten von derart unwägbaren Kontextdynamiken etablieren konnte.

FALLSTUDIE III: Zukunftswerkstatt Buchholz

12. Lernende oder Politische Organisation? Sektorübergreifende Bildungsarbeit durch oder trotz institutionelle(r) Komplexität

> „[...] the trading partners can hammer out a local coordination, despite vast global differences. In an even more sophisticated way, cultures in interaction frequently establish contact languages, systems of discourse that can vary from the most function-specific jargons, through semispecific pidgins, to full-fledged creoles rich enough to support activities as complex as poetry and metalinguistic reflection." (Galison 1997, S. 783)

Eine regionale Bildungsarbeit ist, gerade wenn sie aus ihren üblichen Institutionen und Professionen entlassen wird, eingebettet in die Reproduktionsprozesse regionaler politischer Ökonomien. Diese Einsicht aus den vorigen Fallstudien wirft ein Emanzipationsproblem auf: Nur schwerlich können Bildungsorganisationen die Gemengelage von gesellschaftspolitischen Umständen und (teils) inkompatiblen Interessen verändern, aus der sie selbst entstanden ist. Genau das wäre aber, der Idealvorstellung von regionalökonomischen Bildungslandschaften folgend, der Auftrag einer sektorübergreifenden Bildungsorganisation. Diese ist Produkt und Produzentin ihrer Umstände und vielleicht sogar Hoffnungsträgerin für eine sektorübergreifende Transformation. Sie muss aber mit dem operieren, was da ist bzw. schlägt nur die Wege ein, die als gangbar und legitim gelten können.

Wenn man die in Fallstudie II skizzierten Bildungslandschaften als die Arbeitskontexte von Bildungsorganisationen sieht, kann man mit Fug und Recht von einer großen institutionellen Komplexität sprechen (Greenwood et al. 2011). So sind jene Bildungslandschaften geprägt von einer großen Vielzahl an und relativen Inkompatibilität von kulturellen und regulativen Rahmenbedingungen. Wer inmitten dieser Komplexität eine neue Organisation aufbaut, ist konfrontiert mit vielfältigen prakti-

schen Herausforderungen, die jede für sich an jenes Emanzipationsproblem rückgebunden sind; sei es bei der Akquise von Geldern, der Moderation von verschiedenen Denkweisen oder bei der Errichtung einer betrieblichen Infrastruktur – in all diesen Schritten einer Organisationsbegründung stellt sich immer wieder die Frage, wie sehr man sich an regionale Interessenskonstellationen binden will, bzw. welche Anbindung benötigt wird, um sich den notwendigen Handlungsspielraum zu schaffen.
So kann wohl damit gerechnet werden, dass eine Organisation, die im Zwischenraum von Bildung und Wirtschaft entsteht, letztlich das Resultat vielfältiger Referenzen darstellt; dass sie auf mehr oder weniger labile sektorübergreifende Verbindungen angewiesen ist. Konfrontiert mit konfliktären Umwelterwartungen bezüglich ihrer Ziele oder Mittel reagieren Organisationen in unterschiedlichem Ausmaß mit Annahme, Kompromiss, Vermeidung, Ablehnung oder Manipulationsversuchen auf ihre komplexe Situation (ebd.; Oliver 1991).
Die folgende Fallstudie widmet sich diesem Emanzipationsproblem als praktische Herausforderung, organisationale Formation und gesellschaftspolitische Problematik. An einem Beispiel wird eine Diskussion dazu aufgeworfen, inwiefern zivilgesellschaftliche Praktiken der Zusammenarbeit – hier: eine außerschulische Bildungsstätte – an regionalökonomischen Politikziele gebunden sind und inwiefern sie von diesen entkoppelt werden können. In diesem Zusammenhang als „strategic case" verstanden (Walton 1992, S. 127) rekonstruiere ich die Entstehung einer Bildungsorganisation, der *Zukunftswerkstatt Buchholz*. Die Leitfrage lautet: *Wie sind Regionen und Organisationen in ihrem jeweiligen Verhältnis von Bildung und Wirtschaft und in der Organisationswerdung der Zukunftswerkstatt aneinander gekoppelt?*
Im Ergebnis liegt eine Entstehungsgeschichte vor, die die Diskussion des genannten Emanzipationsproblems organisationspragmatisch und genealogisch fundiert. Nach und nach, so meine Darstellung in Anlehnung an Galison (1997), entsteht die *Zukunftswerkstatt* als eine sektorübergreifen-

de Verhandlungszone (orig.: „trading zone"). Zwischen Bildungs- und Wirtschaftswelten erschafft die Bildungsstätte vielfältige Kontaktstellen und vielbezügliche „Kontaktsprachen" (ebd., S. 783; übersetzt vom Autor), die in mehr oder weniger transparenter Weise zur Aufrechterhaltung der vielfältigen Beziehungen beiträgt. Die Organisation bindet sich materiell und symbolisch, in ihrer Organisationsform und pädagogischen Praxis an mehrere Bildungs- und Wirtschaftsanliegen und wird von diesen zugleich ermöglicht und eingeschränkt.

Nun werden einschlägige Organisationspraktiken unter die Lupe genommen, durch die Bildungsorganisationen in ihrer Struktur und Strategien auf das jeweilige regionale Umfeld ausgerichtet werden. Die Relevanz von Organisationen habe ich in diesem Kontext bereits in Kap. 2 und 3 vorgetragen. An die Charakterisierung von intermediären Organisationen als Prozesse *innerhalb* sowie als Produkte und Produzenten *von* Bildungslandschaften schließe ich nun an, indem ich Konzepte aus der Organisationsforschung für meine Analyse fruchtbar mache. Daraus entwickle ich dann zwei hypothetische Entwicklungsszenarien, um zuletzt den empirischen Zugang zur *Zukunftswerkstatt Buchholz* als Fallstudie zu skizzieren.

12.1 „Trading zone" – Kooperation trotz Divergenz

Die Komplexität von pädagogisch-ökonomischen Zwischenräumen stellt in einer organisationspraktischen Perspektive vor allen Dingen eine Kooperationsherausforderung dar. Ein Kernproblem in der Organisation regionaler Bildungsarbeit ist nämlich die Frage, wie trotz divergenter Erwartungszusammenhänge eine produktive Zusammenarbeit ermöglicht werden kann und inwiefern dies durch eine bestimmte Organisationsform getragen werden kann. Bereits in Fallstudie I wurde deutlich, dass Organisationen inhärent mit der Gemengelage auf regionaler Ebene konfrontiert sind. Aus diversen Raumbildern und der in Fallstudie II eruierten Idee der Bildungslandschaft ergibt sich auch ein wesentliches Dilemma auf der Organisationsebene, hier für die *Zukunftswerkstatt*. In der alltäglichen Arbeit und in strategischen Diskussionen steht oft die Frage im Raum, ob man sich entweder für die in der regionalen Umgebung virulenten Bildungsanliegen öffnet oder ob man sich ihnen eher verschließt.

Selten wird diese Frage in der gesellschaftspolitischen Debatte um regionale Zusammenarbeit aufgegriffen. Bei aller Kooperationsrhetorik wird häufig vergessen, dass außerschulische Lernorte relativ kleine Elemente zwischen mehreren Kraftfeldern sind. Rhetorisch, personell, aber oft auch monetär werden hier besonders viele regionalökonomische Referenzen hergestellt und neuartige Mischverhältnisse ausprobiert. In der Nuancierung wurden bereits interorganisationale Sprech- und Organisationsweisen, teilweise sogar Transaktionssysteme, skizziert, durch welche die Anliegen von Bildungsorganisationen und Unternehmen verbunden, aber auch getrennt werden. Ungeklärt blieb, wie eine einzelne Kooperationsstätte – hier: eine einzelne Bildungsorganisation – strukturiert sein kann, um im Zwischenraum von Bildung und Wirtschaft Kooperation trotz Divergenz zu ermöglichen.

Die Debatte über ‚Kooperation trotz Divergenz' hat bereits der Wissenschaftshistoriker Peter Galison (1997) zur Frage der Interdisziplinarität aufgeworfen. Er hat dabei, am Beispiel des Aufeinandertreffens verschiedener Denkschulen in der Physik, ein Konzept eingeführt, das auch hier tragfähig ist. Eine „Trading zone" (siehe Mottozitat) bezeichnet ein sozialräumliches Arrangement, durch das der Kontakt von divergenten oder gar konfliktträchtigen Kooperationsbeziehungen organisiert wird. Im Wortsinne kann eine Kooperationsstätte hier als Verhandlungsbasis, Verhandlungsgegenstand und Verhandlungsprozess gedacht werden. Durch eine „trading zone" werden unterschiedliche Sprechweisen aufrechterhalten und dennoch miteinander ins Gespräch gebracht.

Nachdem jenes Problem bereits in der Wissenschafts- und Technikforschung unter Rückgriff auf das Konzept der „Boundary Objects"

12.1 „Trading zone" – Kooperation trotz Divergenz

aufgeworfen (Star und Griesemer 1989) und als Organisationskonzept angereichert wurde (Guston 2001), wird hier das Konzept der „trading zones" als Organisationsbegriff verstanden (wie bei Vaughan 1999, Kellogg, Orlikowski und Yates 2006). Während das Konzept des „Boundary Objects" bzw. der „Boundary Organization" dabei auf die Grenzstelle fokussiert und eine synchrone Auflösung suggeriert, d. h. eine gleichzeitige Bündelung mehrerer Bezüge, soll nun diachron und kontextuell vorgegangen werden: Wie stellen regionalökonomische und bildungspolitische Bezüge im Verlauf ihres Kontaktes einen Zwischenraum her und wie wird dieser – im Sinne eines ökonomischen Handels, einer politischen Auseinandersetzung und eines operatives Geschäftsprozesses – immer wieder ver-*handelt*? Denn, ähnlich wie Kellog, Orlikowski und Yates im Hinblick auf „trading zones" konstatieren (2006, S. 39), stellt auch die folgende Entstehungsgeschichte der *Zukunftswerkstatt* weniger eine fixierte Schnittstelle dar. Vielmehr illustrieren die Folgekapitel die „[...] Grenzkoordination als die ständige Enaktierung einer trading zone [...]" (übersetzt vom Verfasser).

Als Organisationskonzept verstanden ist eine „trading zone" (Galison 1997) durch seine Außenbezüge konstituiert. In diesem Sinne ist zu berücksichtigen, dass die untersuchten Bildungsorganisationen nicht innerhalb einer Handlungsarena entstehen, sondern zwischen (mindestens) zwei konstitutiven Gesellschaftsbereichen; der Regionalwirtschaft und staatlichen Bildungsträgern und -behörden. In Bezug auf diese Außenbezüge hat die feldsoziologische Trias von Ackerfeld, Kampffeld und Kraftfeld zuvor bereits den Blick für mehrere Bedeutungen von „trading zones" geschärft. Es wurde in den Kapiteln in Fallstudie I jeweils herausgearbeitet, wie verbindende Sprech- und Organisationsweisen ein Träger, Konfliktgegenstand und Spielball des Wechselspiels zwischen Bildung und Regionalwirtschaft sein können.

Um die Diskussion über ‚Kooperation trotz Divergenz' zu eröffnen, sind außerschulische Lernorte aus mehreren Gründen ein dankbarer Gegenstand. Diese können sich in ihrer Organisationsweise nicht auf ein eindeutiges institutionelles Schema verlassen oder einem solchen von staatlicher Seite zugewiesen werden. Anders als Kitas, Schulen oder Hochschulen gelten außerschulische Lernorte hier nicht als institutionelle Schutzzonen mit eigenen Regeln, geschweige denn eigenen Professionen. Anstatt von einer vorgefassten Organisationseinheit zu sprechen, sollte zunächst wohl besser von einem wenig abgegrenzten Mikrokosmos ausgegangen werden. Insbesondere in der Entstehung außerschulischer Lernorte lässt sich auf organisationaler Ebene erkennen, wie Bildungslandschaften auf komplexen Kopplungs- und Entkopplungsfiguren beruhen. Aufgrund der Vorarbeiten lautet meine Prämisse also, dass Bildungsorganisationen wie die *Zukunftswerkstatt* auch in ihrer Struktur von dem institutionell-komplexen Grenzgebiet geprägt werden, in dem sie sich bewegen. Die methodologische Herausforderung besteht darin, die feldtheoretische Optik auf die Umweltbeziehungen der *Zukunftswerkstatt* anzuwenden, ohne dabei eine Organisationsgrenze vorauszusetzen.

Wie also lässt sich eine Topologie empirisch erfassen, in der institutionelle Komplexität als konstitutiv für Bildungsorganisationen verstanden wird? In Kap. 2 und Kap. 3 wurde die Rolle von Organisationen in regionalökonomischen Bildungslandschaften theoretisch erörtert; u.a. im Rückgriff auf die neoinstitutionalistische Organisationsforschung. Angewandt auf den vorliegenden Fall stellt sich aus neoinstitutionalistischer Perspektive die Frage, wie regionalökonomische Anliegen in regionale Bildungsorganisation vordringen, wie sie also, soziologisch formuliert, *performativ* wirksam werden. Es geht also darum, wie die schematischen Beschreibungen von *Bildung als Wirtschaftsfaktor* als Handlungslogik wirksam werden und wie sie im Verlauf ihrer Anwendung an Plausibilität und Legitimität zunehmen.

Wie in der neoinstitutionalistischen Organisationsforschung bereits in Bezug auf Globalisierung, nicht aber Regionalisierung herausgestellt wurde, kann die räumlich-regulative Organisation von Bildung aus dieser Perspektive als manifestierte Theorie gesehen werden (Meyer 1977, S.

65): „Formalized educational systems are, in fact, theories of socialization institutionalized as rules at the collective level."
Kraft symbolisch vermittelter Arbeitsweisen, und nicht allein durch regulative Eingriffe, entwickelt das Bildungswesen eine innerhalb eines staatlichen oder gar globalen Territoriums relativ ausgeprägte Einheitlichkeit, die auf unbewussten Anpassungsprozessen basiert. [117] Die Struktur von Organisationen ist diesem Denken folgend nicht allein auf funktionale oder machtpolitische (oft nationalstaatlich verfasste) Zwänge zurückzuführen, sondern auf schematische Vorstellungen, die letztlich kulturelle Ursprünge haben.

Wie kann man sich also die organisationale Wirkungsweise einer Illusio Fachkräftemangel vorstellen? Neuere Entwicklungen im Bereich des Neoinstitutionalismus verfolgen die Verbindung von institutioneller Komplexität und organisationaler Form. Die Wirkung, die Institutionen in Organisationen entfalten, wurde hauptsächlich mit dem Konzept der sogenannten institutionellen Logiken losgetreten (Fligstein 1990; Friedland und Alford 1991, S. 232; siehe Operationalisierung von Ackerfeldern in Kap. 3.3).

---

[117] Diese Behauptung entwickelten neoinstitutionalistische Organisationsforscher etwa am Beispiel von Grundschulcurricula (Benavot, Cha, Kamens, Meyer und Wong 1991) oder der globalen Bildungsexpansion (Meyer, Ramirez, Rubinson und Boli-Bennett 1977; Schofer und Meyer 2005). Letzteres Phänomen etwa wird weniger als Folge von ökonomischer Globalisierung oder sozialer Modernisierung beschrieben, sondern in Verbindung mit den Schemata der nationalstaatlich verfassten Entwicklung und Ökonomie gebracht. Die weltweite Diffusion „rationalisierter Modelle" bestimmt die Formation lokaler Staats- und Bildungssysteme. Meyer und Kollegen (Meyer, Ramirez und Soysal 1992) argumentieren weiter, dass die grundlegenden Prinzipien westlicher Staaten, nämlich das des individuellen Bürgers sowie das der staatlichen Kontrolle, die Ausprägung von Massenbildung kausal erklären.

Angesichts der institutionellen Komplexität der außerschulischen Bildung, kann man auf die vielfache Kopplung und Entkopplung von Organisationstypen, -Praktiken und -Strategien gefasst sein (Binder 2007). Vorab lässt sich sogar konstatieren, dass die organisationalen Folgen von vielfältigen, kulturellen Umwelten üblicherweise in Mischformen resultieren, innerhalb derer diverse Organisationsformen- und Praktiken kombiniert werden (Battilana und Dorado 2010; Fox-Wolfgramm, Boal und Jerry 1998; Pache und Santos 2010; Smets, Morris und Greenwood 2012).[118]

Dies legt die These nahe, dass aus der Verbindung von institutioneller Komplexität und organisationaler Form hybride Organisationsformen und -strategien entstehen, die Bildungsarbeit ermöglichen oder beschränken und die eine Vielzahl von mehr oder weniger losen Kopplungen zwischen organisationalen Arbeitsfeldern und Umwelten herstellen.

Passend dazu wird nun – mit Blick auf eine einzelne Bildungsstätte – die vielfältige Strukturiertheit und Strukturierung der Organisation unter Einfluss von Bildungs- und Wirtschaftskontexten in den Blick genommen. Jene Kontexte werden hier unter Rückgriff auf das theoretische Modell der Arbeit als komplexe Überlagerungen von Gütern und Autoritäten (Ackerfeldern), antagonistischen Interaktionsbeziehungen (Kampffeldern) und symbolischen und materiellen Ressourcenverteilungen (Kraftfeldern) konzipiert.

Wohlgemerkt sind mehrere Formationen denkbar, in denen Kooperation trotz divergenter Anliegen stattfindet. Eine der Möglichkeiten ist schon in dem gesellschaftspolitischen Anliegen der Bildungslandschaften-Debatte

---

[118] Wiederum sind Bildungsorganisationen ausgezeichnete Beispiele (Thornton, Jones und Kury 2005), denn hier sind Mischformen nicht allein in Ausnahmesituationen anzutreffen, sondern können als Normalfall gelten (z. B. Dunn und Jones 2010; Jarzabkowski, Matthiesen und Van de Ven 2009).

angelegt, und zwar in der Vorstellung von einer lokalen, mehrere Handlungsfelder umfassenden Integration regionaler Anliegen. Neben einem Integrationsprozess von Organisation einerseits und Organisationsumwelt andererseits ist auch ein Prozess der Desintegration denkbar. Für Felder wurde diese Ergänzung bereits vorgenommen (Kap. 2-4 zur Theorie, Fallstudie I und II zur Empirie dessen). Für Bildungsorganisationen heißt das: Die Außendarstellung und die tatsächliche Arbeit können auch relativ unabhängig voneinander bleiben. Wie kann man diese Entwicklungsmöglichkeiten unter Rückgriff auf die in Kap. 4 entworfenen Entwicklungsfiguren antizipieren?

12.2 Idealtypischer Entwurf zur intermediären Organisationswerdung

Untersucht wird nun, wie regionalökonomische Bildungsbegriffe durch Ressourcen, politische Erwartungen oder kulturelle Adaptionen in die Praxis einer Organisation hineingeraten und wie die Organisationsstruktur in der Folge fragmentiert wird.[119] Vorab lassen sich zwei Idealtypen festhalten: Während die institutionell komplexen Umgebungen mit einer losen Kopplung von Talk und Action gepuffert werden (vgl. Brunsson

---

[119] Dabei unterstelle ich, wie schon Meyer und Rowan (1977, S. 353), einen Zusammenhang zwischen der Art der Kopplung der Organisationskomponenten einerseits und der Art der Organisationspraxis andererseits: „The survival of some organizations depends more on managing the demands of internal and boundary-spanning relations, while the survival of others depends more on the ceremonial demands of highly institutionalized environments. The discussion to follow shows that whether an organization's survival depends primarily on relational or on institutional demands determines the tightness of alignments between structures and activities."

1989), sind anders konfigurierte Organisationen von dem Anspruch einer engen Kopplung geprägt. Prägnanter gesagt wird nun also auf organisationaler Ebene gezeigt, wie die institutionelle Komplexität regionaler Felder Grundlage einer Bildungsorganisation werden kann, aber auch einen Abgrenzungsbedarf mit sich bringt.

Wie lässt sich die *Zukunftswerkstatt* in diesem Spannungsfeld charakterisieren? Wie auch innerhalb der neoinstitutionalistischen Debatten deutlich wird, erfordert diese Frage zunächst einen mikrosoziologischen Zugang (Zucker 1977). Anstelle einer unterstellten Organisationsumwelt und Organisationsgrenze, wie Hallett und Ventresca (2006, S. 929) durchaus kritisch gegenüber der neoinstitutionalistischen Perspektive schreiben, sind Kopplungsprozesse nicht „seamless" und unausweichlich oder gar von gesamtgesellschaftlich verankerten Logiken determiniert. Vielmehr werden symbolische und materielle Komponenten erst generiert und aufeinander bezogen, woraus dann die Organisationsform emergiert.

Im Sinne des zuvor entwickelten feldtheoretischen Blicks ist es daher hilfreich, weder die Logiken noch die Kopplungen als externe Räume oder inhärente Eigenschaften der Organisation vorauszusetzen und entsprechend auch keine symbolischen oder materiellen Komponenten und Verbindungen primär zu behandeln.

Idealtypische Entwicklungsfiguren

Warum und inwiefern greife ich hier auf zwei Szenarien zurück? Zuvor habe ich die Strategie des idealtypischen Denkens und die heuristische Fallauswahl vorgestellt. Im konkreten Vorgehen folge ich dabei der Methode der Theorieentwicklung, die Diane Vaughn (1992) expliziert und sogar auf Organisationen *als Felder in Feldern* (2008, S. 72) angewendet hat.

12.2 Idealtypischer Entwurf zur intermediären Organisationswerdung 407

Dem liegt der Gedanke zugrunde, dass eine theoretische Fundierung Ausgangspunkt, nicht Endpunkt der empirischen Arbeit.[120] Die Befunde werden mit den Vorannahmen also verglichen, um dadurch das empirische Wissen und zugleich das theoretische Vorstellungsvermögen zu schärfen. So entstehen theoretisch formulierten Idealtypen, deren Vorteile ich zuvor dargelegt habe (Kap 3): Beobachtungen dienen der Theorieentwicklung und profitieren selber von der analytischen Präzision, die entsteht, wenn mehrere Orte oder Zeitpunkte im Lichte theoretischer Vorstellungen verglichen, zur theoretischen Artikulation herangezogen und empirische Überraschungen nicht aufgelöst oder aussortiert, sondern hervorgehoben und kontextualisiert werden.

Aus den vorigen Erörterungen ergibt sich ein dimensionales Modell, das sich hier auf das Entstehen von „trading zones" als Organisationen anwenden lässt. Dementsprechend bilden Organisationen in idealtypischer Sichtweise entweder lose oder fest gekoppelte Umweltbeziehungen heraus, im Realfall meist aber Mischformen. So kann man anhand der folgenden drei von der Theoriearbeit in Kap. 3-4 informierten Eigenschaften sehr unterschiedliche Formationen erkennen:

---

[120] Entgegen des radikalen Induktivismus und der Kodierstrategie, mit der insbesondere die Grounded Theory (Glaser und Strauss 2009) auf der Grundlage von Daten ein Kategoriennetzwerk erarbeitet, und entgegen der Reduktion sozialer Zusammenhänge auf die Mikro- oder Makroebene gehe ich von der Gegenüberstellung zweier antagonistischer, aber in ihren Dimensionen vergleichbaren Idealtypen aus. Es sollen aber auch nicht, im Sinne eines überzogenen Deduktivismus, Hypothesen abgeleitet und überprüft werden. Die Theoriearbeit folgt vielmehr dem Ziel einer möglichst breitgefassten Modellierung eines Zusammenhanges, der dann empirisch verfeinert und zunehmend abgegrenzt wird (Vaughn 1992, S. 182).

- Welches Territorium nimmt Bildung ein?
- Wie wird Bildung kodiert?
- In welchem Verhältnis stehen materielle und symbolische Komponenten?

In der chronologischen Abfolge stellt sich bei der *Zukunftswerkstatt* vor allem die Frage, wie institutionelle Ressourcen und symbolische Ressourcen einerseits der Organisation eine gewisse Dauerhaftigkeit und Örtlichkeit verleihen und wie sie andererseits den Spielraum einschränken.

Die institutionelle Komplexität, die außerschulische Bildung prägt, lässt auf zwei idealtypische Entwicklungsfiguren schließen, im Lichte derer die empirische Komplexität und Spezifizität eines Falles beobachtet und diskutiert werden kann – auf die lernende (Argyris und Schön 1978, Ciborra und Andreu 2001, Amin und Cohendet 2004) und die „politische Organisation" (Brunsson 1989). Beide Figuren lassen sich als polare Extreme dazu verstehen, wie eine Bildungsorganisation entsteht und welche losen Kopplungen sich dabei entwickeln. Zum einen gibt es die Möglichkeit einer fest gekoppelten Formation und Kopplung, zum anderen die einer lose gekoppelten Formation und Kopplung von Umweltbeziehungen.

Diese Szenarien will ich aus vier Gründen vorab darstellen: Erstens um die Einzelauswertungen nicht zu überfrachten. Zweitens um im Verlauf der Detailuntersuchungen eine Vorstellungskraft dafür zu bewahren, dass es anders hätte verlaufen können. Drittens können die Szenarien inhärente Vor- und Nachteile der einen oder anderen Entwicklungspfades ausmachen und kontrastieren. Und zuletzt wäre die Bildungsarbeit und regionale Bedeutung der Organisation eine völlig andere, wenn die Umweltbeziehungen entweder fest oder lose gekoppelt werden. Entlang dieser Parameter stellen sich die Idealtypen wie folgt dar.

12.2 Idealtypischer Entwurf zur intermediären Organisationswerdung

Idealtypus I: „Politische Organisation"

Man kann sich im Sinne einer losen Kopplung vorstellen, dass die Umweltbeziehungen sehr wohl ins Haus geholt werden, dass aber *Organisationsgrenzen* und die arbeitsteilige Bearbeitung der Umweltbeziehungen nicht verstetigt werden, sondern sich als Spielball und Kristallisationspunkt der institutionellen Komplexität immer neu ausrichten. Mit einem desintegriertem Vorgehen und strategischen Balanceakten wäre garantiert, dass Organisationen trotz inkonsistenter Umwelterwartungen und Leistungen fortbestehen (Brunsson 1989). Diese Desintegration wäre auch in dem vorliegenden Kontext wenig verwunderlich, da doch institutionelle Regeln selten mit Effizienzmaßstäben einhergehen und pluralistische Gesellschaften per se inkonsistente Erwartungsstrukturen mit sich bringen (Meyer und Rowan 1977). Das zeigt sich im umgekehrten Fall besonders eindringlich. Würde nämlich ein perfekt koordinierter und konsequenter Aufgriff der Umwelterwartungen praktiziert, könnte die technische Umsetzung widersprüchlicher Bedürfnisse zu Konflikten führen (ebd.). Würde beispielsweise im Zusammenhang des Fachkräftemangels die Erwartung an Bildungsorganisationen herangetragen, dass sie ihre hergebrachten Arbeitsverfahren und Leistungsprinzipien im Angesicht von arbeitsmarktlichen Bedarfszyklen verändern sollen, ist von vornherein nicht allein mit gefügigen Organisationen und anpassungsfähigen Umweltbeziehungen zu rechnen. Eine Bildungsorganisation könnte auch mit einer gewissen Abgrenzung oder einer einseitigen Anpassung reagieren, um den bisherigen modus operandi trotz dynamischer Umwelterwartungen fortzuführen.

Der Zusammenhang von Geldern, Denkweisen und Artefakten wird in diesem Szenario immer neu gemischt, so dass auch die daran gebundenen *Umweltbeziehungen* nicht miteinander koordiniert werden, sich wohl aber jeweils neue Reibungsflächen ergeben, da jeder Teil der Organisation je nach aktueller Konfiguration mit einem komplexen Gemisch an Umweltbeziehungen in Kontakt kommt. Dieser Kontakt aber wird nicht als Koordinationsaufgabe wahrgenommen, sondern eher als fruchtbare Dynamik. Da die verstetigte Koordination nicht angestrebt wird, müssen eventuelle Spannungen nicht als Konflikt oder praktische Schwierigkeit erscheinen, sondern können innerhalb der Organisation ihre Wirkung entfalten, so dass beispielweise das Personal zugleich in verschiedene Richtungen arbeitet. Dabei entsteht ein vielschichtiger *Spielraum* aus Möglichkeiten und Einschränkungen. So ist durchaus denkbar, dass sich die verschiedenen Umweltbezüge insofern gegeneinander ausspielen lassen, als dass gegenüber einem regionalökonomisch orientiertem Publikum anders kommuniziert wird als gegenüber einem pädagogisch orientierten, oder dass man als Akteur in der einen Welt agiert, indem man auf die andere verweist.

Auch für die später dargestellten Phasen der Ressourcenakquise und der Konzeptentwicklung und unter Rückgriff auf Kap. 4 kann man sich, dem Idealtypus I folgend, eine lose Kopplung vorstellen: diverse Quellen, Ideen und Artefakte werden mit dem Ziel angezapft, an verschiedene Welten anzuschließen, ohne diese miteinander verzahnen zu wollen, wohl aber mit dem Ziel, verschiedene Kontaktpunkte zu kreieren. *Krisensituationen* würden potenziell alle Organisationsteile betreffen und ließen sich schwerlich arbeitsteilig kanalisieren und erfordern damit eine gemeinschaftliche Reaktion.

In diesem Fall kann die *Bildungsarbeit* ständig neu ausgerichtet werden und hat somit das Vermögen, eine regionale Entwicklung in kreativer Art und Weise aufzugreifen und sichtbar zu machen. Die beteiligten Akteure müssen dabei aber auf Überraschungen gefasst sein. Die *regionale Bedeutung* der Organisation würde wohl dem Sinnbild eines sektorübergreifenden Knotenpunktes und einer responsiven Plattform entsprechen, in der die Dynamik der Stakeholder und Sektoren in pädagogischer Arbeit immer neu verknüpft wird.

12.2 Idealtypischer Entwurf zur intermediären Organisationswerdung 411

Idealtypus II: Lernende Organisation

Eine fest gekoppelte Formation als entgegengesetzter Entwicklungspfad würde ganz andere Folgen haben. Auch in diesem Fall werden komplexe Umwelten an den *Grenzen* der Organisation gebrochen, sie werden aber nicht als Parallele oder relativ lose Erwartungszusammenhänge in Kauf genommen, sondern auf spezialisierte Mikrokosmen verteilt, die sich relativ zuverlässig auf eine Art der Umweltbeziehung konzentrieren können. Die inkonsistenten Umwelterwartungen durchziehen dementsprechend nicht alle Aufgabenfelder, differenzieren jene aber in relativ geschiedene Welten. Die *Führung* der Organisation oder der einzelnen Aufgabenfelder ist in diesem Fall keine Navigationsaufgabe, wohl aber eine Verteilungs- und Abgrenzungsherausforderung und bedarf einer Koordination der spezialisierten Aufgaben und Gruppen.

Der wohl wichtigste Unterschied ist also, dass der *Spielraum*, der sich aus den Umweltbeziehungen generieren lässt, ein Gegenstand der umfassenden Verwaltung ist. Er emergiert nicht bloß aus der Summe an Koordinationspraktiken. Im Falle *dynamischer Umweltveränderungen* verlässt man sich nicht auf die hybriden Verschiebungen, die immer wieder die Unsichtbarkeit anderer Referenzen garantieren, sondern erhält eine relativ konsequente Arbeitsteilung aufrecht, um die Existenz der Organisationen zu sichern.

Die *Bildungsarbeit* ist in diesem Fall nur eines von vielen Aufgabenfeldern, muss sich mit diesen aber nicht primär beschäftigen, sondern bekommt die äußeren Referenzen in gefilterter Form zugespielt. Mit der Spezialisierung auf bestimmte Umwelterwartungen mag sogar eine Tendenz zur Professionalisierung der pädagogischen Kräfte einhergehen. Die *regionale Bedeutung* der Organisation würde sich dementsprechend aus dem Koordinationsaufwand speisen, mit dem verschiedene Umwelterwartungen katalogisiert und differenziert werden. Die Organisation könnte in ihren Bestandteilen für umfassende regionale Koordinationszwecke genutzt werden, sie wäre für einzelne Mitglieder und Besucher

aber keineswegs ein Treffpunkt diverser Gruppierungen, sondern eher eine Anlaufstelle für Anliegen, deren Koordination einer kompetenten Führung anvertraut wird.
Bezüglich beider Szenarien ist anzumerken, dass idealtypische, also nicht empirische Unterschiede benannt und dass vorab keine Urteile über die Handlungsfähigkeit einer entsprechend konfigurierten Organisation gefällt werden.

12.3 Anschlussfragen und ethnografisches Vorgehen

Die Fallstudie nimmt an einem konkreten Beispiel den Aufbau einer Organisation im Zwischenraum von Bildung und Wirtschaft in den Blick. Insgesamt stellt sich die Frage, wie heterogen oder homogen die kulturell-kognitiven Grundlagen der *Zukunftswerkstatt* sind und inwiefern sie miteinander und mit sozialen Umwelten in Verbindung stehen.
Um diese offenen Stellen zu ergründen, folge ich wiederum dem triadischen Feldbegriff. Im Sinne des Kraftfeldbegriffes wird zunächst das Aufeinandertreffen mehrerer Logiken aus benachbarten Handlungsfeldern angesprochen. Im Sinne des Ackerfeldbegriffes steht die Monopolisierung bestimmter Logiken im Vordergrund. Und drittens wird die Auseinandersetzung mehrerer Logiken in den Blick genommen.
Auf die Weise kann das Vermögen der Organisation eingeschätzt werden, verschiedene Sichtweisen zu integrieren und zu moderieren oder gar zu transformieren. Beide idealtypischen Antworten, die eng gekoppelte Integration einer lernenden Organisation und die lose gekoppelte Desintegration einer „politischen Organisation", bringen weitreichende Implikationen mit sich, wie Personal, Stakeholder und administrative, sozusagen außen- und innenpolitische Aufgaben generiert und aufeinander bezogen werden.
In den folgenden Kapiteln rücken schrittweise auch unterschiedliche Gruppen und Betätigungsbereiche der *Zukunftswerkstatt* in den Blick: die

Initiatoren (Kap. 13), regionalpolitische Interessensgruppen und Mittelgeber (Kap. 14) sowie Ehrenamtliche, Festangestellte und die Leitung der Organisation (Kap. 15). So generieren die Kapitel sukzessive ein relativ vollständiges Bild vom Innenleben der *Zukunftswerkstatt* in der Position zwischen Regionalwirtschaft und staatlicher Bildung.

Genealogischer und ethnografischer Zugang

Im Fokus steht die Entstehungsgeschichte einer Organisation. Diese Strategie lässt sich als *methodischer Lokalismus* bezeichnen und hat zwei wesentliche Komponenten, eine genealogische und eine ethnografische. Um in den untersuchten Kopplungsprozessen die konstitutiven Einheiten nicht vorauszusetzen, stellt zuallererst die diachrone Abfolge eine fruchtbare Forschungsstrategie dar.[121] Andrew Abbott (1995, S. 104) und andere (George und Bennett 2005; Mahoney 2012) haben auf die Stärke von Schritt-für-Schritt-Zeitfolgen hingewiesen. Diese sind besonders geeignet, um die Entfaltung historisch gewachsener Abhängigkeiten zu explizieren und dabei theoretische Vorannahmen – hier: die genannten Szenarien von loser und fester Kopplung – zu überprüfen. Letztlich kön-

---

[121] In der Datenauswertung unterscheidet sich mein Umgang mit Zeitsequenzen insbesondere von Corbins und Strauss' *Grounded Theory* und dem darin angelegten „coding for process" (2015, S. 177 ff.). Hier werden die Interviews selber zur Nacherzählung zeitlicher Prozesse verwendet, um so Phasen und dynamische Mechanismen schon in Analyse des Interviewmaterials benennen zu können. Mir dagegen liegt, da ich eine Echtzeiterhebung mache, keine umfassende Interpretation der Akteure selber vor. Anders als beim „coding for process" ist die Prozessanalyse gewissermaßen eine Sekundäranalyse. Dies hat den Vorteil, dass weniger eine hermeneutische Deutung des Interviewmaterials die primäre Quelle darstellt, sondern die ethnografische Beobachtung.

nen dadurch die Organisationswerdung und zugrundeliegende Kausalitäten herausgearbeitet werden.

Im Kern sind es der Zugang zu einer vollständigen „Within-case"-Untersuchung (Mahoney 2012) – hier der Untersuchung einer Organisation – und das Prinzip der narrativen Unterbrechung, die es mir erlauben, einzelne Momente relativ vollständig zu untersuchen und daraus eine genealogische Erzählung zu produzieren. Was ich zuvor als „formation story" (Hirschman und Reed 2014, S. 274) diskutiert habe, ist am Beispiel einer bestimmten Organisation auch als „career story" (Abbott 1998) zu verstehen. An einem Ort, hier der *Zukunftswerkstatt*, kann die Interaktion mehrerer Gruppen und Strukturen über die Zeit hinweg verfolgt werden.[122] Das Ziel ist es letztlich, die komplexe Infrastruktur an äußeren Zumutungen möglichst vollständig sichtbar zu machen, um auch die Reaktionen im kollektiven Handeln zu verstehen.

Als zweite Komponente meiner Forschungsstrategie folge ich anstelle einer formalen und hypothesengetriebenen Verlaufsanalyse (Abbott 1998; Collier 2011; Mahoney 2012) der Strategie einer Soziologie-als-Ethnografie, wie sie Michael Burawoy (1998, 2003) ausformuliert hat. Die wesentlichen Eckpfeiler dieses Forschungsstils ist die Beobachtung von Interaktionsprozessen im Verlauf, v.a. durch teilnehmende Beobachtungen, und die intime Kenntnis des Handlungszusammenhangs aller

---

[122] Dem zugrunde liegt wiederum ein ethnomethodologisch geprägtes Verständnis von Beobachtung, das durchaus zur Fundierung der neoinstitutionalistischen Debatte über die Wirkung von institutionellen Logiken beitragen kann (vgl. etwa Cornelissen und Werner 2014). Diesem Verständnis nach werden komplexe Anfordernisse des Alltags aufgrund voriger Erfahrungen (Schütz 1932, S. 77) schematisch eingeordnet und spontan bewältigt werden. Doch können an der Praxis und interaktiven Bezugnahme der Akteure durchaus gewisse Regeln abgelesen werden, die dem meist unhinterfragten *common sense* unterliegen. Der mikroskopischen Blick auf einzelne Momentaufnahmen entschlüsselt dann, welche Anreize, Kompetenzen und Anforderungen ihre Wirkung entfalten.

beteiligten Gruppen, v. a. durch qualitative Interviews. Entgegen rein ethnografischer Fallstudien aber ist dieser Zugang in wesentlichen Punkten ausgeweitet und kann insofern der Komplexität einer „career story" (Abbott 1998) gerecht werden. So erkennt dieses Vorgehen die eigene Beteiligung in den beobachtete Situationen in dreifacher Hinsicht an: Nämlich insofern, als dass die Beziehung zwischen Beobachter und Beobachtetem explizit gemacht wird, dass die Beziehung zu einem Theoriekorpus aktiv hergestellt wird (siehe oben) und dass die Beziehung zwischen beobachteten Situationen und kontextuellen Kräften mit einbezogen wird.

Beide Aspekte, der genealogische und der ethnografische, kommen im Vorgehen natürlich zusammen. Dabei wende ich in der Erhebung und Auswertung eine zunächst recht simple ethnografische Methode an, die des wiederholten Besuchs zu unterschiedlichen Zeitpunkten und Kontexten oder der „rolling revisits" (Burawoy 2003, S. 688). Dadurch, dass ich zwischen verschiedenen Zeitpunkten und Schwerpunkten der Entstehungsgeschichte vergleiche, konnten variierende Umstände berücksichtigt, theoretische Arbeitszyklen eingebaut und kontextualisierende Erkundungen unternommen werden.

Datenerhebung

Die folgenden empirischen Kapitel beruhen auf unterschiedlichen Daten. Während ich schon Teil des aktuellen Geschehens bei der *Zukunftswerkstatt* war, habe ich für Kap. 13 und Kap. 14 auf eine Vollerhebung aller organisationsinternen Gesprächsprotokolle zurückgegriffen, die die Initiatoren in der Aufbauphase von 2008 bis 2012 gesammelt hatten und die der Leitung in elektronischer Form vorlagen. Hinzugenommen habe ich in Absprache mit einem Initiator des Projektes (und der Projektleitung) dessen Notizen aus jener Aufbauphase.

In Kap. 15 wird das Aufeinandertreffen mehrerer Gruppierungen innerhalb der *Zukunftswerkstatt* auf Basis von teilnehmenden Beobachtungen, transdisziplinären Gesprächsrunden und zahlreichen informellen Gesprächen (teils telefonisch) rekonstruiert. Dabei greife ich zusätzlich auf insgesamt 29 leitfadenzentrierte Interviews[123] zurück, mit Förderern und Mitinitiatoren (elf Interviews), mit Ehrenamtlichen (neun Interviews) und mit festangestellten Mitarbeitern (sieben Interviewpartner/-innen, teils mehrmals interviewt), die die *Zukunftswerkstatt* aus mehreren Blickwinkeln beleuchten. Das umfasst jeweils die in der ethnografischen Beobachtung als wesentlich identifizierten Gruppen sowie die Personen, die in den Interviews zentral zur Sprache kamen.[124]

Der Erhebungsprozess ist im Kern zirkulär. So habe ich die *Zukunftswerkstatt* über zwei Jahre hinweg etwa einmal im Monat bei Anlässen wie öffentlichen Veranstaltungen und internen Teamsitzungen oder für eigene Interviews besucht. Damit konnten frühere Beobachtungen fortgesetzt oder revidiert und aktuelle, organisationsinterne Prozesse oder - externe Bedingungen registriert werden. In diesem Stil führe ich über meine zweijährige Erhebungsphase hinweg Tiefenbohrungen in Form von Gesprächen und Beobachtungen durch und interpretiere diese im Lichte aktueller oder zurückliegender Ereignisse und Ereignisfolgen und greife dabei auf unterschiedliche theoretische Perspektiven zurück. Die Ereignisse, die intensiver ausgewertet wurden, können als Interdependenzereignisse bezeichnet werden. Sie sind besonders interessant, weil

---

[123] Interviews werden hier unabhängig von den anderen Teilen der Arbeit nummeriert.
[124] Die von der *Zukunftswerkstatt* addressierten Schüler, Lehrer und Unternehmer wurden nicht befragt, da es hier allein um die Innenperspektive und die Beziehungen der Organisationsmitglieder untereinander geht.

12.3 Anschlussfragen und ethnografisches Vorgehen 417

mehrere Belange, Anforderungen und Gruppen zusammenkommen und somit die Interdependenz der verschiedenen Umfelder deutlich wird. Die Datengrundlage ist insgesamt folgende:

- eine Vollerhebung der Sitzungsprotokolle des Initiatorenkreises im Zeitraum von 2008 bis 2012 und zusätzlicher Dokumente (etwa Briefentwürfe, Notizen, Planungsentwürfe)
- acht Interviews[125] und eine Gruppendiskussion mit Ehrenamtlichen (total 30–40, davon ca. ein Dutzend sehr aktiv), zahllose informelle Gespräche: drei 30-minütige Telefonate, eine dreistündige Gruppendiskussion, ein einstündiges Interview, drei halb- bis einstündige Interviews (durchgeführt von Studierenden)
- zehn Interviews mit Festangestellten
- zehn Interviews mit privatwirtschaftlichen Förderern und Gremienmitgliedern
- 18 teilnehmende Beobachtungen in mehreren Organisationsteilen
- ca. 20 transdisziplinäre Interventionen in der Form von zehn halb- bis eineinhalbstündigen Telefonaten mit den zwei Leiterinnen, vier Reflexionssitzungen mit den zwei Leiterinnen und sechs Treffen mit einer Task-Force im Rahmen der Fortbildung zu Bildung für nachhaltige Entwicklung.

Datenauswertung

Für die Auswertung der Daten greife ich auf Barley und Tolberts Vorgehen der Skript-Analyse zurück, um Dokumente zu analysieren,

---

[125] Diese Erhebungen zur Ehrenamtlichenarbeit wurden gemeinsam mit drei Studierenden der Umweltwissenschaften im Seminar zu transdisziplinären Methoden von Prof. Dr. Hans-Joachim Plewig durchgeführt und ausgewertet. Mein Dank geht an Lucy Bohling, lisa Foerster und Theresa Hofmann.

Interviews zu kodieren und Beobachtungsprotokolle auszuwerten. Sie unterscheidet vier Schritte (1997, S. 16):

(1) Gruppierung der Daten nach Kategorien und Beobachtungseinheiten
(2) Identifizierung von Skripten innerhalb der Kategorien
(3) Identifizierung von Gemeinsamkeiten unter den Skripten
(4) Vergleiche der Skripte über die Zeit hinweg

Es handelt sich also um eine rückwirkende Sequenzialisierung der akkumulativ gesammelten und chronologisch geordneten Daten. So wird erst jeweils ein Ereignis untersucht und die Daten chronologisch als situativer Ablauf geordnet. Dabei wird nach Personengruppen unterschieden, insbesondere zwischen Förderern, Ehrenamtlichen, Festangestellten und Leiterinnen, die jeweils bestimmte Ansprüche (Wollen), Kompetenzen (Können) und Zuschreibungen (Sollen) mitbringen (siehe Grafik 10). Diese erste Entschlüsselung der Skripte lässt sich zunächst ohne die Interpretation der Akteure allein im Rückgriff auf eigene intersubjektive Alltagskompetenzen andeuten und im Idealfall mittels Interpretationsgruppen entschlüsseln.

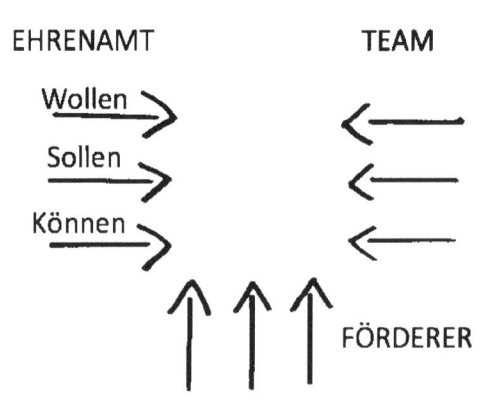

Grafik 10: Skripte (eigene Darstellung)

12.3 Anschlussfragen und ethnografisches Vorgehen 419

Anschließend wird nach Mustern innerhalb der Situation gesucht und hypothetische Skripte werden festgehalten. Daraufhin werden, als separater Erhebungs- und Analyseschritt, beteiligte Gruppen befragt (in der Dokumentenanalyse werden nachfolgenden Ereignisse interpretiert), um die hypothetischen Skripte validieren zu können. Erst dann kann der Ablauf der Situation rekonstruktiv erklärt werden und Skripte können als wirkungsvoll festgehalten werden.

Durch dieses Vorgehen werden idealerweise die Ursprünge, Bedingungen und Folgen der Skripte explizit gemacht, die dann im Vollzug einer darauffolgenden Beobachtungssituation auf ihr Wechselspiel überprüft werden können. Denn institutionelle Kontexte können im Prozess am Gegenstand rekonstruiert werden anstatt sie vorauszusetzen und genealogisch auf umfassende Diskurse oder Handlungsfelder zurückgeführt zu werden. Damit ist zugleich die Emergenz einer Organisationsumwelt, einer organisationalen Form und Praxis sowie deren Zusammenhang umschrieben.

13. Zwischen heterogenen Fördersprachen – Die Vorgeschichte der Zukunftswerkstatt Buchholz als ‚MINT-Standort'

> „Die Kunst wird sein, sie davon zu überzeugen, dass sie das mittragen. Dass dann beides [Wirtschaft und Bildung] sozusagen sich irgendwie wiederfindet. Aber es darf eben nicht verschult werden. Das wäre fatal für die ganze Idee." (Interview 1)

Dieses Kapitel schildert das Entstehen der Idee der *Zukunftswerkstatt* in ihren Bedingungen und Folgen. Im Mittelpunkt steht dabei die sukzessive Formierung einer Organisation aus divergenten Umweltbeziehungen heraus. Es wird erläutert, welche Akteure, Strategien und Ressourcen bei der Aufbauarbeit zum Tragen kommen, in welcher Verbindung diese zur institutionellen Umwelt stehen und wie hier Stück für Stück die konstitutive Verbindung zwischen Bildungsorganisation und Regionalwirtschaft hergestellt wird.

Ohne der sehr dynamischen Entwicklung der *Zukunftswerkstatt* vorgreifen zu wollen, lässt sich ihre bisherige Zielstellung darin erkennen, dass sie die Bildungsangebote im Landkreis Harburg um eine neuartige Bildungsarbeit ergänzen will. Neuartig ist diese gemäß der Intention ihrer Urheber insofern, als sie den ansässigen Kindern aller Schulklassen und Schulformen ein kreatives und zeitintensives, nicht von Schultraditionen geprägtes naturwissenschaftlich-technisches Lernen ermöglichen will, welches durch regionale Akteure und deren sektorübergreifende Kooperation finanziert und umgesetzt wird. In organisationaler Hinsicht argumentieren viele Beteiligte bis heute, dass das „Alleinstellungsmerkmal" der *Zukunftswerkstatt* darin liege, dass sie nicht von öffentlichen oder privatwirtschaftlichen Organisationen getragen wird, sondern eine sektorübergreifende und insofern unabhängige Organisation sei (Interview 1, 2, 3). In diesem Bildungs- und Kooperationsverständnis ist ein gesellschaftspolitisches Programm angelegt. Durch eine neue Kooperationsplattform und ein entsprechend breites und flexibles Portfolios an Bildungsprojekten wollen sich die Akteure ausgewählten regionalökonomischen Problemlagen annehmen.

Der Entstehungsprozess, in dem diese Zielstellung sukzessive mit pragmatischen Aspekten einer regionalen Bildung abgewogen werden, wird nun dargestellt. Die genealogische Rekonstruktion jener Suchbewegung deckt nicht nur deren Strategien und kreative Potenziale auf. Darüber hinaus werden innerhalb der Strategien und im Kontakt mit anderen Akteuren und Bedingungen auch die politischen und institutionellen Strukturen sichtbar, denen sich die beobachteten Akteure stellen müssen. Um die Organisation in ihrem Bildungsprogramm und in ihrer Unabhängigkeit zu begründen und zu legitimieren, gilt es vorgefundene Strukturen zu nutzen.

Meine induktive und genealogische Vorgehensweise dabei schärft den Blick dafür, dass eine regionale Verbindung von Bildungsorganisationen und Wirtschaftsregionen auf praktischer Ebene vorrausetzungsreich und in ihren organisationalen Formen labil ist. Ich werde dabei innerhalb dieses und des nachfolgenden Kapitels in unterschiedlichen Schwerpunkten von Wissenspolitik und Ressourcenpolitik sprechen. Das bedeutet, dass sowohl die Entwicklung der Idee und Arbeitsweise als auch die materielle und personelle Ausstattung vorwiegend aus der Nutzung politischer Kräfteverhältnisse entstehen. Das anstehende Kapitel setzt dabei an der diskursiven Begründung der Idee an, während danach eher die Formalstruktur der Organisation im Vordergrund steht.

Grafisch lassen sich die ersten Jahre dementsprechend wie folgt abbilden (s. Grafik 11). Wie die Pfeile andeuten, sind dabei wiederum die querlaufenden, also transversalen Verknüpfungen entscheidend, mit denen die Initiatoren (vornehmlich Männer) die Idee der *Zukunftswerkstatt* begründen und politische Allianzen und Ressourcen finden, um daraufhin, vor dem Hintergrund der neuen Bündnisse, die Idee wieder umzuformulieren.

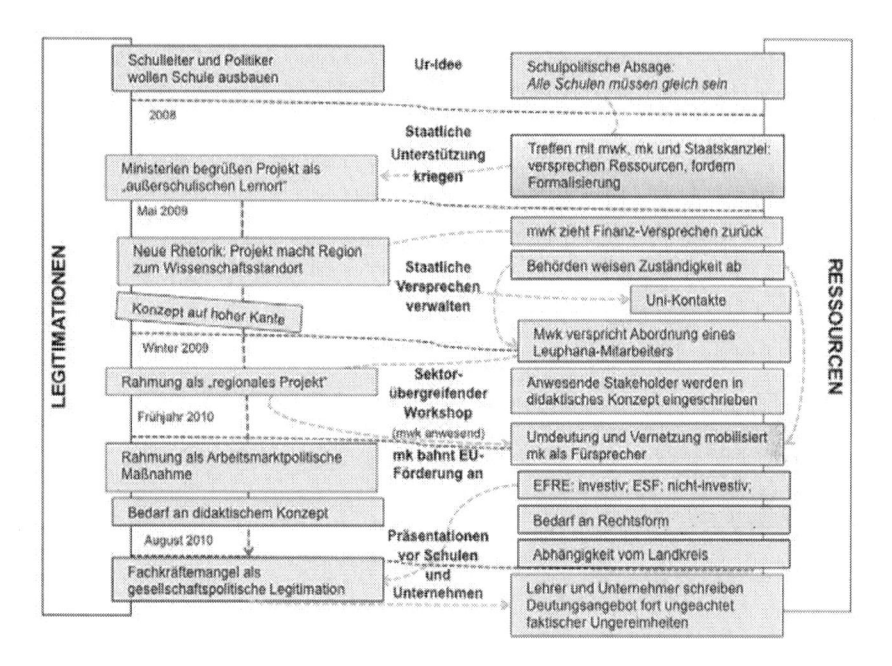

13.1 Begründung der Idee: Sukzessive Entkopplung von Schulpolitik 423

Grafik 11: Entstehung der Zukunftswerkstatt 2008 – 2010 (eigene Darstellung)

Um die Genese der Organisation zu dokumentieren und zu analysieren habe ich vor allem die Dokumente konsultiert, in denen die Initiatoren seit 2008 ihre Aktivitäten protokolliert haben. Von diesem Startpunkt aus folge ich der Geschichte der *Zukunftswerkstatt* bis ins Jahr 2012. Neben den Dokumenten habe ich die beteiligten Akteure auch in problemzentrierten Interviews persönlich befragt, um die Schlussfolgerungen aus der Dokumentenanalyse zu validieren und zu kontextualisieren (ich verwende neun Interviews, in der Folge entsprechend nummeriert; vgl. den beispielhaften Interviewleitfaden im Anhang).

Ich stütze mich in der genealogischen Rekonstruktion auf alle Gesprächsprotokolle und einige Korrespondenzen aus den Jahren 2008 bis 2012, die im ursprünglichen Initiatorenkreis gesammelt wurden und inzwischen der Geschäftsleitung und auch mir zur Verfügung stehen. Es handelt sich um nicht reaktive Daten, die mit Interviews trianguliert werden und mir somit eine dichte Beschreibung der Organisationswerdung erlauben. Trotz der gegebenen Informationsfülle muss ich viele der Zusammenhänge aus der Chronologie erschließen und hin und wieder spekulative Sprünge wagen, da erst aus der Gesamtheit der Informationen und chronologischen Abläufe sich die Bedeutung der einzelnen Ereignisse erschließt.

In der ersten, in diesem Kapitel beschriebenen Phase rekonstruiere ich, wie die Idee der *Zukunftswerkstatt Buchholz* entstanden ist und wie sie sukzessive durch eine außerschulische Positionierung und durch das Argument der Wissenschafts- und sogenannten MINT-Förderung legitimiert wurde.

13.1 Begründung der Idee: Sukzessive Entkopplung von Schulpolitik

Die Idee der *Zukunftswerkstatt Buchholz* hat ihren Ursprung auf dem „Tag der offenen Tür" eines Buchholzer Gymnasiums im Jahr 2008. Ein Besuch des CDU-Landtagsabgeordnete aus dem Wahlkreis gab dem Schulleiter – nach eigener Aussage ein „besonders unternehmerischer Vertreter seiner Zunft" (Interview 2) – die Gelegenheit, ihm das Schulgebäude zu zeigen. Letzterer berichtete im Interview:

> Und wie sich das gehört, führt der Schulleiter besondere Gäste durch das Haus. [...] Er und ich sind dann durch die Naturwissenschaft gegangen, unter anderem. Und ich hatte die Idee und hab ihn gefragt: Was halten Sie denn davon, wenn wir einen naturwissenschaftlichen Schwerpunkt setzen und uns vielleicht Sponsoren suchen für die Ausstattung der naturwissenschaftlichen Räume, dass sie das eine oder andere mehr berücksichtigen, was in einem normalen Schulbau nicht vorgesehen ist. A. fand die Idee gut. (Interview 1)

Die ursprüngliche Idee entsprach also nicht der Zielstellung des Projektes, wie sie sich einige Jahre später darstellt. Im Gegensatz: es handelt

13.1 Begründung der Idee: Sukzessive Entkopplung von Schulpolitik 425

sich um ein schulzentriertes Vorhaben. In dem obigen Zitat wird deutlich, dass der Schulleiter seiner Schule lediglich ein naturwissenschaftliches Profil geben möchte und in diesem Vorhaben Gebrauch von den akuten Handlungsumständen macht: nämlich indem er eine situative Gelegenheit sowie seine persönliches Netzwerk in der Politik nutzt und auch privatwirtschaftliche Sponsoren gewinnen will. Man kann also annehmen, dass der Lehrer einem weitgehend unternehmerischen Antrieb folgt; als Schulleiter will er das Profil seiner Schule schärfen, um sie im zunehmenden Konkurrenzverhältnis mit anderen Schulen gut zu positionieren.

In dieser Idee erkennt man in Ansätzen bereits eine sektorübergreifende Ausbreitung sowie den Rückgriff auf entsprechende Ressourcen. Außerdem knüpft er im Gespräch mit dem Landtagsabgeordneten an politische Debatten an, nämlich an die vermeintliche Notwendigkeit, die Träger von Wissenschaft und Bildung in der Region vorzugsweise in den Gebieten Naturwissenschaften und Technologie zu stärken. Bereits zu diesem Zeitpunkt stellt der Schulleiter zahlreiche Verknüpfungen her.

Sein Gesprächspartner entstammt wiederum eigenen Handlungsfeldern, nämlich der Landes- und Parteipolitik. Der CDU-Landtagsabgeordnete, der Anfang des Jahres mit einem komfortablen Vorsprung in den CDU-regierten Landtag wiedergewählt wurde (47 % CDU, 27 % SPD) ist ein „gnadenlos guter Türöffner", so der Schulleiter. Er wendet sich im Wissen um diese Stärken an den Politiker und stößt bei ihm auf offene Ohren, da dieser, so lässt sich vermuten, eine Möglichkeit sieht, das Mandat, das er einige Monate zuvor erhalten hatte, öffentlichkeitswirksam zu festigen. Beide begannen daraufhin in enger Koordination mit der politischen Mobilisierung für ihre Idee und suchten zunächst, den gegebenen schulpolitischen Verantwortlichkeiten folgend, Unterstützung im niedersächsischen Kultusministerium. Während sich hier einige der zuständigen Beamten interessiert gezeigt hatten, stießen die zwei Initiatoren bald auf eine andere Hürde, die dem Plan erst die entscheidende Wendung geben sollte. Das berichtet der Schulleiter im Rückblick:

> Und ich hab dann dem Landkreis vorgetragen, oder er hat sie dem Landkreis vorgetragen, dem Kreistag. Auch der Kreisverwaltung. Es war wohl eher die Kreisverwaltung. Da kam dann ein ‚eher nein'. Weil man sagte, Maßstab muss sein eine vergleichbare Ausstattung der Schulen im naturwissenschaftlichen Bereich und wir möchten eigentlich nicht so gern, dass eine Schule besser ausgestattet ist als die anderen. Auch der Hinweis half nicht, dass ich dann sagte, es kann sich ja jeder Sponsoren suchen. (Interview 1)

Der Interviewpartner erkannte seiner eigenen Aussage zufolge in der hiesigen staatlichen Bildung also ein Kampffeld, das geprägt ist von einem Konkurrenzverhältnis unter den Schulen, der regulierenden Trennung von staatlicher Bildung und privatwirtschaftlichem Engagement sowie von der entsprechenden stabilisierenden Vorsorge von staatlicher Seite.[126]

Aus der schulischen Positionierung heraus gelang es den Akteuren allerdings nicht, ihre Idee umzusetzen. Die staatliche Bildungspolitik sollte das Vorhaben also zunächst verhindern. Der Wahrnehmung des Schulleiters folgend scheiterte die Idee, die für sich bereits aus einer gewissen Interessenspolitik entstanden war, also zunächst an ressourcenpolitischen Umständen.[127]

Nach dem Scheitern an der ersten schulpolitischen Hürde flossen die bereits angelegten Verknüpfungen mit anderen Handlungsfeldern stärker in die Idee ein. Die Idee hat „uns beiden keine Ruhe gelassen", so der CDU-Landtagsabgeordnete. Bevor der zweite Anlauf genommen wurde,

---

[126] Ähnlich der Konzeption des Staates bei Fligstein und McAdam (2012, S. 71 ff.).
[127] Das bedeutet jedoch nicht, dass die Motive der Schulprofilierung und der politischen Profilierung als ideeller Impuls ad acta gelegt werden; oder wie es ein Interviewpartner aus der Verwaltung formuliert: „die Uridee kam eher tatsächlich aus dem pädagogischen Bereich und fand dann aber sehr schnell Interesse und Rückendeckung im Bereich der Wirtschaft" (Interview 9). Vielmehr legt die chronologische Entwicklung der Idee nahe, dass die Situation sich mit eben jener „Rückendeckung" und der Suche nach öffentlichen Geldern verändert hat.

13.1 Begründung der Idee: Sukzessive Entkopplung von Schulpolitik 427

scharten sie einen Kreis an Unternehmern, Verbandsvertretern und Kommunalpolitikern um sich, aus dem heraus die Idee weiterentwickelt wurde, so die vage Erinnerung der Beteiligten (Interview 1, 2, 4). Dieser Initiatorenkreis, wie ich ihn fortan nennen werde, umfasste auch Vertreter der Stadtwerke, der Sparkasse, der EWE sowie der damalige Landrat und der damalige Bürgermeister (Interview 1). Nach dem Scheitern der Idee einer schulzentrierten Bildungsinnovation bauten die Initiatoren also auf die Ausweitung und Etablierung der bereits angelegten Verknüpfungen zu nicht schulischen Handlungsfeldern. Dies beinhaltete auch das so mobilisierte Engagement von Unternehmen und wirtschaftspolitischen Körperschaften, das ein damals noch involvierter Verwaltungsbeamter wie folgt erklärt:

> Weil die Wirtschaft – man muss differenzieren was das natürlich ist, die „Wirtschaft", also es sind sicherlich nicht wenige Unternehmen im Raum, aber auch die verfassten Organisationen die sich mit Unternehmen beschäftigen, die Handwerkskammern. Die und andere sagen es gibt jetzt schon und auch in absehbarer Zukunft verschärft wahrscheinlich einen Bedarf für Nachwuchskräfte auch und gerade in Bereichen, die man diesen Fächern zuordnen kann. Und deshalb ist es naheliegend, diese Interessensträger dazu zu holen. Ein zweiter Aspekt war und ist sicherlich, da weiß ich nicht wie weit das gelungen ist in den letzten zwei Jahren, durch die Einbindung derer, die davon profitieren auch einen Beitrag für die Finanzierung zu gewinnen. Aber auch deren Wissen mit den Mängeln von Nachwuchskräften oder von dem, wie man's packen kann oder so, die leisten ja in ihrer Funktion als Unternehmen oft auch Bildungsaufgaben, vor allem, nehmen wir mal Handwerksberufe, die waren ja wirklich noch mit den 15-16-jährigen Leuten beschäftigt. Die machen nicht nur technische und inhaltliche Arbeit, sondern auch Bildung, im Sinne von Erziehung. Das Wissen gilt es mit abzugreifen. Also es sollte jetzt nicht nur im Sinne von der Grundlagenforschung in Physik und Chemie Nachwuchs herangezogen werden wie Jugend forscht, sondern tatsächlich auch mit dem Blick: wir haben Unternehmen in der Region, die brauchen heute und morgen Leute, die sich für Naturwissenschaftliches und technische Zusammenhänge interessieren. (Interview 9)

Das Vorhaben breitete sich also über wirtschaftspolitische und unternehmerische Interessen und Problemlagen aus. Diese Ausbreitung war nicht, wie noch zu Beginn, eine gezielte und von formalen Anforderungen geprägte Akquisearbeit, um eine vermeintlich abgeschlossene Idee umzusetzen. Vielmehr gingen die Akteure nun den Umweg über informellen Austausch und gesellschaftspolitische Debatten wie den Fachkräftemangel.

Diese Verlangsamung des Lancierungsprozesses hatte auch den Hintergrund, dass das Schulgebäude inzwischen mit konventionellen staatlichen Mitteln ausgebaut worden war. Das anfängliche Profilierungsinteresse des Schulleiters hatte sich dementsprechend entspannt oder wurde zumindest durch die neuen, aus diesem Interesse erwachsenden Ideen umgelenkt. Und doch diente die Schule als Treffpunkt und als eine der zu berücksichtigenden, wenn inzwischen auch entschärften Interessenslagen. Dass das Projekt weiterhin mit einer spezifischen Schule assoziiert war, stieß auf die Skepsis anderer Schulen, so deutet der CDU-Landtagsabgeordnete an. Die regionale Vernetzung einerseits und die Bedingungen der kompetitiven Schulkultur andererseits prägten also den ideellen Impuls des Projektes. Sukzessive überstieg die neue, wenn auch relativ vage Idee die individuellen Motive, mit denen der Schulleiter ursprünglich an den CDU-Landtagsabgeordneten herangetreten war. Mit der institutionellen und geografischen Öffnung des Projektes weg von lokaler Schulpolitik setzte man sich allerdings auch verstärkt dem Zugriff der bereits bestehenden Interessen und zusätzlich dem Konkurrenzverhältnis zwischen Städten und Gemeinden aus. Denn diese wollten, genau wie auch Schulen, Firmen sowie Kommunal- und Landespolitiker, das Projekt in ihrem Einflussbereich wissen.

Der bisherige Ablauf lässt sich aus der institutionell komplexen Umgebung heraus erklären: Staatliche Förderer verhinderten die schulstrategische Profilierung um einzelnen Schulen kein Monopol auf privilegierte Lernorte zu geben (1), die Initiatoren vernetzten sich weiter (2) und aus diesen beiden Rahmenbedingungen entstand sukzessive die Idee und die Möglichkeit eines verhältnismäßig unabhängigen und zumindest baulich eigenständigen Projektes (3). Dazu gehörte auch die Verbindung mit privatwirtschaftlichen Bildungsbedarfen (4) und die Notwendigkeit und Attraktivität ehrenamtlicher Arbeit (5). Damit entstand eine sektorübergreifende Verknüpfung, bis hin zu den Konkurrenzverhältnissen zwischen Schulen und zwischen Unternehmen. Bemerkenswert ist dabei eine gewisse Umkehrung der Verhältnisse, die der Idee erst Beständigkeit verlieh: Die staatliche Erlaubnis und privatwirtschaftlichen Gelder, die zuvor als begünstigende Rahmenbedingung mobilisiert werden sollten, werden nach der ersten Konfrontation mit den staatlichen und kulturellen Hürden des Schulsystems in einen Bestandteil der Idee umgemünzt. In einer strategischen Anpassung an die widrigen Umstände – hier: die als restriktiv empfundene Schulpolitik – öffneten die Initiatoren die Idee für weitere, regionale Belange. Aus dieser Entkopplung vom Schulkontext entstanden bald eine wesentlich vielfältigere, bislang informelle Angliederung an regionales Unternehmertum und politische Netzwerke. Wie gehen die Akteure weiter mit der großen Teils unintendierten und vielbezüglichen Komplexität des Vorhabens um?

13.2 Erster Diskursopportunismus: „außerschulischer Lernort"

Die neue, aus der regionalen Verquickung resultierende Bezeichnung des Projektes war die des *außerschulischen Lernorts*. Diese Begrifflichkeit ging nicht allein auf die Tatsache zurück, dass man im Jahr 2008 als *innerschulisches* Projekt gescheitert war. Vielmehr traf der Begriff des außerschulischen Lernens den Interviewpartnern (Interview 2) zufolge auf Gesprächsbereitschaft im Niedersächsischen Kultusministerium (MK), dessen Beamte den Schulleiter nach dessen ersten Erkundungen im Mai 2009 zum Gespräch im Hause des MKs einladen. Dieselbe Rahmung hatte den Interviewberichten und einigen Andeutungen in internen Gesprächsprotokollen zufolge auch beim Ministerpräsidenten Anklang gefunden sowie beim Ministerium für Wissenschaft und Kultur (MWK), welches ähnliche Lernorte bereits förderte. Von beiden Ministerien stießen Vertreter zu dem Treffen im MK dazu, so dass die Initiatoren wechselseitigen Publikumsrollen mobilisieren und nutzen konnten. Die drei staatlichen Instanzen, das MK, das MWK und die Staatskanzlei, gaben der Buchholzer Abordnung auf füreinander sichtbare Art und Weise das Versprechen, das Projekt zu unterstützen. Im Gespräch stellte das MWK hauseigene Fördergelder in Aussicht,[128] das MK stellte neue Kontakte zu ähnlichen Projekten her und das MWK sprach von einer möglichen Anbindung des Vorhabens an Universitäten (Interview 2, interne Korrespondenzen).

Erstmals stießen die Initiatoren in diesem Treffen auf ein ressortübergreifend tragfähiges *Framing* (Cornelissen und Werner 2014): Man sei ein außerschulischer Lernort, so die Einordnung des Projekts von Seiten der Staatskanzlei. Dieses Stichwort eröffnete nicht nur eine Möglichkeit, Selbst- und Fremdbeschreibung zu vereinen und an Ressourcenversprechen zu knüpfen, sondern schrieb der *Zukunftswerkstatt* auch ein Handlungsfeld zu; nämlich die außerschulische Bildung. Im Tausch gegen jene Versprechen, Vermittlungen und sprachliche Neufassung übte allerdings die Staatskanzlei einen gewissen Druck aus, die Organisationsstruktur zu festigen. So wurden im Laufe des Treffens die Fragen nach Gesellschaftern, Kapitalquellen, der Gebäudefinanzierung, den Personalkosten sowie der langfristigen Planung aufgeworfen, die bislang unbehandelt geblieben waren. Erstmals wurde auch die Forderung nach einem (noch: ehrenamtlichen) Geschäftsführer laut.

Im Unterschied zur wirtschaftlichen Vernetzung auf lokaler Ebene löste die (bildungs- und nun auch landes-)politische Vernetzung also einen unmittelbaren Entscheidungsdruck aus. Aus den bislang wirksamen Netzwerkressourcen und -identitäten und den impliziten, kulturell veran-

---

[128] Es handelt sich um Fördergelder, die damals für sogenannte Schülerlabore vorgesehen waren.

kerten Interessen und Handlungsregeln sollte nicht einfach ein neues Kollektiv emergieren, sondern eine Organisation. Die Bedeutung des Treffens in Hannover kann man zum einen als strategischen Auftakt bezeichnen, der die wesentlichen Möglichkeiten für die weitere Entwicklung eröffnet. Zum anderen und in enger Verknüpfung mit den Ressourcenversprechen bewirkte dieses Treffen einen sprachlich-konzeptuellen Rahmen, der fortan zur Legitimation des Vorhabens verwendet wird (vgl. Grafik 11). In diesem Sinne handelt es sich um einen Diskursopportunismus: Die Akteure weiteten zunächst die Offenheit des Projektes aus und nutzten ihre Kontakte und kulturellen Bezüge, um auf dieser Grundlage eine Organisation zu bilden, die sich als sektorübergreifende Instanz etablieren kann.

In dieser strategischen Bewegung deutete sich auch die Notwendigkeit einer Gratwanderung zwischen den verschiedenen Umweltbezügen an. In der Abwägung zwischen regionalwirtschaftlichen Narrativen einerseits und bildungspolitischen Versprechen andererseits hatten die Initiatoren bestimmte Prioritäten. Wie das folgende Zitat verdeutlicht schlugen ihre Präferenzen mal zugunsten wirtschaftlicher Mittel oder wirtschaftlicher Kulturen aus, mal zugunsten schulischer Mittel oder schulischer Kulturen. Die Erschaffung der *Zukunftswerkstatt* aus dieser Gemengelage heraus bezeichnet der Schulleiter im Rückblick als eine eigene „Kunst":

> Die Kunst wird sein ... Es geht da letztlich um Finanzen. Die Kunst wird sein, sie davon zu überzeugen, dass sie das mittragen. Dass dann beides [Wirtschaft und Bildung; Anmerkung des Autors] sozusagen sich irgendwie wiederfindet. Aber es darf eben nicht verschult werden. Das wäre fatal für die ganze Idee. (Interview 1)

Das „Kunststück" liegt demnach darin, wirtschaftliche und pädagogische Belange so zu integrieren, dass beide Bestandteile zur Existenzsicherung der *Zukunftswerkstatt* beitragen. Mit den Worten von Battilana und Dorado (2010, S. 1423): „to be sustainable, a novel hybrid organization needs to develop a common organizational identity that strikes a balance between the logics the organization combines".

Der oben zitierte Mitinitiator des Projekts präferiert dabei, wie im letzten Satz deutlich wird, die relative Entkopplung von bildungspolitischen Mitteln einerseits und der tatsächlichen Bildungsarbeit andererseits. Die wirtschaftlichen und pädagogischen Bestandteile werden in dieser Vorstellung derart von ihren Ursprüngen befreit, dass die Unternehmer einerseits Großzügigkeit in der Abwandlung ihrer Belange walten lassen müssen und dass die Bildungsarbeit andererseits sich von schulischen Traditionen des Lehrens und Lernens entfernen müsse. Aus diesem Balanceakt erklärt es sich rückblickend, dass die Initiatoren ihr Anliegen durchaus in der niedersächsischen Bildungspolitik beworben haben. Zugleich aber taten sie dies unter dem Vorbehalt, schulbürokratische Einflüsse von der *Zukunftswerkstatt* fernhalten zu können. Ihnen schwebte insofern eine *Entkopplung* von Innenleben und Außendarstellung im Sinne von Nils Brunssons (1989) „politischer Organisation" vor.

13.3 Zweiter Diskursopportunismus: „Wissenschaftsstandort"

Schon kurz nach dem Gespräch in Hannover ging das Versprechen des MK ein, dass man Lehrerstunden bereitstellen kann, also eine bezahlte Entleihung" von Lehrern an die *Zukunftswerkstatt* finanzieren wolle. Genauere Angaben könne man aber noch nicht machen.[129]

Den Initiatoren diente das Versprechen fortan als Sicherheitsargument gegenüber weiteren Geldgebern. Allerdings würde die teilweise Anbindung an das MK auch die Gefahr mit sich bringen, dass man sich weniger als gedacht von bildungspolitischen Machtbereichen fernhalten kann.

---

[129] Dieses Versprechen begleitete die Zukunftswerkstatt bis ins Jahr 2015, da es von Seiten des MK nicht zurückgezogen wurde und da zugleich der Personalbedarf der Organisation anstieg.

13.3 Zweiter Diskursopportunismus: „Wissenschaftsstandort"

Auch um diese Bindung an das MK mit anderen Anbindungen auszugleichen, richteten die Initiatoren ihre Aufmerksamkeit fortan auf die anderen, ebenfalls in Hannover angerissenen Fördermöglichkeiten. Bezüglich einer Anbindung an die Wissenschaftspolitik zog allerdings schon wenige Wochen nach dem Versprechen des MK, das MWK die zuvor in Hannover in Aussicht gestellten Organisationsressourcen zurück. Den vorliegenden Korrespondenzen zufolge war nun nur noch von Vernetzung mit anderen außerschulischen Bildungsstätten zwecks Erfahrungsaustauschs die Rede. Von dieser Seite musste man also weder bürokratischen Druck noch staatliche Stabilisierung erwarten, aber auch keine Unterstützung.

Der CDU-Landtagsabgeordnete jedoch interpretierte die Absage des MWK eher als eine Ermutigung. Schließlich hatten die MWK-Beamten im Treffen in Hannover von einer Anbindung anderer Lernorte an Universitäten gesprochen und damit auch eine solche Unterstützung für die *Zukunftswerkstatt* suggeriert. Diesen Spielball nahm der CDU-Landtagsabgeordnete auf, um sich verstärkt in Universitäten nach Unterstützung umzuschauen.

In dieser strategischen Bewegung leitete er einen zweiten Diskursopportunismus ein. Denn er legitimierte das Projekt wiederum in einer politisch opportunen Sprache, die tatsächlich im MWK auf offene Ohren traf: Es fehle an Wissenschaftsstandorten im Landkreis Harburg bzw. gäbe es Standorte, aber keine zivilgesellschaftliche Einbindung wie etwa in Lüneburg. Diese erneute Umdeutung gibt er drei Jahre später wie folgt wieder:

> Sicher, wir haben die Universitäten in Hamburg, aber dass die Uni so wie in Lüneburg gesellschaftspolitisch eingebunden ist und dass es ein Wir-Gefühl gibt mit Hochschule und Wissenschaft im Landkreis Harburg – das kann man nicht ohne weiteres so sagen. In Buxtehude haben wir die Hochschule 21, in Stade haben wir die Hochschule Göttingen Braunschweig, eine Art freie Hochschule wo auch Airbus hintersteckt. Ja aber die technischen Herausforderungen, die wir uns hier stellen wollen, die sind eigentlich überall gleich – ob man 'ne Hochschule hat oder nicht. Daher ist die Anforderung, die wir uns gestellt ha-

ben, nämlich Wirtschaft, Schule und Wissenschaft vernetzen, wenn uns das gelingt, mit tollen Leuten, mit Menschen die weiterwollen, egal ob Ferien sind oder Feiertage sind. [an mich] Und Sie machen vielleicht den ersten Aufschlag dafür. (Interview 2)

Die hier zitierte Argumentationslinie bestand ihre erste wissens- und interessenspolitische Prüfung gegenüber dem MWK. Bereitwillig vermittelte das MWK mit der Technischen Universität Hamburg-Harburg und mit der Leuphana Universität Lüneburg. Das Vorhaben wächst also erneut in bereitwilliger Anpassung an gesellschaftspolitische Sprechweisen und im Wettbewerb um jene Ressourcen, die mit diesen Sprechweisen verbunden sind.

13.4 Dritter Diskursopportunismus: „MINT"-Bildung

Wie nun ersichtlich wurde, entstand die *Zukunftswerkstatt* nicht nur zwischen mehreren Feldern, sondern auch zwischen mehreren politischen Skalenniveaus, einerseits dem Initiatorenkreis vor Ort und andererseits der Verhandlung mit landespolitischen Instanzen in Hannover. Während auf politischer Ebene zeitgleich mit Stichworten wie „Wissenschaftsförderung" und „Schülerlabore" gearbeitet wurde, wurde bezüglich des lokalen Initiatorenkreises bereits eine Diskussion aufgezeigt, in die neue Bildungsstätte auch als Instrument für regionale Wirtschaftsförderung erscheint. Aber erst in den nun geschilderten Folgemonaten gewann jene regionalökonomische Deutung auch auf landespolitischer Ebene an Tragkraft.

Lokale Wirtschaftsförderung

Welche Bedeutung haben die lokalen Wirtschaftskreise für die *Zukunftswerkstatt*? Ein wesentlicher Träger des Vorhabens waren bislang weniger formale Strukturen[130], sondern ein informeller Kreis an Förderern, der inzwischen um einen erfahrenen Physiklehrer, einen Wirtschaftsförderer (WLH) und einen eigens zuständigen Beamten im Landkreis angewachsen war. Jener Kreis blieb im Rahmen der politischen Kommunikation weitestgehend auf der Hinterbühne; ein Interviewpartner, der bis heute aus einem öffentlichen Unternehmen heraus Teil des Initiatorenkreises ist, bezeichnet diese Distanz als „relativ hohe Flugebene", von der aus man sich nicht in die operativen Entscheidungen einmische (Interview 6). Weiterhin spielen in der ersten Phase die Konkurrenz- und Ressourcenverhältnisse in Bildung und Regionalwirtschaft eine zentrale Rolle. Interessanter noch: Die pädagogischen und ökonomischen Kampffelder beziehen sich aufeinander und bieten in diesen Querverbindungen eine fruchtbare Plattform für den Aufbau einer sektorübergreifenden Organisation. So ist die Konkurrenz unter den Unternehmen weniger ausschlaggebend als die Konkurrenz der gemeinnützigen Projekte um unternehmerisches Engagement. Und das Interesse der kooperierenden Unternehmen, insbesondere der öffentlichen Unternehmen (v.a. EWE, Stadtwerke, Sparkasse) die inzwischen Teil des Wirtschaftsnetzwerkes der *Zukunftswerkstatt* geworden waren, liegt nicht in der Konkurrenz untereinander. Vielmehr suchen sie nach Möglichkeiten, ihrer ‚regionalen Verantwortung' gerecht zu werden. Ihre Herausforderung liegt meinen Interviewpartnern zufolge darin, die Gelder, die gemeinnützigen Zwecken gewidmet sind, an solchen Stellen zu investieren, die ein gewisses

---

[130] Auf Anfrage der potenziellen landespolitischen Förderer wurden zwar in vertrauter Runde und unter Mitwirkung der durch das MWK vermittelten außerschulischen Lernorte in Hamburg erste Verschriftlichungen der Idee zur Einwerbung von Fördergeldern erstellt. Das vollständige Konzept lag aber erst Monate später vor, nämlich zu einem Zeitpunkt, an dem es gilt Mittel einzuwerben und die Bildungsarbeit mit Verbindlichkeit zu versehen.

„Alleinstellungsmerkmal" tragen und somit als legitimer Fördernehmer in öffentlichkeitswirksamer Art getragen werden können ohne Begehrlichkeiten in der „Sponsoringkonkurrenz" (Interview 8) unter gemeinnützigen Projekten zu wecken (Interview 6, 7). Strategisch ausgedrückt: Die Zukunftswerkstatt hilft den regionalen Unternehmen also darin, ihre Mittelabflussprobleme auf legitime, öffentlich vertretbare Weise zu lösen.

Mit diesem Interesse an der *Zukunftswerkstatt* als legitime Förderempfänger halfen die interessierten Unternehmer bereitwillig dabei, das Projekt als gesellschaftspolitisch relevantes Vorhaben darzustellen. In der Ressourcenakquise sind die Wirtschaftsnetzwerke für die *Zukunftswerkstatt* wichtig, weil nicht die gemeinnützige Organisation selbst als eine von vielen Bittstellerinnen bei Unternehmen werben muss. Stattdessen können wirtschaftlich einflussreichere Partner als Fürsprecher auftreten (Interview 7). Der *Zukunftswerkstatt* gelang es also, sektorspezifische Netzwerke und sektorübergreifende Publikumsrollen für sich zu nutzen; einerseits um Schulen und Bildungspolitikern eine wirtschaftsrelevante Rolle in Aussicht zu stellen; andererseits um Korridore für das öffentliche Engagement von Unternehmen zu schaffen.

Eine entsprechende ressourcenstrategische Offensive sollte im Sommer 2009 erfolgen. Nachdem die Gespräche in Hannover komplexe und vielversprechende Verhandlungslinien ausgelöst hatten, sollten auch die regionalen Unternehmen, die bislang eher passiv adressiert wurde oder nur vereinzelt angesprochen wurde, öffentlichkeitswirksam vom Projekt überzeugt werden. Im Anschluss und vermutlich in Reaktion auf den ressourcenpragmatischen Fahrtwind und politischen Organisationsdruck, der in Hannover generiert worden war, lud man nun (25.06.2009) zu einem sogenannten *Sponsorentreffen*.

Die Stichworte, die ich den Vorbereitungsnotizen und den archivierten Protokollen entnehme, sind zumindest der Absicht nach eindeutig auf wirtschaftlich geprägte Deutungsmuster und entsprechend gerahmte Bedarfslagen gemünzt. Auf lokaler Ebene wurden hier vor allem Probleme der Arbeitgeber zum Ausgangspunkt genommen, um auch diesen die „unausgesprochene Frage" (Protokoll Sponsorentreffen) zu beantworten; das heißt ihnen triftige Gründe zu liefern, warum sie sich am Aufbau der *Zukunftswerkstatt* beteiligen sollten. Die *Zukunftswerkstatt* zeigte sich auf diesem Sponsorentreffen als „Präsentationsplattform für Unternehmen" und distanzierte sich bewusst von Schulen; dieses Mal zugunsten der institutionellen Identität der eingeladenen Unternehmen, die man willkommen heißt, um dem Projekt eine nichtstaatliche Färbung zu geben. So sah es sogar der spätere Fördervereinsvorsitzende in einem späteren Interview:

> Die öffentliche Hand wird da ja gar nicht so stark wahrgenommen. Das ist ja auch ganz gut, dass die *Zukunftswerkstatt* nicht direkt vom Landkreis aufgekommen ist, direkt über Schule... [...] Es ist ja auch nicht Schule. Das nimmt der Unternehmer und die Wirtschaft ja auch gar nicht so wahr, sondern da hängt auch viel mehr hinten dran. Das Netzwerk zum einen. Da hängt ja auch immer ein gewisses Maß Landkreis und öffentliche Hand reingepackt [sic], aber da sind ja schon Unternehmen, die schon engagiert sind. Was ja auch ein Faktor ist, weil da nicht die automatische Verbindung da ist. Das ist keine Schule. Das ist außerschulischer Lernort. Das tut dem Projekt gut. (Interview 3)

In diesem Zitat wird zum dritten Mal eine gewisses „frame-shifting" (Cornelissen und Werner 2014) deutlich, vom außerschulischen Lernort, zum Wissenschaftsstandort zur Wirtschaftsförderung.

Landespolitische Wirtschaftsförderung

Einige Monate nach dem „Sponsorentreffen" im Dezember 2009, kam Post aus dem MWK bezüglich der Fördermöglichkeiten. Diese Neuigkeiten lesen sich zunächst als Absage, konnten aber unter Rückgriff auf einen erneuten Diskursopportunismus positiv gewendet werden.

In dem Brief von Dezember 2009 bestätigte das MWK seine Absage hinsichtlich der Fördermittel. Dabei wurde argumentiert, dass Schülerlabore (so die vom MWK verwendete Terminologie) derzeit durch Dritte, nicht durch den Staat getragen werden, also durch Universitäten und Betriebe. Hier wurden der *Zukunftswerkstatt* die organisationale Unabhängigkeit und die angestrebte Mittlerrolle zum Verhängnis. So war es doch das Ziel, gerade von einer solchen Trägerschaft unabhängig zu sein und auch für kleine Unternehmen und Kleinstädte außerschulische Lernorte zu bieten. Nun verwies ausgerechnet das Ministerium auf eine solche Anbindung als alleinige Finanzierungsmöglichkeit.

Darüber hinaus ging zwei Monate später eine Förderabsage seitens des Bundesministeriums für Bildung und Forschung (BMBF) ein, das über CDU-Netzwerke in Berlin kontaktiert worden war. Das BMBF schrieb, dass man außerschulische Lernorte im „MINT-Bereich" zwar begrüße, die Zuständigkeit hier aber bei den Ländern und Kommunen läge.[131] Ähnlich der BMBF-Absage spielte auch das MWK mit jener regulativen Unklarheit und legte – anders als zuvor – die Überlappung mit dem MK negativ aus: als Nicht-Zuständigkeit des MWK. Beiden Absagen zufolge konnte der Bereich der außerschulischen Bildung und auch die sogenannten MINT-Bildung nicht als Handlungsfeld in der Art gelten, dass es dank eigens verantwortlicher staatlicher Körperschaften unabhängig von anderen Feldern existieren kann. Jedoch barg dieser Rückschlag wiederum eine politische Gelegenheit. Und wiederum erwiesen sich die

---

[131] Zwar verweist das BMBF durchaus auf den „Bundesverband für Schülerlabore e. V.", der (damals) 273 Lernorte verbindet und sich gefördert durch BMBF und Wirtschaftsministerium um die Etablierung und Qualitätssicherung der außerschulischen Bildung bemüht, doch gab es bislang für die Zukunftswerkstatt keinen Anlass dazu, sich mit jenem Bundesverband zu beschäftigen.

13.4 Dritter Diskursopportunismus: „MINT"-Bildung 439

transversalen Querverbindungen zwischen Wirtschaft und Bildung als ausschlaggebend. Inzwischen hatte das MWK nämlich neben den bereits laufenden Regionalförderungsmitteln aus der EU ein großes, ebenfalls EU-finanziertes Forschungs- und Regionalförderungsprogramm zusammen mit der Leuphana Universität Lüneburg eingeworben, von dem nun auch die *Zukunftswerkstatt* profitieren könne. Im Tausch, so das MWK, wolle man der Leuphana Universität Lüneburg die Einstellung eines wissenschaftlichen Mitarbeiters ermöglichen, der sich dann in seiner akademischen Tätigkeit mit der *Zukunftswerkstatt* beschäftigen könne.

So veränderte das MWK also seine Haltung zur *Zukunftswerkstatt* gleich in zweierlei Hinsicht. Es sagte eigene Förderquellen ab, stellte aber als Vermittlerin eine Alternative in Aussicht, die sich rhetorisch mit einer erneuten Umdeutung fruchtbar machen ließe.[132] Wenn man die *Zukunftswerkstatt* als förderlich für die regionale Wirtschaft darstellen könne und an eine ähnlich gerahmte universitäre Forschung anknüpfe, dann lockten EU-Fördergelder, die die bisherigen Misserfolge wettmachen könnten. Diese Förderstrategie ist ein Ursprung des vorliegenden Promotionsprojektes, führte aber erst im Frühjahr 2012 zur konkreten Ausschreibung eines Promotionsstipendiums im Rahmen des EU-Regionalförderungsprogramms der Leuphana Universität (mehr dazu in Kap. 14).

---

[132] Es sind verschiedene Faktoren, die zur veränderten Haltung des MWK beitrugen: nun frei gewordene Ressourcen, die wirtschaftliche Verstetigung, die inzwischen stattgefundenen Korrespondenzen mit dem Ministerpräsidenten, das Versprechen von Lehrerstellen durch das MK.

13.5 Transversale Kopplung I: Schwache Versprechen werden zu materiellen Ressourcen

Wie reagieren die Akteure auf den beachtlichen Mobilisierungserfolg in Bildungspolitik und regionaler Wirtschaft? Ich will nun den Abschluss der drei diskursiven Opportunismen beschreiben, bevor auf die Konsolidierung der Deutungsweisen eingegangen wird.

Im Winter 2009 lud der Initiatorenkreis, vermutlich bereits mit dem Willen zur inhaltlichen Konsolidierung, zu einem Workshop ein.[133] Es war dieser öffentliche Anlass, zu dem das Projekt sich erstmals als Gesamtes sichtbar machte und durch den eine öffentliche, also feldübergreifende Legitimation des Vorhabens gestärkt werden sollte. Eingeladen waren dementsprechend Vertreter aus verschiedenen, bislang getrennt gehaltenen Handlungsfeldern. Wie in der Folge argumentiert, sind in dieser Legitimierung wiederum die Publikumsrollen der angedockten Felder wesentlich, also die gegenseitige Sichtbarkeit der für die *Zukunftswerkstatt* relevanten bildungs- und wirtschaftspolitischen Akteursgruppen. Weiterhin wurden erst in Vorbereitung auf diese Darstellung die ersten schriftlichen Festlegungen des Projektvorhabens gemacht.

Zusammengenommen passte erstmals die konzeptuelle Beschreibung des Vorhabens einerseits, die wie oben geschildert sukzessive entstanden war, mit dem öffentlichen Auftreten andererseits zusammen, dessen Publikum aus den geschilderten Allianzen besteht. Erst anlässlich dieses

---

[133] Zuvor waren zwar die Zusagen des MWK eingetroffen, doch kam wenige Monate später erst die planerische Konsolidierung durch einen MWK-Beamten. Möglich also, dass die Akteure die Zusage durch ein Treffen unter Dach und Fach bringen wollten, an denen mehrere, potenzielle Unterstützer wechselseitig ihr Interesse bezeugen.

13.5 Transversale Kopplung I

Treffens lässt sich also von dem Versuch sprechen, regionale Gemeinschaften in der Organisation selber abzubilden. Denn nun erweiterte sich erstmals der in der Projektentwicklung beteiligte Kreis um externe Ratgeber und Stakeholder, deren wechselseitige Publikumsrollen die Initiatoren nun ausnutzen, um alle Anwesenden in die Pflicht zu nehmen. Es sollten ideelle Anregungen aus wirtschaftlichen und anderen Handlungsfeldern (neu dazugekommen: der Bereich Wissenschaft) aufgenommen werden und relevante Akteure und Institutionen bedient werden. Kurz: Mehrere lose Versprechen und fragile Legitimationsweisen sollten in materielle Ressourcen umgewandelt werden.

Anwesend waren Vertreter des Initiatorenkreises und zusätzliche Vertreter von wirtschaftspolitischen Organisationen (u.a. Stiftung Nordmetall, IHK) des MWK und von anderen Lernorten, die ihrerseits ihre Erfahrungen ausführlich darstellen. Die bereits eingeplanten Universitäten waren abwesend.[134]

Zu diesem Anlass hatte der erwähnte Physiklehrer ein Konzept entworfen, das wohl nicht ohne Grund politisch-strategische und didaktische Komponenten vereint. Bemerkenswert war dabei, wie in der aus dem Konzept entnommenen Pyramiden-Grafik 12 abgebildet, dass das Netzwerk nun in eine organisationale Form gegossen wurde, in der Zuständigkeiten auf die Kernkompetenzen der geplanten Organisation bezogen wurden.

---

[134] Sie wurden wahrscheinlich aber aus strategischen Gründen gegenüber dem MWK als didaktisch relevant dargestellt; das erkennt man an der Grafik, die wie oben abgebildet, als Diskussionsgrundlage dient. Die Pyramide stellt das ansteigende Alter bzw. Können und Interesse der teilnehmenden Jugendlichen dar (1= Interesse wecken a) in den Schulen, b) in der Werkstatt, 2 = themenorientiertes Arbeiten, 3 = wissenschaftliches Arbeit).

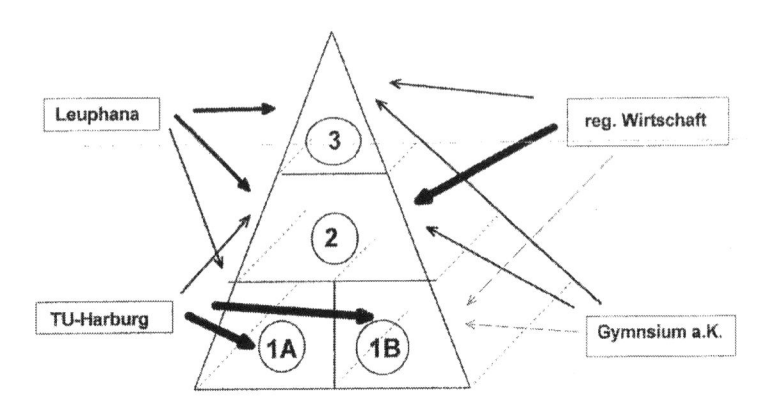

Grafik 12: Die Kooperationsstruktur der Zukunftswerkstatt (nicht veröffentlichtes Konzeptpapier der Zukunftswerkstatt)

Diese Selbstdarstellung war zwar ein symbolischer Vorgang, da die angesprochenen Parteien entweder abwesend waren (Universitäten) oder abstrakt blieben (regionale Wirtschaft), sie stieß aber weitere Entscheidungen an. Aufgrund der Erfahrungsberichte anderer Einrichtungen sah man sich veranlasst, zeitliche und finanzielle Pläne zu schmieden, das Konzept festzuschreiben, Präsentationen in Bildung und Wirtschaft zu halten und die geografisch-strategische Verortung festzulegen.

Hier lässt sich ein strategischer Zweischritt ausmachen, in dem (1) die Wissenschaftsförderung legitimatorischen Grundlage wurde, um (2) die EU-Wirtschaftsförderungsmittel zu akquirieren. Das lässt sich wie in Grafik 13 abgebildet veranschaulichen. Sektorübergreifende Querverbindungen sollten zusammengezogen werden, um mehrere Verhandlungszusammenhänge zugleich zu konsolidieren: Der wissenschaftspolitische Entscheidungsdruck wurde verknüpft mit der wirtschaftspolitischen Fördermöglichkeit. Das Skript aus dem einen Feld (Sollen) wurde auf das Skript aus einem anderen Feld bezogen (Können).

13.5 Transversale Kopplung I 443

```
WISSENSCHAFTS-                    EU-
   POLITIK                      FÖRDERUNG
   Wollen ⟶    Regionalförderungs-
                      Skript      ⟵
   Sollen ⟶              +        ⟵
   Können ⟶                       ⟵
```

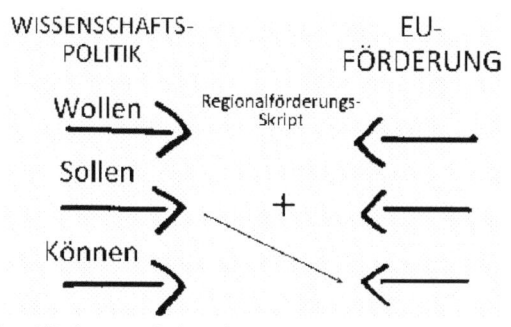

Grafik 13: Regionalförderungsskript (eigene Darstellung)

Präziser beschrieben schlug der CDU-Landtagsabgeordnete die Brücke von MWK- und Leuphana-Zusagen zu den noch wichtigeren Betriebskosten: Man sei in der zentralen und eben auch zentralisierten Lokalisierung ein im Kern regionales Projekt. Dieser Charakter sei durch eine Kooperation mit der Lüneburger Universität gestärkt, die große Bereitschaft dazu zeige, was in weiterer Folge „unverzichtbar" sei für eine mögliche EU-Förderung.

So gelang es dem Landtagsabgeordneten und Mit-Initiator des Projektes, noch mehr Zugzwang zu kreieren. Dieser Zugzwang betraf nicht allein die neue Formalität des Vorhabens – diverse Kollaborateure diskutieren ihre Verpflichtungen anhand eines schriftlichen Dokumentes. Auch in ihrem tatsächlichen Verlauf wurde weiter an der formalen Ordnung gearbeitet, die letztlich auch dadurch zustande kommt, dass ein noch nicht festgelegter Geldgeber (MWK) anwesend war.

Wiederum profitiert das Projekt also von einem wirtschaftspolitischen Framing, um sektorübergreifende Anschlussfähigkeit zu generieren.[135]

---

[135] Betrifft diese Förderungsmöglichkeit doch nicht allein den Sozialfond (ESF), sondern auch die Regionalförderungsgelder (EFRE), die der Region im Zeitraum von 2008 bis 2013 zur Verfügung stehen.

Der nun geschilderte politische Entscheidungsdruck und, abstrakt gesprochen, die Entscheidung zu Entscheiden sowie die Akquise von Ressourcen läutete die Phase der Organisationswerdung ein.

Zwischenfazit zur Aufbauphase

Die Position und Entstehungsgeschichte der *Zukunftswerkstatt* ist im Kern von den vielen Umweltbezügen geprägt, die der Idee erst Auftrieb gegeben haben. Die Beziehungen in Bildungs- und Wirtschaftswelten sind zugleich Produkt und Strategie der multireferenziellen Aufbauarbeit, doch haben die beiden Kontexte eine unterschiedliche Dynamik entfaltet. Ankerpunkt der tragenden informellen Kreise und ihrer strategischen Mobilisierung war das eingangs zitierte Duo – der CDU-Landtagsabgeordneten und der Schulleiter. So wurde die Einbindung des Initiatorenkreises durch jenes Duo sowie durch einen Landkreisbeamten so orchestriert, dass insbesondere die kooperierenden Wirtschaftsleute als rhetorische Ressource dienen, um gegenüber der Politik die Förderwürdigkeit des Vorhabens unter Beweis zu stellen. Diese Verknüpfungen werden zur wissenspolitischen Legitimation des Vorhabens genutzt.
Ein gewisser Diskursopportunismus macht sich mehrmals darin bemerkbar, dass die Aufnahmefähigkeit der *Zukunftswerkstatt* zumindest in der Aufbauphase sehr groß ist und bewusst genutzt wird. So werden Erwartungen meist angenommen und politische Kulturen aufgegriffen. Schritt für Schritt entsteht durch einen keineswegs linearen Trial-and-Error Prozess die Idee des Projektes als außerschulischer Lernort, als Wissenschaftsförderung, als regionales Projekt und als MINT-Projekt. In jedem dieser Schritte ist es die Aussicht auf Ressourcen und potenzielle Kooperationspartner, die bestimmte Legitimationsbedarfe nahelegen. Nachdem diese Verhandlungslinien zunächst separat gehalten werden, ganz im Sinne einer „politischen Organisation" (Brunsson 1989), werden sie jede für sich oft dadurch konsolidiert, dass wechselseitige Publikums-

13.5 Transversale Kopplung I

rollen hergestellt werden, so dass sich einzelne Wirtschafts- und Bildungskontakte – unter sich oder wechselseitig – zu Förderungsversprechen mobilisieren lassen. Dabei spielt zunächst weniger die Region eine konstitutive Rolle, sondern vielmehr lokale und landespolitische Netzwerke und Fördermöglichkeiten. Die *Zukunftswerkstatt* entsteht hier als sektorübergreifende „trading zone" (Galison 1997): Im Tausch gegen eine diskursive Annäherung an wirtschaftliche Interessen bekommen die Initiatoren nicht nur Förder-Versprechen, sondern eben auch Empfehlungen darüber, wie ein solches Bildungsvorhaben gesellschaftspolitisch zu deuten sei: Der Begriff des *außerschulischen Lernorts* bietet dabei ausreichend Spielraum, um sich zwischen lokalen und bundespolitischen Gemengelagen, zwischen bildungs- und wirtschaftspolitischen Denk- und Arbeitsweisen einzurichten. Wie wurden diese Außenbezüge nun in eine Organisationsstruktur überführt?

14. Inmitten divergenter Förderquellen – Der Fachkräftemangel als Schlüssel für die Organisationswerdung im Zwischenraum

In der bisherigen Entstehung der *Zukunftswerkstatt* spielte das Wechselspiel von lokalen Wirtschaftskreisen und landespolitischer Bildungspolitik eine wesentliche Rolle. Diese Verbindung läuft sowohl quer zu raumpolitischen Skalenniveaus als auch zu institutionellen Betätigungsfeldern. Das folgende Kapitel folgt dieser querlaufenden, also transversalen Bewegung, mit Schwerpunkt auf der Konsolidierung von lancierten Fördermöglichkeiten.

Ein Unternehmensvertreter im Initiatorenkreis, später Fördervereinsvorsitzender, schildert die nun beschriebene Phase wie folgt:

> Das Projekt ist erfolgreich angelaufen. Da haben wir uns auch gefragt, Mensch, wie wollen wir es anders machen, wie müssen wir es aufhängen? Wir wollen außerschulischer Lernort sein, also nicht eine weitere Schule sein. Wie auch immer wir sie bezeichnen wollen. Wir sind aber auch kein Unternehmen. Wir sind irgendwie dazwischen. Wir sind eine Institution, jetzt mal im gesellschaftsrechtlichen Sinne. (Interview 3)

Seine Frage „wie müssen wir es aufhängen?" wirft recht buchstäblich das Problem auf, dass regionale Bildungsarbeit einer *transversalen* Festigung zwischen Wirtschafts- und Bildungswelten bedarf. Das „irgendwie dazwischen", in dem er die *Zukunftswerkstatt* wähnt, verbindet er unter anderem mit einer gewissen Abgrenzungsproblematik. Man wolle, so der Interviewpartner im Jahr 2013, weder Schule noch Unternehmen sein. In der organisationalen Form der *Zukunftswerkstatt* will er also weiterhin das ursprüngliche Anliegen aufrechterhalten, die Bildungsstätte unabhängig von anderen Trägern zu errichten.

Nachdem also das Projekt „erfolgreich angelaufen" war, ging es in den Jahren 2009 – 2012 darum, welche Organisationsform zur sektorübergreifenden Kooperation beiträgt, aber auch zur dauerhaften Abgrenzung von denjenigen Arbeitsformen dient, die man aus kooperierenden Schulen und Unternehmen zu kennen glaubte. Im Kern entwickelte die zuvor geschilderte Ressourcenakquise also eine wechselseitige Dynamik mit der diskursiven Ausdeutung des Vorhabens. So führte die Aussicht auf staatliche Gelder wie oben beschrieben zu dem Versuch, die Identität der Organisation und das Bildungskonzept festzulegen.

In einer übergeordneten Hinsicht geben die nachfolgenden Schilderungen Aufschluss darüber, inwieweit die strategische Anpassung an vorgefundene Interessenslagen auch in einer formalisierten Organisationsform aufrechterhalten werden kann. Können die zuvor fruchtbaren Diskursopportunismen fortgeführt werden? Oder orientiert sich eine sektorübergreifende und gemeinnützige Organisation in ihrer Entstehung letztendlich doch zugunsten von entweder Bildungs- oder Wirtschaftswelten? Mit diesen Fragen im Blick knüpfe ich nun wieder an die chronologische Entstehung der *Zukunftswerkstatt* an.

14.1 Kopplung mit Regionalwirtschaft: EU-Förderung

Im Jahr 2009, nachdem das MWK durch und mit der Lüneburger Universität eine weitere regionale Verankerung garantiert hatte, zeigte das MK Bereitschaft über das Versprechen von Lehrerstellen, das weiterhin im Raum steht, hinauszugehen. Man wollte sich nicht als Träger organisationaler Ressourcen, aber in einer Fürsprecherrolle um jene europäische Mittel bemühen, die damals als Regionalförderung in die Region südlich von Hamburg flossen und durch das Land, genauer gesagt die sogenannte N-Bank, verwaltet wurden.

14.1 Kopplung mit Regionalwirtschaft: EU-Förderung 449

Diese Mittel umfassten zum einen die angeschnittene Wirtschaftsförderung (EFRE) und Sozialförderung (ESF). Wie einige strategische Erkundungen durch den Initiatorenkreis ergeben hatten, können diese Geldströme am effizientesten durch eine Ausdifferenzierung entlang von investiven (EFRE; das betrifft v.a. das Gebäude) und nicht investiven Kosten (ESF; das betrifft die Betriebskosten) ausgenutzt werden. Denn, wie einer der in der Antragsstellung involvierten Beamten beschreibt,

> wann immer Sie ein Projekt, ich will's noch mal verallgemeinern, vor Augen haben, was nicht so in das klassische Handeln eines Unternehmens oder einer Verwaltung fällt, müssen Sie ein Stückweit erfinderisch sein und auch danach gucken, dass Sie schauen, wie Sie sozusagen Ihr Land gewinnen und wie Sie in Betrieb gehen. Und das ist hier garantiert beim außerschulischen Lernort auch so, da kriegen Sie aus meiner Erfahrung eher noch die Mittel für die Investition zusammen, denn das ist ein sichtbares Ergebnis, das dann da steht, was einen Immobilienwert entfaltet auch über die Zweckbindungsdauer von 15 Jahren hinaus und da kann man sich dann davor stellen und sagen, das haben wir gemacht. Und Personalstellen, die ja für den Betrieb zwingend sind, über vielleicht so eine Anschubphase hinaus, sicherzustellen, das ist die eigentliche Herausforderung. (Interview 9)

Innerhalb dieses Ressourcen-Patchworks implementierte die *Zukunftswerkstatt* spätestens mit dem EFRE-Antrag eine starke konzeptuelle Verknüpfung von Wirtschaft und Bildung. Zwar waren im Zuge der Förderungsregeln die privatwirtschaftlichen Mittel auf 10 bis 15 Prozent beschränkt; die öffentliche Hand würde sich also die Kontrolle sichern. Der Gegenstand von EFRE-Mitteln blieb aber die regionale Wirtschaft und diese Orientierung nimmt nicht nur die Antragslyrik, sondern auch die „Ausrichtung des Projekts" in die Pflicht (ebd.). Im Rahmen der für die *Zukunftswerkstatt* passendsten Einordnung richteten diese sich v.a. an Industrie- und Handelskammern. Wegen dieser antragsmäßigen Zielgruppe muss die *Zukunftswerkstatt* mit eben diesen Mittelanwerbern konkurrieren, also einen arbeitsmarktpolitischen Nutzen herausstellen. Daher griffen die Akteure nun verstärkt auf die legitimatorische Erzählung des Fachkräftemangels zurück, die nun, mit Aussicht auf eine staatliche Existenzsicherung, instrumentell verankert wurde. Der Moment, an dem die *Zukunftswerkstatt* nach europäischen Förderungen griff, erklärt somit zumindest für diese Organisation, warum an außerschulischen Lernorten von Wirtschaftspolitik die Rede ist. Wegen des Interesses an EU-Töpfen war darüber hinaus, wie die Akteure sich in mehreren Dokumenten gegenseitig bestätigen, die Unterstützung vom Kultusminister erforderlich. Dieser musste – zu diesem Zeitpunkt seit vier Monaten im Amt – also zusätzlich mit amts-immanenten Argumenten gelockt werden.

Die Entscheidungen des Ministeriums waren in diesem Moment also das Zünglein an der Waage darüber, ob die *Zukunftswerkstatt* gefördert werden konnte oder nicht. Diese Rolle löste auf der Netzwerkebene einen mehrgliedrigen Versuch aus, die landespolitischen Netzwerke zu nutzen und im Sinne einer Legitimation des Vorhabens mehrere Politikfelder zu verbinden; nämlich pädagogische und wirtschaftliche Belange argumentativ zu koppeln, um die Notwendigkeit des Vorhabens zu begründen. In dieser Überzeugungsarbeit und letztlich im Antrag selber musste dementsprechend die Brücke zwischen Wirtschaft und Bildung geschlagen werden.

Der Bildungsnutzen sollte, so die interne Absprache, trotz der wirtschaftlichen Argumentation deutlich bleiben; zumal unsere Initiatoren auch innerhalb von staatlichen Bildungssubventionen von notorischer Ressourcenknappheit ausgehen. Es hat also den Anschein, dass die Positionierung der doppelten Zugehörigkeit für entstehende außerschulische Bildungsorganisation eine existenzielle Hürde ist.

In Antizipation dieser Hürde griffen die Akteure in der schriftlichen Verhandlung mit dem Kultusministerium eben jene staatliche Ressourcenknappheit auf und argumentieren mittels einer sektorenübergreifenden Vernetzung für eine neue Bildungsinfrastruktur. Diese sollte über „Humboldt'sche Bildungsideale" hinausgehen, wie es auch von der Bundesregierung gewollt sei. Es ginge vielmehr um den wirtschaftlichen Nutzen von Bildung in einer Wissensökonomie. Zusätzlich hoben die Initiatoren den politischen Willen hervor, den es angesichts der aktuellen regionalen Förderung – nämlich der bereits existierende EFRE-Förderung für den Großraum Lüneburg (2007 bis 2013) – und mit Blick auf die große kommunale sowie wirtschaftliche Kooperationsbereitschaft für die Errichtung der *Zukunftswerkstatt* offensichtlich für außerschulische und wirtschaftlich orientierte Bildung gäbe. Mit diesen beiden Rahmenbedingungen wäre zudem die finanzielle Sicherstellung und fristgemäße Projektumsetzung gewährleistet.

Die Argumentation schloss mit der Wendung, dass dank der Administration durch den Landkreis die Mittel zwar sicher angelegt wären, die Fortführung jedoch abhängig von der Unterstützung durch den Kultusminister persönlich. Wenige Woche später kam eine grundsätzliche, wenn auch vage Zusage. Kultusminister Althusmann hatte „die Förderungswürdigkeit und -willigkeit sowohl hinsichtlich der Investition als auch der Betriebskosten erklärt. Aber: Die Zusage in formeller Art stehe aus" (19.08.2010).

Im doppelten Bezug auf die Beantragung von EU-Geldern einerseits und auf die entscheidende Rolle des Kultusministeriums andererseits entwickelte der Initiatorenkreis also eine Erzählung der *Zukunftswerkstatt*, die Bildungsanliegen und wirtschaftspolitische Legitimationen miteinander verquickt. Wenn sie auch zuvor bereits Diskussionsstoff im Initiatorenkreis gewesen sein mag, erhielt diese Erzählung erst aus den gegebenen strategischen Anlässen heraus eine gewisse argumentative Gestalt und eine Bindung an existenzsichernde Ressourcen.

Welche weiteren organisationalen Ordnungen hat jene politische Arbeit und Antragsstellung zur Folge? In der Folge beschreibe ich, wie dies (1) das didaktische Konzept, aber auch (2) die Kommunikation die gegenüber Unternehmen und Schulen betrifft.

14.2 Kopplung mit Regionalpolitik: Wahl einer Rechtsform

Einig war man sich intern, dass die *Zukunftswerkstatt* eine gemeinnützige, steuerbefreite Körperschaft öffentlichen Rechts werden müsse. Hier war bereits Anfang des Jahres 2010 die Rede von den drei Rechtsformen des Vereins, der Stiftung und der GmbH. Die Entscheidung fiel wenig später, nämlich zugunsten der Stiftung.[136] Interessant ist im Rahmen dieser Entscheidung, dass die Investoren das Gründungsvermögen bei einer Stiftung nicht wie in der GmbH als Gesellschafter besitzen, sondern als sogenannte verlorene Zuschüsse behandeln, also auch für den Fall einer Liquidation aufgeben müssen. Hier gab sich die *Zukunftswerkstatt*, wie eine Korrespondenz mit dem Landkreis verrät, dem Landkreis in die Hände, der eine so geartete Finanzunterstützung tatsächlich in Aussicht stellte. Dies geschah jedoch mit der zuversichtlichen Anmerkung, dass die *Zukunftswerkstatt* dafür in der politischen Gunst des Kreistages stehen müsse. Somit machte sich die *Zukunftswerkstatt* ein Stück weit verwundbar gegenüber der kommunalen Politik, in der sie – mit den CDU-Netzwerken im Hintergrund – kein unbeschriebenes Blatt war und dementsprechend gut daran tat, auch für andere Parteien tragbar zu sein. Die Alternative dessen war die GmbH, die, so suggeriert ein Beratungsgutachten, mit einer rein betriebswirtschaftlichen Führung weniger als Träger eines Zweckbetriebes geeignet wäre.[137]

---

[136] In der Begründung dessen greift der Initiatorenkreis auf die genannten Wirtschaftlichkeits- und Steuerargumente zurück und nimmt eine lange Initiationsphase in Kauf, die mit einem sofort gegründeten Förderverein aufgefangen werden solle. Das bedeutet unter anderem, dass eventuelles Personal zunächst beim Verein und erst später bei der Stiftung angestellt werde.

[137] Zu jener Annäherung an den Landkreis kam hinzu, dass dieser ob der langen Anlaufphase der Stiftung nun als Antragsteller auf EU-Ebene gefragt war. Der

14.2 Kopplung mit Regionalpolitik: Wahl einer Rechtsform 453

Im Verlauf jener Antragsprozesse wurde daraufhin auch ein Businessplan erstellt. Auch dieser ist interessant in Bezug auf die multireferenziellen Bezüge und existenzsichernden Maßnahmen der Organisation. So stellte eine Sitzung des Initiatorenkreises in strategischer Abwägung des Businessplans fest, dass die mit dem EFRE-Antrag entlasteten Investitionskosten die „leichtere Übung" und die Betriebskosten der schwierigere Teil wären, zumal 15 Jahre Betriebsdauer gesichert sein müssten. Im Ausblick auf eine Präsentation vor der lokalen Öffentlichkeit am 31.10.2010, deren Bedeutung ich gleich noch diskutieren werde, beschlossen die Akteure also, dass bis dahin beide Teile, Investitionskosten und Betriebskosten, in einen Finanzplan gegossen werden sollten. Dabei sollte anlässlich der Präsentation auch das noch ausstehende Versprechen mit eingeplant werden, dass das MK für zwei Lehrerstellen gegeben habe.[138] Die Akteure bauten also in transparenter Weise das Versprechen auf Lehrerstellen in die Planung ein, die somit auch rhetorischen Zwecken dient. Die zu diesem Zeitpunkt unsicheren Betriebskosten wurden

---

[138] Landkreis hatte daher, sollte der Antrag bewilligt werden, eine Rechenschaftspflicht– und somit großes Mitspracherecht – in Bezug auf die Gestaltung des Lernortes; dies betrifft den EFRE-Antrag, also investive Kosten etwa für das Gebäude.
Gemäß jener Dringlichkeit, die v.a. aus den Antragsplänen erwächst, geben die Akteure ein Gutachten zur Rechtsformwahl in Auftrag. Dieses Gutachten, das überraschenderweise nicht von einem Lernort spricht, sondern „unter der Maßgabe (erfolgt), dass ein Ausbildungsbetrieb entstehen soll", prüft die Möglichkeiten eines Vereins, einer GmbH und einer Stiftung. Erstere Rechtsform sei „in seinen Möglichkeiten als wirtschaftlich orientierter Verein durch seine innere Struktur beschränkt". Dieses Urteil wägt offensichtlich zwischen den demokratischen Prinzipien einer Mitgliederversammlung und betriebswirtschaftlicher Effizienz ab. Im Vergleich zwischen den unternehmerisch geführten Formaten heißt es, dass man bei einer Stiftung den eventuellen Spendern größere Steuervorteile bieten könne auch wenn die Stiftungsgründung die administrativ aufwändigste Variante sei.

bereitwillig als verwundbare Stelle ausgewiesen. Die investiven Kosten, die gleichzeitig eingeworben wurden, suggerierten dann einerseits den bereits geschaffenen politischen Willen für das Projekt, während die noch ausstehenden Betriebskosten andererseits weiteren politischen Willen generieren sollten.[139]

In der Zusammenschau stellte sich im Rahmen der Rechtsformfindung und der gleichzeitigen Mitteleinwerbung bei der EU also eine zunehmende Vielfalt an existenzsichernden Verknüpfungen ein. Die institutionelle Komplexität fand nun auch auf formaler Ebene Einzug in die Organisation. Dies betraf die EU-Gelder, die bildungspolitische Vision, die gleichgleichzeitige Orientierung an Spenden und an Unternehmer-Netzwerken sowie letztlich die Abhängigkeit vom Landkreis und damit vom Kreistag. Diese Beziehungen standen in einem komplexen und potenziell labilen Wechselverhältnis, wobei im Verhältnis zum Landkreis als Antragsteller bei der EU sogar eine existentielle Abhängigkeit in Kauf genommen wurde.

In der gesamten Reihung der Ereignisse wird sichtbar, dass die prekäre Zwischenposition der Organisation auch die Ressourcenakquise prägte. Die resultierende Formalstruktur zeichnete sich besonders dadurch aus, dass man sich an die Kommunalpolitik band, während im legitimatorischen Narrativ die regionale Wirtschaft eine zentrale Rolle spielte.

Welche Funktion kam dabei der Bildungsarbeit zu? Sollte nun auch die Bildungsarbeit an die äußeren Anbindungen angelehnt werden, kann mit

---

[139] Dabei gehen die Akteure offensichtlich bereitwillig das Risiko ein, dass Skeptiker eben jene Argumentation umkehren und mit dem fehlenden langfristigen Bestand auch der Aufbaugelder für das Vorhaben in Frage stellen. Tatsächlich wird dieses Risiko, das die *Zukunftswerkstatt* noch für eine Weile beschäftigen sollte, bei der angedeuteten Baukrise eine Rolle spielen, nämlich als argumentativer Zündstoff für die Kritiker des Bauvorhabens.

größerer Wahrscheinlichkeit von einer engen Kopplung von Bildungsorganisation und Wirtschaftsregion die Rede sein. Andererseits könnte sich auch hier das Prinzip der „politischen Organisation" (Brunsson 1989) fortsetzen, dass der *Zukunftswerkstatt* bislang Auftrieb gegeben hat.

14.3 Kopplung mit regionaler Bildung: Didaktisches Konzept

Erst anlässlich der geschilderten organisationalen Schließung wurde auch die geplante Bildungsarbeit konzeptualisiert und niedergeschrieben. Der EU-Antrag, der im Sommer 2010 Fahrt aufgenommen hatte, und eine geplante Präsentation im August erforderten in den Augen der Akteure eine Festlegung über die verschiedenen Kommunikationsarenen hinweg. Zuvor waren die verschiedenen Kontakte noch separat und in bereitwilliger Anpassung an die vorherrschenden Belange ausgerichtet worden.

Nun, im Rahmen der Sicherung und Konsolidierung von Ressourcen und Allianzen, gingen die Akteure auf die Suche nach einem didaktischen Konzept, das über die verschiedenen externen Bezüge hinweg Bestand hatte. Dies beschreibt der Physiklehrer im Rückblick:

> Ich hab natürlich ein Konzept geschrieben, von dem ich angenommen habe, dass es hier machbar ist, und auch attraktiv ist für diese Region. So habe ich das von Anfang an geschrieben. Und das ist auch einer der Gründe, warum ich hier reingeschrieben habe, dass die selber experimentieren sollen damit die haptische Fähigkeiten mitbringen, damit die unter Umständen, wenn die nachher als Lehrlinge anfangen und sollen da irgendwas mit den Händen machen, damit gewisse Vorerfahrungen da sind. Das ist der eine, einer der Gründe gewesen. [...] Aber ein zweiter Grund war natürlich, dass man damit sozusagen die Voraussetzungen für jemanden, der eine Leerstelle haben will im technischen und praktischen Bereich einfach verbessert. (Interview 4)

In der engen Anbindung an diverse Umfelder suggerierte das Konzept sogar die Idee einer eng mit regionalen Belangen verknüpften, *lernenden Organisation*. Insbesondere in dem weiteren Kreis staatlicher und wirtschaftlicher Förderer (deren Auflistung aus dem Herbst 2010 wir in dem zitierten Interview diskutieren), sollte das Konzept überzeugen. So berichtete der Physiklehrer von der Präsentation (vermutlich am 31.08.2010):

> ... mit der habe ich sozusagen dann dort ein Referat gehalten und denen versucht nahezubringen, was die Intention ist. und das war das Ziel letztlich, deren Zustimmung und Einwilligung zu kriegen. [...] (ebd.)

Neu an der Präsentation war, dass unterschiedliche Umfelder mit der gleichen, verschriftlichten Selbstdarstellung bedient wurden. Insofern lag der Initiatorenkreis seine bisherige, anpassungsbereite Haltung ab. Vielmehr wurde nun ein spezifisches Charakteristikum des Projektes hervorgehoben. In diesem Zusammenhang und mit den bereits früh entwickelten, wirtschaftspolitischen Absichten bezeichnete der Physiklehrer die Zusammenarbeit mit regionalen Unternehmern, die bis in die Bildungsprojekte und pädagogische Arbeit selbst reichen sollte, als „das Alleinstellungsmerkmal" des Konzeptes. So wäre das globale Motiv hinter dem Vorhaben, „dass die Kinder sozusagen hingeführt werden in die industrielle Welt, in der wir ja nun leben". Zugleich richtete der Lehrer das Konzept sowohl didaktisch als auch politisch an der lokalen Ausgangslage aus und hob hier den Konsens hervor. Auf Basis der Liste der erwähnten Veranstaltung und unter Hervorhebung der Kreishandwerkerschaft und der Stiftung Nordmetall schildert er im Rückblick die Akteurskonstellation so, dass „alle dahinter (stehen), in der Hoffnung, dass man auf diese Weise sozusagen einen breiten Nachwuchs fördert, nicht etwa nur eine Elite".

Wie reagierten die adressierten Akteure auf die Präsentation und welche Argumente führten sie selber ein? Die Antwort auf diese Frage schließt wiederum an das Bild von *transversalen Kopplungen* an.

14.4 Transversale Kopplung II: Wirtschafts- und Bildungspartner rationalisieren den Fachkräftemangel

Wie interne Gesprächsprotokolle in Vorbereitung auf die Präsentation vor Wirtschaftsleuten verraten, wollte man regionalen Unternehmern am 31. August 2010 vor allem mit einer Bitte um Rat entgegengetreten („Wir brauchen ihren Rat"). Man wäre nun in der Feinabstimmung und hier wäre auch die Wirtschaft gefragt, die als Bedarfsseite des Projektes angesprochen wäre, so der CDU-Landtagsabgeordnete. Und auch der Schulleiter ging laut Protokoll davon aus, „dass wir es schaffen müssen, der Wirtschaft deutlich zu machen, mit welcher (besseren!) Qualifikation sie Nachwuchskräfte nach Einwirken unseres Projektes erwarten kann". Allerdings, so warnte ein Anderer, müsse man sich vorsehen, „die Kosten-Nutzen-Diskussion zu führen, denn in so einem Fall müsste die Frage gestellt werden, ob ein aus dem Ausland kommender Bewerber per Saldo billiger sei".

Mit der Zielsetzung, die regionale Wirtschaft anzusprechen, hatten die Initiatoren ca. 20 Unternehmen[140] eingeladen. Als Gäste sind beispielsweise in der Region ansässige Autohäuser, Baubetriebe, Krankenhäuser, Lokalzeitungen oder Heiztechniker geladen. 17 Parteien erscheinen. Es handelte sich um eine aus persönlichen Netzwerken des Initiatorenkreises ausgewählte Gruppe. Der Ablauf der Veranstaltung gibt Einblick in ein hohes Maß an Überzeugungsarbeit. Die Kernargumente der Initiatoren im Verlauf der Veranstaltung waren dem Protokoll zufolge einerseits der Fachkräftemangel und andererseits strategische Verknüpfung von Wirtschaft und Politik. Das wurde in den einleitenden Worten seitens des

---

[140] Darunter Kfz-Produzenten, Elektrohandwerker, ein Teeproduzent, Baufirmen, Heiztechniker, Speditionen, Einzelhändler, Medizintechniker, Krankenhäuser, ein Arbeitgeberverband und eine Regionalzeitung.

Landrates deutlich: Auf Basis der wirtschaftlichen Rahmung des Projektes wäre eine Befürwortung vonseiten der Wirtschaft notwendig, damit auch die Politik mitziehe. Als Interessenslage von Seiten der Wirtschaft sprach er hier den Fachkräftemangel an, also eine Bedarfslage der Arbeitgeber, und gab der Veranstaltung damit einen Deutungsrahmen vor. Tatsächlich zeigten der weitere Ablauf der Veranstaltung und die darauffolgende Präsentation, dass sich hier eine wirksame Gründungserzählung entwickelt hatte, die bei allen beteiligten Parteien auf offene Ohren stieß. Zwar äußerten sich im Anschluss an dieses wirtschaftspolitische Framing einige Firmenvertreter zunächst skeptisch zur Existenz des sogenannten Fachkräftemangels; zumindest in ihrer Branche. Andere wiederum bestätigten das „Absaugen von Personal" durch das nahegelegene Hamburg, z. B. in den Krankenhäusern. Wieder andere unterlegten ein zukünftig drohendes Szenario mit der politischen Dringlichkeit des Vorsorgeprinzips: Man müsste jetzt handeln, gleich wie konkret das Problem hier oder dort ist.

Was darin trotz der faktischen Widersprüche aber deutlich wird, ist eine starke kommunikative Anschlussfähigkeit, die in erster Linie im Fachkräftemangel-Motiv hergestellt werden konnte. Das Publikum waren zu diesem Zeitpunkt vor allem regionale Firmen (v.a. EWE; Stadtwerke, Sparkasse), die man als regionale Kooperationspartner und Anschauungsgegenstände für das Bildungsprogramm gewinnen wollte, sowie der Landkreis, das niedersächsische Kultus- und das Wissenschaftsministerium.[141] Wenig später wurden auch die Schulen hinzugeschaltet. Diese Strategie der Ressourcenkonsolidierung lässt sich, wie in Grafik 14 abgebildet, als Dreischritt darstellen. Kurz: (1) Die Sprache und Anwesenheit

---

[141] All jene haben eine Unterstützung an den Projektentwicklungskosten (LK), an den Betriebskosten (KM) und ab den EU-Förderanträgen für das Gebäude (u.a. investive Kosten; KM, MWK) in Aussicht gestellt.

regionaler Firmen wird aufgegriffen, (2) um landespolitische Gelder zu akquirieren und (3) um auch den Schulen einen Grund für die Kooperation mit der *Zukunftswerkstatt* gegeben.

```
        LANDES-              REGIONALE
       REGIERUNG               FIRMEN
         Wollen  ⟶  Fachkräftemangel-  ⟵
                        Skript
         Sollen  ⟶      +        ⟵
         Können  ⟶               ⟵
                     ↑ ↑ ↑
                              SCHULEN
```

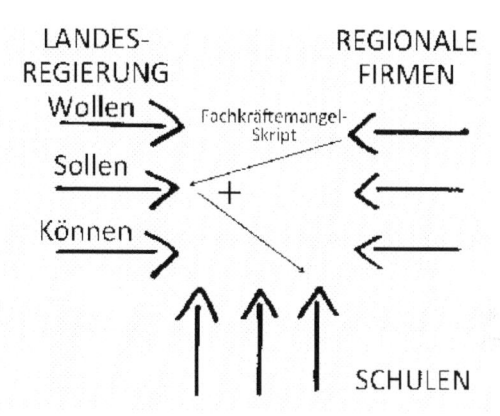

Grafik 14: Fachkräftemangelskript (eigene Darstellung)

Im Detail lässt sich das abgebildete Fachkräftemangel-Skript bezüglich der drei Publikumsgruppe wie folgt auslegen: Die Firmenvertreter verliehen dem Fachkräftemangel Gewicht – ob durch die Schilderung von vereinzelten Ressourcenproblemen oder durch eine zeitliche Dramatisierung. Der Fachkräftemangel erwies sich hier also als branchenübergreifend legitim, politisch wirksam und anschlussfähig für die Sorgen und Partikularinteressen der einzelnen Parteien. Durch die Projizierung divergenter Interessen in ein konvergentes Narrativ wurde eine tragfähige Grundlage für eine punktuelle Kooperation konstruiert. Dabei wurde durchaus registriert, aber aufgrund der kommunikativen Tragfähigkeit des Begriffs nicht weiter thematisiert, dass branchen- und firmenspezifische Personalmangel wohl kaum ein- und derselben Dynamik unterliegen (siehe Kap. 2).

Somit ist die *Zukunftswerkstatt* nicht die Plattform zur gezielten Bearbeitung des arbeitsmarktpolitischen Problems, das ganz offensichtlich eher einer volkswirtschaftlichen Steuerungslogik, als einer außerschulischen

Pädagogik entspricht. Wie aus diesem Diskussionsausschnitt ersichtlich wird, war für die Initiatoren, die hier als Gastgeber auftreten, in erster Linie die Argumentation entscheidend, dass man als neue Organisation einen Mehrwert für die verschiedenen Parteien bietet. Mit dieser Steuerungslogik ist auch die Landesregierung angesprochen. Die Strategie diesbezüglich lag bislang in einer anpassungsbereiten Wissenspolitik, oben als diskursiver Opportunismus bezeichnet. Diese Strategie musste gegenüber den regionalen Schulen, aber vorwiegend gegenüber staatlichen Geldgebern überzeugen. Grundlage dessen waren auch in der nun skizzierten Veranstaltung aber nicht betriebswirtschaftliche Kosten-/Nutzen-Erwägungen. Vielmehr bemühten sich die Initiatoren um die Antizipation und Mobilisierung von vielfältigen und relativ offenen Wissens- und Interessenslagen.

Die potenzielle Überforderung der *Zukunftswerkstatt* durch die Fachkräftedebatte wurde im Nachgang der Veranstaltung antizipiert, aber mit den Worten „aller Anfang ist klein" (internes Protokoll) beiseitegelegt. Auch wurde im Laufe der Veranstaltung seitens der Projektinitiatoren eingestanden, dass die regionale und branchenspezifische Sachlage in dieser Hinsicht nicht weiter untersucht wurde, dass man diesen Hinweis aber dankbar aufnimmt und sich darum kümmern werde. Aber angesichts der in der Situation offensichtlichen Anschlussfähigkeit über weite Interessensgebiete sind diese Inkonsistenzen der Diagnose über wirtschaftlicher, räumliche und zeitliche Zusammenhänge hinweg keine Schwäche; zumindest nicht, wenn man sie denn als für die Kooperation tragfähiges Framing anerkennt, wie es die Akteure implizit tun.

Ich komme nun auf die Schulen als ein drittes Publikum zu sprechen. Wie wird mit der Figur des Fachkräftemangels außerhalb von wirtschaftlichen Kontexten gearbeitet? Dies macht sich besonders bemerkbar, als Schulvertreter eingeladen werden, um auch ihnen die *Zukunftswerkstatt* als förderungswürdiges Projekt nahezulegen. Kurz nach dem Treffen mit regionalen Unternehmen, kamen 15 Schulvertreter zusammen um sich vom Initiatorenkreis von den Plänen berichten zu lassen. Im Vorfeld ei-

14.4 Transversale Kopplung II

nigte sich der interne Kreis wiederum über das Vorgehen. Sie beschlossen, dass man mit dem oben eingeführten Schulleiter als Initiator nur das Konkurrenzgebahren der Schulen schüren würde und dass die Veranstaltung daher auf "neutralem Boden" stattfinden müsste. Dazu wurde das EWE-Kundenzentrum als Treffpunkt festgelegt. Das Treffen selbst wurde vom EWE-Gastgeber mit den Worten eingeleitet, dass die Beteiligung der Schulen „*erst jetzt* stattfinde, weil zuvor eine gewisse inhaltliche Durchdringungstiefe geschaffen und die Finanzierbarkeit weitestgehend geklärt werden musste" (Hervorhebung im Originaldokument).

Nach der erneuten Präsentation durch den Physiklehrer, der auch mit dem Gymnasium seines Schulleiters assoziiert worden sein musste, brachte der frischgebackene Fördervereinsvorsitzende von den Stadtwerken auch hier den Fachkräftemangel an. Und wieder nutzen die Initiatoren die wechselseitige Publikumsrolle von Bildungs- und Wirtschaftswelten. Der Druck in der Wirtschaft wäre groß, so seine Einschätzung, „und wir wollen in der Wirtschaft dafür werben, dass von dort Interesse an uns und Unterstützung für uns entsteht". Trotz diesen klaren Worten, die eine primäre Adressierung an wirtschafspolitische Institutionen und unternehmerische Interessen nahelegten, merkte jemand in der darauffolgenden Plenumsdiskussion an (Wortlaut Protokoll):

> Die Bedarfslage scheint ungeklärt zu sein; die Reihenfolge ist offenbar vertauscht worden. Erst sollte der Bedarf ermittelt, dann mit der Planung begonnen werden. Die Schulen müssten z. B. für sich selbst erst einmal den Bedarf ermitteln.

Statt einer solchen ideellen oder politischen Diskussion geht es den Schulvertretern augenscheinlich um den organisationalen Anschluss an den Schulbetrieb sowie bildungspolitische Ressourcen. Zum Anlass jener Präsentation sprachen sich einige Schulvertreter nicht nur wohlwollend für eine große Unabhängigkeit der *Zukunftswerkstatt* aus. Die technische Überlegenheit der *Zukunftswerkstatt* gegenüber Schulen – man denke an

Laborarbeitsplätze u. ä. – machte den Ort für Kinder und Schulen sogar besonders attraktiv, so einige Anwesende.[142]
Man kann also auch bezüglich der Figur des Fachkräftemangels erkennen, wie die Initiatoren des Projektes wieder auf eine transversale Verknüpfungsstrategie zurückgriffen: Parallellaufende Linien, hier verschiedene Unternehmen und Schulvertreter, werden mit einer Querverbindung verkoppelt, ohne sie aber mit einem Integrationsanspruch zu verbinden. Im Sinne der oben referierten neoinstitutionalistischen Literatur ist der Fachkräftemangel hier ein „rationalized myth" (Meyer und Rowan 1977). Durch die lose Kopplung mehrerer Umwelten nimmt die *Zukunftswerkstatt* breitere, kulturell überlieferte Narrative auf, um ihre Existenz zu legitimieren, ohne aber dass die organisationalen Abläufe davon betroffen sind. Damit hat der Fachkräftemangel auch auf bildungspraktischer und organisationaler Ebene dieselbe Bedeutung, die in anderen Teilen mit dem Begriff ‚Illusio' beschrieben wurde.

Allerdings kündigte sich zu diesem Zeitpunkt auch eine Abkehr von der opportunistischen Entwicklungsstrategie an. Es müsste mittelfristig

> bis zum Jahresende geklärt werden, welche Firma sich binden will und auch: In welcher Höhe und Zeitdauer. Ansonsten stellt sich das Projekt als unfinanzierbar dar. Im Entwurf des Businessplanes soll die Kostenbeteiligung der Wirtschaft mit einem höheren als dem bisherigen Anteil vorgesehen werden.

---

[142] Das Gros der Anmerkungen bezog sich an diesem Tag aber auf Schulregeln und -routinen und die organisationale Verzahnung mit diesen. So fragen die Lehrer nach der Koordination der *Zukunftswerkstatt* mit Lehrplänen, der Möglichkeit der inhaltlichen Vor- und Nachbereitung durch Schüler und Lehrer und – wie zu erwarten – der Anbindung an ein bestimmtes Gymnasium; hier erkundigt man sich, ob auch andere Schulformen angesprochen seien. Weiterhin kommen Transportkosten und Teilnehmerkosten in den Blick, die man laut dem EWE-Gastgeber in Kauf nehmen müsse, wo man doch wohl kaum ein „Rundum-sorglos-Paket" erwarten könne.

14.4 Transversale Kopplung II 463

> Am 09.09. (nach Auswertung der Veranstaltung vom 31.08.) muss geklärt werden, wer welche Akquise diesbezüglich betreibt. (internes Protokoll)

Auf das Problem, in der Zwischenposition nicht umfassend alle Belange ansprechen zu können, reagierten die Initiatoren nun weniger mit Opportunismus, wie noch in der ersten Entwicklungsphase. Die Deutungsoffenheit, mit der die Organisation bislang das regionale Kräftespiel aufgegriffen hatte, sollte nun erstmals begrenzt werden.

Diskussion zur Organisationswerdung

Das Hauptargument in diesem Kapitel war, dass mit den regionalökonomisch geprägten Entstehungsbedingungen – teils strategisch eingeleitet, teils pragmatisch in Kauf genommen – bereits die Grundlage dafür gelegt wurden, dass die *Zukunftswerkstatt* als transversal gekoppelte Organisation bezeichnet werden kann. Wie zuvor erarbeitet, stellt sich dabei aber die Frage, ob die institutionelle Umgebung eher hinderlich oder förderlich dabei ist, eine neuartige Bildungsstätte aufzubauen.
Schon in der ersten Phase kristallisiert sich heraus, dass die Zwischenposition zwischen Regionalwirtschaft und Bildung der *Zukunftswerkstatt* den wesentlichen Antrieb gegeben hat. Im Kern gelang es also, die vorhandenen Interdependenzen nutzbar zu machen und die zögerlichen Interessenbekundungen aus beiden Feldern zu bündeln.
Hinsichtlich der feld-spezifischen Logiken gewann überwiegend die Regionalwirtschaft an Bedeutung, nachdem sie ursprünglich in der Begegnung von Landtagsabgeordneten und Schulleiter sekundär war. Eher aus einem schulischen Kontext entstanden verlief die Ressourcenakquise solcherart, dass man sich kulturell bald von schulischen Arbeitsweisen distanzieren wollte. Dies ging nicht unwesentlich auf die Klassifizierung als außerschulisches Projekt zurück, die im Kern aus der niedersächsischen Wissenschaftspolitik kam. In Folge dessen erwies sich die regionale Wirtschaft als fruchtbarer Legitimationskontext. Denn des-

sen Netzwerke und Bildungsbegriffe waren auch geeignet, um dem Feld der außerschulischen Bildung Ressourcen abzuringen, indem man die beschäftigungspolitische Bedeutung des Projektes hervorhob.

Der organisationale Spielraum, der aus der Ressourcenakquise erwuchs, war geprägt von einer Formalstruktur, die durchaus die Umweltverhältnisse spiegelte, deren informelle Stütze aber aus Wirtschaftsnetzwerken bestand. Dabei wurden die Umweltkontakte nicht mehr pauschal hingenommen oder unbewusst imitiert, sondern in relativ strategischer Weise orchestriert. Die derartige Fragmentierung der Umweltbeziehungen diente allem Anschein nach auch der wechselseitigen Intransparenz. Wirtschaftspartner bedienten beispielweise nicht die bildungspolitischen Arenen. Der letztgenannte Kontext wurde in der öffentlichen Wahrnehmung sogar heruntergespielt, während die Wirtschaftsleute selbst als Partner und sogar im Vorstand als Akquise-Experten sichtbar gemacht wurden. Letztlich ist es diese lose Verbindung und opportunistische Nutzung der Wirtschaftsnetzwerke und staatlichen Förder-Versprechen, die die Initiatoren in die Lage versetzte, die arbeitsintensiven und voraussetzungsreichen EU-Anträge auf den Weg zu bringen.

Die wesentliche Erkenntnis ist, dass regionalökonomische Belange Einzug erhalten ob der prekären Zwischenposition, die die *Zukunftswerkstatt* zwischen Regionalwirtschaft, Bildungspolitik, Landkreis und Schulen eingenommen hatte. Diese Position hatte sie zwischenzeitlich zum Spielball von politischen Zuständigkeitszuweisungen werden lassen. Dem Kräftespiel ausgesetzt konnten regionalökonomische Bildungsdebatten wie der Fachkräftemangel den meisten Zugzwang entwickeln und stellten daher eine günstige Förderstrategie bereit. Bemerkenswerterweise ist vor diesem Hintergrund, dass erst die staatliche Förderung die regionalökonomische Rahmung reizvoll und organisatorisch tragfähig gemacht hatte. In dieser doppelten, regionalökonomischen und bildungspolitischen Zuordnung und den damit einhergehenden Vor- und Nachteilen kann man die Position, die Organisationsstruktur und die institutionelle Logik der *Zukunftswerkstatt* als Hybrid bezeichnen. Genealogisch geht dieser Hybrid auf die transversalen Verbindungen mehrerer Umfelder zurück, hier auf die staatliche Förderung volkswirtschaftlich legitimierter Bildungsnarrative; insbesondere dem Fachkräftemangel. Dieses Narrativ übernahm die *Zukunftswerkstatt* entlang mehrerer Diskursopportunismen. Die sukzessive Ressourcenakquise und Festlegung auf regionalökonomische Fördersprachen und Didaktik-Konzepte erzeugte jedoch auch – etwa in der Angliederung an den Landkreis – neue Abhängigkeitsverhältnisse. Wie stehen in der *Zukunftswerkstatt* also die Kontexte der staatlichen Bildung und der regionalen Wirtschaft zueinander? Die idealtypischen Entwicklungsfiguren und die Feld-Metaphern, die ich vorab formuliert habe, treten dabei nicht in Reinform auf. Und doch erkennt man einige Strukturelemente wieder. So konnten Initiatoren, als Folge einer sehr dynamischen Interdependenz zwischen Politikressorts und Handlungsfeldern, diese Interdependenz zum Aufbau des Projektes nutzen. Sie taten dies, indem sie an zwei entscheidenden Stellen transversale Linien gezogen haben: Im Winter 2009 als mehrere Verhandlungspartner zu einem Workshop einberufen wurden und die MWK- und Leuphana-Zusagen mit der Frage der Betriebskosten kombiniert wurden. Und im Sommer 2010, als der Fachkräftemangel gegenüber Schulen und Unternehmen als legitimatorisches Narrativ eingesetzt wurde. In beiden Situationen konnten zuvor geknüpfte Allianzen konsolidiert werden, indem wechselseitige Publikumsrollen hergestellt und genutzt wurden.

Das Verhältnis der Organisation zu den Umfeldern blieb aber weitgehend lose gekoppelt, so dass man bislang von einer „politischen Organisation" (Brunsson 1989) sprechen kann. Denn letztlich wurde auch die Organisationsstruktur selbst mit der Definition eines Fördervereins und einer Stiftung recht flexibel angelegt, da beide in Sachen Legitimierung und Ausstattung zwar konstitutiv waren für die Bildungsarbeit, sich aber immer wieder neu auf diese beziehen konnten. So traten die Außenkontakte mal als Partner in Erscheinung, mal als Prüfer; mal als Stakeholder, mal als Shareholder; mal als wohlwollender Beobachter, mal als Ratgeber.

In der Zusammenschau der Acker- und Kraftfelder bediente man sich der regionalen Wirtschaft also als kulturellen Kontext und als Beziehungsgeflecht, um das Projekt zu legitimieren. Die regionale Bildungswelt, das heißt vor allem Schulen und Hochschulen, wurde in diesen Hinsichten eher vermieden, etwa in der Abkehr von „Lehrermischpoken" (Interview 3) und schulischem Unterricht. Nichtsdestoweniger musste die Bildungslandschaft als institutionelle Umwelt berücksichtigt und navigiert werden, um regionale Schulen freundlich zu stimmen oder um die weiterhin ausstehenden Ressourcen-Versprechen des Kultusministeriums einzuholen. Es ist diese nun illustrierte Spannung von institutioneller Komplexität, Existenzsicherung sowie dem Erhalt pädagogischer Spielräume, die die ersten Jahre der *Zukunftswerkstatt* im Wesentlichen bestimmte.

15. Ökonomische Außenwelt, pädagogische Innenwelt – Die Suche nach einer Kontaktsprache zwischen Ehrenamtlichen, Festangestellten und Leitung

Wie prägt die regionalökonomische Außenwelt das Innenleben der Organisation? Dass die *Zukunftswerkstatt* in der Position zwischen Regionalwirtschaft und Bildungspolitik auf fruchtbaren Boden fällt, birgt auch Herausforderungen für die Organisationspraxis und Bildungsarbeit. Die Organisation fungiert wissens- und ressourcenpolitisch als „Trading Zone" (Galison 1997) – also durch die Verquickung von bildungs- und wirtschaftspolitischen Interessen, Kräfteverhältnissen und Logiken. Und in den beschriebenen Anpassungsbewegungen entsteht eine vielbezügliche Kontaktsprache (ebd.). Doch inwiefern ist auch die tagtägliche Arbeit von vielbezüglichen Kontaktsprachen geprägt? Inwiefern kann im feldanalytischen Sinne aus der Zwischenposition eine vermittelnde Disposition abgeleitet werden?

Dass aus einer regionalökonomischen Positionierung der Organisation auch ein entsprechender Arbeitsauftrag hervorgehen kann, deutet meine Promotionsstelle an, die im Verlauf der zuvor geschilderten Phase geschaffen wurde: Im Entwurf einer Pressemeldung zum Auftakt der Arbeit hieß es, dass meine Arbeit zur *Zukunftswerkstatt* sich mit dem Fachkräftemangel beschäftigen werde.

Hier und über die folgenden Jahre sah ich mich genauso wie andere Beteiligte, inklusive der Leitung selbst, mit derlei regionalökonomischen Rahmungen konfrontiert. Mal entspringen diese der bewährten Legitimationsstrategie der *Zukunftswerkstatt*, sozusagen der Außenwelt; mal stammen sie aus dem Innenleben der Organisation, seien es die Hobbies, Lebensumstände oder Milieus der Beteiligten. Gleich zu Beginn der Bildungsarbeit im Jahr 2012 erfüllte sich mit dieser Gemengelage die ursprüngliche Idee: Die *Zukunftswerkstatt* sollte, wie zuvor eruiert wurde, als heterogene und sektorübergreifende Schnittstelle agieren und primär einer regionalökonomischen Zielsetzung folgen.

Bezeichnend ist die inzwischen etablierte Selbstverständlichkeit der regionalökonomischen Legitimationsstrategie, im Rahmen derer Abweichungen mit einem zusätzlichen Aufwand verbunden waren. So hatte ich die zu Beginn der Arbeit beschriebene Pressemeldung, im Einvernehmen mit der Leitung, umformuliert und die *Zukunftswerkstatt* stattdessen als *lernende Organisation* bezeichnet – eine Charakterisierung, von der ich damals annahm, dass sie der Forschung mehr konzeptuelle Offenheit und Einbindung in der Bildungsarbeit zugestehen würde.

Doktorarbeit schreitet voran

Jeremias Herberg konzentriert sich bei seiner Doktorarbeit auf zwei Fragen: Wie entwickelt sich dieser außerschulische Lernort und wie arbeitet er mit seinem Umfeld zusammen. Dabei prägte er den Ausspruch „die *Zukunftswerkstatt* ist eine lernende Organisation". Ein schöner Gedanke: wir wollen nicht nur anderen etwas beibringen, sondern wir und die Organisation lernen selbst während dieses Entstehungsprozesses.

Ausschnitt aus Pressemeldung der Zukunftswerkstatt (Okt. 2012)

In dem Begriff angedeutet ist bereits eine bestimmte Art, mit heterogenen Denkweisen umzugehen: Eine lernende Organisation tendiert wohl dazu, solche Heterogenität in adaptiver Weise aufzunehmen und zu integrieren.

Die Entstehung der Organisation wird nun chronologisch weiterverfolgt: Es wird gezeigt, wie die vielbezügliche Zusammenarbeit im alltäglichen Betrieb der *Zukunftswerkstatt* von der regionalökonomischen Rahmung geprägt ist. Nachdem zuvor transversale Ressourcen die Möglichkeit einer neuen Bildungsstätte überhaupt erst geschaffen haben, steht jetzt die Gestaltung des alltäglichen Betriebes an. Es werden Stellen ausgeschrieben und besetzt und in aller Offenheit kann man bereits vermuten: Die zuvor zum Zweck der Mittelakquise verwendeten Legitimationsweisen verwandeln sich zur kulturellen Arbeitsgrundlage einer sehr heterogenen Akteurskonstellation.

Diese Praxisübertragung betrifft beide in der Presseausschreibung eingebrachten Begriffe, den Fachkräftemangel und die Idee einer lernenden Organisation. In beiden Ansätzen wird Bildungsarbeit mal in den Rahmen von regionalökonomischen Bedarfsstrukturen gestellt, mal wird sie als zyklischer Lernprozess in regionale Wissensräume eingefügt. Dem Fachkräftemangel, aber auch dem Begriff der lernenden Organisation, den ich in kritischer Absicht dem Fachkräftemangel entgegen gesetzt hatte, unterliegt diesbezüglich jedoch eine trügerische Idee: die Idee einer engen Kopplung von organisationalem Innenleben und regionalökonomischer Außenwelt.

Wie schon zuvor wird diese enge Kopplung auch in diesem Kapitel nuanciert, nun aber aus der Innenperspektive der Organisation. Insbesondere wird das Wechselspiel von zwei Zusammenhängen nachgezeichnet: das Verhältnis von Regionalwirtschaft und Bildung einerseits und das Verhältnis von Ehrenamt und Festangestellten andererseits. Untersucht wird, inwiefern die Zusammenarbeit von Festangestellten und Ehrenamtlichen eine enge Kopplung von Innenleben und Außenwelt ermöglicht oder verhindert.

In drei folgenden Abschnitten wird jeweils ein Element der in Kap. 3 präsentierten Kopplungsästhetik aufgegriffen und in seinen organisationalen Implikationen weiterverfolgt:

- die Trägerthese, der zufolge die Gruppen bestimmte institutionelle Logiken an die Organisation herantragen (Abschnitt 1);
- die Steuerungsthese, der zufolge dieser Lernprozess gesteuert werden kann oder selbst einer kontextuellen Steuerung dient (Abschnitt 2);
- die Schaltkreisthese, der zufolge diese Gruppen gemeinsam in einen zyklischen Lernprozess eintreten (Abschnitt 3).

Entsprechend folgt das Kapitel auch dem in Kap. 3 eruierten Vorgehen (vgl. Tabelle 8): Diskutiert wird zunächst anhand von drei empirischen Situationen, inwiefern die *Zukunftswerkstatt* den organisationalen Kopplungsmotiven des Fachkräftemangels entspricht (linke Spalte). Der zweite Abschnitt zeigt auf, dass man von einem Landnahmeprozess sprechen kann, der analog zu den vorigen Kapiteln auf einer transversalen Kopplung basiert (mittlere und rechte Spalte).

Tabelle 8: Anwendung des feldanalytischen Dreischritts auf Organisationen (vgl. Tabelle 1; eigene Darstellung)

Empirische Operationalisierung	*Kopplungsmotive des Fachkräftemangels*	*Landnahme als ...*
1. Ehrenamtliche und Festangestellte	Trägerthese	4. transversale Kopplung
2. die Leitung	Steuerungsthese	
3. die Fortbildung	Schaltkreisthese	

15.1 Der Erwartungsraum von Ehrenamtlichen und Festangestellten

Die Zielperspektive der *Zukunftswerkstatt*, die darin besteht, regionale Kontexte und Spannungsverhältnisse für bildungspraktische Projekte fruchtbar zu machen, betrifft ganz besonders das Verhältnis von Ehrenamtlichen und Festangestellten. Um das integrative Potenzial der *Zukunftswerkstatt* zu beleuchten, fokussieren die folgenden Überlegungen auf das Verhältnis dieser Gruppen; auf ihre wechselseitigen Erwartungen und auf den relational begründeten Arbeitsalltag der *Zukunftswerkstatt*. Nicht allein ist ihre Zusammenarbeit zentral, für die Umsetzung der tagtäglichen Bildungsarbeit. Auch verkompliziert sich das Feld der regionalen Erwartungen durch die persönlichen Motive beider Akteursgruppen. Die Festangestellten haben die formale Verantwortung in der Bildungsarbeit oder erheben den Anspruch, den Arbeitsalltag durch informale Routinen und formale Standards zu regulieren. Die Ehrenamtlichen dagegen tragen private Motive in ihr Engagement hinein und komplizieren somit die vorliegende Erwartungsstruktur. In dieser Spannung von formalen und informalen Motiven und Aufgaben ist das Verhältnis der beiden Gruppen besonders anfällig für die hybride Zwischenposition der *Zukunftswerkstatt*.

Festangestellte, Ehrenamtliche und nicht zuletzt die zwei pädagogischen und geschäftlichen Leiterinnen der Organisation suchen – mehr oder weniger einvernehmlich und den vielfältigen Umwelterwartungen zum Trotz – nach Kommunikationswegen, die ihnen die Zusammenarbeit ermöglichen. Insbesondere die Arbeits- und Denkweisen, die aus Ressourcen und Kontakten in der Wirtschafts- und Bildungswelt stammen, verbinden sie dabei in vielfältiger Weise miteinander.

Als besonders dynamisch können die Motive der Ehrenamtlichen gelten. Etwa dreißig Ehrenamtliche arbeiten in mehr oder weniger regelmäßiger Weise am Bildungsprogramm der *Zukunftswerkstatt* mit. Anders als die Festangestellten werden die Ehrenamtlichen nicht vergütet. Für sie gilt das Prinzip der bezahlten Indifferenz – soziologisch formuliert: Es gibt keine Vergütung für die Arbeit und daher auch keine Trennung von persönlicher Motivation und Organisationszweck (Kühl 2000, S. 110). Oder, wie es ein Kenner und Mitgestalter der *Zukunftswerkstatt* formuliert (Interview 4): „Wenn Sie mit Ehrenamtlichen arbeiten, hängt das natürlich auch stückweise sozusagen von der Zielrichtung ab, die die Ehrenamtlichen haben. Sie können nicht ... gegen Ehrenamtliche können Sie nichts machen. Dann sagen die tschüss." Auch ein Festangestellter bemerkt diesen Zusammenhang bald nach seiner Anstellung:

> Man kann sie nicht zwingen, natürlich. Das ist eine Sache, die dann immer wieder ganz wichtig ist irgendwie bei uns. Das merke ich ja auch jetzt, wo ich den Plan schreibe, den Begleitungsplan. Du schreibst das auf und denkst dir was aus und dann kriegst du vier E-Mails von Ehrenamtlichen, da kann ich aber nicht und da kann ich nicht, müsst ihr verschieben. (Q)

Wenn jedoch die persönlichen Motivlagen ausschlaggebend für die Beteiligung der Ehrenamtlichen sind, ist die kollektive Bildungsarbeit im Umkehrschluss von individuellen Motivationen geprägt. Im Falle von gemeinnützigen Organisationen wie der *Zukunftswerkstatt* kommt hinzu, dass sie zugleich von Festangestellten getragen werden, die oft kurzfristige und bescheiden vergütete Arbeitsverträge haben. So wirken alteingesessene Ehrenamtliche eher als Garant für die Kontinuität, während Festangestellte mit vielen Aufgaben innerhalb von kurzer Zeit betraut sind. Wie also kann ein außerschulischer Lernort wie die Zukunftswerkstatt eine konzeptuelle Grundlage und operative Kontinuität bewahren?

Bevor die Wirkung dieser Motivlagen untersucht werden kann, stellt sich schlicht die Frage, welche Sichtweisen die Ehrenamtlichen und Festangestellten in die *Zukunftswerkstatt* einbringen. Die folgenden Analysen stellen ein Spannungsverhältnis mit der in Kap. 3 aufgeworfenen Kopplungsmotivik auf. Das bedeutet auf das erste Kopplungsmotiv angewandt, dass Ehrenamt und Festangestellte nicht zwangsläufig Träger bestimmter Denk- und Arbeitsweisen sind und sich nur unter Umständen gegenseitig in ihren Denk- und Arbeitsweisen beeinflussen. Als Organisationsprinzip verstanden lautet diese Trägerthese wie folgt:

Trägerthese

Regionalökonomische Perspektiven der Bildungsorganisationen basieren häufig auf der Annahme einer kollaborativen, sektorübergreifenden Integration. Sie fordern von einer regionalen Bildungsstätte, die von bestimmten Personengruppen getragenen Motive in pädagogisch und regionalpolitisch bedeutsamer Weise zu verknüpfen.
Anstelle der Idee von einer umfassenden organisationsinternen Wissensakkumulation ist es ebenso plausibel, dass die Personengruppen sich nur vorübergehend aneinander orientieren und dass sie nur vorübergehend eine scharf umgrenzte Einheit bilden.

In der Folge zeichne ich in Bezug auf Ehrenamtliche und Festangestellte jeweils nach, wie das formale Gefüge der Zusammenarbeit informell von unterschiedlichen Motiven und Bildungsverständnissen getragen ist.

Die Ehrenamtlichen

Bei ihren persönlichen Motivationen und Zugängen, die ich in Interviews erhoben habe, aber zwecks Anonymität hier nicht wiedergebe, fällt auf, dass es sich bei vielen Ehrenamtlichen um Ruheständler handelt. Viele von ihnen verfolgen den Wunsch nach neuen Aufgaben, nachdem sie sich beruflich zur Ruhe gesetzt haben oder sich anderweitig auf berufliche Veränderungen eingestellt haben. Das pädagogische Anliegen liegt darin, die eigenen, vor allem technisch-handwerklichen Fähigkeiten weitergeben zu wollen.
Die Kompetenzen der Ehrenamtlichen sind über technikintensive Berufe und handwerkliche Hobbies sowie Vereinstätigkeiten erlangt worden;

Tätigkeiten, über die häufig auch der Kontakt zur *Zukunftswerkstatt* entstanden ist. Nach der Aufnahme als neuer Mitarbeiter habe jedoch es keinen formalen Aufnahmeprozess gegeben, so berichten alle. Dementsprechend sind die von Haus aus mitgebrachten Kompetenzen relativ ungefilterte Einflüsse auf das Bildungsprogramm und informale Motive und formale Gefüge treffen wie folgt aufeinander.

Das formale Beziehungsgefüge: „Klare Linien" und „flüssige Strukturen"

E., einer der ersten Ehrenamtlichen an der *Zukunftswerkstatt*, beschreibt die Organisation mit dem Begriff der „klaren Linien". Zugleich sei zugunsten einer gewissen Kreativität „[...] zwischen den Linien viel Freiraum, sich zu bewegen". Diese Topologie führt er auf die Frage hin weiter aus, wer denn zur *Zukunftswerkstatt* zähle, und geht besonders auf die Formalstruktur ein, die in seinen Augen recht arbeitsteilig ist:

> Die großen Aufgabenblöcke, wenn man so will, das ist einmal Bürotätigkeit, also Unterstützung [...] der Organisation hier. Dann eben die [im] Außendienst. Das ist ja nicht nur Geldauftreiben, sondern das ist auch Kontakt zu Firmen aufnehmen und die Firmen dazu bewegen, uns zu unterstützen, indem sie zeigen, was sie machen oder indem sie irgendwelche Werkzeuge möglicherweise mal spendieren, Freizeiten organisieren, wo die Kinder mal was machen könnten, oder irgendwas. So.
>
> Das sind die [im] Außendienst, also Büro, Außendienst, und dann gibt es hier... das weite Feld derjenigen, [...] die Inhalte festlegen, Experimente, Inhalte nach den großen Themen, und dann gibt es die Betreuer, das sind meistens dieselben. Also die sich in Arbeitsgruppen zu Inhalten verständigen sind auch dann Betreuer oder umgekehrt. Nicht immer. Nicht immer dieselben, aber ich sag mal aus dem großen Pool der Menschen, die sich um Inhalte kümmern, kommen eigentlich auch alle Betreuer. (E)

Dass es mit dem von ihm als Innen- und Außendienst bezeichneten Gruppen klare „Aufgabenblöcke" gibt („Bürotätigkeit", „Geldauftreiben", „Inhalte festlegen"), führe auch dazu, dass die in der Bildungsarbeit

15.1 Der Erwartungsraum von Ehrenamtlichen und Festangestellten

tätigen Ehrenamtlichen keineswegs die sonst engagierten Kolleginnen persönlich kennen. Innenleben und Außenwelt wird hier auch im Sinne einer Arbeitsteilung getrennt. Die relativ kleine Organisation funktioniere in dem Sinne analog zu großen Unternehmen, in denen spezialisierte Abteilungen nur in Ausnahmesituationen aufeinander treffen.

Auch G. zieht diesen Vergleich. Ihm zufolge sei im Ablauf der Bildungsarbeit jedoch die gruppenmäßige Unterteilung nicht spürbar („da wird nur heiß drüber diskutiert"). Ganz ähnlich skizziert J. ihre Sichtweise. Sie schildert ein eher egalitäres Verhältnis: Es gebe „eigentlich keine Unterschiede". Sie sieht lediglich die Formalstruktur, nämlich die halbjährlich zusammengewürfelten Arbeitsgruppen als das bestimmende Strukturelement für die Beziehung zwischen den beiden Gruppen. Während der Kooperationsalltag und die Sprechweise egalitär seien, verortet sie auf eine Anschlussfrage hin die Entscheidungsgewalt bei den Festangestellten. Diese bestimmten, wenn auch nach kollektiver Erwägung, welche Ideen innerhalb dieser Projektgruppen zum Bildungsprogramm werden. J. sieht also eine informell abgefederte Formalstruktur, wie auch L. sie in ähnlicher Weise schildert, während G. ein höheres informelles Gefälle schildert, sich aber in seiner Arbeitshaltung auf flache Formalstrukturen verlässt. Damit erscheinen die Gemeinschaft einerseits und die Organisation andererseits als hybrid und wechselhaft.

Zwar sehen die Interviewpartner beide Mikrokosmen, Ehrenamtliche und Festangestellte, als relativ klar geschieden an und bestätigen damit die Idee, dass die verschiedenen Gruppen als Träger unterschiedlicher Logiken fungieren. Im Hinblick auf eine Hierarchie zwischen diesen Gruppen und Logiken erklärt G. auf Nachfrage aber, dass anders als in Unternehmen „ja niemand dabei [sei], der mein Chef ist";

> ... der mich beurteilen müsste, Leistungsbeurteilung, wenn ich jetzt befördert werden will oder wenn ich eine Gehaltserhöhung kriegen soll. Das ist alles weg. Jeder, der dieses Beschäftigungsverhältnis zwischen Amtlichen und Ehrenamtlichen ... ist nicht da, folglich kann man als Ehrenamtlicher sagen, was man will – ohne Konsequenzen zu haben, höchstens dass sie sagen, du bist so blöd, dich brauchen wir nicht wieder, aber das passiert nicht, eigentlich ist ein Bedarf an

Ehrenamtlichen da, sie haben viel zu wenig. Eigentlich muss man sich da ganz schön blöd anstellen, bis man da rausgeschmissen wird, glaube ich. (G)

In diesem Interview trifft G. eine Unterscheidung zwischen formalen und informalen Strukturen, die sich auch mit den zuvor herangezogenen und weiteren Interviews deckt und in den nächsten Abschnitten spezifiziert wird.

- Die formelle Lage beider Gruppen einerseits sei relativ unstrukturiert („[d]as ist alles weg"), so dass die Arbeit von Ehrenamtlichen kaum beurteilt werden könne. Formal fungieren die Festangestellten als Letztverantwortliche und treten als recht homogene „Kernmannschaft" (H) in Erscheinung;
- in den Fähigkeiten und Motiven der Gruppen andererseits gebe es eine klare, wenn auch informelle Trennung zwischen mehreren „Welten" (H). Gerade in der fachlich bestimmten Einstellung und den fachlichen Fähigkeiten und auch quantitativ sei „ein Bedarf an Ehrenamtlichen da" (G)

Die lose Formalstruktur und formale Abhängigkeit der Bildungsarbeit von den Festangestellten ist demnach begleitet von einer starken informellen Arbeitsteilung und Abhängigkeit von den Ehrenamtlichen. Im Rahmen des zuletzt skizzierten Gefüges, stellen sich fachliche Attribute als besonders zentral heraus.

Pädagogen im Zentrum der Bildungsarbeit

Ein Ehrenamtlicher (H) schildert im Interview die relative Heterogenität der verschiedenen Gruppen im Nachgang der unten beschriebenen Fortbildung. Er spricht von den Festangestellten als „Kernmannschaft", die, anders als die Ehrenamtlichen, als „richtiges geschlossenes Team" auftrete. Diese Einheit und eine gewisse Zentralität, wie sie im Begriff der

15.1 Der Erwartungsraum von Ehrenamtlichen und Festangestellten

„Kernmannschaft" suggeriert wird, entspringen seines Erachtens den reformpädagogischen Ansprüchen. Im Sinne der Trägerthese weist er den Festangestellten also Gruppeneigenschaften zu; sogar einen spezifischen Aufgabenkontext, die Pädagogik, sowie eine bestimmte ideologische Grundlage, die Reformpädagogik.

> Heterogen wurde es ja eher durch die Ehrenamtlichen, die ja auch aus einer anderen Generation stammen und das merkt man ganz gut bei den Mitarbeitern, die sind ja doch durchweg – na gut, der eine ein bisschen jünger, die andere vielleicht ein bisschen älter, aber haben so eine reformierte Ansicht auf Pädagogik, wohingegen einige von den altgedienten Ehrenamtlichen natürlich durchaus auch so andere Ansätze noch haben, die vielleicht aus ihrer Erfahrung stammen. Wo sie sagen, man muss da schon mal ... keine Ahnung, ich erinnere noch, irgendjemand hatte gesagt, ich bring's nicht mehr zusammen. Aber es kam auf mich so ein bisschen rüber, da müsste man hart durchgreifen oder das müsste streng, müsste auch streng sein. Ach so, genau: Da stieg ich halt grade ein am Freitag und das war natürlich ein bisschen komisch, weil – ich hatte die Vorgeschichte nicht; der neben mir sagte ja, bei ihm war's halt seine ganzen Jahrzehnte in der Wirtschaft immer so, dass es um Leistung ging und hier müsste es auch um Leistung gehen. So war der Konsens und da war ich ein bisschen erschrocken. Ja. Also da prallen dann einfach auch mal Welten aufeinander. (H)

Im letzten Satz bezeichnet H. die kognitiv-kulturellen Hintergründe der Ehrenamtlichen und der Festangestellten als „Welten": die Einen greifen auf eine pädagogisch geprägte Meinungsbildung zurück; die Anderen legen, im Rückgriff aus ihr privatwirtschaftliches Berufsleben, meritokratische Leistungskriterien an. Erst die Hinzuziehung der zweiten Gruppe, so der erste Satz, präge die Heterogenität der *Zukunftswerkstatt*. Das ist implizit eine Reminiszenz an das Konzept der *Zukunftswerkstatt*: Erst handwerklich Geschulte und privatwirtschaftlich Erfahrene ermöglichen die intendierte *außerschulische* Bildungsarbeit.

In analoger Charakterisierung greift auch ein anderer Ehrenamtlicher auf pädagogische Terminologien zurück, um die Festangestellten zu beschreiben, allerdings in weniger positiver Konnotation: Er beschreibt die Festangestellten als „lehrerinnenhaft". „Das muss aber jetzt nicht negativ sein", führt er aus. Eine fast neurotisch pädagogische Haltung, wie sie hier als „lehrerinnenhaft", an anderer Stelle als „Lehrermischpoke" bezeichnet wurde (Interview 3 in Kap. 14), habe auch mit der Neuheit der Aufgaben für die Festangestellten zu tun. Gewissermaßen fällt man im Angesicht der außerschulischen Komplexität auf pädagogische Traditionen zurück. Nichtsdestotrotz müsse man aus dem „Lehrerdenken rauskommen, wenn die *Zukunftswerkstatt* werden soll, wie ich sie mir jetzt gerade vorgestellt habe". Die pädagogischen Fähigkeiten gelten somit als Arbeitsgrundlage, sind zugleich aber eine Hürde für die außerschulische Ausrichtung der *Zukunftswerkstatt*.

Im Vergleich zu den Festangestellten seien die Ehrenamtlichen weniger homogen, so H.. Deren fachliche Ausrichtung ergibt sich aus seiner Sicht aber ex negativo aus den Veranlagungen der Festangestellten. So sei ihm bei der Fortbildung das erste Mal aufgefallen, dass pädagogische Aufgaben für viele Ehrenamtliche neu seien; „dass das natürlich auch ein bisschen gewagt ist, was wir da so machen, mit halt Leuten, die jetzt so bisher wenig mit Bildung am Hut hatten, dann auch online gehen sozusagen, also wirklich [unverständlich] dann da Betreuung machen".

E. sieht die genannten Mikrokosmen ebenfalls als getrennt. Die Trennung von Ehrenamtlichen als Ideenlieferanten einerseits und Festangestellten als Pädagogen andererseits sei jedoch kein Problem, sondern Teil des Konzeptes:

> Denn grundsätzlich ist es ja mal so gedacht, dass das Ehrenamt eigentlich die Ideen liefert und das Hauptamt die Organisation dieses Apparates hier durchführt, inzwischen ist das Hauptamt auch zum Teil mit Ideenlieferant, was ich auch gut finde, die müssen sich auch in jedes ..., sind alles keine Techniker hier, das sind meistens Pädagogen, die müssen sich natürlich in die technischen Themen einarbeiten und das ist bis jetzt hervorragend gelungen. Also das ist alles hier toll, muss man sagen. Also ich finde jedenfalls, das Hauptamt ist hervorragend besetzt [...] und das ist eine ganz tolle Zusammenarbeit zwischen Hauptamt und Ehrenamt. Und enger würde ich mir das gar nicht wünschen. Mehr Leitlinien, nö ... (E)

Wiederum also wird bei der Beschreibung der Gruppenkonstellation auf das historisch gewachsene Konzept der *Zukunftswerkstatt* verwiesen. Anders als die negative Beurteilung der vermeintlichen Lehrerinnenhaftigkeit (siehe oben), bewertet E. die Aufteilung als besonders tragfähig. Auch er bringt jedoch eine ambivalente Gruppenbeziehung zur Sprache: Die Pädagogen „müssen sich [...] einarbeiten" in die von Ehrenamtlichen gesetzten Themen, sie sind zur Erfüllung ihres formalen Auftrages informal abhängig von den Ehrenamtlichen.

Auch wenn sich die Lage inzwischen in Richtung einer Mischform verändert habe, dieser und andere Ehrenamtliche betonen eine starke Gruppenunterscheidung auf Basis von fachlichen Interessen und legitimieren dies durch das Konzept der *Zukunftswerkstatt*: formal relativ ungebundene „Techniker" einerseits und formal relativ stark gebundene Pädagogen andererseits.

Diese Trennung führt teilweise sogar dazu, dass die Pädagogen ins Zentrum der Organisation gestellt werden, ohne aber dass ihnen die Abhängigkeit von Ehrenamtlichen genommen wird. Das führt zu konflikthaften Verantwortungszuweisungen, ein Ehrenamtlicher geht so weit, dass er sich – mit Verweis auf seine handwerklich-technischen Kompetenzen – keineswegs als pädagogisch Verantwortlicher bei der tagtäglichen Bildungsarbeit sieht. Er deutet in der Begründung sogar um, was ursprünglich von der Leitung in reformpädagogischer Absicht „Lernbegleitung" bezeichnet wurde: Während die Festangestellten die Betreuung übernehmen, sei er „nur begleitend dabei". In diesem Fall trug das unterschiedliche Verständnis von Verantwortung im Konfliktfalle dazu bei, dass sich dieser Ehrenamtliche und die Leitung voneinander getrennt haben. Im formalen Zentrum der weitgehend informell organisierten Bildungsarbeit stehen aus Sicht der nun zitierten Ehrenamtlichen also die vornehmlich festangestellten Pädagoginnen und Pädagogen. Deren Arbeit aber ist erschwert durch die informale Abhängigkeit von den Ehrenamtlichen. Diese vertrackte Situation stellt sich aus Sicht der Festangestellten wiederum anders dar.

Die Festangestellten

Das formale Beziehungsgefüge: Konzentrische Kreise und "linking points"

Auch die Festangestellten bringen ein Spannungsverhältnis zwischen formalen und informalen Strukturen zum Ausdruck. Die Eingangsfrage, mit der ich alle Interviews einleite, fragt nach der Topologie und eigenen Positionierung. Mit dieser Frage habe ich im Interview wohl eher die Assoziation mit formalen Strukturen geweckt. Diese zeichnen die Festangestellten – noch deutlicher als die Ehrenamtlichen – als hierarchisches Modell, nämlich als konzentrische Kreise, die sich aus dem Entstehungsprozess der Organisation ableiten: Entstanden sei die Struktur „mit einer Geschäftsführerin, dann mit dem pädagogischen Personal, relativ parallel dann auch schon die ganzen Ehrenämtler, die dazugekommen sind. Also wo vielleicht dieses zentrische sich langsam auflöst, aber irgendwo schon den Rahmen bildet. Die Bürokratiestruktur, demokratische Struktur und dem Ehrenamt dann drum herum." (O)
Ähnlich skizzieren ihre Kollegen und Kolleginnen die Situation. Allerdings folgen die informellen Prozesse den Festangestellten zufolge eher den situativ notwendigen Arbeitsschritten. Diese seien, gegenläufig zu dem konzentrischen Kreismodell, um die Bedarfe der Ehrenamtlichen herum gruppiert: Obwohl im formalen Zentrum die Leiterinnen „sozusagen die Fäden zusammen" ziehen, organisiert man sich als Ehrenamtliche „in der Truppe mit der Teamleitung, um da zu einem Ergebnis zu kommen" (O). Welche Schwierigkeiten ergeben sich aus der Spannung von formalen und informalen Hierarchien für die Festangestellten? Grundsätzlich ergibt sich die Notwendigkeit die aktuelle Situation aufmerksam zu beobachten. O. zufolge, die zuvor als Ehrenamtliche aktiv war,

> „musst du natürlich immer so ein bisschen gucken, was gerade wo läuft, wenn irgendein Lehrer anruft, wenn (Festangestellte) nicht da ist, musst du natürlich einmal in ihre Listen gehen, aber auch grob wissen, wie läuft die Anmeldung, wo finde ich die Unterlagen und so".

In diesem Zusammenhang von formalen und informalen Strukturen kämen bei den Ehrenamtlichen immer wieder „Verständnisprobleme auf [...] zum Konzept". Diese Klage teilen andere Festangestellte: Die Ehrenamtlichen, informal durchaus machtvoll, haben einen Wissensmangel, was die formalen Strukturen angeht. Dies sei ein „strukturelles Problem, was ich aber nicht nachvollziehen konnte, woran das liegt". Daraus ergibt sich für O. ein zusätzliches Navigationsproblem, sie zeigt aber Verständnis: Denn „das ist irgendwie ein bisschen lästig: Heute schreibt der die Mails und morgen schreibt der nächste die Mails und sie haben es halt auch gesagt, dass sie (die Ehrenamtlichen) irgendwann nicht mehr wussten, wem sollen sie denn irgendwie noch was schicken oder kommunizieren".

In der Summe dieser ambivalenten Innen- und Außenbeziehungen, die sich nicht eindeutig, teils sogar widersprüchlich zueinander verhalten, beschreibt O. die Rolle des Festangestellten als „linking point", also nicht als hierarchisches Zentrum, sondern eher als organisationspragmatischen Schnittpunkt; ein Schnittpunkt der augenscheinlich auch die gegensätzlichen formalen und informalen Hierarchien verbindet.

> Als Festangestellte, da muss man natürlich auch gucken, dass man mit den Ehrenämtler gut zusammenarbeiten kann. Was sehr viel Arbeit ist, ist Information, dass man da auch immer gut informiert. Dass man das im Auge behält, denn man selber sitzt ja ganz anders, ist ja ganz anders in den Strukturen drin, als die Ehrenämtler, die also auch immer über die Abläufe informiert sind. Ja, und sie irgendwo auch, wenn Probleme auftreten, eben doch auch versuchen, das aufzunehmen, das zu besprechen, sie wieder einzubinden, das möglichst wieder auf einen Nenner zu bringen. Außer es geht nun gar nicht, kann halt auch mal vorkommen. Das gleiche gilt natürlich auch in die Richtung Wirtschaft. Also man ist im Endeffekt so ein ‚Linking Point' irgendwie, wo man auch sehen muss, dass man diese Aufgaben erfüllt, in alle Richtungen zu gehen. Mit den Lehrern ist ja nun ganz viel Arbeit in den Grundschulen und da immer Kommunikation zu halten und zu informieren. (O)

Wenn die Festangestellten als „linking points" agieren müssen, gibt es eine Gruppe im Zentrum dieser Struktur?

Handwerker im informellen Zentrum

Die individuellen Unterschiede in Bezug auf die Arbeitsteilung und Ehrenamtlichenkoordination sind stark durch das (wahrgenommene) Fachwissen bestimmt. So schildert ein festangestellter Handwerksmeister im Team, dass sein Wissen auch seine Position gegenüber den Ehrenamtlichen „ganz angenehm" mache. Weil einige „sehr versiert sind und da kann man sich natürlich ganz gut austauschen" [...], „was natürlich in unserem Team [von Festangestellten] teilweise nicht so möglich ist" (Q). Eine zentrale Rolle der Ehrenamtlichen wird auch deutlich, bei der Schulung von neuen Mitarbeitern. R., eine Festangestellte, die nach einem Jahr Betrieb dazukam, schildert ihren Anfang mit großem Eifer. Sie skizziert die ersten Erfahrungen aber auch als eine relative Desorientierung und in weiten Teilen als Darstellungsherausforderung: Sie denke, „dass man hier schon seine Ideen einbringen kann, man muss sie aber auch gut, glaube ich, verkaufen" anstatt sie „im Raum stehen zu lassen". Daran schließt sie unmittelbar an, dass sie „die Struktur" noch nicht kenne. Aber die Arbeitsblätter, die sie beispielhaft als Strukturelement heranzieht, seien „ja kein Lehrbuch". Sie hülfen daher nur bedingt bei der ersten Orientierung als neue Mitarbeiterin, etwa bei dem Seifenkisten-Workshop, bei dem die Kinder besonders offen arbeiteten:

> Da steht zwar ein Ablauf so ein bisschen drin, aber dann stand da so drin, dass sie jetzt ihren Plan erstellen. Okay, das kann man ja, joah, erstellt mal einen Plan, so nach dem Motto. Und dann steht da irgendwie, ja, Achsen werden befestigt. Okay, Achsen werden befestigt, wie befestigen wir die denn? Das war mir dann nicht so klar sofort, aber ich dachte, dann wartest du mal ab, die Kinder wissen das ja auch noch nicht genau, und da war dann [Ehrenamtlicher], den ich zum Beispiel mal gefragt hab, ja, [Ehrenamtlicher], wie stellt ihr euch das denn jetzt vor, und der wusste das ja auch sofort. Aber da wussten alle nicht so genau wie wir vorgehen, weil die halt so viel Freiheit haben die Kinder da, das alles selbst zu bauen. Klar sind die Materialien vorgegeben und ihr baut das ungefähr so und so auf, aber irgendwie dürfen sie ja trotzdem viel abwandeln und so. Genau. (R)

Im Zuge ihres Anlernens hätten nicht nur die Vorgesetzten, sondern auch die Ehrenamtlichen eine wesentliche Bedeutung. Denn – so R.s Eindruck – deren fachliches Wissen sei wesentlich dafür, dass auch sie Teil der Bildungsarbeit werde.
Dies beschreibt sie wiederum am Beispiel eines Fahrradworkshops: Sie „wisse alles so im Groben, aber jetzt so, einen Reifen flicken habe ich jetzt auch schon mal gemacht, aber jetzt auch nicht so, dass ich den ganzen Reifen ausgebaut hab". Neben einem fachlich versierten Kollegen hätten aber Ehrenamtliche auch „mal gesagt, komm mal her, R., und ich zeig dir noch mal, wie das jetzt mit der Bremse geht oder so". Das sei auch unangenehm gewesen, aber „jetzt kann ich das blind machen, weil ich irgendwie da diese Routine drin hab und das weiß man dann alles schon wieder". Die Ehrenamtlichen spielen für diese Festangestellte also eine wesentliche Rolle, als kontinuierliche Komponente und Ansprechpartner und gerade, weil handwerkliches Wissen zumindest von diesem Neuankömmling als ein besonders hoch bewertetes Wissen und gewissermaßen Sozialisationsgrundlage erlebt wird.
Erfahren die Festangestellten die Ehrenamtlichen also als zentrale Gruppe? Einen besonders interessanten Rollenwechsel zwischen beiden Positionen hat O. vollzogen, indem sie Festangestellte wurde, nachdem sie mehrere Monate als Ehrenamtliche tätig war. In der eigenen Beteiligung verändere sich, so O., „einerseits der Zeitfaktor, der jetzt natürlich gebunden ist". Während sie vorher sagen konnte, „es passt oder es passt nicht", insbesondere als die Bildungsprojekte noch nicht angelaufen waren, habe sie jetzt wegen einer festgelegten Stundenplanung weniger Freiheiten. Aber auch Ehrenamtliche hätten eine gewisse Verpflichtung, so berichtet sie zumindest aus ihrer neuen Position heraus: „Wenn man z. B. ein Halbjahresthema betreuen will, dass man dann sagt: Ich kann nicht sagen, ich komme jetzt dreimal und dann bin ich wieder weg". Als Angestellte hingegen, sagt sie, „muss ich natürlich auch sehen, dass es nicht nur mir Spaß macht, da muss irgendwann auch was Konkretes bei

rauskommen". Ihre neue Rolle ist also mit einer größeren Verbindlichkeits- und Ergebniserwartung verbunden.

Q., der festangestellte Handwerksmeister, stellt sich die Gesamtformation als ein Zentrum-Peripherie-Modell vor, zentral orientiert am Fachwissen der Gruppen und an deren Notwendigkeit für die tagtägliche Bildungsarbeit. Das pädagogisch-technische Innenleben, getragen von den Festangestellten und den Ehrenamtlichen, die „ja auch ganz eng damit verbunden und verknüpft" seien, kontrastiert Q. mit einer Außenwelt: Er habe wenig Einblick in die Arbeit der Förderer und Fundraiser – „oder ja, da sonst, die uns irgendwie von außen unterstützen". Sowohl die Wortwahl des „Unterstützens" als auch das eingefügte „da sonst" sind auffällig diplomatisch. Er gibt dabei keine Begründung oder Bewertung ab, hält sich diese aber offen. Auf mehr Einblick sei er „auch nicht so scharf". Seine Motivation und Konzentration gelte allein, und hier spricht er ganz ohne Umschweife, dem „Entwickeln der Experimente und [dem] Arbeiten mit den Kindern und Jugendlichen".

Auf die Frage nach seiner Rolle im Spannungsfeld von Innenleben und Außenwelt – „wie positionierst du dich da so?" – betont er die feste Verankerung der handwerklichen Fähigkeiten in der Organisation:

> Zum anderen natürlich eben dadurch, dass ich der einzige, also ich bin ja Handwerksmeister und dadurch schon irgendwie anders von der Vorgeschichte her und habe natürlich auch eine andere Sicht häufig auf Dinge. (Q)

Die regionalökonomische Außenwelt und das pädagogisch-technische Innenleben der *Zukunftswerkstatt* bringt die Ehrenamtlichen demnach in eine besonders zentrale Position. So ergänzt Q. die Ausführungen zur Außenwelt umgehend mit einem Hinweis über die Ehrenamtlichenarbeit: „Auch das Arbeiten mit den Ehrenamtlichen auf jeden Fall, das ist ja schon eine wichtige Sache und auch ja, ohne das geht es ja auch gar nicht." „dieses Drumherum, [...] da bin ich nicht so drin und muss auch nicht sein, wenn es sich vermeiden lässt".

15.1 Der Erwartungsraum von Ehrenamtlichen und Festangestellten 485

Im Rahmen des regionalökonomischen „Drumherum" verortet er sich selbst näher am Kern, da die technisch-pädagogische Entwicklungsarbeit unabdingbar sei. Ich befrage ihn weiter zu der regionalökonomischen Außendarstellung: „Es klingt so, dass du es vielleicht vorher anders erwartet hast?"

> Was heißt, anders erwartet? Ich habe mir wahrscheinlich nicht so die Gedanken darüber gemacht, dass da so viel mit dranhängt. Jetzt mit Stiftung und Förderverein, dass das mit den Unternehmen so viel ist, dass die Gelder ja irgendwo herkommen. Wie wir es neulich gerade hatten, dass ein Sponsor seine Mittel aufgestockt hat, um irgendwie weiter nach vorne zu kommen. Allein vom Logo her, dass das Logo weiter vorne stehen sollte, oder größer sein sollte. So was gibt es ja und das, das ist doch so ein spezielles Ding, habe ich so nicht vorher drüber nachgedacht. Ich dachte, da kommen die Gelder irgendwie aus der EU zum größten Teil, vielleicht ein bisschen aus dem Landkreis hier, und das war es. Aber dass dann irgendwie jeder so sein Stück hat und da auch irgendwie ganz natürlich erwähnt und berücksichtigt werden will, das ist ja sicherlich eine Sache wo [Leiterin] auch viel mit zu tun hat, darin die Leute zufriedenzustellen und entsprechend mit denen umzugehen. (Q)

Q. mag in dieser Beobachtung also nicht von einer Überraschung sprechen, denn seine Erwartung vorab war nicht präzise ausgeprägt. Die Spannung zwischen vorher und nachher liegt vielmehr in der Erkenntnis, dass der Kern der Aufgaben verbunden ist mit einer komplizierten Umgebung und dadurch auch beschwert oder irritiert oder verwässert werden kann. Die Formulierung, „dass das mit den Unternehmen so viel" sei, und die anschließende Aufzählung betonen zwar die Menge der anderen Aufgabenbereiche, aber auch das vage Bewusstsein, das Q. für sie hat. Worin diese Menge besteht, ist inhaltlich recht unklar. Dass „ein Sponsor seine Mittel aufgestockt hat, um irgendwie weiter nach vorne zu kommen" deutet nur an, dass er es problematisch findet, wenn diese Ansprüche „allein vom Logo her" gedacht sind. Das Satzstück „wir es hatten" signalisiert in seinem Interview ein Kollektiv und der Gegensatz zum Außen der Gruppe wird damit noch stärker als Politikum benannt.

In seinem Wunsch, die Peripherie zu vermeiden, steckt durchaus also die Sorge, eben dorthin abzudriften oder hineingezogen zu werden. Daher bindet er sich an die kreative Entwicklungsarbeit und sucht er die Nähe zu den Ehrenamtlichen. Im informellen Zentrum stehen Ehrenamtliche als relativ stabile Komponenten, während die Festangestellten als „linking points" flexibel navigieren und je nach Navigationsvermögen und Fachwissen nah am ‚Kern der Sache' operieren, zugleich aber die durchaus komplexe hierarchische (hier: konzentrische) Formalstruktur im Auge behalten müssen.

Zwischenfazit: Relationale Skripte

Gemeinsam ist beiden Gruppen, Ehrenamtlichen und Festangestellten, dass sie sich in ihrer Kommunikation wechselseitig definieren und dass dabei das Fachwissen eine zentrale Position einnimmt. Auch teilen sie die Erkenntnis, dass es spannungsreiche Strukturprinzipien gibt. Insofern hat man es hier nicht mit zwei, sondern mit einem sozialen Mikrokosmos zu tun.

Dieser Mikrokosmos ist aber voller Deutungskämpfe und Perspektivverschiebungen. In einem komplexen Wechselspiel bedingen sich die Motivation, die Kompetenzen und die Aufgaben der Festangestellten und Ehrenamtlichen gegenseitig. Das betrifft unter anderem das Fachwissen der Ehrenamtlichen, um dessen organisationale Bedeutung alle Ehrenämtler wissen und das auch aus der Warte des Teams als zentrale Komponente der *Zukunftswerkstatt* wahrgenommen wird, so dass sich die individuellen Positionen auch in Bezug auf das Ehrenamtswissen erklären. Diejenigen, die sich näher an den Kenntnissen der Ehrenamtlichen bewegen, wähnen sich auch näher am Kern der Organisation. Während also Ehrenamtliche gebraucht werden, ohne letztverantwortlich zu sein, sehen sich die Festangestellten inmitten zweier Hierarchien, die den Vorstellungen der Ehrenamtlichen entgegengesetzt sind: in einer informellen Hierarchie empfinden sich viele Festangestellte als weniger unentbehrlich als die handwerklich kompetenten Ehrenamtlichen. In einer formellen

15.1 Der Erwartungsraum von Ehrenamtlichen und Festangestellten   487

Hierarchie aber, sehen sich die Festangestellten selbst als Verantwortliche. Sie beklagen teilweise sogar eine formelle Unbescholtenheit der Ehrenamtlichen. Verstärkt wird das Wechselspiel durch die Außendarstellung der *Zukunftswerkstatt* auf Basis einer gewissen Handwerkskultur, mit der sich auch viele Förderer identifizieren (siehe Kap. 13-14). Diese stellt die Verbindung zwischen den fachlichen Kompetenzen und den regionalökonomischen Erwartungsstrukturen dar, so dass das Fachwissen der Ehrenamtlichen auch von außen betrachtet ins Zentrum der Bildungsarbeit rückt.

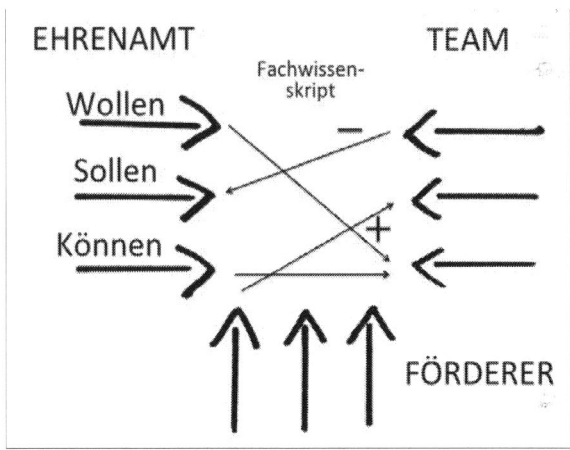

Grafik 15: Fachwissenskript (eigene Darstellung)

Die Pfeildarstellungen und katalytischen Effekte (dargestellt durch +/-) zeichnen die Einblicke nach, die hier darauf hingewiesen haben, dass ehrenamtliches „Wollen" die Kompetenzen des Team bestimmt, welches sich zusätzlich angehalten sieht, handwerklich-technische Schwerpunkte zu setzen. Wie lässt sich die Gruppenkonstellation in Bezug auf die regionalökonomische Außenwelt deuten und in Bezug auf die Fortbildung antizipieren?

Zunächst hat der letzte Abschnitt deutlich gemacht, dass einige Festangestellte die organisationsweite Anerkennung ihrer Verantwortung vernachlässigt sehen, weil der Fokus auf einer starken Außendarstellung liegt. Sie verstehen sich insofern als prekäre „linking points". Mal als Zugang zu der Bildungsarbeit, mal als Ausweg vor der regionalökonomischen Außenwelt suchen sie zu dem beschriebenen Erhebungszeitpunkt die Nähe zu den handwerklich-technischen Tätigkeiten und zu den Ehrenamtlichen. Obwohl Innenleben und Außenwelt bislang relativ getrennt sind, könnte eine engere Verbindung für die Bildungsarbeit und ihre ökonomische Ausrichtung folgenreich sein. Sie könnte regionalökonomische Motive und Erwartungen im Wechselspiel von Ehrenamtlichen und Festangestellten zusätzlich stärken – mit der Folge, dass regionalökonomische Bildungsanliegen auch Eingang in die Bildungsarbeit fänden und dass die reformpädagogischen Anliegen der Festangestellten in den Hintergrund rücken. Diesem Szenario gehen die nächsten zwei Abschnitte nach, unter zusätzlicher Berücksichtigung der beiden Leiterinnen der *Zukunftswerkstatt*.

15.2 Die Leitung: Balanceakt vom Öffnen und Schließen

Wie könnte sich die Vorgeschichte der Organisation auf die nun anstehende Bildungsarbeit auswirken? Diese Eingangsfrage rückt auch die Rolle der Leiterinnen ins Zentrum der Aufmerksamkeit, sind sie es doch, die zwischen Außendarstellung und Innenleben der Organisation vermitteln. Als Organisationsprinzip verstanden bringt der Fachkräftemangel, der zuvor eine legitimierende Funktion hatte, eine Steuerungsthese zum Ausdruck (siehe Kap. 3).

15.2 Die Leitung: Balanceakt vom Öffnen und Schließen

Steuerungsthese

Der Fachkräftemangel beinhaltet die Denkfigur der Bildung als vielseitiges Steuerungsinstrument und unterstellt damit, dass auf die Bildungsprozesse aus einer regionalpolitischen Warte heraus zugegriffen werden kann. Diesem Kopplungsmotiv kann man entgegenhalten, dass Bildungsorganisationen heterarchisch und hierarchisch zugleich sein können, dass Handlungsfelder manchmal eher als Mosaike zu begreifen sind und dass die organisationale Praxis oft desintegriert verläuft.

Das hier paraphrasierte Kopplungsmotiv wirft bezüglich der *Zukunftswerkstatt* eine Frage auf: Wie interpretiert die Leitung die Beziehung zwischen den Ehrenamtlichen und Festangestellten in einem hierarchischer Zugriff?
Nun da der Alltagsbetrieb angelaufen ist, ist die Leitung zunehmend mit Steuerungsbedarfen oder -anliegen konfrontiert. Es zeichnet sich metaphorisch gesprochen ein Spannungsverhältnis von Öffnen und Schließen ab: Während die Leitung einerseits in ihrer Steuerungsfunktion Interesse an einer gewissen Schließung und Routinisierung der Arbeitsabläufe zeigt, interessiert sie sich andererseits zunehmend für eine regionale Einbettung der Organisation. Dabei fasst sie Steuerungsmotive ins Auge – neben dem Fachkräftemangel auch das Motiv der lernenden Organisation – in denen Außenwelt und Innenleben eng verknüpft werden.

Genealogie der Fortbildung auf Basis von Reflexionsgesprächen mit der Leitung

Die Leitung der *Zukunftswerkstatt* besteht zum Zeitpunkt der Erhebung aus zwei Menschen. Lange vor den späteren Fortbildungen und kurz nach den geschilderten Teilnahmen an der Ehrenamtlichenarbeit entspann sich eine Konversation zwischen den Leiterinnen und mir. Besprochen wurden die Arbeitskreise der Ehrenamtlichen. Um diese Gespräche nicht zwischen Tür und Angel stattfinden zu lassen, trafen wir die Vereinbarung, uns in regelmäßigen Abständen zu treffen.
Wie in einem Auftaktgespräch nach den ersten Monaten meiner Tätigkeit vereinbart, sollte eine Plattform geschaffen werden, in der die Leitung die Gelegenheit hätte, eigene Denkweisen offenzulegen und eine gemeinsame strategische Reflexion zu pflegen, die unabhängig von den alltäglichen Verpflichtungen und relativ kurzfristigen Erwartungen der Kooperationspartner und Ehrenamtlichen sein sollte. Diese Sitzungen lassen sich daher als *Reflexionssitzungen* bezeichnen. Insgesamt fanden vier solcher Sitzungen statt und zuvor ein Treffen zur Konzeptbesprechung (Februar 2013, 13.03.2013, 24.04.2013, 13.06.2013, 2.08.2013).[143]
Thematisch knüpfte eine der Leiterinnen an das von mir eingebrachte „geflügelte Wort" der lernenden Organisationen an, um den Gesprächen einen größeren, eher reflexiven Gesprächszusammenhang zu geben. Dieses „geflügelte Wort" hatte ich nach der Verabredung mit der Leitung –

---

[143] Das Leitungsteam hielt diesen Vorschlag von mir für eine nützliche Form, um die oft vertagten Strategiediskussionen ohne Ergebnisdruck zu führen, während die Reflexionssitzungen für die vorliegende Promotion eine geeignete Möglichkeit der Validierung darstellen.
Die Treffen nahmen im Herbst 2013 insofern ein Ende, als sie in die gemeinsame Vorbereitung des BNE-Fortbildungsvorhabens mündeten (unten geschildert).

15.2 Die Leitung: Balanceakt vom Öffnen und Schließen 491

nachdem es, etwa in der Pressemeldung, durchaus Resonanz fand – zu einem umfassenden Konzeptvorschlag ausgearbeitet und der Leitung vorgelegt.[144] Die von Amin und Cohendet aufgegriffene Darstellung eng geknüpfter Lernzyklen, die auf Ciborra und Andreu (Amin und Cohendet 2004; Ciborra und Andreu 2001) zurückgeht, diente in den Gesprächen als Leitfaden. Damit habe ich selbst der Idee einer engen Kopplung Auftrieb gegeben, ein Umstand, den es hier zu reflektieren gilt.

---

[144] Auf der Sachebene lehne ich mich hier an das Konzept von Ciborra und Andreu (2001) an, dem zufolge drei Ebenen des organisationalen Lernens unterschieden werden können, die wiederum auf verschiedene Umwelten bezogen werden sollten. In einer relativ losen Unterscheidung, wie im Diagramm aufgeführt, kann dann auf der Ebene von Strategien, Kompetenzen und Routinen ein Bezug zur Bildungsarbeit und zur regionalen Umgebung, insbesondere wirtschaftlichen und politischen Erwartungen, diskutiert werden. Wie dicht dieser Bezug von Bildungsarbeit und regionaler Umwelt geflochten ist, wurde damit nicht allein zur akademischen, sondern auch zur praktischen Diskussion; so jedenfalls mein Vorschlag.
Entlang dieser breiteren Zusammenhänge bereitete ich Fragen vor, die, wie in Tabelle 9 ausgeführt, die Strategie-, Kompetenz- und Routinisierungsbedürfnisse der Organisation eruieren. Entsprechend der zirkulären Bewegung bei Ciborra und Andreu (2001) fanden in jeder Sitzung relativ offene, aber vertrauliche Diskussionen zu diesen Fragen statt. Diese mindestens 90-minütigen Diskussionen habe ich vollständig transkribiert und sie den drei Lernebenen entsprechend ausgewertet, um sie in der Folgesitzung im Lichte neuer Ereignisse wiederum einer Diskussion zuzuführen. Genauer gesagt trage ich Paraphrasierungen der getroffenen Aussagen vor, mache dazu eigene Kommentare und nehme wiederum die Reaktionen in die Dokumentation auf.

Tabelle 9: Lernzyklen (basierend auf Ciborra und Andreu 2001)

Strategien	Welches Know-how ist gefragt angesichts von Problemlage, Mission und Umwelt?
Fähigkeiten	Welches Know-how haben wir schon diesbezüglich?
Routinen	Wie machen wir es bisher? Welche Routinen gehören zu dem Thema?

Die im ersten Lernzyklus gestellten strategischen Fragen wurden in der ersten Sitzung wie folgt diskutiert: Als Vision äußerte die Leitung unter anderem die Hoffnung, sich über die nächsten Jahre zu einem Modellprojekt der Arbeit in Netzwerken und mit Ehrenamtlichen zu entwickeln. Das Ziel sei es, in der teils ehrenamtlichen Bildungsarbeit den Jugendlichen Möglichkeiten auf dem Arbeitsmarkt zu zeigen und sie über den Tellerrand ihrer eigenen sozialen Einbettung hinaus zu informieren. In drei Jahren solle die *Zukunftswerkstatt* einen Ruf erworben haben, diese Arbeit aus der beschriebenen regionalen Position heraus gut zu leisten. Als schematisches Vorbild für die Arbeit mit Ehrenamtlichen wird das Rote Kreuz genannt, dem es gelingt, Ehrenamtliche in sehr verlässliche Routinen und Aufgabenfelder einzuspannen und mit ihnen eine lokale Gemeinschaft zu begründen.

Aus dieser Zielsetzung spricht ein starker Wunsch nach Kohärenz, Stabilität und Routine und sie beziehen sich auf das zuvor geschilderte Verhältnis zwischen Ehrenamt und Team. Denn nach innen ist die Ausdifferenzierung in Arbeitsbereichen und Hierarchien kaum vorstrukturiert; weder gibt es standardisierte Abläufe noch implizieren die Aufgabenbereiche, mit denen man betraut ist, ein bestimmtes Schema.

Für die Ehrenamtlichen habe man sich eigens vorgenommen, eine stärkere Zielorientierung, pädagogisch-didaktische Unabhängigkeit und Reflektiertheit in Bezug auf den Umgang mit Kindern etabliert zu haben.

15.2 Die Leitung: Balanceakt vom Öffnen und Schließen 493

In pädagogischer Hinsicht ist im Auftaktgespräch die Rede davon, dass mittelfristig die Kohärenz der Themen und Experimente verbessert werden könne und eine große didaktische Offenheit hin zu einem selbstgesteuerten Lernen der Kinder und Jugendlichen wünschenswert sei. Diese Offenheit sei aber in der Arbeit mit den Ehrenamtlichen und im Angesicht der von den Kooperationspartnern und Förderern kommunizierten Ergebnis- und Darstellungserwartungen noch nicht machbar.

Den Aussagen der Leitung folgend werden die Vorstellungen der Förderer als Ratschläge an das Personal herangetragen, so dass ein gewisser normativer Zugzwang entsteht. Die Spontaneität und Vielfalt der Ehrenamtlichen wiederum wird als Koordinationsherausforderung gedeutet. Dementsprechend liegt ein wesentlicher Ansatzpunkt der Leitung darin, die strategische Orientierung der Ehrenamtlichen an gemeinsamen Aufgaben und Zielkonzepten zu stärken, so dass das Koordinationsproblem im Ursprung erfasst wird. So äußert sich eine meiner Gesprächspartnerinnen wie folgt:

> Du hast an der Intonation wahrscheinlich gehört, dass das ein Thema ist, was uns [et]was länger begleitet und an dem wir uns auch mal vergehen sollten. Dass dann auch noch mal klar ist, welche Aufgaben sind eigentlich da. Im Moment gibt es die unterschiedlichsten Gründe: Es interessiert einen, man tut was Gutes oder ich möchte gesehen werden oder ich möchte mich selbst verwirklichen. Und da bieten wir im Moment natürlich eine sehr schöne Plattform. (Auftaktsitzung) (N)

Die besonders dringlich empfundenen Leitungsaufgaben bezüglich der Ehrenamtlichenarbeit liegen auf dem Gebiet der umfassenden Ziel- und Ergebnisorientierung (Sitzung 1). Wie schon die Festangestellten (siehe oben) sehen auch die beiden Leiterinnen eine formal-organisatorische Orientierungslosigkeit bei den Ehrenamtlichen. Denn in den Arbeitskreisen und nach den ersten Enttäuschungen für die Ehrenamtlichen und Festangestellten, äußert eine Leiterin, sie habe manchmal auch so das Gefühl, dass das nicht für alle klar ist, dass wir so ein bisschen was vorgeben müssen. Da glaube ich dann da, dass das so kommt: ‚Ja, wer bestimmt das jetzt und warum?' Das find ich dann doch auch mühsam, [...] das immer wieder vorgeben zu müssen.

Infolgedessen soll, so ein damalige Vorhaben, ein gewisser Leitfaden der Zertifizierung der errungenen Kompetenzen dienen, der Fixierung von Aufgabenverteilungen und auch der Routinisierung von erwünschten Abläufen. Mit dem Ziel, „dass man gewisse Routinen hat [...]" (siehe vollständiges Zitat oben). Dieser Leitfaden ist insofern mit der zeitgleich geplanten Fortbildung verknüpft, als dass die Konsultation der Ehrenamtlichen auch als partizipative Gestaltung des Leitfadens gesehen wird. Im Zusammenhang geht es also um Qualitätsmanagement sowie um eine Neuanordnung von Zielen und Mitteln, Prozessregeln und konsolidierten Konzepten.

Welche Logiken unterliegen diesen Steuerungsvorhaben? Auf diese Frage haben die Leiterinnen und ich durchaus selbst versucht, unter Verwendung meiner Transkriptionen und Auswertungen, einige Antworten zu finden. Im Hinblick auf diese speziellen Gruppen und den angestrebten Führungsstil fiel dabei oft die Redewendung, dass man aktuell noch das „Pferd von hinten aufzäumt", dies aber unbedingt ändern wolle. Es geht zu großen Teilen also um eine bestimmte Pragmatik der Zielorientierung und ein Wechselspiel zwischen Öffnung und Schließung, vorwiegend in Bezug auf die Motivation der Ehrenamtlichen:

> Was ja total nett ist, dass die so motiviert sind und Experimente entwickeln, wir aber nicht wissen, dass die das machen. Und dann kommen die und sagen, ‚Ich habe übrigens das gemacht'. Da sind wir wieder beim Thema ‚Pferd von hinten aufzäumen'. Dann bringen sie ein Experiment mit und dann steht man erstmal da so ... ‚Mmh'. Das war da leider so, dass das gerade nicht passte. Und es macht ja keinen Sinn, wild und wüst Experimente zu entwickeln in ihrem Keller und die dann mitzubringen und dann stehen wir da so da, dass wir überlegen müssen, okay, wie bringen wir das in die Thematik mit ein. (Reflexionssitzung 1) (M)

Die Abwägung, wie viel von den Prozessen man angesichts der Motivationsnotwendigkeit und beschränkten Arbeitszeit der Ehrenamtlichen formalisieren kann, ist bedingt durch die jeweilige Interpretation der strukturellen Ausgangslage: Die Nichtmitgliedschaft der Ehrenamtlichen scheint die Routinen und die inhaltliche Arbeit insofern gleichermaßen zu behindern, als dass sie eine gewisse inhaltliche Desorientierung und Etablierung „mitgebrachter" Arbeitsweisen bewirkt, zumal die begrenzte Arbeitszeit die Lösung latenter Kontroversen und die Aufgabenkoordination erschwert. Die begrenzte Arbeitszeit steht, unter Mitwirkung anderer Stressoren, der strategischen Entwicklung im Weg; daher der Wunsch nach Routinisierung („Sachen durchexerzieren").

Wie navigiert die Leitung der *Zukunftswerkstatt* also die vielfältigen Bezüge und Arbeitsfelder? Sie scheint mit einem gewissen Balanceakt befasst. Sie sucht einerseits nach einer relativ starken Definition und Differenzierung der Organisationszwecke, Ziele und Aufgaben: Egal, ob es dabei um die Steuerbarkeit der Arbeitsgruppen oder das Ausmaß an strategischer Reflexionsbereitschaft geht – in diversen Handlungsfeldern wird die sukzessive Schließung der Organisation zunehmend als Entwicklung wahrgenommen, die nicht nur mit dem Erschließen neuer Möglichkeiten, sondern auch mit Kosten verbunden ist. Die lose gekoppelten Umwelten sollen zumindest im Bereich der Bildungsarbeit relativ aufgabenteilig bearbeitet werden, die Organisationskultur und strategische Orientierung will man aber umfassend etablieren, um die verschiedenen Mikrokosmen nicht auseinanderdriften zu lassen.

Im Ergebnis käme den Festangestellten mehr Steuerung zu und die Ehrenamtlichen müssten sich, dem Vergleich mit dem Roten Kreuz folgend, auf ein zielorientiertes und getaktetes Programm der ehrenamtlichen Einbindung einlassen. Diese Arbeitsteilung bricht in den Augen der Leitung aber immer wieder auf bzw. lässt sie sich von vornherein nur sehr bedingt und mit einem ambivalenten Regulierungsmodus steuern, wie es etwa anhand des Begriffs eines *Leitfadens* deutlich wird.

Im folgenden Abschnitt wird eine Fortbildung geschildert. Mit einiger Gewissheit lässt sich vorab sagen, dass im Rahmen der Fortbildung die Kommunikation affektiver Motivlagen, wie die zuvor dargestellten Anliegen von Ehrenamtlichen und Festangestellten, tendenziell ermutigt wird und dass die Anliegen stärker aufeinander bezogen werden. In der kollaborativen Reflexion der verschiedenen Motivlagen begründet sich jedoch nicht allein das Potenzial einer verstärkten Integration diverser Wissensformen. Auch ist denkbar, dass im Verlauf bestimmte Motivlagen Oberhand gewinnen oder dass latente Uneinigkeiten angesprochen und ausgefochten werden.

15.3 Die Fortbildung: Mittel und Gegenstand des Organisationslernens

Die nun geschilderten Akteursperspektiven treten im Alltag der Organisation in Interaktion. Besonders tragfähig und möglicherweise konfliktträchtig werden sie in Situationen, in denen gemeinsame Ziele definiert werden (sollen). Die nun geschilderte Fortbildung ist eine solche Selbstfindungssituation. Versuchen doch die Beteiligten, sich ihrer eigenen Situation gewahr zu werden. Etwas allgemeiner formuliert gerät der Zwischenraum von Bildung und Wirtschaft unter einen zusätzlichen Druck, nämlich unter einen gewissen Reflexions- und Verständigungsdruck.
Die Leitung der *Zukunftswerkstatt* reagiert mit dem Vorhaben, regionale Anliegen gemeinschaftlich, d. h. in informellen Regelstrukturen und durch flexible Arbeitsweisen, abfangen und in Bildungsprojekte zu überführen. Dieser Vorstellung entsprechend, lernt die Organisation selbst und bietet zugleich, im Rahmen ihrer Bildungsveranstaltungen, Lernprozesse an. Sie kann möglicherweise, im Rückgriff auf Kap. 3, als Schaltkreis beschrieben werden:

15.3 Die Fortbildung: Mittel und Gegenstand des Organisationslernens 497

Schaltkreisthese

Regionale Bildungsanliegen werden in einen eng geknüpften Prozess eingebunden, der – oft als Organisationslernen beschrieben – die Umweltbedingungen einer Organisation in organisationsinterne Ressourcen umwandelt.
Dabei ist aber ebenso denkbar, dass sich die verschiedenen Logiken nicht ohne weiteres verzahnen beziehungsweise dass ihnen selbst eine Methode innewohnt, wie und was gelernt werden kann und soll.

Zum Anlass der Fortbildung bringt die Leitung erstmals alle festangestellten und ehrenamtlichen Mitarbeiter über zwei Tage der intensiven Gruppenarbeit zusammen. Die Leitung selbst nutzt die Fortbildung damit offensichtlich, um Fragen zu diskutieren, die im Alltag mit einem gewissen Frustrationspotenzial vertagt werden mussten. Die externe Referentin ist hier hilfreich, um diese Diskussion zu eröffnen und im Verlauf nicht allzu schnell wieder zu schließen. Mittelfristig soll die Veranstaltung aber auch dazu dienen, entsprechend des erwähnten Balanceaktes bestimmte Zielvorstellungen zu selektieren und zu konsolidieren.
Die Fortbildung ist zugleich Mittel und Gegenstand im Öffnen und Schließen der Organisation. Für die Fortbildung bedeutet das ein scheinbares Paradox: Eine Öffnung der Fortbildung, d. h. eine umfassende Teilnahme und Diskussion, dient der Schließung der Organisation. Neben der Kombination von Leitfaden und Fortbildung als regulative und kulturelle Lernimperative ist die Fortbildung außerdem ein Mittel der Schließung in der Bildungsarbeit, nämlich um gemeinsame Arbeitsweisen und damit alltägliche Sicherheiten zu schaffen und zugleich neue Freiheitsgrade zu kreieren.

Uneinigkeit I: Öffnen oder Schließen?

Die in internen Leitungsgesprächen aufgeworfene Frage nach der Öffnung und Schließung wird im Rahmen der Fortbildung zu einer organisationsöffentlichen Frage. Dies zeigt sich in einer Plenumsdiskussion, in der sich ein Vertreter von Gruppe 2 an die Ideen aus meiner Gruppe mit ermahnenden Worten anschließt. Insbesondere in meine Richtung sagt er: „Dem Mitarbeiter hätte ich aber was erzählt, der mit so vielen Ideen kommt." Die Referentin greift diesen Kommentar auf und bittet im Umkehrschluss meine Arbeitsgruppe, die zuvor geäußerten Vorstellungen zu konkretisieren. Daraufhin machen andere Teilnehmer auch ihrerseits einen Versuch, die Diskussion über Öffnung und Schließung zu befrieden.

Eine der beiden Leiterinnen, ebenfalls Mitglied meiner Gruppe, tut dies unter Rückgriff auf eine gewisse Umdeutung mit der Frage, was *Zukunft* bedeutete – immerhin ein namensgebender Begriff der *Zukunftswerkstatt*. Abstrakt spricht sie davon, dass Zukunft „kein Entweder-Oder" sei. Ohne konkrete Bezüge herzustellen, schließt die andere Leiterin an ihre Kollegin an. Sie betont, dass man einen Teil der Ideen also unter dem Begriff der Unmöglichkeit des Entweder-Oder zusammenfassen könne. Es wird also versucht, die zuvor identifizierte Gleichzeitigkeit mehrerer Strukturprinzipien und Verständnisweisen aufrechtzuerhalten.

G., Ehrenamtlicher und Mitglied von Gruppe 2, pflichtet dem bei und rechtfertigt in versöhnlichem Ton die Pragmatik und „Geldorientierung", die in den Visionen seiner Gruppe zum Ausdruck komme. Viele seiner Gruppenmitglieder hätten genau wie er selbst in großen Betrieben gearbeitet und können sich insofern von dieser ökonomischen Betrachtungsweise nicht lösen. Auch er betont auf der Metaebene, dass mit den wirtschaftlichen und pädagogischen Zielen zwei Logiken vorherrschen, die beide Berechtigung hätten.

Eine weitere Kollegin wirft die Metapher des Kochens in den Raum, das entweder nach Rezept oder spontan-kreativ geschehen könne. Sie und

15.3 Die Fortbildung: Mittel und Gegenstand des Organisationslernens

andere sehen die Grundlage der *Zukunftswerkstatt* in der Überschneidung und evolutionären Verschmelzung individueller Sichtweisen. Wiederum andere betonen die Differenz individueller Sichtweisen und die Notwendigkeit, aus eben dieser Vielfalt in planerischer Weise eine Grundlage zu schaffen.

In diesem Sinne macht sich auch in den Gruppendiskussionen der Zwiespalt zwischen lose und fest gekoppelten, arbeitsteilig-formalisierten und spontan-informellen Organisationsformen bemerkbar. Diese Strukturdiskussion findet im Laufe der Fortbildung auch in anderen Teilgruppen statt. Sie führt aber, je nach individuellen Präferenzen und kollektiver Aushandlung, zu anderen Entscheidungen. Beispielsweise berichtet ein Ehrenamtlicher von seiner Gruppenarbeit im Rahmen der Formulierung von Visionen, dass er und andere Gruppenmitglieder zwar mit didaktischen Zielen angefangen hätten, dann aber zu politischen Formulierungen umgeschwenkt seien, da man diese besser verkaufen könne. Im Resultat stellen sie die Idee des „Leuchtturmprojektes" vor, ohne auf die Relevanz für die Arbeit mit Kindern einzugehen.

Einen stärkeren Beleg erkennt man in der Anmerkung eines anderen Ehrenamtlichen. Nachdem er sich, wie oben dargestellt, eher empört über die Bandbreite und Reichweite der Visionsformulierungen geäußert hatte, erkennt er auf Nachfrage in Pausengesprächen an, dass er durchaus auch Visionen in Richtung einer kreativen, emanzipatorischen und interdisziplinären Arbeit hegt.

Damit ist die Frage vom Öffnen und Schließen eine Lernzumutung, die hier durchaus als belastende Diskussionseröffnung empfunden wird, zumindest wenn man die obigen Äußerungen in Betracht zieht.

Uneinigkeit II: Umgang mit regionalökonomischen Bildungsanliegen

Eine zweite Uneinigkeit wird deutlich als sich einige Teilnehmer und Teilnehmerinnen auf Anreiz der Referentin um breitere Visionen bemühen. Sie äußern dabei sowohl pädagogische als auch regionalökonomische Rahmungen der *Zukunftswerkstatt*. Diese zweifache Bezugnahme ist zu diesem Zeitpunkt in der Organisation bislang nicht in gemeinsamen Diskussionen aufgegriffen wurden. In den oben wiedergegebenen Interviews jedoch wird gerade unter Ehrenamtlichen das Anliegen deutlich, die Bildungsarbeit gemäß der offiziellen Außendarstellung der *Zukunftswerkstatt* in den Rahmen regionalökonomischer Problemlagen zu stellen. Die in Abschnitt 1 dargestellte Trennung von Innenleben und Außenwelt wird möglicherweise aufgelöst.

Auf die offene Interviewfrage nach individuellen Motiven antworten einige (E, U, G) dass sie sich mit einer ökonomischen Zielsetzung identifizierten, die auch durch die Einwerbung von Fördergeldern Eingang gefunden hätte. Dieser innere Antrieb, der wegen der ebenfalls regionalökonomischen Außendarstellung nicht ohne weiteres abgelehnt werden kann, motiviert sie nach eigener Aussage, sich pädagogisch zu betätigen. Diese Motivation kann von Seiten der Festangestellten schwerlich abgelehnt werden, wo doch die formale Zielperspektive (die *Zukunftswerkstatt* als „Knoten in der Region" und „good practice" der Ehrenamtlichenarbeit) und die didaktische Orientierung (das Handwerkerwissen) auf der Ehrenamtlichenarbeit beruhen.

Über diese Beobachtung gibt wieder die bereits geschilderte Gruppendiskussion Aufschluss. Gruppe 1 (u.a. Teilnehmer U) sieht die Aufgabe der *Zukunftswerkstatt* darin, „brachliegende Talente zu erheben", auch die von Senioren, und den „Lernprozess bzw. Dialog zwischen Jung und Alt zu fördern". Gruppe 2 (u.a. Teilnehmer P und E) spricht von der *Zukunftswerkstatt* als „Leuchtturmprojekt", schreibt ihr also eine herausragende Stellung für die Nachwuchsförderung im Landkreis zu (Frage 1), und sieht dabei die *Zukunftswerkstatt* als Mittlerin zwischen Schule und „heimischer Wirtschaft". Die pädagogische Funktion besteht für sie vorzugsweise darin, die „Eigenmotivation" der Kinder und Jugendlichen zu fördern. Weiterhin fällt in den genannten Ideen der Satz, dass Deutschland keine Ressourcen habe, aber Ideen, und darin die Be-

15.3 Die Fortbildung: Mittel und Gegenstand des Organisationslernens 501

deutung von kreativen Kräften als Notwendigkeit in der deutschen Wirtschaft läge – und somit auch die Bedeutung von Bildungsstätten. Gruppe 3, meine Gruppe, schließt daran an und äußert, auch auf mein Anregen hin, eine ganze Reihe von Zukunftsbegriffen, u.a. die Idee, dass es um den Umgang mit unsicherem Wissen gehe und dass Zukunftsvorstellungen im Rahmen der Bildungsarbeit ausgehandelt werden könnten.

Mit dieser Zukunftsfrage, die auch zu anderen Anlässen immer wieder zur Sprache kommt, steht letztlich wieder der erwähnte Balanceakt vom Öffnen und Schließen zur Debatte. Dieser Balanceakt, der für die Leitung ein pragmatisches Grundproblem darstellt, wird im Gespräch vor allem auf Bildungs- und Wirtschaftszusammenhänge bezogen. So äußert jemand anderes sogar im Zwiegespräch die Sorge, dass die *Zukunftswerkstatt* zu sehr von Sponsoren „fremdgesteuert" sei. Analog zu der erwähnten Idee des Kochens ohne Rezept (siehe oben) verwendet sie dabei das Sprichwort „viele Köche verderben den Brei". Damit impliziert sie eine zu starke Öffnung und spricht sich selbst für einen pädagogischen Hoheitsanspruch gegenüber nichtpädagogischen Interessen aus. Ihre Problemwahrnehmung schließt an den geschilderten Erwartungsraum zwischen Ehrenamtlichen und Festangestellten an (siehe Kap. 15.1): Aktuell werde von Gruppen, die eher die äußere Wirkung im Blick hätten, das Seifenkistenprojekt zu ihrem Ärger als „wenig innovativ" abgetan. Das mache sie persönlich wütend und sei symptomatisch für die Abwertung handwerklich-manueller Tätigkeiten, gegen die sich doch die *Zukunftswerkstatt* ursprünglich gerichtet habe.

Diese im Gruppengespräch aufflammende Auseinandersetzung über Bildung und Regionalökonomie entspricht in groben Zügen dem ursprünglichen Konzept der *Zukunftswerkstatt*. Wie von Beginn an geplant, sollen Eindrücke aus der Region in die Bildungsarbeit eingespeist werden und andersherum. Jedoch war dieses Vorhaben zuvor entkoppelt von der tatsächlichen Bildungsarbeit, die die Festangestellten und Ehrenamtlichen tagtäglich leisten. Erst die Fortbildung hat einen Gesprächsrahmen eröffnet, in dem in konsequenterweise regionalökonomische Anliegen als Maßstab für gute Bildungsarbeit herangezogen werden. Die Verbindung von persönlichen Motiven und organisationalen Außendarstellungen wird aktiviert – auch mit dem Effekt, dass persönliche Motive mit der regionalökonomischen Außendarstellung übereinstimmen.

Auf eine solche Ziel- und Identitätsdiskussion hatte es die Leitung mit der Fortbildung abgesehen, auch in der Hoffnung die Position der Festangestellten zu stärken. Wider Erwarten jedoch bestärkt das Zusammenspiel von Motivlagen und ressourcenstrategischen Legitimationen das informelle Machtgefälle zugunsten der individuellen Motive einiger Ehrenamtlicher und zu Ungunsten einer pädagogisch-konzeptuellen Verantwortung, die den Festangestellten wichtiger ist (vgl. Kap. 15.1).

Uneinigkeit III: Explizierung und Verbindlichkeit von Zielen

Ein besonders knappes Gut im Streit um die Organisationsidentität ist die Zielsetzung der Organisation. Eine entsprechende, dritte Uneinigkeit betrifft die Bedeutung von Zielen, die sich die *Zukunftswerkstatt* (auf der Fortbildung) steckt. Die Kluft zwischen einer abstrakten Vision einerseits und kurzfristigen Projektzielen andererseits ist bereits angeklungen. Diese Kluft hat für sich genommen eine Vorgeschichte, in erster Linie in der Mittelakquise, in der relativ bewusst eine Anlehnung an politisch opportune Bildungsdebatten fruchtbar gemacht wurde (vgl. Kap. 13-14). Darin ist ein Spannungsverhältnis von langfristigen Absichten und Möglichkeiten und kurzfristigen Notwendigkeiten angelegt. Dieses ist nun aber insofern verstärkt, als dass die *Zukunftswerkstatt* zum Zeitpunkt der Fortbildung mit dem ersten Halbjahresprogramm begonnen hat. Nun, da sich die abstrakten Ziele an der Praxis messen lassen, werden sie auf der Fortbildung als problematisch thematisiert.

Tatsächlich ist die Veranstaltung die erste Gelegenheit im Untersuchungszeitraum, bei der das Ziel- und Effizienzdenken auf eine

15.3 Die Fortbildung: Mittel und Gegenstand des Organisationslernens 503

pädagogische Praxis hin diskutiert wird. So äußert sich eine Mitarbeiterin in der Pause mir gegenüber erleichtert, dass nun endlich über Ziele gesprochen werde. Erst im geschützten Rahmen der Fortbildung, so scheint es, kann die Zieldiskussion im Spannungsfeld von externen Erwartungen und internen Motivlagen geführt werden. Diese Neuerung geht auf die externe Referentin zurück, die, ganz im Sinne der Leitung, methodische Umgangsformen mit Zielen einführt. Diese werden von der Gruppe mit großem Einvernehmen aufgenommen und konzentriert eingeübt.

In der gemeinsamen Arbeit wird die Formulierung und Ausgestaltung von Lernzielen trainiert. Die studierten Methoden richten sich auf bestimmte Lerntypen aus und in ihrer Formulierung, dem sogenannten SMART-Schema folgend, sollen Ziele spezifisch, messbar, aktivierend, realistisch und zeitlich terminiert sein, so ein Kurzvortrag der Referentin. Nach einer kurzen Begriffsklärung ziehen sich die Gruppen zurück, um derlei Lernziele am Beispiel von aktuellen oder zukünftig geplanten Bildungsprojekten zu formulieren.

So bearbeitet etwa meine Gruppe am zweiten Tag das SMART-Schema am Beispiel eines zu der Zeit geplanten Fünf-Tage-Workshops zur Ernährung. Daraus entsteht eine Diskussion über die Schließung der didaktischen Prozesse hin zu erreichbaren Zielen oder die Öffnung hin zu pädagogischen Ambitionen. Auf meine Frage hin, was in dem Ernährungs-Workshop das Ziel sei, entsteht Uneinigkeit zwischen einer Ehrenamtlichen und einer Festangestellten. Der Stein des Anstoßes ist dabei die Frage, ob es hier affektive Ziele gibt, etwa das Ziel der gesunden Ernährung, oder nicht und inwiefern diese mit den kognitiven Lernzielen verbunden sind, etwa Lernziele in Bezug auf den Verdauungstrakt. Die Gegeneinwände gegen affektive Ziele liegen darin, dass man bei der Vielfalt an körperlichen Verfassungen (Allergien etc.) keine eindeutigen Urteile fällen könne; das Wissen in der Medizin verändere sich so schnell, dass alte Urteile (Beispiel Zähneputzen nach dem Essen von sauren Nahrungsmitteln) schnell überholt seien (Ehrenamtliche). Und im Übrigen sei jede moralinsaure Erziehung zu vermeiden (O., Ehrenamtliche). Weitere der Einwände gegen das Weglassen von affektiven Zielen liegen wiederum darin, dass es „nicht ehrlich" sei, da alle Ziele zwangsläufig eine affektive Komponente haben und ja auch bei der *Zukunftswerkstatt* der Impuls, „etwas zu verändern" da sei (Festangestellte). Kinder könnten auch selbst um Rat fragen (ich) und nehmen durchaus moralische Argumente auf und tragen sie weiter (Festangestellte; ich). Schließlich einigt sich die Gruppe auf das Ziel, durch die Veranstaltung einen „bewussteren Umgang" mit Nahrung zu fördern. Dahinter steht der Einwand, dass Verhaltensänderung schwierig zu erreichen sei, kein „SMART"es Ziel sei.

Der stille Konflikt über die Bedeutung von Zielen steht in enger Verbindung mit den anderen, bereits diskutierten Uneinigkeiten. Dies illustriert die Rolle des oben genannten Ehrenamtlichen, als er sich im Brainstorming gegen zu viele Zielvorstellungen verwehrt. Zwar ist er, wie sich in einem Folgegespräch zeigt, mit der breiten pädagogisch motivierten Zielperspektive einverstanden. Dennoch versucht er die Gruppe dazu zu bewegen, diese Ziele nicht zu äußern. Sein Argument dabei: Die aktuelle Praxis decke sich nicht mit den hehren Bildungsideen (und resultiere daher – so das an anderer Stelle ausgesprochene Motiv – in eine akquisestrategisch ungünstige Scheindarstellung). Die regionalökonomische Zielsetzung dagegen, die sich dem Anschein nach in konkrete Zahlen gießen lässt und ja bereits in den Förderanträgen der *Zukunftswerkstatt* steht, empfindet er als pragmatisch – trotz der starken Abstraktion, die besonders in der vagen Prognose vom Fachkräftemangel angelegt ist.

15.4 Transversale Kopplung III: Ehrenamtliche identifizieren sich mit regionalökonomischer Außendarstellung

In vorigen Kapiteln wurde deutlich, dass die *Zukunftswerkstatt* die Umwelterwartungen zwar aufnimmt, aber im Kern von einer losen Kopplung profitiert. Denn durch eine enge Kopplung werden die Projekte – so ähnlich auch eine skeptische Bemerkung einer Leiterin während der Fortbildung – unter einen Ergebnisdruck gesetzt oder geraten gar, so ihre Befürchtung, in eine „Fremdsteuerung".

Die Fortbildung droht nun diese produktive Entkopplung aufzuheben, aber eben nicht im Sinne eines äußeren Zugriffs. Vielmehr liegt der neuen Verkopplung von Innenleben und Außendarstellung, so mein bisheriges Kernargument, eine Kreuzverbindung zwischen mindestens vier Aspekten zugrunde: zwischen Außendarstellung, Einigkeitsbestreben, Zielvorstellung und Motivationslagen. Die regionalökonomische, zunächst rein opportunistische Sprechweise wird – durch die gezielte Nachfrage nach Motivationen und durch die organisationsöffentliche Zielsetzungsdebatte – enger gekoppelt.

Mit dem Begriff der transversalen Kopplung habe ich in Kap. 3 und 4 schon die Konsolidierung von regionalpolitischen Bildungsförderungen und die Rolle des Fachkräftemangels als Legitimationsnarrativ beschrieben. Beide Aspekte stärken die sektorübergreifende Position der *Zukunftswerkstatt*. Eine ähnliche Beobachtung wird nun abschließend ausformuliert, um erneut den Bezug zwischen der äußeren Anbindung (Kap. 13 und 14) und dem Innenleben der *Zukunftswerkstatt* (siehe Kap. 15) herauszustellen.

Insgesamt lässt sich in den Schilderungen ein Mechanismus erkennen, der aus komplexen Kopplungen zwischen den beteiligten Gruppierungen einerseits und den organisationsstrategischen Uneinigkeiten andererseits besteht. Dieser Mechanismus ist die dritte *transversale Kopplung*. und lässt sich in drei Schritten skizzieren. Entscheidend sind dabei, wie in Grafik 16 dargestellt, transversale Kopplungen, durch die Anliegen von

Förderern, Ehrenamt und Team (inklusive der Leitung) in eine Wechselwirkung geraten.

Ein Resultat liegt darin, dass regionalökomische Ziele verstärkt in die pädagogische Praxis vordringen; dass die regionalökonomische Ausrichtung, die zuvor lediglich zur Legitimierung der *Zukunftswerkstatt* eingeführt wurde, nun auch im Team aufgegriffen wird und von Ehrenamtlichen besonders ausdrücklich in die Bildungsarbeit hineingetragen wird.

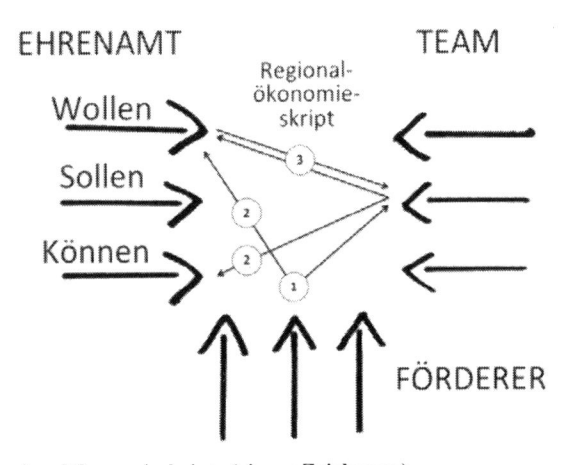

EHRENAMT   Regional-   **TEAM**
ökonomie-
Wollen ⟶ skript ⟵
Sollen ⟶ ⟵
Können ⟶ ⟵

↑ ↑ ↑ FÖRDERER

Grafik 16: Regionalökonomieskripte (eigene Zeichnung)

(1) In dem diskursiven Opportunismus, durch den die Initiatoren die *Zukunftswerkstatt* an der Grenzstelle zwischen Bildung und Wirtschaft etablieren, werden wirtschaftliche und bildungspolitische Legitimationen und Ressourcen kombiniert. So werden die Anliegen der Förderer – aus Perspektive der *Zukunftswerkstatt* „das Sollen" – in der Rhetorik, teils auch in der Organisationsstruktur aufgenommen (Kap. 13 und 14).

(2) Mit Beginn des Betriebes kommen zusätzlich die Anliegen – „das Wollen" – der an der Bildungsarbeit beteiligten Gruppen ins Spiel. Die hybride Mischung findet hier mehr oder weniger Anklang bei ehrenamtlichen und festangestellten Mitarbeitern. Dabei sind insbe-

15.4 Transversale Kopplung III

sondere die Motivlagen der Ehrenamtlichen auf die Idee ausgerichtet, regionale Wirtschaft durch technisch-handwerkliche Kompetenzen zu stärken. Diese Idee teilen auch einige Festangestellte und beziehen sie besonders auf das Wissen der Ehrenamtlichen. Die Leitung leitet aus diesen Kontexten ebenfalls regulative Ansprüche („das Sollen") ab. Sie ist hauptsächlich mit der Koordination zwischen mehreren Zielsetzungen und Legitimationskontexten beschäftigt, mit einem Balanceakt zwischen der Schließung und Öffnung organisationaler Lernprozesse. Zum Zeitpunkt der Forschung ist sie auf die Aushandlung einer vereinheitlichten Zielperspektive bedacht.

(3) Im Rahmen einer daher lancierten Fortbildung macht sie den Balanceakt zur kollektiven Lernzumutung und relationiert damit verstärkt sowohl Motivlagen („das Wollen") der Ehrenamtlichen als auch die Koordinationsanforderungen im Team. Beide sind nun mit den multiplen Bezügen der *Zukunftswerkstatt* konfrontiert und bringen ihre zuvor relativ impliziten Verknüpfungsmotive zum Ausdruck. Als besonders tragfähig erweisen sich in der Diskussion der Fachkräftemangel und angrenzende regionalökonomische Motive, da sie eine Resonanz zwischen Außendarstellung und Mitarbeitermotivation erzeugen.

Die Folge der gesamten Dynamik, die sich zuletzt andeutet, liegt in einer gewissen Tendenz zur Konfliktvermeidung und befördert indirekt die regionalökonomische Orientierung der *Zukunftswerkstatt*. Es entsteht keine explizite Aushandlung einer gemeinsamen Zielrichtung, sondern eine regionalökonomisch geprägte Kontaktsprache (Galison 1997), die die Unterschiede aufrecht erhält. Neben einer vorübergehenden Befriedung der Konflikte, wird mit der Vermeidung von affektiven Zielen aber auch eine operative Grundlage geschaffen, um das Spannungsverhältnis von regionalökonomischen und pädagogischen Zielsetzungen nicht zu thematisieren. Die Auseinandersetzung mit der eigenen Zwischenposition, die in den Aufbaujahren der Zukunftswerkstatt noch Anlass für strategische Überlegungen war, wird in den jüngeren Arbeitsweisen vielmehr *de*-thematisiert, um den Organisationsalltag zu entlasten. Eine

Vermeidung gesellschaftspolitischer Bildungsziele bedeutet aber nicht, dass politische Denkweisen im Zwischenraum von Bildung und Wirtschaft außen vor bleiben. Sie macht paradoxerweise Platz für ein politisch besonders wirkmächtiges Legitimationsschema: für die Rede vom Fachkräftemangel.

15.5 Fazit zu Fallstudie III: „Trading Zone" *Zukunftswerkstatt*

In Fallstudie II wurde anhand der Bildungslandschaften-Debatte dargelegt, wie Bildung häufig als Plattform und Mittel der sozial- und wirtschaftspolitischen Steuerung aufgefasst wird. Ich habe daraufhin von transversalen Feldern gesprochen, um die Entgrenzung und Neuformierung von alten und neuen Autonomieverhältnissen zu erfassen. Dem weiter folgend wurde in Fallstudie III die Frage aus der Einleitung auch auf die Organisationsebene übertragen. Innerhalb überlappender Handlungsbereiche und vielfältiger institutioneller Verknüpfungen spielen Bildungsorte als geographische und organisationale Bündelung eine ganz besondere Rolle. Die daraus resultierende Zwischenposition drückt ein Unterstützer der *Zukunftswerkstatt* sehr treffend aus: „Wir wollen außerschulischer Lernort sein, also nicht eine weitere Schule sein. [...] Wir sind aber auch kein Unternehmen. Wir sind irgendwie dazwischen." (Interview 3) Im Zwischenraum von Bildung und Wirtschaft fügen sich hehre Erwartungen und vielfältige Rahmenbedingungen zu intermediären Organisationen zusammen, die neue Kreuzverbindungen schaffen können, aber selber auch ein Einfallstor darstellen; etwa für die Zuschreibung von Rollen- und Leistungserwartungen: *‚Ihr seid (wie) eine Schule'* und/oder *‚(wie) ein Unternehmen'*, *‚ihr dient den Schulen'* und/oder *‚den Unternehmen'*.

15.5 Fazit zu Fallstudie III

Regionale Bildungsarbeit mit, gegen und durch institutionelle Komplexität

In der Entstehungsgeschichte der *Zukunftswerkstatt* wurde deutlich, wie Bildungsarbeit organisiert werden kann, wenn sie sich entlang feldübergreifender Finanzierungs- und Legitimationsquellen stiftet (Kap. 13 und 14) und wenn sie sich auf hybride Wissens- und Organisationsformen stützt (Kap. 15). Dabei entwickelte sich auch die *Zukunftswerkstatt* mitsamt ihrer institutionellen Komplexität als Produkt, Prozess und Produzentin einer Bildungslandschaft. Für meine Forschung war die Organisationswerdung der *Zukunftswerkstatt* daher ein „strategic case" (Walton 1992 S. 127), um die integrative Ausrichtung von Bildungsorganisationen an Wirtschaftsregionen im Allgemeinen zu problematisieren. Paradoxerweise, obwohl die *Zukunftswerkstatt* selbst eine Folgeerscheinung der Bildungslandschaften-Debatte ist, ist es mitunter schwierig, die Bedingungen und Folgen der Regionalisierung und die organisationalen Gestaltungskräfte zu lokalisieren. Vor Ort kommen zwar verschiedene Arbeitsweisen miteinander in Kontakt, die institutionelle Struktur und organisationale Machart dieser Kontaktaufnahme bleibt jedoch oft vage. Dies hat die empirische Ursache, dass die vielfältigen Umweltbezüge nach innen hin meist lose gekoppelt werden und dennoch eine sehr dynamische Interdependenz entfalten. Der idealtypischen Formulierung eines Mosaiks entsprechend kann die *Zukunftswerkstatt* als lose Bündelung diverser symbolischer und materieller Referenzen und interdependenter Effekte verstanden werden.[145]

---

[145] So hatte ich zuvor zu einer Assemblage geschrieben: Ihre Zusammenkunft und Bindung folgt keinen festen oder gar formalisierten Pfaden. Sie wird mal von koordinierenden Instanzen zusammengerufen, mal kommt sie durch zufällige Begegnungen und reziproke Tauschverhältnisse und etablierte Netzwerke zustande. Die Motive für eine sektorübergreifende Kontaktaufnahme sind vielfältig und

In einem Organisationskonzept ausgedrückt, kann die *Zukunftswerkstatt* als „Trading Zone" beschrieben werden (Galison 1997). Die verschiedenen Gruppierungen – seien es Initiatoren und Förderer, Ehrenamtliche oder Festangestellte – verhandeln weniger ihre wechselseitigen Perspektiven. Wohl aber generiert ihre Auseinandersetzung eine Organisation, die sich als relativ tragfähig erweist, um den Unterschied der Perspektiven zu bewahren und die Perspektiven in eine vielbezügliche Bildungsarbeit zu übersetzen. Die Gruppen treten in Tauschverhältnisse, Verhandlungen und Geschäftsprozesse ein, deren charakteristische Eigenschaft darin liegt, die Vielfalt der Perspektiven aufrecht zu erhalten und direkte Konfrontationen zu vermeiden.

Im Sinne des triadischen Feldbegriffes (Kap. 3), der hier verwendet wurde um auch Organisationen im Zwischenraum zu erfassen, ist die *Zukunftswerkstatt* in ihrer prekären Lage zwischen staatlicher Bildung und Regionalwirtschaft Trägerin mehrerer Ackerfelder (Kap. 13), ein Spielball mehrerer Kraftfelder (Kap. 14) und Gegenstand mehrerer Kampffelder (Kap 15).

---

oft eher aus der eigenen Position hergeleitet, als dass es einen Anreiz oder eine Verpflichtung oder Norm gäbe, die den Zwischenraum regiert. In diesem Zwischenraum entstehen nichtsdestotrotz Organisationen und Allianzen als multireferenzielle Bündnisse und Plattformen. Ihre Ziele orientieren sich nicht an dem gleichen Publikum oder den gleichen knappen Ressourcen oder den gleichen Autoritäten.

15.5 Fazit zu Fallstudie III

Landnahmen durch transversale Kopplungen

Jedoch lässt sich eine Bildungsorganisation, die als „Trading Zone" funktioniert, auch kritisieren: Im Sinne des ökonomischen „trading"-Begriffes führt die Verhandlung und der Austausch zwischen den Perspektiven auch in den Vergleich mehrerer Perspektiven und damit auch in die Priorisierung bestimmter Anliegen – hier: regionalökonomischer Anliegen. Zu Beginn war der regionalökonomische Kontext der *Zukunftswerkstatt* einer von vielen Kontexten und machte sich in den vielbezüglichen Strukturen und Strategien der Organisation bemerkbar. So gelang es den Initiatoren, denen anfänglich noch ein schulisches Projekt vorschwebte, aus mehreren, eher schwachen Versprechungen von Wirtschafts-, Wissenschafts- und Bildungspolitik ein tragfähiges Patchwork aus Fördergeldern zu generieren. Dieses Patchwork hat das Projekt wesentlich größer werden lassen, als ursprünglich erwartet.

Die angeworbenen Geld- und Legitimationsgeber waren für sich genommen zwar als relativ zuverlässige, wenn auch kurzfristige Umwelten wirksam, entfalteten nach einigen Monaten Initiatorenarbeit aber bereits Wechselwirkungen. Diese wurden in den ersten Jahren in formgebender Weise trianguliert. Etwa wurden staatliche Förderer und schulische Kooperationspartner durch Wirtschaftsdiskurse und -netzwerke überzeugt, während das Bildungsengagement wiederum dem Interesse eines öffentlichen bzw. öffentlich wirksamen Unternehmens dient. Diese strategische Kopplung von Publikums- und Tauschverhältnissen wurden als „Diskursopportunismen" und – entlang meiner Terminologie – als transversale Kopplungen bezeichnet.

Später, als der pädagogische Betrieb angefangen hatte, wurde dieselbe Perspektivenvielfalt zunehmend zum sozialen Aushandlungsgegenstand zwischen den an der Bildungsarbeit beteiligten Gruppen. Obwohl die ehrenamtlichen, festangestellten und regionalwirtschaftlichen Gruppen meist in getrennter Weise angesprochen und koordiniert wurden, traten ihre Anliegen hin und wieder, je nach aktueller Gesamtlage, in eine

Wechselwirkung. Derlei Situationen, in denen die Mikrokosmen trotz loser Kopplung aufeinander reagieren, lassen sich als *Interdependenzmomente* bezeichnen. Aus der Unregelmäßigkeit solcher Momente ergibt sich – besonders aus Sicht der Leitung und angefacht durch Mehrfacherwartungen und Zielkonflikte – eine relativ unberechenbare Konjunkturdynamik. Diese Dynamik macht ein zielorientierte Koordination schwierig und führte zu Beginn dazu, so die Leiterinnen, dass das „Pferd von hinten aufgezäumt" wurde. Die vielfältigen Gruppen und Anliegen der *Zukunftswerkstatt* waren also als ressourcenstrategische Gelegenheitsstruktur durchaus fruchtbar (Kap. 13), dieselbe Dynamik sorgte aber im pädagogischen Arbeitsalltag für operative Unsicherheiten und politische Unwägbarkeiten (Kap. 14-15).

Die Konsequenzen dessen lassen sich in einigen Momentaufnahmen auch als *Landnahmen* beschreiben (vgl. Kap. 3). So reagierten die verschiedenen Fördernarrative durch die pädagogisch aktiven Gruppen aufeinander. Beispielsweise identifizierten sich Ehrenamtliche aus einem regionalen Selbstverständnis heraus mit regionalwirtschaftlichen Zielen. Auch die festangestellten Mitarbeiterinnen richteten sich an diesem multireferenziellen Kontexten aus, so dass etwa handwerkliches Wissen und die Kommunikation mit handwerklich begabten Ehrenamtlichen in den Vordergrund rückten, auch weil dieses Wissen sich zugleich als Pädagogik und Regionalökonomie deuten lässt. Nicht zuletzt war die operative Leitung primär mit dem Navigieren relativ inkohärenter Gesprächs- und Erwartungszusammenhänge beschäftigt.

Durch derlei Effekte genossen pädagogische Abwägungen selten unangefochtene Priorität. Sie gerieten – etwa durch die Rhetorik des Fachkräftemangels – zunehmend unter diplomatischen Druck. Dieser bestand darin, die Bildungsarbeit an der Außendarstellung zu messen oder diese Verbindung zumindest zu kommunizieren. Je nachdem, wie eng Bildungsarbeit und Regionalwirtschaft verkoppelt waren, konnte die Außendarstellung auch die pädagogische Kreativität beeinträchtigen, wie in der Fortbildung deutlich wurde.

15.5 Fazit zu Fallstudie III

Diese Sachlage birgt eine wesentliche Erkenntnis bezüglich des Phänomens der Landnahme: Entgegen der deterministischen Suggestion einer einseitigen Kolonisierung stellt sich das Verhältnis von ökonomischer und pädagogischer Logik als dynamischer und sehr indirekter Prozess heraus. Es ist mit Namen die vielbezügliche Praxis, die die Landnahmen erst ermöglicht, und weniger ein übergriffiges Unternehmertum oder gar ein monolithischer neoliberaler Diskurs.

Meine eigene Involvierung schließlich beförderte akademisch geprägte Bildungs- und Organisationskonzepte, die eine enge Kopplung von Umwelten voraussetzen oder diese, in der Umsetzung, sogar bestärken. Denn derlei integrative Konzepte tendieren dazu, die lose Verbindung der vielen Erwartungskontexte strategisch unberücksichtigt zu lassen, obwohl sie in der *Zukunftswerkstatt* wichtig waren, um Spielräume zu bewahren und um das Wechselspiel interdependenter Anliegen zu defragmentieren. Rekursive und integrative Konzepte wie das Organisationslernen tendieren vielmehr dazu, die Wechselwirkungen zwischen den verschiedenen Mikrokosmen zu verdichten und damit die umweltlich bedingten Unsicherheiten weiter zu dynamisieren. Als Organisationskonzept verstanden sind integrative Bildungsanliegen damit für all jene Organisationen riskant, die auf eine Desintegration von regionalen Bildungsanliegen setzen oder die mit relativ dominanten Bildungsanliegen konfrontiert sind. Im nun folgenden letzten Teil werden integrative Bildungs- und Organisationskonzepte weiter problematisiert.

ZUR POLITISIE-RUNG DES ZWISCHENRAUMS

16. Zusammenfassung der Arbeit

Die drei Fallstudien folgen einem einfachen Verlaufsmuster: Pädagogisch-ökonomische Aushandlungsprozesse generieren einen übergreifenden Problembegriff, den Fachkräftemangel. Dieser speist sich aus impliziten Machtverhältnissen zwischen Wirtschafts- und Bildungsakteuren. Er rahmt ungleiche Kooperationsbeziehungen und mündet so in unhinterfragte Verantwortungsverteilungen. Für eine Explizitmachung dieser impliziten Politik, für eine *Re-Politisierung des pädagogisch-ökonomischen Zwischenraums*, bietet die vorliegende Arbeit einen Perspektivwechsel an: Wenn man den Zwischenraum relational betrachtet, dann wird aus einer scheinbar sachlich-objektiven Frage eine politische Frage. Anstatt das pädagogisch-ökonomische Problemverhältnis einseitig aufzulösen und in den bildungs- oder wirtschaftspolitischen Alltag überzugehen, gilt es den problemgenerierenden Zwischenraum und die resultierenden Verantwortungsverteilungen gesellschaftspolitisch zu diskutieren. Wie können Probleme, die im Zwischenraum liegen, auf eine kooperative Lösungsfindung ausgerichtet werden?

Um durch die Relationierung des Zwischenraums auch eine Politisierung anzustoßen, fasst das folgende Kapitel die gesamte Argumentationslinie zusammen. Die zentralen Erkenntnisse lassen sich in drei Begriffen fassen: Entkopplung, Landnahme und transversale Felder. Weiterhin ist die Unterscheidung von Prämissen, Praktiken und Folgen der Fachkräftemangeldebatte hilfreich, um den Zusammenhang in Kap. 17 neu zu problematisieren.

Drei Schlüsselbegriffe

Der erste Begriff, die Entkopplung, birgt ein theoretisches Gegenbild zur Vorstellung einer regionalökonomischen Bildungslandschaft: Anstelle der Idee einer nahtlosen Kopplung zwischen Wirtschafts- und Bildungsanliegen können sich Organisationen zwischen Bildung und Wirtschaft nur gelegentlich darauf verlassen, dass der Zwischenraum als klar umgrenztes Feld funktioniert. Das wurde unter anderem am Beispiel der *Zukunftswerkstatt Buchholz* deutlich (Fallstudie III).
Der zweite Begriff bezeichnet ein gesellschaftsdiagnostisches Argument. Es hat sich vor allem in der Region San Francisco gezeigt, dass sich der Raum zwischen Bildungsorganisationen und Wirtschaftsregionen durch hochdynamische Interdependenzbeziehungen auszeichnet (Fallstudie I). Diese Strukturierung befördert im aktuellen Kontext der drei Fallstudien *Landnahmeprozesse*, in deren Resultat Bildungsanliegen zunehmend im Lichte von regionaler Wirtschaftspolitik organisiert werden.
In einer dritten Hinsicht ist ein wesentlicher Schauplatz und Träger dieser Landnahme der institutionelle Raum zwischen Bildung und Wirtschaft selbst. Dies kommt in einem eigens entworfenen soziologischen Strukturbegriff zum Ausdruck, der das Bild der Entkopplung und die Diagnose der Landnahme mit Leben füllt: Zwischen Bildungsorganisationen und Regionalwirtschaft, geschaffen durch sektorübergreifende Bildungsallianzen, wirken intermediäre Organisationen als Produzenten, Prozesse und Produkte einer Bildungslandschaft. Wie in bundesdeutschen und nordkalifornischen Bildungslandschaften deutlich wurde, konstituieren diese Organisationen gemeinsam *transversale Felder*. Sie teilen das Anliegen einer regionalen Integration von Bildung und Wirtschaft durch wirtschaftspolitische Steuerungsschemata, in den vorliegenden Fällen durch die Rede vom Fachkräftemangel.

16.1 Prämissen, Praktiken und Folgen der Fachkräftemangeldebatte

Die primäre Einsicht liegt in der Diagnose, dass der pragmatische Kern des Fachkräftemangeldiskurses – d. h. die Integration von Bildungsorganisation und Regionalökonomie durch die Errichtung von intermediären Organisationen und Bildungsstätten – eine hohe institutionelle Komplexität entfaltet. ‚Talk' und ‚Action' sowie Praktiken und Folgeeffekte einer regionalökonomischen Bildung sind nicht eins-zu-eins aufeinander zuzurechnen. Wenn aber die Prämissen nicht den beobachteten Folgen entsprechen, sich in der Praxis aber als folgenreich erweisen, dann ist eine Kritik an dem Phänomen der regionalökonomischen Bildungslandschaften besonders schwierig. Es ist daher hilfreich, Prämissen, Praktiken und Folgen zu unterscheiden, aufeinander zu beziehen und für eine abschließende Kritik aufzubereiten (siehe Kap. 17).

Prämissen

Viele Initiativen der naturwissenschaftlich-technischen Bildung machen es sich derzeit zur Aufgabe, die voraussetzungsreiche Diagnose des Fachkräftemangels zu verbreiten. Sie versuchen, der Vermutung eines Koordinationsdefizites zwischen Bildungsangebot und wirtschaftlicher Nachfrage folgend, Bildungsanliegen in regionalökonomische Bedarfsstrukturen einzubinden.
Auf der räumlichen Ebene von Städten und Kommunen wird angestrebt, verschiedene private und öffentliche Teilbereiche regionaler Gesellschaft zu einer kooperativen Neugestaltung von Bildung zu aktivieren, um eben diese von bürokratischen Notwendigkeiten und von disziplinärer Isolierung zu lösen. Motiviert durch die transaktionale Vorstellung von Angebot und Nachfrage berücksichtigen insbesondere sektorübergreifende Bildungsallianzen diverse institutionelle Umgebungen, um sich als bündelnde Instanzen zu positionieren. In ihrer Rolle, divergente Umge-

bungen in ein lokal-spezifisches Patchwork zusammenzuführen, hatte ich die konstitutiven Gruppen der Bildungslandschaften als intermediäre Organisationen bezeichnet.

Seien es die Bildungsbroker der Region SF (Fallstudie I), die aktiven Gruppierungen in den bundesdeutschen Bildungslandschafts-Debatten (Fallstudie II) oder die *Zukunftswerkstatt Buchholz* (Fallstudie III) – sie alle wollen Orte begründen, an denen institutionelle Grenzen und Interdependenzen neu ausgelotet werden und grenzüberschreitende Kooperationen lanciert werden – all dies im Dienste regionaler Gemeinschaften und zum Zweck einer regionalökonomischen Umgestaltung von Bildungsprozessen. Ihr doppelter Anspruch besteht darin, heterogene Bezüge zunächst zum Anlass der eigenen Arbeit zu machen und sie dann im Sinne einer regionalökonomischen Bildungsarbeit zu verknüpfen.

Aus jenen Prämissen und Absichten wurden drei offene Fragen herausgearbeitet: (1) ob die sozialräumlichen Gefüge, die aus regionalökonomisch motivierten Bildungsinitiativen erwachsen, hierarchisch oder heterarchisch sind, (2) ob der pädagogisch-ökonomische Zwischenraum lose oder eng an Bildungs- und Wirtschaftsfelder gebunden ist (3) wie sich dementsprechend das Kopplungsverhältnis von Organisationen und Regionen charakterisieren lässt (vgl. Grafik 17).

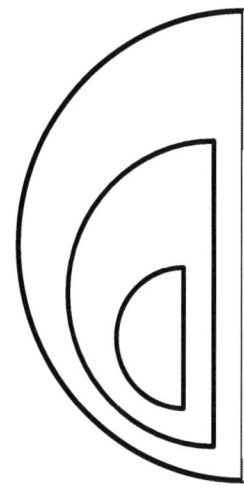

16.1 Prämissen, Praktiken und Folgen der Fachkräftemangeldebatte 521

Kap 2-4
Sind die sozialräumlichen Gefüge der Wissensgesellschaft als gestapelte Hierarchien und/oder vernetzte Heterarchien zu bezeichnen?
PYRAMIDE/MOSAIK

Fallstudie I-II
Wie stehen die Handlungsfelder der Bildung und der Wirtschaft zueinander, wenn Bildungsorganisationen als Bestandteile einer 'Bildungslandschaft' auf regionales Wirtschaftswachstum ausgerichtet werden?

Falllstudie III
Wie sind Organisation und Regionen in ihrem jeweiligen Verhältnis von Bildung und Wirtschaft aneinander gekoppelt?

Grafik 17: Struktur der Arbeit (eigene Darstellung)

Die Differenzierung dieser Fragen ist hilfreich, um in theoretischer und auch in organisationspraktischer Hinsicht über die Intentionen der beobachteten Akteursgruppen hinauszudenken und um zu einer angemessenen Kritik zu gelangen.

Praktiken

Um die Praxisrealität hinter der Fachkräftemangeldebatte aufzudecken, lag der empirische Ansatzpunkt in der Erforschung von intermediären Organisationen. In diesem empirischen Fokus liegen auch die Antworten auf die drei in der Grafik 17 dargestellten Fragen: Es werden *in und durch* intermediäre Organisationen Kreuzverbindungen zwischen Bildungsorganisationen und Regionalwirtschaft hergestellt, die (1) mal heterarchisch und lose sind, mal hierarchisch und fest; (2) die Wirtschafts- und Bildungswelten mal in Pyramiden aufeinander beziehen, mal in Mosaiken miteinander verweben; (3) die diese mal in der intermediären Organisation bündeln, mal an den Organisationsgrenzen brechen. Tatsächlich bringen die geschilderten Gruppierungen in der selbstgewählten Bündelungsfunktion also vor allem lose gekoppelte Verhältnisse hervor. Alle drei Kopplungsfacetten beinhalten entsprechend eine Gegendarstellung zur kybernetischen Kopplungsästhetik des Fachkräftemangels (vgl. Kap. 3) und liefern desillusionierende Einblicke:

- Das Verhältnis von Regionalwirtschaft und Bildungsorganisation ist nicht als sozialräumliche Integration zu verstehen, so dass das Territorium, in dem vermeintlich ein Fachkräftemangel vorherrscht, nur schwerlich definiert werden kann;
- noch ist sektorübergreifend zwischen Organisationen von engen Kopplungen zu sprechen, so dass das transaktionale Verhältnis zwischen Angebot und Nachfrage gebrochen bleibt;
- noch kann in einer wirtschaftlich orientierten Bildungsorganisation wie der Zukunftswerkstatt eine lineare Instrumentalisierung von Bildung erkannt werden. Werden doch ökonomische Legitimationsmuster häufig von der organisationsinternen Bildungsarbeit abgegrenzt.

Entgegen der trügerischen Vorstellung einer sozialräumlichen Integration, eines zyklischen Lernprozesses und einer instrumentellen Steuerung also ist die organisationale Praxis im Raum zwischen Bildung und Wirtschaft in vielen Hinsichten lose gekoppelt. Und doch gelingt es intermediären Organisationen, regional ansässige Adressaten in Kontakt zu bringen. Sie tun dies entlang von felderübergreifenden Kreuzverbindungen und stehen selbst mit ihnen, trotz relativ distanzierter Wechselbezüge, in einem Wirkungszusammenhang. Die Charakteristika und Folgen dieses Wirkungszusammenhangs lassen sich durchaus im Register einer Ökonomisierung von Bildung beschreiben.

Folgen

Was in der Folge der Prämissen und Praxisrealitäten gezeigt werden konnte, ist eine selbsterfüllende Prophezeiung, die jedoch gebrochen ist: Die Fachkräftemangeldebatte bringt hervor, was sie behauptet und das Motiv einer sozialräumlichen Integration von Bildung und Wirtschaft gewinnt im Laufe des Institutionalisierungsprozesses an Plausibilität. Zugleich aber löst diese Institutionalisierung das Kopplungsversprechen lediglich mit einer Vielzahl an Querverbindungen ein.

Die entsprechend benannten transversalen Felder befördern auf indirektem Wege eine Reproduktion der ökonomisch-pädagogischen Machtverhältnisse. Das unmittelbare Ergebnis liegt allerdings weniger in einer ökonomischen Vereinnahmung. Das Hinzuziehen von ökonomischen Bezugsgrößen und die Unklarheit darüber, welche ökonomischen Erwartungen tatsächlich eingefordert werden und welche nicht, bewirkt für die Akteure, die sich als Vermittler oder Pädagogen beteiligen, vielmehr eine gewisse Orientierungslosigkeit.

Die vorliegende Arbeit kann diese Orientierungslosigkeit benennen und auf die Fachkräftemangeldebatte zurückführen. Genauer gesagt wird die Frage beantwortet, welche institutionellen und sozialräumlichen Arrangements die Fachkräftemangeldebatte tatsächlich hervorbringt, wenn doch die transaktionale Kopplung von Wirtschafts- und Bildungsanliegen, von Angebot und Nachfrage trügerisch ist. Es lassen sich analog zu den Ebenen in Grafik 17 gesellschaftspolitische, steuerungspraktische, bildungspraktische Folgen unterscheiden:

- Als gesellschaftspolitische Folge münden regionalökonomische Bildungslandschaften in eine räumliche, zeitliche und sektorale Verengung von Verantwortungs- und Steuerungsperspektiven auf regionalwirtschaftliche Anliegen. Das sozialräumlich gefasste Steuerungsterritorium entsteht in einem Prozess, der aufbauend auf Rosa Luxemburg und Klaus Dörre (2011, 2012) als kybernetische Landnahme bezeichnet werden kann (Kap. 3, Fallstudie I).

- Als eine steuerungspraktische Folge des Fachkräftemangels tun sich sektorübergreifende Allianzen und sogar ein grenzüberschreitendes Betätigungsfeld hervor, die transversalen Felder. Zwischen Staat, Wirtschaft, Bildung und Wissenschaft vermengen sie mehrere institutionelle Referenzpunkte und steuerungspolitische Zielsetzungen (Kap. 4, siehe v.a. Fallstudie II).
- In der resultierenden Bildungspraxis werden jene Zielsetzungen vor dem Hintergrund von regionalökonomischen Belangen priorisiert, differenziert und verzahnt und an Bildungsorganisationen herangetragen. Diese Organisationen können, wie an der Zukunftswerkstatt gezeigt wurde, als relativ desintegrierte Verhandlungszone wirken, können aber nur schwerlich divergierende Anliegen versöhnen oder diese in einer integrativen Bildungsarbeit bündeln (Fallstudie III).

Der Fachkräftemangel wirkt insgesamt trotz illusorischer Prämissen als eine Art Spielregel, als Illusio des transversalen Feldes. Dieses hat trotz der diagnostischen Ungereimtheiten das Angebot-Nachfrage Schema zur Grundlage und es entstehen in Deutschland und den USA Bildungslandschaften, die performativ durch Angebot-Nachfrage-Schemata hervorgebracht und institutionell durch Akteursgruppen mit einem entsprechend transaktionalen Selbstverständnis zusammengehalten werden. Ein überraschendes Ergebnis aller Fallstudien ist allerdings, dass auch ein schwach strukturierter Zwischenraum, sprich: ein Mosaik, dazu beitragen kann regionalökonomisch verfasste Bildungsanliegen zu institutionalisieren.

Fallstudie I: In der Bucht von San Francisco, in der Bildungskrisen und Wirtschaftsbooms koexistieren (Kap. 5), perpetuieren die beobachteten intermediären Organisationen die Definition von Regionen als Wirtschaftsräume und manifestieren vermittels der Problemdefinition des Fachkräftemangels innerregionale Machtverhältnisse (Kap. 6-7). Hier sind im Raum zwischen Bildungsorganisationen und Wirtschaftsregionen nicht allein enge Kopplungen, sondern auch Mosaike beobachtbar, die nichtsdestoweniger eine Priorisierung von Wirtschaftsbelangen befördern (Kap. 8).

16.1 Prämissen, Praktiken und Folgen der Fachkräftemangeldebatte 525

Fallstudie II: In der Geschichte der deutschen Bildungslandschaften kippt die ausgleichende Haltung der frühen Föderalismusdebatten sukzessive in eine regionalökonomische Orientierung (Kap. 10). Aktuell entsteht unter jenen intermediären Organisationen, die sich der Verwirklichung von Bildungslandschaften widmen, sogar eine Auseinandersetzung darüber, ob die Kopplung von Bildung und Regionalwirtschaft nicht auch im Sinne eines Mosaiks etabliert werden könne. Das Verhältnis von Kopplungsprämissen und Entkopplungserscheinungen wird damit zunehmend ein Gegenstand der politischen Auseinandersetzung (Kap. 11).

Fallstudie III: Bildungsorganisationen wie die Zukunftswerkstatt Buchholz sind den widrigen regionalpolitischen Umständen selbst ausgesetzt, da sie sich in prekärer Weise aus gemeinnützigen Geldern finanzieren (Kap. 13) und ihre Außendarstellung an wirtschaftspolitische Legitimationsweisen knüpfen. Sukzessive lernt die Zukunftswerkstatt in ihrer Entwicklung zwischen Außendarstellung und Innenleben zu unterscheiden und den Begriff des Fachkräftemangels als vielbezügliche Kontaktsprache zu nutzen (Kap. 14). Als zuletzt aber Ehrenamtliche beginnen, sich mit der Außendarstellung zu identifizieren, droht der von engen Kopplungsidealen geprägte Fachkräftemangeldiskurs jene Grenzziehung zu unterlaufen und ökonomische Legitimationsmuster ragen zunehmend in den pädagogischen Alltag hinein (Kap. 15).

Demnach wird in transversalen Feldern nicht allein die Vorstellung von Angebot-Nachfrage-Verhältnissen institutionalisiert. Vor allem etablieren sich im pädagogisch-ökonomischen Zwischenraum sehr indirekte, hochdynamische Verbindungen zwischen den Prämissen, Praxisrealitäten und Folgen des Angebot-Nachfrage-Schemas. Die Kopplungsstruktur zwischen Bildung und Beschäftigung changiert und oszilliert je nach Blickwinkel und so erscheint der Zwischenraum in allen Fallstudien als sehr wirkungsvoll und zugleich als sehr fragmentarisch.

Die zentrale Folge ist eine diffuse, von vielen Unsicherheiten geprägte Übertragung von ökonomischen Problemen in pädagogischen Handlungsdruck. Metaphorisch ausgedrückt ermöglichen transversale Felder ein transversales Schwingungsverhältnis zwischen ökonomischen und pädagogischen Machtverhältnissen, Zielperspektiven und Arbeitsweisen. Aus einer relativ linearen Vorstellung von Angebot und Nachfrage erwächst eine multireferenzielle Übertragung von Verantwortung. Diese beschleunigt letztlich – trotz oder gar *durch* relativ lose Kopplungsverhältnisse – das krisenbehaftete Verhältnis von Wirtschaftswachstum und Bildungsproblemen. Für die involvierten Akteure stiftet die Fachkräftemangeldebatte also viel Verwirrung und mindert letztlich auch das Vermögen, zwischen Bildungsorganisation und Wirtschaftsregion zu koordinieren.

Zu guter Letzt soll auf Basis der Prämissen, Praxisrealitäten und Folgen der Fachkräftemangeldebatte eine etwas versteckte Erkenntnis herausgestellt werden: Regionalökonomische Bildungslandschaften verdecken eine hintergründige, aus nachhaltigkeitspolitischer Perspektive problematische Entkopplung und Wohlstand und Wirtschaftswachstum.

17. Die Fachkräftemangeldebatte als Nachhaltigkeitsproblem

Was ist das zentrale politische Problem, das die Arbeit anspricht? Von Beginn an bestand das Ziel darin, den Zwischenraum von Bildung und Wirtschaft im Sinne einer politischen Soziologie zu politisieren. Sukzessive wurde in den Fallstudien deutlich, dass die Problemdefinition ‚Fachkräftemangel' fragwürdige Prämissen birgt; dass sie sogar die pädagogische Praxis überfordert und Ökonomisierungsprozesse nach sich zieht.

Zu der anfänglichen Zielsetzung gehört zum Schluss auch die Benennung einer treffenden Problemformulierung. Wenn also der Fachkräftemangel eine relativ illusorische Problematisierung der pädagogisch-ökonomischen Verhältnisse ist, wie lassen sich seine Auswirkungen als handlungswirksames Leitmotiv problematisieren? In der Suche nach einer Formulierung, die die beobachteten Praktiken treffender aufgreift, konstruiert dieses Kapitel einen abschließenden Kontext. Der Blick wird mit einer Nachhaltigkeitsperspektive verbreitert und eine normative Einordnung wird vorgenommen. Ganz im Sinne von Bourdieus feldsoziologischer Kritik wird die illusionslose Beobachtung der Fachkräftemangeldebatte mit dem Entwurf neuer Illusionen abgeschlossen (vgl. Nassehi 2002).

Der folgende Abschnitt übeträgt also die wesentlichen Erkenntnisse in eine nachhaltigkeitspolitische Fragestellung. Daraufhin wird der pädagogisch-ökonomische Zwischenraum als nachhaltigkeitspolitischer Brennpunkt ausgelegt (Abschnitt 2) und die Befunde werden abschließend kontextualisiert (Abschnitt 3). Den Schluss macht ein forschungsprogrammatischer Ausblick (Abschnitt 4).

17.1 Prämissen, Praktiken und Folgen unter Nachhaltigkeitsaspekten

Eine Kritik an den Zielsetzungen einer regionalökonomischen Bildung scheint zunächst überzogen: Die untersuchten Initiativen wollen die politische Organisation und didaktische Gestaltung von Bildung defragmentieren und kommunalisieren helfen. In dieser beabsichtigten Wirkrichtung und auch in den beobachteten Praktiken birgt die Fachkräftemangeldebatte viele Chancen – für die Hervorbringung neuer Öffentlichkeiten, für gesellschaftlich orientierte Bildungsarbeit oder für eine gemeinschafts- und feldübergreifende Krisenbewältigung.
Umso wichtiger erscheint eine letzte Kontextualisierung, in der die Unterscheidung von Prämissen, Praktiken und Folgeerscheinungen eine robuste Basis bietet (Kap. 16). So steht der Blick auf die integrativen Absichten einerseits im Kontrast mit den Folgeerscheinungen andererseits. Denn während die hier beobachteten Akteursgruppen ohne Zweifel pädagogische und politische Möglichkeitsräume beabsichtigen, ergab der damit einhergehende steuerungs- und bildungspraktische Prozess ein eher ernüchterndes Bild: Soziale Probleme, institutionelle Entwicklungsfiguren, divergente Interessensgruppen und vielfältige Organisationsstrategien stehen in einem ungleichen Wechselspiel zueinander. Dieses wird in der vermittelnden Absicht verstärkt und mündet kraft einer regionalökonomisch eingebetteten Bildungslandschaft in die Reproduktion von ökonomischen Machtverhältnissen.
Wie also lassen sich die Anliegen und Praktiken einer regionalen Bildung aufgreifen, ohne praktische Drucksituationen, die durch die Orientierung am Fachkräftemangel entstehen, zu verschweigen? Und wie lässt sich das Verhältnis von Bildung und Wirtschaft politisieren, ohne den Zusammenhang in das Schema von Angebot und Nachfrage hineinzupressen?

Entgegen der einfachen Kritik an den einschlägigen Absichten und Praktiken, lassen sich die zugrundeliegenden Prämissen und Folgen kontrastieren. Die angeführte feldsoziologische Kritik tut dies und zeichnet ein ambivalentes Bild: Die gestalterische Absicht einer Kopplung von Bildungsangebot und -nachfrage zieht in allen Fallstudien eine komplexe Verkopplung interdependenter Problemlagen nach sich – einen ‚Perfect Storm' (vgl. Kap. 9). Beachtlicher noch: Die in regionalökonomischen Bildungslandschaften ersichtlichen Folgen der Fachkräftemangeldebatte scheinen gerade deswegen so wirkungsvoll, weil der Raum zwischen Wirtschaftsregion und Bildungsorganisation fragmentarisch gebaut ist und ganz anders funktioniert, als es das uniforme Angebot-Nachfrage-Schema glauben macht.

Diese Sichtweise ist nicht allein eine Gegendarstellung gegenüber den gängigen Annahmen, die dem Phänomen der regionalökonomischen Bildungslandschaften in positiver oder negativer Konnotierung entgegengebracht werden (vgl. Kap. 1 und 2). Sie kann den Praxisakteuren darüber hinaus einen alternativen Blickwinkel anbieten, möglicherweise sogar neue Zielperspektiven aufweisen.

Nach welchen Maßstäben jedoch können die zuvor zusammengefassten Ergebnisse aus einer gesellschaftspolitischen Sichtweise eingeordnet werden? Angesichts des fragmentarischen Charakters von transversalen Feldern erfordert diese Frage einen letzten Registerwechsel.

So lässt sich der bisherigen Zusammenfassung und Diskussion eine Nachhaltigkeitsperspektive hinzufügen. Die Fachkräftemangeldebatte – mitsamt der darin angesprochenen sozioökonomischen Problemlagen – kann sogar als Nachhaltigkeitsproblem kritisiert und neu verstanden werden: Sie setzt eine kurzfristige Ausrichtung auf einen gesellschaftlichen Reproduktionsprozess fort (hier: Bildung), bemisst dessen Güte an einem kontinuierlichem Wirtschaftswachstum und setzt damit eine langfristige und transformative (Bildungs-)Perspektive aufs Spiel. Beispielsweise zieht ein unhinterfragter Fokus auf Unternehmen als ‚Job Creators' eine nachfrageorientierte, aber relativ ziellose Bildungspolitik nach sich (Fallstudie I).

Wenn man also Bildungs- und Wirtschaftszusammenhänge zugleich als komplexe Feldbeziehungen diskutiert und auf langfristige Gerechtigkeitsfragen bezieht, wie es die Nachhaltigkeitsperspektive im Sinne einer inter- und intragenerationalen Gerechtigkeit tut, dann verbreitert sich der Blickwinkel auf die Fachkräftemangeldebatte. Es kommt ein Zusammenhang in den Blick: *Die Entgrenzung von Bildungsprozessen aus ihren nationalstaatlichen und pädagogischen und akademischen Organisationsstrukturen heraus und ihre Ausrichtung auf regionalökomische Interessenskonstellationen geht in Teilen zurück auf ein erodiertes Funktionsverhältnis von Wohlfahrtsstaat und Kapitalismus.* Die Fachkräftemangeldebatte berührt demnach ein gesellschaftspolitisches Kernproblem, adressiert dieses aber unter Fortsetzung der falschen Vorzeichen: Obwohl Bildung (und andere wohlfahrtsstaatliche Politikfelder) zunehmend ihre Bindewirkung als sozioökonomischer Integrationsmechanismus zwischen Wirtschafts- und Sozialpolitik verliert (Schimank 2011), wird sie weiterhin als vermeintlich synergetisches Politikinstrument zwischen Wachstum und Wohlstand stilisiert.

In den Fallstudien zeigte sich dieser verkürzte Problembegriff beispielhaft in dem Bestreben, hochkonjunkturelle Arbeitskräftebedarfe mit Bildungsreformen zu stillen, während die als ‚Change Agents' adressierten Arbeitgeber entscheidend zu sozioökonomischen Krisensituationen beitragen. Aber auch die Idee, die Fragmentierung von föderativen Strukturen durch eine regionale Skalierung abzufedern oder die Absicht, regionale Akteure in die Gestaltung von Bildungsprozessen einzubringen, überschätzt die Integrationsleistung, die Bildungsorganisationen im Rahmen einer Desintegration von Wohlstand und Wachstum zugemutet werden kann.

Diese enge Problematisierung eines breiten Problems hat auch Folgen in der Praxis. Die studierten Initiativen, die maßgeblich durch das Vorhaben angetrieben sind, ökonomische und pädagogische Anliegen zu koordinerieren, tendieren dazu, die hintergründigen Machtasymmetrien einer regionalökonomischen Bildungslandschaft zu ignorieren. Gesellschaftspolitisch wiederum zieht diese kurzsichtige Koordinierungsabsicht die Fortsetzung einer engen Perspektive nach sich. Denn gerade die von dieser Herangehensweise berührten Problemlagen – die Zukunft der Arbeit, die Suche nach Steuerungsgrößen unterhalb vom Nationalstaat oder die Kooperation regionaler Akteure – legen eine Nachhaltigkeitstransformation nahe, die tatsächlich das Verhältnis von Bildungs- und Wirtschaftsprozessen zum Zentrum hat.

Um diesen kontextualisierenden Zusammenhang zu begründen und um das Dazwischen von Bildung und Wirtschaft nachhaltigkeitspolitisch einzuordnen, arbeite ich nun eine gepaarte Kopplungs- und Entkopplungsfigur heraus. Der Entkopplungsbegriff steuert hier eine diagnostische Perspektive bei, einen gestalterischen Problembezug und eine gesellschaftspolitische Problemformulierung; diesem Dreischritt folgt der nächste Abschnitt.

17.2 Der Zwischenraum als nachhaltigkeitspolitischer Brennpunkt

Nachhaltigkeitsdebatten werfen im Kern die Frage nach Erhalt und Veränderung auf. Sie fragen unter anderem, inwiefern wohlfahrtsstaatliche Maßnahmen und zivilgesellschaftliche Errungenschaften in modernen Gesellschaften, zu denen auch gemeinschaftlich getragene Bildungsstätten zählen, von ihren wirtschaftlichen Entstehungsbedingungen *entkoppelt* werden können. Diese Frage lässt sich zeitlich und räumlich verstehen. Dem zeitlichen Verständnis geht etwa Harald Welzer in seinem Konzept der reduktiven Moderne nach – mit dem Ziel, zivilgesellschaftliche Errungenschaften zu erhalten und ihre ökonomischen Existenzbedingungen zugleich zu transformieren (vgl. Welzer und Sommer 2014). Diese Zielperspektiven und Kausalitäten, in denen Entkopplung meist zeitlich verstanden wird, dominieren die aktuelle

Nachhaltigkeitsforschung (vgl. etwa die grafisch dargestellten Entwicklungsszenarien in UNEP 2011).[146] Der hier angelegte Fokus auf Zwischenräume führt über den zeitlichen Schwerpunkt hinaus in einer Bündelung von zeitlichen und räumlichen Zwischenräumen. Dass dies fruchtbar ist, zeigt aktuell beispielsweise der marxistische Soziologe Erik Olin Wright, der nach jenen „Rissen innerhalb kapitalistischer Wirtschaften" sucht, in denen „emanzipatorische Alternativen aufgebaut werden" (Wright 2017, S. 11).

Im Sinne einer solchen sozialräumlichen Entkopplungsdiskussion lässt sich die Eingangsfrage erneut stellen und die Arbeit als nachhaltigkeitstheoretischer Beitrag lesen; so kann man, von Bildungskontexten abstrahiert, die eruierten Befunde auch für eine Diskussion darüber heranziehen, welche sozialräumlichen Organisationsformen durch die Orientierung von gesellschaftlichen Handlungsfeldern an Wirtschaftswachstum entstehen. Um die Ergebnisse in einem gesellschaftspolitischen Diskussionsvorschlag zu bündeln, wirft eines der wesentlichen Rätsel für die Entwicklung nachhaltiger Wirtschaftsweisen auf: nämlich die nach der Rolle von kurzfristiger und nahräumlicher Kooperation im Rahmen von globalen Problemlagen: *Ist die regionale und ökonomische Einbettung von Bildungsorganisationen ein nachhaltiger Umgang mit den globalen und langfristigen Wirtschafts- und Bildungsproblemen, die hintergründig im Fachkräftemangel angedeutet sind?*

---

[146] Denn eine grundsätzliche Ambition nachhaltigkeitspolitischer Denker, Aktivisten und Entscheidungsträgerinnen liegt darin, kapitalistische Wirtschaftsweisen und zivile und wohlfahrtsstaatliche Errungenschaften von ihren problematischen Folgeerscheinungen zu entkoppeln und so *Entwicklungspfade* zu erschließen, die dem zukunftsorientierten Prinzip einer inter- und intragenerationalen Gerechtigkeit besser entsprechen.

17.2 Der Zwischenraum als nachhaltigkeitspolitischer Brennpunkt

Als Ausgangspunkt kann man in der gesellschaftstheoretischen Anreicherung der Entkopplung und Kopplung auf die nachhaltigkeitswissenschaftliche Analytik von Basil Bornemann zurückgreifen. Seine Dissertation formuliert den Integrationsbegriff als Diagnostik und politisches Programm aus und legt den Fokus durchaus auf die sozialräumliche Dimension. Das zugrundeliegende Verständnis, in dem der Integration politischer Betätigungsfelder ein großes Transformationsvermögen zugeschrieben wird, hat seinen Ursprung in einem integrativen Nachhaltigkeitskonzept (Kopfmüller et al. 2001). Diesem Konzept folgend sei es zugunsten einer intra- und intergenerationalen Gerechtigkeit geboten, so Kopfmüller (2007, S. 17), auf demokratiepolitischem Weg eine Integration herzustellen, in der „kurzfristige Erfordernisse mit längerfristigen Perspektiven", „räumliche[n] Handlungsebenen", zu berücksichtigenden „Akteursgruppen" sowie „Top-down-Vorgehen" und „Bottom-up-Zugang" verbunden werden.

Dieses vage Integrationsverständnis nuanciert Bornemann (2014), indem er Integration als Prozess, als Struktur und als Funktion unterscheidet: Sie lässt sich dann als gesellschaftlicher Wandel („Integrierung"), in ihrer strukturellen Machart („Integriertheit") oder in ihrer funktionalen Wirkung („Integrativität") untersuchen und bewerten (ebd., 87 ff.). Das Resultat ist eine integrative Perspektive, die sich sowohl als Interventions- als auch als Diagnosestrategie eignet. Aus gesellschaftspolitischer Perspektive zeichnet Bornemann (siehe auch Lafferty 2004) ein Begriffspaar, das die sozialräumliche Integrationsstrategie mit einem zeitlichen Entkopplungsziel verbindet: Zum Zweck einer nachhaltigen Entwicklung gilt ihm die stärkere *Ver-Kopplung* von Politikdomänen als eine Mittel zur *Ent-Kopplung* von Wachstum und ökologischem Schaden.

Obwohl also die Nachhaltigkeitsforschung in sozial-ökologischen Problembereichen eine zeitliche Entkopplung als entwicklungspolitische Zielsetzung ausschreibt (UNEP 2011), operiert sie in sozialräumlicher Hinsicht eher mit einer Steuerungsoptik, die mehrere Belange ausgleichen oder gar in den Dialog bringen will. Diese Optik scheint insbesondere in Problembereichen vorzuherrschen, die das Verhältnis von Wirtschafts-, Sozial- und Bildungspolitik triangulieren. Hier konzentrieren sich die diagnostischen und politischen Ausrichtungen der bisherigen Nachhaltigkeitsdebatten auf einen starken Integrationsbegriff (vgl. etwa Kauffman und Arico 2014, Kopfmüller et al. 2001, Grunwald 2016).

In den diagnostischen und politischen Facetten will ich die nachhaltigkeitswissenschaftliche Integrationsdebatte mit dem Entkopplungsbegriff anreichern. So kann nicht nur in der zeitlichen Zielperspektive, wie oben geschildert, von einer Entkopplungsproblematik gesprochen werden, sondern auch die Entkopplung von bestimmten Problemlagen und Politikressorts als eine mögliche Entlastungsstrategie. In dieser Stoßrichtung kann die Unterscheidung von Prozess, Struktur und Funktion (Bornemann 2014, 87 ff.) auf beide Seiten der Paarung bezogen werden, auf Kopplung und Entkopplung. In diesem Lichte erscheint die Frage nach Erhalt und Veränderung auch als sozialräumliche Fragen und Zwischenräume erscheinen als nachhaltigkeitspolitischer Brennpunkt: Das zeitliche Ziel einer Entkopplung von Wirtschaftsweisen und sozialökologischen Lebensumständen wird auch auf das gleichzeitige Verhältnis mehrerer Handlungsfelder bezogen und stellt damit die konfliktträchtigen Strukturverhältnisse zwischen Bildung und Wirtschaft zur Diskussion. Das steuerungspraktische Resultat wäre eine ergänzende, *des-integrative* Politik, in der, je nach Ausgangslage, Wirtschafts- und Bildungsbelange voneinander geschieden werden. Zusammengenommen erscheinen Kopplung *und* Entkopplung dann als gesellschaftsdiagnostisches *und* gesellschaftspolitisches Begriffspaar.

17.2 Der Zwischenraum als nachhaltigkeitspolitischer Brennpunkt

(Ent-)Kopplung als Perspektive: eine gesellschaftsdiagnostische Analytik

Wie können Zwischenräume in ihrer Entkopplung analysiert und diagnostiziert werden? Im umgekehrten Fall, also in der Entwicklung von Kopplungsbegriffen, hat sich die soziologische Systemtheorie als besonders tragfähig erwiesen.[147] Schon in Kap. 2 wurde das Verhältnis von Funktionssystemen als strukturelle Kopplung benannt, ein Verhältnis in dem Organisationen als „Treffraum für Funktionssysteme" eine besonders zentrale Verknüpfung und Lokalisierung struktureller Interdependenzen einnehmen (Luhmann 2000, S. 398; vgl. Bora 2001). Der in Kapitel 2 eingeführte Begriff der strukturellen Kopplung bezeichnet eine wechselseitige Orientierung relativ autonomer Mikrokosmen, die aber, vor allem dank der multireferenziellen Belastungsfähigkeit von Organisationen, ohne einen Autonomieverlust dieser Mikrokosmen auskommt. Ein Teil des hier untersuchten Phänomens ist damit angesprochen: das Verhältnis von Bildung und Wirtschaft. Grafik 14 stellt diese beiden Handlungsfelder schematisch dar (man könnte Grafik 18 auch als ‚Grafik 17 von oben betrachtet' beschreiben).

---

[147] Auf das spannungsreiche Verhältnis von soziologischer Feldtheorie und Systemtheorie in Bezug auf die Frage von Feld- bzw. Systemautonomie kann hier nicht eingegangen werden. Sie betrifft, wie Kieserling (2008) zeigt, insbesondere Bildungs- und Erziehungsprozesse.

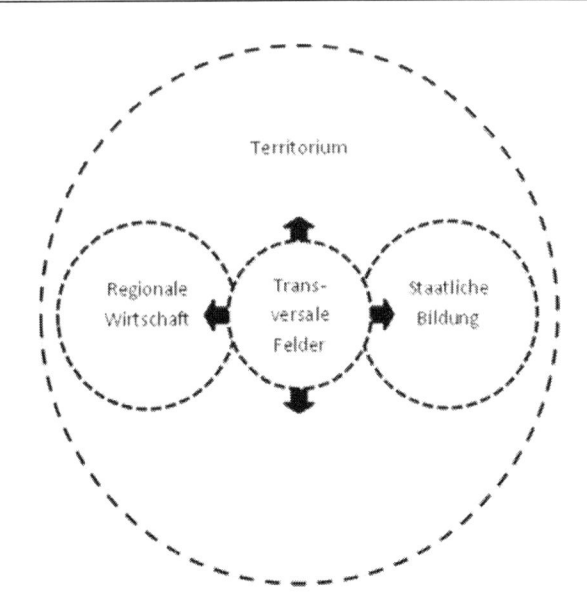

Grafik 18: Die Kopplungsstruktur transversaler Felder (eigene Darstellung)

Zwischen Bildung und Wirtschaft wurde vor allem die Tatsache herausgearbeitet, dass intermediäre Organisationen keineswegs gezwungen sind, die Autonomie von Bildungsprozessen anzufechten oder Wirtschaftsprozesse zu transformieren, um beide Seiten aufeinander zu beziehen. Das entspricht teilweise den vorgestellten Befunden – denn, wie bereits mehrfach angeklungen, kann auch gesellschaftsdiagnostisch bei der strukturellen Kopplung von Bildung und Wirtschaft angesetzt werden, um den Wirkungskontext von integrativen Politikinitiativen zu untersuchen. Eine solche diagnostische Verwendung ist besonders im Kontext von Wissensgesellschaften und der prekären Lage von Bildung und Wissenschaft hilfreich und kann hier wiederum um den Entkopplungsbegriff ergänzt werden.

Sie findet sich etwa bei Peter Weingart (2001, S. 28), der die Wissensgesellschaft als „enger werdende[r] strukturelle[r] Kopplung" zwischen

Wissenschaft, Politik und Wirtschaft beschreibt, und der sich somit für eine Kritik der Wissensgesellschaft einsetzt, die nicht von einer deterministischen Kolonisierung von Wissenschaft ausgeht (vgl. Bornemann 2007). Auf das Verhältnis von Bildung und Wirtschaft bezogen lassen sich zunächst also Kopplungsbegriffe nutzbar machen, um die Interdependenz und die Aufrechterhaltung beider Mikrokosmen zu bezeichnen. Jedoch lässt sich auf analytischer Ebene ein Gegenbegriff fruchtbar machen, die Entkopplung. Diese Fruchtbarmachung wird im Abschnitt 3 durchgeführt.

(Ent-)Kopplung als Problembezug: eine gesellschaftspolitische Ästhetik

Auch in gesellschaftspolitischer Hinsicht können Kopplung und Entkopplung als Begriffspaar gelten. Denn, je nach historischen Umständen und eigener Ausrichtung, kann in der *Entkopplung* eine Problemlage angesprochen werden und/oder es kann eine Entlastungsstrategie für diagnostizierte Drucksituationen ins Spiel gebracht werden. In dem zuerst genannten Zusammenhang wird Entkopplung bereits mit Blick auf das Verhältnis von Wirtschaftsweisen und ökologischen Produktionsbedingungen und Kostenträgern diskutiert. Im Sinne einer Entlastungsstrategie wiederum und mit dem Ziel einer nachhaltigen Gesellschaft können Wirtschaftsweisen und natürliche Lebensbedingungen, so einige Vertreter eines integrativen Nachhaltigkeitsbegriffes, neu gekoppelt und gegebenenfalls entkoppelt werden (Kopfmüller et al. 2001, Lafferty 2004, Bornemann 2014).

Auf das vorliegende Phänomen angewandt möchte ich die von Lafferty (2004) und Bornemann präferierte Integrationsstrategie ergänzen. In dem beobachteten Feld sind integrative Policies ein wenig adäquates Mittel, um Wohlstand und ökologische Kosten zu entkoppeln. Zumindest im vorliegenden Falle sind sie allzu oft als Produkt, Prozess und Produzenten in die Institutionalisierung eines regionalökonomischen Bildungsverständnisses eingebunden. Daher kann im Verhältnis von Bildungsorganisationen und Wirtschaftsregionen weitgehend (und vorläufig) von der Kopplung als gesellschaftspolitischer Zielrichtung Abstand genommen werden, um auch zukünftigen Generationen Bildungsangebote machen zu können, die nicht wachstumsorientiert sind.

Aber welche politische Perspektive steckt hinter einer Entkopplungsstrategie? Der Begriff der Kopplung birgt, wie im integrativen Nachhaltigkeitsverständnis deutlich wird, eine gesellschaftspolitische Suggestivkraft. Sie erinnert in ihrem Anliegen, Wissenschaft und Politik als integratives Instrumentarium zu verwenden (vgl. Bornemann 2014, Grunwald 2016), an die herausgearbeitete Kopplungsästhetik des Fachkräftemangels (Kap. 3). Bildung gilt hier dreifach als sozialräumlicher Integrationsmechanismus, als zyklischer Lernprozess und als Steuerungsinstrument. In der Chronologie der Arbeit führte dies zu politische Prozessen, in denen entgegen der Kopplungsperspektive eher Entkopplungsbewegungen beobachtet wurden.

Es bedarf also nicht nur einer analytischen, sondern auch einer politischen Perspektive, um den Problembezug adäquat herzustellen. Zu deren Entwicklung kann auf die vorgelegten Befunde zurückgegriffen werden, da diese ebenfalls eine politische Suggestivkraft bergen – oder besser: eine *politische Ästhetik*. Denn auch der Gegenbegriff der Entkopplung beinhaltet eine *Wahrnehmung* der gesellschaftspolitischen Umstände, unterstellt gesellschaftspolitische *Gesetzmäßigkeiten* und prägt eine gesellschaftspolitische *Sensibilität*. Ebenso wie die Kopplungsmotive des Fachkräftemangels als politische Ästhetik beschrieben wurden (Kap. 3.2), rückt der Entkopplungsbegriff andere soziologische Befunde in den Vordergrund und stellt ihnen andere Fragen, die ich in der Folge auch als nachhaltigkeitswissenschaftliche Fragen formulieren möchte:

17.2 Der Zwischenraum als nachhaltigkeitspolitischer Brennpunkt 539

- Inwiefern werden durch regionalpolitische Kopplungsbemühungen und durch transversale Felder präexistente Machtverhältnisse perpetuiert oder transformiert?
- Und welche Transformationspotenziale lassen sich mit der politischen Ästhetik der Entkopplung in den Befunden erkennen?

Näher betrachtet lassen sich die empirischen Befunde auf das nachhaltigkeitspolitisch wesentliche Verhältnis mehrerer gesellschaftlicher Betätigungsfelder beziehen. Denn gerade aus der Warte des vorgeschlagenen transversalen Feldbegriffes drängt es sich auf, dass innerhalb von Regionen ein Wechselspiel mehrerer, teils überregionaler Felder stattfindet. Dieses Wechselspiel kann die Nachhaltigkeitsforschung nicht allein als Integrationsprozess sehen, wie im Säulen- bzw. Dimensionenmodell von Sozialem, Ökologischen, Ökonomischem und Kulturellem angedeutet. Vielmehr stößt der Entkopplungsbegriff eine lohnenswerte Forschungsrichtung an, die das sozialräumliche Wechselspiel gesellschaftlicher Handlungsfelder als vielfach gebrochene Dynamik begreifbar macht. Damit gerät die in der Nachhaltigkeitsforschung dominante Perspektive, die Entkopplung als zeitlichen Prozess sieht und die diesen mit integrativen Policy-Ansätzen zu bearbeiten versucht, in eine sozialräumliche Entkopplungsperspektive. Wie in Kap. 2-4 erarbeitet, fokussiert diese nicht auf absolute Raumvorstellungen oder abgeschlossene Gesellschaftsbereiche, sondern untersucht bevorzugt konstitutive Zwischenräume.

Durch die Schwerpunktsetzung auf die Interdependenz von politischen Betätigungsfeldern treten auch zwei andere Domänen der Nachhaltigkeitspolitik in den Fokus. So lassen sich nun auch die Nähe-Distanz Verhältnisse zwischen gegenwärtigen und zukünftigen Generationen problematisieren, die im Prinzip der inter- und intragenerationalen Gerechtigkeit wesentlich sind. Und gerade vor diesem Hintergrund lassen sich die Befunde kritisch betrachten. Denn eine regionale Bildung, wie sie im regionalökonomischen Rahmen diskutiert wird, setzt, wie im Kontrast zu einer stark *desintegrierten* Bildungsstätte klar wurde (Fallstudie III), eine *integrative* Organisationsstruktur und eine Berücksichtigung möglichst vieler regionaler ‚Stakeholder' voraus. Auch die Nachhaltigkeitsforschung pflegt einen solchen Begriff der regionalen Bildung (Stoltenberg 2007, 2013). Problematisch dabei ist, dass intra- und intergenerationale Verteilungsverhältnisse in eine bevorzugt innerregionale Perspektive geraten.

Darüber hinaus rückt mit einem neuen Blick auf interdependente Handlungsfelder auch das Problem der Ökonomisierung in den Vordergrund. Auch diesbezüglich mag eine Nachhaltigkeitspolitik nicht allein die ausgleichende Kopplung von Bildung und Wirtschaft als Steuerungsinstrument sehen. Vielmehr mag sie sich auch dafür einsetzen, Bildungsprozesse strategisch von wirtschaftspolitischen Zielsetzungen zu entkoppeln. Welche gesellschaftspolitischen Umstände aber lassen sich mit einer Entkopplungsästhetik thematisieren?

(Ent-)Kopplung als Problemformulierung: Wachstum und Wohlstand als Hintergrundproblem

Der Entkopplungsbegriff benennt eine Problemlage, die allen Nachhaltigkeitsfragen und auch den vorliegenden Befunden zugrunde liegt: das Problem von Erhalt und Veränderung. Präziser noch die Frage, inwiefern Kapitalismus von seinen Bedingungen und Kostenträgern entkoppelt werden kann und ob in einer Entkopplung von gesellschaftlichen Betätigungsbereichen ein realistischer Entwicklungspfad oder eine absichtsvolle Nachhaltigkeitsstrategie gesehen werden kann.

Während die Nachhaltigkeitsforschung, wie oben diskutiert, eine Entkopplung zwischen Umwelt und Gesellschaft anstrebt, wird in der Soziologie derzeit eine anders gelagerte Kopplung als historische Pathologie problematisiert. So schildert der System- und Organisationstheoretiker Uwe Schimank eine, wie ich es nennen würde, historische

17.2 Der Zwischenraum als nachhaltigkeitspolitischer Brennpunkt

Entkopplungsbewegung von Wohlfahrt und Wachstum und stellt eine gesellschaftliche Entwicklungsfigur zur Debatte, die auch die Ausgangslage der intermediären Bildungsorganisationen beschreibt, die hier untersucht wurden. Am Anfang jener historischen Entwicklung stand ein relativ synergetisches Verhältnis zwischen Kapital und Wohlfahrtsstaat, das nun durch „multiple Instabilitäten" (Schimank 2011, S. 19), zunehmenden Ökonomisierungsdruck, institutionelle Widersprüchlichkeiten und sozioökonomische Ungleichheiten eingeholt wird. Obwohl Schimank hier andere Begriffe verwendet und Entkopplung bei ihm keine sozialökologische Dimension umfasst, spricht er ein Grundproblem der Nachhaltigkeit an: die kritische Frage nämlich, inwiefern Wirtschaftswachstum von der Steigerung von Wohlstand und Gerechtigkeit entkoppelt sei bzw. entkoppelt werden kann. Aus der gescheiterten, historischen Konstellation des späten 20. Jahrhunderts heraus, in der streckenweise sowohl Wohlfahrt als auch Wirtschaftswachstum als duales Ausgleichs- und Steigerungsmodell funktioniert haben, sei inzwischen ein wesentliche vielfältigere und widerspruchsreiche Konstellation entstanden.

In dieser Stoßrichtung und im vorliegenden Kontext von Bildungsorganisation und Regionalwirtschaft kann auch jene historische Entkopplungsbewegung im Sinne Bornemanns (2014, S. 87 ff.) als Prozess und als Funktionszusammenhang problematisiert werden. Und ganz wesentlich betroffen von der modernisierungshistorischen Entkopplung ist das Verhältnis von Bildung und Beschäftigung. So drängt sich in der zurückliegenden Forschung zwischen Integrationsanliegen und desintegrierten Institutionen das Bild einer gesellschaftspolitischen Verschiebung von sozialen Problemlagen auf. Wie im Beispiel der Region SF wird mit der doppelten Zielsetzung von sozialpolitischer Problemlösung und regionaler Wirtschaftsförderung weitgehend ignoriert, dass die adressierten Probleme auf die zugleich geförderten Wirtschaftsweisen zurückgehen. Im Ergebnis bekräftigen die Bildungsbroker die originäre Orientierung an regionalökonomischen Anliegen und die ‚boom-and-bust' Ökonomie, die in der Region schon mehrfach zu sozialpolitischen Verwerfungen und Wirtschaftskrisen geführt hat. Auch wird für Steuerungs- und Bildungspraktiker, seien es Pädagogen oder regionalpolitische Entscheidungsträger, eine unzumutbare Anhäufung von Anliegen und Anforderungen spürbar; dies hatte ich am Fall der *Zukunftswerkstatt* auf der Ebene von organisationalen Lernprozessen mit dem Begriff der Lernzumutung verdeutlicht.

Vor dem Hintergrund einer erodierten Balance von Wohlfahrtsstaat und Kapitalismus zeichnet sich also ab, dass das Integrationsmotiv hier eine ursprünglich wohlfahrtsstaatliche Aufgabe aufgreift, welche aus gesellschaftspolitischen und organisationspraktischen Gründen kaum durch sektorübergreifende Bildungsallianzen im Sinne einer ausgleichenden Kraft getragen werden kann. Recht allgemein lässt sich mit Blick auf Kapitalismus einerseits und Wohlfahrtsstaat andererseits in der vorliegenden Arbeit davon sprechen, dass Bildung gesellschaftspolitischen Krisen und Brüchen zum Trotz als Bindeglied eingesetzt wird, dabei aber zunehmend eher zur Schadensbegrenzung oder gar zur Perpetuierung der aus dem dysfunktionalen Wechselspiel stammenden Probleme beiträgt. Bildungsträger geraten vermehrt in eine prekäre Position zwischen institutioneller Entkopplung einerseits und der Suggestivkraft von kybernetischen Kopplungsmotiven andererseits. Die Folge dessen kann je nach Ausgangslage darin liegen, dass sektorübergreifende Integrations- und Kooperationsbemühungen zur Legitimation von desintegrierten Politikbereichen führt, bzw. dazu beiträgt, dass sich der Primat wirtschaftspolitischer Politikbereiche gegenüber anderen Politikbereichen manifestiert.

An dieser Stelle reichen die gewonnenen Einblicke über die bisherigen Überlegungen hinaus. Vor dem Hintergrund, dass die Fachkräftemangeldebatte ein fundamentales Nachhaltigkeitsproblem darstellt, werden die Fallstudien nun in ein gesellschaftspolitisches Licht gerückt.

17.3 Problematisierung der Befunde

Kopplung und Entkopplung wurden nun als Politikprozess und -perspektive dargestellt, um der hintergründigen Problematik auf den Grund zu gehen, die die vorliegenden Befunde prägt. Allerdings führt die Arbeit nicht allein den Begriff der Ent-/Kopplung ein. Im Zentrum stehen vielmehr die *transversalen Felder*. In diesem Begriff liegt, nun auch in Bezug auf Nachhaltigkeitsprobleme und -debatten, das Kernargument der Arbeit.

Meine gesellschaftspolitische Argumentation lässt sich auf Basis der letzten Überlegung in zwei Schritten gliedern. Erstens das Verhältnis von Bildung und Wirtschaft zu ihrem relativ unstrukturierten Zwischenraum – sprich transversalen Feldern; zweitens der Bezug jenes Zwischenraums zur zunehmenden Entkopplung von wohlfahrtsstaatlicher Bildung und wirtschaftlicher Entwicklung – sprich der Ent-/Kopplung von Bildungsorganisation und Wirtschaftsregion.

Kopplung von Bildung und Wirtschaft durch entkoppelte Zwischenräume

Auch gesellschaftsdiagnostisch funktioniert der Entkopplungsbegriff analog zum Kopplungsbegriff und stellt die Relevanz der transversalen Felder heraus. Denn transversale Felder, die von ihren Kontexten relativ entkoppelt sind und so relativ eigensinnige Patchworks aus Ressourcen und Logiken herstellen, manifestieren dennoch pathologische Wechselverhältnisse zwischen Bildung und Wirtschaft. Diese Manifestierung hält die *entkoppelte Struktur* von transversalen Feldern aufrecht, ist also keine strukturelle Kopplung *mit* den Nachbarfeldern. Vielmehr wurde die Unbeständigkeit und Polymorphie des Zwischenraums herausgearbeitet. Ein gesellschaftspolitisch relevanter Effekt von transversalen Feldern und den darin beobachteten Akteuren liegt darin, das gebrochene Verhältnis von

Bildung und Beschäftigung bündeln zu wollen, dabei aber tendenziell asymmetrische Machtverhältnisse zu perpetuieren. Der dahinterliegende Prozess kann insgesamt auf Ebenen von Organisationen, Feldern und Territorien (Ent-)Kopplungen zwischen Bildung und Wirtschaft als Prozess, Struktur und Funktion beschrieben werden (vgl. Bornemann 2014, 87 ff. der dem Integrationsbegriff dieselben Dimensionen attestiert):

(1) In ihrer prozesshaften Wechselwirkung, in und durch „intermediäre Organisationen",
(2) in ihrer Strukturbeziehung, in und durch „transversale Felder"
(3) und in ihrem funktionaler Wirkungszusammenhang, in und durch „Landnahmeprozesse".

Diesen drei Punkten folgend wurde der Raum zwischen Bildung und Wirtschaft als relativ entkoppelt dargestellt, während er zur strukturellen Kopplung beider Felder beiträgt:
(1) Der wesentliche Prozess der Entkopplung findet – ähnlich wie in der Literatur zur strukturellen Kopplung – in und durch Organisationen statt. Gerade die in den drei Fallstudien untersuchten Akteursgruppen – die Bildungsbroker von SF, die Stiftungen, Verbände und Vereine der deutschen Bildungslandschaften und schließlich die *Zukunftswerkstatt Buchholz* – sind zugleich Struktureffekt und Träger der Entkopplung transversaler Felder. Als intermediäre Organisationen benannt, etablieren sie einen entkoppelten Transaktionsraum und tendieren als Vermittler dadurch dazu, innerhalb von Bildungsorganisationen strukturelle Kopplungen zu Wirtschaftsanliegen herzustellen. Im Ergebnis wird das funktionale Ungleichgewicht von Wohlfahrt und Wachstum zusätzlich dynamisiert. (2) Die untersuchten intermediären Organisationen sind ihrerseits *in transversalen Feldern* zwar in einer prekären Zwischenposition, verdanken der relativ starken Entkopplung aber auch wesentliche Handlungsspielräume. Sie sind in der Lage, Ressourcen und Logiken aus

17.3 Problematisierung der Befunde

Bildungs- und Wirtschaftszusammenhängen so zu vermischen, dass sie von den Ressourcenursprüngen her wenig direkte Einflussnahme verspüren. (3) Im Sinne einer Kopplung aber verknüpfen sie Bildung und Wirtschaft so, dass wechselseitige Interdependenzen reproduziert werden, ohne aber in Bildungsorganisationen ersichtliche Autonomieverluste, wohl aber *Landnahmeprozesse* herbeizuführen.

Transversale Felder inmitten der Entkopplung von Wohlfahrt und Wachstum

Um die mehrfachen *Ent-/*Kopplungsfiguren zwischen Bildung und Regionalökonomie ernst zu nehmen, kann über die in der Nachhaltigkeits- und Soziologieliteratur etablierte Begriffspaarung hinausgegangen werden. Diese thematisiert zwar das gebrochene Verhältnis zwischen Wohlstand und Wachstum. Um aber zwischen wohlfahrtsstaatlich und kapitalistisch geprägten Logiken und Ressourcen einen entsprechend hybriden und lose gekoppelten Zwischenraum zu kontextualisieren und zu problematisieren – dazu dient der hier vorgeschlagenen Begriff der *transversalen Felder*.
In der empirischen Detaillierung der Terminologie war in den Fallstudien mehrfach von *transversaler Kopplung* die Rede: Durch die Kombination mehrerer, für sich häufig folgenloser Außenbeziehungen, wurden Bildungs- und Wirtschaftsanliegen entlang querliegender Linien verbunden. In der untersuchten Folgewirkung kann man insofern von Feldern sprechen, als dass jene Kombinationen ein relativ stabiles Patchwork bilden.
Das theoretische Rätsel, das die vorgeschlagenen *transversalen* Kopplungen in diesem empirischen Zusammenhang lösen, liegt in der Frage, wie relativ entkoppelte intermediäre Organisationen die strukturelle Kopplung von Ökonomie und Bildung mitprägen und wie sie an das gebrochene Verhältnis von Wohlstand und Wachstum rückgebunden sind. Die Antwort lautet in dieser Arbeit: transversale Kopplungen stellen eine große Bandbreite an Methoden zur Verfügung, mit denen intermedi-

äre Organisationen ökonomisch-basierte Vermittlungsdiskurse implementieren, ökonomische Bildungsanliegen an Bildungsorganisationen herantragen, und ökonomische Publikumsrollen etablieren. Intermediäre Organisation sind auf Basis dieser transversalen Kopplungen in einer misslichen Lage: Sie sind getragen von der strukturellen Kopplung zwischen Wirtschaft und Bildung, ihr Handlungsraum wird ermöglicht durch einen relativ entkoppelten Zwischenraum, ihre integrative Arbeitsweise und Wirkung aber ist grundlegend gestört und geschwächt durch das historisch zunehmende Unvereinbarkeit von Wohlstands- und Wachstumszielen. Durch transversale Kopplungen erklärt sich also, was die Arbeit von intermediären Organisationen so widerspruchsreich und doch effektvoll macht. Und der Begriff begründet auch, dass transversale Felder als aktuelles Phänomen an Bedeutung gewinnen und dass sie in Ursprung und Folgewirkung an Nachhaltigkeitsprobleme zurückgebunden sind.

In verdichteter Form lässt sich die vorgestellte Terminologie in vier Schritten als Problematisierung der Befunde zusammenfassen:

- Intermediäre Organisationen treten als integrative Bildungsinitiativen auf,
- um die strukturell gekoppelten Handlungsfelder von Bildung und Wirtschaft in ihrem regionalpolitischen Wechselspiel zu integrieren und pädagogisch fruchtbar zu machen.
- Sie reagieren damit – mehr oder weniger unbewusst – auf die historische Entkopplung des funktionalen Verhältnisses von Wohlstand und Wachstum.
- Als Resultat ihres integrativen Anliegens trotz desintegrierter Kontexte formen sie relativ entkoppelte Transaktionsräume, nämlich transversale Felder, zwischen Bildung und Wirtschaft und tragen dazu bei, dass Wirtschaftsziele als Bildungsanliegen institutionalisiert werden.

In der vollen Erfassung dieser komplexen und bislang im Zusammenhang von Bildung und Wirtschaft wenig diskutierten *Ent-*/Kopplungs-

17.3 Problematisierung der Befunde 547

Dynamik, werden nun die vorigen Befunde in gebündelter Form dargestellt. In fünf Zwischenüberschriften komme ich auf die Terminologie der transversalen Felder zurück, die in Kap. 4 vorgeschlagen wurde und stelle die Gemeinsamkeiten der untersuchten Fälle dar:

(1) transversale Differenzierung
(2) transversale Kooperation
(3) transversale Interdependenz
(4) transversale Verantwortungsbereiche
(5) transversale Steuerungsoptik

Diese fünf Facetten beschreiben die wesentlichen Facetten, die den Raum zwischen Bildungsorganisation und Wirtschaftsregion in seiner institutionellen Komplexität bezeichnen. Sie können nun, da die Fachkräftemangeldebatte auch als Nachhaltigkeitsproblem zur Diskussion steht, gesellschaftspolitisch gedeutet werden.

Befunde zu transversaler Differenzierung

In der Arbeit ist von transversaler Differenzierung die Rede, um die vertikale und horizontale Strukturierung von Bildungslandschaften zu bezeichnen. Gegenüber anderen Differenzierungsformen liegt das Besondere an diesem Einblick in der Vermischung mehrerer Skalenniveaus. Durch diese Vermischung werden vielfältige wohlfahrtsstaatliche und wirtschaftliche Bildungsanliegen mobilisiert und relationiert.
Neben den anderen vier Facetten transversaler Felder liegt dem der Hinweis zugrunde, dass die territoriale und institutionelle Struktur von Bildungslandschaften aus übergeordneten oder querlaufenden Handlungsbereichen entsteht. Als kritischer Begriff verstanden weist die *transversale Differenzierung* auf einen blinden Fleck hin, der in der Diskussion von regional-integrativen Bildungsformen oft unterschlagen wird.

Denn in welchen übergreifenden Raum hinein soll regionale Bildung integriert werden? Diese Frage provoziert einen erweiterten Raumbegriff, der auch für eine nachhaltigkeitswissenschaftliche Diskussion die Beforschung von Regionen vermehrt auf die institutionellen Komplexitäten von Steuerungsterritorien ausrichtet. Wie der Differenzierungsbegriff andeutet, betrifft dies zunächst die Herausbildung von Regionen selbst und rückt damit auch über- oder untergeordnete Skalenniveaus in den Vordergrund. Wenn man sich die genannte Frage aus gesellschaftspolitischer Blickrichtung stellt, stößt man auch auf die Möglichkeit einer Entkopplungsstrategie. So ließe sich neben einer integrativen Verbindung von Bildung und Wirtschaft ebenfalls eruieren, inwiefern man sich innerregional von widrigen Umständen entbinden kann, bzw. inwiefern innerregional eine integrative Verbindung mehrerer Belange hergestellt werden kann.

In den drei Fallstudien wurde die politische Kategorie der ‚Region' in die Suche nach Fördergeldern aufgenommen. Sowohl die Arbeit der Bildungsbroker, das Aufkommen der deutschen Bildungslandschaften und der dabei wirksamen Akteure als auch die Begründung der *Zukunftswerkstatt* speist sich aus dem föderalistischen Bildungssystem, aus bundesstaatlicher Landespolitik und aus heterogenen, lokalen Anliegen. In anpassungsbereiten Akquisestrategien wird in allen Fällen der Fachkräftemangel als Argument der Wirtschaftsförderungs-Debatte aufgegriffen und in organisationalen Verfahren und Sprechweisen institutionalisiert.

Erst aus dieser wirtschaftspolitischen Bildungsdebatte heraus gilt ‚die Region' als eine plausible und legitime Bezeichnung der Bildungsarbeit, obwohl kooperierende Schulen und adressierte Familien in ihrer geografischen Reichweite relativ begrenzt sind. Die Tatsache, dass außerschulische Initiativen in den Forschungskontexten auf sowohl staatliche als auch private Geldgeber angewiesen sind, zeigt, dass sie – mitsamt ihrer relativ schwach strukturierten Organisationsstruktur – weiterhin mit strukturell gekoppelten Verhältnissen von Regionalwirtschaft und staatlicher Bildung konfrontiert sind. Diese Paarung von entkoppelter Organisation und gekoppelter Regionalpolitik bringt die Bildungsbroker, die Akteure der deutschen Bildungslandschaften und die *Zukunftswerkstatt* immer wieder in Koordinationsschwierigkeiten und bindet sie an Bildungs- und Wirtschaftsinstanzen. So kommt es, dass die Akteursgruppen auf konventionelle und bevorzugt auf interessenspolitische Begründungsweisen für Bildungsarbeit zurückgreifen, um ihr Vorhaben überhaupt erst im Anschluss an politisch-diskursive Konjunkturen zu legitimieren.

Befunde zu transversaler Kooperation

Das Anliegen, Bildungsorganisationen und Wirtschaftsregionen zu integrieren, wirft weiterhin die Frage auf, mit welchen Mitteln diese Integration hergestellt werden soll. Interessant ist bei der Regionalisierungsbewegung im Bildungsbereich, wie auch in anderen nachhaltigkeitspolitisch relevanten Politikbereichen, dass die Sozialintegration, in der buchstäblich das Gespräch gesucht wird, auch Mittel einer Systemintegration sein soll, nämlich einer stärkeren Koordinierung von organisational verfassten Bildungs- und Wirtschaftsprozessen. In diesem Zusammenhang trägt die Arbeit den Begriff der *transversalen Kooperation* als kritischen Einwand vor. Denn hinter dem Ziel, die Kohäsion regionaler Gemeinschaften durch Kooperations- und Partizipationsprozesse zu stärken, stecken komplexe und gesellschaftspolitisch problematische Rahmenbedingungen und Folgeerscheinungen. Angesichts dieser Erkenntnis ist regionale Kooperation wohl kaum als institutionelle Durchdringung aller beteiligten Gruppierungen oder als Konsolidierung einer neuen, integrativen Organisationsweise zu begreifen.
Für eine nachhaltigkeitswissenschaftliche Diskussion bedeutet das auch, dass das Integrationsprinzip vom Transformationsversprechen gelöst

wird. Abhängig von lokalen Ausgangslagen kann man einerseits feststellen, dass die sowieso komplexen Kooperationsprozesse wohl kaum zusätzlich mit politischen Integrationsanliegen beladen werden können. Andererseits kann die relative Isolation bestimmter Arbeitsabläufe von regionalpolitischen Umfeldern auch ein Transformationspotential bergen, bzw. einen experimentellen Schutzraum herstellen.

In gesellschaftsdiagnostischer Weise lassen sich transversale Kooperationsprozesse weiterhin in den Zusammenhang der geschilderten Entkopplungsbewegung zwischen Kapitalismus und Wohlfahrtsstaat setzen: Der Druck, *Systemintegration* durch *Sozialintegration* betreiben zu sollen, erscheint hier weitgehend als Folge einer strukturellen Entwicklung, teils als Resultat von demokratiepolitischen Versäumnissen. In diesem Zusammenhang kann regionale Zusammenarbeit wohl eher als Bewältigungsstrategie von gesellschaftspolitischen und sozialstrukturellen Desintegrationsprozessen bezeichnet werden. Für eine weitere Analyse bedeutet das, dass die Einbettung von Kooperationsprozessen in überlagerte institutionelle Kontexte mitberücksichtigt wird. Denn wenn man auf politische Interventionen abzielt, sind überhaupt erst diese Kontexte aufzunehmen, um Kooperation auf ihre transformative oder stabilisierende Kraft hin abklopfen zu können. Diesbezüglich kann man drei wesentliche Erkenntnisse der Fallstudien festhalten:

Die in allen drei Fallstudien untersuchten Akteursgruppen konstatieren eine relative Distanz von Bildungs- und Wirtschaftswelten und etablieren sich als synergetische Vermittler. Diese Distanz machen sie mit ihren weit gesteckten Zielen selber auf, u.a. um ihre Förderungswürdigkeit unter Beweis zu stellen. Sie wollen zugleich soziale Probleme bekämpfen und Regionalwirtschaft fördern und knüpfen so an querliegende Problemlagen und Politikbereiche an.

Zweitens sind die Akteure, im Bemühen um Kooperationspartner und -projekte, durch widrige Bedingungen gehemmt. Sie werden von Seiten des Staates (Kalifornien, den Bundesländern bzw. dem Land Niedersachsen) nur kurzfristig finanziert, sie konkurrieren mit anderen

17.3 Problematisierung der Befunde 551

gemeinnützigen Trägern und sie bedienen beschäftigungspolitische Politikbereiche, die durch radikale Budgetkürzungen behindert sind. Aus dieser Lage speist sich bislang kein regulativer Druck, sondern die Überlastung mit mehreren Zielvorstellungen. Damit einher geht auch die Schwierigkeit, Kooperationsprozesse zu konsolidieren, die nur kurzfristig angelegt sind, obwohl die adressierten Problemlagen langfristiger Natur sind.

Drittens ist klar geworden, dass das Ziel, sich als Vermittlungsinstanz zu etablieren, auch Konkurrenzgegenstand sein kann und dass diese Konkurrenz wiederum auf benachbarten Konkurrenzverhältnissen aufsitzt. Dies zeigt sich besonders in der US-amerikanischen Fallstudie: Die Konkurrenz von Schulen um Unternehmen und von Unternehmen um Schulen ist die Basis für die Kapitalisierung von Publikumsrollen durch die Bildungsbroker.

Als vermittelnde Instanzen erfassen die sektorübergreifenden Bildungsallianzen also erst einmal die institutionellen Grenzen und bestärken diese sogar. Dabei werden regionalökonomische Motive und Anliegen als zusätzliche Legitimation für die Vermittlungs- und Bildungsarbeit aufgegriffen und reproduziert.

Wirken in den Fallstudien also die kontextuellen Strukturen zwischen Bildung und Wirtschaft als kooperationshemmende oder doch als fördernde Interferenzen? Die Antwort darauf fällt ambivalent aus. Die Sprachen der Pädagogik und Bildungspolitik und der Unternehmen und Wirtschaftspolitik sind entweder – gerade im Konjunkturbegriff des Fachkräftemangels – relativ kompatibel oder relativ weit voneinander entfernt. Und doch speisen sich die untersuchten intermediären Organisationen, die Kooperationsprozesse lancieren, aus beiden Welten. Das im Fachkräftemangel zugrundeliegende Angebot-Nachfrage-Schema deutet zwar auf jene Multireferenzialität hin, verstellt aber die dahinterliegende Bindewirkung: Keine der Fallstudien weist darauf hin, dass es den intermediären Organisationen gelingen kann, Angebot-Nachfrage-Verhältnisse als uniformer Transaktionsraum zu konsolidieren. Durch die sektorübergreifenden Instanzen werden vielmehr das unternehmerische Interesse an öffentlichem Engagement einerseits und das schulische Interesse an beschäftigungspolitischer Relevanz und didaktisch-wertvollen Praxisfeldern andererseits lose miteinander gekoppelt. So werden Akteure aus beiden Welten füreinander sichtbar und als wechselseitige Publikumsrollen konstituiert. Ihr Kontakt besteht dank der Arbeit der Bildungsbroker, der Akteure der deutschen Bildungslandschaften und dank der *Zukunftswerkstatt*. Nur selten aber werden divergente Zielsetzungen oder gar eine Verteilung der Risiken, die mit der Kooperation verbunden sind, ausgehandelt.

Wie stehen die Kooperationsvorhaben in den Fallstudien also im Verhältnis zu regionalen Bildungs- und Wirtschaftsanliegen? Sektorübergreifende Bildungsallianzen agieren in weiten Teilen als *Kooperationsdienstleister*. Sie kapitalisieren die Publikumsrollen zwischen Bildung und Wirtschaft und nutzen die beidseitige Relevanz von bildungs- und wirtschaftspolitischen Debatten, um ihre eigene Organisation zu begründen. Es sind auch jene Kooperationsdienstleister – weniger die Partner aus Unternehmen und Schulen –, die die diplomatische Last divergenter Zielsetzungen tragen und die für das Risiko einer gescheiterten Zusammenarbeit bürgen. Die Folgen einer Entkopplung von Wohlstand und Wachstum sind auf lokaler Ebene also in Form von Vermittlungszumutungen und Koordinationsbelastungen spürbar, welche auf Vermittlungsinstanzen abgewälzt werden.

Befunde zu transversaler Interdependenz

Neben der Frage, wie Bildungsorganisationen und Wirtschaftsregionen verknüpft werden, stellt sich auch die Frage des *Wodurch*. Welche Beziehungsstrukturen vermitteln die verschiedenen Betätigungsfelder? Diese Beziehungsstrukturen wurden hier aufgegriffen, um dem nachhaltigkeitswissenschaftlichen Prinzip zu folgen, mehrere politische Arenen,

17.3 Problematisierung der Befunde

Kulturen und Problemlagen im Zusammenhang zu betrachten. Auf eine dem Integrationsanliegen inhärente Gefahr haben schon Konrad Ott und Ralf Döring (2008) hingewiesen. Sie liegt darin, ein politisches Gleichgewicht verschiedener Anliegen und institutioneller Betätigungsfelder zu unterstellen.[148] Das Ziel, eine Gleichrangigkeit von Sozialem und Wirtschaft herzustellen – hier: von Bildung und Regionalwirtschaft – läuft Gefahr, aktuelle Ungleichgewichte hintanzustellen. Da ein Integrationsanliegen die präfigurierte Dominanz eines Feldes wohl kaum verdecken kann, gerät es in der Umsetzung allzu schnell in das Fahrwasser machtpolitisch ungleicher Interessenskonstellationen.

In den obigen Befunden wurden, entgegen dem Integrationsanliegen, wesentlich gebrochenere und dennoch wirksame Wechselspiele zwischen Bildungsorganisationen und Wirtschaftsregionen identifiziert. Der Begriff der *transversalen Interdependenz* weist dabei auf die Tatsache hin, dass die regionalökonomische Orientierung von Bildungsorganisationen neue Wechselspiele zwischen Bildungs- und Wirtschaftsprozessen eröffnet, speziell im Hinblick auf wechselseitige Publikumsrollen. Keineswegs also, so der entscheidende Hinweis dieser Arbeit, wirkt sich diese Interdependenz musterhaft oder entlang linearer Pfade auf Kooperationsprozesse aus. Vielmehr laufen diese Wechselspiele quer zu den einschlägigen Interessensverhältnissen (Kampffelder), Struktureffekten (Kraftfelder) und Denk- und Arbeitsweisen (Ackerfelder) in und zwischen Wirtschaft und Bildung.

---

[148] Während im Säulenmodell das Ziel einer gleichrangigen Gewichtung angelegt ist, fragen Ott und Döring, ob es „seinem eigenen Anspruch, diese Gleichrangigkeit [der Säulen] zu gewährleisten, gerecht werden kann. [...] Denn es wird übersehen, dass selbst dann, wenn man die gleiche Schutzwürdigkeit jeder Säule unterstellt, damit nicht die gleiche Schutzbedürftigkeit impliziert" (Ott und Döring 2008, S. 39).

Aus praktischer Perspektive bedeutet das, dass transversale Interdependenzen ein neues Betätigungsfeld für intermediäre Organisationen bereitstellen. Diese wiederum sind konfrontiert mit einer vielgestaltigen und vielbezüglichen Gelegenheitsstruktur und vielfältigen Drucksituationen: So werden die diskursiven und institutionellen Grenzen zwischen Bildungsinstitutionen einerseits und Wirtschaftspolitik und Unternehmertum andererseits durchlässiger für nicht pädagogische Anliegen und Gruppierungen. In Fallstudie III wurde auf eine Folgeerscheinung besonders fokussiert: Zwischen den Akteursgruppen aus Bildung und Wirtschaft bilden sich „trading zones" (Galison 1997) über das Wechselspiel beider Felder. Diese sind Symbol und Mittel für die Entgrenzung und Eingrenzung von Bildung, aber auch für Regionalpolitik als solche.

Ein wesentlicher Anlass für diese Verhandlungszonen scheint in dem oben skizzierten Entkopplungsproblem zu liegen, das sich durch eine Hybridisierung des Verhältnisses von Wohlfahrtsstaat und Kapitalismus auszeichnet. Dabei sind die in den Bildungslandschaften wirksamen Vermittlungsinstanzen sowohl Leidtragende als auch Hoffnungsträger. Sie leiden und arbeiten zugleich an einer erodierten Balance zwischen wohlfahrtsstaatlicher Bewältigung von sozialen Problemen durch Bildungsprozesse einerseits und regionaler Wirtschaftsförderung andererseits.

Als Störeffekte oder Katalysatoren im Rahmen von Kooperationsprozessen werden institutionelle Wechselwirkungen eher in flüchtigen Momenten sichtbar, die in Fallstudie III als Interdependenzmomente benannt wurden.

In allen drei Fallstudien gleicht die Wirkung des Wechselspiels einer sukzessiven Perspektiven- und Prioritätenverschiebung im Zuge von kooperativen Projekten: Handlungsalternativen und Entwicklungsmöglichkeiten geraten tendenziell aus dem Blick, wenn Arbeitgeberanliegen als politische Grundlage für pädagogische Zielformulierungen und sozialpolitische Problembekämpfungen herangezogen werden. Das wurde in Fallstudie I besonders drastisch sichtbar: Dort werden Arbeitgeberbedar-

17.3 Problematisierung der Befunde

fe, d. h. die Nachfrage nach Arbeitskräften, unhinterfragt in das eigene Bildungsverständnis übernommen, während die Bildungswege potenzieller Arbeitnehmer problematisiert und auf wirtschaftspolitische Zielvorstellungen ausgerichtet werden.

Der Begriff der transversalen Interdependenz kann der Idee einer institutionellen Durchdringung mehrerer, angrenzender Politikbereiche also entgegensetzen, dass integrative Politikvorhaben, die (hier) Bildungsorganisationen und Regionalwirtschaft verbinden, noch weiter studiert und nuanciert werden können. Ziel dabei kann es nicht sein, ihren gesellschaftspolitischen Wert an ihrer wechselseitigen Durchdringung zu messen oder sie in symmetrischer Weise auf äquivalente Andockstellen hin zu betrachten. Die stattdessen vorgeschlagenen Querverbindungen bergen noch recht ungekannte gesellschaftspolitische Risiken und Potenziale für sektorübergreifende Kooperations- und Integrationsprozesse.

Befunde zu transversalen Verantwortungsbereichen

In den Fallstudien wurden auch Verantwortungsbereiche als transversale Strukturen skizziert. Diese Begrifflichkeit ist hilfreich, um genauer hinzuschauen, wer denn eigentlich mit welcher Einflussmacht in der Integration von Bildungsorganisationen und Wirtschaftsregionen beteiligt wird. Eine Pointe liegt darin, dass sich auch die moralischen Implikationen von Bildungslandschaften als Verteilungsräume begreifen lassen. In und durch überlieferte oder neu geschaffene Verantwortungsbereiche wird politisch-moralische Legitimität hergestellt und verteilt. Das bedeutet darüber hinaus, dass je nach territorialer und institutioneller Strukturierung von Bildungslandschaften einige Akteure in den integrativen Prozessen eher berücksichtigt werden als andere.

Wenn etwa Bildungsprozesse auf die Anliegen von regionalen ‚Stakeholdern' ausgerichtet werden, entsteht ein eingebauter Vorrang für Bedarfe, die von Gruppen innerhalb der Region geäußert oder vertreten werden

(können). Im Ergebnis können nur Manche Gestaltungsansprüche formulieren und durchsetzen, indem sie *das Was*, *das Wie* und *das Wodurch* von Integrationsprozessen mitbestimmen.
Eine derartige Dominanz in der Präferenzsetzung wurde in den Fallstudien sichtbar und erscheint aus Sicht pädagogischer Projekte vorwiegend als Resultat von Ökonomisierungsprozessen. Die Öffnung für regionale Anliegen kann also auch mit einer Verschließung der Politikprozesse vor außerregionalen Belangen einhergehen.
Aus gesellschaftsdiagnostischer Warte betrifft jene Verantwortungsverteilung auch das hintergründige Problem eines erodierten Wechselspiels zwischen Wohlfahrtsstaat und Kapitalismus. Denn vor diesem Hintergrund wird eine Vielzahl an Verantwortungsbereichen frei, die daraufhin neu verteilt werden können. So wird derzeit in Nordkalifornien, in deutschen Bildungslandschaften und in außerschulischen Bildungsträgern ein regionalpolitisches Spannungsverhältnis ausgetragen, das ursprünglich in der politischen Ordnung von Nationalstaat und Kapitalismus, Bildung und Beschäftigung verfasst war. Die traditionellen Kontroversen zwischen Bildung und Ausbildung, Staat und Markt, Gemeinschaft und Gesellschaft, sowie entsprechend differenzierte Sozialsysteme werden im Rahmen einer politischen Agora neu ausgetragen.
Wer dabei als legitim anerkanntes Mitglied dieser Agora gilt, wird nicht allein in sozialen Interaktionen bestimmt, oder gar durch egalitäre ‚Aushandlungsprozesse'. In der Rückführung auf regionale Zusammenarbeit konnte vielmehr stark gemacht werden, dass die Querverbindung mehrerer Verantwortungsbereiche auch zu einer zusätzlichen Verquickung lokaler Konfliktfelder führt.
Dies ist in den Fallstudien in unterschiedlichen Facetten deutlich geworden: In der Buchholzer Bildungsstätte ist die Bildungsarbeit, anders als in schulischen Curricula, Fachdidaktiken und Professionen, nicht in institutioneller Weise auf langfristige Bildungsvorstellungen ausgerichtet. Sie entfacht sich eher, wie im ursprünglichen Konzept geplant, an regionalen Kooperationsverhältnissen mit Firmen, Ehrenamtlichen und Schulen und

wurde in diesen Bezügen bislang nur lose und immer wieder neu verbunden. Im Zuge dessen geht der aus ressourcenpragmatischen Gründen wichtige Bezug zu regionalökonomischen Zusammenhängen durchaus mit einer Verdrängung von pädagogischen Gesprächsthemen und Zielen in der täglichen Arbeit einher, diese ist aber indirekt. Sie kommt durch Kontexteffekte zustande, in der die *Zukunftswerkstatt* sich im Lichte von Begriffen wie dem Fachkräftemangel an dem etablierten Wechselspiel von Bildung und Wirtschaft orientiert. Intern wird dieser legitimatorische Kontext aber erst wirksam, wenn an der Bildungsarbeit beteiligte Akteure, etwa Schulen, Mitarbeiterinnen oder Ehrenamtliche, in ihren Motivlagen auf regionalökonomisch begründete Legitimationsweisen reagieren und diese auch in das Bildungsprogramm hineintragen.

Als steuernde Koordinatoren dagegen treten in nordkalifornischen und bundesdeutschen Bildungslandschaften jene Akteure auf, die als „Internal Governance Units" bezeichnet wurden (vgl. Fligstein und McAdam 2012, S. 13). Sie suchen nach einer umfassenden Meta-Sprache, mit der Arbeitgeberanliegen in pädagogisch angestrebte Kompetenzziele übersetzt werden können. Auch hier wird ein Legitimationskontext, wiederum der Fachkräftemangel, in ein operatives Organisationsschema überführt.

Hinsichtlich der Verantwortung für sozial- und arbeitsmarktpolitische Problemlagen etwa wird in der Region SF deutlich, dass in der Rede (und Praxis) des Fachkräftemangels vor allem die Bildungsprofessionen und individuelle Karriereentscheidungen problematisiert werden. Das ist insofern eine Verschiebung, als dass die von Arbeitgebern kommunizierten Arbeitskräftebedarfe als selbstverständlich hingenommen werden, obwohl die Lohnpolitik und die Ansiedlung von Arbeitsplätzen viel eher als Problemursache für das Schwinden der Mittelklasse und den Anstieg der Lebenshaltungskosten zu bezeichnen ist, und damit zur Belastung des Bildungssystems beiträgt (Kap. 5).

Befunde zu transversaler Steuerungsoptik

Zuletzt stellt sich im Hinblick auf die Integration von Bildungsorganisation und Wirtschaftsregion auch die Frage nach dem Anlass. Wie wird das Integrationsanliegen selber begründet? Darüber hinaus kann man in gesellschaftsdiagnostischer Weise fragen, inwiefern in transversalen Feldern eine relativ uniforme Steuerungsoptik vorherrscht.
Mit dem Begriff der transversalen Steuerungsoptik lassen sich beide Fragen als Entkopplungsfigur beantworten. So wurde im Kontrast zu einer konsequenten Integration diverser Problemlagen und Politikbereiche ein fragmentiertes Bild von feldübergreifenden Kontaktstellen gezeichnet. In dem Zusammenhang weist der transversale Feldbegriff darauf hin, dass die Anschlussfähigkeit der Bildungslandschaften-Debatte auf einer geteilten Steuerungsoptik basiert.
Jenseits eines direkten Kontakts zwischen Akteuren aus Bildungs- und Wirtschaftswelten und fernab von einer deliberativen Aushandlung, haben die Fallstudien mehrfach belegt, dass sich beide Belange auf Basis eines geteilten diskursiven Bezugspunktes triangulieren lassen. Denn, im Sinne einer Kontaktsprache (Galison 1997; vgl. Fallstudie III), fanden die intermediären Organisationen mit einer doppelten Zielsetzungen in beiden Welten Anklang: Man wolle Wirtschaftswachstum *und* Bildungsgerechtigkeit fördern sowie der steuerungspolitischen Koordination *und* bildungspraktischen Integration divergenter Problemlagen und Anliegen dienen. Zumindest in den US-amerikanischen und bundesdeutschen Kontexten, in denen Bildungsideale und industrielle Entwicklung eine lange gemeinsame Geschichte haben, hat sich diese integrative Zielsetzung als relativ einvernehmliche legitimatorische Rhetorik erwiesen.
Aus Perspektive der intermediären Organisationen begründet sich der Bedarf an einer transversalen Steuerungsoptik also durch die Tatsache, dass beide Welten eine strukturelle Kopplung verbindet, die keinen direkten Kontakt nötig macht. Die von den intermediären Organisationen geschlagenen Querverbindungen manifestieren so Steuerungsschemata

17.3 Problematisierung der Befunde

und Blickachsen, die relativ isolierte Betätigungsfelder aufeinander beziehen, um bildungspraktische Gelegenheit zu schaffen. Durch diese Vermittlungsbereitschaft erst wird das relativ ungesteuerte, wenn auch strukturell gekoppelte Wechselspiel zum Interaktionsraum und zum Steuerungsgegenstand.

Der Fachkräftemangel wurde in allen drei Fällen als relativ selbstverständliches, bildungspolitisches Steuerungsschema evoziert und gemeinhin akzeptiert. Als transversale Steuerungsoptik verstanden stellt er einerseits ein feldübergreifendes, nämlich transaktionales Regulationsschema bereit. Andererseits eröffnet er feldübergreifende Blickachsen, durch die man die Anliegen der Einen auf die Aufgaben der Anderen hin ausrichten kann und durch die sich, mit Blick auf eine dritte Partei, Publikumsrollen generieren lassen. Das zugrundeliegende Angebot-Nachfrage-Schema macht also besonders plastisch, wie feldübergreifende Kooperationen auf den orientierenden Effekt einer Steuerungsoptik angewiesen sind. Jedoch wurden diesbezüglich auch Unterschiede zwischen den Fallstudien deutlich.

In der nordkalifornischen Fallstudie (Fallstudie I) wurde eine relativ unangefochtene Dominanz von regionalökonomischen Zielsetzungen deutlich. Hier ist das Angebot-Nachfrage-Schema – ganz unabhängig von der Positionierung der Bildungsbroker am autonomen oder heteronomen Pol – die Grundlage für bildungspolitische Interventionen. Diese Steuerungsoptik richtet sich ursächlich auf Arbeitgeber-Anliegen, nicht auf Anliegen der Arbeitnehmer. Er trägt Letzteren aber die Arbeitgeberanliegen als Bildungsbedarfe vor.

In deutschen Bildungslandschaften (Fallstudie II) fügt sich die neuerliche Konjunktur des Angebot-Nachfrage-Schemas in einen föderalistischen Diskurszusammenhang ein. Weniger im Sinne eines institutionalisierten Transaktionsverhältnisses, sondern eher im Sinne einer diskursiven Steuerungsfigur begleitet der Fachkräftemangel gerade die Entwicklung der deutschen Bildungslandschaften schon länger in dem Anliegen, wohlfahrtsstaatliche und wachstumspolitische Anliegen auszubalancieren. Seit der ersten, 1964 propagierten Bildungskatastrophe der Bundesrepublik jedoch hat dieses Doppelmotiv einen ökonomischen Hintergrund (Picht 1964). Bildungsreformen messen sich an der Rolle der deutscher Arbeitgeber und Arbeitnehmer in einer technologischen und dynamischen Wirtschaftswelt. Aktuell im Zuge des PISA-Schocks, der Etablierung eines regionalpolitischen Berichtwesens und der Konjunktur der sogenannten MINT-Bildung wird – unter Einwirkung von Stiftungen, Arbeitgeberverbänden, Städten und Kommunen – der technologischwirtschaftliche Zielhorizont und das traditionsreiche Motiv von Ist- und Sollwerten zunehmend auf Regionen zugerechnet und als Fachkräftemangel diskutiert.

Die Bildungsstätte in Buchholz (Fallstudie III) hat keine direkte Verknüpfung zum Arbeitsmarkt, sieht sich aber, etwa im Begriff des Fachkräftemangels, den Förderanreizen einer arbeitsmarktlogischen Steuerungsperspektive ausgesetzt und legitimiert eine regionale Bildungsarbeit dementsprechend. Jedoch konnten hier Auseinandersetzungen beobachtet werden, in denen eine wirtschaftsorientierte Bildung durchaus diskutiert und rhetorisch legitimiert wird. Insofern kann hier nicht ohne weiteres von einem abgeschlossenen Institutionalisierungsprozess die Rede sein; vielmehr von einer laufenden Auseinandersetzung und von einem Patchwork an verschiedenen Logiken.

In allen Fällen unterliegt der Anbindung an die regionale Wirtschaft bislang wenig interessenspolitischem Zugzwang. Weder individuelle Arbeitgeber noch übergreifende Vermittlungsagenturen stellen entsprechende Forderungen auf, Bildung eins-zu-eins auf Wirtschaftsnachfragen auszurichten. Vage Fördernarrative wie den Fachkräftemangel, die meist von staatlicher Seite lanciert werden, nutzen intermediäre Organisationen aber – mangels Alternativen –, um eine regionale Bildungsarbeit zu legitimieren und zu finanzieren.

17.3 Problematisierung der Befunde

Bündelung der Befunde

Das oben geschilderte Entkopplungsproblem zwischen Wachstum und Wohlstand rückt das Verhältnis von Bildungsorganisationen und Wirtschaftsregionen in ein neues Licht. Neu formuliert lässt sich das untersuchte Phänomen wie folgt beschreiben: Intermediäre Organisationen widmen sich, in vermittelnder Absicht und unter Rückgriff auf diverse Ressourcenquellen und konvergente Synergiebegriffe, den wachsenden Divergenzen zwischen vormalig wohlfahrtsstaatlich bedienten Bildungsproblemen einerseits und regionaler Wirtschaftsförderung andererseits. Regionalpolitische Integrationsanliegen und die dazu dienlichen Organisationen und Strategien sind also bereits Symptom einer gewissen Desintegration von wohlfahrtsstaatlichen Institutionen. So sehr das zweiseitige Versprechen von *Wachstum durch Bildung* und *Wohlstand durch Wirtschaftswachstum* als tragfähige Legitimationsquelle fortwirkt, so brüchig ist der unterstellte Zusammenhang und so widerspruchsreich wirkt sich schließlich die Spannung zwischen diskursiver Legitimationsquelle und institutionellem Zusammenhang auf eine regionale Bildungspraxis aus.

Im Ausblick kann man in den obigen Abhandlungen und im Abschluss zwei Diskussionen initiieren. Zum Ersten, im Sinne einer Entkopplung als politische Strategie, scheint die Bildungslandschaften-Debatte mit seinen Kooperationsanliegen und seinen Landnahme-Effekten ambivalent und bedarf daher einer konsequenten, öffentlichen Meinungsbildung dazu, was erhalten und was verändert werden kann und sollte. Gibt es etwa Möglichkeiten, die vermehrte Kooperation im Rahmen der Regionalisierung der Bildungsinstitutionen auszubauen, ohne dabei Wirtschaftswachstum als symbolische Ressource, institutionelles Erbe, als normative Orientierung oder interessenspolitischen Opportunismus weiter zu befördern?

Zum Zweiten, im Sinne einer Entkopplung als politische Perspektive, gibt es in dem zeitlichen Ziel einer Entkopplung von ‚economic bads' und

,ecological goods' einen wichtigen Diskussionsanlass. Man kann hier die Abwägung anstoßen, ob das politisch-normative und regulative Leitmotiv der Integration revidiert oder zumindest mit dem Gegenbegriff der Entkopplung angereichert werden kann. Im Sinne eines regulativen oder subversiven Eingriffs, kann der Anspruch darin liegen, regionale Bildung von ökonomischen Umständen zu lösen oder gar zur Entkopplung von Wachstumsökonomien beizutragen. Regionale Bildungsarbeit kann also in defensiver oder offensiver Weise als Entkopplungsanliegen verstanden werden. Entsprechende Projekte oder Förderprogramme könnten vorläufige Schutzräume schaffen oder gar Verhandlungszonen einrichten, die selektiv mit den von Interessensgruppen und Fördergebern vorgetragenen Belangen umgehen. Durch ein stärkeres, moderierendes Eingreifen könnten intermediäre Organisationen im Bereich der regionalen Bildung Experimentierfelder schaffen, in denen sich weniger dominante Wirtschaftsweisen und Bildungsanliegen wechselseitig stärken.

In beiden Stoßrichtungen lautet der abschließende Diskussionsvorschlag: Aus dem entkoppelten Zusammenhang von Kapitalismus und Wohlfahrtsstaat heraus lässt sich das allseits anerkannte Anliegen einer regionalen Bildung als Integrationsanliegen verstehen und als Symptom einer nicht nachhaltigen Gesellschaft kritisieren und umgestalten.

17.4 Entkopplung als soziologisch-nachhaltigkeitswissenschaftliches Programm

Welche forschungsprogrammatischen Schlüsse lässt die Arbeit zu? In dem letzten analytischen Baustein deutet sich an, dass die Entkopplungsfigur für die Nachhaltigkeitsforschung besonders virulent ist, dass dem aber bislang keine gesellschaftsdiagnostische Analytik oder gar eine politische Theorie zugrunde liegt.

Mit dem Motiv der Entkopplung stößt die Arbeit in ihrer ganzen Entwicklung und in ihren letzten Schritten in diese theoretische Lücke vor.

17.4 Entkopplung als soziologisch-nachhaltigkeitswissenschaftliches Programm

Diese kann hier nicht geschlossen, sondern nur ausgewiesen werden. Dem nachhaltigkeitswissenschaftlichen Anspruch folgend, forschungsprogrammatische und gesellschaftspolitische Ausrichtungen zu verbinden, ist Entkopplung ein Gegenbegriff in mehreren Hinsichten. In ihm zeichnen sich ein zu analysierendes Problem, ein analytisches Werkzeug *und* eine Interventionsstrategie ab. Er deutet ein kritisches Potenzial dafür an, das obige Nachhaltigkeitsproblem aufzudecken *und* ihm gestalterisch zu begegnen.

Das abschließend vorgeschlagene Theorieprojekt besteht daher darin, Figuren der Desintegration in der theoretischen, empirischen und gesellschaftspolitischen Grundlegung der Nachhaltigkeitsforschung genauso viel Aufmerksamkeit zu schenken wie Integrationsfiguren. Dann rückt sowohl die Kritik an Entkopplungsentwicklungen, wie etwa der Entkopplung von Wohlfahrtsstaat und Kapitalismus, in den Vordergrund, aber auch das transformative Potenzial einer solchen Entkopplung. Eine so verstandene Nachhaltigkeitsforschung könnte einer politischen Integrationsästhetik eine Alternative gegenüberstellen.

Die hier gemachten ersten Schritte in diese Richtung stellen auch eine wissenschaftsprogrammatische Reflexionsmöglichkeit dar. Wie in Kap. 4 erarbeitet, birgt der Entkopplungsbegriff eine Kritik am soziologischen Feldbegriff und, wie zuletzt eruiert, eine Kritik an der nachhaltigkeitswissenschaftlichen Integrationsästhetik. Laut der zuletzt vervollständigten Argumentation, gibt es in der Soziologie und in der Nachhaltigkeitsforschung einen Bedarf, Gegendarstellungen und alternative Szenarien zu integrativen Politikmodellen und Denkbildern herauszustellen.

Dabei gewinnt an einer nachhaltigkeitspolitischen Perspektive auch und insbesondere die Feldsoziologie. Als Kind moderner Gesellschaften ist sie, wie Kap. 4 gezeigt hat, an die epistemologischen Vor- und Nachteile moderner Raumvorstellungen und an den Feldbegriff als Container-Raum gebunden. Die Nachhaltigkeitsforschung weist auf diese problematische Kopplung von wissenschaftlichen Raumbegriffen und modernen Gesellschaften hin (vgl. Biesecker et al. 2011).

In soziologischer *und* nachhaltigkeitswissenschaftlicher Sicht auf das Verhältnis von Bildungsorganisation und Wirtschaftsregion wäre es aufschlussreich, von einer (prototypischen) Feldsoziologie abzurücken, welche von geschlossenen Container-Räumen ausgeht. In dieser Stoßrichtung wurde hier deutlich gemacht, dass Landnahmeprozesse nicht nur im Dualismus von Heteronomie und Autonomie der Bildung stattfinden, sondern auch durch Entkopplungsprozesse. Ich plädiere daher, im Bestreben beide Forschungstraditionen wechselseitig fruchtbar zu machen, für eine Soziologie der transversalen Felder und für Nachhaltigkeitsforschung, die der gängigen Kopplungs-Ästhetik mit einem Gegenbegriff begegnen.

In der reflexiven Fortführung kann eine Beschäftigung mit transversalen Feldern auch fruchtbar sein, um institutionelle Zwischenräume und gesellschaftspolitische Entkopplungsfiguren als politische Problematik und wissenschaftsprogrammatische Gelegenheit zu erarbeiten. Entlang dieser Linien können beide Disziplinen in der Reflexion ihrer jeweils eigenen Traditionen voneinander profitieren.

In dem vorgeschlagenen Forschungsprogramm werden transversale Felder, dem geometrischen Begriff folgend, als querlaufend verstanden. Dieses Verständnis schult den Blick für Überlappungsbereiche, Kreuzverbindungen und Schnittwinkel zwischen Feldern und macht unorganisierte Zwischenräume als Politikum und Gestaltungsmöglichkeit (nicht-)nachhaltiger Gesellschaften sichtbar. Das bereichert auch die soziologische Diskussion von Feld-Interdependenzen und Autonomie-Verhältnissen. Denn sowohl nachhaltigkeitspolitisch als auch feldtheoretisch liegt die Bedeutung von transversalen Feldern in der Verdichtung von Querverbindungen, nicht in der Auflösung von Feldgrenzen. Sie zeichnen sich durch die reziproke Stabilisierung mehrerer sozialer Welten aus und sind dadurch ein möglicher Ausdruck und Träger von pathologischen Wechselverhältnissen.

Literaturverzeichnis

Abbott, A. (1995). Sequence Analysis: New Methods for Old Ideas. *Annual Review of Sociology, 21*, 93–113.
Abbott, A. (1998). The Causal Devolution. *Sociological Methods & Research, 27* (2), 148–181.
Agar, Jon (2003). *The Government Machine. A Revolutionary History of the Computer*. Cambridge, MA: MIT Press.
Ahrne, G. & Brunsson, N. (2010). Organization Outside Organizations: the Significance of Partial Organization. *Organization, 18* (1), 83–104.
Akrich, M. (1992). The De-Scription of Technical Objects. In W.E. Bijker & J. Law (Hrsg.), *Shaping Technology/ Building Society: Studies in Sociotechnical Change* (S. 205–224). Cambridge, MA.: MIT Press.
Akrich, M. & Latour, B. (1992). A Summary of a Convenient Vocabulary for the Semiotics of Human and Nonhuman Assemblies. In W. Bijker & J. Law (Hrsg.), *Shaping Technology/Building Society. Studies in Sociotechnical Change* (S. 259–264). Cambridge, MA.: MIT Press.
Aldrich, H. & Herker, D. (1977). Boundary Spanning Roles and Organization Structure. *Academy of Management Review*. 2 (2), 217–230.
Altrichter, H. & Maag Merki, K. (2010). *Handbuch Neue Steuerung im Schulsystem*. Wiesbaden: SpringerSpringer VS.
Altrichter, H., Matthias Rürup & Schuchart, C. (2016). Schulautonomie und die Folgen. In H. Altrichter & M.M. Merki (Hrsg.), *Handbuch Neue Steuerung im Schulsystem* (S. 107–151). Wiesbaden: Springer VS.
Ambos, I., Conein, S. & Nuissl, E. (2002). Lernende Regionen - Ein innovatives Programm. Bonn. Zugriff am 2.3.2016. Verfügbar

unter: http://www.die-bonn.de/esprid/dokumente/doc-2002/ambos02_01.pdf.
Amin, A. & Cohendet, P. (2004). *Architectures of Knowledge. Firms, Capabilites, and Communities*. Oxford: Oxford University Press.
Amin, A. & Thrift, N. (1992). Neo-Marshallian Nodes in Global Networks. *International Journal of Urban and Regional Research, 16* (4), 571–587.
Amin, A. & Thrift, N. (1995). Institutional Issues for the European Regions: from Markets and Plans to Socioeconomics and Powers of Association. *Economy and Society, 24* (1), 41–66.
Anderson, B., Kearnes, M., McFarlane, C., & Swanton, D. (2012). On Assemblages and Geography. *Dialogues in Human Geography, 2*(2), 171–189.
Angermuller, J. (2015). *Nach dem Strukturalismus: Theoriediskurs und intellektuelles Feld in Frankreich*. Frankfurt/Main: Transcript.
Argyris, C. & Schön, D. (1978). *Organizational learning: A theory of action perspective*. Reading, MA.: Addison Wesley.
Arthur, W. Brian (1989), *Silicon Valley Locational Clusters: When Do Increasing Returns Imply Monopoly?*. Working Paper, Santa Fe Institute.
Asheim, B. (2012). The Changing Role of Learning Regions in the Globalizing Knowledge Economy: a Theoretical Re-Examination. *Regional Studies, 46* (8), 37–41. Zugriff am 7.2.2014.
Asheim, B. (1996). Industrial Districts as 'Learning Regions'. *European Planning Studies, 4* (4), 379–400.
Asimov, N. (29. August 2012). Budget Cuts hit Community Colleges Hard. Community College Enrollment Suffers Steep Drop, Survey Finds. *SF Gate*.
Auerhahn, L., Brownstein, B., Darrow, B. & Ellis-Lamkins, P. (2010). *Life in the Valley Economy: Silicon Valley Progress Report.* Working Partnership USA. Zugriff am 30.12.2015: www.wpusa.org
Aumann, P. (2009). *Mode und Methode. Die Kybernetik in der Bundesrepublik Deutschland.* Göttingen: Wallstein Verlag.
Autor, D. H. (2010). The Polarization of Job Opportunities in the U. S. Labor Market. *Community Investments, 23* (April), 360–361. Zugriff am 30.12.2015: http://econ-www.mit.edu/files/5554

Avalos, G. (3. Februar 2015). Report: Silicon Valley Powers to Record Job Noom, but Surge Produces Income and Gender Gap. *San Jose Mercury News*.
Ball, J. S. & Youdell, D. (2008). *Hidden Privatisation in Public Education*. Brüssel: Education International.
Barad, K. (2012). *Agentieller Realismus*. Frankfurt/Main: Suhrkamp Verlag.
Barley, S.R. & Tolbert, P.S. (1997). Institutionalization and Structuration: Studying the Links between Action and Institution. *Organization Studies, 18* (1), 93–117.
Barlösius, E. (2009). Der Anteil des Räumlichen an sozialer Ungleichheit und sozialer Integration: Infrastrukturen und Daseinsvorsorge. *Sozialer Fortschritt, 58* (2–3), 22–28.
Barlösius, E. (2013). *Kämpfe um soziale Ungleichheit. Machttheoretische Perspektiven*. Wiesbaden: Springer VS.
Barry, A. (2015). Thermodynamics, Matter, Politics. *Distinktion: Scandinavian Journal of Social Theory*, August-Ausgabe, 1–16.
Battilana, J. & Dorado, S. (2010). Building Sustainable Hybrid Organizations: The Case of Commercial Microfinance Organizations. *Academy of Management Journal, 53* (6), 1419–1440.
Baumheier, U. & Warsewa, G. (2009). Vernetzte Bildungslandschaften: Internationale Erfahrungen und Stand der deutschen Entwicklung. In P. Bleckmann & A. Durdel (Hrsg.), *Lokale Bildungslandschaften* (S. 19–36). Wiesbaden: Springer VS.
Becker, G.S. (1975). *Human Capital: A Theoretical and Empirical Analysis, with Special Reference to Education*. Chicago: University of Chicago Press.
Becker, H. (1993) [1954]. Die verwaltete Schule. *Recht der Jugend und des Bildungswesens*, (2), 129–147.
Becker, H. S. (2008). *Tricks of the Trade: How to Think about Your Research While You're Doing It*. Chicago: University of Chicago Press.
Bedroussian, A., Klowden, K., Zhu, H. & Shen, I.-L. (2012). *Contra Costa County: A Blueprint for Growth*. Zugriff am 30.12.2015: http://ccpartnership.org/docs/Contra_CostaFINAL 4 web.pdf

Belina, B. (2013). *Raum: zu den Grundlagen eines historisch-geographischen Materialismus*. Münster: Westfälisches Dampfboot.
Benavot, A., Cha, Y., Kamens, D., Meyer, J.W. & Wong, S. (1991). Knowledge for the Masses: World Models and National Curricula, 1920–1986. *American Sociological Review, 56* (1), 85–100.
Benner, C. (2008). *Work in the New Economy: Flexible Labor Markets in Silicon Valley*. Malden: John Wiley & Sons.
Benner, C., Leete, L. & Pastor, M. (2007). *Staircases or Treadmills? Labor Market Intermediaries and Economic Opportunity in a Changing Economy*. New York: Sage.
Benson, R., & Benson, R. (1998). Field Theory in Comparative Context: A New Paradigm for Media Studies. *Theory and Society, 28*(3), 463–498.
Berkemeyer, N. (2010). *Die Steueru ng des Schulsystems: theoretische und praktische Explorationen*. Wiesbaden: Springer VS.
Berube, A. (2015). Where the rich get richer, the poor often don't. *Metropolitan Opportunity Series*. Zugriff am 21.1.2016: http://www.brookings.edu/blogs/the-avenue/posts/2015/03/26-rich-get-richer-poor-often-dont-berube?utm_campaign=Brookings+Brief&utm_source=hs_email&utm_medium=email&utm_content=16782612&_hsenc=p2ANqtz-9GgPpmYRAyVMdQg7NqiTUB06iJOLYNvlx4hCbS7DCAL7UcX_FyCCdjd
Berube, B.A. & Holmes, N. (2015). Some Cities Are Still More Unequal Than Others—An Update. *Brookings Report, March 17, 2015*. Zugriff am 3.2.2016: http://www.brookings.edu/research/reports2/2015/03/city-inequality-berube-holmes
Bessen, J. (25. August 2014). Employers Aren't Just Whining – the "Skills Gap" Is Real. *Harvard Business Review*.
Bierbaum, A., Vincent, J. & McKoy, D. (2011). Growth and Opportunity: Aligning High-Quality Public Education & Sustainable Communities Planning in the Bay Area. *Center for Cities and Schools, Institute of Urban and Regional Development, UC Berkeley*. Berkeley, CA.
Biernacki, R. (2012). *Reinventing Evidence in Social Inquiry: Decoding*

Facts and Variables. London: Palgrave Macmillan.

Biesecker, A. & von Winterfeld, U. (2011). Die Blockierung nachhaltiger Entwicklungen durch klassische Rationalitätsmuster. *Gender, 3* (2), 129-144.

Binder, A. (2007). For Love and Money: Organizations' Creative Responses to Multiple Environmental Logics. *Theory and Society, 36* (6), 547–571.

Birnbacher, D. (1988). *Verantwortung für zukünftige Generationen*. Stuttgart: Reclam.

Birnbacher, D. (2003). Verantwortung für zukünftige Generationen - Reichweite und Grenzen. In J. Tremmel (Hrsg.), *Handbuch Generationengerechtigkeit* (S. 81–104). München: Ökom.

Blumer, H. (1954). What is Wrong with Social Theory? *American Sociological Review, 19*(1), 3–10.

Bogusz, T. (2013). Synchronisationen: Bourdieu, Durkheim und die Ethnologie. In *Émile Durkheim: Soziologie - Ethnologie - Philosophie* (S. 341–68). Frankfurt/Main: Campus Verlag.

Bollweg, P. & Otto, H.-U. (Hrsg.). (2011). *Räume flexibler Bildung. Bildungslandschaft in der Diskussion*. Wiesbaden: Springer VS.

Bora, A. (2001). Öffentliche Verwaltungen zwischen Recht und Politik. Zur Multireferenzialität der Programmierung organisatorischer Kommunikationen. In V. Tacke (Hrsg.), *Organisation und gesellschaftliche Differenzierung* (S. 70-91). Wiesbaden: Westdeutscher Verlag.

Bornemann, B. (2007). Politisierung des Rechts und Verrechtlichung der Politik durch das Bundesverfassungsgericht? Systemtheoretische Betrachtungen zum Wandel des Verhältnisses von Recht und Politik und zur Rolle der Verfassungsgerichtsbarkeit. *Zeitschrift für Rechtssoziologie, 28*, (1), 75–95.

Bornemann, B. (2014). *Policy-Integration und Nachhaltigkeit. Integrative Politik in der Nachhaltigkeitsstrategie der deutschen Bundesregierung*. Wiesbaden: Springer VS.

Böschen, S. (2014). Autonomie-Kämpfe. Konstitutionsprobleme epistemischer Unabhängigkeit. *Zeitschrift für Theoretische Soziologie, 2*, 357–377.

Böschen, S. (2016). *Hybride Wissensregime. Skizze einer soziologischen*

Feldtheorie. Baden-Baden: Nomos.
Bourdieu, P. (1968). Structuralism and Theory of Sociological Knowledge. *Social Research, 35*(4), 681–706.
Bourdieu, P. (1975). The Specificity of The Scientific Field and The Social Conditions of The Progress of Reason. *Social Science Information, 14* (6), 19–47.
Bourdieu, P. (1985a). *Praktische Vernunft: zur Theorie des Handelns*. Frankfurt/Main: Suhrkamp.
Bourdieu, P. (1987). The Force of Law: Toward a Sociology of The Juridical Field. *The Hastings Law Journal, 38* (1971), 805–853.
Bourdieu, P. (1988a). *Homo Academicus*. Frankfurt/Main: Suhrkamp.
Bourdieu, P. (1991a). Genesis and Structure of the Religious Field. *Comparative Social Research, 13* (1), 1–44.
Bourdieu, P. (1991b). *Language and Symbolic Power*. Cambridge: Polity Press.
Bourdieu, P. (1991c). Physischer, sozialer und angeeigneter physischer Raum. In M. Wentz (Hrsg.), *Stadt-Räume. Die Zukunft des Städtischen. Frankfurter Beiträge, Band 2 (S. 25-34)*. Frankfurt/Main: Campus.
Bourdieu, P. (1993). *The Field of Cultural Production: Essays on Art and Literature*. Cambridge: Polity Press.
Bourdieu, P. (1998a). *Vom Gebrauch der Wissenschaft. Für eine klinische Soziologie des wissenschaftlichen Feldes*. Konstanz: UVK.
Bourdieu, P. (1998b). *Praktische Vernunft. Zur Theorie des Handelns*. Frankfurt/Main: Suhrkamp.
Bourdieu, Pierre (1998c). Das ökonomische Feld. In: Ders.: *Der Einzige und sein Eigenheim* (S. 162 – 204). Hamburg: VSA.
Bourdieu, P. (2000). *Die zwei Gesichter der Arbeit. Interdependenzen von Zeit- und Wirtschaftsstrukturen am Beispiel einer Ethnologie der algerischen Übergangsgesellschaft*. Konstanz: Universitätsverlag.
Bourdieu, P. (2001). *Meditationen. Zur Kritik der scholastischen Vernunft*. Frankfurt/Main: Suhrkamp.
Bourdieu, Pierre (2004). *Science of Science and Reflexivity*. Cambridge: Polity Press.

Bourdieu, P. (2015). *On the State*. Cambridge: Wiley.
Bourdieu, P. & Clough, L.C. (1996). *The State Nobility: Elite Schools in the Field of Power*. Stanford University Press.
Bourdieu, P., & Passeron, J. C. (1990). *Reproduction in Education, Society and Culture*. Sage Publications (CA).
Bourdieu, P., Chamberodon, J.-C., & Passeron, J. C. (1991). *The Craft of Sociology: Epistemological Preliminaries*. Berlin: de Gruyter.
Bourdieu, P. & Wacquant, L.J.D. (1992). *An Invitation to Reflexive Sociology*. Chicago: Univ. of Chicago Press.
Bourdieu, Pierre ; Wacquant, Loic J. D.. (1996). *Reflexive Anthropologie*. Frankfurt/Main: Suhrkamp.
Bourdieu, P., Wacquant, L.J.D. & Farage, S. (1994). Rethinking the State: Genesis and Structure of the Bureaucratic Field. *Sociological Theory, 12* (1), 1–18.
Braun, C. & Pfeil, M. (2011). Fachkräftemangel: Die Fata Morgana - Brand Eins Online. *Brandeins* 10. Zugriff am 5.8.2017: https://www.brandeins.de/archiv/2011/sinn/die-fata-morgana/).
Brenke, K. (2012). Mythos Fachkräftemangel Gibt es wirklich zu wenig qualifizierten Nachwuchs? *SWR 2 Aula*. Zugriff am 5.8.2017: http://www1.swr.de/podcast/xml/swr2/wissen.xml).
Bridgeland, J., Litow, S., Mason-Elder, T. & Sueh, G. (2012). *Enterprising Pathways: Toward a National Plan of Action for Career and Technical Education*. Washington, D.C. Zugriff am 30.12.2015: http://www.civicenterprises.net/MediaLibrary/Docs/Enterprising Pathways CTE Final 2012.pdf
Brown, E. (2015, April 27). Tech Expansion Overruns Cities in California's Silicon Valley. Resistance to office developments raises questions about future of industry's home base. *Wall Street Journal*.
Brown, J.S. & Duguid, P. (2000). Mysteries Of The Region: Knowledge Dynamics in Silicon Valley. In W. Millar (Hrsg.), *The Silicon Valley Edge* (S. 16–39). Stanford University Press.
Brückner, Y. & Tarazona, M. (2010). Finanzierungsformen, Zielvereinbarungen, New Public Management, Globalbudgets. In: Altrichter, H./Maag Merki, K. (Hrsg.), *Handbuch Neue Steuerung*

im Schulsystem (S. 81 – 110). Wiesbaden: Springer VS.
Brunsson, N. (1989). *The Organization of Hypocrisy: Talk, Decisions and Actions in Organizations*. Chichester: Wiley.
Bude, H. (2011). *Bildungspanik. Was unsere Gesellschaft spaltet.* München: Carl Hanser Verlag.
Bundesagentur für Arbeit (2006). Nationaler Pakt für Ausbildung und Fachkräftenachwuchs in Deutschland. *Kriterienkatalog zur Ausbildungsreife.* Zugriff am 30.12.2015: https://www.bibb.de/dokumente/pdf/a21_PaktfAusb-Kriterienkatalog-AusbReife.pdf
Bundesministerium für Bildung und Forschung (2014). Programmhintergrund „ Lernen vor Ort " – Öffentliches und privates Engagement für gutes Bildungsmanagement in Städten und Kreisen. Bonn. Zugriff am 30.12.2015: http://www.lernen-vor-ort.info/de/98.php
Bundesministerium für Familie, Senioren, Frauen und Jugend (2005). *Zwölfter Kinder- und Jugendbericht.* Berlin.
Burawoy, M. (1998). The Extended Case Method. *Sociological Theory, 16* (1), 4–33.
Burawoy, M. (2003). Revisits: An Outline of a Theory of Reflexive Ethnography. *American Sociological Review, 68* (5), 645.
Buttimer, A. (1969). Social Space in Interdisciplinary Perspective. *Geographical Review, 59*(3), 417–426.
Cadwalladr, C. (4. Oktober 2015). Is the dotcom bubble about to burst (again)? *The Guardian.*
California Department of Education. (2014). California Career Pathways Trust (CCPT). Zugriff am 2.4.2016: http://www.cde.ca.gov/ci/ct/pt/
California Department of Education. (2013). *Career Technical Education Model Curriculum Standards for California Public Schools.* Sacramento. Zugriff am 30.12.2015: http://www.cde.ca.gov/ci/ct/sf/ctemcstandards.asp
Callon, M. (1986a). The Sociology of an Actor-Network: The Case of the Electric Vehicle. In M. Callon, J. Law & A. Rip (Hrsg.), *Mapping the Dynamics of Science and TEchnology. Sociology of Science in the Real World* (S. 19–34). London: Macmillan Press.
Callon, M. (1986b). Elements of a Sociology of Translation:

Domestication of The Scallops and the Fishermen of St. Brieuc Bay. In J. Law (Hrsg.), *Power, Action and Belief: A New Sociology of Knowledge?* (S. 196–233). London: Routledge.
Capello, R. & Nijkamp, P. (2009). *Handbook of Regional Growth and Development Theories* (Band 4). Cheltenham: Edward Elgar Publishing. Zugriff am 15.1.2013.
Cappelli, G. (2012). *Why Good People Can't Get Jobs.* Philadelphia: Wharton Digital Press.
Carroll, P. (2006). Review of Science of Science and Reflexivity By Pierre Bourdieu. *Social Forces, 85*(1), 583–585.
Cassirer, E. (2000). *The Logic of the Cultural Sciences.* New York: Yale University Press.
Castells, M. (2001). *Die Netzwerkgesellschaft. Das Informationszeitalter.* Opladen.
Castells, M. (2011). *The Rise of the Network Society: The Information Age: Economy, Society, and Culture, Volume 1.* Malden: John Wiley & Sons.
Change the Equation (CTEq) (2013). The STEM Shortage - Myth or Reality? Talent Recruiters Weigh In. Zugriff am 2.4.2016: http://changetheequation.org/blog/stem-shortage-myth-or-reality-talent-recruiters-weigh
Certeau, M. de. (1988). *Kunst des Handelns.* Berlin: Merve-Verlag.
Ciborra, C.U. & Andreu, R. (2001). Sharing knowledge across boundaries. *Journal of Information Technology, 16* (2), 73–81.
Cicourel, A.V. (1975). *Sprache in der sozialen Interaktion.* München: List.
Cisco. (2016). US 2020. Zugriff am 2.4.2016: https://us2020.org/
Crouch, C. (2011). *Postdemokratie.* Frankfurt Main: Suhrkamp.
Collier, D. (2011). Understanding Process Tracing, *Political Science and Politics, 4* (4), 823–830.
Cook, S.D.N. & Brown, J.S. (2005). Bridging Epistemologies: The Generative Dance between Organizational Knowledge and. *Organization Science, 10* (4), 381–400.
Cook, T. (2015). Apple diversity report. Zugriff am 30.12.2015: http://www.apple.com/diversity/
Cooke, P. (2007). Regional innovation systems, asymmetric knowledge

and the legacies of learning. In R. Rutten & F. Boekema (Hrsg.), *The Learning Region: Foundations, State of the Art* (S. 184–205). Cheltenham: Edward Elgar Publishing.

Corbin, J. & Strauss, A.L. (2015). *Basics of Qualitative Research. Techniques and Procedures for Developing Grounded Theory.* Los Angeles: Sage Publications.

Cornelissen, J.P. & Werner, M.D. (2014). Putting Framing in Perspective: a Review of Framing and Frame Analysis Across the Management and Organizational Literature. *The Academy of Management Annals, 8* (1), 181–235.

Crouch, C., & Voelzkow, H. (2014). *Innovation in Local Economies. Germany in Comparative Context. Igarss 2014.* Oxford: Oxford University Press.

Cutler, K.-M. (2015). East Of Palo Alto's Eden: Race And The Formation Of Silicon Valley. *Techcrunch.* Zugriff am 23.2.2016: http://techcrunch.com/2015/01/10/east-of-palo-altos-eden/

Dees, J.G. & Anderson, B.B. (2003). Sector-bending: Blurring lines between nonprofit and for-profit. *Society, 40* (4), 16–27.

Deinet, U. (2010). Von der schulzentrierten zur sozialräumlichen Bildungslandschaft. *sozialraum.de, 2* (1).

DeLanda, M. (2006). *A New Philosophy of Society: Assemblage Theory and Social Complexity* (Band 14). London: A&C Black.

Deleuze, G. (1994). *Difference and Repetition.* London: The Athlone Press.

Deleuze, G. & Guattari, F. (1987). *A Thousand Plateaus: Capitalism and Schizophrenia* (übersetzt von B. Massumi). Minneapolis: University of Minnesota.

Delitz, H. (2009) *Gebaute Gesellschaft. Architektur als Medium des Sozialen.* Frankfurt/Main: Campus.

Delitz, H. (2013). Bergson und Durkheim, Bergsoniens und Durkheimiens. In T. Bogusz & H. Delitz (Hrsg.), *Émile Durkheim: Soziologie - Ethnologie - Philosophie* (S. 371–402). New York: Campus.

Delitz, H. (2009). *Architektursoziologie.* Bielefeld: Transcript.

Deutscher Bildungsrat. (1973). *Zur Reform von Organisation und Verwaltung im Bildungswesen.* Stuttgart: Ernst Klett.

Deutscher Städtetag (2007). *Aachener Erklärung des Deutschen Städtetages anlässlich des Kongresses „Bildung in der Stadt".* Aachen.
Deutscher Städtetag. (2012). *Bildung gemeinsam verantworten. Münchner Erklärung des Deutschen Städtetages anlässlich des Kongresses „Bildung gemeinsam verantworten" am 8./9. November 2012.* München.
Deutscher Verein für öffentliche und private Fürsorge e.V. (2007). *Diskussionspapier des Deutschen Vereins zum Aufbau Kommunaler Bildungslandschaften.* Berlin.
DiMaggio, P.J. & Powell, W. (1983). The Iron Cage Revisited: Institutional Isomorphism and Collective Rationality in Organizational Fields. *Sociological Review,* 2 (48), 147–160.
DiMaggio, P., & Mohr, J. (1985). Cultural Capital, Educational Attainment, and Marital Selection. *American Journal of Sociology,* 90(6), 1231.
Dittmer, L. (2015). *MINT-Regionen in Deutschland – Eine bundesweiten Bestandsaufnahme regionaler Netzwerke für die MINT-Bildung.* Körber Stiftung. Hamburg.
Domhoff, G.W. (2011). Why San Francisco Is (or Used to Be) Different: Progressive Activists and Neighborhoods Had a Big Impact. *Who Rules America.* Zugriff am 30.12.2015: http://www2.ucsc.edu/whorulesamerica/local/san_francisco.html
Donaldson, L.G. (2008). *Managing Growth In The Knowledge Economy: Lessons from the Bust and Boon of San Francisco's Technology Industry. Master Thesis in City Planningsubmitted to the Department of Urban Studies and Planning.* Cambridge, MA: Masachusetts Institute of Technology.
Dörre, K. (2011). Landnahme und die Grenzen kapitalistischer Dynamik. Eine Ideenskizze. *Berliner Debatte INITIAL,* 22 (56), 72. Zugriff am 10.10.2015: http://www.linksnet.de/de/artikel/27742
Dörre, K. (2012). Landnahme, das Wachstumsdilemma und die „Achsen der Ungleichheit". *Berliner Journal für Soziologie,* 22 (1), 101–128.
Douglas, M. (1986). *How Institutions Think.* Syracuse University Press.
Drucker, P.F. (1968). *The Age of Discontinuity. Guidelines to our Changing Society.* London: Heinemann.

Drucker, P.F. (1986). The Changed World Economy. *Foreign Affairs, 64,* 768–791.
Dunn, M.B. & Jones, C. (2010). Institutional Logics and Institutional Pluralism: The Contestation of Care and Science Logics in Medical Education, 1967–2005. *Administrative Science Quarterly, 55* (1), 114–149.
Durkheim, E. 2000 [1900]. Die Soziologie und ihr wissenschaftlicher Bereich. *Berliner Journal Für Soziologie, 19,* 164–180.
Eisnach, K. (2011). *Ganztagsschulentwicklung in einer kommunalen Bildungslandschaft. Möglichkeiten und Grenzen von Unterstützungsstrukturen.* Wiesbaden: Springer VS.
Einstein, A. (1980). Vorwort. In M. Jammer (Hrsg.), *Das Problem des Raumes. Die Entwicklung der Raumtheorien* (S. XII–XVII.). Darmstadt: Wissenschaftliche Buchgemeinschaft.
Emigh, R. J. (1997). The Power of Negative Thinking: the Use of Negative Case Methodology in the Development of Sociological Theory. *Theory and Society, 26*(5), 649–684.
Emirbayer, M. & Johnson, V. (2008). Bourdieu and Organizational Analysis. *Theory and Society, 37* (1), 1–44.
Emmerich, M. (2016). Regionalisierung und Schulentwicklung: Bildungsregionen als Modernisierungsstrategie im Bildungssektor. In H. Altrichter & K. Maag Merki (Hrsg.), *Handbuch neue Steuerung im Schulsystem* (S. 385–410). Springer VS.
Employment and Training Administration (ETA) (2016). Downlad Page: Industry Competency Models. Zugriff am 30.4.2016: http://www.careeronestop.org/CompetencyModel/competency-models/pyramid-home.aspx
Ernst & Young (2017). Fachkräftemangel Im Mittelstand spitzt sich zu. Zugriff am 5.8.2017: http://www.ey.com/de/de/newsroom/news-releases/ey-20170126-fachkraftemangel-im-mittelstand-spitzt-sich-zu).
Executive Office of the President (2016). *National Science and Technology Council Report. Preparing for the Future of Artificial Intelligence.* October 2016, Washington D.C.: Committee on Technology.
Feeney, S. (1997). Shifting the Prism: Case Explication of Institutional

Analysis in Nonprofit Organizations. *Journal of Composite Materials*, *26* (4), 489–508.
Fleischmann, B. (2015). Eckert Wächst Mit Fachkräfte-Bedarf. *Mittelbayrische*. Zugriff am August 7, 2017 (http://www.mittelbayerische.de/wirtschaft-nachrichten/eckert-waechst-mit-fachkraefte-bedarf-21840-art1228571.html.
Fligstein, N. (1990). *The Transformation of Corporate Control*. Cambridge: Harvard University Press.
Fligstein, N. & McAdam, D. (2012). *A Theory of Fields*. Oxford: Oxford University Press.
Florida, R. (1995). Toward the Learning Region. *Futures*, *27* (5), 527–536.
Florida, R. & Gates, G. (2002). Technology and Tolerance. *Brookings Review*, *20* (1), 32–36.
Florida, R.L. (2002). *The Rise of the Creative Class: And how It's Transforming Work, Leisure, Community and Everyday Life* (Band 3). Basic Books.
Foucault, M. (1992). Andere Räume. In K. Barck (Hrsg.), *Aisthesis. Wahrnehmung heute oder Perspektiven einer anderen Ästhetik* (S. 34–46). Leipzig: Reclam.
Fosser, E., Leister, O., Moe, C. & Newman, M. (2008). Organisations and Vanilla Software: What Do We Know About ERP Systems and Competitive Advantage? In Tagungsband *16. European Conference on Information Systems* (S. 2460–2471) Galway/Irland.
Fox-Wolfgramm, S.J., Boal, K.B. & Jerry, J.G.(1998). Organizational Adaptation to Institutional Change: A Comparative Study of First-Order Change in Prospector and Defender Banks. *Hunt Source: Administrative Science Quarterly*, *43* (1), 87–126.
Frank, H. (1969). *Kybernetische Grundlagen der Pädagogik. Eine Einführung in die Pädagogistik für Analytiker, Planer und Techniker der idaktischen informationsumsatzes in der Industriegesellschaft*. Baden-Baden/Stuttgart: W. Kohlhammer.
Friedland, R. & Alford, R.R. (1991). 'Bringing Society Back In: Symbols, Practices, and Institutional Contradictions. In W.W. Powell & P. DiMaggio (Hrsg.), *The New Institutionalism in Organizational Analysis* (S. 232–263). Chicago: University of

Chicago Press.
Gaedt, M. (2014). *Mythos Fachkräftemangel: Was auf Deutschlands Arbeitsmarkt gewaltig schief läuft.* Weinheim:Wiley.
Galbraith, J.K. (1967). *The New Industrial State.* Princeton: Princeton University Press.
Galbraith, J. K. & Hale, J. T. (2006). American Inequality: From IT Bust to Big Government Boom. *The Economists Voice,* 3(8), Artikel 6.
Galison, P. (1997). *Image & Logic: A Material Culture of Microphysics.* Chicago: The University of Chicago Press.
Gardner, D. P. (1983). *A Nation At Risk: The Imperative For Educational Reform. An Open Letter to the American People. A Report to the Nation and the Secretary of Education. Communications of the ACM* (Band 26). Washington, DC.
Garfinkel, H. (1963). A conception of, and experiments with „trust" as a condition of stable concerted actions. *Motivation and social interaction* (S. 187–238). New York.
Gengnagel, V., J. Hamann, A. Hirschfeld & J. Maeße (2017). *Macht in Wissenschaft und Gesellschaft. Diskurs- und feldanalytische Perspektiven.* Frankfurt/Main: Springer.
Gengnagel, V., Witte, D. & Schmitz, A. (2016). Die zwei Gesichter der Autonomie. Wissenschaft im Feld der Macht. In Gengnagel, V., J. Hamann, A. Hirschfeld & J. Maeße (Hrsg.), *Macht in Wissenschaft und Gesellschaft. Diskurs- und feldanalytische Perspektiven* (S. 383–424). Frankfurt/Main: Springer.
George, A. L. & Bennett, A. (2005). *Case Studies and Theory Development in the Social Sciences.* Cambridge, MA.: MIT Press.
German Missions in the United States. (2014). Skills Initiative Conference Held At Aspen Institute. *Skills Initiative Conference.* Atlanta/ Houston: Aspen Institute. Gerston, L.N. (2014). *Silicon Valley CEO Survey. Business Climate 2014.* Zugriff am 30.12.2015: http://www.ft.com/cms/s/2/e4feefe8-5eea-11e4-be0b-00144feabdc0.html#axzz3JofO7Z8X
Gieryn, T. F. (2006). Review. Science of Science and Reflexivity, *35*(2), 185–187.
Glaser, B. G. & Strauss, A. L. (2009). *The Discovery of Grounded Theory: Strategies for Qualitative Research.* New Brunswick:

Transaction Publishers. Zugriff am 15.10.2015.

Doty, D. H., & Glick, W. H. (1994). Typologies as a unique form of theory building: Toward improved understanding and modeling. *Academy of management review*, 19(2), 230–251.Goffman, E. (1959). *The Presentation of Self in Everyday Life*. New York: Doubleday.

Gottdiener, M. (1985). *The Social Production of Urban Space*. Austin: University of Texas Press.

Greenwood, R., Raynard, M., Kodeih, F., Micelotta, E.R. & Lounsbury, M. (2011). Institutional Complexity and Organizational Responses. *The Academy of Management Annals*, 5 (1), 317–371.

Greenwood, R. & Suddaby, R. (2006). Institutional Entrepreneurship in Mature Fields: The Big Five Accounting Firms. *Academy of Management Journal*, 49 (1), 27–48.

Greinert, W.-D. (1993). Das „deutsche System" der Berufsausbildung. Geschichte, Organisation, Perspektiven. Baden-Baden: Nomos.

Greinert, W.-D. & Bertelsmann-Stiftung. (2008). *Steuerungsformen von Erwerbsqualifizierung und die aktuelle Perspektive europäischer Berufsbildungspolitik*. Berlin. Zugriff am 30.12.2015: https://www.bertelsmann-stiftung.de/de/publikationen/publikation/did/steuerungsformen-von-erwerbsqualifizierung-und-die-aktuelle-perspektive-europaeischer-berufsbildungs/

Grunwald, A. (2016). *Nachhaltigkeit verstehen. Arbeiten an der Bedeutung nachhaltiger Entwicklung.* München: Ökom.

Guston, D. H. (2001). Boundary Organizations in Environmental Policy and Science: An Introduction. *Science, Technology, & Human Values,* , 26 (4), Special Issue: Boundary Organizations in Environmental Policy and Science (Autumn, 2001), 399-408.

Hacking, I. (2004). *Historical Ontology*. Cambridge, MA.: Harvard University Press.

Halbwachs, M. (1991). *Das kollektive Gedächtnis*. Frankfurt/Main: Fischer.

Hallett, T. & Ventresca, M.J. (2006). Inhabited institutions: Social interactions and organizational forms in Gouldner's Patterns of Industrial Bureaucracy. *Theory and Society*, 35 (2), 213–236.

Handel, M.J. (2003). Skills Mismatch in the Labor Market. *Annual Review of Sociology*, *29* (2003), 135–165.
Harman, G. (2008). DeLanda's Ontology: Assemblage and Realism. *Continental Philosophy Review*, *41* (3), 367–383.
Harvey, D. (1996). Justice, Nature and The Geography of Difference. Cambridge, MA. [u. a.]: Blackwell Publ.
Hassink, R. (1996). Industrial Districts as 'Learning Regions': A Condition for Prosperity. *European Planning Studies*, *4* (4), 379–400.
Hassink, R. & Klaerding, C. (2012). Towards Learning in Space The End of the Learning Region as We Knew It; Towards Learning in Space. *Regional Studies*, *46* (8), 1055–1066.
Hebborn, K. (2003). *Bildungsreform aus kommunaler Sicht. Deutscher Städtetag.* Köln.
Hebborn, K. (2006). *Deutscher Städtetag - Positionen zur Bildungsreform.* Köln.
Heidenreich, M. (2003). Die Debatte um die Wissensgesellschaft. In S. Bösschen & I. Schulz-Schaeffer (Hrsg.), *Wissenschaft in der Wissensgesellschaft* (S. 25–54). Wiesbaden: Westdeutscher Verlag.
Herberg, J. (2015). Putting Architecture in its Social Space: the Fields and Skills of Planning Maastricht. *Architecture, Materiality and Society. Connecting Sociology of Architecture with Science and Technology Studies* (S. 166–197). Hampshire: Palgrave Macmillan.
Herberg, J. (2016). Feld oder Assemblage? Die Bildungsbroker des Fachkräftemangels in der Bucht von San Francisco. In G. Vincent, J. Hamann, A. Hirschfeld & J. Maeße (Hrsg.), *Macht in Wissenschaft und Gesellschaft. Diskurs- und feldanalytische Perspektiven* (S. 259–290)). Frankfurt/Main: Springer.
Herberg, J. (2018a). Eine spekulative Kontrollgeschichte der Bildungsplanung. Von Systemanalyse zum Maschinenlernen? In: Engemann, C. & Sudmann, A. (Hrsg.), *Machine Learning – Medien, Infrastrukturen und Technologien der Künstlichen Intelligenz.* Bielefeld: Transcript.
Herberg, J. (2018b). Transdisziplinäre Nähe oder soziologische Distanz? Responsibilisierung einer Polemik. Buschmann, N., Henkel, A., Hochmann, L., Lüdtke, N. (Hrsg.), *Reflexive Responsibilisierung.*

Verantwortung für nachhaltige Entwicklung. Bielefeld: Transcript.
Hess, D. J. 2011. Bourdieu and Science and Technology Studies: Toward a Reflexive Sociology. *Minerva, 49* (3), 333–348.
Hess, D.J. (2013). Neoliberalism and the History of STS Theory: Toward a Reflexive Sociology. *Social Epistemology*, *27* (2), 177–193.
Heyck, H. (2015). *Age of System. Understanding the Development of Modern Social Science.* Baltimore, MD: Johns Hopkins University Press.
Hilgers, M. & Mangez, E. (2015). Introduction to Pierre Bourdieu's Theory of Social Fields. In M. Hilgers & E. Mangez (Hrsg.), *Bourdieu's Theory of Social Fields. Concepts and applications* (S. 1–35). London: Routledge.
Hirschman, D. & Reed, I.A. (2014). Formation Stories and Causality in Sociology. *Sociological Theory*, *32* (4), 259–282.
Höhne, T. (2012). Ökonomisierung von Bildung. In U. Bauer, U. H. Bittlingmayer, A. Scherr (Hrsg.), *Handbuch Bildungs- und Erziehungssoziologie* (S. 797-812). Wiesbaden: Springer VS.
Hüfner, K. (1973). Bildungswesen mangelhaft. BRD-Bildungspolitik im OECD-Länderexampen. (K. Hüfner, Hrsg.). Frankfurt/Main: Diesterweg.
Ingold, T. (1993). The Temporality of The Landscape. *World Archaeology*, *25* (2), 152–174.
Intel. (2015). Intel Diversity in Technology—2015 Mid-Year Inclusion Report. Zugriff am 2.4.2016: http://www.intel.com/content/www/us/en/diversity/diversity-in-technology-intel-2015-midyear-progress-report.html
Irwin, A., & Michael, M. (2003). *Science, Social Theory and Public Knowledge.* Philadelphia: Open University Press.
Ivakhiv, A. (2014). Beatnik Brothers? Between Graham Harman and the Deleuzo-Whiteheadian Axis. *Parrhesia*, *19*, 65–78.
Pasuchin, I. (2012). *Bankrott der Bildungsgesellschaft: Pädagogik in politökonomischen Kontexten.* Wiesbaden: Springer VS.
Jacobs, J. (1969). *The Economy of Cities.* New York: Vintage.
Jarzabkowski, P., Matthiesen, J. & Van de Ven, A.H. (2009). Doing which Work? A Practice Approach to Institutional Pluralism. In T.B. Lawrence, R. Suddaby & B. Leca (Hrsg.), *Institutional Work*

(S. 284–316). Cambridge: Cambridge University Press.
Jasanoff, S. & Kim, S.-H. (Hsrg.) 2015. *Dreamscapes of Modernity: Sociotechnical Imaginaries and the Fabrication of Power*. Chicago, IL: University of Chicago Press.
Jepperson, R.L. (1991). Institutions, Institutional Effects, and Institutionalism. *The New Institutionalism in Organizational Analysis* (S. 143–164). Zugriff am 14.10.2015.
Kade, J. (2003). Wissen – Umgang mit Wissen – Nichtwissen. Über die Zukunft pädagogischer Kommunikation. In I. Gogolin & R. Tippelt (Hrsg.), *Innovation durch Bildung* (S. 89–108). Wiesbaden: Springer.
Kapferer, S. (2015). *Lessons learned from the Lüneburg Innovation Incubator. Case Study Report*. Organisation for Economic Cooperation and Development (OECD). Lüneburg. Zugriff am 4.4.2016: http://www.leuphana.de/fileadmin/user_upload/portale/inkubator/download/Lessons_learned_from_the_Lueneburg_Innovation_Incubator__OECD_2015.pdf
Karriere Spiegel (2017). Rente Mit 63: Arbeitgeber Beklagen Fachkräftemangel - SPIEGEL ONLINE. Zugriff am 5.8.2017: http://www.spiegel.de/karriere/rente-mit-63-arbeitgeber-beklagen-fachkraeftemangel-a-1144208.html.
Kauffman, J. & Arico, S. (2014). New Directions in Sustainability Science: Promoting Integration and Cooperation. *Sustainability Science 9*, 413–418.
Kaufmann, S. (2005). *Soziologie der Landschaft. Stadt, Raum und Gesellschaft* (Band 22). Wiesbaden: Springer VS.
Kazis, R. (1998). *New Labor Market Intermediaries: What's Driving Them? Where Are They Headed?* Cambridge, MA.: Task Force Working Paper #WP03, MIT University Press.
Keller, R. (2010). Kompetenz-Bildung: Programm und Zumutung individualisierter Bildungspraxis. In T. Kurtz & M. Pfadenhauer (Hrsg.), *Soziologie der Kompetenz* (S. 29–48). Wiesbaden: Springer VS.
Kellogg, K. C., Orlikowski, W. J., Yates, J. (2006). Life in the Trading Zone: Structuring Coordination Across Boundaries in Postbureau-

cratic Organizations. *Organization Science, 17* (1), 22–44.
Kieserling, A. (2008). Felder und Klassen: Pierre Bourdieus Theorie der modernen Gesellschaft. *Zeitschrift für Soziologie*, 37 (1), 3–24.
Klafki, W. (2007). *Neue Studien zur Bildungstheorie und Didaktik – Zeitgemäße Allgemeinbildung und kritisch-kon-struk-tive Didaktik.* Weinheim/ Basel: Beltz.
Kline, R.R. (2015). *The Cybernetics Moment Or Why We Call Our Age the Information Age.* Baltimore: John Hopkins University Press.
Kneebone, E. (2013a). Job Sprawl Stalls: The Great Recession and Metropolitan Employment Location. *Washington, DC: Brookings*, (April 2013).
Kneebone, E. (2013b). Job Sprawl Stalls. San Francisco - Oakland - Frement, CA metropolitan area profile. *Washington, DC: Brookings.* Zugriff am 30.12.2015: http://www.brookings.edu/~/media/Multimedia/Interactives/2013/job_sprawl/San_Francisco.pdf
Knorr-Cetina, K. (1991). *Die Fabrikation von Erkenntnis: zur Anthropologie der Naturwissenschaft.* Frankfurt/ Main: Suhrkamp.
Koch, J. (2015). Forschung: Hamburg setzt Zeichen gegen den Fachkräftemangel. *Die Welt.* Zugriff am 7.8.2017: https://www.welt.de/regionales/hamburg/article149584778/Hamburg-setzt-Zeichen-gegen-den-Fachkraeftemangel.html.
Kolko, J. (6. Februar 2014). 5 Truths Of Tech-Hub Month Februar Day. *Forbes Magazine.*
Kommission „Zukunft der Bildung - Schule der Zukunft". (1995). Zukunft der Bildung - Schule der Zukunft: Denkschrift der Kommission „Zukunft der Bildung - Schule der Zukunft" beim Ministerpräsidenten des Landes Nordrhein-Westfalen. Neuwied: Luchterhand.
Köhler, W. (1947). *Gestalt Psychology.* New York: Liveright.
Kopfmüller, J., Brandl, V., Jörissen, J., Paetau, M., Banse, G., Coenen, R., Grunwald, A. (2011). *Nachhaltige Entwicklung integrativ betrachtet. Konstitutive Elemente, Regeln, Indikatoren.* Berlin: Edition Sigma.
Kopfmüller, J. (2007). Auf dem Weg zu einem integrativen

Nachhaltigkeitskonzept. In: *Ökologisch Wirtschaften 1*, 16 – 18.
Kramer, B. & Plünecke, A. (2015). IW-Forscher: Fachkräftemangel steht erst noch bevor. *Karriere Spiegel.* Zugriff am 5.8.2017: http://www.spiegel.de/karriere/iw-forscher-fachkraeftemangel-steht-erst-noch-bevor-a-1035841.html.
Kuckartz, U. (1988). *Computer und verbale Daten Chancen zur Innovation sozialwissenschaftlicher Forschungstechniken.* Europäische Hochschulschriften: Reihe 22, Soziologie. Bd. 173. Frankfurt/M., Bern, New York, Paris: Peter Lang Verlag.
Kühl, S. (2010). *Wenn die Affen den Zoo regieren. Die Tücken der flachen Hierarchien.* Frankfurt/Main: Campus.
Künzli, R. (2012). Der Slogan von den MINT-Fächern. Zugriff am 19.3.2013: http://www.lehrplanforschung.ch/?p=2901
Kurtzleben, D. (19. Juni 2013). Is There Really a Skills Gap? - US News and World Report. *US News and World Report.*
Kussau, J. & Brüsemeister, T. (2007). *Governance, Schule und Politik. Zwischen Antagonismus und Kooperation.* Wiesbaden: Springer VS.
Lafer, G. (2002). *The Job Training Charade.* Ithaca: Cornell University Press.
Lafferty, W. M. (2004a). From Environmental Protection to Sustainable Development: the Challenge of Decoupling Through Sectoral Integration. In: Ders. (Hsrg.), *Governance for Sustainable Development: The Challenge of Adapting Form to Function* (S. 191–220). Cheltenham, UK/Northhampton, MA: Edward Elgar.
Läpple, D. (1991). Essay über den Raum. Für ein gesellschaftswissenschaftliches Raumkonzept. In J. Häußermann, D. Ipsen, T. Krämer Badoni,D. Läpple, M. Rodenstein, W. Siebel (Hrsg.). *Stadt und Raum. Soziologische Analysen* (S. 157–207). Pfaffenweiler: Centaurus-Verlagsgesellschaftt.
Latour, B. (1988). *The Pasteurization of France.* Cambridge, MA.: Harvard University Press.
Latour, B. (2005). *Reassembling the Social:An Introduction to Actor-Network-Theory.* Oxford: Oxford University Press.
Latour, B. (2014). *Existenzweisen: Eine Anthropologie der Modernen.* Frankfurt/Main: Suhrkamp Verlag.
Latour, B., & Woolgar, S. (1986). *Laboratory Life: the Construction of*

Scientific Facts. Princeton, NJ: Princeton Univ. Press.
Laux, H. (2014). Bruno Latours Soziologie der 'Existenzweisen'. Einführung und Diskussion. In *Handbuch der Soziologie*, Lamla, J., Laux, Strecker, and Rosa (S. 261–79). Konstanz: UVK.
Laux, H. (2016). Hybridorganisationen: Politische Herausforderungen an der Schnittstelle zwischen Wissenschaft und biophysischer Natur. *Soziale Welt* 67(3), 313–32.
Laux, H. (im Erscheinen). (2017). Clockwork Society. Die Weltklimakonferenz als Arena Gesellschaftlicher Synchronisation. *Zeitschrift für Theoretische Soziologie.*
Law, J. (1987). *Technology and Heterogeneous Engineering: The Case of Portuguese Expansion.* In W.E. Bijker, T.P. Hughes, and T.J. Pinch (Hrsg.), *The Social Construction of Technological Systems: New Directions in the Sociology and History of Technology* (S. 111–134). Cambridge, MA: MIT Press.
Leavitt, H.J., & Whisler, T.L. (1958). Management in the 1980s. *Harvard Business Review, 36* (6), 41–48.
Lee, E.M. (2013). Press Release. Mayor Lee, San Francisco Unified School District and Salesforce.com Foundation Launch Public-Private Middle School Leadership Initiative. *Office of the Mayor, City & County of San Francisco.*
Lefebvre, H. (1991). *The Production of Space.* Oxford: Blackwell.
Lefebvre, H. (2006). Die Produktion des Raumes. In S. Jörg Dünne/Günzel (Hrsg.), *Raumtheorie: Grundlagentexte aus Philosophie und Kulturwissenschaft* (S. 330–342). Frankfurt/Main: Suhrkamp.
Leschinsky, A. (2005). Vom Bildungsrat (nach) zu PISA. Eine zeitgeschichtliche Studie zur deutschen Bildungspolitik. *Zeitschrift für Pädagogik, 51* (6), 818–839.
Lewin, K. (1982). *Feldtheorie.* Bern: Huber.
Liessmann, K.P. (2006). *Theorie der Unbildung. Die Irrtümer der Wissensgesellschaft.* Wien: Zsolnay Verlag.
Light, J. S. (2003). *From Warfare to Welfare. Defense Intellectuals and Urban Problems in Cold War America.* Baltimore, MD: Johns Hopkins University Press.
Löw, M. (2001). *Raumsoziologie.* Frankfurt/Main: Suhrkamp.

Lovering, J. (1999). Theory Led by Policy: The Inadequacies of the „New Regionalism" (Illustrated from the Case of Wales). *International Journal of Urban and Regional Research, 23* (2), 379–395.
Lueger, M. (2010). *Interpretative Sozialforschung: Die Methoden.* Wien: Facultas Verlags- und Buchhandels AG.
Luhmann, N. (2005). Soziale Aufklärung. In Luhmann, N. (Hrsg.), *Soziologische Aufklärung 1: Aufsätze zur Theorie sozialer Systeme* (S. 83–115). Wiesbaden: VS Verlag.
Luhmann, N. (2000). *Die Politik der Gesellschaft.* Frankfurt/Main: Suhrkamp.
Lutz, B. (1979). Die Interdependenz von Bildung und Beschäftigung und das Problem der Erklärung der Bildungsexpansion. In J. Matthes & D.G. für Soziologie (Hrsg.), *Deutschen Soziologentages in Berlin. Sozialer Wandel in Westeuropa: Verhandlungen des 19. Deutschen Soziologentages in Berlin 1979* (S. 634–670). Frankfurt/Main: Campus Verlag.
Lutz, B. (1984). *Der kurze Traum immerwährender Prosperität. Eine Neuinterpretation der industriell-kapitalistischen Entwicklung im Europa des 20. Jahrhunderts.* Frankfurt/New York: Campus.
Lutz, B., Grünert, V.H. & Ketzmerick, T. (2010). *Fachkräftemangel in Ostdeutschland. Konsequenzen für Beschäftigung und Interessenvertretung.* Frankfurt/Main.
Machlup, F. (1962). *The Production and Distribution of Knowledge in the United States.* Princeton/NJ: Princeton University Press.
Maeße, J. (2013). Das Feld und der Diskurs der Ökonomie, Interdisziplinäre Perspektiven. In J. Maeße (Hrsg.), *Ökonomie, Diskurs, Regierung.* (S. 241–275). Wiesbaden: VS Verlag.
Maeße, J. (2015). Eliteökonomen. Wissenschaft im Wandel der Gesellschaft. Wiesbaden: Springer VS.
Maeße, J. & Hamann, J. (2016). Die Universität als Dispositiv. Die gesellschaftliche Einbettung von Bildung und Wissenschaft aus diskurstheoretischer Perspektive. *Zeitschrift für Diskursforschung*, (1), 29–50.
Mahoney, J. (2012). The Logic of Process Tracing Tests in the Social Sciences. *Sociological Methods & Research, 41* (4), 570–597.

Martin, J. L. (2014). What Is Field Theory? *American Journal of Sociology*, *109*(1), 1–49.
Martin, J. L. & Gregg, F. (2015). Was Bourdieu a Field Theorist? In E. Mangez & M. Hilgers (Hrsg.), *Bourdieu's Theory of Social Fields: Concepts and Applications* (S. 39– 61). New York: Routledge.
Mattozzi, A. (1987). Rewriting the Script. A Methodological Dialogue About the Concept of „Script " and How To Account For The Mediating Role of Objects. *Paper presented at a colloquium at the University of Twente in September 1987*. University of Twente.
Mauss, M., & Durkheim, E. (1993). Über einige primitive Formen von Klassifikation. Ein Beitrag zur Erforschung der kollektiven Vorstellungen. In H. Joas (Hrsg.), *Émile Durkheim, Schriften zur Soziologie der Erkenntnis* (S. 169–256). Frankfurt/Main: Suhrkamp.
Maykus, S. (2009). Neue Perspektiven für Kooperation: Jugendhilfe und Schule gestalten kommunale von Bildung, Betreuung und Erziehung. In Bleckmann, P. Durdel & A. Durdel (Hrsg.), *Lokale Bildungslandschaften* (S. 37–55). Wiesbaden: Springer VS.
Mehta, J. (2013). *The Allure of Order: High Hopes, Dashed Expectations, and the Troubled Quest to Remake American Schooling*. Oxford: Oxford University Press.
Mesaros, L., Vanselow, A. & Weinkopf, C. (2009). Expertisen Und Dokumentationen zur Wirtschafts-und Sozialpolitik Fachkräftemangel in KMU – Ausmaß, Ursachen Und Gegenstrategien. Arbeitskreis Mittelstand. Zugriff am 5.8.2017: http://library.fes.de/pdf-files/wiso/06797.pdf).
Meusburger, P. (1998). *Bildungsgeographie.Wissen und Ausbildung in der räumlichen Dimension*. Heidelberg: Spektrum.
Meyer, J., Scott, W.R., Strang, D. (1987). Centralization, Fragmentation and School District Complexity. *Administrative Science Quarterly*, *32* (2), 186-201.
Meyer, J. (1977). The Effects of Education as an Institution. *American journal of Sociology*, *83* (1), 55–77.
Meyer, J. (1979). The Impact of the Centralization of Educational Funding and Control on State and Local Organizational Governance. In *Paper presented at the HEW School Finance Study Meeting on Resource Allocation, Service Delivery, and School*

Effectiveness. National Inst. of Education (DHEW), Washington, DC.
Meyer, J., Ramirez, F., Rubinson, R. & Boli-Bennett, J. (1977). The World Educational Revolution, 1950–1970. *Sociology of Education, 50* (4), 242–258.
Meyer, J., Ramirez, F. & Soysal, Y. (1992). World Expansion Of Mass Education, 1870-1980. *Sociology of Education, 65* (2), 128–149. Zugriff am 14.10.2014.
Meyer, J. & Rowan, B. (1977). Institutionalized Organizations: Formal Structure as Myth and Ceremony. *American Journal of Sociology, 83* (2), 340–363.
Meyer, J.W. & Rowan, B. (1978). The Structure of Educational Organizations. In M.W. Meyer (Hrsg.), *Environments and Organizations* (S. 78–109). San Francisco: Jossey-Bass.
Mialet, H. (2003). The 'Righteous Wrath' of Pierre Bourdieu. *Social Studies of Science, 33* (4), 613–621.
Microsoft. (2015). Microsoft diversity report. *Data as of September 30, 2015.* Zugriff am 2.4.2016: https://www.microsoft.com/en-us/diversity/inside-microsoft/default.aspx?tduid=(7bdad73cd8919c354153e2f969ba8dce)(256380)(2459594)(TnL5HPStwNw-REjYW9FTlwGdT8bBRjiFZg)()#epgDivFocusArea
Mielenz, I. (2002). *Bildung ist mehr als Schule. Leipziger Thesen zur aktuellen bildungspolitischen Debatte.* Bonn: Bundesjugendkuratorium.
Ministerium für Schule und Weiterbildung (2005). Schulgesetz für das Land Nordrhein-Westfalen (Schulgesetz NRW - SchulG) Vom 15. Februar 2005 (Stand 15.08.2015). Düsseldorf. Zugriff am 01.07.2016 Online verfügbar: https://www.schulministerium.nrw.de/docs/Recht/Schulrecht/Schulgesetz/Schulgesetz.pdf.
Morgan, K. (1997). The Learning Region: Institutions, Innovation and Regional Renewal. *Regional Studies, 31* (5), 491–503. Routledge.
Nassehi, A. 2002. Der illusionslose Illusionist. Tageszeitung Archiv. Zugriff am 03.08.2017: http://www.taz.de/!1128841/
Niedersächsischer Städtetag. (2007). *Celler Thesen zur kommunalen*

Bildungspolitik. Hannover.

Niemann, L. (2014). *Steuerung lokaler Bildungslandschaften. Räumliche und pädagogische Entwicklung am Beispiel des Projektes Altstadt Nord Köln*. Frankfurt/Main: Springer VS.

Brunsson., N. (1989). *The Organization of Hypocrisy: Talk, Decisions, and Actions in Organizations*. New York: Wiley.

Nuissl, E., Dobischat, R., Hagen, K. & Tippelt, R. (2006). *Regionale Bildungsnetze. Ergebnisse zur Halbzeit des Programms „Lernende Regionen - Förderung von Netzwerken"*. Bielefeld: Deutsches Institut für Erwachsenenbildung.

O'Brien, D. (2015). March 2015 Rent Report. In: Zumper National Rent Report. Zugriff am 15.3.2016: https://www.zumper.com/blog/2015/04/zumper-national-rent-report-march-2015/.

Oliver, C. (1991). Strategic Responses to Institutional Processes. *The Academy of Management Review, 16* (1), 145–179.

Opitz, S. (2015). Die Vermischung Der Gesellschaft: Hybridität und Moral in der Systemtheorie. In Krohn, T. (Hrsg.), *Hybride Sozialität - Soziale Hybridität* (247–66). Weilerswist: Velbrück Wissenschaft.

Orton, J.D. & Weick, K.E. (1990). Loosely Coupled Systems: A Reconceptualization. *Academy of Management Review, 15* (2), 203–223.

Osman, T. (2015). *The Shadow of Silicon Valley: The Dispersion of the Information Technology Industry Throughout The San Francisco Bay Area, 1990–2010*. Los Angeles: University of California, Los Angeles.

Osman, J. (2017). Das Märchen Vom Fachkräftemangel - Manager Magazin. Zugriff am 5.8.2017: http://www.manager-magazin.de/unternehmen/artikel/das-maerchen-vom-fachkraeftemangel-a-1136647.html.

Osterman, P. (1999). *Securing Prosperity: The American Labor Market: How It Has Changed and What to Do About It*. Princeton: Princeton University Press.

Ott, K. & Döring, R. (2008). *Theorie und Praxis starker Nachhaltigkeit*. Marburg: Metropolis-Verlag.

Pache, A.-C. & Santos, F. (2010). When Worlds Collide: the Internal

Dynamics of Organizational Responses. *Academy of Management Journal, 35* (3), 455–476.

Pastor, M., Benner, C. & Matsuoka, M. (2011). For What it's Worth: Regional Equity, Community Organizing, and Metropolitan America. *Community Development, 42* (4), 437–457.

Pastor, M. & Zabin, C. (2002). Recession and Reaction: The Impact of the Economic Downturn on California Labor. *University of California Institute for Labor and Employment.*

Pathways to Prosperity Institute. (2013a). The Role of Intermediary Organizations in Engaging Employers and Providing Workplace Learning, Breakout Session 1, December 17, 2013. Sacramento: Cougar Television 25. Zugriff am 30.12.2015: https://www.youtube.com/watch?v=zcPBlS2JIas&list=WL&index=68

Pathways to Prosperity Institute. (2013b). Wrap Up and Next Steps: Pathways to Prosperity Institute, December 17, 2013. Sacramento: cougar television 25. Zugriff am 2.4.2016: https://www.youtube.com/watch?v=WeONKrNKgtA&index=73&list=WL

Pathways to Education (2012). Winter Newsletter 2012. Zugriff am 10.7.2016: https://www.pathwaystoeducation.ca/sites/default/files/editor_uploads/pdf/pathways-newsletter-winter-2012.pdf

Patton, P. (2006). Order, Exteriority and Flat Multiplicities in the Social. In M. Fuglsang & B. M. Sorensen (Hrsg.), *Deleuze and the Social* (S. 21 –38). Edinburgh: Edinburgh University Press.

Penuel, B., Korbak, C., Yarnall, L. & Pacpaco, R. (2001). *Silivon Valley Challenge 2000. Year 5 Multimedia Project Report.* Prepared for: Joint Venture: Silicon Valley Network. Menlo Park: SRI International Assessment.

Pfadenhauer, M. (2003). *Professionalität. Eine wissenssoziologische Rekonstruktion institutionalisierter Kompetenzdarstellungskompetenz.* Wiesbaden: Springer VS.

Pfeffer, J. and Salancik, G.R (1978). *The External Control of Organizations: A Resource Dependence Perspective.* New York, NY,: Harper and Row.

Pfenning, U. & Renn, O. (2012). Thematische Einführung: Ziele und Anliegen von MINT-Bildung. In U. Pfenning & O. Renn (Hrsg.), *Wissenschafts- und Technikbildung auf dem Prüfstand. Zum Fachkräftemangel und zur Attraktivität der MINT-Bildung und - Berufe im europäischen Vergleich* (S. 19–28). Baden-Baden: Nomos.

Picht, G. (1964). *Die deutsche Bildungskatastrophe*. Freiburg/Breisgau: Olten.

Pierce, J., Martin, D.G. & Murphy, J.T. (2011). Relational Place-Making: the Networked Politics of Place. *Transactions of the Institute of British Geographers, 36* (1), 54–70.

Piore, M.J. & Sabel, C.F. (1984). *The Second Industrial Divide. New York: Basic books*. New York: Basic books.

Porat, M. U. (1977). *The Information Economy: Definition and Measurement*. Washington, DC: United States Department of Commerce.

Popp-Berman, Elizabeth (2012). *Creating the Market University: How Academic Science Became an Economic Engine*. Princeton: Princeton University Press.

Ragin, C. C. (1992). Introduction: Cases of "What is a Case?" C. Ragin, H.S. Becker (Hrsg.) *What Is a Case? Exploring the Foundations of Social Inquiry*, (S. 1–17). New York: Cambridge University Press.

Reich, R. (2010). *Aftershock: The Next Economy And America's Future*. New York: Knopf Doubleday Publishing Group.

Reutlinger, C. (2009). Bildungslandschaften: Eine raumtheoretische Betrachtung. In J. Böhme (Hrsg.), *Schularchitektur im interdisizplinären Diskurs. Territorialisierungskritik und Gestaltungsperspektiven des schulischen Bildungsraums* (S. 119–139). Frankfurt/Main: Springer VS.

Reutlinger, C. (2011). Bildungsorte, Bildungsräume und Bildungslandschaften im Spiegel von Ungleichheit – kritischer Blick auf das „Räumeln". In P. Bollweg & H.-U. Otto (Hrsg.), *Räume flexibler Bildung. Bildungslandschaft in der Diskurs* (S. 51–69). Wiesbaden: Springer VS.

Robbins, D. (2002). Sociology and Philosophy in the Work of Pierre Bourdieu, 1965–75. *Journal of Classical Sociology, 2*(3), 299–328.

Rode, H., Wendler, M. & Michelsen, G. (2011). *Bildung für nachhaltige*

Entwicklung bei außerschulischen Anbietern. Lüneburg: Leuphana Universität Lüneburg. Abgerufen am 30.05.2016: https://www.dbu.de/OPAC/ab/DBU-Abschlussbericht-AZ-26202.pdf

Rolff, H.G. (2014). *Auswertung der Evaluationen und Empfehlungen zur Weiterentwicklung der Regionalen Bildungsnetzwerke in NRW.* Düsseldorf: Ministerium für Schule und Bildung, Nordrhein-Westfalen.

Rosen, L. (11. September 2014). The Truth Hurts: The STEM Crisis Is Not a Myth. *Huffington Post,* 1–4.

Rothwell, J. (2013). The hidden STEM Economy. *Washington, DC: Brookings,* (June), 1–38. Zugriff am 30.12.2015: http://www.brookings.edu/~/media/Research/Files/Reports/2013/06/10 stem economy rothwell/SrvyHiddenSTEMJune3b.pdf

Rowan, B. (1990). Commitment and Control. Alternative Strategies for the Organizational Design of Schools. *Review of Research in Education, 16,* 353–389.

Rürup, M. & Heinrich, M. (2007). Schulen unter Zugzwang. Die Schulautonomiegesetzgebung der deutschen Länder als Rahmen der Schulentwicklung. *Educational Governance. Handlungskoordination und Steuerung im Bildungssystem* (S. 157–183). Wiesbaden: Springer VS.

Rutten, R. & Boekema, F. (2012). From Learning Region to Learning in a Socio-spatial Context. *Regional Studies, 46* (8), 37–41.

Salesforce. (2016). Salesforce STEM Initiatives. Zugriff am 2.4.2016: http://www.salesforce.org/category/stem/

Sallaz, J. J., & Zavisca, J. (2007). Bourdieu in American Sociology, 1980–2004. *Annual Review of Sociology, 33* (1), 21–41.

Salzmann, C., Bäumer, H. & Meyer, C. (Hrsg.). (1995). *Theorie und Praxis des Regionalen Lernens. Umweltpädagogische Impulse für außerschulisches Lernen - Das Beispiel des Regionalen Umweltbildungszentrums Lernstandort Noller Schlucht.* Frankfurt/Main: Peter Lang Verlag.

Saxenian, A. (1996). *Regional Advantage: Culture And Competition In Silicon Valley and Route 128.* Cambridge, MA.: Harvard University Press.

Saxenian, A.-L. & Dabby, N. C. (2004). *Creating and Sustaining Regional Collaboration in Silicon Valley? The Case of Joing Venture:Silicon Valley* (No. 1–7). IURD Working Paper Series, Berkeley, CA: University of California, Berkeley. Zugriff am 14.01.2018: https://escholarship.org/uc/item/87d05794#author

Scheff, J. (1999). *Lernende Regionen. Regionale Netzwerke als Antwort auf globale Herausforderungen.* Wien: Linde Verlag.

Schimank, U. (2008). Ökonomisierung der Hochschulen – Eine Makro-, Meso-, Mikroperspektive. In: Rehberg, Karl-Siegbert (Hrsg.). *Die Natur der Gesellschaft. Verhandlungen des 33. Kongresses der Deutschen Gesellschaft für Soziologie in Kassel 2006 (S.* 622 – 635). Frankfurt/Main: Campus.

Schimank, U. (2011). Wohlfahrtsgesellschaften als funktionaler Antagonismus von Kapitalismus und Demokratie. Ein immer labilerer Mechanismus? Max-Planck-Institut für Gesellschaftsforschung. *Working Paper 11/2.* Köln.

Schillmeier, M. (2013). Zur Politisierung des Sozialen. Durkheims Soziologie und Tardes Monadenlehre. In T. Bogusz, Delitz (Hrsg.), *Émile Durkheim: Soziologie - Ethnologie - Philosophie* (S. 403–433). Frankfurt/Main: Campus.

Schockemöhle, J. (2009). *Außerschulisches regionales Lernen als Bildungstrategie für eine nachhaltige Entwicklung. Entwickung und Evaluierung des Konzeptes „Regionales Lernen 21+".* Weingarten: Selbstverlag Hochschulverband für Geografie und ihre Didaktik e.V.

Schofer, E. & Meyer, J.W. (2005). The Worldwide Expansion of Higher Education in the Twentieth Century. *American Sociological Review, 70* (6), 898–920.

Schul- und Kultusreferat Stadt München. (2006). *Erster Münchner Bildungsbericht. Bildung zu einer Angelegenheit vor Ort machen.* München.

Schütz, A. (1932). *Der sinnhafte Aufbau der sozialen Welt: eine Einleitung in die verstehende Soziologie.* Wien: Springer.

Schütz, A. (1971). Das Wählen zwischen Handlungsentwürfen. In A. Schütz (Hrsg.), *Gesammelte Aufsätze. Band 1: Das Problem der sozialen Wirklichkeit* (S. 77–110). Den Haag: Martinus Nihhoff.

Scott, J.C. (1998). *Seeing Like a State. How Certain Schemes to Improve the Human Condition Failed*. New Haven: Yale University Press.
Scott, W.R. (1991). Unpacking Institutional Arguments. In W.W. Powell & P.J. DiMaggio (Hrsg.), *The New Institutionalism in Organizational Analysis* (S. 164–182). Chicago: University of Chicago Press.
Scott, W.R. (1994). Conceptualizing Organizational Fields. Linking Organizations and Societal Systems. In H.-U. Derlien, U. Gerhardt & F.W. Scharpf (Hrsg.), *Systemrationalität und Partialinteresse* (S. 203–221). Baden-Baden: Nomos.
Shinn, T. (2002). The Triple Helix and New Production of Knowledge. *Social Studies of Science* 32(4), 599–614.
Shinn, T. und Joerges, B. (2004). Paradox oder Potenzial. Zur Dynamik Heterogener Kooperation. In Kooperation im Niemandsland: Neue Perspektiven auf Zusammenarbeit in Wissenschaft und Technik, Strübing, J., Schulz–Schaeffer, I., Meister, M. & Gläser, J. (S. 77–104). Wiesbaden: Springer.
Sennett, R. (1998). *The Corrosion of Character. The Personal Consequences of Work in the New Capitalism*. New York: Norton.
Sewell, W. H. (1996). Three Temporalities: Toward an Eventful Sociology. In T. J. McDonald (Hrsg.), *The Historic Turn in the Human Sciences* (S. 245–280). Ann Arbor: Michigan University Press.
Seyffarth, M. (2017). Ausbildung: Klassische Berufe Stecken in der Krise, *Die Welt*. Zugriff am 5.8.2017: https://www.welt.de/wirtschaft/karriere/bildung/article167114531/Die-Ausbildungskrise-gefaehrdet-Deutschlands-Erfolg.html.
Siems, D. (2011). "Deutschland Steht vor Revolution am Arbeitsmarkt: Fachkräftemangel, *Die Welt*. Zugriff am 5.8.2017: https://www.welt.de/debatte/kommentare/article13444914/Deutschland-steht-vor-Revolution-am-Arbeitsmarkt.html.
Silicon Valley Education Foundation (2016). Website. Zugriff am 2.4.2016: http://svefoundation.org/pages/about-us/
Smets, M., Morris, T. & Greenwood, R. (2012). From Practice to Field: A Multilevel Model of Practice-Driven Institutional Change. *Academy of Management Journal*, 55 (4), 877–904.

Spillane, J. & Burch, P. (2006). The Institutional Environment and the Technical Core in K-12 Schools: 'Loose Coupling' Revisited. In H.D. Meyer & B. Rowan (Hrsg.), *The New Institutionalism in Education: Advancing Research and Policy (S.* 87-102). Albany: State University of New York Press.

Spiegel Online. (2012). Mythos Fachkräftemangel: Bundesregierung bleibt Beweise schuldig - SPIEGEL ONLINE. Zugriff am 5.8.2017: http://www.spiegel.de/wirtschaft/soziales/mythos-fachkraeftemangel-bundesregierung-bleibt-beweise-schuldig-a-746411.html.

Squazzoni, F. (2009). Social Entrepreneurship and Economic Development in Silicon Valley: A Case Study on The Joint Venture: Silicon Valley Network. *Nonprofit and Voluntary Sector Quarterly, 38* (5), 869–883.

Stäheli, U. (2013). Entnetzt Euch! *Mittelweg 36,* 22, 3–28.

Star, S. L. & Griesemer, J. (1989). Institutional Ecology. „Translations" and Boundary Objects: Amateurs and Professionals in Berkeley's Museum of Vertrebrate Zoology, 1907–39. In: *Social Studies of Science,* 19, 387–420.

Stalinski, S. (2015). Mythos Fachkräftemangel. *Tagesschau.de.* Zugriff am August 7, 2017: https://www.tagesschau.de/inland/fachkraefte-107.html.

Stahl, T. & Schreiber, R. (2003). *Regionale Netzwerke als Innovationsquelle. Das Konzept der lernenden Region in Europa.* Frankfurt/Main: Campus Verlag.

Stehr, N. (1994). *Arbeit, Eigentum und Wissen: Zur Theorie von Wissensgesellschaften.* Frankfurt/Main: Suhrkamp Verlag.

Stehr, N. (2003). Das Produktivitätsparadox. In S. Bösschen & I. Schulz-Schaeffer (Hrsg.), *Wissenschaft in der Wissensgesellschaft* (S. 77-93). Wiesbaden: Westdeutscher Verlag.

Stehr, N. (2006). Aktuelle Probleme der Wissensgesellschaft. Bildung, Arbeit und Wirtschaft. In K. Kempter & R. Boenicke (Hrsg.), Bildung und Wissensgesellschaft, (S. 363–377). Heidelberg: Springer.

Stichweh, R. (2005a), Erzeugung und Neutralisierung von Ungleichheit durch Funktionssysteme, in: ders., Inklusion und Exklusion (S. 163–

177), Bielefeld: Transcript.
Stichweh, R. (2005b), Inklusion und Exklusion. Logik und Entwicklungsstand einer gesellschaftstheoretischen Unterscheidung, in: ders., Inklusion und Exklusion (S. 179–196), Bielefeld: Transcript.
Stimson, R.J., Stough, R.R. & Roberts, B.H. (2006). *Regional Economic Development. Analysis and Planning Strategy.* Berlin: Springer.
Stoltenberg, U. (2007). Bildung für eine nachhaltige Entwicklung als regionales Projekt. *Tradition und Innovation. Region und Bildung in einer nachhaltigen Entwicklung* (S. 80–92). Frankfurt/Main: Verlag für akademische Schriften.
Stoltenberg, U. (2013). Bildungslandschaften für eine nachhaltige Entwicklung. In: FORUM Umweltbildung (Hrsg.). *Bildung für nachhaltige Entwicklung. Jahrbuch 2013* (S. 30–37). Wien: forum edition.
Storper, M. & Christopherson, S. (1987). Flexible Specialization and Regional Industrial Agglomerations: The Case of the U.S. Motion Picture Industry. *Annals of the Association of American Geographers, 77* (1), 104–117.
Storper, M. (1997). The Regional World. Territorial Development in a Global Economy. New York: The Guildford Press.
Strauss, A. (1988). The Articulation of Project Work: An Organizational Process. *The Sociological Quarterly, 29* (2), 163–178.
Strive Together. (2015). A National Movement to Improve Education for Every Child, From Cradle to Career. Zugriff am 2.4.2016: http://www.strivetogether.org/cradle-career-network.
Suchman, M. (2000). Dealmakers and Counselors: LawFirms as Intermediaries in the Development of Silicon Valley. In M. Kenney (Hrsg.), *Understanding Silicon Valley* (S. 27–97). Palo Alto, CA: Stanford University Press.
Swidler, A. (1986). Culture in Action: Symbols and Strategies. *American Sociological Review, 51* (2), 273–286.
SZ online. (2012). Bildungsexperten Warnen vor Fachkräftemangel - "Deutschland droht Schaden zu Nehmen" Süddeutsche.de. Zugriff am August 7, 2017: http://www.sueddeutsche.de/bildung/bildungsexperten-warnen-vor-

fachkraeftemangel-deutschland-droht-schaden-zu-nehmen-1.1296845).
Tacke, V. (2005). Schulreform als aktive Deprofessionalisierung. In Klatetzki T, Tacke V (Hrsg.), *Organisation und Profession (S.* 165-198). Wiesbaden: Springer VS.
Tan, E. (2014). Human Capital Theory: A Holistic Criticism. *Review of Educational Research, 84* (3), 411–445.
Tanz, J. (2015). The Tech Elites Quest to Reinvent School in its Own Image. *Wired.*
Terplan, E., Bhatti, I. & Vi, T. (2014). *Economic Prosperity.* San Francisco: The San Francisco Bay Area Planning and Urban Research Association.
Terrier, J. (2009). Die Verortung der Gesellschaft: Durkheims Verwendung des Begriffs „Substrat". *Berliner Journal für Soziologie, 19* (2), 181–204.
Terrier, J. (2013). Pluralität und Einheit: Zum Verhältnis von Pluralismus und Gesellschaftstheorie bei Emile Durkheim. In: T. Bogusz & H. Delitz (Hrsg.), *Émile Durkheim: Soziologie - Ethnologie - Philosophie* (S. 119–148). Frankfurt/Main: Campus Verlag GmbH.
The White House. (2013). Remarks by the President in the State of the Union Address, February 12, 2013. U.S. Capitol Washington, D.C.: Office of the Press Secretary. Zugriff am 30.12.2015: https://www.whitehouse.gov/the-press-office/2013/02/12/remarks-president-state-union-address
The Workforce Alliance (TWA) (2009). *California's Forgotten Jobs Meeting the Demands of a 21st Century Economy. Education And Training.* Washington, D.C. Zugriff am 30.12.2015: www.Skills2Compete.org
Thiem, C.H. (2008). Thinking Through Education: the Geographies of Contemporary Educational Restructuring. *Progress in Human Geography, 33* (2), 154–173.
Thornton, P.H. & Ocasio, W. (2005). Institutional Logics. In: Greenwood, R., Oliver, C., Suddaby, R., & Sahlin-Andersson, K. *(Hrsg.), The Sage Handbook of Organizational Institutionalism.* (S. 99–129). London: Sage.
Thornton, P., Jones, C. & Kury, ,K. (2005). Institutional Logics and

Institutional Change: Transformation in Accounting, Architecture, and Publishing, In C. Jones & P. H. Thornton (Hrsg.), *Research in the Sociology of Organizations* (S. 125–170). London: JAI.
Thrift, N. (2003). 'Space': The Fundamental Stuff of Human Geography. In S. Holloway, S. Rice, & G. Valentine (Hrsg.), *Key Concepts in Geography* (S. 85–96). London: Sage Publications.
Tomeski, E.A. (1970). *The Computer Revolution: The Executive and The New Information Technology*. New York: Macmillan Press.
Touraine, A. (1988). *Return of the Actor: Social Theory in Postindustrial Society*. Minnesota: University of Minnesota Press.
Traphagen, K. & Traill, S. (2014). *Working paper. How Cross-Sector Collaborations are Advancing STEM Learning*. The Noyce Foundation.
Traue, B. (2010). Kompetente Subjekte: Kompetenz als Bildungs-und Regierungsdispositiv im Postfordismus. In T. Kurtz & M. Pfadenhauer (Hrsg.), *Soziologie der Kompetenz* (S. 49–66). Wiesbaden: Springer VS.
Tresselt, P. (1995). Selbstständige Schule. Die Geschichte des nordrhein-westfälischen Modellprojektes Schule 21. Zugriff am 4.4.2016: http://www.tresselt.de/s21history.htm
United Nations Environment Programme, UNEP (2011). *Decoupling Natural Resource Use and Environmental Impacts From Economic Growth*, A Report of the Working Group on Decoupling to the International Resource Panel. Fischer-Kowalski, M., Swilling, M., von Weizsäcker, E.U., Ren, Y., Moriguchi, Y., Crane, W., Krausmann, F., Eisenmenger, N., Giljum, S., Hennicke, P., Romero Lankao, P., Siriban Manalang, A., Sewerin, S.
Vandenberghe, F. (1999). "The Real is Relational": An Epistemological Analysis of Pierre Bourdieu's Generative Structuralism. *Sociological Theory, 17*(1), 32–67.
Vaughan, D. (1992). Theory Elaboration: The Heuristics of Case Analysis. In C.C. Ragin & H.S. Becker (Hrsg.), *What is a Case?: Exploring the Foundations of Social Inquiry* (S. 173–202). Cambridge: Cambridge University Press.
Vaughan, D. (1996). *The Challenger Launch Decision: Risky Technology, Culture, and Deviance at NASA*. Chicago: University

of Chicago Press.
Vaughan, D. (1999). The Role of the Organization in the Production of Techno-Scientific Knowledge. *Social Studies of Science 29* (6), 913–943.
Vaughan, D. (2008). Bourdieu and Organizations: the Empirical Challenge. *Theory and Society, 37* (1), 65–81.
Vincent, J.M. (2012). *California's K 12 Educational Infrastructure Investment: Leveraging the State's Role for Quality School Facilities in Sustainable Communities.* Berkeley, CA. Zugriff am 26.4.2016: http://citiesandschools.berkeley.edu/reports/CCS2012CAK12faciliti es.pdf
Volkmann, U. & Schimank, U. (2006). Kapitalistische Gesellschaft: Denkfiguren bei Pierre Bourdieu. In Florian, M. & Hillebrandt, F. (Hrsg), Pierre Bourdieu: *Neue Perspektiven für die Soziologie der Wirtschaft* (S. 221–24). Wiesbaden: Springer VS.
Wacquant, L. (2006). Auf dem Weg zu einer Sozialpraxeologie. Struktur und Logik der Soziologie Pierre Bourdieus. In P. Bourdieu & L. Wacquant, *Reflexive Anthropologie* (S. 17–93). Frankfurt/Main: Suhrkamp.
Wacquant. L., Slater, T. & Pereira, V.B. (2014). Territorial Stigmatization in Action. *Environment and Planning A.*, 46, 1270–1280.
Walton, J. (1992). Making the Theoretical Case. *What Is a Case?*, 121–137.
Weber, M. (1973). Die „Objektivität" sozialwissenschaftlicher und sozialpolitischer Erkenntnis. In J. Winckelmann (Hrsg.), *Gesammelte Aufsätze zur Wissenschaftslehre* (S. 180–214). Tübingen: Mohr Siebeck.
Webster, F. (1999). *Theories of the Information Society.* London: Routledge.
Weick, K.E. (1976). Educational Organizations as Loosely Coupled Systems. *Administrative Science Quarterly, 21* (1), 1–19.
Weinberg, C. (19. März 2015). State Blames NIMBYs for Soaring Housing Costs. *Francisco Business Times.*
Weingart, P. (2001). *Die Stunde der Wahrheit? Zum Verhältnis der*

Wissenschaft zu Politik, Wirtschaft und Medien in der Wissensgesellschaft. Weilerswist: Velbrück Wiss.

Wellman, B. (2002). Little Boxes, Glocalization, and Networked Individualism From Little Boxes to Social Networks. In: Tanabe M., van den Besselaar P., Ishida T. (Hrsg.), *Digital Cities II: Computational and Sociological Approaches. Digital Cities 2001. Lecture Notes in Computer Science*, vol 2362 (S. 10–25). Heidelberg: Springer.

Welzer, H. & Sommer, B. (2014). *Transformationsdesign. Wege in eine zukunftsfähige Moderne*. München: Ökom.

Werron, T. (2010). Direkte Konflikte, indirekte Konkurrenzen. *Zeitschrift für Soziologie*, *39* (4), 302–318.

White, H.C. (1992). *Identity and Control. How Social Formations Emerge*. Princeton: Princeton University Press.

Wieners, B. & Hillner, J. (September 1998). Silicon Envy. *Wired*. Zugriff am 30.12.2015: http://www.wired.com/1998/09/silicon/

Williams, M. (2015). Driving Diversity at Facebook. *25. Juni 2015*. Zugriff am 2.4.2016: http://newsroom.fb.com/news/2015/06/driving-diversity-at-facebook/

Willke, H. (2001). *Systemisches Wissensmanagement*. Stuttgart: Lucius & Lucius.

Winner, L. (1992). Silicon Valley Mystery House. In M. Sorkin (Hrsg.), *Variations on a Theme Park: The New American City and the End of Public Space* (S. 31–59). New York: Hill and Wang.

Wright, E.O. (2017). *Reale Utopien*. Frankfurt/Main: Suhrkamp.

Zucker, L.G. (1977). The Role of Institutionalization in Cultural Persistence. *American Sociological Review*, *42* (5), 726–743.

Zillow (2015). Presse-Meldung, 27. März: Low Housing Supply Squeezes Affordability. Zugriff am 9.3.2016: http://www.prnewswire.com/news-releases/low-housing-supply-squeezes-affordability- 300056889.html

Ziman, J. M. (1979). *Models of Disorder: The Theoretical Physics of Homogeneously Disordered Systems*. London: CUP Archive.

Anhang

Zu Fallstudie I

Interviewleitfaden zu Bildungsbrokern

Structure
- How would you describe the nature of cross-sector work?
- Do you see that cross sector work may become some kind of profession that is different from others?
- How would you describe the current structure of intermediary work?
- what state agencies are most important for your work?
- How does the national level impact your work on the regional level?
- Are there groups that try to regulate the field?
- What risks and benefits would centralization have?

History
- how do you perceive the relation of new intermediaries and "old" intermediaries? (business groups, community colleges, workforce investment boards)
- How did the new intermediaries emerge? What was the start to this development and what is its main driver?

Strategies
- Do you think it is necessary to integrate the workforce system, and if so why?
- Is there a limit to scaling cross-sector work?

- what strategies do you have for sustaining cross-sector work?

Supply & Demand
- What knowledge is out there on the demand and supply of workforce?
- Are there any gaps or uncertainties in what we know? How do you deal with those?
- How do you think our thinking of education changes through cross-sector work?

Competition
- Do intermediaries compete in any way? What for and using what strategies/thinking?

Code-Matrix Feldanalyse San Francisco

- Codesystem
  - field formation
    - Community Colleges
    - San Leandro
    - WIB
    - Economic Dev Alliances
    - IGUs
    - paths of connectivity
  - intermediaries
    - intermediary goals and strategies
      - demarcate (responsibilities, public/private terretories)
      - deliver (to firms, students, state)
      - regulate
      - centralize
        - "single point of contact"
      - disclose
      - translate
      - sustain
      - convene
      - broker
      - measure
  - integrative challenges
    - physical frictions
    - temporal frictions
    - uncertainties
    - contingencies
    - involving education
      - organizational
        - who to go for what
      - interactional
      - emerging
      - transparency
      - state regulation
      - school/district autonomy
      - person/teacher autonomy
      - non-linear student careers
      - non-state systems
    - involving industry
      - organizational
      - interpersonal
      - emerging
      - transparency
  - integrative practices
    - evaluation
    - scale
    - position configuration
    - boundary constitution

```
                                    election
                            allocation
                            (re-)integration
                            use sounding boards, create interfaces
                            consolidate processes
                    intersectional structures
                            trade-off formal vs. informal
                            functional
                            collaborative
                            interconnected
                            transformational
                            dominant
            education contexts
                    competition
                    fragmentation
                    uncertainties
                    alleged needs
                    site and facilities
                    staff, tools, money
                    ideas and legitimation
            industry contexts
                    competition
                    uncertainties
                    fragmentation
                    alleged needs
                    site and facilities
                    staff, tools, money
                    ideas and legitimation
```

Zu Fallstudie II

Interviewleitfaden zu Bildungslandschaften

Einstieg
- Wie und warum setzt sich ihre Organisation für MINT-Bildung ein?
- Was sind die dringendsten Problemlagen, denen sich ihre Organisation annimmt?

Feld
- Was ist Zielstellung und Strategie ihrer Organisation (bzgl. MINT und um zu kommunalen Bildungslandschaften beizutragen)?

- Wer sind die für sie relevanten Akteure? Einerseits die Akteure mit denen sie selber in Kontakt stehen, andererseits diejenigen die zu einer kommunalen Bildungslandschaft dazugehören?
- Welche Rolle spielen die einzelnen Akteure
  - in Bezug auf die Regulierung von kommunalen Bildungslandschaften
  - die Bereitstellung von Ressourcen,
  - die eigenen Vorstellungen von Bildung und Kommunalisierung,
  - die Erwartungen gegenüber anderen Akteuren?
- Wie stehen sie in diesen Hinsichten zueinander?
  - Welche Rollen spielen Kommunen, Länder und der Bund? Stiftungen? Unternehmen?
  - Wie sehen sie das Verhältnis der Stiftungen und Unternehmen zueinander, wenn es um das Engagement für MINT-Bildung geht?
  - Wie sehen sie das Verhältnis der Anliegen von Wirtschaft und Unternehmen einerseits und der Anliegen von Bildung und Schulen andererseits?
  - Wie können Unternehmensinteressen mit Ideen und Idealen der Bildung verkopft werden?

Kooperation und Konkurrenz
- Konkurrenzverhältnisse sehen sie im Feld der MINT-Bildung?
- Welche Kooperationsverhältnisse gehen sie in ihrer Strategie ein?
- Welche Konkurrenzverhältnisse gibt es Zukunftswerkstattzwischen Ihnen und anderen Akteuren oder unter anderen Akteuren?

Bildungsmonitoring
- In welchem Verhältnis steht ihre Organisation zu der Entwicklung, regionale Bildungsstrukturen zu erheben, zu sammeln und bereitzustellen?

Kommunale Bildungslandschaften
- Was bedeutet kommunale Bildungslandschaft für Ihre Organisation?
- Wie steht dieses Thema in ihren Augen zum Thema MINT?
- Wie sollte eine kommunale Bildungslandschaft organisiert sein, was gehört unbedingt dazu, was auf keinen Fall?
- Wie unterscheiden Sie sich in diesen Vorstellungen von anderen?

Bildung
- Welches Bildungskonzept ist ihres Erachtens mit kommunalen Bildungslandschaften verbunden?

Zu Fallstudie III
Interviewleitfaden Förderer und Initiatoren

Rolle
- Wie hat Ihre Arbeit an der Zukunftswerkstatt angefangen?

Ziele
- Welche Ziele sollte die Zukunftswerkstatt ihres Erachtens verfolgen?
- Welche Herausforderungen sehen Sie auf dem Weg diese Ziele zu verfolgen?
- Hat die Zukunftswerkstatt Ziele, die über reine Bildungsthemen hinausgehen, etwa bezüglich der wirtschaftlichen, kulturellen oder ökologischen Entwicklung der Region?

Entwicklung
- Wie ist die Zukunftswerkstatt ursprünglich entstanden?
- Welche Herausforderungen und Schwierigkeiten haben sich bei der Entwicklung der Zukunftswerkstatt bis jetzt gezeigt?
- Wenn sie sich die heutige Situation vor Augen führen zurückdenken an die Anfänge – was hat sich verändert im Konzept und der Arbeit der Zukunftswerkstatt? Wie erklären Sie sich diese Entwicklungen?

Regionalentwicklung
- Was sind ihres Erachtens die größten Probleme der Region (Landkreis Harburg)
- Kann die Zukunftswerkstatt zur Arbeit an diesen Problemen beitragen?
- Was bedeutet für Sie nachhaltige Regionalentwicklung?
- Wie kann die Zukunftswerkstatt zur Regionalentwicklung beitragen?

Landkreis
- können Sie mir die politische Landschaft aus Ihrer Sicht schildern, wie Sie sich um die Zukunftswerkstatt gestaltet?
- Wie stehen die verschiedenen Parteien zu der Zukunftswerkstatt?
- Was ist der aktuelle Stand der Finanzierungsdebatte, welches Fazit ziehen Sie daraus und wie wird sie sich weiterentwickeln?

Interviewleitfaden Mitarbeiter & Ehrenamtliche

Gruppen
- Wer ist die *Zukunftswerkstatt*? Welche Gruppen umfassen sie und wie würdest du diese Gruppen beschreiben?

Was ist deine Rolle in der *Zukunftswerkstatt*?
- Wie siehst du deine Rolle in Bezug auf all die anderen Gruppen – die Ehrenamtlichen, die Leiter1innen, die Kinder, die Eltern, die Lehrer, die Unternehmen?
- Was sind deine Aufgaben? Wo siehst du deinen Beitrag? Gibt es Sachen die du gerne mehr einbringen würdest?
- Welche Erwartungen hattest du als du angefangen hast? Welche haben sich bestätigt, wo gab es Überraschungen?

Was ist für dich das Verhältnis von Ehrenamtlichen und Festangestellten?
- Was ist der Unterschied zwischen ?
- Du warst ja in beiden Rollen. Wie hast du die *Zukunftswerkstatt* früher gesehen, wie heute?

- Wie war der Übergang für dich? Was hast du dazu gelernt? Gibt es Sachen, die du früher als Ehrenamtliche gemacht hast, wenn du dich engagiert hast, und heute nicht mehr machst?
- Was muss ein Ehrenamtlicher können und wissen? Was muss ein Festangestellte können und wissen?
- Wie läuft die Zusammenarbeit zwischen ? Hat die sich verändert?
- Wie müsste sie laufen, denkst du, wenn du an die tägliche Zusammenarbeit an dem einen oder anderen Bildungsprojekt denkst?

Rolle der Ehrenamtlichen
- Wie laufen für dich die Themengruppen, die du leitest? Wie gehst du da ran?
- Wie kam es zur Unterscheidung zwischen Experimententwicklern und denjenigen, die Experimente durchführen?
- Wie glaubst du kann man die Arbeit mit den Ehrenamtlichen steuern?
- (eher alle gleich oder individuell? eher Regeln oder eher Routinen/ Gespräche? Eher als verteilte Aufgabe unter vielen oder als Spezialaufgabe?)

Strukturen/ Aufbau/Entscheidungsfindung
- Wie läuft die Zusammenarbeit im Team? Angenommen es ist ein normaler Tag, wie läuft der im Team so ab?
- Wie laufen die Teamsitzungen ab?
- Wie werden Entscheidungen getroffen?

Trends in der Bildungsarbeit
- Wenn du zurückschaust auf deine Zeit bei der *Zukunftswerkstatt* insgesamt? Gibt es Trends in der Entwicklung? Oder einzelne wichtige Veränderungen, die dir einfallen?

Fortbildung
- Wie hast du die Fortbildung erlebt?
- Welche Rolle hat sie für die Dinge gespielt, die du gerade von der Organisation erzählt hast?
- Welche Rolle hat sie für die Bildungsarbeit gespielt?

- Wenn du an weitere Fortbildungen denkst, welche Lernbedürfnisse siehst du da noch für dich und für andere?
- Welche Rolle hat sie für die Bildungsarbeit gespielt?
- Wenn du an weitere Fortbildungen denkst, welche Lernbedürfnisse siehst du da noch für dich und für andere?

Vision
- Was ist für dich das Bildungskonzept der *Zukunftswerkstatt*?
- Was ist für dich die langfristige Vision?
- Was davon ist jetzt schon in der alltäglichen Praxis sichtbar?

Schlüsselereignisse der Zukunftswerkstatt Buchholz, 2009 – 2013

2007/2008:
Tag der offenen Tür am GAK. Die Idee wird geboren. Regelmäßige Arbeitskreis-Treffen laufen an. Austausch mit ähnlichen Projekten wird gefunden

2009
Sommer 2009:	Ministerien stellen Förderung in Aussicht
25.06. 2009:	Sponsorentreffen. Unternehmen zeigen Interesse
06.11.2009:	Workshop: Erstmals treffen sich Stakeholder aus Bildung, Wirtschaft, Wissenschaft und Politik. Grundzüge des Konzeptes werden festgelegt

2010
Frühjahr 2010:	MK und MWK stellen statt Mitteln Personal in Aussicht (Lehrerstellen, Leuphana-Mitarbeiter)
Frühjahr 2010:	EU-Fördertöpfe werden geprüft
Frühjahr 2010:	Die Rechtsform des Projektes wird diskutiert. Schadwinkel wird zum ehrenamtlichen Geschäftsführer ernannt
Mai 2010:	BMBF sagt Förderung ab
Mai 2010:	Vorstellung des Projekts in den Fraktionen des Kreistages; Präsentation im Schulausschuss

Mai 2010:	Programmgestaltung wird diskutiert; Arbeitskreis einigt sich auf Arbeitsteilung; [anonymisiert] entwirft ein Bildungskonzept
Juni 2010:	Gutachten zur Rechtsformwahl votiert für Stiftung+Förderverein
Juli 2010:	Treffen mit der N-Bank zur EU-Förderung laufen an; der Zukunftswerkstatteiteilige Förderweg über EFRE und ESF wird beschlossen

August 2010:	Entwurf eines Business-Plans
31. August 2010:	Präsentation des Vorhabens vor Unternehmen: Der Fachkräftemangel wird zum Bezugsproblem
9.9.2010:	Gründung des Fördervereins, Eintragung am 15. Februar 2011
05.10.2010:	Stellenausschreibung wird auf den Weg gebracht
06.10.2010:	Präsentation vor Schulvertretern
Herbst 2010:	Der Standort wird diskutiert
Jahreswechsel 2010/2011:	EFRE-Antrag wird eingereicht
Frühjahr 2011:	Die Metropolregion steigt als Förderer mit ein. Zukunftswerkstatt wird Leitprojekt der Metropolregion
Frühjahr 2010:	Die Stiftungsgründung wird vorbereitet. Gremien werden paritätisch mit Bildungs-, Wirtschafts- und Politikvertretern besetzt

2011

02.05.2011:	Erstes Gespräch mit Architekten zum Gebäude (BOW Architekten, Landkreis, Förderverein)
Mai 2011:	Zusage des Landkreises: Landkreis sagt im Mai 2011 Gelder zu: 120.000 Euro an Projektentwicklung; Bau 100.000; jährlich 10.000 Euro 2012- 2016; Ausfallgarantie von 100.000, d.h. Übernahme von Finanzierungslücken bis zu 9.000 Euro
Frühjahr 2011:	[Anonymisiert] steigt als Projektleiterin beim Förderverein ein (später Geschäftsführerin bei der Stiftung); ihr Arbeitsplatz ist zunächst im Landkreis

Zu Fallstudie III

Juli 2011:	Jahresbericht: „Nach dem Entschluss des Landkreises Harburg im Mai und der Sparkasse Harburg-Buxtehude beschloss auch die Stadt Buchholz den Bau der Zukunftswerkstatt Buchholz mit 100.000 Euro zu fördern."
Juli 2011:	Landkreis entscheidet sich für ein Zukunftswerkstatt-eistöckiges Gebäude; Besuche bei anderen Lernorten; Besprechung der Inneneinrichtung mit Rainer Rieger
August 2011:	Großspende [anonymisiert; öffentliches Energieunternehmen]
August 2011:	Förderverein verzeichnet erste Mitglieder; [anonymisiert] wird erste ehrenamtliche Mitarbeiterin
September 2011:	Reduktion der Baukosten von 2,15 Mio. auf 2,02 nach zurückgezogenen Versprechen einiger Unternehmen
Oktober 2011:	Stadt Buchholz und [anonymisiert; öffentliches Energieunternehmen] erhöhen den jährlichen Förderbetrag
6.10.2011:	Große Info-Veranstaltung
30.11.2011:	erste große Veranstaltung für Ehrenamtliche

2012

10.01.2012:	erste Sitzung des Arbeitskreises Bildung
24.01.2012:	erste Sitzung des Arbeitskreises Wirtschaft
April. 2012:	Stiftungsgründung: „fünf Gründungsstifter, die gemeinsam das Kapital für die Stiftung Zukunftswerkstatt Buchholz aufbrachten: EWE AG [anonymisiert], Förderverein des Lions Club Hamburg-Nordheide [anonymisiert], Sparkasse Harburg-Buxtehude [anonymisiert], Stadtwerke Buchholz ([anonymisiert] und die Thomas J. C. & Angelika Matzen Stiftung [anonymisiert]
27.Juni 2012:	Spatenstich
Juli 2012:	Kooperationsvertrag mit der BBS
August 2012:	Zusage der ESF-Mittel durch die N-Bank
September 2012:	Fundraiser-Fortbildung
September 2012:	Gesundheitstage des Landkreises Harburg

80 Teilnehmer bei der Station der Zukunftswerkstattb

September 2012: Jeremias Herberg tritt das Promotionsstipendium des Innovationsinkubators an.
25.09.2012 Einstellung [anonymisiert]
November 2012: [anonymisiert] steigt als pädagogische Leitung ein
November 2012: Fortbildung mit den Kinderforschern der TU Harburg zu Experimententwicklung, Abendveranstaltung
Dezember 2012: Die [anonymisiert; regionale Bank] entschloss sich, die Zukunftswerkstatt für die nächsten fünf Jahre mit Großspende zu unterstützen.
Dezember 2012: Kreistagsbeschluss: „der Kreistag entschloss sich, die Investitionssumme um 350.000 Euro zu erhöhen und gab somit grünes Licht für die Vergabe der Aufträge."

2013

Förderverein: Einnahmen 71.084, Ausgaben 5.398, Jahresüberschuss 65.687, Zuwendung Stiftung 48.000, Guthaben 17.687 (davon 12.000 Euro Ausstattung Gebäude)
25./26. Januar 2013 Studien- und Berufsmesse Hittfeld
01.03.2013 Einstellung [anonymisiert]
15.04.2013 Einstellung [anonymisiert] (bis 04.01.2013)
01.05.2013 Einstellung [anonymisiert]
Juni 2013 Grundsteinlegung des Gebäudes
01. – 05.06.2013 Oben rein und unten raus – und dazwischen? Ferienworkshop zum Thema Gesundheit in Kooperation mit Krankenhäuser buchholz und Winsen
08.-11.07.2013 Papiert?! Vielseitig – vielfältig – viel gelesen Ferienworkshop zum Thema Druck und Papier in Kooperation mit Beisner Druck

Printed in Poland
by Amazon Fulfillment
Poland Sp. z o.o., Wrocław